《聚焦华中大》编委会

主　　编：谢正学
副 主 编：詹　健　万　霞　粟晓丽　高　翔　姚　坦
参编人员：（按姓氏笔画排列）
　　　　　史梦诗　刘雪茹　汪伟颋　汪　泉
　　　　　张雯怡　范　千　罗　祎　郭雨辰

华中科技大学
50周年校庆丛书

聚焦华中大(上)

○主编 谢正学

中国·武汉

图书在版编目（CIP）数据

聚焦华中大/谢正学主编．—武汉：华中科技大学出版社，2022.9
（华中科技大学70周年校庆丛书）
ISBN 978-7-5680-8738-4

Ⅰ.①聚⋯　Ⅱ.①谢⋯　Ⅲ.①华中科技大学-校史　Ⅳ.① G649.286.31

中国版本图书馆CIP数据核字（2022）第163744号

聚焦华中大
Jujiao Huazhongda

谢正学　主编

策划编辑：杨　静
责任编辑：章　红
封面设计：刘　卉
版式设计：赵慧萍
责任校对：曾　婷
责任监印：朱　玢

出版发行：华中科技大学出版社（中国·武汉）　　电　话：(027) 81321913
　　　　　武汉市东湖新技术开发区华工科技园　　邮　编：430223
录　　排：华中科技大学出版社美编室
印　　刷：中华商务联合印刷（广东）有限公司
开　　本：710mm×1000mm　1/16
印　　张：60.75　　插页：2
字　　数：996千字
版　　次：2022年9月第1版第1次印刷
定　　价：168.00元（上下册）

本书若有印装质量问题，请向出版社营销中心调换
全国免费服务热线：400-6679-118　竭诚为您服务
版权所有　侵权必究

前言
PREFACE

柱长天以大木，开莽原以上庠。自1952年建校以来，华中科技大学始终与共和国同行、与新时代共进，走出了一条中国共产党领导下新中国创立、发展、创新高等教育，建设中国特色世界一流大学的独特发展之路，被誉为"新中国高等教育发展的缩影"。2022年10月，华中科技大学将迎来建校70周年。

栉风沐雨，矢志一流。70年来，华中科技大学始终坚持党的全面领导和社会主义办学方向，始终坚持立德树人根本任务，始终坚持胸怀"国之大者"，以敢为人先的勇气、笃行惟先的锐气、奋楫争先的豪气，培育济世经邦之英才，探索科学研究之真理，担当服务国民之重任，筑牢精神文明之根基，彰显知名学府之风范，取得了高等教育创新发展的丰硕成果，为科技自立自强和经济社会发展作出了重要贡献，赢得国家和社会的广泛赞誉。

花开园内，香溢园外。对外宣传工作是传播学校声音的主要桥梁，是塑造学校形象的重要渠道。华中科技大学历来高度重视对外宣传工作，积极推动学校重大事件、典型人物和热点新闻等的宣传报道，以用心、用情、用力打造的高质量华中大故事为载体，展现真实、立体、全面的华中大，有效传播华中大声音，深度阐释华中大特色，全面塑造华中大形象，不断提升学校的美誉度、知名度和影响力。

知往鉴今，以启未来。作为《华中科技大学70周年校庆丛书》之一，《聚焦华中大》一书由党委宣传部编辑出版。该书汇集了中央和地方各级主流媒体报道华中大各方面工作的300余篇文章，通过记者们客观多维的新闻视角、形式多样的报道方式、细腻多元的刻画手法，充分展示党旗领航、凝心聚力的先锋故事，立德树人、春风化雨的育人故事，勇于创新、攻坚克难的科研故事，服务社会、贡献国家的奋斗故事等，记录了华中大70年辉煌历程中的精彩瞬间，为学校"敢当大任、勇攀高峰"的精神特质写下最生动的注脚。

弦歌不辍，踔厉奋进。站在新的历史起点上，华中科技大学对外宣传工作将积极践行"顶天立地、追求卓越"，进一步把高度与温度相结合、天下事与身边事相融合、大道理与小切口相整合，进一步讲述好、传播好华中大故事，进一步展现华中大特质、弘扬华中大精神，为提升学校文化软实力、增强核心竞争力和综合实力助力添彩，为华中大高质量建设中国特色世界一流大学贡献力量。

目录
CONTENTS

· 上篇　与共和国砥砺同行 ·

第一章　敢于竞争　善于转化 ___ 003

华中工学院建校工程已开工 ___ 004

成长中的华中工学院 ___ 005

他们在这里是主力军

　　——华中工学院访问记之一 ___ 009

为了教好先要学好

　　——华中工学院访问记之二 ___ 012

把科学研究放在重要位置上

　　——华中工学院访问记之三 ___ 015

爱才者

　　——记华中工学院党委书记、院长朱九思 ___ 018

适应现代化建设和科学技术的发展

　　华中工学院近年来发生五大变化 ___ 025

校园播种者

　　——记全国十佳"校长杯"获得者黄树槐 ___ 027

抓住机遇开展国际合作　华中理工大学大步闯世界 ___ 029

华中理工大学进入"不惑之年" ___ 031

华中理工大学开办文科居全国同类大学之冠 ___ 033

稳定规模　调整结构　提高质量
　　华中理工大学走内涵发展道路　　　　　　　　　　_ 035
建立宽口径培养模式
　　——访中科院院士、华中理工大学校长杨叔子　　_ 037
喻家山麓展宏图
　　——记华中理工大学　　　　　　　　　　　　　_ 040
改革求发展　实力是根本
　　——访华中理工大学新任校长周济　　　　　　　_ 042
同济医大推出综合改革方案　　　　　　　　　　　　_ 044
沧海变桑田　妙手共回春
　　——同济医科大学与德国交流纪实　　　　　　　_ 046
同济医科大学辉煌九十载
　　——访同济医科大学党委书记刘树茂教授　　　　_ 049
同济医科大学育才四万
　　江泽民李鹏李岚清为学校 90 华诞题词　　　　　 _ 052
医科大学必须更重"德"
　　——访同济医科大学新任党委书记黄光英　　　　_ 053
高校发展的优势在于创新
　　——访武汉城建学院院长丁烈云教授　　　　　　_ 056

第二章　筑巢引凤　夯实师资　　　　　　　　　　　　　　_ 059

华中工学院大批师资茁壮成长

　　建校十年教师由二百多名发展到一千一百名　　　　　　_ 060

华中工学院党委调动教师积极性　　　　　　　　　　　　_ 062

华中理工大学大力培养中青年骨干教师　　　　　　　　　_ 065

华中理工大学缘何形成院士群　　　　　　　　　　　　　_ 067

栽下梧桐树　为引凤凰来

　　同济医大用政策稳定教师队伍　　　　　　　　　　　_ 072

母爱情　游子心

　　——同济医科大学关心扶植留学生　　　　　　　　　_ 074

第三章　教学改革　哺育英才　　　　　　　　　　　　　　_ 077

学好基础课　攀登技术高峰

　　华中工学院采取措施加强基础课教学　　　　　　　　_ 078

华工首次授予研究生博士学位　　　　　　　　　　　　　_ 080

华中理工大学改革研究生教育

　　校企联合培养　学士硕士连读　硕士博士连通　　　　_ 081

华中理工大学研究生积极参与科研　　　　　　　　　　　_ 083

人文精神与现代科技对话

　　——记华中理工大学的人文教育　　　　　　　　　　_ 084

华中理工大学导师制助本科生成才　　　　　　　　　　　_ 087

华中理工大学宽口径育人探新路

  规划十大系列课程 完成项目近两百 _ 089

"学在华工"不虚传 _ 091

华中理工大学将素质教育纳入课程体系 _ 093

开门办学同改变农村医疗卫生面貌相结合

  武汉医学院"教育革命"深入发展 _ 094

听一听看一看 不如自己动手干

  同济医大在实践中培养人才 _ 095

注重培养学生实践能力 同济医大教学改革形成特色 _ 097

九年"开发"七种模式 同济医大七年制教育办出特色 _ 098

实行宏观调控和微观管理机制

  武汉城建学院大力加强学风建设 _ 100

武汉城建学院社会实践活动形成特色

  17支大学生服务队为基层完成30余项建筑设计 _ 102

第四章 潜心科研 勇于创造 _ 105

华中工学院附属工厂教职工制成竹木质离心机 _ 106

激光"学会"绘图了

  华中理工大学激光技术国家实验室创两项"国内第一" _ 107

华中理工大学研制出高韧性易切削塑料模具钢 _ 108

华中理工大学完成图形智能化识别与输入系统 _ 109

为净化人类生存环境作贡献　洁净煤技术获重要成果 _110

我国首栋叠层橡胶隔震楼动工 _111

创新之路

　　——EIM-601大型程控交换机开发纪实 _112

华中理工大学计算机外存储系统国家实验室研究成果通过鉴定

　　快速多盘并发存储技术有新突破 _116

我国再获大学领先奖

　　华中理工大学CIMS技术达国际先进水平 _118

我国补体遗传学研究跻身世界前列 _120

同济医大攻克一项世界性医药难题

　　牛黄体外培育在汉获得成功 _122

同济医科大学科研成果累累　获奖数居部属院校第三名 _124

在全国同类学科中独领风骚

　　同济医大扛起环境卫生学国家队大旗 _126

锥形抽气三通日前研制成功 _128

第五章　产学结合　驱动发展 _131

赵学田创造了"机械工人速成看图法" _132

既解决了生产问题　又提高了工作能力

　　华中工学院下厂采集研究课题 _135

005

华中理工大学为企业雪中送炭
　　13种新型模具钢使几百家工厂受益　_137
华中理工大学与企业合作　发挥自身优势推进技术进步　_138
发挥技术人才优势　华中理工大学催生激光大产业　_140
小地盘走向大区域
　　华中理工大学发展触角伸向"六省二区"　_142
从构建校内"产学研"起步
　　——华中理工大学探索产学研协调发展系列报道之一　_144
产业发展　学科兴旺
　　——华中理工大学探索产学研协调发展系列报道之二　_149
产业出活力　教学上水平
　　——华中理工大学探索产学研协调发展系列报道之三　_152
同济医科大学走"产学结合"新路　_156
协和医院攻克一项世界难题
　　用细胞疗法医治难治性急性白血病获一例成功　_157
亚洲第一例
　　——记同济医院整块原位腹部多器官联合移植术　_159
梨园医院成功抢救一位巨大消化道溃疡台胞　_162

· 中篇　在融合中跨越发展 ·

第六章　汇流相彰　融合奋进 _____ 165

四部一省共建华中科技大学 _____ 166

天高任鸟飞
　　——华中科技大学在融合中向世界知名高水平大学迈进 __ 167

从变化看"合并"
　　——华中科技大学合校两年的启示（上）_____ 173

从变化看"合并"
　　——华中科技大学合校两年的启示（下）_____ 176

发展要有新思路
　　——访华中科技大学党委书记朱玉泉 _____ 179

明德厚学　求是创新
　　——访华中科技大学校长樊明武 _____ 181

在共和国旗帜下成长
　　——华中科技大学努力向国际化、研究型、综合性大学
　　　目标迈进 _____ 184

突出教师在办学中的主体地位
　　——华中科技大学教育创新纪实（之一）_____ 190

科学教育与人文教育相融合
　　——华中科技大学教育创新纪实（之二）_____ 196

科研走在教学前面
　　——华中科技大学教育创新纪实（之三） _ 201
育人为本　学研产三足鼎立
　　——华中科技大学教育创新纪实（之四） _ 207
后勤社会化改革：从"包袱"到"财富"
　　——华中科技大学教育创新纪实（之五） _ 212
走有特色的综合化发展之路
　　——华中科技大学教育创新纪实（之六） _ 217
尽力为学生搭建创新创业平台
　　——访华中科技大学校长、中国工程院院士李培根 _ 224
与祖国同舟　与人民共济
　　——华中科技大学同济医学院百年发展纪实 _ 229
鼓励学生主动参与　服务国家经济建设
　　华中科技大学创新教育激发活力 _ 241

第七章　党旗领航　笃行致远 _ 245

习近平在华中科大调研时勉励大学生
　　在服务人民服务社会中砥砺品质 _ 246
华中科大把党支部建在班上
　　——一百二十七个本科班和一百二十三个研究生班
　　建立党支部 _ 247

创新党建模式　助力学科发展
　　——华中科技大学基层党建工作纪实　　　　　　　　　　_249

"象牙塔"里党旗红
　　——华中科技大学党建工作纪实　　　　　　　　　　　_253

听一次课　住一回宿舍　谈一次心　解决一个问题
　　华中科大"四个一"活动温暖师生心　　　　　　　　　_256

华中科大加强党建促发展
　　新生申请入党占九成　毕业生就业率超九成　　　　　　_259

生命的最后一跃
　　——追记舍己救人的优秀大学生胡吉伟　　　　　　　　_260

"我给爸妈洗洗脚"　　　　　　　　　　　　　　　　　　　_263

华中科技大学学子：为烈士寻找回家的路　　　　　　　　　_266

华中科大学子"衣援西部"　　　　　　　　　　　　　　　　_270

第八章　教育创新　育人为本　　　　　　　　　　　　　_273

从校园文化入手拓宽育人渠道
　　——华中科大营造高品位人文氛围滋润学生心灵　　　　_274

有吸引力就有掌声
　　华中科大政治思想教学创新不断　　　　　　　　　　　_276

育人为本　创新是魂　责任以行
　　——华中科大倾力打造一流教学　　　　　　　　　　　_279

华中科大：建"磁场"吸引大学生创新实践 _283
美誉是这样凝成的
　　——"学在华中科大"解读 _288
在实践创新中培养人才
　　——华中科技大学学生工作略记 _296
学生是最好的"名片"
　　——看华中科技大学如何培养创新人才 _301
华中科大孵化大学生创业团队 _306
华中科大确定"教授上讲台"制度
　　院士纷纷为本科生授课 _308
46种教材列入"国家级"
　　华中科大入选总数居全国高校第五 _309
华中科大学子获温度传感器设计冠军 _310
名师"挂牌上岗"　名课免费上网
　　华中科大打造150门"精品课程" _311
华中科技大学教改：60名本科生直接攻博 _312
招聘"病人"用于教学
　　华科大同济医学院教改与国际接轨 _313
转专业不考试不交费　选择更为自由合理
　　华中科大学生4年可两次换专业 _315

创新潜能在实践中尽情释放
  ——华中科技大学 Dian 团队学生的科研之路　_ 317
华中科大启动创新研究院建设　_ 322
华中科大锻造特色讲座　科学与人文两翼齐飞　_ 323
华中科技大学：5 位院士 2 位名师共上一门课　_ 324
华中科大教学实施"一票否决"　_ 326

第九章　人才荟聚　荣校兴校　_ 329

为了建设国际一流学科
  ——华中科技大学引进高层次人才纪实　_ 330
超常规引进重量级人才
  ——华中科大备两亿重金聘百名栋梁　_ 335
教师：人才兴校的第一资源
  ——华中科技大学实施"人才兴校战略"纪实　_ 337
"同济现象"背后
  ——看华中科大同济医学院人才强院　_ 341
引才大手笔　_ 345
磁力何在——解读同济医院"海归"群　_ 349
推翻美国专家的三峡坝址方案　刘广润选定三斗坪　_ 353
干一行精一行——记华中科大熊有伦院士　_ 355
程时杰：为大电网"保驾护航"　_ 357

当代"医圣"——追记裘法祖院士 _360

千里马摇身变伯乐
　　——从一位青年学者归国看华中科大的人才引进 _365

甘守寂寞段正澄　年逾古稀当院士 _370

生命写就的精彩人生
　　——追记华中科技大学材料学院原院长陈立亮教授 _372

张培刚对发展经济学的开创性贡献 _378

第十章　科学研究　瞄准前沿 _383

开辟学科新方向　勇立潮头重创新
　　——华中科技大学"211工程"建设侧记 _384

与建国际知名大学相适应　华中科大制定文科起飞计划 _391

形成高科技产业链　推动资源整合共享
　　华中科大优势特色学科提升竞争力 _393

心源性猝死研究又有进展　中国人相关基因新突变点被发现 _395

国内第一部《药物毒理学》出版 _397

华中科大克隆出新的血管生成因子 _398

杨叔子领衔弘扬民族精神　海内外众多机构参与课题研究 _400

中国教育科研网格支撑平台开发成功 _401

瞬间洞穿10厘米耐火砖
　　我国气体激光器实现重大"突破" _403

45万字《方言笺疏》搬进了计算机

  古籍研究告别"卡片时代" _ 405

解密武汉光电国家实验室 _ 407

填补我国高端医疗设备空白　磁场刺激器在华科大诞生 _ 410

同济医学院追击矽肺20年

  研究7万余名工人　建起全球最大队列 _ 411

华中科大成立国家纳米药物工程研究中心 _ 413

华中科大快速预报雷电灾害项目启动 _ 414

83特斯拉！我国脉冲磁场强度进三甲 _ 415

第十一章　应用领先　服务社会 _ 419

光谷的龙头——华中科技大学科研成果转化扫描 _ 420

华中科大全方位参与区域经济建设 _ 423

依托大项目大企业　完善技术创新链　建设大学科技园

  华中科大产学研交出高水平"论文" _ 426

助舞龙头

  ——华中科技大学"产业群"提升武汉城市圈纪实 _ 429

中国造胰岛素口腔喷剂获准进入临床试验 _ 432

情倾三峡功永存——华中科大支援三峡工程建设纪实 _ 433

构建中南部科技"发动机"　华中科大科研优势源源释放 _ 437

华中科大携手百家名企共促科技创新 _ 439
"分而治之"降伏巨大脑瘤
　　武汉"协和"突破伽马刀治疗禁区 _ 440
协和医院成功实施新生患儿大动脉转位手术 _ 441
同济医院基因疗法另辟蹊径　恶性脑瘤基因治疗取得新突破 _ 442
科技抗非显身手——同济专家在抗击非典一线挑大梁 _ 443
我省首家老年病医院在梨园医院挂牌 _ 445

上篇

与共和国砥砺同行

聚焦华中大

华中科技大学70周年校庆丛书

第一章

敢于竞争 善于转化

华中工学院建校工程已开工

为了适应国家培养建设人才的需要,规模宏大的华中工学院的建校工程已在九月十一日开工。

新的华中工学院的校址是在武昌东南十七公里的风景区。今年的建筑面积为八万二千平方公尺,共七十四幢楼房;包括许多教室、八个实验室、一个机械实习工厂和一个汽车修理厂,以及大量的学生宿舍和教职员住宅。

(《人民日报》1953年9月23日)

成长中的
华中工学院

华中工学院是一所为国家培养重工业建设人才的高等学校。

在幽美的喻家山南麓，一年多以前还是一片农田；如今在这广阔平坦的土地上，已盖起了数十座宏伟的建筑物。在今年秋季开学的时候，原来分散在武汉、长沙、桂林、南昌四处的教师与学生，已集中在新建的校园里，开始了紧张而愉快的教学与学习生活。现在，华中工学院有3500多个学生，其中在今年招收的新生就有1350人，今后新生的数目还将一年比一年增加，五年内它将发展成为一所有一万三千个学生的高等工业学校。

根据国家经济建设的需要，华中工学院今后将大量培养祖国建设事业中所需要的合格的高级建设人才。华中工学院自从调整成立的那一天起，就开始学习苏联先进经验，结合中国实际，稳步进行教学改革工作。首先，华中工学院设置的各种专业就是按照苏联经验并根据我国各产业部门目前的和将来发展的需要设置的。

过去，旧中国的高等工业教育存在着严重的殖民地色彩，工业教育是为帝国主义推销工业机械成品而服务的，因此在旧中国的工业大学里只训练装配、运转和修配的人才。但是今天，我们要培养的是国家的工业干部，要训练各种机械设计和制造方面的人才。华中工学院目前设置了九个四年制本科专业和四个两年制的专业，并根据各个科学体系组成了"机械制造""动力""电力"及"内燃机及汽车"等四个系。这些系和专业的目标，是培养具有独立工作能力，能够掌握各种设计与制造专业知识与技术的人才。这就是新中国的工学院与过去旧中国高等工业学校培养人才的根本不同的地方。学生们经过几年的专业学习，就可以到我国各种巨大的机械制造工厂中去，到各个电机电器制造工厂中去，到正在新建中的内燃机、汽车工厂中去，到许多新建的火力发电厂和正将计划新建的水力发电站的基地上去，独立担任起各种设计、制造、安装、运行、管理以及研究工作。

为了培养具有一定马克思列宁主义思想水平和能够掌握先进科学技术、体格健全的人才，华中工学院已采用了苏联工业大学的教学制度，建立了教学组织，订立了教学计划，并大量地采用苏联教材和运用新教学方法。上学期全院117门功课中，全都使用苏联教材的有55门，大部分使用苏联教材的有24门，两者合计占67.5%，其余自编的教材38门也大部分参考过苏联教学大纲。由于广泛采用了苏联教材，使全院的教学质量起了本质上的变化。学校在今年集中以后，全院设立了24个教研室，在校教师298人都参加了教研组织。这学期开学后，实行了苏联的大班讲课小班辅导的新制度，教师们大力实行新教学方式，"习题课""实验课"和"答疑"都已按照新的方式进行；教师们正在准备和试做课程设计，明年还要开出毕业论文设计，通过这一系列的教学方法，把学生们培养成能够独立工作的专家。

学生们所学的理论知识，必须在实际生产中得到充实和发展。学生们除了在校内做教学实习外，四年中还要做三次生产实习，它是整个教学计划中的有机组成部分，是理论与实际结合的主要环节。全校共设立24个实验室和一所实习工厂，供给学生进行教学实习。建筑面积达6500平方公尺的实习工厂已在今年六月间完工，现已基本上完成了设备的搬迁集中和安装工作，自九月下旬开学的第一天起，工厂里就进行着每周2200人次的实习了。两座实验室大楼及热工实验室的建筑即将完工。在今年暑假中，下厂实习的1800多位学生通过实习，都进一步巩固了已学得的理论知识，扩大了知识领域，提高了自己的学习能力。在旧中国培养的人才到了工作岗位还要重新学习，经过很多年的锻炼，才能成为工程师。但是现在学习苏联先进经验，采用新的教学方法进行教学，通过一些练习作业、设计、实习、毕业论文设计，教会学生独立工作，就能使每个学生的理论水平与实际经验达到一个完全合格的工程师的水平。

教学计划是进行教学工作的根本计划，也是学校进行工作的根本依据。华中工学院在本年度一年级各专业已完全采用高教部规定的统一教学计划；二、三、四年级则采用了过渡性教学计划，这个教学计划是在今年六月间，华中工学院各系根据高教部的指示并结合本校实际情况修订的，为了使过渡性教学计划更加完整完善，将在今年寒假，根据统一教学计划的精神，再对二、三、四年级过渡性教学计划作一次修订。为了保证教学工作顺利进行，华中工学院本年度正在大力贯彻计划，发动教师们及各级教学组织订好系、教研室和个人的工作计划，在全院各系各教研室工作计划的基础上来修订全校教学工作计划，现在这项工作已基本上结束了。

由于教学改革的影响，华中工学院教师们正在开始注意科学研究工作。很多教师都提出要与有关厂矿企业取得联系，了解他们在实际建厂和生产中所发生的问题，得到一些有关资料和数据，以便更好地展开教学研究工作。现在电力系已与中国科学研究院共同研究电磁式电压调整器问题；内燃机教研室已帮助武昌一家工厂研究试制七十五匹马力船用柴油机；制图教研室主任赵学田根据多年来的教学经验，还创造了"机械工人速成看图法"，目前正在武汉许多工厂中推广，已获得很大的成就。

华中工学院教师们一年来在教学工作与科学研究工作方面获得的成绩，是学校党组织正确地执行了党对知识分子政策的结果。在党的领导下教师们进行了一系列的政治理论学习，尤其是在学习党在过渡时期的总线路总任务以后，更提高了社会主义的思想觉悟，普遍认识到贡献自己的知识经验于灿烂的社会主义工业化的事业，是自己的光荣职责，因此更加加强了自己的工作责任心与积极性。本学期教师们又开始了正规的理论学习，目前大家正自觉地抱着认真虚心的态度参加学习，要把理论学习当成提高思想、改进工作的武器。

华中工学院同学们的学习热情十分高涨，他们深深感到生长在毛泽东时代的幸福。国家为了培养工业建设人才，已付出了 1200 亿元来兴建华中工学院。他们也不辜负人民的期望，在这美好的环境里努力奋发地学习着。祖国的建设事业鼓舞着他们前进，党、团与教师们的教育与培养，更督促着他们要把自己培养成一个优秀的学生。暑假中许多学生参加了武汉防汛斗争，更受到了一次共产主义的劳动教育，通过劳动，锻炼了他们的意志和毅力，加强了组织性和纪律性，同学之间更加强了同志的友谊，加强了集体主义的思想，他们更认识到党的伟大，更加坚定了依靠党相信党的决心，提高了对社会主义建设的信心。在防汛工作中，华中工学院申请入团的学生有250多人，还有不少团员申请入党。现在他们正将参加防汛工作的战斗精神，转入到学习与工作中去。目前全院学生正在订立全面的学习计划。有许多班的学生不仅决心要把自己培养成一个优秀的学生，还订出计划要争取自己的班成为一个先进的集体。机械制造工程专业的402班很多同学都详细地安排了自己的学习，订出了周和学期的学习计划，班时事学习小组成立了，对同学学习和生活有密切关系的班墙报小组也出刊了，在自愿的原则下组成了机床设计研究小组，同学们之间彼此更为关心，学习钻研的空气渐渐浓厚起来了。学生们的生活是丰富多彩的，课堂上的听讲和作习题、实验室和工厂的实习虽然十分紧张，但很多同学都不放松早操、课间操及文体活动的时间，每星期六晚上举行的电影晚会更是场场客满，苏联电影周的五部优秀影片，以及《梁山伯与祝英台》都已优先在学校映出。

爬上喻家山头，眼看着建筑工人们还在继续为华中工学院兴建各项建设工程，一座建筑面积有6300多平方公尺的图书馆和水工实验室，正在进行平基工程，即将开工建筑了。在西头，年内还将修好一所四万多平方公尺的大操场。校园内还将有计划地进行绿化，广植树苗，使学校的自然环境更加美化起来。在这美好的学习环境里，今后将有成千上万的掌握科学知识的毕业生，走上祖国社会主义建设岗位。

(《长江日报》1954年11月16日　作者：沈阳)

他们在这里是主力军
——华中工学院访问记之一

1978年6月30日下午，党的生日前夕，华中工学院体育馆里举行新党员入党宣誓大会。在热烈的掌声中，电力系副教授邹锐走上讲台，抹了抹湿润的眼睛，以颤抖的声音说："我做梦也没有想到……"

邹锐1945年大学毕业后一直在高等学校任教。几十年中，他始终如一地勤勤恳恳工作，教学效果良好。他热爱党，想加入党为人民多做些贡献，但是以往的岁月中，他的现实表现无法弥补"先天的不足"。他出身不好，社会关系复杂，申请书一次又一次地写，结果却是石沉大海。有人惋惜地说："你还是当一个党外的布尔什维克吧！"

如今，梦想变成了现实，在许多人看来不可能入党的人在党旗下宣誓了。这件事，震撼了许多知识分子的心灵。多少位把夙愿深深地埋在心底的老教师，一下子看到了光明的前景。这天晚上，好几位教师第一次或第几次提起了笔，向党倾诉多年的心愿。

一年之后，华中工学院有二十名中年教师加入了无产阶级先锋队的行列。这些老教师、新党员，用自己的实际行动表明，他们无愧于共产党员这个光荣的称号。年过五十的邹锐副教授，家住城内，每天早来晚归，不辞辛劳；有时批改作业晚了，就步行回家。新党员马毓义教授，过去担任动力工程系主任，对全系教学科研工作敢抓敢管，现在是副院长又兼任工程热物理研究所所长，正在带领大家努力攀登科学的高峰。这些教师的入党，标志着知识分子的地位的的确确发生了变化。

在那个特殊年代，华中工学院党委像保护国家珍贵财产一样保护着知识分子。有人企图把"叛徒""特务""反革命"等等吓人的字眼写进教师的档案。党委一再出来为知识分子说话，对不实事求是的结论，一次又一次地做了修改。有人要揪出出身不好的教师回家乡批判，党委坚决顶住，不允许在学校抓人。1972年以来，院党委年年在教师中表彰先进工作者，对在教学和科研中取得显著成绩的教师，给予肯定和表扬；对家庭出身不好、社会关系复杂但作出了成绩的教师，也同样予以表彰。1973年和1975年，院党委两次讨论在知识分子中发展党员的问题。粉碎"四人帮"以后，院党委要求各级党组织在教师中积极发展党员，党委书记朱九思向组织部门提出，越有阻力越要抓。

在华中工学院，有二百几十位教授、副教授和讲师，担任着全院十二个系的正、副主任，九个研究所的正、副所长，以及几十个教研室、研究室的主任。有三位教授被任命为副院长，有四位副教授和讲师担负了教务处和科研生产处的领导职务。这些担任领导职务的知识分子有一个共同的感觉，就是党安排他们担任一定的职务，完全不是出于恩赐，而是出于信任。因此，他们感到浑身有用不完的力量。他们把自己的聪明才智贡献出来，带领大家搞好基础课的教学，创办新专业，改造老专业，向新的科学高峰攀登。担任副院长的陈珽教授，搞了多年的自动控制研究，虽已花甲之年，如今又站出来挂帅，向系统工程这个新领域进军，兼任了大系统研究所所长。他每天清早就起来，又是跑步，又是念外文，干劲十足，老而弥坚。机械一系主任陈日曜教授，恢复职务以后，既抓教学计划的修订、又抓师资培养规划的落实，认真负责、一丝不苟。

为了使老、中年教师真正在教学科研的领导工作中发挥更大的作用，院里给他们配备了副职，分担一些行政方面的工作。对于学术带头人更加注意培养，让他们有更多的时间去进修、提高和参加科学研究实践，千方百计地让这些"尖子"早点冒出来，以便带动更多的教师前进。

粉碎"四人帮"不久，老教授马继芳给青年教师补数学课。一次，他写了一黑板的英文，这是在华中工学院的讲台上第一次用外文讲课。有人说这位教授是有意"卖弄"，而党委却支持他、表扬他，而且在全院提倡和推广了这种做法。有位力学教师写了一篇论文，国内有关杂志没有发表，他认为自己的文章在国内没有人能够看懂，那么，就寄往国外去吧。

那还是"四人帮"横行的年代,他的论文被转了回来,有人说他"里通外国"。党委却热情支持这位教师钻研科学的精神,并请他向有关教师报告自己的学术论文。一位在国外有亲属关系的教师,向院领导提出自费出国学习的申请,有人主张不放,而院党委完全支持,积极帮助这位教师出国学习。如今这位教师在国外努力进修提高,还给学校寄回了一些资料。

在华中工学院,教师们挺起腰、仰起头,心情舒畅,大步前进。我们在这里看到的是旺盛的热情,对前途的信心,以及他们为"四化"而贡献力量的崇高精神。著名的工程图学专家赵学田教授,年已七十九岁,还在为广大工人编写识图和制图的通俗读物。为了把书写好,他不顾年高有病,深入到工厂征求意见。为了筹备成立全国工程图学学会,他乘飞机、坐火车、搭轮船,奔波往返于几个省、市,其革命热情十分感人。老教授说:"我忙得高兴,我要拼命地工作。"

工人阶级教育大军的一支小分队,在华中工学院这块阵地上,为把高质量的人才和科研成果贡献给伟大祖国的"四化"事业,而工作,而战斗!

(《光明日报》1979 年 12 月 21 日 作者:陈天生)

为了教好先要学好
——华中工学院访问记之二

一到华中工学院,很快就为教师积极进取、奋发图强的精神所感染。深入了解之后,这个学校为培训师资所做的大量组织工作,又使我们深受感动。

今年9月中旬,机制教研室几位教师到昆明参加全国机械加工学会年会。会议结束,教师们返校不到一个星期,便向学校交了一份很有见解的报告,谈到由于开阔了眼界,看到国内外机制加工的动向,深感自己过去满足于工艺分析和结构设计,却不熟悉近代物理、数学方法和计算技术。他们决心改变这种"缺理"的短处,从此抓紧基础理论的学习。

参加一个会,看起来是一件平常的事,而学校的领导却从这样一份会议情况的报告中,抓住了它的普遍意义,将这份报告很快转发全校,要大家联系实际找出自己的不足,切实提高师资水平。

这只是一个事例而已,仅仅一年时间,华中工学院就派出二百三十多位教师到校外听国内外专家、学者讲学,其中大部分是听国外学者讲学。听讲回来,教师们普遍要向学校写报告,汇报听讲情况,学校则要求出外听讲者一个不漏地做汇报讲学,做到"一人听讲,大家受益"。根据出外听讲的情况,传达内容的多少和形式不一。有的是采取学术报告的方式扩大影响;有的则是办学习班、讨论班或研究班,系统地从基本概念讲起。这种传达就是讲学,就是进修。令人感动的是,许多教师不怕失面子,对听讲中越是没有弄懂的地方,回来越是详细地传达,然后大家讨论,攻克讲学中的难点。今年四、五月间,美籍学者李政道教授在北京讲粒子物理和统计力学两门课,学校一下就派去八位物理教师听讲,教师们回到学校,他们便作出计划,将用一年到一年半的时间，以讲课和集体讨论方式消化李政道教授的讲学内容。教师出外听讲的机会，大部分是学校积极主动争取来的，往往住宿自理。听李政道教授讲学的八位中年教师，在北京找了一个小客店住下，每天从北京的北郊奔到西郊去听课，随随便便找个小饭馆就餐，生活上的不便使得他们疲惫不堪，但听讲七周，他们无一天间断。

我们接触到的一些教师，他们虚怀若谷，口口声声说自己理论基础不雄厚，而国外科技发展又那么快，不学习怎么能行。从国内外"引进"现代科学技术知识来充实自己，目前是华中工学院培养师资的一个重点。学校对这项工作抓得很紧，工作做得很细。许多教师虽苦不辞，都乐意到校外听专家讲学。但派谁出去，却绝不徇私情，而是从工作需要出发，谁去能"学回来"，就派谁去听讲，直到派到国外去学习。全校派到国外学习进修的教师，已达二十多人。两年来，该院还邀请国内外专家四十多人到校内讲学，使广大教师从中直接受益。

然而，这种派出去、请进来培训师资的方法，毕竟是有一定限制的。华中工学院许多教研室普遍采取结合教学、科研任务办读书班的办法，读一两本代表最新水平、理论最强、最难读的书，占领一个新的制高点，以提高理论水平。计算机软件教研室选择了国外软件专业高年级和研究生用的两本教材——《操作系统》和《数字计算机的编译程序构造》，作为教师目前进修的读本，有计划地进行讲课和讨论，消化内容。由于读本选择恰当、内容新、起点高，与教学和科研任务又结合得紧密，大家读起来很有劲头。中年女教师陶葆兰到外面开会，轮到她主讲的那天上午，她还在南京，教师们以为当天下午该她讲的课上不成了。但出乎大家的意料，她放弃游览的机会，会一结束，上午九点钟搭上从南京到武昌的班机，中午回到学校，下午按时上课。

我们在华中工学院采访的时候，学校同中国科学院计算所合办的《数理逻辑》读书研究班，已进入后期。这本书难度很大。这个研究班受益者并不只是华中工学院一家，所以有人并不那么积极。然而，学校领导认为，既然办这个班对提高国家的科学水平有好处，那就坚决办，下决心用一年时间，邀请全国十九个单位的二十多位中年教师和研究人员一起来啃这本书。软件教研室参加这个读书研究班的教师说："学校为了人才，不惜工本，我们怎能不用心学呢?!"这个研究班的所在地，放了一台电视机，晚上大家偶尔看一看新闻节目，便回到了自己的房间挑灯夜读。

华中工学院的领导干部很有胆识。1976 年，粉碎"四人帮"不到一个月，学校不等也不靠，果断地决定让下放到专业课教研室的基础课教师立即归队，加强基础课教学。接着在 1977 年上学期，组织教师广泛地调查当今世界科学技术及教育事业的现状，提出了在几十年内把学校办成具有世界先进水平的理工科大学的远大目标，明确学校要实现向理工结合的综合性方向发展。"千里之行，始于足下"。为了实现这个远大目标，学校把师资队伍的建设，特别是中、老年教师业务水平的提高，看作是一项具有战略意义的基本建设。1977 年暑假到来，武汉三镇炎热如火，全校教师却没有放假休息，而是留校作三年师资培训规划。紧张工作的白天过去，夜晚校园又是灯火通明。两年来，学校严格执行师资培养规划。中、老年教师有两千多人次，通过补课、办读书班，学了工程数学、理论物理、计算机技术和外文。两年前，全校只有百分之三十五的教师能用一门外语（主要是俄语）看专业书，现在绝大多数教师能借助字典阅读英文专业书刊，约百分之二十五的教师可用两门以上外语进行专业阅读和笔译，半数以上的教研室英、日、德、法、俄五个语种配套，为今后学习先进的科学技术创造了条件。现在，教师业务进修学习在全校已形成浓烈的风气。今年暑假，学校举办暑期英语和俄语学习班，参加学习的教师近二百人。自动控制教研室十二位教师，有的已三个暑假没有回家了。

为了接近和迎头赶上世界先进科学水平，华中工学院一年来增设了理科性质的力学系，包括固体力学、生物力学等专业，许多中、老年教师离开多年谙熟的老专业，改行办新专业。无论新专业或老专业的教师，每天都起早贪黑地学习新知识和基础理论，像他们的学生那样，教师们每天也在上课、学习。除了院、系、室办的各种学习班外，教师们自己加强基础、艰苦学习所花费的时间是无法统计的。女教师曹力和同在一个教研室担任教学工作的爱人一起夜以继日地忙于进修提高，他们给研究生开的理论物理课程，讲授得很出色，但他们却很少有空余时间为自己的独生女儿补习功课。许多教师为四个现代化培养高质量的建设人才而发奋努力，他们崇高的思想境界，是十分令人钦敬的。

（《光明日报》1979 年 12 月 25 日　作者：张安惠）

把科学研究放在重要位置上
——华中工学院访问记之三

在前年春天召开的全国科学大会上，华中工学院有三十项科研成果受到了奖励。这个学校也以"全国科学研究的先进单位"的称号载入了这次空前的科学盛会的史册。

华中工学院把科学研究摆在与教学同等重要的地位，全院现有的二千一百多名教师，约有三分之一左右从事科学研究，全院建立了九个研究所、四十八个研究室。

三分之一的教师搞科学研究，不影响教学吗？一些系主任、研究所长说，正是由于科学研究的开展，从根本上为教学质量的提高创造了条件。

我们来到了东一楼的一间教室，激光专业七六级一个班的同学正在听激光应用研究室副主任肖义明讲新课"激光电源"。同学们每人有一本约四万字的《激光电源》新教材，就是肖义明编写的。肖义明1960年毕业于本院的电器工程专业，在学生时代他对激光这门新兴科学基本上没有接触过。1972年，肖义明开始激光的研究工作，七八年的时间过去了，肖义明的业务水平迅速提高，撰写了好多篇科学论文在有关刊物上发表，还参加了全国《无线电专用设备设计手册：激光分册》和《电子工作技术词典：激光技术分册》的主编和编写工作。激光研究院研究成功的激光焊接机，在全国科学大会上得了奖，而且已经投入生产。供教学和科研用的实验室也建立起来了，拥有了一批仪器设备。就这样，华中工学院的激光专业建立起来了，而且招了三届本科生，去年还招了研究生。激光研究所和教研室的许多教师都深有体会地说：不开展科研，就不可能有效地提高教师的水平，不搞好教学就没有基础，建立新专业就缺乏条件。

在华中工学院，通过先开展科学研究，然后建立的新专业，不是一个，而是一批。现在，华中工学院所设的专业已由1966年的十八个发展到今天的三十八个。

积极开展科学研究，使老专业也得到了改造。机械制造工艺及设备专业，是历年招生人数最多的专业，但教材内容远远赶不上机械加工过程日益向自动化发展的需要。多年来，学校组织八个专业和三个基础课教研室的教师共二百多人，开展了机械加工自动化的科学研究，先后设计或研制了二十多条自动生产线。科学研究的成果，使这个专业扩大口径，增加了自动化方面的课程，提高了培养人才的质量。金属材料教研室从1964年开始就进行新型工、模具钢的研究，经过十多年的努力，终于研制成功了适合我国资源的高耐磨性和高强韧性冷模具钢种。长期以来，在合金钢的研究中，教师们探讨了不同金属材料强韧化的规律，取得了一些理论上的认识，因而丰富了专业理论的教学内容。过去，这个专业名称为"金属材料热处理工艺及设备"，现在已改称"金属材料专业"，由以工艺、设备为重点，改为以金属材料的物理性质为重点，以培养学生研究新材料的理论基础和实践能力。

长期坚持开展科学研究，还为进一步扩大招收研究生创造了条件。

"文化大革命"前，这里培养的研究生数量较少；现在，由于教师理论水平的提高，全院教授、副教授已增加到一百六十多人，使有条件招收研究生的专业增多了。这两年学校已招收了二百五十多名研究生。今后几年学校还将招收更多的研究生。在华中工学院，理论方面的研究正在逐步加强。理论力学和振动理论教研室，坚持了二十年的振动与动平衡的研究工作，在一系列动平衡机的研制上有创新。院领导找他们，要他们把工作重点转到振动与平衡的理论研究上来。现在，他们以研究高速、大型设备挠性转子平衡理论和方法为中心，积极开展转子动力学的理论研究工作。

解决重大的科研课题，需要各专业协同作战，这在华中工学院里是有传统的，但是，学校领导也鼓励教师的个人钻研，发挥教师的特长。有一位教电工基础的教师，对理论物理中的时空理论有浓厚的兴趣，长期以来作了刻苦的钻研，并且写出了《时间与空间量子化问题》的论文。有人说："工学院里怎么能够搞这种纯理论性的东西？"但是，学校领导坚决支持这位教师搞下去。他的论文送到有关大学和研究所去征求意见,专家、学者们看法不一致,学校领导决定在学报上发表。为支持教师们的个人钻研,在物理教研室内成立了理论物理小组,有十几个教师从事相对论、基本粒子、规范场等方面的研究,打破了工科院校不搞基础理论的旧习惯。

然而,要说现在教学和科研在人力安排上的矛盾已经完全解决,那也不是实际情况。怎么妥善解决人力安排上的矛盾,船舶工程系在这方面有较好的经验。随着科研工作发展的需要,系里建立了船舶和海洋工程研究所,系主要管理教学工作,研究所主要管理科研工作。教学人员和科研人员定期轮换,同时逐步建立一支相对稳定的科研队伍。各专业教研室,同时也是研究室。有的教研室内有两个研究室。教师既搞科研又搞教学,把科研和教学工作紧密地结合起来。在学生学习的安排上,尽可能使专业课、专业实验课、专业实习和科学研究相结合。

在华中工学院,基础课教师如何参加科学研究的问题还没有完全解决。这也是许多学校共同的问题。基础课教师少,教学任务重,进行科学研究客观上有困难。

华中工学院有一位领导同志这样说:积二十几年之经验,要办好大学,就一定要抓科学研究。

(《光明日报》1980年1月10日 作者:肖志华)

爱才者
——记华中工学院党委书记、院长朱九思

在华中工学院校园内漫步，就好像置身于武夷山、天目山森林的一角。这郁郁葱葱的密林，会让你感受到学校的领导者有一种远大的理想，有为师生创造一个优美教学环境的强烈愿望。

当你看到这里的教师队伍像成材的松林、杉林，茁壮繁茂，他们像树木供给人们所需要的新鲜氧气一样，用"四化"所需要的精神食粮培育着专用人才，你一定要问：是什么力量把他们心间的火焰烧得这样旺？

·（一）·

这是一次普通的电话：一方是院党委书记、院长朱九思，另一方是人事处长曾得光。他们在说着一件事情：在湖北随县汽车改装厂车间里劳动的一位数学系毕业生，刻苦钻研，用泛函数方法搞非标准分析很有成果，在厂里却是用非所学，但人事处费了很大力气也没有能把他调来。朱九思说："最近有人写信向我谈起这个情况，说这位数学的人才在工厂里发挥不了作用，调动工作又实现不了，所以感到很失望。"他问老曾，这个问题，人事处为什么没有向他报告？他要人事处再同省机械局商量，说明办好高等学校的重要性，请求支援。不久，这位青年同志就被调到了华中工学院。

这类故事，在华中工学院可以讲出许多来。在湖南一个县的农机厂里，有一位北京大学1968年流体力学专业的毕业生无法发挥作用，而华

中工学院却急需这方面的人才，人事处的负责人只是考虑到他的爱人高中毕业不好安排而犹豫未决。正在此时，朱九思同志知道了这件事，对人事处提出了批评，当天就派人事处的教师科科长带着调令赶往湖南办理这个同志的调动手续，将他们夫妻一起调来。

朱九思同志为办好学校，带领学校党委和行政领导"一班人"，爱才如命，求贤若渴，并不是从今天开始的。那还是70年代初期，知识分子被林彪、"四人帮"极左路线肆意摧残的黑暗时期，刚刚恢复工作连个名义还没有的朱九思，听说有所大学的一些教师被下放在某地劳动，就建议派人事处的工作人员前往联系，争取调来。他反复对有关同志讲，我们中国不是知识分子多了，而是太少了，我们的大学要办下去，要培养出一批又一批的知识分子来，因此，就要扩大教师队伍。当时的人事处长反对这样做，朱九思对他说："你要看远一些，再过几年，想要人员要不到了！"驻院的军宣队有的队员也认为这样做不合适，颇识大体的军宣队负责人说："九思同志办学几十年，有经验，是内行，要听他的，别误了大事。"

就是这样，从1972年到1979年10月底，华中工学院共调进了六百二十五名教师，他们来自二十多个省、市的五百多个单位。许多被压得直不起腰的、用非所学的知识分子，在这里受到信任和重用，有了为国家贡献力量的岗位。

正是这一大批教师力量的补充，给华中工学院的发展壮大提供了基本的条件。请看，华中工学院的专业已由"文化大革命"前的十八个增加到今天的三十八个。一系列反映科学最新成就的新专业，如激光、断裂力学、生物力学、计算机等，比较迅速地建立起来；许多老专业或扩大口径，或适当合并，以适应"四化"的需要。70年代初期调来的几百位教师，成为教学和科研当中的一支重要力量，其中有不少人担任了系主任、系副主任、研究所副所长，以及教研室或研究室的正、副主任。

教师队伍的充实和加强，使得华中工学院1979年又办起了力学系和经济管理工程系，这是朱九思同志多年来想把学校办成理工结合并向综合性方向发展的一个良好开端。他多次这样说："不管多大压力、多大障碍，反正我认准了一条，必须理工结合。"

（二）

说朱九思是教师们的"保护伞"，这话是符合实际的，在冷雨袭人的日子里，朱九思确实是把他的伞撑开了。迫害知识分子的话，他不说；迫害知识分子的事，他不干。过去，知识分子挨整，他想不通，在无力阻挡的时候，他就去抓绿化，把浓厚的情意寄托在树苗上。

一位在"反右派"斗争中挨过批判，后来在林彪、"四人帮"横行时又被打击过多次的教师，被朱九思看中了。这位教师对生物力学这门新兴的边缘学科有浓厚的兴趣，而且有一定的造诣，写出了论文，他外文基础好，把托尔斯泰的《战争与和平》由俄文翻译成英文，又翻译成中文；他热爱祖国，每到暑假就游历名山大川；他结识很广，和各行各业的人有来往。党委书记说："这个人并没有反党反社会主义，只是敢说实话。"于是提议让他做生物力学的学术带头人，提升他为副教授。国际上的一次生物力学会议，让他去参加；他还把国际知名的生物力学创始人之一的冯元桢教授请到华中工学院来讲学。现在，生物力学这门学科在华中工学院开始扎下根来。

院党委一班人在"班长"带领下保护着知识分子。他们不许人把那些什么"叛徒""特务""反革命"等等无中生有的置人于死地的字眼写进档案；他们不许到学校来揪出身不好的教师回乡批斗。从"四人帮"抛出"两个估计"的第二年即1972年起，华中工学院就年年表彰先进教师；教师中出身不好和社会关系复杂的，作出成绩同样表扬。1973年和1975年，院党委会上两次研究在中老年教师中发展党员。

"四害"铲除之后，三年当中，院党委的会议上，多次研究并批准了二十几位中老年教师入党。朱九思同党委组织部长共同研究中老年教师中申请入党的名单，他说："这些教师要求入党多少年了，有的当学生的时候就提出申请了，我们应当关心他们，够条件的要吸收他们入党。"后来，他又催问采取了哪些措施，计划落实了没有。他在党总支书记会议上提出："越有阻力越要抓。"

新党员入党宣誓大会上，五十几岁的邹锐副教授和大家一块举起了右手。他眼含着抑制不住的泪花，讲了一些感人肺腑的话。这位老教师，为国家培养人才贡献出了全部聪明才智，教学效果很好。他申请书也写了不知多少次，然而就是因为出身不好和社会关系复杂而不能入党。党支部书记认为他已经具备入党条件，但却无力同极左路线相对抗，只好说："你还是当一名党外的布尔什维克吧！"

今天，邹锐入党了，一个在人们看来根本不可能入党的知识分子，走进党的队伍中来了。这件事就发生在邓小平同志代表党中央宣布"知识分子是工人阶级自己的一部分"以后不久。

一条捆在知识分子身上的无形索带被打得粉碎了。一些把入党的希望寄托在儿女身上的老教师，深夜伏案写申请书了。

"在工厂、农村，工人和农民是主力军，学校的教师就同工厂里的工人一样，也是主力军。"朱九思经常这样讲。教师，就是学校的主人。让教师中的优秀分子担任教学、科研的领导工作，是理所当然的。在这所学院里，有二百几十位教授、副教授和讲师，担任着全院十二个系的正、副主任，九个研究所的正、副所长，以及几十个教研室、研究室的主任。有三位教授被任命为副院长，有四位副教授和讲师担负了教务处的和科研生产处的领导职务。他们有一个共同的感觉，就是党委安排他们担任一定的职务，完全不是出于恩赐，而是出于信任；他们感到自己确实是主人，而不是客人。

我们在华中工学院接触了许许多多的知识分子，老年、中年、青年都有，他们之中没有愁眉苦脸，没有牢骚，他们个个昂起头，挺起腰，迈着坚实的步伐。

清晨，在美丽的校园内，许多教师在长跑。那人丛中一位六十多岁的老人，就是不久前被提拔为副院长的陈珽教授。他多年研究自动控制，十分热爱这个专业。学校要开展系统工程的研究，青年人要有老年人带，老年人中专门学过系统工程的又一个也没有，怎么办？朱九思同他一商量，他二话不说，站了出来，六十岁改行，担任大系统研究所所长。不长的时间内，他率领大家开始新的攀登，并且写出了十二篇论文。老教授干劲这样大，跑完步，又念起外文来。

在华中工学院，大家更为称道的是，八十高龄的工程图学专家赵学田教授。老人的身体并不好，但为人民服务的热情高，他一生贡献给了普及制图知识这一有意义的事业。暮年，他还不愿休息，不愿去享受什么天伦之乐，还在为广大工人编写识图和制图的通俗读物。有人劝老人家退休，老人家找到朱九思，说自己身体还行，还想再干几年。朱九思说：你这个想法很好。你写吧，我支持！为了把书写好，他不顾年高有病，深入到工厂、农村征求意见。他向朱九思同志提出来，希望给他派个助手，朱九思马上同有关同志商量，请一位青年教师同他一起到工厂和农村去。老教授对人说："我忙得高兴，我要拼命地工作。"

· （三）·

教师队伍要壮大，更要提高。要为国家培养高质量的人才，首先要有高质量的教师队伍。朱九思知道这是一场硬仗，非打胜不可。

全院性的师资培养规划，从1977年暑假以来，执行两年多了。人们说，这是华中工学院第一个认真执行了的规划。两年多的时间内，许许多多的中、老年教师补学了工程数学、计算机技术、理论物理和外文，给提高理论水平打下一个比较扎实的基础。两年前，全院只有百分之三十五的教师能用一门外语（主要是俄语）看专业书，现在大多数能借助字典阅读英文专业书刊，约百分之二十五的教师可用两门以上外语进行专业阅读和笔译。半数以上的教研室英、日、德、法、俄五个语种配套。在"文化大革命"中毕业的青年教师，全部脱产学习，时间是一年半至三年不等。现在，在这批青年教师中间，许多人业务上有了比较大的进步，有的已在教学和科研上作出较好的成绩。

1978年春天，一封北京的热情来信送到了朱九思同志的手中。北京工业大学数学教研室的栾德怀老师，主动写信给他，说是自己对群论方面的文献资料作了收集，并写出了讲义，这学期没有课，愿意给华中工学院的教师们介绍一下这方面的知识。看过这封动人的信件，朱九思马上写了按语，连同全信打字后发到全院各单位，要求立即进行准备。过些日子，他到北京开会，在空隙时间和栾德怀老师亲切会面，感谢他的热情支持，并且商定了讲学日期。回到武汉，又对准备工作和接待工作做了检查。我们问了一些参加群论讨论班的教师，他们说，群论是一种重要的数学方法，过去接触较少；他们感谢栾德怀老师把这个方法教给了他们。

教师们还十分称赞朱九思同志抓外国科技书籍展览这件事。本来，这个展览并没有在武汉展出的计划。朱九思派人到省各部委联系争取在武汉展出，并且争取放在华中工学院展出，由学校负责主办。为办好这个展览，院里抽调了干部、教师、实验员一百几十人参加展出工作。有人最初不明白为什么要揽这种苦差事，但是朱九思兴致非常高，他要各教学、科研单位组织大家在晚上展览对外停开的时候，抓紧时间翻译和摘抄自己所需要的科技资料。在这不眠之夜，教师们饱览着反映世界最新科学成就的文献资料，充实着自己的知识宝库。大系统研究所的教师们来了，他们从书刊中找到系统工程方面的新资料，为他们给研究生开课提供了一个很好的条件。正在研究结构最优化设计的造船系结构力学科研组的十四位教师，从书展中找到了几本参考价值较大的书刊，翻译、摘录下来，解决了他们教学、科研中的某些难题。物理教研室青年教师陈应天，一有空就到这里翻译和摘录外文资料，搞了四万多字。他从中吸收丰富的营养，提高了他和别人合写的引力场方面论文的水平。

在将近四十个夜晚的努力工作之下，六万四千多页最新科技资料被他们抄录下来，成为提高师资水平和教学质量的一份宝贵财富。

·（四）·

我们在一天晚上参观了华中工学院新落成的一批住宅楼。

党委书记要抓房子吗？要的，因为它牵涉到教师和职工的切身生活问题。党委决定，要像建设教学用房那样加快建设住宅的速度。党委书记亲自去跑建筑材料，亲自联系施工力量，并且拨出两栋楼给施工单位的同志住；建筑材料运输有困难，就在院汽车队里实行超额奖励。房子一批批交工了，教学和生活用房大约各占百分之五十左右。不仅抓造房子，还抓分房子。朱九思同志做了很多教育工作，使得1979年新落成的四百户住宅，百分之七十分给了教师，同干部和工人比，教师的工龄晚五年的，也可分到比较宽敞的新住宅。朱九思同志强调在同等条件下要优先照顾在教学第一线的教师，特别是基础课教师。所以给他们多分几套房子。

我们走进一套两室一厅的住宅。光学教研室的周维桢和制图教研室的曹玉璋，夫妻二人掩饰不住喜悦的心情，高兴地让我们看了他们的新住宅。他们有两个上学的女儿，一家四口，晚上都能有较好的学习条件。他们很喜欢这套新房子，把地板和墙壁油漆了一遍，使人感到很整洁、舒适。两位中年教师笑容满面，合不拢嘴。从他们兴奋的脸色和眼光中，我们看到了党和知识分子政策的光辉。

是的，党委书记把党的温暖送给了教师。鉴于许多基础课教师工作负担重、工资低，1978年院党委决定给教师的困难补助，朱九思同志提出首先照顾基础课教师，许多人领取了三十至五十元的补助费。1977年百分之六十的教职工调整工资，人们提这个方案，那个方案，朱九思都不同意，他提出要照顾中年教工，因为这批人是骨干力量。

党委书记爱护知识分子就像爱护国家的宝贵财产。他不肯轻易放走一个教工。只有在想尽各种办法之后还是不能解决教师的困难问题的情况下才同意调走。有两位家在广东汕头的教师，在校工作多年，已是骨干力量，但两地分居问题长期不能解决，多次要求调回汕头。党委书记知道此事，责成人事处千方百计帮助他们解决困难，人事处派两位工作人员到汕头去看望两位教师的家属。在这里，时刻体会到党的温暖，人们怎肯轻易地离开呢？

（《人民教育》1980年第2期　作者：张天来）

适应现代化建设和科学技术的发展 华中工学院近年来发生五大变化

十八日,华中工学院一万六千多名师生员工开始举行建校三十周年的庆祝活动。

庆祝活动中印发的资料表明,这个学院近五六年来发生了五大变化:

——学院正由单一的工科大学,向文、理、工、管理的综合性大学发展,以适应四个现代化建设和现代科学技术发展整体化趋势的双重要求。这几年,学院先后创办了数学、物理、化学、力学、外语、新闻、经济和管理工程等系。现有十八个系中,理科、文科、管理方面的系占七个。

——工科创办了十多个新专业,发展新学科,新技术。

——科学研究工作显著加强,正在发展成为教学与科研并重的大学。建校以来,共出科研成果四百九十八项,百分之六十是近几年取得的,其中有六项获得国家科委创造发明奖。现在院内有研究所(室)二十个。

——研究生比重成倍增长。现在校攻读硕士学位和博士学位的研究生达七百人。有十二个学科、专业有权授予博士学位,三十六个学科、专业有权授予硕士学位。华工正在发展成为培养大学生与研究生并重的大学。

——加强基础课学习,着重培养学生五个能力,教学质量有较大提高,加强的基础课有十门:高等数学、普通物理、普通化学、电工基础、电子技术基础、理论力学、材料力学、机械原理与零件、流体力学和传热学。着重培养的五个能力是:自学能力、实验研究能力、外语阅读能力、使用计算机的能力和创新能力。该院在这一方面采取了一系列措施,收到了较好的效果。

三十年来,这个学院培养了三万多名大学生和研究生,其中不少人已是"四化"建设的骨干力量。

(《长江日报》1983 年 10 月 21 日)

校园播种者
——记全国十佳"校长杯"获得者黄树槐

8年的校长生涯，在黄树槐身上留下了深深的印记：白发从两鬓向上蔓延，眼角留下了深深的刻痕。从他那来去匆匆的脚步声中，从那些对他的校园的赞美话语中，记者感到这不完全是岁月催人老啊，虽然他已62岁了……

大运会十佳"校长杯"的人选尚未最后敲定，记者就根据探测信息，驱车直驶华中理工大学。

"校长杯"来之不易。黄树槐对记者说："这要感谢我们的体育教师们，是这支训练有素、甘为人梯的教师队伍，为学校争得了荣誉。"

黄树槐很有一套治校良方，那就是奖勤罚懒，不搞一刀切，要奖就奖在实处。所以，全校的教师们都有一股劲头，那就是什么都要争第一。去年，国家教委搞了个校园评估，这所学校以文明、清洁、优美而出人头地。它的科研经费、科研成果、论文发表数在全国高校中也名列前茅。因体育工作出色，1988年，该校曾被湖北省授予"体育先进院校"称号，固体电子学系被评为全国体育卫生工作先进集体。1989年，该校的《系统研究学生体质、深化体育教学改革》论文被评为湖北省优秀教学成果奖。1992年，该校被评为全国普通高校体育课程优秀学校……

黄树槐毕业于武汉大学机械系，湖南人。虽然是学机械的，可他本人透着一种艺术家的气质，尤其是谈起他办的那个校园艺术中心，列数着那些钢琴、绘画、雕塑，他就充满了感情，话也格外多。他认为美育、体育、德育应融于一体，全面提高受教育者的素质。他对记者说："大运会闭幕后，我们要把群众体育运动开展好，提高大学生的身体素质，为学生们创造更好的训练环境和健身场所，让他们德智体全面发展。"

（✎《中国教育报》1992年10月6日）

抓住机遇开展国际合作
华中理工大学大步闯世界

华中理工大学抓住机遇开展国际合作，为培养高质量人才和赶超世界先进水平开辟了新途径。

据统计，1979年以来，该校先后与14个国家的44所大学签订了校际合作协议，主办国际学术会议21次，聘请800多名外国专家来校讲学，帮助本校培养教师、研究生、本科生3000多人，指导开设新专业3个，开出新课20多门，还合作进行科学研究，取得了一批具有国际先进水平的成果。

华中理工大学电力系与加拿大卡尔加里大学联合培养的6名博士生，学位论文达到较高水平。其中5人先后回校，现已成为教学、科研的骨干力量。该校动力系与澳大利亚纽卡斯尔大学联合培养的博士生张东柯，1990年在澳大利亚学习期间，进行光纤应用安全性研究，其成果处于国际领先地位。建筑学系于1982年成立后，先后邀请了14位海外专家来校任教。这些专家帮助该系开出了10多门新课，举办了世界著名流派建筑展览，指导师生参加国际竞赛，使该系学生5次获得国际大奖。现在，这个系已跻身于国内建筑学科先进行列。

在对外开放中，该校积极开辟国际科技合作之路，吸取国外先进技术。电力系1986年以来与国外合作研究项目已近10项，其中5项成果通过鉴定投入生产。今年春，该系教师又与加拿大卡尔加里大学签订协议，决定共同开发大型水电项目，为我国三峡建设服务。

今年，该校又与新加坡的高校和企业合作，建立了武汉凯华（模具开发）实业有限公司，派出教师和科技人员到新加坡共同开发推向国际市场的激光加工设备新产品。

（《光明日报》1993 年 10 月 13 日　作者：陈天照）

华中理工大学进入"不惑之年"

10月15日上午,两万余名师生员工隆重集合,庆祝完全凭着新中国自己的力量迅速建设和发展起来的华中理工大学进入"不惑之年"。

中共中央总书记、国家主席江泽民,国务院总理李鹏为该校校庆题词。江泽民的题词是"发扬艰苦奋斗优良传统,建设第一流的社会主义大学。"李鹏的题词是"为建设新型社会主义大学而奋斗!"

省委书记关广富也为该校校庆发了贺信。

该校坐落的武汉喻家山,昔日是一个荒野,如今却大树参天,高楼鳞次栉比,处处勃发着盎然生机。40年的拼搏进取,该校已由单一的工科院校发展为理、工、文、管相结合,多规格、多层次办学的综合性大学。在艰苦创业的实践中,华工人形成了优良的校风,培养了改革创新、严谨求行、团结拼搏、艰苦奋斗的精神。

现在,该校设有研究生院、成教学院、经管学院、建工学院和27个系、54个专业,拥有25个博士点、67个硕士点、4个博士后科研流动站。在校学生人数达1.5万名,教师20687人。40年来,该校已向国家输送了6万多名高级专门人才,他们中许多人已成为国民经济、国防建设及文化建设的骨干力量。

该校依凭拥有的包括3个国家重点实验室、2个国家专业实验室在内的95个实验室以及雄厚的科研实力,仅1980年以来就承担并完成了10100多项科研课题,其中有 775 项分别获得国家、省部级奖励。近几年来,在全国高校进行的两次优秀教学成果评奖与两次优秀教材评奖活动中,该校亦获得了 17 项大奖。

(✐《湖北日报》1993 年 10 月 16 日　作者:刘吉元　袁艳)

华中理工大学开办文科居全国同类大学之冠

华中理工大学成为在全国拥有文科数目最多的理工科大学。昨日，该校成立了文学院。

目前，该校已拥有文科硕士点8个，本科专业8个，在全国理工科大学中数第一。

在理工院校里办文科，华中工大初步形成了"利用理工科的知识充实文科，利用理工科的设备装备文科，同时又用文科思维渗透影响理工科"的特色。如该校新闻学专业在全国新闻教学界涉猎理工知识最多。目前又开始了一项试点：从理工科上完本科二年级的校内学生中招收20至25名学生单独编班，在三、四年级学习新闻理论和业务，培养科技新闻的复合型人才。

华中工大的文科学科建设几年愈益得到国内外同行重视。该校张培刚教授创立的发展经济学在世界上独树一帜；语言学、科学技术哲学、高等教育学等学科的发展水平，已经超过部分教委所属综合性大学；社会学、新闻学等形成了特色，在全国同类学科中有一定地位。几年来文科系、所承担了国家社会科学基金和国家自然科学基金项目15项，其他课题100多项，一些教师的学术影响还跨出了国界，曾几次应邀到东京大学、京都大学等著名大学讲学。

据悉，华中工大在全国同类院校中办文科最早。现有文科种类有经济学、社会学、新闻学、哲学、中文、外语、政治与法律、高等教育学等；共有教授、副教授141人，在读学生1000多人，其中研究生200多人，外国留学生14人。校长杨叔子称：向文科倾斜将是华中工大今后几年的发展重点，今年将向文学院提供不少于25万元的资助。"没有上水平的文科，便没有上水平的理工科。"

（✎《长江日报》1994年3月11日　作者：李皖）

稳定规模　调整结构　提高质量
华中理工大学走内涵发展道路

沿着内涵发展为主的道路走过了近10个年头的华中理工大学，认真总结经验，决定重点抓好学科建设和教育质量的提高，力争在下世纪初把学校建设成为在国际上有重要影响、部分学科接近或达到世界先进水平的第一流社会主义大学。

党的十一届三中全会以后，华中理工大学进入了高速发展的阶段。到"六五"末期，学校已从工科院校发展为兼有理、工、文、管多学科的综合性大学，校辖院、系比1979年增加了一倍多，在校生人数从1979年的不足3000人增加到13630多人，成为全国规模最大的高校之一。

这种高速度的外延发展，既给学校带来了巨大变化，也暴露了一些新的矛盾。校党委感到，在教育投入不可能大幅度增加、外延发展和内涵发展难以同时并进的情况下，如果继续保持外延发展为主的高速度，势必使内涵发展更加滞后，造成教学质量和办学水平滑坡的危险。

于是，"七五"期间，校党委确定了以内涵发展为主的改革思路，把学校引上了稳步、协调、持续发展的轨道。进入"八五"以后，他们进一步提出了"坚持方向，稳定规模，调整结构，改善条件，深化改革，提高质量"的指导方针，深化了内涵发展为主的思路。

围绕学科建设调整专业结构和院系结构，是华中理工大学走以内涵发展为主道路的一项有力举措。他们对相同学科的相近专业的教学计划进行调整，把53个专业的教学计划归并为35个宽口径的教学计划，实行打通培养。为适应学科综合化的趋势，学校还对院系结构进行了调整，先后建立了文学院、理学院、经济学院、工商管理学院、建工学院、机械学院等10个学院，集中力量组建先进制造技术、激光、能源、材料与热加工、信息、生命科学等6个学科群和20个重点学科，促进了学科的交叉渗透，为学校的更大发展打下了基础。

在深化教学改革方面，近10年来先后出台了一系列措施，如设立教改基金、改革课程体系，建设一类课程，实行主辅修制，举办提高班、少年班，实行特优生导师制，实行学位直攻制；通过语文水平考试才能获得学位，全面实行学分制等等。这些措施，有力地促进了学生全面素质的提高。此外，学校还把加强教师队伍建设放在重要的战略地位，遵照"精选、重用、严育、厚待"的方针，采取一系列相应措施，促进了学术带头人和优秀中青年教师的成长。

华中理工大学决心继续深化改革和发展的思路，再创佳绩。

（《光明日报》1995年11月17日　作者：周文斌　陈思中）

建立宽口径培养模式
——访中科院院士、华中理工大学校长杨叔子

华中理工大学建校43年来,以其年轻又富有朝气著称于全国高教界。到2010年,华中理工大学的目标是什么呢?中科院院士、校长杨叔子说:"要建立一所在国际上有重要影响,部分学科接近或达到国际先进水平、第一流的社会主义大学。"

杨叔子校长认为,面对新科技的挑战,学科的综合化发展趋势,我国高等教育存在着值得注意的问题:一是过窄的专业教育,局限了学生的学科视野;二是过重的功利导向,使学生的素质培养和基础训练受到影响;三是过强的共性制约,使学生的个性发展受到抑制;四是过弱的文化陶冶,使学生的人文素质和思想底蕴不够。这些问题如果不解决,势必阻碍我国高等教育的发展。

多年来,华中理工大学在建立合理的学科结构,实行宽口径培养模式;加强工程训练和实践,提高学生的能力和全面素质;重视文化素质教育,培养学生的人文精神;严格要求、严格管理等方面,经过不断探索、改革,已形成了自己的特色。

杨叔子校长强调:"建立合理的学习结构,是实行宽口径培养模式、培养高质量人才的基础。"杨叔子说,单纯的工科,缺乏理科和文科的基础,无论是教育质量还是学术水平都很难提高。学科交叉,文理渗透,有利于形成良好的学习生态环境,有利于提高综合研究能力,有利于学校的发展与创新,有利于复合型人才的培养。

基于这种思路，华中理工大学1977年开始加强理论基础，实行理工结合的探索。1988年以后，经过不断的探索和实践，建立了有自己特色的宽口径培养模式。其内涵有：调整、归并教学计划，按院系招生、学科大类培养，大面积实施主辅修制，培养跨学科复合型人才，使学生有更宽广的学科基础与学术视野。

杨叔子介绍说，多年来，华中理工大学坚持以培养和提高工程实践能力为目标，加强实践教学基地建设，先后建成物理实验、机械设计、电子线路测试技术等11个水平高、条件好的校内教学实验实习基地，组建了电工实习培训中心；还在校外建立了相对稳定的实习基地32个。杨叔子说，学校根据各专业培养目标的要求，建立了工程训练的整体观念，系统设计实践环节，把原分散于各实践环节的教学内容分门别类统筹安排，使工程训练构成一个完整体系，贯穿于人才培养的全过程。为了发展学生的个性和创造性，一些实验课做到"开放式"教学，一些实验一人一组，开放实验室供学生做实验。

采用课内外相结合的方式，有计划地大力组织学生开展多种形式的科技活动，是华中理工大学培养学生全面素质、发展学生个性的又一做法。杨叔子说："自1988年我校设置学生课外科技活动基金以来，共支持了400多个项目。学生不仅积极参加校内的科技活动，还主动参加全国性和国际性的各种比赛，并取得了许多好成绩。特别是在全国'挑战杯'大学生科技竞赛中，我校连续四次进入团体总分前三名。"

"重视文化素质教育，向科技教育与人文教育并重转变，是当前国际上与我国高等教育改革的大趋势之一。"杨叔子校长说，在以工科为主的高等学校中，他们对加强文化素质教育进行了探索与尝试。70年代末，该校在全国工科大学中率先创办文科。80年代初，该校在国内首次提出开展第二课堂活动，开设人文选修课，组织讲座和读书活动。1994年以来，该校进一步加强文化素质教育，从五个方面构建成比较完整的体系：第一，建立了文化素质教育课程体系；第二，实行人文社会学科辅修专业制和双学位制；第三，开设人文社科选修课和举行中国语文水平测试；第四，举办人文社会科学系列讲座；第五，开展多种形式的校园文化活动，组建各种社团。杨叔子校长说："大学教育一是教学生掌握知识和能力；二是教学生学会如何思维；三是教学生如何做人。第三点是核心，要培养学生正确的价值观和世界观，大学生应当有更高的思想道德素质和文化素质。"

杨叔子说："我们高等教育必须有中国的特色，建校 40 年校庆时江泽民同志给我校的题词：'发扬艰苦奋斗优良传统，建设第一流的社会主义大学'，就是我们的办学方向。在 21 世纪，我们要建成一流的社会主义大学，也是世界一流的大学。"

(✎《光明日报》1996 年 12 月 24 日　作者：陈思中　夏斐)

喻家山麓展宏图
——记华中理工大学

华中理工大学是国家教育委员会直属的重点大学，原名华中工学院，创建于1953年，位于湖北省武昌喻家山麓。这所凭靠新中国自己的力量建设起来的大学，经过40多年的发展，现以其年轻而又充满朝气著称于全国高教界。从70年代中期起，该校在全国率先突破原有的办学模式，不断深化改革，加快发展，实现了"三大转变"：由只设有机电类工科向兼有文、理、工、管诸学科的综合性大学转变；由单纯的教学中心向教学、科研两个中心，并不断增强直接为社会服务的能力转变；由基本上只办本科教育向本科教育与研究生教育并重，并发展继续教育的多层次办学转变。现在，第四个转变正在进行，即由专业教育为主向专业教育与素质教育并发、科技教育与人文教育并重转变。学校现在学科门类齐全，结构比较合理，有57个本科专业，82个硕士点，31个博士点，7个博士后流动站，5个国家重点实验室和专业实验室，1个国家工程中心，在校学生达到17000多人。

华中理工大学始终把教学改革作为学校工作的核心，把提高教学质量放在极端重要位置，十分重视学生的全面素质教育。该校以"从严治校"著称，赢得了良好的社会声誉。该校十分重视学生的工程训练与社会实践，建立了一大批校内的教学、科研基地。为因材施育，培养拔尖人才，该校实行主辅修、双学位、优秀本科生直攻硕士和学习特优生培养制度，开办了提高班、少年班，开展了多种单科竞赛活动和学生课外科技活动，实施了大学生文化素质教育体系，在全国高校中率先进行大学生中国语文水平测试等。这些措施，激发了学生的学习积极性，增强了学生的全面素质，一大批优秀人才脱颖而出。不少学生在国际、国内举办的科技竞赛中屡屡获奖。在已举行的四届全国大学生"挑战杯"科技作品竞赛中，该校是唯一各届均进入前三名的学校。

近10多年来，华中理工大学大力开展科学研究，硕果累累，共完成科研课题2400多项，其中88项获国家科技奖，671项获省、部级科技奖。1993年、1994年与1995年，该校在国内发表的科技论文每年均突破1000篇大关，居全国第一。现在，该校居国内前列或有重要地位的学科专业有激光技术、数控技术、机械制造、模具、电机、低温制冷、信息存储、通讯、电子材料与器件、煤燃烧、模式识别与智能技术等。年轻物理学教授罗俊等的引力研究成果国际瞩目；青年数学教授任佳刚发明的"任氏定理"蜚声中外；生物系教师研制出抗癌新药紫杉醇引起国内外关注；电信系与电子部54研究所合作研制成功的大型数字程控交换机在国内外引起巨大反响；经济学院张培刚教授是"发展经济学"的创始人，在国际上享有盛誉。

华中理工大学有一支实力雄厚的师资队伍，现有教师2650人，其中教授373人（含中国科学院院士2人，博士生导师136人），副教授943人。该校为了促进学术带头人和优秀中青年骨干教师的成长，制定了"精选、重用、严体、厚待"的政策和一系列能使优秀青年破格晋升的办法，激励和加速优秀中青年教师脱颖而出。

华中理工大学坚持对外开放，十分重视国际学术交流，已同国外50多所大学和科研机构、公司建立了友好合作关系，世界各地的500多名专家学者先后应邀来校工作。

1995年，华中理工大学制定了"到2010年左右把华中理工大学建设成为一所在国际上具有重要影响、部分学科接近或达到国际先进水平、第一流的社会主义大学"的总体目标，并正朝着这一宏伟目标前进。

（✎《人民日报》海外版1997年5月19日 作者：陈天熙）

改革求发展　实力是根本
——访华中理工大学新任校长周济

周济，1946年出生，1970年毕业于清华大学精密仪器系机械制造专业，1978年考入华中理工大学机械系攻读硕士研究生，1980年赴美国纽约州立大学机械工程系学习，先后获工学硕士、博士学位，1984年学成回国后，在华中理工大学机械工程系从事教学科研工作，1989年晋升为教授、博士生导师，历任华中理工大学机械学院院长、华中理工大学副校长，1997年6月任华中理工大学校长。

见到周济校长，记者问道，您在上任的演讲中提出：要把华中理工大学建成世界一流的大学。那么，首要解决的问题是什么？周济回答："首要任务是提高办学实力，发掘办学潜力。邓小平理论中有一个很明确的思想，就是实力是根本，发展是硬道理。我理解就是要抓住机遇，加快发展，提高办学综合实力。"

谈起华中理工大学历史上的两次抓住机遇加快发展的经过，周济说，从1953年建校到70年代中期的20年里，我校抓住国民经济发展的机会，在一片田野上建立起了一个大学城，进入了全国重点大学行列。在改革开放70年代末期，我校又抓住机遇，实现了办学结构的三大转变，教学质量、学术水平、综合办学实力明显地上了台阶，成为国内一流大学。

"学校的奋斗目标确定后，首先考虑的是增强实力，持续发展问题。"周济说，我校当前急切要抓增强实力的主要问题有三个：第一，规模发展、快速发展、高水平发展。他解释说，发展规模，包括教育规模、科研规模和产业规模。我们离高等教育的大众化教育还差得很远，目前的高等教育规模，特别是重点大学的规模，还远远不能满足社会主义现代化建设对人才的需求。

周济认为，增强实力要抓的第二个问题是争取学校财政状况的根本性好转。他说，财政是学校发展的基础，要使财政收入增加，必须提高办学效益。在市场经济条件下，没有经济观念，学校要发展是不可能的。我们只有解决了经济问题，才能提高办学综合实力，才能提高承接更多科研课题的能力，才能增强吸引高素质生源的能力；另一方面，经济条件好了，有助于师资队伍的建设。我们讲事业留人，感情留人，还要加上待遇留人。

周济直爽地说，"只要我们转变观念，完全可以在财政收入上有一个大的发展。"周济充满了信心。他说，江泽民同志强调教育工作要适应两个根本性转变，要全面适应社会主义现代化建设对各类人才培养的需要，全面提高办学质量和效益。我们要主动适应这两个根本性变化，抓住这个机遇，充分发挥自身的功能和优势。我们要走出"等、靠、要"的误区，自己主动去争取，去创造。广大教师要面向经济主战场，改变观念，把成果、技术变成生产力、产品，一定会取得巨大的经济效益。

说到第三个问题，周济说，"不管是讲发展，还是讲规模，都必须讲特色取胜，重点突破。"华中理工大学已经形成的特色有：一，严格管理。严师才能出高徒，在科学合理的基础上，我们应该在"严格管理"方面争个全国第一。二，学校绿化方面，我们不仅要保持全国领先水平，更要向美化方向发展。三，在教工住房条件方面和后勤服务方面，我们在领先的基础上，还要好上加好，力争满足教师不断增长的需要。四，在抓人文素质方面，《光明日报》在今年发表的《百年大计，五载辉煌——喜看我国教育改革和发展跃上新台阶》一文中，在谈到"向素质教育转轨"问题时说："以华中理工大学为代表的一批高校在探索加强大学生的人文素质教育方面，已走出了一条有中国特色的复合型人才之路。"国家教委和兄弟学校给予了我们较高的评价。我们要更上一层楼，把人文素质教育推向一个新的阶段。周济告诉记者，曾经有一些人认为，有优势的方面是否可以缓一下，加强弱的方面。我们认为，优势是我们的宝贵资产，不仅不能缓，更应加强。我们要发挥传统优势，形成华中理工大学综合的办学特色。

（ 《光明日报》1998年2月5日　作者：陈思中　夏斐）

同济医大推出综合改革方案

有着 86 年历史、在校生人数居卫生部部属院校首位的同济科科大学,近日推出综合改革方案。

据校长薛德麟介绍,他们的改革将以管理体制改革为突破口,以教学、科研、医疗改革为主体,覆盖包括后勤保障在内的各个方面。扩大办学规模、调整教育结构、提高教育质量是主体改革的重要内容。按照七院、二系、二部框架的构想,该校将逐步建立研究生院、基础医学院、药学院和成人教育学院,争取第三附属医院上马。

根据改革方案,同济医大从 1993—1995 年招生人数每年将按照 5%~10% 递增,到 1995 年,争取使在校生达到 5000 人,在校研究生达到 690 人,并逐步扩大调节性计划招生比重,包括招收本科和研究生委培生、自费生以及自费留学生、境外学生。毕业生就业将逐步推行"双向选择"及学生"自主择业"制度。为培养社会急需人才,该校将形成多学制(3~7 年制均有,以 5 年制为主)、多层次(研究生、本科、专科教育及成人、自学教育)、多专业(本科专业由 9 个增至 12 个等)的办学格局。在教学内容上,将加强应用学科、新兴学科和人文类课程。改革教学管理,实行授课教师聘任制、课程评估制、教学管理教师考核制及 3、5、7 年制学生优升劣汰制,逐步推进学分制和教师挂牌授教,允许学生自费学习第二专业、攻读第二学位,扩大优秀硕士生提前攻博比例,实行优秀研究生奖励制、研究生中期筛选制。

此外，该校还将加强学校两个国家重点学科和 11 个校级重点学科建设，集中优势在器官移植等重大研究项目上出重大成果，深化医院改革，探索国家、集体"一院两个""一院多制"等经营管理模式和分配方式的改革。

在后勤保障体系改革方面，将按照"小机关、多实行、大服务"的方向，促进后勤工作逐步向服务型、服务经营型转变，实行不同形式的承包责任制。在管理体制改革上，该校将运用政策导向、思想教育和物质激励手段，进行人事、机构、分配制度、住房制度和公费医疗制度改革，现有处级机构及党政管理人员要压缩 1/5。

（✐《健康报》1993 年作者：邢远翔　王小平）

沧海变桑田　妙手共回春
——同济医科大学与德国交流纪实

在海内外享有盛誉的同济医科大学，以其先进的德文医学教育著称，研究德国的医学预防和医疗技术堪称中南地区之先锋。与德国医学界的交流，除因第二次世界大战爆发一度中断之外，一直保持着长期的友好合作关系。特别是改革开放以来，该校愈发成为德国在湖北、武汉从事医学科技、医疗经贸活动的中心。

·追溯百年历史　缅怀德国导师·

1907年，德国宝隆医生在上海创办了"德文医学堂"，这就是第一次世界大战德国战败后，由中国政府正式收归国有，并于1918年更名的"国立同济大学"。

在抗日战争爆发、1938年秋希特勒下令所有在华德国医生必须撤回以前，同济大学的绝大多数教师均由德籍医学教授担任。这些德籍教授不仅为中国培养了优秀的西医人才，而且他们中间有些坚信"医学没有国界"的导师，一直在反法西斯战争中留守中国，并且奉献出自己的一生。

生理学教授史图博先生，就是一位坚定的反纳粹主义者，他住在中国农村，丝毫不动摇自己在华传医的决心，直到1953年，八十高龄的史图博教授才不得不落叶归根，这时他不仅完成了自己研究人类学的夙愿，而且还培养出包括裘法祖、武忠弼等在内的新中国一批著名医学专家。另一位魏特教授，1945年在四川宜宾去世，安葬在了中国。

· 中德校际合作　孕育硕果累累 ·

1972年，周恩来总理与联邦德国外交部长瓦尔特·谢尔签订两国建交协议。1978年，联邦德国驻北京文化参赞铁奥多尔女士来汉主持著名的斯普林格出版社书展开幕式，她抓住这一契机，开始正式促进同济恢复与联邦德国的校际合作。当时，这位熟谙中文、性格豪爽，并自豪地称呼自己为"老铁"的女参赞激动地说："这真是'踏破铁鞋无觅处，得来全不费工夫'，我四处寻找同济，找得好辛苦啊！"

随后的1979年秋天，由中国卫生部组织，同济医科大学裘法祖教授为团长、武忠弼教授为副团长的"器官移植考察团"正式出访德国。

此后，同济医科大学与德国的学术交流、合作跨入了一个前所未有的崭新阶段。

从1980年11月至1987年11月，同济医科大学先后与德国的海德堡大学、埃森大学、萨尔州大学、乌尔姆大学、慕尼黑大学签订了合作协议。

1981年至今，同济近300名教师和医学工作者赴德进修，几十位取得博士学位，学成归来后，他们中的绝大多数在工作岗位上发挥了巨大作用。与此同时，德国的留学生、医学专家来同济学习、讲学、交流合作达2000人次。

1980年，同济医科大学获得德国大众汽车基金会100万马克的资助，兴建了当时在国内首屈一指的同济实验医学研究中心。

1984年6月26日，德中医学学会在德成立。同年11月20日，中德医学学会在同济医大成立。经一年多的筹备，两个学会自1986年开始每年举行一次联合学术年会，将学术交流纳入规范化轨道。

在中德双方的科研合作中，关于胃癌、血吸虫病、肝癌、动脉硬化等项目的研究成果均具有世界先进水平，为世界医学和人类健康作出了宝贵的贡献。

·中德市级合作 从医学到经贸·

1984年10月,联邦德国总理科尔访问同济医科大学,这是继德国前总统瓦尔特·谢尔访问同济后的第二位德国国家领导人来访。

同时,同济的对德交流也在西医合作的基础上,将中国的传统中医推广到欧洲。

同济医大和德国埃森大学合作,建立了欧茵豪森温泉疗养地中医研究所,这家中医疗养机构不仅成为德国研究中国传统医学的中心之一,而且也成为德国著名的康复中心。该疗养地主任史密特先生和有关专家认为,应该"用现代科学方法研究中国传统医学",并表示今年再扩大10个研究所,请同济医大的领导和专家今年6月前往德国进行磋商。

与此同时,同济医科大学还积极促进我省市级医院与德方交流,先后促成了潜江与海登海姆、黄石与洛特维尔、宜昌与路德维希堡、荆沙与哥平根四对中德城市的医院进行友好合作。经过同济医大的牵线搭桥,这些城市不仅建立了医院合作关系,而且在此基础上签订了友好城市协议,积极将合作领域由医疗卫生发展到文化、科技、经贸等领域。

最近,德国《海登海姆报》《海登海姆新报》就1996年4月16日至19日海登海姆市市长希默斯巴赫访问潜江的所见所闻,进行连续七大整版的全面跟踪报道,对促进海登海姆和潜江成为友好城市的奠基人、同济医科大学武忠弼教授进行了专访,并致以诚挚的感谢。

1996年5月9日,德国驻华大使赛康德博士访问同济医大,表示他将以公、私双重身份促进同济医大与德国地方政府、医学界和企业界扩大合作。这再次说明,同济医大的对德交流在世纪之交将更加辉煌。

(《长江日报》1996年5月27日 作者:皮泓)

同济医科大学辉煌九十载
——访同济医科大学党委书记刘树茂教授

同济医科大学是国内著名的医科院校，自德籍医师宝隆博士1907年在上海创建至今已整整九十个年头。期间，累计为国家培养了近四万名高级医学人才，其中还造就了一些像裘法祖、吴孟超等国内颇有影响的医学专家，其附属协和医院、同济医院均是综合性医院，医疗科室齐全，技术力量雄厚，在国内外尤其是中南地区享有盛誉。近年来，同济医大在卫生部和湖北省委的领导下，在党委书记刘树茂和党委一班人的带领下，注重校内改革，重视人才，学校得到很好的发展，教学、科研、医疗等均在国内医科院校中名列前茅。今年年初，学校凭着雄厚的实力顺利通过了"211工程"重点学校建设规划评审。

·重视人才出硕果·

刘树茂说：科技是第一生产力，而人才则是根本。近年来，同济医科大学以人才培养为根本，面向二十一世纪，采取"稳定一批、吸引一批、培养一批、提拔一批"的人才战略，实行"以事业留人、感情留人、待遇留人"的人才政策，实施学校"小211人才工程"，建设了一支政治素质好、业务水平高、结构较合理的教师队伍。如今，学校仅教授、副教授就达一千多人。人才济济换来硕果累累，"七五"以来，学校已承担各级纵横向科研项目一千三百多项，获得资助经费四千四百多万元，四百多项成果通过了专家鉴定，六项达国际领先水平，一百多项为国际先进水平，国内领先、先进水平成果近三百项。一九八一年至一九九五年，学校获卫生部科技进步奖总评分在部属院校排名第三。在众多成果中，低血钾软病研究、双氧水心脏学造影研究、同种脾移植实验与临床研究等在国内外产生了很大影响。学校器官移植研究所是我国最大的卫生部唯一的综合性器官移植中心，目前已能开展十四种器官移植，其规模和种类居国内领先地位，其中，同种脾脏、异种胰岛、肾脏等移植均居世界领先水平。此外，该校在近十年中，在国内外科技期刊上，发表学术论文近万篇，出版著作近千部，在部属院校中位居前列。

·医德教育不放松·

据刘树茂介绍，同济医科大在抓教学、科研的同时，注重医德、医风的教育。他说，医生是一个有其特殊性的行业，作为一个医务工作者，必须具备高尚的爱心和职业道德。近年来，由于市场经济带来的负面影响，拜金主义的存在，医务人员中拿红包的现象时有发生。因此，学校在培养学生良好的医德医风方面下了不少气力，专门制定了爱国主义教育与德育工作十大工程。在校内开展各种不同形式的德育教育活动，或教书育人、管理育人；或服务育人、言传身教。在校外，经常组织学生参加社会实践活动，到工厂、下农村了解国情，培养学生与群众的感情，帮助学生树立正确的人生观、价值观、世界观，加强学生的思想道德、公共道德和家庭美德方面的教育，使学生懂得如何做人、如何处世，在附属医院，制定了严格的规章制度，明确职业纪律和职业责任，采取了一些奖惩相结合的激励措施。近几年，医院每年上交红包在十万元以上，附属协和医院被评为省级文明单位，附属同济医院被定为全国十佳示范医院之一。当然，也有个别违背职业道德和纪律受到严肃处理的，刘树茂举例说：在一次晋级评审过程中，一名副教授已获晋升正教授的资格，却因发现其有收受三百元红包的行为，而未被聘用，失去晋升资格。

·创国际名牌大学·

刘树茂说，现在的社会是开放的社会，学校也不例外。改革开放以来，同济医大引进竞争机制，率先在全国医学院校中实行学分制，在与省内外高校联合办学、资源共享、发挥优势互补的同时，也积极与社会力量合作，先后在湖南、湖北建立教学基地五十七个。在对外交流方面，建立了以德国为重点的较为广泛的国际交流渠道，与五十多个世界科学卫生组织和单位建立了科技合作和人员交流关系。先后与海外十一所大学建立了友好关系，外派留学生千余人，培养外籍留学生四百人。最后，刘教授说：我们既要继承前人，又要突破陈规；既要借鉴世界经验，又不照搬他校模式，从自己的实际出发，总结经验，创造新办法。始终坚持"两手抓""两手硬"，争取早日滚动进入国家"211工程"建设规划，把同济医科大学建设成为国内一流、国际知名的医科大学。

（香港《大公报》1997年5月21日）

同济医科大学育才四万
江泽民李鹏李岚清为学校 90 华诞题词

今天,同济医科大学校园里彩旗招展,鲜花竞放,来自海内外的数百名校友和一万多名师生欢聚一堂,共庆学校 90 华诞。党和国家领导人江泽民、李鹏、李岚清等分别为同济医大建校 90 周年题词。

江泽民总书记的题词是:"坚持严谨治学优良传统,培养优秀医药卫生人才"。李鹏总理的题词是:"发扬优良传统,培养四有医学人才"。李岚清副总理的题词是:"进一步提高教学科研水平,培养医科高尚、医术高超的跨世纪的优秀医务人才,为人民的健康事业作贡献"。

同济医大的前身是 1907 年创办于上海的同济德文医学堂,至今已经历了 90 个春秋。经过 90 年的建设和发展,学校已初步实现了从医学院向综合性医科大学的转变,形成了"团结、严谨、求实、奋进"的校风。建国以来,共为国家培养了四万余名医药卫生高级专门人才。该校为首批博士学位授予单位,是全国医学研究生培养的重要基地之一。自 1953 年承担国家科研任务以来,一批颇具实力的重点学科已经崛起,并建立了目前国内最大的器官移植中心,脾移植达到国际领先水平。

国家教委、德国总理科尔分别为同济医大建校 90 周年发来了贺电。

(《中国教育报》1997 年 5 月 26 日 作者:张真弼)

医科大学必须更重"德"
——访同济医科大学新任党委书记黄光英

黄光英同志,女,生于 1945 年 6 月,湖北枝江人,1966 年入党,1970 年从同济医科大学医疗系毕业,留附属同济医院中医科工作。1990 年任中医科副主任医师、副教授,同年赴德国埃森大学学习,1992 年 2 月获得医学博士学位。1993 年任湖北省妇联副主席。1995 年起任中医科主任医师、教授。1996 年任同济医院党委书记兼院长,并兼任同济医大中西医研究所所长。现任同济医科大学党委书记。

我们的谈话,是从医科大学培养学生与其他院校有何区别开始的。黄光英,这位刚刚就任的同济医科大学党委书记非常恳切地说:我认为,最重要的区别就是,医科大学培养人才应该更加注重"德"的教育。因为医科大学的毕业生最普遍的出路是做医生,医生的服务对象是人,而且是一种特殊的人,是有病的人,医生的医德医风就尤为重要。所以,医学院校必须特别强调"德"育。

黄光英说:丰富多彩的校园文化活动是进行思想政治教育的重要手段,也是进行爱国主义教育的有效载体。我们根据师生员工的不同年龄层次、心理特点和知识水平,科学地设计和安排形式多样的文化活动。在活动中坚持寓教于乐的原则,充实爱国主义教育内容,努力提高文化活动的思想性和感染力,使师生员工在参与活动中培养爱国主义情感。例如,我们进一步完善和规范了"同济医大金秋艺术节""五四青年文化节""教职工自行车环城旅游"以及校运动会等全校性群众活动,利用闭路电视、电影有计划地播放爱国主义影片,组织文艺表演、音乐观曲欣赏、革命歌曲演唱大赛、书画盆景展览和以爱国主义为主题的讲座、演讲、诗歌朗诵、知识竞赛等。这些活动既突出了爱国主义教育内容，又增加了艺术感染力，让师生员工在广泛的参与中提高了审美水平和艺术修养，培养了分辨真善美和假恶丑的能力，从而建立了和谐的人际关系和良好的校风。

据黄光英介绍：为营造爱国主义教育氛围，根据《爱国主义教育实施纲要》，他们进一步规范了节日礼仪制度，严格执行升挂国旗制度。在学校的重要会场、大型会议室、接待室等场所严肃规范地插挂国旗，每天升挂室外国旗，大型集体活动举行庄严的升旗仪式，奏国歌，提倡齐唱国歌，并适时开展国旗、国徽知识竞赛，让师生员工特别是青年学生加深对国旗、国徽含义的理解，以增强爱国主义情感。同时，他们还在各教学楼大厅、各大教室、图书馆、礼堂、学生食堂悬挂名人名言及画像，制作树立党的教育方针、医学生誓言、校风等一批雕塑、碑刻和标牌，举办大型的校史和"十大奉献者"事迹展览，以展示杰出人物的风采和同济医大光荣历程与优良传统，以榜样的力量激励青年学生奋发进取，并通过每年的"知我同济，振兴同济"的入学教育和"心系母校，志在四方"的毕业教育等系列活动，使学生在爱校教育中升华爱国情感。

黄光英说：学校的根本任务是育人，而教职工的言行举止对学生的成长起着直接的影响和潜移默化的作用，教育者必须先受教育。为此，我们着重抓好"教书育人、管理育人、服务育人"的工作，把"三育人"与"德育"教育有机地统一起来。我们制定和完善了《三育人工作条例》《教师教书育人守则》，通过政策导向把德育教育落实到"三育人"的各个环节，引导教职工把德育情感落实到教学、科研、医疗、管理、服务等日常工作和生活中。我们在全校教职工中大力倡导爱岗敬业、热爱医学、乐于奉献的精神，做好本职工作，在平凡的岗位上建功立业；倡导教师积极参加"两个文明"建设，用知识和科技成果奉献社会，为经济建设和社会发展服务，为祖国繁荣富强作贡献；倡导把"做学问"与"做人"统一起来，把个人发展与祖国需要统一起来，为人师表，以身作则，在政治思想上做学生的表率，在事业上做学生的榜样，以自己的模范言行来影响和感染学生。

黄光英认为，先进典型在"德育"教育中起着重要的典范作用。为通过先进典型的模范事迹教育师生员工，他们着重抓好培养典型、树立典型、宣传典型的工作，把树立典型与"德育"教育结合起来。进一步规范和完善了学校争先创优活动，引导师生员工把爱国主义情感融于爱岗、敬业、奉献的实际行动上，大力倡导"岗位学雷锋，行业树新风"。他们还树立了学校十佳教育工作者、十佳医务工作者、十大奉献者以及全国劳模、优秀教师、优秀三好学生和自愿到西藏工作的优秀毕业生等一批先进典型，组织优秀留学回国人员在校内作"我的事业在中国""我的成就在同济"以及"爱国奉献"等巡回报告，用身边的先进典范激励师生员工爱国、爱校、爱专业的精神。

(《光明日报》1998年2月18日　记者：夏斐)

高校发展的优势在于创新
——访武汉城建学院院长丁烈云教授

全国第三次教育工作会议之后,我国的高等教育事业进入了新的发展阶段。面对新的形势,承担着城市建设高级人才培养任务的武汉城建学院如何抓住机遇进行改革和发展呢?为此,我们采访了该院党委书记、院长丁烈云教授。

丁烈云说,高校的发展在于永不停歇的创新。从城建学院的专业角度来看,改革开放以来,我国城市房地产进入一个蓬勃发展时期,城市化水平由不到20%提高到近30%,而发达国家一般达到70%~80%。中南地区在中小城市建设、城市基础设施建设、三峡移民开发等方面,为我院发挥专业优势,服务区域经济和社会发展提供了广阔的舞台。武汉城建学院已走过了47年历程。在新址重建10多年来,学院抓住三次机遇,锐意改革,开拓进取,取得了长足的发展。为了培养更多的人才,也为了自身的发展,今年,学校深挖潜力,扩招560人,在校生达到5600余人。

谈到高校的改革到底在哪些方面创新时,丁烈云认为,首先要在教学内容和方法上创新,注意处理继承与创新的关系,不断探索培养学生的创新意识和能力的方法。他介绍说,武汉城建学院各专业注意在课程设计和毕业设计中采取理论与实践相结合的开放式教学法,如规划专业采取"真题真做"方式组织教学,先后为地方完成近150项规划设计任务;给排水专业组织学生参加东湖面源污染控制技术研究。

经过多年努力,学院已经成为一所以土建类专业为主,突出城市规划和市政工程学科专业特色,工管文相结合,学生基本功扎实、素质良好的城建人才培养基地，毕业生受到社会广泛欢迎。1996—1998年，学院毕业生供需比平均为1∶2.08；即使在今年就业形势严峻的情况下，毕业生分配一次到位率仍接近98％。

最后，丁烈云深有感触地说："高校发展的优势，有赖于对现状永不满足的创新，只有在创新中壮大实力，有所建树，才能立于不败之地。要实现新一轮发展目标，就必须在'新'字上做文章，在'创'字上下功夫。"结合学院的实际，他认为，将以学科建设为核心，以人事分配制度改革为重点，在"质量、效益、结构、机制"八个字上下功夫。

丁烈云认为，质量是生命线，为适应新世纪对人才的需要，要改革人才培养模式，由培养"专业对口型人才"向"适应性人才"转化，强化特色，树立新的质量观。根据优化教育资源的要求，学院将通过改革调整结构，使师生比达到1∶14，员生比达到1∶8。机关处级单位将精简25％，机关和后勤人员将分流30％～40％，大幅度充实教师队伍。要实行全员聘任制，建立和完善奖惩、激励和竞争机制。要通过优化结构，健全机制，优化资源配置，增强学校的管理效益、规模效益和社会效益。

(《光明日报》1999年12月27日　作者：夏斐　高翔　丁士道)

聚焦华中大

华中科技大学70周年校庆丛书

第二章

筑巢引凤 夯实师资

华中工学院大批师资茁壮成长
建校十年教师由二百多名发展到一千一百名

华中工学院建校十年来,师资培养工作取得了巨大成就,大批新生力量茁壮地成长了起来。建校初期,这个学院只有二百多名教师,现在已发展到了一千一百多名。在大批的青年教师中,有三百二十余人已由助教升为讲师;有的还被提升为副教授,并担负了培养研究生的任务;不少的人还承担了国家委托的科学研究项目,参与了近四十种全国通用教材和教学参考书的编写工作;学院出版的四十六期学报的二百多篇论文中,一半以上的学术论文为年轻教师所撰写。

建校以来,为了提高教学质量和学术水平,学院的党委和行政领导一直对培养教师的工作给予高度的重视,把它看成是学院的一项重要的基本建设,一项带有战略意义的任务。

在师资培养工作中,这个学院非常重视提高教师的政治觉悟和思想水平。学院不断地组织他们学习马克思列宁主义和毛泽东思想,并开办了马克思列宁主义的夜大学,系统地学习各门政治理论课和毛主席的著作。平时,学院经常对教师们进行又红又专的思想教育、革命传统的教育,并通过插红旗、树标兵等方式,激发教师们的革命热情,引导他们走又红又专的道路。十年中,学院还十分重视组织年轻教师参加劳动锻炼,到工厂和农村参加生产劳动。通过这些举措,教师们的思想面貌发生了根本性的变化,许多人迫切要求进步,走又红又专的道路。从一九五八年到一九六〇年这一段时期中,有一百多人光荣地参加了共产党。在日常的教学等工作中,许多人能做到认真踏实,干劲大,教书育人,管教管学,政治责任感强。

这个学院还采取各种措施帮助青年教师提高业务水平。十年来，学院除了在校内采取种种措施培养青年教师以外，还先后派出了三百三十多名教师到国内兄弟院校和国外进修。为了使青年教师打好理论基础和提高外语水平，学院开办了数学、力学、外语等讲习班，同时还提倡"老带新"，老教师负担了培养青年教师的任务。十年中，学院还不断地组织年轻教师参加到生产斗争与科学研究的实践中去，使他们把理论与实际密切地结合起来，在实践中锻炼提高。

　　此外，学院在培养师资的工作中，还注意了加强领导，严格要求，帮助教师制定较长远的进修提高规划和近期安排，使他们方向明确，精力集中，有利于提高。

（✎《武汉晚报》1963年10月8日　作者：傅绍雄）

华中工学院党委调动教师积极性

高等学校党委如何围绕教学和科研进行党的工作？华中工学院党委认为，当前要把广大教师作为工人阶级的一部分加以信任和依靠，并千方百计为他们创造良好的工作条件和生活条件，大力帮助他们进修提高，使广大教师专心致志地从事教学和科研。两年多来，华中工学院党委在这方面做了大量工作。

· 信任和依靠知识分子 ·

华中工学院党委看到，推翻"两个估计"之后，知识分子问题上的极左流毒并未肃清。特别是对那些以前被看作"白专"的教师，和家庭出身不好的教师，在一些同志看来，顶多只能算团结对象，不能作为工人阶级队伍中的一员。至于让他们领受重要任务、出国、入党，更是觉得不放心。教师王君健，一九五三年大学毕业后到华中工学院任教。他刻苦钻研业务，教学效果好，译著过好几篇科学论文。由于他对过多的政治活动妨碍他钻研业务不满意，一九五七年以后，被当作"走白专道路"的"资产阶级知识分子"进行批判。"文化大革命"中，王君健又被当作"反动学术权威"，打入"牛棚"。粉碎"四人帮"后，华中工学院党委认为，王君健刻苦钻研业务、辛勤劳动的精神，正是建设四个现代化事业所需要的，这样的同志应当受到信任。一九七八年，党委派他出席全国力学会议，支持他领受国家重点科研项目。随后，又派他出国参加学术会议。现在，王君健已被提升为副教授，担任了力学系副系主任和力学研究所副所长。

华中工学院党委放手让教师在学术领域里大胆探索，鼓励教师著书立说，成名成家。学校尽力向教师提供中外科技资料，积极安排教师出国考察进修。凡是与本校各专业有关的学术活动，学校都提供经费，让有关教师参加。仅今年上半年，就派教师参加了一百多次国内学术活动，教师们的眼界大大开阔，学术水平有了显著提高。有位副教授原来研究流体力学，去年国家提出了生物力学这一新的科研项目，这位副教授主动要求承担。学校党委鼓励他成为这一领域的专家。在学校的支持下，他在较短的时间内就写出了论文，参加了国际学术会议。赵学田教授长期从事机械制图的科普工作，最近，学校党委给他配了助手，鼓励他继续著书立说。他已写出《自学看图入门》等书，目前正在主编一套机械设计的自学丛书。

·帮助教师进修，提高业务水平·

华中工学院的教师大多数是中年教师。院党委把教师的业务进修当作一项重要任务来抓。一九七七年上半年，学校就订出了师资培养规划，开办了英、法、德、日四种外语培训班，组织全校教师轮流参加。据一九七七年统计，全校能用一种外语阅读专业书刊的教师只有百分之三十五，而且主要是俄语。现在，全校绝大多数教师都能借助字典阅读一门外文专业书；有百分之二十五的教师能用两种以上外文阅读和笔译。绝大多数教研室做到了四种外语配套，一半以上教研室做到了英、法、德、日、俄五种外语配套。由于教师外语水平提高了，从本学期起，全校在三分之一的学生中试行了用一门外文原版教材进行教学，提高了教学起点，增强了学生应用外语的能力。两年多来，全校举办了十七期基础理论及计算机方面的学习班，大多数中、青年教师选学完了两门以上课程。学校还经常邀请国内外专家来校讲学，为教师提高教学质量和学术水平创造了良好的条件。

为了解决业务进修同教学、科研在人力、时间安排上的矛盾，华中工学院党委一方面指导、帮助各系、教研室、科研室统筹兼顾，细致安排，另一方面试行教师工作量制，实行超工作量按学时给津贴的办法，调动了教师的积极性，挖掘了潜力。采取这些措施，使一些教研室人少任务重的矛盾得到基本解决，教师进修计划得到了顺利执行。

·改善教师的工作、生活条件·

院党委很重视改善教师的工作条件和生活条件，强调学校的后勤工作就是要为教学服务，为教师创造良好的工作、生活条件，同心同德搞"四化"。

在学校党委的领导下，经过全体后勤人员的努力，近两年来新建了几个实验室，最近又兴建一座一万三千平方米的实验大楼。今年以来，学校拨出五十万元专门用于购买图书刊物。党委领导同志还亲自抓教工的住宅建筑。一九七七年以来，全校新建成教工宿舍四万四千多平方米，接近于"文化大革命"前十几年教工宿舍建筑面积的总和。新建宿舍优先照顾教学骨干和中年教师。现在，全校绝大多数中年以上教师的居住条件得到了改善。

为了解除教师的后顾之忧，华中工学院花了很大力气办教工食堂、托儿所、幼儿园，以及附属中、小学。学校每年用在幼儿园、托儿所的经费达四五万元。

（ 《人民日报》1979年12月20日　作者：杨建武　毕全忠）

华中理工大学大力培养中青年骨干教师

日前,华中理工大学210名中青年骨干教师喜获每月50元的特殊津贴。这只是该校实行精选、重用、厚待中青年教师政策所采取的特殊措施之一。

由于受到"出国热""经商热"等因素的影响,华工的中青年教师队伍也处于不稳定状态。对此,学校每年挑选补充近百名具有硕士、博士学位或博士后工作经历的青年教师来校工作,既使教师队伍在不稳定中求得相对稳定,又调整了年龄、职称、学历等结构,改变了"近亲繁殖"现象。

许多中青年教师感到来这里工作有奔头。学校在经费比较困难的情况下,每年拿出20万元设立青年教师科研基金;每年筹资近千万元用于实验室建设和教学科研设备购置。还有专项资金用于中青年教师出版学术著作和参加国际国内学术会议。

对于在教学、科研中冒尖的教师,学校成立了特聘委员会,使他们不受一年一度的评聘时间和程序的限制,可及时聘为教授、副教授。这两年,学校先后破格提拔了11名45岁以下的教授,35名35岁以下的副教授。并保证这些中青年教授们每年至少带1~2名研究生。此外,学校还在两年内为40多名中青年教师解决了夫妻分居问题,使100多名青年教师安居乐业。

"精选、重用、厚待"的政策,使青年教师近三年获得国家自然科学基金等项目157项,达350多万元,312人获得国家及省部级发明奖、科技进步奖。

(✐《光明日报》1993年4月6日 作者:夏斐)

华中理工大学缘何形成院士群

编者按：1991年，华中理工大学杨叔子教授当选为中国科学院院士，实现了该校院士零的突破；到1999年底，该校培养、引进和加盟而来的两院院士人数达到10名，其院士数紧排在清华、北大、浙大、南大、上海交大等名校之后。华中理工大学缘何如此之快地形成"院士群"？"院士群"给华工带来了什么？本报今天推出通讯，回答了这些问题。

·一则笑话与两幢院士楼·

新千年前夕，华中理工大学正在庆祝周济教授、刘广润教授当选为新院士。看到眼前容光焕发的"院士群"，记者不禁感慨万千，想起两个有意思的细节。

1997年底，记者住在华工招待所，每晚为窗外的施工噪声不绝而烦心，一问才知是在盖"院士楼"。校党委副书记刘献君说："可住8位院士呢。""8位？"记者对这两个小楼能否住满大为怀疑。刘书记却蛮有信心地说："没问题！"现在果然住满了。

另一个则是一则笑话。1991年杨叔子当选为院士后，有关部门曾关照华工："你们千万不要让杨院士坐飞机，如果有什么闪失，岂不是又变成了零。"记者就此事询问杨叔子是否属实。杨叔子说："虽是江城著名笑谈，但我也的确有几年不敢坐飞机的事。"

从这两个细节，不难看出华工是怎样地渴盼院士、重视院士了。

·超常规措施培养院士·

不同一般的才能和院士不同一般的效应，让华工全校师生为之一震。同时，也使校领导班子产生了以培养、引进院士为突破口，加强学科建设的办学思想。1996年起，以新任党委书记朱玉泉和年轻的校长周济教授为首的新任领导班子更是把这种办学思想发挥得淋漓尽致。他们对全校140多个40岁以下的具有博士学位的中青年教师进行调研，发现大家有一个共同的感受，那就是华工的整体实力很强，但顶尖的大师级学者不多。

"必须彻底改变华工缺少大师，缺少帅才的局面。"学校很快出台了《师资工作20条》，成立了党委书记朱玉泉、校长周济等4人组成的"师资队伍学科建设领导小组"，一场大规模的"院士工程"在华工悄悄地展开了。于是，一些知名教授、学术带头人在各自的学科领域里快速发展。为解决他们的后顾之忧，学校采取超常规措施，设立引进人才基金、科研创新基金、基地建设基金等，解决了经费、人员等问题，创造了良好的工作、生活环境。这样，在他们周围形成了一个个学术、科研中心，为新院士的培养产生提供了肥沃的土壤。熊有伦教授成为华工的第二位自己培养的院士。

熊有伦教授的成功让华工的领导们信心大增，一些重点学科的带头人发起了向"院士冲刺"的强大攻势。学校也紧密配合，适时地请相关学科的院士来校讲学、指导，大大加深了院士们对华工的了解，对华工重点学科和重点学科带头人的了解。张勇传教授长期从事水资源、电力领域的教学科研工作。他在水库运行基础理论、规划决策与洪水风险管理、电力系统和水电站计算机仿真控制电力系统工程隐随机决策领域不断取得重要突破，1997年，他当选为中国工程院院士。

被誉为中国首席模具钢专家的崔崑教授，也同时当选为中国工程院院士。华工真是双喜临门。作为华工校长的周济也不甘落后，自己也向"院士"发起了冲击。他长期致力于优化设计、CAD、数制和CIMS技术的研究和工程应用，取得了巨大的经济和社会效益，1999年当选为中国工程院院士。刘广润在三峡坝址选定中起了关键性推荐作用，他的有关建议被国家采纳。他指导并带领专家组完成了坝区地壳稳定性、水库岸坡稳定性、水库诱发地震等重大问题研究，取得多项突破性成果。1999年，他受聘为华工教授。这年，他当选中国工程院院士。

·四下合肥请潘垣·

虽然华工自己培养的院士不断增加，但校领导们仍认为速度太慢。于是，他们想出了引进院士的高招。这高招的第一步就是四下合肥请潘垣。

潘垣1997年当选中国工程院院士。他是我国最早从事聚变研究的主要成员之一，也是我国磁约束聚变技术及大型脉冲电源技术的主要开拓者。为了把这个具有独到专业的潘垣院士请到华工来，华工的校领导们以刘备"三顾茅庐"为榜样，演出了现代爱才活剧——"四下合肥"。

由于潘垣是华工校友，华工领导纷纷发动潘垣当年的同学给他打电话，讲母校的变化，讲母校的事业。未见人先造势，潘垣对母校的感情大涨。这时，朱玉泉书记、周济校长、刘献君副书记适时来到合肥，叩开了潘院士的门。当他们发现潘院士的妻子患重病时，诚心诚意地介绍武汉著名的同济医院，希望能够帮助潘院士的妻子到武汉治病，这深深打动了潘院士。因此，第二次下合肥就邀请潘妻到武汉治病了。第三次下合肥，是请潘院士来华工讲学。潘院士感受到了华工的巨大变化。漫步在华工熟悉的林荫路上，他心潮澎湃，决心把自己的后半生献给建设母校的事业。他在接受记者采访时说："我选择来华工，除了感到这里的领导们很开明团结，小气候很好，可以再干一番事业外，对母校的感情也是一个重要原因。"

就这样，1998年，华工从西安聘来了沈绪榜院士，从河海大学聘来了"大坝诊断"权威吴中如院士，从中科院武汉水生所聘来了沈韫芬院士……

· "院士群"效应 ·

"院士群"的形成，已在学校产生效应和效益，一批学科进占高新科技前沿，年科研经费大幅度增长，1999 年已达 1.598 亿元，为学科发展产生了新的生长点；同时造就了一批创新人才，形成了学术、科研梯队，还吸引了一批国外学者到学校工作，一批国内外知名企业纷纷到学校设立基地、中心。

机械学院目前已有杨叔子、熊有伦、周济三位院士。他们以校内 CAD 中心、CIMS 中心起步，建起了国家 CAD 支撑软件研究应用工作技术中心（武汉）、国家数控工程技术研究中心，在计算机集成制造系统（CIMS）的研究、开发和应用推广、人才培养等方面取得的显著成绩，荣获 1999 年度美国制造工程师学会（SME）"大学领先奖"。科技部、教育部、863 专家组给予了高度评价，他们认为：这次获奖，表明我国 CIMS 的研究、开发和应用领域已达到国际先进水平。

水利水电系是在一个教研室的基础上建立的，原来每年的科研经费不到 100 万元。张勇传教授当选为中国工程院院士后，引进了吴中如院士担任系主任，刘广润被学校聘为教授后新增为工程院院士，几位院士的学科形成了水电、水机、工程一体化。他们提出了"数字流域"的新概念，可对一个流域的资源利用、人口控制、环境保护、旅游等进行系统工程化开发。一年来，科研经费上升到 800 多万元，"211 工程"项目又拨款 1200 万元。研究生由过去每年招七八人到 1999 年招 60 多人，2000 年准备招博士、硕士研究生 120 人。

沈绪榜院士从事航天计算机及国产芯片的设计工作，他为航天制导计算机的研究解决了一系列难题，创造了多个第一，为航天计算机的发展开辟了新路，大大促进了航天微电子技术的发展。他到华中理工大学图像所工作后，学校给他配备了学术班子，筹建实验室，聘任他担任 IC 设计中心主任，现正在积极争取国家重点攻关课题。沈绪榜院士说，学校的领导对我非常关心，我有这么好的工作、生活条件，一定要为国家作出更大贡献。

最近，华中理工大学校长周济院士谈起"院士效应"，他对记者说：进入21世纪，华中理工大学的办学思路确定为：育人为本，三足鼎立。即以培养高素质创造型人才为根本，教学、科研、产业化协调发展。在科研上实施"顶天立地"的战略：在学术和科技上创新，培养出高素质的创造型人才，创造世界一流的科研成果，在世界高新科技领域占有一席之地；面向经济建设和社会发展主战场，将科技成果更好地转化为现实生产力，在国家的支柱产业和主导行业中发挥重大作用。学科的发展关键在学术带头人，"院士群"和学术梯队的形成，为实现办学目标提供了有力的保障。

(《光明日报》2000年2月28日　作者：夏斐　陈思中)

栽下梧桐树　为引凤凰来
同济医大用政策稳定教师队伍

同济医科大学附属医院一名医师调往南方沿海城市后，最近主动要求回校工作。他感慨地对校领导说："还是在同济医大工作顺心，有奔头！"该校校长薛德麟教授欣然表示：欢迎！

薛校长日前对记者说，在当前一股"经商热""下海热"的冲击下，同济医大的教师队伍从总体上来说是稳定的，优秀人才没有流失，教师普遍安心在校工作。有个别中青年教师向南"飞"后，还想再"飞"回来。这是学校用政策稳住人才、吸引人才的结果。

为建设一支又红又专、素质精良的教师队伍，学校重点抓好学科带头人和中青年骨干教师的培养。学校通过推荐选拔，确定了100名中青年骨干教师，对他们实行滚动跟踪，重点培养。对优秀中青年教师，学校破格晋升职称。在最近进行的教师职评工作中，全校破格晋升了40名教授和32名副教授，其中最年轻的教授为35岁，副教授为29岁。为扶持优秀中青年教师成长，学校设置了人才基金会，现已筹备资金30余万元。

在经费紧张的情况下，该校尽可能改善教师的待遇和生活条件，对在教学、科研和科技开发中作出较大贡献的学科带头人和优秀教师，增发校内特殊津贴。学校计划投资1000万元，用于新建教职工住宅，争取3年内基本解决教师住房困难。学校还作出决定，每年拨出一定面积的住房，专门用于解决优秀教师住房困难。今年已拨出2000平方米住房，作为优秀教师的奖励分房。

记者了解到，该校为吸引出国留学人员回校工作，制定了一系列优惠政策。明确规定，对留学回国人员，职称评聘不受时间限制，依照条件，随回随聘，优先提供住房，并为他们从事教学、科研工作积极创造条件。青年教师冯作化，在美国学习基因工程，取得博士学位后，去年按期返校。学校及时聘任他为副教授，让他主持分子生物研究室工作，使冯作化感到在同济医大大有用武之地，全身心地投入教学、科研工作。近5年来，该校有667名教师出国，现已有504人学成回国，占出国留学人员的75.6%，目前在国外学习的人员中，绝大多数人向学校表示，学成后按期回国。已回国的一大批留学人员，在学校教学、科研工作中发挥了重要作用。

（✎ 《中国教育报》1993年7月6日　作者：张真弼）

母爱情　游子心
——同济医科大学关心扶植留学生

"比大地更深邃的是海洋
比海洋更辽阔的是天空
比天空更宽广的
是母亲的胸怀"

这是诗人用激情抒发的对母亲的崇敬，对母爱的赞美。

同济医科大学在留学海外的学子心中和学成回国的留学人员心中，就是母亲。

母亲与孩子，心血相通，气脉相连，手足相牵。这不仅是每年学校收到的近百封海外学子的来信，不仅是留学人员中有70％学成回校工作，也不仅是学校负责人每到一个国家都会受到应接不暇的学子邀请，更有学成归国学者在兢兢业业中创造的斐然成就，更有放弃优越条件回到母校献身事业的精诚，也更有不讲任何条件倾注于学校发展的赤子之心。

同济医科大学之所以成为留学人员的心之所系、情之所托，皆源于母校献出的是暖暖的慈母深情。这集中地体现在学校领导常说的几句话："用政策留人，让事业留人，以感情留人。"同济医科大学长期以来就是这么做的。

吸引留学人员回国工作，国家和学校都制定了一系列政策，同济医科大学在全面贯彻执行中，特别重视让政策变成吸引力，让政策产生效益。

对优秀的人员，学校都给予特别的扶植。44岁的药理学教授向继洲，是个农家子弟。在德国学习期间，同济医大对这位才华出众的年轻人给予一系列"优先照顾"：将孩子转入武汉读书，家属户口"农转非"，爱人安排到学校工作；1988年到1992年向继洲两次破格晋升，由讲师成为教授。如今，他已成长为部级有突出贡献的中青年专家，享受政府特殊津贴，并获得霍英东教育基金会第二届全国高校青年教师研究类奖二等奖，被国家教委确定为重点跟踪培养的中青年科研人员。他的"关于转换酶抑制剂对神经传导和递质释放影响"的研究，达到国际先进水平，填补了国内空白，获得国家教委科技进步二等奖。谈起他的成长，向继洲有一句一往情深的话："没有学校的培养，哪有我的今天？"所以，他两度公派出国，都按时归来。年仅38岁的冯作化，4年之中学校为他4次"破例"：1990年出国学习，是学校领导特批的；1992年秋，正在美国学习的冯作化来信，表达了一个愿望："只要学校给我一间房让我安个家，那么没有任何条件能把我留在美国……"学校破例分给他一室一厅套房；他回到母校的同时，即晋升为副教授，时隔一年，学校又根据他的成绩，破格晋升为教授；同时，奖励他两室一厅套房。

同济医科大学爱才如宝，惜才如金，何止一个向继洲、一个冯作化受到了这样的特殊待遇！近两年里，学校破格晋升78名高级专业技术职务的人员中，出国人员就有41名，占53%；学校在生活住房极度紧张的情况下拿出2000平方米用来奖励各类有突出成绩的职工，其中60%奖给了留学回国人员。

(✎ 《人民日报》海外版1995年1月18日　作者：袁立新　王小平)

聚焦华中大

华中科技大学70周年校庆丛书

第三章

教学改革 哺育英才

学好基础课 攀登技术高峰
华中工学院采取措施加强基础课教学

华中工学院切实注意加强基础课，不断总结、研究在基础课程中正确贯彻理论联系实际的经验和问题，采取措施，提高了基础课程的教学质量。

对于在基础课程中如何正确地贯彻理论联系实际的原则，在华中工学院的师生中曾经是有争论的。有一些人曾经在长期的基础课程教学中反对联系实际，反对联系专业，片面追求抽象的理论。这种做法和思想，在"教育革命"运动中，受到了群众的批判，使基础课在联系实际、结合专业和反映现代理论上取得了很大的成绩。但是，就在这时，有一部分人产生了忽视系统的理论训练，如主张把一些基础课取消、把另一些基础课化整为零分到专业课中有关部分去讲等片面看法。上一学期开学后不久，党委发现了这一问题，随即一方面组织了教师和学生围绕理论与实际的关系、如何进一步加强基础课程进行辩论，另一方面又组织了部分教师、学生和负责教学工作的干部对基础课的教学工作情况和在"教育革命"运动中提出的基础课的教学大纲、教材进行调查，作出具体分析。这是第二次集中对基础课的讨论和研究，通过讨论和研究，明确了加强和改革基础课的方向应该是：保证系统的理论训练，在这一基础上，结合生产实际、联系专业、加强现代新技术。最近，又比较系统地总结了三个月以来贯彻执行这些原则的经验，进一步从思想上使大家正确认识理论与实际两者的正确关系。

在上述这一系列思想工作的基础上，党委对加强和改革基础课中必须解决的一些具体问题，又不断进行细致分析，因此加强和改革基础课程的措施也越来越具体、完善起来。例如关于基础课程的内容问题，学校将四十多门基础课，按各自特点，分为理论基础和理论性强的技术基础课、一般技术基础课、外国语等三类，具体地找出贯彻"保证基本理论的系统性，又联系实际、联系专业、反映现代"这些原则的具体做法。对其中有些问题，还做了细致的调查和统计。例如俄文教研室就曾经将各专业的基础课、技术基础课和专业课所用的俄文生字，进行了统计，然后根据上述原则，才确定了各类生字的比例，把各类生字按语法特点，有机地安排到俄文课的内容中去。关于基础课的教学方式问题，如现场教学可不可以应用到基础课中来，什么条件下应用可以收到效果，学校也作了具体分析，总结了若干经验。

方向明确，分析细致，措施越来越具体，这就保证了基础课教学质量的提高。上学期全院参加基础课和技术基础课考试的共三千六百四十九人次，其中成绩优良的占 73.8%，三分的占 23.1%，不及格的占 3.1%。这和过去比较，有了比较显著的提高。不少基础课，如数学、俄文、电工学等的成绩提高得更为突出。数学的考试成绩四—五分的学生占 92.7%，不及格的占 0.3%。一般来说，自采取措施加强和改革基础课以来，学生学的基本理论比过去巩固；同时运用理论的能力也比过去强。

（《长江日报》1959 年 3 月 21 日）

华工首次授予研究生博士学位

元月二十八日，华中工学院学位评定委员会首次授予该院两名博士研究生以工学博士学位。

今年四十岁的张之哲在导师陈德树教授的指导下，致力于微机继电保护的研究，他探索了实现自适应微机距离保护的一系列基本问题，写成了正文达十二万字的博士学位论文。三十岁的谢长生是金属材料专业的博士研究生，他在导师崔崑教授的指导下撰写了《奥氏体热作工具钢的合金化及力学行为》博士学位论文。有关教授、专家评审后，决定授予他俩以博士学位。

（《长江日报》1986年2月16日　作者：陈天照）

华中理工大学改革研究生教育
校企联合培养　学士硕士连读　硕士博士连通

华中理工大学生物工程系研究生梅兴国、唐晓红，在导师王君健教授指导下，采用细胞培养技术从红豆杉树皮中提取抗癌新药紫杉醇，最近通过了由国家科委、国家教委联合主持的技术鉴定，有关专家认为这项成果达到国际先进水平。

据悉，在华中理工大学已有一批博士生、硕士生在科研领域崭露头角。

这是华中理工大学10年来积极改革和发展研究生教育的结果。据该校研究生院统计，学校的博士点已由1983年的12个发展到29个，硕士点已由1983年的36个发展到67个；已培养硕士毕业生3964人，博士毕业生186人。目前在校研究生已由1983年的708人增加到1664人，其中博士生350余人。学校先后建立起电工学等4个博士后流动站，在站的博士后20多人。

学校与企业联合培养应用学科高层次专门人才，是该校研究生教育的一项重大改革。从1986年开始，学校面向企业，招收了机械制造和机械学专业工程硕士生17人。翌年，学校结合与天津工程机械研究所共同完成一批国家攻关科研课题，为该研究所培养10名在职工程硕士。学校于1988年与东风汽车公司进行联合培养工程硕士试验，摸索到了一条校企联合培养企业急需的应用型高层次人才的有效途径，首届14名工程硕士已于去年底毕业，今年又在该公司招收了13名学员。

学校将校企联合培养工程硕士生的经验,扩展到理、文、管理等学科,面向社会招收在职研究生,在理、文、管理类 11 个硕士学科专业点上,已培养出硕士生 500 多人。

为使优秀人才尽快脱颖而出,该校在力学、建筑学等专业试行学士与硕士连读、硕士与博士连通的培养制度,近两年来通过这种途径,已招收了近 100 名硕士、博士研究生。

该校还与国内外一批重点大学和科研院所联合,培养了 30 多名交叉学科、边缘学科的高层次人才,并接受了 13 个国家的 20 多名留学生来校攻读硕士、博士学位。

(《中国教育报》1993 年 10 月 8 日　作者:张真弼　周甲禄)

华中理工大学研究生
积极参与科研

武汉华中理工大学研究生院十分重视组织研究生投入科学研究,全校近十年获得重要科研成果880多项,其中研究生占参与人员的二分之一以上。

目前,武汉华中工大已有硕士点76个、博士点29个,共含有12个博士学位的学科,先后有5个学科被批准建立国家级实验室。研究生院在健全和完善以学位课为中心,强调使学生掌握必需的基础理论和专门知识的前提下,瞄准学科的发展前沿,加强实践环节,开出了一批水平较高的公共课和近600门学位课与选修课,一方面使学生的基础理论更加坚实,知识面进一步拓宽,另一方面提高他们的动手能力,面向生产实际和经济建设主战场。

华中工大探索研究生培养的新路子,始终抓住高层次人才培养的数量和质量这两个环节,坚持"积极发展,不拘一格,百年树人,质量第一"的方针,将在职人员申请学位的教育纳入重要议事日程。在以往合作培养在职研究生的基础上,华中工大研究生院在东风汽车公司建立了分部,形成了教学、科研、生产相结合的新体制。

(《新华每日电讯》1994年10月14日 作者:方政军)

人文精神与现代科技对话
——记华中理工大学的人文教育

9月17日上午,华中理工大学4000多名新入学的95级专科生、本科生、研究生,首次参加了学校组织的中国语文水平测试。而早在8月中旬,他们在接到入学通知书的同时也被告知:在校期间不通过语文水平测试,将不能获得学位证书。

过了语文关,方可拿文凭。此举源于一位本科生写给杨叔子校长的一封信:"现在不通过英语四级考试就拿不到学位,而作文不通,错别字成堆,连母语都不过关,能算一个合格的中国大学生?"于是,一贯重视人文教育的华中理工大学,又走出了在中国高等教育界颇具影响的一步。

·人文讲座带动"人文工程"·

1994年12月25日晚,华工很多学生放下紧张的期末复习,一个仅260座的阶梯教室挤进500多人。这是文学院第71期人文讲座《金陵十二钗——〈红楼梦〉中的超前女性》,由该校建筑学院张良皋教授主讲。讲座持续两个多小时,每隔几分钟便有一阵掌声和笑声。这已是张教授的第三次讲座了,此前他还讲过《建筑大师曹雪芹和〈红楼梦〉》等。他的讲座融文学、艺术、历史、科技为一体,颇受同学们欢迎,听众一次比一次多。

华中理工大学文学院去年春创办人文讲座,绝大多数场合听众爆满。到目前为止,讲座已经开到第134期,100多位校内外、海内外人士应邀登台主讲,听众总人数近4万人次。

人文讲座开办之初，不少人建议采取一些"时髦"的做法：找热门话题、开通俗讲座，请明星露面。主办者则认为，讲座的根本目的不是迎合好奇心，而是要给人以深刻的思想启迪。因此，绝大多数讲座是以思想性、学术性、艺术性为主要尺度，在主题的选择上密切结合世纪之交中国和世界文化发展的深层特点，着力体现传统与现代、东方与西方、人文与科技、思想与现实之间的交融。

在科学界，常有一些科学家凭着共同的研究兴趣，自发地形成学术圈子，进行交流与协作。这种现象被美国科学学会学家黛安安·克兰称为"无形学院"。

去年秋季以来，"无形学院"则成了华工学子的周末新去处。在这里，参加者自愿而来，以人文讲座的内容为核心，结合自己的阅读和思考相互交流。一位92级女生很认真地说："在那争辩声中，即使你一声不吭作听众，思想也会得到升华，自觉不自觉地卷入辩论之中。"

如果说讲座是火星，"无形学院"是火苗，火要烧下去，还需不断补充燃料。于是，人文讲座的主办者给大家推荐了100本书，倡议每位理工科学生每学期至少应读一本文、史、哲方面的理论书籍和一部文学艺术作品。书目一经公布，大家反响强烈，图书馆名著被借一空。

以人文讲座为开端，辅之以"无形学院""读100本书"活动，华中理工大学逐步建构起了讲座、交流、读书三位一体的"人文工程"。

·"教育青年一代如何做人"·

地处武汉的华中理工大学建于1953年，在校学生超过1.7万人，素以工科见长。70年代末，华工曾率先创办文科，旨在改变我国工程技术人才普遍存在的人文修养弱化的状况。

原华中工学院院长朱九思一直注重培养大学生的人文精神。他最近还撰文指出，可能对我国教育产生长期危害的，除了目前教育经费紧张和教师待遇不高这类物质性问题，很重要的一点是一些地方出现的教育目标功利化的倾向。朱九思认为："如何培养大学生的人文精神，关系到一个根本问题：教育青年一代如何做人。"

中科院院士、华中理工大学现任校长杨叔子博士经常"有诗酬岁月"。

他说，我们当然要学习外国一切好的东西，但也必须高度重视学习我国传统文化的精华。他曾在人文讲座上致词："学生进校来做什么？首先就是应学会做人，树立正确的理想、志向、人生态度，否则学习再好，却没有为国效力的思想意识，那又有何用？"因此，他上任伊始，便把华工的文科发展和人文教育放到突出位置。1994年1月，拥有10多个文科系（所）的华中理工大学文学院成立。

文学院院长刘献君认为，人文讲座不仅具有学术功能，而且具有人文教育功能，它以"启迪思维、加强修养、开阔视野"为宗旨，尝试着以深厚的人文精神与现代科技对话，以自信的民族传统与西方文化对话，以高远的思想境界与社会生活对话，以广阔的知识视野与专业体系对话，借此培育大学生的人文底蕴。

·升腾着希望的文化绿洲·

回想人文讲座开办之初，起步是艰难的。可贵的是许多同学即使在某些讲座初听起来很吃力时，也表现出执着的追求和崇尚，常常讲座结束了还围着主讲者提问、讨论甚至达一个小时之久；可贵的是一大批国内外著名学者陆续登上讲台，往往是一个电话说来就自己来了，从未过问什么"出场价"。

听过讲座的同学把新的话题、新的思路，带到班级里，带到人际交流中，带到学生宿舍熄灯之后常有的"卧谈会"上。一位同学说："平时我们埋头学习，考虑的多是个人出路、毕业分配等，听了人文讲座，发现世界的天地如此广阔，国内外还有那么多问题需要研究，跳出了个人圈子。"有一位学工的同学，割舍不了从小对文学的爱好，有时真想弃工从文，听了几次人文讲座之后，"发现学工和学文不仅不矛盾，而且可以相辅相成"。

"每逢人文讲座，总能发现外校同学，有的甚至来自30多里外的高校。"华中理工大学人文讲座首席主持人姚国华介绍说。一位邻校学生几乎每天中午都要来看看有没有人文讲座海报，听讲座已经成了他专业学习之外最重要的事。

（《人民日报》1995年9月18日　作者：杨明方）

华中理工大学导师制助本科生成才

华中理工大学社会学系推行本科生导师制6年不辍，促使一批拔尖学生脱颖而出。

大学生从中学到大学，环境变化较大，思想上不成熟，心理上不稳定，学习上不适应。为了帮助学生完成从中学到大学的顺利过渡，该系决定让一名教师带4至5名本科生，定期联系。导师一方面帮助学生解决学习、生活、思想上的疑难问题；另一方面通过师生的双向交流，能让教师对学生有个立体的了解，加强教学的针对性，从而达到教书育人的目的。

为此，该系制定了专项条例，对每位导师都提出了明确要求，每位导师的工作都要计入工作量，每学期结束，对工作出色的导师还实行奖励。

推行这一措施后，社会学系学风日渐浓厚，一批拔尖学生脱颖而出。93级学生英语四级考试一次性通过率达95.5%，位居全校各院系之首。学生认为，取得好成绩得益于导师们创造了浓厚学习氛围。在导师们的指导下，93级同学经常开展英语晚会、英语角等活动。92级学生孙进在导师朱玲怡指导下，发表了多篇学术论文，他以《传统制度结构中的松散模式》的学术论文获得出席亚洲社会学大会的入场券，成为该次大会中我国唯一的一名本科生正式代表。94级学生孙龙在导师指导下，撰写的一篇《农村基层干群关系紧张之原因分析》学术论文获"中国农村改革与发展学术研讨会"优秀论文奖。田凯、林文杰等学生在导师的指导下,相继在《华中理工大学学报》《中国人口科学》等杂志上发表了多篇学术论文。

(✎ 《中国教育报》1996 年 4 月 18 日　作者:江洪洋)

华中理工大学宽口径育人探新路
规划十大系列课程　完成项目近两百

华中理工大学面向 21 世纪改革人才培养模式，以培养宽口径、复合型人才为目标，按照拓宽的教学计划要求，深入进行课程体系和教学内容的改革，以提高学生的全面素质，目前已有 27 门和 5 门课程分别获得校级和省级优秀课程称号，课程教学质量得到了稳步提高。

该校以充实内涵、提高质量为深化教学改革的指导思想，着力拓宽专业口径，实行按学院（系）招生，按大类培养，对同一学科同处一系的各专业教学计划进行归并与调整，将原有的 57 个专业归并为 34 个专业，按归并后的宽口径打通培养，形成了实际上的宽口径专业，并将课程体系改革作为拓宽专业口径的实质性内容，从 1991 年起进行试点，以点带面，在全校逐步推广开来。

在课程体系改革中，学校先后制定了《加强课程建设工作的若干规定》《课程负责人实施办法》《优秀教学成果（含优秀课程）奖评选办法》等文件，并采取措施，有计划、分步骤地将基础课、技术基础课建成优秀课程。学校列出首批重点建设的 60 门课程中，主要是基础课和技术基础课。

该校重点规划了数学、物理、外语、计算机、力学、机械设计、电工、电子技术、人文社科、经济管理等 10 大系统课程建设，以加速课程内容更新，增强系统课程的系统性和科学性，优化学生的知识结构。学校每年重点研究实施 2 至 3 门系列课程建设，计划到 2000 年逐步完成并将全校 90％的公共课、基础课和量大面广的主要技术基础课建成优秀课程。

学校设立教学改革基金，重点支持课程体系和教学内容改革项目。到目前为止，全校共拨款370万元资助立项课程，现已完成项目191个，其中有9项成果获国家级奖励，48项成果获省级奖励。在国家教委1995年制定的"面向21世纪高等工程教育教学内容课程体系改革计划"立项中，该校作为牵头单位的有3项，作为主持单位的有4项。

目前，华中理工大学正在围绕人才培养目标和模式的改革试点，包括本科、硕士一贯制的培养体系，复合型人才的培养，专业教育与素质教育并重的教育教学体系等，进行更加深入的重组新的课程体系和改革教学内容的探索。

(《中国教育报》1997年1月2日　作者：张真弼　章富治)

"学在华工"不虚传

时值三九，江城武汉连日阴雨。1月14日上午8时，华中理工大学西五楼灯火通明，期末考试正在这里进行。固电、力学、计算机等系的95级学生正在考"概率论"和"公共关系学"，教室里分外安静。

8时30分，西五楼突然停电，教室里顿时光线暗淡，尤其是一楼教室里几乎看不清试题。然而，教室里没有发出一丝骚动。学生们静静地坐着，有的在全神贯注地思考，有的借着窗外透过的微光继续答题，如同没有发生停电事故一般。

校长杨叔子闻讯后，迅速从办公室赶赴西五楼考场，从一楼到五楼，逐个教室巡视了一遍，只见间间教室里鸦雀无声。监考人员告诉杨校长，停电发生后，考场秩序井然，考"公共关系学"的学生，没有人趁熄火之时搞"公关"；考"概率论"的学生，在容易出现作弊"概率"最高的时候，却使这种"概率"为零。

校领导现场办公，校有关部门特事特办。8时55分，电灯线路故障排除，西五楼教室里再度齐放光明。就在电灯骤亮之际，教室里依然没有人惊叫、喧哗。25分钟的停电事故，成为对学生考风学风的最好检验。杨校长欣喜地对记者说："这次考试，不仅是在考学生们的专业知识，更是在考一种思想，考一种精神，考一种作风，考一种素质。"

"学在华工"不虚传。华中理工大学严谨求实的优良学风,又一次得到验证。

(✐ 《中国教育报》1997 年 1 月 17 日 作者:张真弼)

华中理工大学将素质教育纳入课程体系

文科生不学数理化，工科生不通文史哲，是我国高等教育的一大通病。华中理工大学从97级学生开始，将素质教育纳入课程体系，努力改变这一现状。

华中工大97级工科类和文科类本科生的教学计划与往届学生不一样。工科学生要修读"中国历史文化""世界历史文化""中国文学导读""中国哲学史"等文史哲方面的课程；文科生则修读"高等数学""生命科学导论"等自然科学方面的课程。这些课程被称为"通识教育"的基础课。本科生4年教学计划被分为前3学期和后5学期两个阶段，前3学期集中学习通识教育基础课，后5学期按宽口径进行专业训练，最后按专业方向完成毕业设计和论文。

据了解，前3学期对文科和工科进行打通培养后，后5学期的专业口径将大大拓宽。该校现有本科生专业56个，从97级开始，学校还要把相近、相关的专业合并，所有学生按30余个教学计划培养。

华中理工大学负责人称，实行这项改革，构建"通识教育"课程体系，缘于学校面向21世纪的教育思想：专业教育与素质教育并举，科技教育与人文教育并重。

(《光明日报》1998年4月27日　作者：江洪洋)

开门办学同改变农村医疗卫生面貌相结合
武汉医学院"教育革命"深入发展

武汉医学院把开门办学同改变农村医疗卫生面貌的工作结合起来，促进了"教育革命"的深入发展。

这个医学院从一九六九年以来，就在湖北省三十多个地、县、区医院建立固定的教学点，同许多社队和中小型工厂建立挂钩关系。一千七百多名师生先后在这些教学基地一边搞好"教育革命"，一边为改变农村医疗卫生面貌服务。他们根据挂钩单位的需要，采取来院进修、派人下去就地培训、组织教师巡回讲学、举办各种类型短期训练班等多种形式，有计划地为农村培训了四百多名医务人员，三千多名赤脚医生。他们还帮助农村基层医院因地制宜地开展一些新的业务，传授新的技术，以提高医疗质量。根据农村医疗卫生工作的需要，师生们还组成血吸虫病防治队、春耕医疗队、专业防治队，进行巡回医疗，支援了农业生产第一线。

武汉医学院面向农村，开门办学，不仅加深了师生们对贫下中农的感情，促进了思想革命化，而且不断为医学教育提出了新课题，增添了新内容。由于直接地接触农村医疗卫生工作，使医学院的理论教学紧密结合实际，提高了教学质量。一九七一年入学的学生，现在已经基本上能够独立处理常见病、多发病，有的对比较复杂的疾病也能提出正确的诊断和处理意见。

（《人民日报》1974年2月20日）

听一听看一看 不如自己动手干
同济医大在实践中培养人才

"听一听，看一看，不如自己动手干。"刚刚参加抗洪救灾巡回医疗归来的同济医科大学医疗二系学生深有感触地说："社会实践是我们成长的必由之路。"

1986年以来，武汉同济医大围绕"为谁服务""怎样服务"的问题，大力开展社会实践活动，让学生通过自己的所见所闻了解国情民情，坚定为人民服务的信念。

"救死扶伤"是医生的天职，为让学生牢固掌握"救死扶伤"的本领，培养良好的医德学风，这所学校六年来将社会实践作为培养学生成才的重要手段。全校每年有半数以上的学生参加社会实践活动，深入农村，参观调查，了解农村医疗状况，结合专业开展临床实践，用自己所学的知识为农民服务。

几年中，学校以党的十一届三中全会提出的以经济建设为中心作指导，引导学生正确认识国情、认识农村的发展变化，看到在基层工作大有可为。仅去年，医疗二系就有六位完全可以留在武汉工作的同学申请到基层工作。他们说，发挥所长并不一定就要在大城市，农村一样有用武之地。

今年暑期，医疗二系39名师生组成了湖北省唯一一支大学生医疗队，把抗洪救灾作为社会实践的内容，赴革命老区红安县进行巡回医疗。医疗队走村串户，累计行程四百五十多公里，诊治病人五千多人次，免费发放价值一万一千元的药品。

社会实践给大学生们上了深刻而又生动的一课,实践中暴露出的知识的欠缺等问题,极大地激发了同学们的求知热情。他们说,过去只是被动地接受教育,现在,通过实践我们了解了国情,了解了社会,加深了与广大农民的感情,感到了自己肩上担子的沉重。我们只有更加刻苦地学习,才能更好地为人民服务。

(《人民日报》海外版 1991年9月12日 作者:刘凉 汪晓)

注重培养学生实践能力 同济医大教学改革形成特色

近年来，同济医大把教学作为学校的中心工作常抓不懈，不断深化教学改革，提高了教学质量，并在教学上形成了自己的特色。

该校在加强对理论讲授的同时，重点实施对学生自学、实践、外语及计算机应用和开拓创新四个能力的培养，在临床教学中先后进行了"代理住院医师制""双科并进，床边教学法""妇幼卫生专业早期接触临床和专业教学新模式"等十余项教学改革，培养了学生的实践能力，十年来有164项成果获省大学生优秀科研成果奖，获奖数在全省50余所高校中名列前茅。该校从1988年开始在全国高等医学院校中率先实行"三、五、七学制互通，优胜劣汰"的管理办法，至今共有45名七年制学生降至五年制，35名五年制学生升至七年制，8名专科生升入本科。这种严格的淘汰制得到了国家教委的充分肯定。

随着高教改革的逐步深入，该校于去年秋季在全国医学院校中又率先实行完全学分制。

据有关部门的调查反馈信息表明：学分制对于充分调动教与学双方的积极性和学生学习的主动性，对于增强办学活力等，具有较大的优越性。目前该校94级有将近一半的学生已免修某些课程或提前选课，超越了基准课程教学安排进程。由于学分制改革带来了良好效应，该校拟于1995年秋季在94级、95级所有专业全面实行学分制，并将在教学管理上进一步放开，在教学条件上将给予更大的投入。

《健康报》1995年1月12日 作者：彭厚鹏

九年"开发"七种模式
同济医大七年制教育办出特色

医学高校开办七年制教育在我国尚属首创。在无成功教育教学模式可借鉴的情况下,同济医科大学积极探索,建立了七种符合国情及校情的七年制医学人才培养模式。经过前后9个年级、两届毕业生的教育教学实践,充分显示了其较高的理论和推广应用价值。1997年岁末,这项工作荣获1997年度国家级教学成果一等奖。

这七种模式由该校副校长文历阳教授主持设计、教务处研究操作。其中,"临床双科并进床边教学模式"和"五、七学制互通淘汰模式"在国内属首创。国家教委曾以63号文件形式将七种模式推荐到全国试办七年制的医学高校。目前,部分模式已推广使用。

该校的具体做法主要有:实行七年一贯制的课程计划,注重"四个渗透",使教学内容既能达到本科生的广度,又能达到硕士生的深度和难度;七年中拿出两段时间(共二年)对学生集中进行科研训练,在临床科研中,为每一名学生配一名导师,以保证论文水平;临床课程实行理论教学和实习教学同步,主要在病人的床边进行,教师的授课学时远远少于学生的自学时间。经严格考核证实,七年制毕业生的自学能力、临床操作和科研能力均明显高于五年制毕业生,其硕士论文通过率达到100%;先后有5项学生科研成果在全国大学生科技发明大赛中获奖,3项成果在8次国际会议上交流。在1995年国家教委、国务院学位委员会联合进行的七年制教育和学位授予质量检查评估中,该校总得分名列前茅。

为保证七年制医学教育质量，该校在全国率先引进竞争淘汰机制：七年分 4 个阶段实施 4 次淘汰分流，将不合格的"学生"降至五年制，并适时从五年制学生中选优"升级"。据文历阳副校长介绍，该校迄今已进行 15 次淘汰（七降五）和 5 次选优（五升七），共有 44 名七年制学生淘汰至五年制，35 名五年制学生升入七年制。首届七年制学生累计淘汰率达到 31.1%，第二届为 20.1%，其中有 4 名学生被淘汰后经过努力又被选拔升入七年制。

（《健康报》1998 年 1 月 23 日　作者：王雪飞）

实行宏观调控和微观管理机制
武汉城建学院大力加强学风建设

　　武汉城市建设学院实行宏观调控和微观管理机制，学风建设取得了明显成效。

　　该院从1991年下半年起，对一年级新生进行为期一年的集中管理，同时在一至四年级学生中全面实施《班集体建设目标的指标体系考核办法》《大学生操行综合积分评定考核办法》和《班主任工作绩效积分考核办法》等三项制度。学生工作部门以班集体为着力点，通过上述宏观调控和微观管理两种机制，辅以政治教育工作，狠抓学风建设，不仅使学生在日常学习和生活行为规范化方面得到了提高，而且激发了学生学习热情，普遍提高了学习成绩。

　　全院一年级新生在军训结束后，在日常学习、生活方面集中管理，由新生办公室负责，各系成立学风建设领导小组，负责二至四年级的学风建设指标考核和管理工作；学院成立由主管教学工作的副院长负责的学风建设领导小组，全面负责学风建设工作。由院系负责执行的《班集体建设目标的指标体系考核办法》，作为宏观管理机制，主要从班级群体政治素质、学风、班风、学生骨干队伍素质、制度建设、体育素质六个方面进行评分，选取优良学风班集体。作为微观管理机制的《大学生操行综合积分评定考核办法》，主要是从德、智、体、能四个方面对学生进行综合考核，积分作为评优和评奖学金的依据，并载入学生个人档案。为调动班主任参与微观管理的积极性，制定了《班主任工作绩效积分考核办法》，考核结果作为评定称职、评优、奖励和职称晋升的重要依据。

学风建设从抓早操出勤率、上课出勤率、自习违纪率、夜不按时归宿违纪率、宿舍卫生、爱护公物六个方面入手，培养学生良好的行为习惯。这6项指标考核结果成为班集体和个人评定积分的主要内容。

狠抓学风之后，各年级面貌发生了明显变化。早操出勤率、上课出勤率和卫生达标均有提高。1991—1992学年度第一学期期末考试结果，各年级补考率比上届同期补考率都有所下降，全院平均补考率下降了9.7个百分点。全院实现到教室、图书馆进行晚自习的目标。

（ 《中国建设报》1992年5月30日　作者：丁士道）

武汉城建学院社会实践活动形成特色
17支大学生服务队为基层完成30余项建筑设计

　　近几年，武汉城建学院组织的17支大学生服务队为湖北、广东等省的十几个市县、村镇提供规划、设计服务，完成30余项城区、乡镇规划和建设设计，为当地节省设计经费近百万元。他们的服务，受到了当地人民的广泛好评。今年九月，武汉城建学院学生暑期社会活动第四次受到中宣部、教育部、团中央的表彰。

　　该院的领导、教师认为，城建专业的学生不仅应是未来的工程师，而且也应是城市美的缔造者。此类复合型人才的培养，除了包括学校的理论教学、教学计划内的实践环节，更重要的是充分利用寒暑假的社会实践。为此，学院每年在经费、人力物力方面对暑期社会实践给予大力支持。除不断健全组织机构、完善活动体系，拓宽实践基地、丰富活动形式外，学院每年要为"定点"服务的3～4个服务小分队拨出1.5万元专款作为活动经费。为了进一步调动广大同学参与社会实践活动，经学院研究，今年暑期开始，暑期社会实践活动被纳入正规教学环节，经考核合格，学生可获得2个学分。社会实践领导小组为此制定了严格的考核办法，并由教务部门和院团委负责实施。此项措施一出，便在大学生中产生了良好的反响。今年暑期分散各地参与社会实践的学生比例上升了5个百分点。

　　武汉城建学院专业布局以工为主，工、经、管、文相结合。其中城市规划、市政建设等龙头专业，长期以来形成了开门办学的特色。自1987年组织开展社会实践以来，学院在组织科技服务、支教扫盲、社会调查等多种形式活动中，鼓励大学生利用所学知识为贫困地区规划美好蓝图。近几年来，该院大学生先后为广东四会，湖北蕲春、随州等市县、村镇进行规划设计和专业服务，共完成"广东四会市贞山风景区规划""湖北蕲春市城北分区规划、陆水大道街景规划"等30余个项目，完成设计图纸230张。

经过社会实践，利用所学城建专业知识，服务城乡双文明建设，日益成为广大学生的共识。学生普遍反映，通过暑期社会实践活动，对国情了解更深入，对邓小平理论和十一届三中全会以来党的路线、方针、政策理解更深入了，成才的方向更明确了。

(✐《光明日报》1998年11月20日　作者：武建萱)

聚焦华中大

华中科技大学70周年校庆丛书

第四章

潜心科研 勇于创造

华中工学院附属工厂教职工制成竹木质离心机

华中工学院附属工厂的教职工，苦战了四天三夜，于6月15日下午二时，试制成功了我国第一台竹木质离心机，给制糖工业机械化开辟了新途径。

今年5月，工学院附属工厂接受了省计委分配的五百台离心机的制造任务，时间非常紧迫，要求在8月份全部交货。

试制工作从12日开始，一直到试制成功，只花了四天三夜，12日当天，由黄厂长口述，教师绘图，一天就绘出了一个简易图纸，当天晚上就投入了紧张的试制阶段。在试制过程中，支部书记、厂长、教师、技工、学徒一起干，党委书记也到现场研究了六个小时。在第一次试运转时，下边的心轴装得太紧，有点发热，大家及时地进行了修正，使这台竹木质的离心机试制成功了。

竹木质离心机的生产效能和铁质离心机差不多，它的成本很低，一台铁质离心机本体要一千三百多元，竹木质离心机只要一百六十元一台。这种竹木质离心机试制成功后，打破了制造离心机的神秘，使农村里一般小型工厂也能制造了。

在竹木质离心机试制成功的这天，中共湖北省委第一书记王任重同志到该院祝贺，他十分赞扬该院教职工和学员的新创举。

《人民日报》1958年6月27日

激光"学会"绘图了
华中理工大学激光技术国家实验室创两项"国内第一"

华中工大激光技术国家实验室和武汉迈驰科技公司的一项发明,使激光可以自如地绘图写字了。

上月23日记者在现场看到,这个激光器、计算机和绘图仪"三位一体"的"新玩意",随着科研人员按动计算机键盘,绘图仪上的激光"笔头"灵活移动并发出强烈的光束,在一块金属板上刻下各种图形和中、英文字。

据了解,这种叫 MARS-MARING I 激光打标机的仪器,是我国第一台可以"画"出任意图形的激光器,在工商界有广泛的用途,是一种工艺革命,它可以在玻璃、陶瓷、硬质塑料、各种金属上上永久记录标志。

这个国家重点实验室还同时展示了另一个全国第一——HL1型激光模式实时监测分析仪,结束了我国尚无理想的激光束检测设备的历史。它可以在激光器工作时,准确显示出所发射激光的性质和质量。在使用激光进行手术、制板、工业加工等各项实际应用中,堪称一只"看火候"的慧眼。

该仪器由华中工大全部采用国内器件自行设计、制造,造价仅数千元,性能达到国外同类仪器水平,价格却只相当于其1%。前来参加鉴定的武汉地区激光界的专家权威们认为:对于急需此类监测设备的国内激光行业来说,该仪器具有极高的推广应用价值。

(╱《长江日报》1992年1月1日 作者:李皖)

华中理工大学研制出高韧性易切削塑料模具钢

华中理工大学研制的高韧性易切削塑料模具钢最近获得国家发明奖。这种钢目前已在17个省市的100多家工厂使用,取得了较好的经济和社会效益。

开发模具新材料是国民经济发展的急需项目。十几年来,华中理工大学坚持开发和推广使用新型模具材料,先后研制出13种新型模具钢,已在21个省(市区)的数百家工厂应用,大幅度提高了模具寿命,用科研成果转化为巨大的生产力,累计取得经济效益已突破2亿元。

华中理工大学从1980年起,先后组织6个专业的100多名教师和技术人员开展了模具成套技术的研究和开发工作,承担这方面的课题70多项,其中有国家攻关项目30多项,已取得30多项成果,5项获国家发明奖,5项获国家科技进步奖。

这次获奖的高韧性易切削塑料模具钢,经使用证明性能优良,并可代替多种进口模具钢。广东省台山县电热器具厂用这种钢制造多种规格电风扇塑料模具,比原模具提高寿命3倍以上,每年节约进口模具费6万美元,产品外销已创汇50万美元。

(《中国教育报》1992年3月19日 作者:陈天照 曹勇)

华中理工大学完成
图形智能化识别与输入系统

作为国家"863"计划高技术攻关课题之一的 GIRS 图形智能化识别与输入系统，最近由华中理工大学完成，并通过了国家科委主持的专家鉴定。

图像输入的问题是计算机辅助设计（CAD）领域中亟待解决的重大技术关键之一，国内外从事 CAD 技术研究的学者一直在寻求一种快速图形输入方法，即通过图形扫描输入装置，将各种工程图形快速准确地输入计算机，并转换成标准的图形数据文件存储在计算机中，以便用户用各种 CAD 系统来对输入的图形进行编辑和管理。

自 1987 年开始，华中理工大学 CAD 中心便开始了这项研究工作。1988 年 6 月推出了图形输入识别软件方面的第一个版本 GIRS1.0，专家们认为，该版本在图形细化算法、图形的矢量算法等方面均有特色，在图形识别速度和质量方面均达到国际同类软件的先进水平。1989 年，他们又推出了新的版本 GIRS2.0 和 GITS2.5，先后解决了图形中粗线和细线的识别、字符的提取和识别问题，进一步提高了图形识别的速度和质量。

这次，通过鉴定的 GIRS 图形智能化识别与输入系统，无论在扫描形式、成像系统还是智能化接口方面，均达到了当代国际水平，尤其是在图形自动识别及处理软件方面，更具先进性。

（《光明日报》1992 年 5 月 8 日　作者：刘敬智）

为净化人类生存环境作贡献
洁净煤技术获重要成果

华中理工大学曾汉才教授等潜心开发洁净煤技术，经过近十年的努力，取得了重要成果，为净化人类生存环境做出了贡献。最近，他接到了联合国教科文组织和中国联合国教科文组织全国委员会的通知，邀请他以高级专家的身份出席将于12月初在北京召开的中国洁净煤技术高级研讨会。

我国是燃煤大国，燃煤排烟中的粉尘、氮氧化物、硫氧化物等造成环境污染。为保护环境，曾汉才于1984年8月发表文章，在国内首次提出高效低污染煤燃烧的研究发展方向。此后，他大力进行低污染煤粉燃烧技术的开发研究，带领课题组人员先后承担了能源部"七五"重点研究项目、国家自然科学基金项目、国家攀登计划项目、上海市重点产品难题攻关项目等七项大型项目研究，已取得五项成果。他们在低氮氧化物燃烧技术的开发研究中，对煤粉火焰中的氮的释放规律及氮氧化合物的生成机理与特性进行了深入的试验研究，在国内外首次采用简便的化学动力学模型，对煤粉火焰中氮氧化合物生成进行计算机模拟，为控制氮氧化合物的生成供了科学依据。他们与武汉锅炉厂、武昌青山热电厂合作，研制成功双通道旋流燃烧器，并在国内首次成功地用于电厂锅炉上。1990年11月经专家鉴定确认，使用该燃烧器能使氮氧化物的排放量减少20％，为减少煤燃烧对大气的污染开辟了途径。

(　《科技日报》1993年11月22日　作者：陈天照)

我国首栋叠层橡胶隔震楼动工

被国家自然科学基金委员会定名的"中国第一栋叠层橡胶隔震楼",已于最近在地震多发区河南省安阳市施工,它标志着我国研制的叠层橡胶隔震器进入了实用化阶段,我国人民可望住上安全的隔震楼。

这种国内独一无二的新型叠层橡胶隔震器,是华中理工大学土木系唐家祥、刘再华教授等与武汉红桥橡胶厂协作于1991年研制成功的。把它装在建筑物的支柱下,可以滤掉地震发生时传向工程结构的高能量地震波,使大地震时建筑物基本保持不动。与目前发达国家研制的隔震器比较,这种隔震器工艺简单,成本不到国外的1/4,适宜在国内推广应用。

安阳市采用他们研制的隔震器合作兴建的隔震楼,楼高7层,建筑面积2800平方米,由唐家祥课题组设计。

在该隔震楼附近同时建造一栋主体结构相同但按常规设计的大楼,用以进行对比试验。按总体结构造价估算,隔震楼比按常规设计的大楼节省费用3%以上。

(　《人民日报》1994年1月24日　作者:陈天照　陈思中)

创新之路
——EIM-601 大型程控交换机开发纪实

1995年4月8日，电子工业部54所与华中理工大学联合研制的EIM-601大型局用数字程控交换机（简称"601机"），终于迎来了她呱呱坠地的时刻。下午2点30分，鉴定委员会主任、原邮电部副部长宋直元教授宣布："601机适用范围广，设计思想先进，性能完善，安全可靠，具有90年代初的国际水平。"

"在如此短的时间里，开发出性能先进的大容量程控交换机，在世界通信史上是罕见的！"与会外国专家发出由衷的赞叹。

实至名归，当之无愧！601机的研制成功，终于实现了电子工业部部长胡启立提出的高性能、高可靠性、低成本的"两高一低"总目标，在我国程控交换机领域矗立起一座新的里程碑。

601机从孕育到诞生凝聚着许多人的心血，她走出了一条开拓奋进的创新之路。

·果断的决策·

自1970年法国开通了世界上第一台数字程控交换机，这项技术很快便风靡全球。由于长期的闭关锁国，当中国改革开发的列车启动并高速行进时，遍布我国电信网上的纵横式交换机步履蹒跚，处处掣肘。我们脆弱、分散的民族通信产业，无力迅速扭转这一局面。经济发展的迫切需要，使主管部门作出开放市场的选择。

于是外国程控交换机立即长驱直入,短短几年,七个国家八种制式的程控交换机迅速占领中国市场,形成了"七国八制"的局面。而我们最希望得到的关键技术却杳如黄鹤。我们的通信专家不无忧虑地告诫:"如果没有自己的大型程控交换机,就无法保障国家的通信安全。"国外程控交换机在我国市场的垄断局面,使我国数以百万计的外汇、人民币流进外国老板的腰包,而我们自己幼稚的通信产业却日益窘迫。

"立即上马,一定要抓出自己的大程控。"1993年4月,刚成立的电子工业部果断作出了决策。

·崭新的机制·

程控交换机作为通信技术与计算机技术、微电子技术相结合的高技术产品,其开发研制需要大批高素质人才和大量资金,再加上时间的紧迫,前进的道路上关山重重。

出路何在?电子工业部成竹在胸:电子工业有雄厚的科研开发实力,问题的关键是如何将资金和技术力量有效地组织。他们创造了一种新的机制,走一条"产、学、制、用"四结合的新路。

以什么思路来实现"四结合"的新机制?电子工业部吸取以前的经验教训,并按照建立现代企业制度的要求,提出了"政府引导、自愿结合、风险共担、利益共享、各扬所长"的原则,明确601机的开发,必须面向市场,形成产业。在最关键的产权与利益方面,通过投资方(企业)与研制方(研究所、大学)的充分协商,作出大胆的尝试:项目开始就使产权明晰,权、责、利分明。研制单位的知识产权股比占601全部产权的百分之三十六,其余百分之六十四股权按投资额分配。企业作为投资者拥有产权和接产权。

这种以产权为纽带、协商划定产权比例的新做法,极大地调动了企业、研究所和大学的积极性。广州电子科技园发展总公司、邮电部524厂、石家庄高新技术开发区、河北省邮电局电话设备厂、鞍山广播电视设备集团公司等单位纷纷加盟,并确立组建跨地区、跨部门、跨行业以股份制筹组601机集团的目标。

"产、学、制、用"四结合,不仅为研制开发提供了资金、组织、技术的保证，而且使得企业的接产准备从项目一开发便介入进去，使研制开发与生产准备双管齐下，为成果转让、占领市场赢得了宝贵的时间。

·艰苦的攻关·

程控交换机结构庞杂，其软件是当今世界最复杂的软件工程之一，开发工作量浩大，有的国家开发同类产品用了七八年时间。电子工作部明确要求"两年内拿下大程控"。

在如此短的时间内完成如此艰巨的任务，可能吗？

"能！干不成我就去看大门。"54所年仅30岁的高级工程师杨作昌临阵挂帅，担任总设计师，华中理工大学28岁的副教授杨学军担任副总设计师。由120人组成的攻关队伍平均年龄不到25岁，其中大部分是毕业不久的硕士生和本科生，还有部分在校高年级学生。

为了如期完成任务，这群朝气蓬勃的年轻人卡死时间后限，再合理分割条块，定出各自的完成期限，落实到人，不得逾期。

两年来，每天晚上12点以前，工作室内灯火通明，有时甚至通宵达旦。有人干脆吃住在工作室。夏天，持续高温，溽暑蒸腾，他们仍坚守岗位，有人甚至因此而休克。杨作昌、杨学军在总联试阶段，连续奋战十几天，平均每天只睡二三小时。两年中，攻关者们放弃了所有的节假日。

攻关者们终于成功了，他们在广泛比较、借鉴国内外各种程控交换机技术的基础上，实现了"两高一低"的目标，使601机具备了较强的市场竞争优势。

601机广泛采用了90年代计算机软件技术和集成电路、数字通信领域的最新成果，从而保证了技术的先进性。601的硬件全部采用通用元器件，整个系统采用14种电路板，在已知的局用交换机中是最少的。这既为大规模生产带来了方便，又大大降低了产品成本。

从我国的国情出发，601机的设计适用范围广，可做市话、农话、长话局合用，而且具有抗高压、防雷击的特点，设备无故障工作时间长。系统中还设有64级操作密码，从而保证了通话的安全可靠性。

考虑到电信技术的发展和产品系列化的要求，601机还为将来的移动交换、宽带综合业务数字网（ATM）预留了硬、软件接口。

· 策马再扬鞭 ·

601机的研制成功，在国内外通信产业界产生了重大影响。不少企业联系投资入股和生产，一些外国公司也闻风而至，表示合作意向。

研制人员未及解甲，又上征程。目前用于数字通信网的7号信令系统即将研制成功；在河北省邮电局、邢台市邮电局的支持下，601机的6000门开局试验在河北省南和县顺利进行，运行良好；ATM的攻关也已取得了重大进展。

良好的市场前景使人们备受鼓舞，邮电企业和联通公司都表示要支持601机，有的已将601机作为局用交换机优选机型。一个以601机为主导产品跨地区、跨行业的大型产业集团——电子信息机有限公司已组建成立。各投资产业单位正在做接产准备并进行技术改造，到今年底，可望生产10万线，形成规模生产。

最近，国务院有关领导明确批示："应该大力支持EIM-601以及下一步的发展"，并指示有关部委要"提出扶植民族工业发展的意见"。

601机满载振兴民族通信工业的希望，踏上了产业化的道路，愿她一帆风顺！

（ 《人民日报》1995年6月20日　作者：魏亚玲　曲冠杰　邹清丽）

华中理工大学计算机外存储系统国家实验室研究成果通过鉴定
快速多盘并发存储技术有新突破

华中理工大学计算机外存储系统国家重点实验室新的研究成果,使目前计算机磁盘存储器信息容量扩大一个数量级,接收速率提高3倍。

国家自然科学基金项目——"快速、超高密度外存储基础技术"研究2月1日在华中理工大学通过了专家鉴定。专家们认为,该课题研究水平已达到了当前国际先进水平。据课题组负责人张江陵教授介绍,研制开发快速、大容量存储器是当前计算机技术的热点课题,而开发此类存储技术的关键在于掌握数字存储技术的理论基础。

课题组利用磁盘伺服图形光刻技术首次制备出光刻伺服磁盘,用直接曝光制备光刻图形为同心圆的道密度达10000TPI以上。使用此项技术可使一座藏书百万册的图书馆所有信息存储在一个磁盘系统上。他们采用系统集成的方法,从研究存储系统的并发与并行性的角度出发,实现了对多盘的并发读写,达到了高数传率、高可靠性和高性能价格比的目的。

在理论研究方面,对外存储系统的体系结构、容错理论及技术、性能评价及优化理论进行了深入广泛的研究,提出了"多盘容错系统""结构柔性可变的盘阵列系统""功能盘阵列技术"等理论模型。在理论模型的指导下,实现了基于DOS环境的快速多盘并发存储实验系统,它利用相对廉价、小容量、高性能的磁盘驱动器,采用系统集成的方法组成盘阵列系统,达到了提高存储系统容量、提高数据的传输率和提高系统可靠性的目的。该实验系统实现了 RAID0、1、4、5 四个级别；用户可根据实际应用的需要设置数据分块的大小；采用数据分块技术，实时调度任务，保持系统的负载平衡；在单盘出错的情况下，挂起总线，实现了热插拔技术。

（✎《科技日报》1996 年 2 月 28 日　作者：江洪洋　刘志伟）

我国再获大学领先奖
华中理工大学 CIMS 技术达国际先进水平

国际制造业界最权威的大奖——"大学领先奖"日前再次被我国获得。华中理工大学凭其在计算机集成制造系统（CIMS）领域取得的显著成绩，从世界范围内 20 多所参评大学中脱颖而出，荣获 1999 年度"大学领先奖"。

9 月 15 日在美国底特律举行的颁奖典礼上，华中理工大学校长周济从国际制造工程师协会（SME）主席塞西尔·施耐德先生手中接过晶莹剔透的奖牌。此前，清华大学曾于 1994 年获此奖项，同一个国家有两所大学荣获"大学领先奖"，这在美国以外还是首次，表明我国 CIMS 技术已达到国际先进水平。

国际制造工程师协会是国际制造业的权威组织，6 万多名会员遍布世界 70 多个国家和地区。为了提高制造业的竞争能力、加强技术创新，特别是为了加快计算机集成制造技术（CIMS）的开发应用，该协会从 1985 年起设立了两项年度性国际大奖："大学领先奖"和"工业领先奖"，分别授予在 CIMS 技术的研究和应用方面取得突出成就的大学和企业各一名。

华中理工大学 CIMS 中心成立于 1989 年，是"863"计划 CIMS 主题主要参加单位之一，承担了应用工程、产品开发和应用基础研究等三个层次的研究开发课题。近 10 年来，该中心致力于研究和发展 CIMS 高技术产品，高度重视将高技术应用于工程实践，在应用工厂和产业化方面投入了大量人力、物力，取得显著经济效益，并培养了一大批掌握 CIMS 最新技术成果的博士生、硕士生以及 1 万多名工程师，为提高我国制造业的自动化水平作出了重要贡献。

据介绍，计算机集成制造系统（CIMS）是一项利用信息技术提高制造企业竞争能力的综合性、战略性高技术，融合了很多先进制造技术和现代管理思想。10 余年来，我国经历了信息集成、过程集成和企业间集成的研究与实践，在应用基础研究、重大关键技术、产品开发、应用示范等层次上相继取得重大进展，进而总结提出了现代集成制造的理念，走出了一条具有中国特色的 CIMS 之路。1995 年，北京第一机床厂曾荣获"工业领先奖"。权威人士指出，我国大学和企业在这一领域多次获奖，表明我国 CIMS 技术日趋成熟，并已在国际 CIMS 研究、开发和应用推广方面占有一席之地。

（《人民日报》1999 年 9 月 19 日　作者：陈思中　杨明方）

我国补体遗传学研究跻身世界前列

著名免疫学专家、同济医科大学赵修竹教授等 10 余名科研人员，自 1983 年起在国内率先对中国人补体成分 C_4A、C_4B、Bf、C_2 的遗传多态现象进行了深入研究，至今已对汉、维吾尔、苗、瑶、壮、藏等十余个民族的疾病进行测定，发现 C_4 及 Bf 的某些别型与某些自身免疫性疾病的遗传易感性有关，并取得一批达到或接近国际先进水平的成果。尤其某些病症的相关性研究尚为国际首创，不仅填补了我国在此领域的空白，并使我国补体遗传学研究跻身世界前列。

赵修竹教授等人在 C_4 等四种补体成分群体研究基础上，采用家系调查分析方法，进行中国人正常补体型及在疾病时变异的测定，已求出和对比研究了湖北地区正常汉族人群与红斑狼疮、1 型糖尿病等病人的补体型变化。

他们采用国际标准 C_4、Bf 及 C_2 的定型程序，通过对湖北地区 50 个汉族家系检测分析，求出 172 个补体型及其频率，并与世界其他地区人种和民族的数据资料对比研究，发现中国人的补体型与南非黑人差异较大，与日本、美国、德国黄白种人较为接近，但有些补体型却在中国人中频率较高，而在其他国家较低甚至未检测到，因而提出中国人补体型具有自己的遗传背景。

该项研究通过对 18 个红斑性狼疮及 22 个糖尿病人家系的补体型检测，发现 CS_{00} 可能为中国全身性红斑狼疮病人标志之一；在与 1 型糖尿病相关研究中，提出必须注意 CS_{01} 补体型与组成补体型的某些单座位如 BFS_{07} 和此病的关联。

该成果曾多次向全国推广，并与澳大利亚合作建立了补体实验室，在世界上已具有盛名，现被定为国际补体定型中心。

（✎《健康报》1991 年 7 月　作者：甘汉祥）

同济医大攻克一项世界性医药难题
牛黄体外培育在汉获得成功

人工培育牛黄这一世界性医药难题在武汉得到解决。

同济医科大学发明的国家一类新药——体外培育牛黄，12日通过卫生部专家评审。这是建国以来我省研制的第一种国家一类新药。

牛黄是我国传统中药，具有豁痰、清热解毒、清心开窍和凉肝息风的重要作用，围绕牛黄开发的"安宫牛黄丸""牛仔癀"等中成药，出口到世界20多个国家，每年为国家赚取大量外汇。

但是，千百年来，牛黄一直靠宰牛取得。因为牛黄即为牛的胆结石，而牛患胆结石的几率只有千分之一二，故民间素有"千金易得，牛黄难求"之说，牛黄的价格一直高于黄金。

牛黄的珍贵与稀有，限制了它在临床中的广泛使用。现在普遍使用的人工牛黄粉，实为胆酸、微外胆红素与淀粉混合而成，与天然牛黄的疗效相去甚远。中国乃至世界许多国家医药专家都在探索人工培育牛黄的途径。

同济医科大学裘法祖、蔡红姣、杜佐华等教授，经过5年攻关，终于在胆结石形成机理上获得重大突破，首先在体外培育出人的胆结石，尔后乘胜追击，一举取得牛胆结石（即牛黄）体外培育的成功。在武汉生化制药厂的资助下，几位发明者又迅速完成了成果向国家新药的转化。

由于国家一类新药必须是世界首创的成果，卫生部对这项新药进行了多次严格的评审。经专家鉴定，同济医大体外培育的牛黄在形态、药理、电子显微镜结构等方面，均与天然牛黄无异。多个医院的临床试验也证实，体外培育牛黄与天然牛黄疗效相当。

卫生部药政司专家欣喜为之命名：体外培育牛黄。

牛黄体外培育的成功，可望结束我国牛黄长期依赖进口的历史。

（✎ 《武汉晚报》1996年11月19日　作者：陈志运）

同济医科大学科研成果累累
获奖数居部属院校第三名

同济医科大学5日的统计数据表明，该校科研成果累累，在全国部属院校中名列前茅。

该校今年有73项课题中标，其中国家自然科学基金课题21项，获资助经费234.5万元；卫生部课题23项，获资助经费90万元。该校参与研究的"转基因猪器官用于人体器官移植的实验与临床研究"项目被纳入国家高科技"863"计划。

今年总计有15项科研成果获部委科技进步奖、杰出科技著作奖，20项获省市级科技进步奖。郝连杰教授等完成的"丙型肝炎病毒感染的分子和临床流行病学研究"被评为卫生部医药卫生科技进步奖一等奖，该校同时还有另外6项成果分获二、三等奖，获奖总数为全国100多所高等医药院校的第三名。

近几年来，同济医科大学诸多科研成果达到国际、国内先进水平。该校建成国内最大综合型器官移植研究中心，可开展脑、肝、肾、脾、胰岛、心脏、骨髓等多种器官临床移植。所作18例脾移植手术均获成功，同种脾脏移植居国际领先；脑组织移植已达国际先进水平；异种胰岛移植在亚洲首先进入临床，具有国际先进水平，在亚洲首先开展了胰腺移植（包括胰肾联合移植）和肝胰多器官联合移植；肾移植每年数量超过百例。该校发明的体外培育牛黄，是我省建国以来研究的第一种国家一类新药。病理学教授车东媛主持的"农民肺综合研究"第一次在世界上发现并证实了热吸水链霉菌是导致农民肺的一种病原菌，整个课题的研究达到了国际先进水平。该校关于石棉致癌原因的研究在国内外首次把石棉导致癌症的机理研究推进到了基因水平，为职业性肿瘤的预防和早期诊断提供了科学依据，被评为 1993 年度我国医学十大新成果之一。

目前，该校已建立器官移植、呼吸系疾病两个卫生部重点实验室，心血管疾病研究所、计划生育研究所、基础医学研究所等 12 个研究所，另设实验医学等 9 个研究中心，19 个独立研究室。每年获国家各级各类科研项目 200 余项。

(✐《湖北日报》1996 年 12 月 10 日　作者：张小燕)

在全国同类学科中独领风骚
同济医大扛起环境卫生学国家队大旗

4月中旬以来,同济医科大学环境卫生学科有多篇科研论文陆续寄往国外,不久前又接到第7届世界化学学感器学术会议电话,要求该学科举办该会"生物传感器分会"。

有关资料表明,我国参加相关的国际会议,同济医科大学环境卫生学科的论文,占到全国提交论文总数的三分之一到二分之一。

创建于1955年的环境卫生学科,1981年被批准为首批硕士、博士学位授权学科;1987年获全国环境影响评价甲级证书;1989年被批准为国家重点学科;1995年建立博士后流动站,以科学研究、人才培养成绩突出而闻名国内外。

农药对人体健康的影响及其作用机理,一直是环境医学和毒理学研究的热点和难点。刘毓谷、陈学敏、宋瑞坤教授等承担的在研课题"常用农药对神经系统作用机理研究",获得了国家自然科学基金重点项目资助,是迄今为止全国高校毒理学研究第一例享受如此高规格待遇的课题。

从20世纪70年代中期开始,该学科在我国著名环境卫生学及环境微生物学专家蔡宏道、王家玲等教授指导下,以武汉东湖为研究对象,在国内率先开展了富营养湖泊的有机污染物致突变性的研究,发现了饮用水中致突变、致癌前体物主要有藻类代谢物及水生腐殖酸,为当地居民改善用水质量作出了重要贡献。

1979年以来,在蔡宏道、包克光、鲁生业教授带领下,该学科承担了"三峡工程""南水北调"等10余项大型水利工程的环境影响评价工程,为管理部门决策、特别是为三峡工程上马提供了决策依据。除此之外，该学科围绕监测污染物在体内的吸收、分布、代谢和转归，在生物医学传感技术和发光分析、发光标记技术研究领域也取得了重大成就，多项成果达到国际先进水平。著名环境监测学专家任恕教授撰著出版的《分子生物医学工程学》，为世界上该研究领域的唯一专著。他主持发明的组织切片酶活性探测仪、生物科学微热计、合金PH传感器、中医传感针等均为国内外首创。1992年，他在世界上第一个提出的作为传感器工作原理的基础分子系统理论，得到了世界学术界的公认。

（✎ 《湖北日报》1997年5月15日　作者：王玉华　周前进）

锥形抽气三通日前研制成功

由武汉城建学院、中南市政设计院、武钢等单位专家参加研制的锥形抽气三通，日前通过了湖北省建设厅组织的专家鉴定。

研究人员针对目前国内外抽气主要设备真空泵、水射器、斜三通、孔板三通等存在的耗能较高、效率较低的问题，研制出了工作可靠、构造简单、造价低的锥形三通。该设备用在2万吨/日虹吸滤池的抽气中，冲洗一次可节电6.67度，1年可节电2435度。经过在武钢港东水厂、随州市自来水公司等地的近5年试用，证明该产品具有明显的高效节能的优点，在快滤池抽气方面具有可观的应用前景。

(《中国建设报》1995年1月14日　作者：丁士道)

聚焦华中大

华中科技大学70周年校庆丛书

第五章

产学结合　驱动发展

赵学田创造了"机械工人速成看图法"

沈阳第二机床厂车工朱文利到工厂已经 4 年多了，时常还因看不懂图纸而苦恼。有一次，就因为没找对尺寸，干废了 11 个活。这种现象，在各个机械工厂都很普遍。许多机械工人在接到图施工的时候，心里还是迷惑不定，弄不准工作物究竟是什么形状。就是一些具有十几年工龄的老师傅，也是凭经验干活，弄不清图样的来龙去脉。因此，工厂经常发生停工、返工和出废品的事故。但是，当他们学习"机械工人速成看图法"以后，这种现象就不存在了。朱文利现在不仅能看懂比较复杂的零件图，并且能事前按图纸要求做好准备，到点开车就干活，既减少了废品，又提高了生产效率。河南新乡 116 机械工厂 69 名工人，在学习速成看图前的两个月内，因为看不懂图纸出了 55 件废品，学习后的第一个月就消灭了这种现象。

按照旧的方法培养机械工人看图，需要几年时间，而且是教一点会一点，工人掌握不了看图的基本规律，遇到新的图纸仍然不懂。按照"机械工人速成看图法"学习，无论是车工、刨工、铣工、钳工、锻工、装配工和模型工，只需上课 10 小时、复习 10 小时，就能掌握看图的基本规律，看懂一般的零件图和装配图，顺利地按图施工。这在国家工业建设迅速发展的今天，大批新工人涌进机械工厂，"机械工人速成看图法"就具有特别重大的意义。

这种"机械工人速成看图法"是华中工学院的老教授赵学田创造的。他今年已经 55 岁了。解放后，他不断接受党的教育，牢牢记住"科学工作应该为生产服务"。

1954年初,他从武汉市科学技术普及协会和武昌造船厂了解到工人们非常迫切需要学会看图的基本知识,就想编制一套教材来帮助工人克服这个困难。他过去在学校的实习工厂教过工人,知道工人们最大的困难是看到平面的图纸后,不能在脑子里建立起立体观念。怎样才能建立立体观念呢?苏联制图教学大纲上规定,必须学习"投影几何"。"投影几何"在解放前有个绰号叫"头疼几何",大学的课程表虽然排上了这门课,但是教师怕教,学生怕学。现在,工人的文化程度还很低,生产又很忙,要在短时期内教会他们建立立体观念,这确是一个难题。

寒假,赵学田经过多少不眠的夜晚,终于找到了解决问题的办法。他首先根据工人文化程度虽低却具有丰富的实际经验的特点,和苏联讲授"投影几何"的原理,找出了"对线条、分前后"来帮助工人建立立体观念的简便方法。他根据工人目前只需看图而不需制图的要求,改变了一贯先讲画图后讲看图的教学方法,只讲怎样看图,简化了课程内容,缩短了教学时间。他还采用了苏联形象教学的经验和许多通俗易懂的事例来进行深入浅出的讲解。例如以手灯影讲投影,以半个鸡蛋讲全剖,四分之一的西瓜讲半剖,用撕去一角的香烟包讲局部剖视等等。他编的教材一共5讲,总共只需20小时就能帮助工人掌握看图的基本规律。

这是科学普及工作中的一项很重要的贡献。他的教材刚一编出来,就得到各方面的鼓励和支持。他亲自到武昌造船厂去进行第一次试点教学的时候,武汉市委指示科学普及协会组织了19个单位57名技术人员去听讲。在这次试讲中,技术人员举行了4次座谈会,提出了许多改进教材的建议。为了使教材更能适合工人要求,赵学田也到工厂亲自辅导教学,直接听取工人的意见。经过大家这样支持和反复研究,"机械工人速成看图法"的教材更适合工人的要求了。

武昌造船厂试点教学的效果很好。50多名工人在学完课程后,自动跑到珞珈山他家里去请他进一步讲解复杂的装配图。不久他又在武昌机车车辆制造工厂进行第二次试点教学,效果也很好。工人们特送给他一面锦旗,上面写道:"感谢您授给了我们找窍门的钥匙"。

创造"机械工人速成看图法"的消息在《长江日报》上发表以后,外地的120个工厂,30个专业局和21个技工学校和训练班,都来信来电索取教材。

1955年2月,中华全国科学技术普及协会和第一机械工业部、第一机械工会委员会根据各地教学效果很好的情况,联合发出通知,要求全国所属各级组织有步骤地推广"机械工人速成看图法"。现在,全国很多地方都推行了这个教学方法。哈尔滨工业大学的教师高竞受到赵学田的启发,编制了"建筑工人速成看图法",试讲的效果良好。法国一位教了20多年工业制图课的教师也写信来要他介绍经验。

赵学田教授以创造性的劳动帮助工人们克服了看图的困难,得到了政府的奖励,也得到全国各地工人的热情的感谢。赵学田教授并没有以已取得的成绩为满足,现在他正根据工人们的要求,一方面继续修改速成看图的教材,一方面准备研究在速成看图的基础上,进一步帮助工人学习速成制图。华中工学院制图教研室也把研究"机械工人速成制图"列入了科学研究计划。

(《人民日报》1956年3月3日　作者:曹葆铭)

既解决了生产问题 又提高了工作能力
华中工学院下厂采集研究课题

华中工学院师生科学研究活动十分活跃。许多专业的师生纷纷下厂收集生产中的问题进行科学研究，热情地为工业生产建设服务。同武汉钢铁公司、大冶钢厂全面协作的各个专业的师生，成立了工作组，下厂采集研究课题，仅在武钢就采集了各种研究课题二百多个。对一些生产中迫切需要解决的问题，他们就组织力量，就地进行研究和解决。机械系专门成立小组，深入到武汉市中小型机电工厂里，协助进行技术革新工作。在学院的实验室、工厂里，各项科学研究工作正在紧张进行着。如机械系正在加速进行建立自动化车间的研究工作；电机系正力争在最近把试制成功的交流计算台调整好，以便为水电站的生产服务。

学校党组织很重视对科学研究工作的领导，坚持科学研究必须为生产服务、大搞协作的正确方向。从党委书记到各级党组织的负责干部都经常带头深入实际，尽力帮助解决科学研究工作中的困难和问题。在党的领导和重视下，全院师生情绪高涨，干劲十足。他们采取多种多样形式同工厂建立广泛的协作。这些形式大约有以下几种：第一种是承包有关单位提出的研究项目。第二种是同工厂企业部门协作。他们已与十一个省和十六个市的有关机械、电机仪表、冶金、动力等方面的数百个工厂企业开展协作。第三种是把技术送上门去。去年下半年起，学校就成立技术辅导团，派出一千多名师生到湖北省各专区及邻近省份，对各地新办的机械、钢铁工厂进行技术辅导工作。第四种是把毕业生的毕业设计全部改成结合生产劳动、科学研究进行，为工厂企业解决了成千个技术问题。

科学研究工作开展后，既解决了生产问题，又使学生掌握了丰富的知识，提高了学生的独立工作能力。教师们通过深入实际和参加科学研究活动，也增加了生产知识，充实了教学内容，把课程讲解得更加生动透彻。

（✎ 《人民日报》1959年12月5日）

华中理工大学为企业雪中送炭
13 种新型模具钢使几百家工厂受益

华中理工大学积极开发推广新型模具材料，10 余年来，研制出 13 种新型模具钢，已有 6 种被列为国家标准；每年有 1000 多吨新钢种在全国有关行业的几百家工厂的模具上应用，大幅度提高了模具的寿命，年经济效益达 3000 万元，累计已突破 2 亿元，为行业技术进步作出了重大贡献。

该校不断跟踪世界各国模具材料发展的新动向，研究开发具有中国特色的新型模具材料；组织了多个专业的百余名教师、科研人员开展模具计算机辅助设计、辅助制造、模具材料、模具强度、热处理等有关模具成套技术的研究和开发工作，承担了模具技术方面的课题共 70 多项，其中"六五""七五"攻关项目 30 多项，取得了 30 多项成果，其中获国家发明奖 4 项，国家科技进步奖 5 项，省部级成果奖 15 项。

在开发生产和推广新型模具钢方面，该校与一些大中型企业密切合作。如与内蒙古第二机器厂等单位联合开发的高强韧性大截面热锻模具钢，经过 3 年推广，被 30 多家大中型企业采用。该校已与近 200 家模具制造厂建立了技术合作关系。目前，该校的新型模具钢的推广应用已列入国家"八五"新技术开发项目。

（《光明日报》1991 年 12 月 23 日　作者：曹勇）

华中理工大学与企业合作
发挥自身优势推进技术进步

华中理工大学发挥多学科优势,与数十家大中型企业密切合作,进行科技开发和人才培训。帮助这些企业采用先进的科学技术,进行技术改造,推进了企业技术进步和生产发展,提高了效益。

早在70年代初期,这所大学第一批教师参加了第二汽车制造厂的科技攻关和设备攻关。到了80年代,这些合作更为广泛,至今已与二汽、武钢、大冶钢厂、武汉重型机床厂、武昌造船厂、沪东造船厂、长虹机器厂、东方电机厂等一大批大中型企业建立了长期的、稳定的科技合作关系。"六五""七五"期间,这所大学每年承担的横向合作项目200多项,其中与大中型企业合作的项目约占70%。

仅"七五"期间,该校就与武钢合作完成科技开发项目17项,为武钢新增产值2.7亿元,新增利税3000多万元。其中,新三号高炉热风炉炉箅、耐磨合金冷却壁及耐磨衬板的研究与应用,是武钢从卢森堡引进图纸,以武钢生产的生铁为原料,生产出铸态高韧性及高铬抗磨铸铁。图纸要求单个铸件有400多个孔,相邻两孔中心距离偏差仅为1毫米,技术难度大,经过双方的共同努力,终于研制出优于宝钢进口的同类产品的设备,并在新三号高炉安装成功,为武钢获得了300万元的利润。他们共同开展球墨铸铁生产系列化、标准化研究取得成果,使武钢机械总厂的产品质量稳定提高,生产上了一个新台阶。他们进行〇七轧机开卷机扇形块和棱柱体球铁件国产化研究,生产出超高强度球铁铸件,性能与德国进口件一样,而成本仅为进口件的1/3。

这所大学与二汽科技合作,已完成研究课题 30 多项,内容涉及汽车发动机、汽车材料、汽车零件加工、汽车电子等方面,为振兴我国汽车工业作出了贡献。

该校还与许多大中型企业合作培养专业人才。据不完全统计,该校受二汽委托,已为二汽培养了专科生 498 人、本科生 13 人、研究生 49 人。

(《人民日报》1992 年 1 月 15 日　作者:陈天照　杨增能)

发挥技术人才优势
华中理工大学催生激光大产业

目前,华中理工大学充分利用自身的科技优势和多学科的综合优势,加快科技成果的转化,催生武汉激光大产业。

华中理工大学是国内公认和国家重点支持的激光产业的科技龙头,全国唯一的激光加工国家工程研究中心就设在该校。"六五"以来,华中工大一直是国家重点科技攻关计划"激光技术"项目的牵头单位和主要承担单位,共承担各类科研项目100余项,有46项成果获国家、省、部级奖励,发表科研论文1100余篇,获准专利16项。

该校将这种科技优势迅速转变为产品优势,已批量生产了一批具有市场前景的激光产品:高功率CO_2激光器、激光手术器、激光治癌机、激光书写标刻机等。华工图像公司拥有3项世界独有的激光防伪技术,还具有全国最大激光全息防伪包装技术产品生产能力,成为海关总署、国家商检局等350家单位防伪标识的指定生产单位,该公司去年人均创利税30万元。

到今年4月,以华中理工大学为技术源头的激光企业在武汉已出现20多家,武汉地区的激光技术实力与北京、上海形成鼎足。

为将武汉建设成为全国最大的激光设备和产品的研究、开发、生产基地,优化产业结构,带动相关产业的发展,在武汉市有关部门的大力支持和指导下,华中理工大学将联合武汉东湖高新技术发展股份有限公司、武汉楚天激光(集团)股份有限公司、武汉思登达集团有限公司、武汉建设投资公司、武汉国际信托投资公司等单位,组建一个以激光产品为龙头,以数控系统、CAD 系列软件、PTC 功能陶瓷、生物制药等多产业并举的激光集团,净资产达 2.4 亿元。目前,该集团的组建计划已获武汉市政府的大力支持,各项准备工作已在紧锣密鼓地进行之中。

(✎《科技日报》1998 年 4 月 20 日　作者:江洪洋)

小地盘走向大区域
华中理工大学发展触角伸向"六省二区"

4月22日,华中理工大学与河南省人民政府在郑州签订了教育、科技合作协议。这是该校实行全面出击"两湖两广江河海港"战略,走出湖北,"抢滩"外省迈出的第一步。

"两湖两广江河海港"八字战略,是华中工大在今年3月全校教代会上提出的,其旨意是主动出击,将教育与科技合作的"触角"伸向湖北、湖南、广东、广西、江西、河南、海南和香港特区等"六省二区"。校长周济解释:随着经济体制和经济增长方式的转变,我国丰富多彩的区域经济态势正在形成。作为华中腹地一所极具实力的大学,华中工大要想借时势发展自己,最佳与最现实的定位应在这"六省二区"。

据了解,这"六省二区"除香港特区以外,一直是华中工大的生源大户,每年大学新生的90%来自这些省份(其中在湖北省的招生数更占到一半以上),该校校友也多在这一广阔地域成才立业。近年来,华中工大的一批科研成果,也都率先在这6个省和1个自治区的企业中得到应用。

据悉,华中工大与河南省政府达成的教育、科技合作协议,是我省高校与湖北以外省一级政府进行高层次合作的首例尝试,也标志着我国有实力的高校开始将办学视野从"小地盘"转向"大区域",寻求更多更新的发展机遇。

在签订协议的当天,河南省经贸委和华中工大联合举办了"华中工大科技成果展示会"。该校展示的CAD软件和数控技术等成果,引起当地众多企业和高校的浓厚兴趣。华中工大的专家、教授与河南有关方面进行了技术洽谈。

据介绍，向外拓展初战告捷后，华中工大在今后几年将把办学影响向"六省二区"稳健渗透，在服务区域经济的同时实现自身良性发展。

(✎ 《长江日报》1998年5月4日　作者：朱汉华　陈思中)

从构建校内"产学研"起步
——华中理工大学探索产学研协调发展系列报道之一

· 一 ·

地处武汉市喻家山麓的华中理工大学（简称"华工"）是全国有名的以理工科为主的大学，有7个博士后流动站、31个博士点、2个国家工程研究中心、5个国家重点实验室和国家专业实验室。在国内发表的科技论文数量连续三年在全国名列前茅，平均每年有200多项科研成果。这里的教学和科研有明显的特点：主攻方向面向经济建设主战场，注重培养应用型的工程技术人才，注重解决经济建设中急需的重点科技难题和关键技术。这使产学研合作有了技术和人才优势。

多年来，华工利用在激光、机械、能源、信息等技术领域的优势，集中科技力量，与一批大中型企业协同作战，并取得了多项令人瞩目的成果。华工与石油天然气总公司、武汉钢铁公司、玉柴机器有限公司、深圳华为公司、广东美的集团、科立公司、科龙公司、葛洲坝集团公司等密切合作，对国家、地方、行业的关键技术难题进行联合攻关，出现了与企业共建技术中心、共建研究所，企业在学校设立科学教育基金等新的合作模式，为学校的科研工作注入了活力。华工在地域经济中的作用也在加强，他们把工作重点放在临近的"两湖两广江河海港"（湖北、湖南、广东、广西、江西、河南、海南、香港），与这些地区的企业和经济部门有着长期广泛的合作。

但是就大环境来说，由于种种原因，我国科研成果转化率低，已成为令广大科技工作者焦虑的"痼疾"，华工以往也很难走出这一窘境。他们每年200多项科研成果的转化率也不高。一些专家谈起来就很痛心：大量的成果开完鉴定会就完了，"鉴定会成了追悼会"，好好的成果没派上用场。华工深深感觉到，学校的科学研究如果不主动向下游延伸，而坐等企业自身的科技进步，仍难以在短期内改变科研成果转化率低的问题。

经济发展呼唤科技成果涌现，知识经济时代的来临更对科技成果向生产力转化提出了迫切要求。华工不乏用一项技术救活了一个企业的例子，但他们也不得不面对大多数中国企业至今依然对开发新技术、接受新技术缺乏动力的事实。"沉舟侧畔千帆过"，在一部分新技术被束之高阁、沉沉入睡的同时，高新技术又在快速发展和更新，这些未得到开发的技术在很短时间里又会被淘汰，成为一堆废纸。

在探索产业化的过程中，最开始进行的技术转让的不足很快显示出来，学校已经研究出的成果往往离市场很远。在技术转让后，企业依然缺乏对新技术进行二次开发的资金和实力，新技术的作用发挥不出来，好看不好用。周济校长说：实验室、产品、市场之间的关系好比是10∶100∶1000，在实验室成功后，尚须100分的努力使之变成产品，1000分的努力才能推上市场。而恰恰是这个10至100的过程异常艰难，也恰恰是在这个过程中，买卖双方都有许多不满意。

· 二 ·

华工主管产业工作的王延觉副校长在接受采访时提出："有些事情高校自己不去做，就搞不起来。工科类院校的职能应是教学、科研、产业化并重。"从多年的实践中，华工许多人士深刻地体验到：学校内部实行产学研有机结合、协调发展，也是科研成果迅速转化为生产力的一个好办法。在面向经济建设主战场、推行经济建设两个转变上，高校恰恰有自己很大的优势，技术和随技术而产生的新设备、新产品可以很好地为企业和经济建设服务。"纸上得来终觉浅"，从实验室探出头来、把纸上的论文变成现实的生产力，华工走上的正是这样一条必由之路。

能不能创造这样一个小的产学研结合模式：既是一个教学的实体，又是一个科研实体、一个产业实体？华工是在实践之后对这个问题进行思考的。因为早在问题提出之前，这里已经自发出现了许多大大小小的公司，这些公司往往是一个学院，一个系，一个教研室，甚至一个课题形成的。学校里出现了一个奇特的现象：一栋楼门口往往挂好几个牌子，教学单位、科研机构、产业实体往往是同一套人马。前几年，如雨后春笋般，华工一下子冒出了70多家大大小小的公司，它们在市场经济的大潮中起起伏伏，经历了不断创新、不断失败、不断崛起、不断成功的过程，至今全校仍有大小公司50多家。许多老教授、老专家再也不仅仅满足于写论文、参加评奖了，他们对成果的衡量开始有了双重标准，把眼光投向了如何使自己的成果走向社会，形成生产力。

这些小公司出现之初，带来了许多新景象。对这种小的产学研实体，周济校长列举了它们的几大优势：科研单位同时也是科技转化的中心，对发挥技术优势有好处，使科技成果尽快转化为生产力；切实增强了综合办学实力，对学科建设起了推动作用；能让一部分教工先富起来，在留住高水平人才的同时形成良性循环，学科队伍水平提高了，基地建设水平也提高了。

这种产学研结合模式把学校和市场、社会密切联系起来了，学校主动出击，把成熟的技术和设备提供给企业和工厂，更受欢迎，易被接受，"小产学研结合"带动了"大产学研结合"。如今，企业到这里不仅可以得到技术，还可以得到技术含量高的产品设备，得到和设备相配套的技术和培训服务。学校自身的学科优势、人才优势、条件装备优势，加上以研究开发工作为依托，以市场为导向，使之变成了自身科技成果转化的重要基地。

华工数控技术的发展和应用也许可以为这种产学研模式的效果提供一个实例。为推动数控机床的国产化，国家先后投入了数亿资金支持这项研究。华工从70年代就开始进行数控技术的研究，但一直处于小规模、慢步伐的状况，没有形成产业。面对中国有可能形成的生产开发能力，国外一些公司对中国市场实行倾销，使中国在市场需求增加的同时，国产份额反而以每10%的速度下降。1992年，华工的数控研究开始向产业化发展，组建华中数控公司，把多年的技术积累推向市场。如今，这家公司生产的产品可以对大型关键设备进行改造，使企业机械部分完好而控制系统落后的机床获得新生，投资小，收效快。同时，他们还批量生产高档经济数控机床，在我国的数控市场占据了一席之地。为与国外教学专用数控机床一比高低，公司又推出了适合国情的教学专用数控机床，成立数控技术教育培训中心，在实践中探索出了一整套数控教学模式。产业化的介入使数控技术迅速在工厂、学校得到应用，以前进口要花几千万的大型机床，现在只要花几百万可以改造好，重新使用；经过数控技术培训的学生广受企业欢迎。

院系和研究所这样一级的学术机构也可以办产业，直接进行科研成果向现实生产力的转化，华工产学研的探索过程也许可以给我们一个启示，华工自己开办的产业在规模上并不大，但产学研结合紧密，围绕学科形成了很多有生气的产学研实体。产业促进了学科的发展，学科发展又反过来促进了产学研，创造了一种围绕学科抓产学研的氛围，形成了一种积极推进科学技术向实际生产力转化的风气。

·三·

在学校产业发展的同时，华工也认识到了这种方式可能产生的局限性：院系管理的企业存在布局分散、规模小、效益低的状况；科技产业不能采用管理学校的方式，而必须按照市场机制和规律去操作，产业在和科研结合的同时也要有所分离。在科研和产业发展思路上，华工提出：要调整结构，扩大企业规模，增强企业发展实力，逐步实行集团公司制；要创造条件，培养造就一支优秀企业家队伍和生产者队，集中力量形成拳头，变课题组小规模经营为课题群大集团作战，加快发展市场需求量大、科技含量高的产业和产品。"九五"期间，华工计划重点扶植一批与学科优势紧密结合，有一定规模效益的院系企业；寻找科学研究和科技产业向教学工作回报的有效机制；启动"华中理工大学科技园"的规划、开发和建设工作，以形成科技成果转化的良好环境。

在校内产业发展的同时，华工开始将注意力放在那些与社会结合的新兴校办产业模式上，意识到今后这些模式会越来越多，如利用学校有形及无形资产与校外和境外单位共同兴办合资、合作、合营企业，以及利用学校有形无形资产参股、控股的企业等等，在这里，这些类型的产业正渐渐增多，"小产学研"实际上和整个社会、整个市场经济紧紧相连，推动着校园和社会之间的"大合作"。

（✎ 《中国教育报》1998 年 5 月 20 日　作者：刘华蓉）

产业发展　学科兴旺
——华中理工大学探索产学研协调发展系列报道之二

　　和一些地方产业发展的路子不同，华工的产业几乎没有和校内研究无关的项目，这里的产业大多是学科研究发展到一定水平后的产物，学科优势成为产业发展的最大优势。向市场获取学科建设的资源，是这些产业开办的初衷，公司和学校宛如作战时的前方和后方，学校源源提供技术和人才，握紧拳头，公司把它打出去。公司在市场中获得的效益又反过来支援学校发展和学科建设。产业化的公司成了学校与社会、企业发生联系的桥梁，成为学校向市场要学科建设资源的重要渠道，走产学研合作的道路也因此成为这里许多学科的共同选择。周济校长说："我们有许多在全国有一定技术优势的学科，这些学科是我们办产业的基础。"依靠优势学科，发展重点产业，在发展产业的同时，看到了市场是学科建设的重要资源，眼光仍然盯在学科建设上，坚持产业化为学科建设服务，这正是华工在探索产学研协调发展道路上的一大特点。

　　作为华中理工大学的"四星级单位"，激光技术与工程研究院拥有国家重点实验室、国家工程研究中心、博士点、博士后流动站，学校还希望它变成"新五星级"：增加一个明星企业的桂冠。这个院先后取得了国家级重大科技成果40多项，发表论文1100多篇，他们在发展中将"上游、中游、下游"有机结合，形成了一条清晰的发展思路。上游：国家重点实验室作为重要的技术源头，旨在做好人才和技术储备，加强基础和应用研究；中游：国家工程中心则是转化科研成果的"通道"，负责将实验室的成果迅速转化为生产力，并辐射全社会，形成规模经济，推动科技成果产业化。这两支"国家队"在科研与开发上相结合的优势为实现技术商品化、产品化的"下游"工作奠定了基础，研究院成立了激光设备厂，并着手将国家工程中心转制，成立了武汉华工激光工程有限公司。集科研、教学、产业开发为一身的激光研究院，已经拥有了全校运作最好的学科和产业，在全国同行中崭露头角。

华中软件公司的后盾是学校在计算机系统软件和工程技术软件方面的整体优势，它后面有校内CAD中心、计算机系、材料系、管理学院等研究单位的支持。华工的CAD（计算机辅助设计）研究在十多年里取得了100多项成果，其中包括国家攻关项目、"863"计划、国家自然科学基金等国家级课题。然而在数年前，这些成果对生产力的巨大作用和经济效益仍未充分发挥出来。华中软件公司成立之后，这些成果被迅速推向社会，推向企业，高新技术转化成了实实在在的生产力，形成了以提供整体方案设计、规划、设备选型、软件配套、系统集成、人才培训和二次开发及工程研究为一体的一条龙服务。华工开发的CAD制图软件经产业化推出后，有力推动了全国范围内的"甩掉绘图板"工程，这一产品在机械行业的市场份额很快高居全国第一。

学校成为产业宝贵的人才库，华中软件公司员工平均年龄只有29岁，高级职称的有60多人，博士后9人，工学博士和硕士110名。近百名员工的开目公司有博士生导师1名，教授2名，副教授6名，博士6名，硕士30名。

几乎每一家产业实体的背后都有校内科研团体的支持。计算机学院开设的达梦数据库软件公司的拳头产品是学校数据库与多媒体技术研究所经过18年的技术积累和5年的研究开发推出的。如今，在科技开发、新产品研制上，这家已经搬出校门、进入了东湖高技术开发区的公司依然和校内一些研究系所保持着紧密的联系。

华工数控产业发展的背后是学校数十年数控研究积累的技术，80年代中期，学校集中了机械、电机、控制、计算机等不同领域的研究人员组成数控技术研究中心，"八五"期间，数控攻关取得重大突破，成功研究出了华中Ⅰ型数控系统，这是一项自主创新、具有国际先进水平、有工程化和商品化前景的高技术产品。在这项技术出现后，华中数控技术股份有限公司应运而生。技术成果在产业化之后产品的知名度提高了，争取科研项目的能力也增强了。公司又为这种开发提供了资金和良好的市场环境，为教学改革提供新的思路，形成了产学研的良性循环。

产业化在华工的影响到处可见，在生物工程系，这里有和一般实验室不同的景象，科研成果已经进入产业化的先期发展阶段。在系主任梅兴国教授的办公室，螺旋藻正在养殖装置中自由地生长。这项研究成果将改变螺旋藻价格昂贵的状况，使普通人也能够足量服用。在一楼的实验室，经培育后的治癌良药紫杉醇细胞已经进入中试阶段，正在庞大的密封罐中上下翻腾。这项成果将填补我国在植物细胞培养产业化上的空白，带来新的经济增长点。梅兴国教授介绍：这些技术在研究时就是按照产业的要求来设计的，从工业化的实际要求出发，考虑了成本、原材料消耗以及能否为工业界接受等问题，所以一问世就有很好的市场前景。

华工高理电子电器公司是在原固体电子学系一项技术的基础上成立的，最初独立在校外发展，但因技术不过关，1991年在全国同行业销售额位居倒数第三，产品合格率只有百分之十几。在依托学校技术优势进行改造后，很快由一家濒临破产的企业变成了盈利企业，在全国同行业销售额跃居第三。这家公司的投入产出比大大高于同行业，可利用的设备只值100多万元，但生产能力达2000多万元，其奥妙全在于这里掌握着技术优势，有雄厚的技术基础。

华工产业创造的产值在学校的发展中起着不小的作用，国家去年给学校的拨款仅占全校财政收入的24.9%，科研经费和产业创收扛了大头。从早期以校办工厂服务教学实习为主，华工的科技产业迅速向产品型、贸易型、咨询型相结合，独资与合资相结合的多元化格局转变，成为不少学科对外承接科研项目、申报重点学科、工程研究中心的重要支撑。科技产业对学科建设、吸收高水平人才、提高学校办学实力起着越来越明显的作用，申报大的科技项目，申请国家重点实验室、国家工程中心、工业性试验基地都必须有强大的科技产业作依托，前方和后方正日益建立起不可分割的联系。企业不断利用学校的科研成果、技术支持来发展壮大，学科通过产业提供的资金和课题来不断形成和开发新的项目。华工有人戏称之为"集成的力量"，少了前方，后方就缺了出击的能力；少了后方，前方就没了出击的后劲。

（《中国教育报》1998年5月21日　作者：刘华蓉）

产业出活力　教学上水平
——华中理工大学探索产学研协调发展系列报道之三

在谈到科研成果产业化时，华中理工大学提出：要坚持育人为本，三足鼎立，教学、科研、产业相互协调，教学和科研要上水平，产业要出活力。必须用科学研究之"源"来充实教学工作之"流"，充实更新教学内容，提高教师队伍水平，使教学站在国内外学术前沿；加强科研，使学科建设达到国际先进水平；推进科技成果的转化，使科研成果在国家支柱产业和主导行业中占据一席之地。

产学研协调发展能给学校带来什么？周济校长说，科技产业在高校是促进科技成果转化为生产力的主要方式之一，是促进学科建设和人才培养的有力手段，也是增强学校经济实力，提高师生待遇的重要经费来源。华工正是在探索产学研协调发展的过程中增强了办学的活力和效益，使办学质量逐步提高。

华工同样面临着许多高校面临的问题：缺乏经费——不仅缺研究的费用，也缺乏留住人才的待遇。周济 80 年代从国外归来后，在短短四五年内培养了 18 个博士，但出国的出国，下海的下海，只有一个留在学校。面对这种情况，周济不能不思考：怎样才能把培养出来的优秀人才留住？他说：光事业留人、感情留人不行，还得有待遇留人。如何实现待遇留人？在现阶段教育经费不足的情况下，华工从产学研协调发展中看到了希望。

产学研的协调发展使华工许多高新技术学科迅速壮大。在高校，基础学科在得到政策倾斜的同时得以发展，专业学科也往往善于找到新的生长点和新的发展方向达到自我发展，比较困难的是介于二者之间的专业基础学科，普遍存在队伍不稳、经费紧缺的状况，但华工的实践证明：在产学研协调发展中，这些专业一样能够变得生机勃勃。一个基础课教研室变成了十分吸引人的单位，经费充足、装备先进、队伍素质高，在全国十分罕见。这个奇迹是华工机械设计教研室在产学研的协作中创造的。这里以往主要从事专业基础课的教学，80年代中期，他们开始在科研上寻找突破，并把方向定在CAD的工程应用上。十多年来，在以工程和产业为背景的基础上争取到了国家科委的"国家CAD支撑软件技术工程中心"项目，成立了华中软件公司，研究开发集成化、智能化CAD系统，研究并行工程、DFX技术及虚拟制造技术，建立了一个机电产品全性能优化设计的理论与方法，年产值达2500万元，争取到的科研经费也比往年大大增加，达到了200多万元。目前，机械设计教研室已经成为华工同类学科机构中平均学历最高、科研项目最多、经费最充足的单位，有近20名博士后和博士在这里工作。令人不得不刮目相看的是：今年全校考研成绩最好的也是机械学院。要知道，这个学院的学生进校时的成绩在新生中居于中下水平。周济校长归因为"产学研搞得好"。产学研结合使这里稳定了一支好的教师队伍，拥有了好的教学条件和先进的教学设施，教学质量也得到了提高。

自从开目公司开发了CAD软件系统，并将它应用到了华工的课堂之后，这里的学生对机械制造工艺课的兴趣大大增加了，繁复费时的绘图、设计过程变得简单了，课时减少了一半，但教学效率却明显提高。有老师说："如果没有开目这个公司和CAD系统，这是不可能的事。"在将产品推向市场获得经济效益后，开目公司又在校内寻找新的合作伙伴，投资开发以开目CAD为平台的CAPP、CAM软件。为科研提供项目和经费，把科研选题和市场需求结合成为华工产业的共同特点之一，大大促进了学科发展。

学校经费紧张，数控中心和公司拿出40万元联合攻关，研制出适合中国国情的教学专用数控机床，建立了数控技术教育培训中心，在实践中摸索了一整套数控教学模式，成了全国教学改革的模范，产品知名度大增，全国各大中专院校从这里购买设备200多台套。公司在实现经济效益和社会效益后,又为高新数控技术的进一步开发提供资金和良好的市场环境,为教学改革提供新的思路,形成了产学研的良性循环。钱从何来?从产业的发展中来,在生物工程系,产学研合作使学生不仅可以接触到实验室设备,还可接触到工厂生产设备,市场上最新的信息和技术被引进课堂,研究生直接参加项目攻关。因为产业化的介入,传统的教学模式在悄悄改变。

和全国各高校制图教研室一样,华工制图教研室在80年代后期面临生存和发展的难题,队伍不稳。但今天,这里却有了36名教师和3名教辅人员组成的队伍,35岁以下的青年教师有24人。每年承担全校约90个班的画法几何和机械制图课教学任务、约20个班的计算机图形基础的教学任务,开设了3门研究生课程,承担着多项国家级课题和项目,年均科研经费30万元,图形软件产值达120万元。这一切正是得益于产学研的紧密结合。这个教研室结合学科开发的图形应用软件不仅面向市场,而且应用到学校课堂教学中,在压缩了一半课程的同时提高了学生制图水平和能力,学生在比以前少得多的时间里反而能够学到更多的知识。通过在教学中的应用,又形成了新的研究成果,这些成果在产业化的过程中获得的经济效益,又被用来设立教学改革基金,资助教师的教改研究和教学资料的购置。

周济校长说,以前怕听这些教研室汇报,大多是诉苦、叫穷,但现在不同了,谈到的常常是新思路和新办法,"等靠要"的思想越来越少了。

产业的发展使一部分在教学和基础研究岗位的人得到了更多支持。一部分人抓住机会,发挥自己的特长,发展专业和学科,稳定了一大批在教学第一线的教师。

电子与信息工程系所属的601科研组曾经是我国EIM-601大型程控交换机的研制者,承担着程控交换机公共控制协调软件的研制任务。在少数中老年教授的带领下,一群平均年龄不到25岁的青年教师走上了科研前沿,在完成这项国家级任务之后,这些研究人员又在金鹏电子信息机器有限公司的统一指挥下,共同研究EIM-601程控交换机的产业化,集中解决601机亟待开发的若干项目。在产学研结合的过程中,这个课题组既出了成果,又出了人才,一批青年教师在科研中成长起来,成为科研和教学的骨干。

在发挥小产学研实体的过程中,华工尝到了三方受益的甜头。这种小的产学研模式在一些小的部门(院系和研究所)实现了产学研协调发展,在稳定了一小片的同时,推动了学校整个队伍的稳定;在发展了一个学科和专业的同时,推动了整个学校的发展。有的专家在接受采访时提出:这种小产学研协调发展的模式也许更能适应知识经济时代的需要。据悉,学校仍将支持院系承办以孕育和孵化科技成果为主要方向、产学研紧密结合的企业和知识型、智力型的咨询类企业。

(✎《中国教育报》1998年5月22日 作者:刘华蓉)

同济医科大学走"产学结合"新路

"产学结合"的中介部位在哪里？同济医科大学以校办产业为中介，走出了一批科研开发推广的新路子。

近几年，该校利用新药研究、医疗设备、生物制品、保健食品与饮品等方面的优势，兴办校办产业近20个，年产值达3000多万元。

该校以校办产业为龙头，加强横向联合。现已与国内一百多个单位建立业务联系，附属医院建立四个分院，并同25所医疗机构建立联合体，共同开发医疗器械和保健饮品食品，药物系每年转让新药技术十多种，转让合同金额达100万元，有的科技成果甚至救活了长期亏损企业。

学校还积极扩大开放，支持校办企业创办各种合资企业。现已与美、日、泰等国和我国港、台等地区建立合作关系。中美合资金济海昌公司，创办以来累计上缴税收300万元，连年被评为省优三资企业。

校办产业的发展大大增强了办学实力，该校仅去年就从校办产业中拿出500万元用于修建住房，扩建实验中心、补助教学经费和建立教师奖励基金。

（《光明日报》1992年9月28日　作者：丁丙昌　夏斐）

协和医院攻克一项世界难题
用细胞疗法医治难治性急性白血病获一例成功

同济医大附属协和医院运用细胞疗法医治难治性急性白血病获得一例成功，它标志医学界一项世界性难题被攻克。

目前，患者治疗后已活过半年。该患者现年 36 岁，去年 6 月因白血病复发住进协和医院。治疗中，由于患者对抗癌药物有耐药性。该院血液科主任宋善俊教授、胡俊斌副教授等组成的治疗小组在征得患者和家属同意后，决定用国外在治疗其他疾病中采用过的细胞疗法来挽救患者。他们将患者姐姐的淋巴细胞分两次移植到患者体内。12 天后，患者体内的癌细胞奇迹般地消失了，尔后，植入的骨髓顺利生长起来。月余后，患者康复出院。

宋教授说，在治疗该患者之初，采用了骨髓移植，即先用药物将病态骨髓全部杀灭，然后种进正常的造血细胞。但 3 种超大剂量（几乎威胁其生命）的化疗药物并未能将癌细胞杀死。3 天后，原来的癌细胞竟大量繁殖起来。而其后细胞治疗法中植入具有免疫功能的淋巴细胞却有效地杀死了癌细胞，并为植入的骨髓生长扫清了障碍。在医学界，难治性急性白血病手术治疗后 6 个月不复发，即标志成功。

难治性急性白血病是用传统手术、化疗等方法均难奏效的一种疾病，死亡率几乎为 100％。细胞疗法在国外开展了 8 年，我国近两年开始起步，它以对人体不造成任何副作用而被誉为"绿色治疗"，且具有能彻底杀死癌细胞、减少复发机会的优势。细胞疗法原理简单，但在实际技术操作中难度极大。

据悉，目前国内外医学资料中尚未发现有关用细胞疗法成功治疗难治性急性白血病的先例。

（🖊 《湖北日报》1999年2月4日　作者：胡蔓　聂一钢）

亚洲第一例
——记同济医院整块原位腹部多器官联合移植术

小巧的手术刀状如柳叶。同济医科大学同济医院的医师们就是用这小小的柳叶刀创下了一个又一个奇迹。3月26日他们在无影灯下成功地为一名46岁的男性患者施行了亚洲第一例整块原位肝、胰腺、十二指肠及部分小肠多器官联合移植术。

早6时,位于该院住院部3楼的9号手术室就已灯火通明。手术护士、麻醉医师有条不紊地进行着术前的各项准备。

躺在手术台上的患者叫李定金,是湖北黄陂县一家染色厂的工人。3月上旬,两家医院确诊他患有胰头癌,癌肿已有鸭蛋那么大,周围组织也发现转移病灶,癌块已将胰管、胆管堵死,引起严重黄疸并伴有肝硬化及脾脏肿大。短短几天,凶险的病情就使李定金躺在病床上起不来了。术前他仅仅靠静脉营养维持生命,死亡之神随时可能降临。

同济医大器官移植研究所所长夏穗生教授和该院专家多次会诊后,毅然决定为病人施行整块原位腹部多器官联合移植术,切除病变腹腔内脏,包括肝、胆、胰、脾、十二指肠、部分小肠和部分胃,植入一套新的腹腔内脏,重建整个消化系统。

据专家介绍,腹腔器官罹患癌症之后,癌细胞极易发生相互转移。切除或移植单个器官疗效不理想,而且移植单个器官也难以成活。整块腹部多器官联合移植术因其可以彻底切除癌块、清扫转移的癌症病灶,同时相对单个器官移植也容易成活。因此,联合移植术目前已成为世界器官移植领域的热门课题。

世界第一例腹部多器官联合移植术于1987年11月由美国匹兹堡医学院的肝移植创始人斯泽尔教授完成。这例病人虽然只存活了193天，却成为轰动当年的特大新闻并受到全球医学界的关注。由于此种手术难度极大，至今仅有美、德、法等少数几个国家的器官移植中心施行了约20余例，亚洲只有日本做过动物实验。

早在1989年，美国人联合移植术成功的报告发表后不久，同济医院的科研人员就开始了腹部多器官联合移植的动物实验研究，并得到了国家自然科学基金和卫生部科研基金的资助。积4年大量实验经验，他们建立起了一套手术模型和技术方法，开展临床联合移植术已有成功的把握。此前，该院成功地开展了脾、肾、肝、胰腺等14种人体器官移植，其中脾移植达到国际领先水平。

6时30分，麻醉医师开始给病人做静脉诱导、气管插管静吸复合麻醉。

7时整，36岁的周平博士主刀，切开病人腹壁，暗褐色的病变肝脏、胰腺、脾脏、十二指肠以及小部分小肠立刻显露出来，在助手的配合下，他逐步将病变肝脏胰腺、脾脏、十二指肠及小部分空肠分离开来。至下午1时50分，受到癌细胞侵犯的腹部整块器官被摘除。

无肝状态下的病人依靠体外转流机的两根管道保持全身血液循环。

手术在争分夺秒地进行。下午2时，开始植入经过修剪的整块腹部器官。摆好位置后，手术者灵巧的双手开始缝合，先后吻合肝上下腔静脉、腹腔动脉、肠系膜上动脉、门静脉、肝下下腔静脉……

下午3时47分，确信全部缝合、血管吻合严密无漏之后，周平指示：开放门脉、动脉。

手术成败在此一举，大家屏住呼吸注视着植入的器官。

拔除体外循环管，血液渐渐充盈了移植器官，使其颜色转红并富有弹性，吻合后的肠道也慢慢开始蠕动。人们长出了一口气。

晚9时，历时14小时的手术结束。3小时后，李定金睁开了双眼，并恢复了自主呼吸，能与人对话。晚12时，他被送往重症监护隔离病房进行特别护理。28日上午，李定金的血尿淀粉酶、血胆红素、转氨酶、血糖等指标均接近正常，说明植入的肝脏、胰腺开始发挥功能。

29日B超检查结果显示,植入肝切面形态正常,状内光点分布均匀。30日,各项化验指标继续好转,病人已安度术后出血关。

(《健康报》1994年4月7日 作者:雷志勇 蔡敏)

梨园医院成功抢救一位巨大消化道溃疡台胞

湖北省梨园医院最近成功地抢救一位七十八岁的台湾老人叶怀清,在院内和病人亲属中传为佳话。

4月14日晚7时许,搬进新居仅三天的叶老先生突然大口吐血昏倒。梨园医院医生立即紧急抢救。院长张涤、业务副院长钱俊方,亲临一线组织抢救和会诊。

由于病人先后两次出现大吐血和便血,出血量估计在三千毫升以上,用药和大量输血也无济于事,情况十分危险。经胃镜检查,发现胃部有一巨大溃疡面,医院顺利地切除了病灶。目前病人已进入康复阶段。这次成功的抢救,体现了医务人员对台湾同胞的真挚之情。

(《湖北日报》1993年5月6日　作者:王昌萍)

中篇

在融合中跨越发展

聚焦华中大

华中科技大学70周年校庆丛书

第六章

汇流相彰 融合奋进

四部一省共建华中科技大学

经国务院批准，华中理工大学、同济医科大学、武汉城市建设学院合并，武汉科技职工大学（科技部干部管理学院）并入，组建华中科技大学。5月26日上午，新组建的华中科技大学正式揭牌。

新组建的华中科技大学，是教育部直属重点大学，由教育部、卫生部、建设部、科技部和湖北省共建。组建后，学校学科更加齐全，涵盖了理、工、医、文、管等9个学科门类，有本科专业62个，硕士学科点124个，博士学科点67个，博士后科研流动站13个；有国家工程研究中心3个，国家重点实验室和国家专业实验室5个，还有一批与国内外著名企业共建的高水平研究中心，为实现从多学科大学向综合性大学的转变打下了坚实的基础。

新组建的华中科技大学师资力量更加雄厚。现有教职工万余人，其中教师4000余人，"两院"院士11人，博士生导师330人，教授700余人，副教授1300余人。现有在校学生33000人，其中研究生4900人。

成立大会上，教育部副部长周远清代表教育部宣读了合校的决定，并宣布了华中科技大学的领导班子成员名单，原华中理工大学党委书记朱玉泉担任华中科技大学党委书记，原华中理工大学校长周济担任华中科技大学校长。

（《光明日报》2000年5月27日 作者：夏斐 陈思中）

天高任鸟飞
——华中科技大学在融合中向世界知名高水平大学迈进

今年 5 月 26 原华中理工大学（简称"华工"）、同济医科大学（简称"同济"）、武汉城市建设学院（简称"城建"）、武汉科技职工大学等 4 所高校组建了华中科技大学。

合校前后，就有人担心地议论：如果没有几代人的努力，新校要想有实质性融合，难，实在是难！说不定两三年内大家还是"各唱各的调，各走各的道"。在他们看来，参与合并的 4 个学校文化与传统不同，办学理念和模式各异；4 个校区过于分散，有的在武昌，有的在汉口，管理难度相当之大；学科门类又不尽相同，理工医文管等学科的互融相当不容易。

如今，华中科技大学已经组建了 3 个多月了，情况怎么样呢？

8 月 25 日湖北省省委书记贾志杰、省长蒋祝平等领导在华中科大考察了一整天。领导们振奋地看到，华中科大在短短 3 个月的时间里以一流的创造性工作，开创了学科间实质性融合的崭新局面，各学科在融合中快速发展；管理体制在改革中不断发展完善，学校上下呈现出勃勃的发展生机。

· 志当存高远：办学思路成为凝聚人心的旗帜 ·

在 5 月 26 日的新校成立大会上，中国工程院院士、华中科大校长周济满怀信心地宣布了新校宏伟的战略发展目标。他指出，到 2020 年左右，要把华中科大建设成一所世界知名的高水平大学,到 2050 年左右,把华中科大建设成具有世界先进水平的大学。

"把华中科技大学建设成一所学科结构更加合理、综合实力更强、办学水平更高、更能适应 21 世纪高素质创新人才培养和科技发展趋势的新型大学"。这是教育部副部长周远清代表教育部对新组建的华中科技大学寄予的殷切期望。贾志杰等湖北省领导也纷纷表示:要举全省之力,支持华中科大尽快建成一流大学。

要达到这一宏伟目标,必须实现 4 校实质性的融合。怎样才是真正意义上的合校呢?华中科大党委旗帜鲜明地提出:实力性的融合集中地表现为"四个融合"和"五个统一"。

"四个融合"即学科的融合、教职工队伍的融合、办学资源的融合、校园精神的融合;"五个统一"即统一领导、统一机构、统一政策、统一财务、统一规划。"四个融合"的核心是学科的融合,"五个统一"的核心是统一领导。华中科大的决策者们正是按照这一既定方针努力推进实质性的融合。

华中科大校党委将今年的理论学习主题确定为邓小平的发展理论。在学校合并和融合的过程中,学校 4 个校区的各级党组织也都组织党员结合合校与融合的形势,扎实学习并领会"三个代表"和"三讲"的有关思想。6 月 1 日校党委中心组带头深入学习江泽民总书记关于"三个代表"的重要论述。大家普遍认识到,"三讲"中反复强调讲政治,而目前合校过程中讲发展才是最大的讲政治。常务副校长黄光英谈道:"我们当前关键是要搞好合校后各方面的工作,磨合期越短,学校发展就越快。"

"会当凌绝顶,一览众山小。"周济校长一再谈到一个观点:如果你能站在建设世界一流高水平大学的"绝顶"上看问题,个人或小集体的那些细小得失又算得了什么呢?

原华中理工大学校长、中国科学院院士杨叔子格外兴奋,"合并为新校的发展带来了千载难逢的发展机遇,我们建设世界知名高水平大学的目标一定能实现。"原同济医科大学名誉校长、中国科学院资深院士裘法祖告诉记者,"一流的办学目标大大地鼓舞了我们积极工作、为新校发展出力的热情。"

"携手强强齐奋进,喜迎世界创一流",校内外20多名知名学者和校友纷纷为新校赋诗志庆。南京大学前校长曲钦岳等100多名院士还为华中科大的发展献策近200条……

·快刀斩乱麻:人心不散,工作不断,秩序不乱·

迅速成立校区,并确定党政领导班子!这是合校初期的重要工作。

5月29日,学校发文成立主校区、东校区、同济校区、东湖校区4个校区。同济校区组建了同济医学院党委和行政班子,东校区管委会、东湖校区管委会也开始驻区工作。

6月14日学校成立了校务委员会。之后,又成立了校学术委员会,强化了专家治校的职能。同日,成立东校区工作委员会,全面履行党政管理职能。

这段时间,主校区、东校区都掀起了基建高潮,极大地改善了教学、科研、居住条件。造价5000万元的主校区"逸夫科技大楼"于8月底完成了主体施工;主校区总面积4.5万平方米的5栋学生公寓也于8月底全面竣工,将交付新生入住。今年主校区待建的建筑工程达到22.8万平方米,为历年之最。6月初,2.2万平方米的东校区综合教学楼破土动工,预计在秋季竣工交付使用;东校区还引进社会资金,开始兴建4.6万平方米的学生公寓楼。

据最新统计资料显示,今年1月至8月,仅主校区到账的科研经费就达9000万元,比去年同期增长了30%多。合校后的100天内,有"全国首台多功能激光治癌机"等20项科研成果通过了教育部等部门的鉴定;"数量经济与金融研究中心"等10多个研发中心成立……新校显示出强大的科研能力和技术创新能力。

·实质性融合:关键的几个"大手笔"·

顺应大势,发展优势。华中科大在合校之初就确立了以文科、理科为基础,以工科、医科和管理学科为主导,以信息学科和生命学科为龙头的学科建设思路。

4校的合并绝不是原有学科的简单相加,而是形成了融合、聚变效应,使华中科大产生出一批新的学科生长点。学校在实质性的学科融合方面动了几个精彩的"大手笔"。

——组建四大学院。7月5日,华中科大重组原来的计算机、电信、光电子、激光国家工程研究中心以及武汉邮科院、中船717所等单位的学研产优势,组建了光电子与信息学院。作为"武汉·中国光谷"的人才培养基地,今年该学院已开始招生,每年将为"光谷"定向培养博士生、硕士生、本科生近1000人。9月6日—7日,原城建的建筑学系、规划系、艺术系和原华工的建筑学院组建了新的建筑与城市规划学院;原城建的道桥系、土木系和原华工的土木工程学院、力学系合并组建了新的土木工程学院。据有关专家测算,这些学科的联合创造了申报10个博士点的机会。原华工的环境系、原城建的建筑环境系和原同济的环境卫生系组建了新的环境科学与工程系。原有3系在外部环境工业污染的处理、城市生活污染的处理、人体环境研究将使华中科大环境学科的研究进入一个崭新的阶段。这三个新组建的学院都请大师级学者——院士担任院长。

——归并7个专业,定位校区功能。将原城建的电气工程等7个重复建设的专业统一归并为主校区管理。今年这7个专业的招生和培养计划已经归属主校区。9月份开始,学校发动广大教职工进行学校发展战略讨论,并对校区功能进行重新定位。

——6月底,东校区的城市规划专业顺利通过了教育部的本科专业评估。这是原城建和原华工建筑、土木工程等学科资源重组、优势互补的结果。这样,华中科大的建筑系、土木工程、城市规划3个专业都通过了教育部的本科专业评估,获得了国际通行的工程师资格认证。

——提前启动"211工程"第二期工程。华中科大"211工程"第一批工程已经基本完成,而全国第二期工程明年才开始。为了抢抓发展时机、夯实发展基础,学校从经费中拨出1亿元,提前启动二期工程,投入了全面的学科建设中。其中向同济医学院的重点学科投入了较大份额。

——5年内贷款30亿元,加速建设国际知名大学。新校诞生后,学校在最大限度争取外部支持的同时,决定借外力壮实力,筹巨资促发展。6月28日华中科大同中国工行湖北分行、中国建行湖北分行等银行签订贷款合同,决定在5年内贷款30亿元,投资建设重点学科和新兴学科,建设一流的教学科研基地和人才队伍。

·品牌价值不减:实现招生就业双丰收·

高等院校最重要的任务就是培养高素质的人才,华中科大从合校之日起就确立了"优质生源工程"和"新世纪辉煌工程"(该校具有特色的全面素质教育工程),力争引进最好的"原材料",加工出最好的产品。

今年7月,该校传来喜讯:毕业生普遍"走俏"人才市场,一次性就业率达92%以上,在全国高校名列前茅。5000多名本专科生及研究生受到了用人单位的青睐。

今年8月底,该校又传出佳音:总共招收了计划内本科生7000人,硕士生和博士生3000多人,全国众多高考优秀考生将目光紧紧盯上了新成立的华中科技大学等名牌高校。如在湖北省6306名(理工科)600分以上的高分考生中,被华中科技大学录取的有1681人,占全省600分以上考生人数的26.66%。今年,华中科大获准设立网络学院。原计划招收本专科生600人,结果报考者超过了3000多人。大家都说:"网络学院的门槛被挤破了。"

9月底,由华中科技大学、武汉军威企业集团有限公司等单位共同发起,以湖北函授大学为教学基地联合创办了华中科技大学军威学院。该院属华中科技大学分校,是具有独立法人资格的二级学院,为部队和地方培养具有大学专科以上学历的高级专业人才,推进普通高等学校按照新的机制和模式合作办学,都将发挥积极的作用。

学校实施了面向21世纪的教学改革工程,以制定99级本科专业培养计划为突破口,着力创建面向21世纪的现代教学体系。

·两个难剃的头一起剃:机关体制改革和教育职员制试点同步进行·

合校本身就需要在管理体制上进行深层次变革,校部机关的体制改革首当其冲。而华中科大又是教育部确定的5所教育职员制改革试点单位之一,其试点改革迫在眉睫。合校之初,华中科大遇上了这两大难题。

"两个难题一并解决!"校党委作出果断决策。

7月至8月的暑假期间,全校教职员工仍然处于工作状态,绝大多数没有休息。学校利用暑期完成了机关体制改革和全员竞聘上岗,实施了教育职员制度。

教育职员制是一个值得探索的全新的课题。长期以来,我国高校存在着管理岗位设置不合理、管理人员职责不明确、管理人员待遇分配和业务考核混乱的弊端。由于干部享受的待遇与职称、行政职务牢牢挂钩,党政管理人员不得不为评职称、争待遇、提干部费尽心思;干部往往又"能上不能下"。教育职员制明确了各部门管理者的职责、待遇,废除了高校管理人员的行政级别,目的是建立起精简高效的管理体制,推动原4校的深度融合。

全校的人事制度和职员制度改革同步进行,进展顺利。全校原有管理干部1572人,改革后定编929人,精简了643人,精简了41%;校机关原有处级干部177人,改革后上岗128人,精简了49人;929人成为首批教育职员。从东校区和同济校区交流到校部机关的职员就有80多人。一些被精简的管理者转岗分流到了后勤或产业机构。

竞聘上岗对于各级管理者触动很大。那些平时工作业绩平平和能力不过硬或混日子的人员感到了极大的压力,纷纷总结过去,规划未来,抓紧学习。一些因此落聘的人感受到,管理也是一门科学,需要端正工作作风、改进工作态度,不断学习、提高,争取"下岗再就业"。

"雄关漫道真如铁,而今迈步从头越。"合校工作虽然只有短短的100天,但华中科技大学在实践中不断摸索,创造性地开展了一系列工作,向实质性融合迈出了坚实的步伐。

在发展中体现融合,在融合中加速发展。可以预见,华中科技大学必将会拥有一个辉煌、灿烂的明天。

(《光明日报》2000年9月9日 作者:刘继文)

从变化看"合并"
——华中科技大学合校两年的启示(上)

2000年5月26日,原华中理工大学、同济医科大学、武汉城市建设学院和科技部干部管理学院合并,成立了华中科技大学。原华中理工大学以年轻富有朝气著称高教界,在国家多项指标排名中一直名列前10名;原同济医科大学是国内名列前茅的医科类大学,近百年历史积淀了国内乃至国际的领先学科;原武汉城市建设学院在城市规划和环境学科等方面实力雄厚。这样,新的华中科技大学堪称传统治学风格与现代创新精神交相辉映,先进工科与权威医学科相得益彰了。

·从数字看变化·

15个学科进入全国重点学科行列,博士点数居全国高校前10名,2000年,全校的科研经费总收入达到2.57亿元,获中国高校自然科学奖、技术发明奖,以及科技进步奖的一、二等奖总数居全国高校第四;2001年,科研经费收入达到3.5亿元,获国家自然科学基金资助项目数和经费数居全国高校第五位,学校发表科技论文数量稳居全国第二,中国大学评价报告显示,2001年,华中科大综合实力居全国第五。

透过数字看到的是成绩。校党委副书记刘献君解释:透过成绩,可以看到办学理念!

合校10个月后,华中科技大学召开了第一届教职工代表大会,明确了远景发展目标:到2020年左右,把华中科技大学建设成为一所世界知名高水平大学；到 2050 年左右，将学校建设成为一所具有世界先进水平的一流大学。去年 12 月，华中科大又召开了第一次党代会，明确了学校"十五"工作的指导方针和办学思路，描绘了建设国际化、研究型、综合性大学的宏伟蓝图。

·青年教师决定未来·

校党委书记朱玉泉认为，培训应从执教的第一天抓起。2000—2001 年共有 805 名青年教师参加了岗前培训班。他们除了必须学习"高等教育学"等 4 门理论课、进行 20 学时普通话培训外，还要参加 10 余次院士、专家专题讲座和 20 学时教学实践。为进一步提高教师的外语水平，他们举办了 PETS、暑期教师英语、日语口语、专业英语等多种类型的教师外语培训，两年共培训了 550 人。朱玉泉对记者说："力争到 2003 年，多数青年教师能通过全国外语水平考试，能用外语交流学术和写作，并能开展双语教学。"

华中科大有一个"博士化计划"，鼓励 45 岁以下青年教师以多种方式攻读博士学位。两年共有 391 人攻读博士学位，89 人获得博士学位。材料学院党总支书记郑恩焰介绍说："教师中 45 岁以下的只有 2 人不是博士，全院 101 名教师有 44 人具有博士学位，占 44%。"

从 2000 年开始，华中科大申报博士后流动站 5 个，已评审通过管理科学与工程、生物医学工程、生物学、数学等 4 个博士后流动站，成为该次申报成功率最高的学校，目前该校已拥有 17 个博士后流动站。两年新进站的博士后 105 人，获得博士后基金的 13 人。

由于这些得力措施，一批青年教师成长起来。全校共有 35 人分获第七届中国青年科技奖、教育部"优秀青年教师资助计划"、教育部"高等学校优秀青年教师教学科研奖励计划"、第五届青年科学家奖等；两年来新聘青年教授 191 人，副教授 224 人。机械学院的副院长邵新宇是 1998 年归国博士，不到 4 年时间，他已经是博士生导师了，而且只有 35 岁。

·用特殊政策引进特殊人才·

"十年树木，百年树人"。学校要超常发展，人才是关键。连1年也不能等！等10年，等不起。

怎么办？华中科大的经验是"引进，引进，引进"！用特殊政策引进特殊人才。做到引进几个人，带动一大群；培植一个点，形成一个学科。

还是用数字说话吧！2000—2001年度华中科大补充大学教师408人，占全校进人总数的73%；其中接收博士125人，吸引出国1年以上的博士回国人员38名，选留的毕业生中博士、硕士共计102人。

人才挤满喻园。合校后，学校新组建了建筑与城市规划学院等学院，这些学院都聘请了全国知名的学术"泰斗"任"掌门人"。建筑学院由中国建筑大师袁培煌出任院长；环境学院院长则由中科院院士沈韫芬担任；中国工程院院士方秦汉则出任了土木学院名誉院长；2001年，华中科大公共管理学院成立，"中国MPA之父"、行政学界著名专家、博士生导师夏书章出任院长。

（✎《光明日报》2002年7月4日　作者：夏斐　陈思中）

从变化看"合并"
——华中科技大学合校两年的启示(下)

在华中科大采访,有一个不得不说的感觉:只要下功夫,华中科大似乎干什么都能得奖。

2000年,学校组织教学改革立项项目验收结题36项,评出校级优秀教学成果奖109项,并在校级成果奖的基础上推荐了122项申报省级教学成果奖,共有44项获奖。2001年,组织全校各院系申报校"新世纪教学改革工程"项目157项。其中,有30个项目作为省级教学研究项目立项。同时,该校有44项教学成果荣获省级教学成果奖,获奖数居湖北全省高校之首。

·综合化优势与复合型人才·

为了发挥合校后学科综合化的优势,建立理、工、医、文、管相融合的创新人才培养模式,培养复合型人才,华中科大决定设立培养宽口径、复合型人才,实行双学士、专业学位班制度。继2000年经济学—数学双学位班、计算机科学与技术—通信工程复合专业班、通信工程—计算机科学与技术复合专业班、机械工程—管理工程双学位班之后,2001年又增设了材料成型及控制工程—计算机科学与技术复合专业班、材料科学与工程—计算机科学与技术复合专业班、工程力学—计算机科学与技术复合专业班、英语—通信工程双学位班、日语—通信工程双学位班、政治学与行政学—英语双学位班,全校共有10个双学士、复合专业学位班。

下面这一段的获奖情况可能正是前面"获奖情况"取得的效果。"学在华工"的原因也许正是"教在华工"。2001年全国大学生电子设计竞赛上，该校共有22个队参加了比赛，获全国一等奖3项、二等奖4项，获奖级别和获奖数量均处全国高校前列。2001年全国大学生数学建模竞赛，该校共有14个队参加了比赛。获全国一等奖1项、二等奖2项，获奖级别和获奖数量均为该校近5年之最。2001年湖北省大学生优秀科研成果奖评选，该校获奖38项，其中一等奖1项、二等奖16项、三等奖21项，获奖数量居全省前列。

·国际化的突破口：双语教学·

同样是"引进"的院士校长樊明武对华中科大的第一个贡献就是提出国际化的办学方向！他要求推进人才培养国际化进程，培养具有国际竞争力的高素质创造性人才。

毫无疑问，"语言关"是国际化的第一步。于是，大规模的英语强化训练成为华中科大暑期校园的一大风景。2000年和2001年暑期，学校分别组织了1999级、2000级本科生进行为期4周的英语强化训练。同时，学校又在2001级本科生6个试点班实施英语教学，全部课程使用外文教材，并且用英语讲授。

紧接着，学校决定从2001级本科生开始进行全英语教学试点工作：试点班的全部课程将使用外文教材，教师用全英语授课，学生考试试题使用外文。电信提高班2个小班、财务管理、临床医学（七年制、六年制）、护理学专业班等6个本科生班学生成为第一批"吃螃蟹"的人。

2001年3月，教务处在开办试点班和承担试点班一年级课程的有关院系进行了广泛的调查，然后确定了学校引进教材的几个领域，即管理、纳米、基因、信息、医学科新兴学科、交叉学科和边缘学科。在全英语教学试点班，第一学科开设了大学物理、微积分、无机及分析化学（含实验）、计算机概论、管理学、宏观经济学、画法几何、机械制图、邓小平理论概论、思想道德修养、法律基础等11门课程。

11本"洋教材"终于正式登陆课堂，学生和教师是不是可以和世界对话了呢？教务处常务副处长刘太林说："教材的质量直接体现着高等教育和科学技术的发展水平，也直接影响本科教学的质量。我们引进的教材都是精挑细选出来的外文教材精品，有利于我们深入了解世界著名大学的课程体系结构和教学内容，有利于提高学生外语应用能力和获取学科前沿知识的能力，有利于广大教师加强外语教学能力的锻炼，改革教学方法。"

·校园更美　设施更新更齐·

连续2年扩招后，今年还能不能扩招？华中科技大学今年继续扩招。在很多学校喊"挤"时，华中科大仍能坚持扩招，因为合校后不仅校园变得更美，而且各种设施更新更齐。校党委书记朱玉泉对记者介绍，近两三年学校推出30多项教学、科研和住房等基建工程项目，建筑面积23万平方米，占合校前原4校总建筑面积的35.5％。学校引进社会资金2亿多元建设了2个大型学生公寓，建筑面积达16.5万平方米，能住1.5万大学生，占在校本科生人数的33％。这些基本建设，为学校扩招和发展奠定了基础。

据学校后勤集团副总经理汪勤稳介绍，近两年内增加学生公寓、宿舍24.6万平方米，可增住5000名研究生，增住18200名大学生。继2000年分别住4000名和1000名研究生的新公寓投入使用后，去年分别能住3200名大学生的4栋宿舍建成；去年8月，引入社会资金建成了"紫菘学生公寓"，建筑面积达11.5万平方米，可住1万多名学生，每间宿舍住4人，有电话、卫生间、电脑桌等，其较齐全完备的服务和规范的管理，享誉全国高校。今年8月，可住5000名大学生的又一幢大型现代化学生公寓将投入使用。

(✎《光明日报》2002年7月8日　作者：夏斐　陈思中)

发展要有新思路
——访华中科技大学党委书记朱玉泉

11月8日,华中科技大学党委书记朱玉泉等50多位学校领导和机关职员,聚集在学校机关会议室,收看党的第十六次全国代表大会开幕式现场直播。朱玉泉说:"发展是硬道理,发展要有新思路。我们的目标是,到2020年左右,把华中科技大学建设成为一所世界知名的高水平大学;到2050年左右,将学校建设成为一所具有世界先进水平的一流大学。发展是解决华中科技大学一切问题的关键,也是华中科技大学一切工作的根本着眼点和落脚点。"

2000年5月26日,原华中理工大学、同济医科大学、武汉城市建设学院和科技部干部管理学院合并,成立了华中科技大学。原华中理工大学以年轻富有朝气而著称,在国家多项指标排名中一直名列前10名;原同济医科大学是国内名列前茅的医科类大学,有一批国内乃至国际的领先学科;原武汉城市建设学院在城市规划和环境学科等方面实力雄厚。朱玉泉说,我们面临的竞争越来越激烈,不进则退,慢进也是退。办学思路要创新,体制机制要创新,培养模式要创新,科学技术要创新,学科发展要创新。

两年来,华中科技大学又有15个学科进入全国重点学科行列,博士点数居全国高校前10名。2000年,全校科研经费总收入2.57亿元,获中国高校自然科学奖、技术发明奖,以及科技进步奖的一、二等奖总数居全国高校第四;2001年,科研经费总收入达到3.5亿元,获国家自然科学基金资助项目数和经费数居全国高校第五位,学校发表科技论文数量稳居全国第二。据中国大学评价报告显示，2001年，华中科技大学综合实力位居全国第五名。

朱玉泉认为，青年教师决定未来，学校力争到2003年，使多数青年教师能通过全国外语水平考试，能用外语交流学术和写作，并能开展双语教学。对此，2000—2001年，华中科技大学共有805名青年教师参加了岗前培训班。他们除了必须学习"高等教育学"等4门理论课、通过20学时普通话培训外，还要参加10余次院士、专家专题讲座和20学时的教学实践。为进一步提高教师的外语水平，他们举办了PETS、暑期教师英语、日语口语、专业英语等多种类型的教师外语培训班，两年共培训青年教师550人。

华中科技大学有一个"博士化计划"，鼓励45岁以下青年教师以多种方式攻读博士学位。两年来共有391人攻读博士学位，89人获得博士学位。从2000年开始，华中科技大学申报博士后流动站5个，已评审通过管理科学与工程、生物医学工程、生物学、数学等4个博士后流动站，成为该次申报成功率最高的学校。目前该校已拥有17个博士后流动站，两年新进站的博士后105人，获得博士后基金的有13人。

（《中国青年报》2002年11月15日　作者：陈思中　张双武）

明德厚学　求是创新
——访华中科技大学校长樊明武

秋高气爽，华中科技大学校园依然是明净葱绿，鸟语花香。

今年 10 月 6 日，华中科技大学将迎来校庆大典。

年届花甲的华中科技大学校长、中国工程院院士樊明武在他简朴整洁的办公室里接受了本报记者的采访。

浅浅的镜片后面是一双明亮而睿智的眼睛。"明德厚学，求是创新"，这是华中大最近制定的新校训，樊明武的谈话依此展开，谈德育，说学养，他的眼中充满殷切。

新学期开学，华中大正在全校进行无学术污染、无信用污染、无环境污染的"三无"教育大讨论，倡导全校师生明德为先、诚实守信。

樊明武认为，办大学就是要办一个氛围，华中大此举是要在理工学校营造人文道德氛围。

樊明武告诉记者，他的老师钱三强曾说过，科学是人类前进的动力，而人文是矢量，它指引着前进的方向。

樊明武说，道德、人文与科学并行不悖，大学教育方能不出废品，方能培养真正的人才。他表示，学校要改变传统的评价体系，改变以分数取人的状况。

华中科技大学是新中国自己建设起来的一所大学，在短短数十年间，特别是改革开放以来的 20 多年间，它迅速成长为一所海内外知名大学，被高教界赞誉为"新中国高等教育发展的缩影"。

言及此，樊明武深有感触：华中大 51 年大发展的经历表明，创新是高校后来居上的唯一途径，正是学校的历届领导班子团结一心，与时俱进，不断地进行教育理念和实践创新，才使学校的综合实力不间断地得到了快速提升。

樊明武说，在"文革"结束之初，华中大率先在国内高校进行学科结构改革，由单科性大学向综合性大学转变，先后建立了理科的数学系、物理系和化学系，文科的中文系、新闻系、社会学系、外语系。

学校同时开始"广积人"，除大办教师补习班，派大批教师出国进修学习或考察外，学校还冒着极大的风险，不拘一格地引进各学科建设急需的人才。到1981年，全国各地有600多名专家学者投身到华中大的怀抱。

樊明武说，此举在当时特定的历史环境下，是相当冒风险的，然而，这一着人所未走的险棋，为学校后来的发展奠定了坚实的基础，也使学校进入到一个全新的发展阶段。

进入90年代中期，针对理工科院校重技术轻人文的现象，学校在全国高校中率先举起了"文化素质教育"的大旗，学校面向全校学生开设"人文讲座"，定期邀请中外名人学者登台演讲，受到学生的欢迎。

樊明武说，20世纪90年代后期，华中大对教育方式再次进行了创新，提出了以服务求支持、以贡献求发展，教学、科研、产业三足鼎立协调发展的办学新思路，此举对华中大最大贡献就是：在激烈的竞争中快速地提升了学校的综合实力。

华中科技大学2000年5月由原华中理工大学、原同济医科大学、原武汉城市建设学院合并组建，学校进入一个新的发展阶段，并明确提出了国际化办学战略。

樊明武解释，所谓国际化办学就是要按照国际通行的规范，借鉴现代大学教育制度和世界一流大学的先进经验，结合中国的国情和学校自身的目标，以人为本，依法治校，规范管理，使学校能够拥有国际承认的教育水平、教学质量和学术水平等。

樊明武认为，学校应该像一艘船，教师通过艰苦奋斗，使其提高性能扬帆远航，让船上的学生走得更远。

按照这一个思路，学校正不断进行思想创新、管理创新、制度创新。在管理体制、运行机制上进行深层次变革，实施机关改革和教育职员制试点，全校原有管理干部1572人，改革后精简了41%。学校还构筑人才培养新模式，相继推出全英语教学、学分制等一系列学科改革，参照国际一流大学通行的教学理念和管理模式，打造具有国际竞争力的创新性人才成长的环境。在学科建设和科研水平中体现国际化，实施"新世纪学科建设工程"，突出特色、重点突破、综合集成的学科建设方针，提高整体攻关和突破能力。搭建国际学术舞台，在特色学科设置150个特聘教授岗位，聘大师扛学科建设大旗。去年，学校与美国通用合作建立华中首家正电子发射计算机断层显像应用与研发中心，今年5月，学校牵头筹建"光电国家实验室"。

樊明武最后充满信心地给记者描绘了华中大的发展目标：5年内基本建成国际化研究型大学，15年内建成国际化、综合性、研究型大学，建成一流的工科、医科和有特色的文科。

(上海《文汇报》2003年9月14日　作者：钱忠军　周前进)

在共和国旗帜下成长
——华中科技大学努力向国际化、研究型、综合性大学目标迈进

2003年10月6日作为一个有着重大意义的日子载入华中科技大学发展的史册：

是日，该校举办校庆大典（1952—2003）（暨庆祝原华中理工大学建校50周年、庆祝原同济医科大学建校96周年、庆祝原武汉城市建设学院建院51周年），与社会各界人士及校友共聚喻园，回顾历史，总结经验，展示成就，扩大影响，作为学校再谋发展、再铸辉煌的新起点！

原三所学校从1952年前后组建，到2000年合并为华中科技大学，其成长都体现出了在共和国旗帜下发展壮大、为民族振兴和社会进步作出了重要贡献的鲜明特色。今年6月，经教育部批复，1952年为华中科技大学的建校年。

华中科技大学是新中国自己建设起来的一所重点大学，与社会主义现代化事业的发展历史同步。她以"年轻而富有朝气"著称高教界，被赞誉为"新中国高等教育发展的缩影"！

· 在新中国的朝阳中诞生，为新中国建功立业 ·

1950年，中央人民政府政务院决定：上海同济大学医学院及其附属同济医院内迁武汉，与武汉大学医学院合并，定名为中南同济医学院。1951年，在汉口航空路，一所新型的人民医学院诞生了，即为原同济医科大学。

1952年，政务院决定：原武汉大学、湖南大学、南昌大学、广西大学和华南理工学院的机械、电机、动力等部分系科合并，在华中腹地武汉筹建一所工业大学，校址定在喻家山。1953年10月，华中工学院召开成立大会。1988年，更名为华中理工大学。

1952年，中南地区几所学校的土木工程专业合并，在庐山成立中南建筑工程学校，1953年迁入武昌马房山。此即原武汉城市建设学院的前身。

在社会主义建设的热潮中，这几所学校的师生，在荒芜的土地上建设校园，教书育人，源源不断地输送出祖国急需的大批合格人才，直接参与到火热的社会主义建设实践中，为祖国为人民建功立业。

赵学田教授和同事们先后编写了多本适合工人、农民阅读的制图自学读本。

50年代，医学院的广大师生和医务人员积极参与我国血吸虫病的防治工作，深入到农村疫区调查研究，查螺、灭螺，防病治病，为我国消灭血吸虫病，提高人民健康水平作出了重大贡献。

60年代，工业院柴油机研究室和船舶内燃机教研室理论结合实践，成功研制出"柴研1型""柴研2型"柴油机，受到工人农民的热烈欢迎。

从新中国诞生后到改革开放前的30多年间，这三所高校不断发展壮大，以其鲜明的工科、医科、建筑学科特色在新中国的高等教育领域占据了一席之地。

·在改革开放的大潮中腾飞，以贡献求发展·

在改革开放春风的吹拂下和科教兴国战略的指引下，合校前的三所高校抓住机遇，发展自己，实现了综合实力的腾飞，迅速奠定了自己在中国高等教育、社会主义经济建设和医疗卫生服务事业中的重要地位。

腾飞，源于取法乎上，勇创一流的雄心壮志！

在改革开放的沸腾年代，三所学校解放思想，拼搏进取，都取得了骄人的业绩。原华中理工大学党委审时度势，率先在国内高校进行学科结构改革，由单科性大学向综合性大学转变，并在1980年提出：10年之内把学院办成理、工、文科和管理学科相结合，教学和科研并重的综合大学。原华中理工大学的历届领导班子创新教育理念，提出鼓舞人心的奋斗目标，带领全校师生员工不断进取，使年轻的学校很快跻身于全国重点大学的行列。

腾飞，源于善抓机遇，发展自己，增强实力。

腾飞，要有人才！早在70年代末80年代初，原华中理工大学就把师资队伍建设放在学校各项工作的首位，开始"广积人"，在采取脱产进修、培训、公派留学等各种措施全面改善校内教师的知识结构的同时，不拘一格地从全国各地引进600多名各学科建设急需的人才。到2000年合校前，三所学校已有院士11人，教师4000余人，其中教授700余人。

腾飞，要上水平！1978年，原华中理工大学就提出了"科学研究要走在教学的前面"的口号。学校在非常困难的条件下开始激光技术研究，研究的 CO_2 激光器，其单位放电长度的激光输出功率达到当时的国际水平。原同济医科大学一直瞄准医学科技发展的前沿，进行科学研究。外科学（普外·器官移植）是国内最早建立的普外·器官移植学科之一，其器官移植研究大部分项目达到国际先进水平，脾移植达国际领先水平。仅90年代以来，三校就完成科研课题3000多项，获国家科技奖90多项，获省部级科技奖700多项。

腾飞，源于为社会主义现代化建设作贡献。

服务社会才能生存，贡献社会才能发展！

20多年来，三所学校坚持育人为本，从严治校，培养优良校风，为社会主义现代化建设事业培养、输送了近10万高层次人才。

三所学校十分重视用科技的力量服务国家和社会，造福人民。从抗震救灾到抗洪救灾和地方病、流行病的研究防治，从医学基础研究、医疗技术的创新突破到为国家重大工程立项前的环境医学影响评价，原同济医科大学都作出重要贡献。面向国民经济主战场，为国家和地方经济服务更是华中理工大学的一个鲜明的办学特色，参与了三峡工程建设的100多个科研项目。他们参与研究的EIM-601大型程控交换机通过了国家鉴定，受到社会各界广泛赞誉，被称为振奋民族精神的大程控。

20多年来，三所高校的实力不断增强：办学规模得到稳步扩大，学科建设得到快速发展，连年获得国家级科技成果奖，校园公共服务支撑体系得到极大改善，后勤社会化运作模式成为全国高校后勤社会化的典范，校园环境进一步美化，产业成为学校科技成果转化和人才培养的一个重要基地。特别是借国家"211工程"建设之东风，建成了一批实力强劲的重点学科。

1993年和1997年，江泽民同志先后为原华中理工大学、同济医科大学题词："发扬艰苦奋斗优良传统，建设第一流的社会主义大学"，"坚持严谨治学优良传统，培养优秀医药卫生人才"。

·实践"三个代表"重要思想，在新世纪创造新的辉煌·

2000年5月26日，根据国务院关于高等教育管理体制改革和布局结构调整的决定，原华中理工大学、同济医科大学、武汉城市建设学院合并组建成为华中科技大学。新世纪伊始，华中科技大学在"三个代表"重要思想的指导下，制定了《创建世界知名高水平大学战略规划》《学科建设规划》《校园建设规划》，确立了建设国际化、研究型、综合性的大学，以一流的工科、一流的医科、具有特色的理科和文科，跻身于世界知名高水平大学行列的宏伟奋斗目标。学校采取了一系列有力举措，来实现这一宏伟目标。

进行管理体制、运行机制的改革。实施了机关改革和教育职员制试点，全校原有管理干部1572人，改革后定编929人，精减了41%。开展教师聘任制改革，试行人员有进有出、职务有上有下、遇有升有降的用人机制。推行人事代理制，新进教师、管理人员的人事关系及档案由指定的人才交流中心代理。启动管理人员出国培训措施。

超常规地加强师资队伍建设。出台了一套鼓励优秀人才脱颖而出的硬举措，包括特聘教授聘任办法，学校在部分特色学科设置150个特聘教授岗位。聘请大师挂帅主持学科建设，以事业留人，以环境留人，营造人才引进工作的"雪球效应"。

构筑人才培养新模式。实行真正意义上的学分制和全英语教学等，打造具有国际竞争力的创新性人才成长的环境。对拔尖人才实行特殊培养，设置本硕博打通培养的生命科学与技术基地班、电类提高班、长学制临床医学专业等。科学教育与人文教育相结合，建立学生诚信档案，培养学生的创新能力和人文精神。

按国际水准推进学科建设和科研工作。全力实施"新世纪学科建设工程",坚持突出特色、重点突破、综合集成的学科建设方针,提高整体攻关和突破能力。全力搭建国际学术舞台,加强科技创新和科技成果转化。组织跨学科的研究团队,努力创造在国际上有较大影响、在国内领先的科研成果。

实施"无污染校园"建设,努力建设无学术污染、无信用污染、无环境污染的校园。引导师生自觉营造适应世界一流大学规范的治学、育人、为社会服务的心理氛围。建设与世界一流大学相配套的公共服务支撑体系。优化办学资源,美化校园环境。

合并出优势,同心铸辉煌。3年多来,华中科技大学的发展成就令人瞩目。

学科和师资队伍结构更加合理,布局更加完善,实力大幅增强。新增史学学科,形成了哲学、经济学、法学、教育学、文学、史学、理学、工学、医学、管理学等10大门类;硕士学科点由124个增至200个,博士学科点由67个增至139个,博士后科研流动站由13个增至17个,国家重点学科由6个增至15个。一批传统、新兴的学科继续保持着强劲的上升势头,文、理科获得长足发展。院士增至15人,博导由330人增至510余人,教授由700余人增至970余人。人才引进的"雪球"越滚越大。教师队伍知识结构、学历结构明显改善。

人才培养质量得到国内外一致肯定。全日制在校学生由33000人增至42000余人,其中研究生由4900多人增至10200余人。本科生多次在国际国内设计、发明大赛中获得一等奖或冠军。

科学研究、科技成果产业化、医疗服务水平再上新台阶。3年来,新增科研课题3320余项(不含国防项目),获各类科技奖201项,其中,国家级科技奖12项。科研经费由1999年原三所学校总计1.9亿元上升到2002年的3.8亿元。高新技术产业正朝着规范化、规模化、集团化、国际化发展,为学校的资产增值、人才培养、科学研究和成果转化作出积极贡献。

校园面貌日新月异,校园公共服务支撑条件不断改善。校园总面积达7000多亩,另有大学科技园1000亩。图书馆、校园网等公共服务体系建设成效显著。校园基础设施不断完善。

朝气蓬勃的华中科技大学，正以"三个代表"重要思想为指导，坚持国际化办学理念，"明德、厚学、求是、创新"，在共和国旗帜的引导下，朝着国际化、研究型、综合性大学的办学目标大步迈进！

（✎ 《人民日报》2003年9月28日　作者：杜若原　周前进）

突出教师在办学中的主体地位
——华中科技大学教育创新纪实（之一）

开篇语 华中科技大学是新中国自己建设起来的一所大学。在短短数十年间，特别是改革开放以来的20多年间，她迅速成长为一所海内外知名大学，被赞誉为"新中国高等教育发展的缩影"。高教界认为：与时俱进，不断地进行教育理念和实践创新，是华中科技大学综合实力得到快速提升的动力源泉，也是新中国这所年轻的高校能够后来居上的唯一选择。本报自即日起将连续刊发该校教育创新的6篇文章，以期能够对学界提供一些有益的启示。今日刊发系列文章之一。

今年1至8月份，华中科技大学又引进和选留了70多名博士，而同期补充的其他人员却寥寥无几。对此，分管人事工作的校党委副书记刘献君教授解释说："一流师资是办学之基、兴校之本；只要是学科建设急需的高层次人才，多多益善！眼下优秀师资不是多了而是少了，如果吸纳了一个拔尖的学科带头人，就很有可能带动一个学科方向、争取一大批大课题，为'科教兴国'战略作出更大的贡献。"

华中科技大学素以"爱才"与"人和"享誉高教界。经过短短50多年的建设，该校之所以能跻身全国重点大学前列，是因为在这所富有朝气的高校，教师的主体地位得到了空前体现——"教师是学校办学的主体，是学校的主人，更是学校争创一流的主力军"。这已经成为该校历代校领导及师生员工的共识。

·"广积人":一项影响深远的人才储备战略·

得人才者得天下。被誉为人才"蓄水池"的华中工学院(华中科技大学的前身)正是凭借广纳贤才而迅猛崛起。

上世纪70年代初,正是林彪、"四人帮"猖狂推行极左路线时,他们鼓吹知识无用,把知识分子贬为"臭老九",或批斗迫害,或弃之不用。而当时的华中工学院却作出了一个被人认为是"火中取栗"的举措:"广积人"。当时以朱九思为首的领导班子顶住压力,吸纳了大量人才。从1972年到80年代初,华中工学院共调进了625名教师。他们来自20多个省市的500多家单位,很快成为教学、科研的重要力量。这一战略举措既弥补了"文革"期间青年教师的"断层",又一定程度上消除了"近亲繁殖"现象。

为了培养骨干教师,80年代初,华中工学院选派了近500名留学人员和访问学者出国,杨叔子、熊有伦、周济等院士及陈应天、李再光、郑楚光、黄文奇、李佐宜等知名学术带头人,回国后都为学校注入了新的理念,丰富了教学内容和方法,并创立了许多新的学科方向,为创建研究型大学奠定了坚实基础……

在上世纪80年代,华中科技大学作为一所理工文管结合的全国重点综合性大学的地位已初步确立了。求贤若渴、爱才如命、尊师重教的好传统也深入人心了。在学校的创业和发展史上,朱九思、裘法祖等为代表的爱才者也已声名远播。

·实施"人才兴校"战略:让大学拥有更多大师·

1996年,华中理工大学(华中科技大学的前身)党委书记朱玉泉和校长周济等主持了全校师资状况调查,特别是对全校140多个40岁以下的具有博士学位的中青年教师进行了调研。他们不无忧虑地发现:学校师资的整体实力很强,但顶尖的大师级学者不多——这已经成为制约学科和学校快速发展的瓶颈。

"千军易得，一将难求。必须改变缺少大师，缺少帅才的局面！"在周济校长的领导下，学校很快出台了《师资工作20条》，有针对性地加大院士及学科带头人的培养力度，为他们培植发展沃土。于是，一些知名教授、学术带头人在各自的学科领域里快速发展。一些重点学科的带头人发起了"向院士冲刺"的强大攻势。从1995年到1999年，熊有伦、张勇传、崔崑、周济等知名教授先后当选院士。

为了更快聚集大师，校领导大力引进院士。1998年，朱玉泉、周济、刘献君等校领导"四下合肥"，请潘垣院士出任电气学院"掌门人"；2001年，学校引进了前原子能研究院院长樊明武院士担任校长；2002年，水文工程地质专家刘广润院士也加盟进来。近几年，学校又采用双聘方式广纳院士，从中科院水生所聘请了沈蕴芬院士担任环境学院院长；从西安聘来沈绪榜院士，担任学校 IC 设计中心主任；从河海大学邀来了吴中如院士，担任水电数字化工程学院院长；聘请方秦汉院士担任土木学院名誉院长，聘请叶朝辉院士担任理学院院长，聘请侯云德院士指导医科学科建设……至此，学校院士数达15人。

作为一所办学历史较短，学术积淀不深的高校，如何才能企及世界学术最前沿？华中科大选择了"学科跳远"的举措，即广纳海内外杰出人才，让这些涉足国际学科前沿的青年学者用新思维改造我们的传统学科，用新模式发展新兴学科和边缘学科，从而实现学科跨越式发展。如生命学院近几年先后从美国、英国、法国引进了多名青年学科带头人。学院聘请了哈佛大学公共卫生学院分子与细胞学实验室主任汪宁博士担任兼职副院长，密切跟踪国际生命科学最前沿。现任院长骆清铭，副院长徐涛、何光源等博士都属于留学归国的"少壮派"学科带头人。1997年，骆清铭博士从英国回校后，领衔创建了国内第一个生物医学光子学研究所，并获准设立了生物医学光子学教育部重点实验室，获科研经费600多万元。在英国皇家科学院从事小麦转基因研究的何光源博士从英国来校后，促成了"中英 HUST-IACR 作物基因工程和基因组学联合实验室"落户华中科技大学。

青年强则学校强，青年盛则学校盛。华中科大采取"精选、重用、严育、厚待"的政策，加大青年学术大师的培养力度，如今一大批青年才俊成果迭出。现任计算机学院副院长金海教授，从美国读完博士归国时才30

多岁。学校在实验室、科研经费等方面大力支持他的研究。如今，他在计算机系统结构、网络存储等前沿领域居世界先进水平，被评为湖北省"十大杰出青年"，今年还担任了教育部"教育科研网格"项目专家组组长。在计算机学院张江陵教授的培养下，青年教师冯丹博士迅速成长，她先后获得国家技术发明奖和自然科学奖，其博士论文还入选了"全国百篇优秀博士论文"。今年年初，理论物理学科的罗俊教授用精密扭秤检测出光子静止质量的最新上限，引起国际学术界瞩目。电信系杨宗凯教授组建起"互联网技术与工程研究中心"，2002 年，该中心教师有 30 多篇论文被 SCI、EI 等权威期刊收录。

据统计，从 1997 年以来，已有 6 名院士、数十名学科带头人、400 多名具有博士学位的中青年学者加盟该校。目前，在 4000 名教师中，有院士 15 人（双聘 6 人），"长江学者奖励计划"特聘教授 12 人，教授 900 余人，副教授 1400 余人，博士生导师近 600 人。一支业务能力强、综合素质高、结构优化的师资队伍正在形成。

·一流的"人才军团"：学校创一流的加速器·

学校领导认识到，在争创世界知名高水平大学的征程中，必须充分发挥优秀教师的主力军作用，尤其是要形成大师举旗、群起响应，"一马当先，万马奔腾"的局面。学校党委有这样的共识："没有大师就没有大梯队，没有大梯队就无法争取大课题，没有大课题就没有大成果，没有大成果就不能实现学校的大发展。"

"有了'大师'扛旗，我院的精神面貌就为之一振。"电气学院党总支书记张国德深有感触地向笔者谈起了学院大搞团队攻关的事。潘垣院士被引进后，成为学科建设的"旗手"，提出了电气学院今后 10～20 年的发展方向，确立了脉冲功率、等离子技术、强磁场和超导电力等新兴学科方向，使电气学科产生了"裂变"效应。日本琉球大学的唐跃进博士，中科院从事超导研究的李敬东博士，中科院从事等离子体研究的刘明海博士等一批中青年学者都聚拢过来。潘垣院士领军的电磁物理研究所成绩喜人：承担了国家"神光Ⅲ计划"能源模块的研究；4 年来在国内外权威刊物发表论文近 100 篇；2002 年，获科研经费 600 多万元。目前，该研究所启动了三项国际合作项目，即中美共建的 TEXT-U 开放型聚变实验室，中国—比利时合作脉冲强磁场实验室，国际热核聚变反应堆人才培养基地建设项目等。

机械学院形成了一支拥有 3 名院士、90 多名博士组成的学科队伍。拥有这支"豪华"的学术团队，使机械学科一直保持领先地位。近 10 年，争取科研经费 1.5 亿元，获国家科技进步奖 8 项，荣膺 1999 年度美国制造工程师学会（SME）"大学领先奖"，在某些学科方向跻身国际先进水平。

水电能源与能源洁净技术学科，聚集了张勇传、刘广润 2 位院士，还聘请了 2 位双聘院士。他们与湖北清江水电公司共建了亚洲最大、技术最先进的水电能源综合仿真研究中心，并开展"数学流域""数字城市"研究，在三峡工程、清江水电工程中广泛应用。

器官移植重点学科在裘法祖院士的带领下，在我国率先开展临床肾肝移植研究，聚集了陈忠华、曾凡军、陈实等国内外知名学者，取得一系列创新性成果。同种脾移植、亲属脾移植居世界领先地位，异种脾移植居亚洲领先地位，肝脏移植、肾脏移植居国内领先地位。留美博士、同济医院妇产科主任马丁教授，今年年初被聘为"973"计划一项目首席科学家，他牵头的妇产科学学科在妇科肿瘤学、卫生医学、生殖医学等方面形成优势，特别是肿瘤转移转基因小鼠的建立，处于国际先进水平。

师强校强、师兴校兴。一时间，大师周围良将云集。大科学平台建立起来，一个实力雄厚、结构合理的学术梯队形成了。院士担当"旗手"，拔尖的年轻学者担当"突击队长"，一批博士成为"突击队员"，他们携手攻关，共同推动学校创一流的"航母"。

一流的"人才军团"推动了学校综合办学实力的不断攀升。2003 年，在人民网公布的大学排行榜中，华中科大名列全国第五；该校研究生院综合实力名列全国第六，其中，工学、医学、教育学学科门类都进入全国前 10 名。

· 以师为贵：利益分配的天平永远向教师倾斜 ·

"教授治学""以师为贵""为教师服好务"——华中科大处处浸润着尊师之风。学校党委提出，全校干部、职工都要树立为教师服务、为教学服务的观念，否则就是失职！赵振宇教授从长江日报调进新闻学院工作不久，就在校报撰文感叹："当教师真好！"

该校的行政楼墙面涂料已经大面积龟裂脱落了，可学校领导也舍不得投钱翻修或重建；教务处的4个处级领导都挤在一个不到20平方米的小房间里。而2002年，学校为了加强医工结合，建立了"正电子发射计算机断层显像应用与研究开发中心"，一次性就投入了1000万元；学校培养师资不惜重金，2001年，学校批准了82名教师为首批校内特聘教授，每人每年可获5万～10万元岗位津贴，2000年到2003年，学校公派出国（出境）进修的教师就达2000多人……

在这里，利益分配的天平永远向教师倾斜。在校内津贴分配方面，干部、职员与同级别的教师相比，要少拿1/5。校内住房的分配，从来都是教师优先！所以才有了贡献楼、招贤楼、教授楼、院士楼等楼名。

"校兴我荣，校衰我耻"——在华中科大，教师们表现出了强烈的主体意识和爱校热情。今年学校要举办校庆大典，为了支持学校发展，杨叔子、张勇传、潘垣等院士带头每人捐款1万元，一些经济不太宽裕的退休老教师也拄着拐杖到捐款点。大家的心愿是一致的："要早日建成世界知名高水平大学。"

（🖋 《中国教育报》2003年9月29日　作者：刘继文）

科学教育与人文教育相融合
——华中科技大学教育创新纪实（之二）

秋日的华中科技大学校园，鸟语花香，楼高林阔，空气中弥漫的花草的香气中略带一丝甘甜，沁人心脾。

登上喻家山俯瞰掩映在丛林中的这座宏伟的大学城，满目葱茏，一句老话油然跃上心头：十年树木，百年树人。

树木的成长需要阳光雨露，同样，人要成才也需要一个良好的环境。作为我国培养高素质人才的重要基地，华中科技大学十分注重为青年学生营造一个优良的成才环境。为此，该校从20世纪90年代在全国高校中率先进行了文化素质教育的一系列的探索与实践。

近10年的改革实践证明，文化素质教育推动了学校的课程体系改革，由过去过窄的专业教育转向厚基础、宽口径，在通识教育的基础上进行的专业教育，是对教育本质的深刻挖掘，是新时期教育思想的创新。

·办大学就是要办一个氛围·

早在1994年，时任校长的杨叔子院士针对我国高等教育中存在的重理工轻人文、重专业轻基础、重知识的传授轻素质的提高等急功近利的功利主义倾向，提出要在高等学校开展文化素质教育。他说，人文教育具有基础性地位，科学教育应该与人文教育相通相融。两者相通相融，就可能使受教育者科学素质与人文素质浑然一体，培养出"全人"，即全面发展和主动发展的人。

高等教育专家、博士生导师刘献君教授熟谙高等教育的历史和发展，他和笔者谈起文化素质教育显得有些激动：一些著名大学的学生和其他大学的学生相比，所学的课程、所用的教材大同小异，但毕业后，一般而言，素质有较大的差别，原因何在？关键在于学生感受的环境和条件。一所学校的力量更主要地来源于她深厚的文化积淀能使学生产生深层感受和体验的强度。重视营造环境，让师生处于一个良好的氛围之中，我们教育目标的外化形式便会在潜移默化中上升为他们的内心境界。从这个意义上说，办大学就是要办出一个氛围，文化素质教育的最高境界就是要营造一个氛围，一种无处不在、润物细无声的良好氛围。

为此，当时的华中理工大学在全国率先开展文化素质教育。学校把人文教育与科技教育相融合作为办学指导思想，成立了以校长为组长、各相关职能部门领导参加的文化素质教育领导小组，建立了国内第一个高校文化素质教育基地，学校每年投入 50 万～100 万元用于基地建设。

经过几年的实践和探索，学校形成了具有鲜明特色的文化素质教育体系。这个体系由三个层次、六个方面组成。三个层次：第一课堂（主课堂）、第二课堂（课外科技文化活动）、社会大课堂（社会实践活动）。六个方面：建立并实施文化素质教育课程体系；实行人文学生辅修专业制和双学位制；开设人文选修课和举行中国语文水平达标考试；举办人文社会科学系列讲座；开展多种形式的校园科技、文化活动，广泛开展读书活动和社团活动，并在此基础上形成了讲座、交流、读书一体化的"人文工程"；开展社会实践活动，并纳入教学体系。

·独树一帜的"人文工程"·

2001 年 6 月 17 日，华中科技大学西五楼 117 教室座无虚席，掌声、笑声不时响起，由著名历史学家张岂之、李文海在这里所做的有关中国历史文化的讲座吸引了 500 多名学子。面对这种盛况，张岂之先生十分感慨：没想到在一个以理工科为主的大学，竟有如此浓厚的人文氛围。

据华中科技大学国家文化素质教育基地主任刘献君教授介绍，像这样的人文讲座，该校已举办了 800 多期，杨振宁、杜维明、杨叔子、章开沅等学术大师先后登台授课，吸引了 30 多万人次的大学生听众，能容纳 350

人的讲座专用教室几乎场场爆满,有的同学甚至提前两三个小时占座位,形成了一道亮丽的校园人文风景线。

在该校大学生中流传着这样一句话:"大学4年,如果没有听过人文讲座,将是大学生活的遗憾。"该校出版社出版的《大学人文启思录》系列丛书,融海内外近百名知名学者的精彩演讲于一堂,深受广大学子的欢迎,产生了广泛的社会影响。它被众多学者誉为"重塑中国大学人文精神的力作"。

高品位的人文氛围潜移默化地滋润着学生的心灵。有学生说:"人文讲座犹如一弯清澈的小溪从我们的心田流过,净化了我们的心灵,提升了我们的思想境界。"船海系的傅志明同学说:"素质并不是完全可以从书本上学到的东西,要靠自己平时的一言一行的积累,这首先在自己心里就要有一个言行标准。听了人文讲座以后,自己心中或多或少有了些标准,知道什么该做,什么不该做。"

·科学人文　相融相通·

让理科生学点文史哲,让文科生学点数理化,这是华中科技大学文化素质教育着力的一个重要方面。

2002年4月,由华中科技大学黄素逸、黄德修等教授主编的《高等学校科学素质教育丛书》由中国电力出版社出版发行。

《高等学校科学素质教育丛书》作为"21世纪复合型人才的入门读物",其宗旨是成为"使读者终身受益的基础教材",既着眼于对能源、环境、生命、信息、材料、管理等现代科学技术的展示,又立足于普及和宣传,其目的是培养综合型、创造型的人才。

周济院士担任了丛书编辑委员会的主任委员。他在序言中说,21世纪是"大科学时代",人类在探索真知的历程中将更多地发明、发现,开发高新技术造福于人类。艺术和科学在山脚下分手,在山顶上会合。人文和科学的终极目标都是追求真理的普遍性,这是人类活动中最高尚的部分,因而,人文与科学的融合将带给人们新世纪最美好的前景。

2003年3月15日,这是一个特别的周末。尽管室外风雨交加,但在东七楼的一个教室里却是热气腾腾,来自电气学院、材料学院、生命学院等十余个院系以及机关部处的教师、干部正在倾听著名哲学家涂又光教授讲授老子《道德经》。这是笔者在该校举办的"经典名著读书班"上看到的一幕。

谈起举办"经典名著读书班"的缘起,该校党委副书记刘献君告诉笔者,教师和学生接触最多,对学生的影响最大,全面提高教师、干部的人文素养,从而使他们能够结合日常工作和专业课教学进行人文教育,是实现人文教育和科学教育相融合的一个重要方面,也是我们进一步深化大学生文化素质教育的关键。

为此,学校通过举办"经典名著读书班",总结高校教师结合专业教学进行人文教育的经验,研究优秀教师成长的规律等,努力使文化素质教育跨入新阶段。

前不久,该校教科院组织了部分博士生、硕士生,就"结合专业教学进行人文教育"议题,对60多位教师进行了较为深入的采访,总结了他们的相关经验,撰写了系列文章。在此基础上形成的《专业教学中的人文教育》一书,已由华中科技大学出版社出版。

科学人文相通相融则"育人",相割相离则"制器",大学的主旋律是"育人",而非"制器"。为此,学校从1999年起,当时的校长周济提出在学生中开始实施"新世纪辉煌工程",开展一系列教育、科技、文化活动,帮助大学生把握时代脉搏,树立雄心壮志和敢为天下先的豪气,将远大理想与脚踏实地的作风紧密结合,将祖国的命运与个人前途紧密结合,树立正确的世界观、人生观,为中华民族的伟大复兴贡献青春,在中国现代化事业中创造辉煌。

学校提出以文化节为契机,组织丰富多彩的文娱、体育活动,动员更多的学生参与,进一步活跃校园文化。以科技节为载体,努力培养学生的科学态度和献身精神,努力使他们成为攀登世界科学高峰的高素质创造性人才。

在文化节期间,由大学生们自己组织的"校园歌手大赛""诗歌朗诵大赛""醉晚亭器乐欣赏晚会"等传统项目,与"模拟股市""模拟法庭""文学作品竞赛""英语系列讲座"等近百种院系特色活动互相融合,形成了一个精彩纷呈的文化大舞台。在科技节期间,学校组织了"网页设计大赛""数学建模大赛""网络辩论赛"等系列科技活动。1998年,该校获第二届中国大学生电脑大赛优秀组织奖,"IBM 杯"计算机技能竞赛一等奖,IBM 俱乐部在全国大学生网页大赛中获一等奖。1999 年,该校作为湖北省代表队获第二届中国互联网知识大赛银奖,获湖北省"汇凯杯"大学生课外科技学术作品竞赛团体总分第一,湖北省电视电脑大赛冠军。这些科技活动打破了主课堂和第二课堂的壁垒,打破了学校与社会的壁垒,在培养学生的科技文化素质、相互协调能力、个性和创新精神等方面发挥了很大作用。

(《中国教育报》2003 年 10 月 13 日　作者:江洪洋)

科研走在教学前面
——华中科技大学教育创新纪实（之三）

1993—1995 年，华中科技大学连续 3 年在国内发表科技论文数居全国高校第一。

1996 年中国科学引文数据库统计显示，华中科技大学基金项目论文数居全国高校第六，科技论文数居全国高校第二，被 EI 收录的论文数量居全国高校第三。

1999 年，学校获中国高校科技奖一等奖数居教育部直属高校第一名。

2002 年，华中科大科研经费再创新高，达到 3.8 亿元，在全国高校中，紧追北大、清华及浙大等名校，名列第四。

透过数字看到的是成绩。透过成绩，可以看到办学理念！

简单的数字背后，是华中科技大学坚持科研走在教学前面，通过科研全面提升办学实力所走过的足迹。

·科研是"源"　教学是"流"·

1977 年 10 月 24 日，原华中工学院党委给邓小平同志写了一封汇报信。这封信首先表示拥护邓小平同志提出的重点大学要办成既是教育中心，又是科研中心的指示。在信中，当时的党委书记朱九思把重点大学与科学院对比起来，"我们认为，在实现科学技术现代化的伟大斗争中，高等学校特别是重点高等学校，同科学院有着同样重要的地位，能够发挥同样重要的作用，应该受到同样的重视。"

1978年3月，国家召开全国科学大会。朱九思代表原华中工学院在参加全国科学大会上率先提出了这样的观点："教学和科学研究，都是高等学校的基本任务，要搞好教学，就必须使科研工作走在前面，通过科研促进和带动教学的提高。"并明确将"要使科研工作走在教学的前面"作为标题。"科研要走在教学的前面"，这是华中科技大学在国内高校率先提出的一个办学思路。

朱九思提出，在大学，科学研究是"源"，教学是"流"，没有科学研究这个"源"，教学这个"流"就难以充实新的内容，提高质量。"源"和"流"相辅相成地结合起来，才能提高教师的学术水平，教学内容才能不断更新，也才能培养高水平的人才，同时出高水平的成果，对国家作出更大的贡献。

让科研走在教学前面，从而全面提高办学实力，成为华中科大历届校领导的共识。

20世纪80年代中期，随着中国改革开放的深入和各高校改革力度的加大，华中科大党委敏锐地意识到：学科建设必将成为衡量高校科研水平和综合实力的一个重要标志。结合自身实际，华中科大率先提出了"异军突起，出奇制胜"的战略措施，使教学科研得到了进一步的发展。

20世纪90年代，华中科大党委再次提出：要坚持育人为本，三足鼎立，教学、科研、产业相互协调，教学和科研要上水平，产业要出活力。必须用科学研究之"源"来充实教学工作之"流"，充实更新教学内容，提高教师队伍水平，使教学站在国内外学术前沿；加强科研，使学科建设达到国际先进水平。

·打团体赛　拿大项目　夺团体冠军·

1999年9月15日，在美国底特律举行的颁奖典礼上，华中科大原校长周济院士从国际制造工程师协会（SME）主席塞西尔·施耐德先生手中接过晶莹剔透的奖牌。华中科大凭其在计算机集成制造系统（CIMS）领域取得的显著成绩，荣获1999年度"大学领先奖"。

为什么华中科大能从世界范围的20多所参评大学中脱颖而出？当时的校长周济是这样说的："学科要争创一流，要出大成果，仅靠一个教研室或一个研究室的力量是远远不够的,必须要在大学科的概念下实现跨教研室(研究室)、跨院系、跨学科乃至跨校、跨国际的联合,走国内、国际联合之路。"在科研中,华中科技大学在推行集成建设方针的同时,非常强调团队精神,提倡走大团队、大联合、出大成果的建设道路。

计算机集成制造系统(CIMS)是利用信息技术提高制造企业竞争力的一项综合性、战略性高技术,它融合了很多先进制造技术、信息技术和现代管理技术,开发和应用有相当的难度。华中科大在CIMS的开发中,联合了机械学院、材料学院、计算机学院、管理学院等多个院系、多个学科的精兵强将,先后有250多名教师参与项目研究,共完成了150多个项目,面向市场需求开发出了一系列CIMS高技术产品,并以此赢得了1999年度国际制造工程师协会颁发的"大学领先奖"。

1995年4月8日,电子工业部54所与华中理工大学联合研制的EIM-601大型局用数字程控交换机(简称601机),终于迎来了她呱呱坠地的时刻。下午2点30分,鉴定委员会主任、原邮电部副部长宋直元教授宣布:"601机适用范围广,设计思想先进,性能完善,安全可靠,具有90年代初的国际水平。"

601机从孕育到诞生凝聚着许多人的心血,她的成功就是一条跨校的联合之路。华中科大28岁的副教授杨学军担任副总设计师,与广州电子科技园发展总公司、邮电部524厂、石家庄高新技术开发区、河北省邮电局电话设备厂、鞍山广播电视设备集团公司等单位合作,组建跨地区、跨部门、跨行业的攻关集体。他们不分昼夜,两年内拿下"大程控"。

华中科大组建的当天,该校即与中船重工集团第七研究院701所、719所、709所、武昌造船厂以及青岛海军潜艇学院等单位共同组建了华中科技大学舰船科学技术研究中心。随后,一批跨教研室(研究室)、跨院系、跨校及跨国研究机构相继成立,如数量经济与金融研究中心、化工过程装备与控制研究所、医学人文学研究所、非线性与复杂系统研究中心、免疫学研究所、中英HUST-IACR作物基因工程和基因组学联合实验室、同济心理卫生研究中心、呼吸系统疾病研究所、神经科学研究所、遗传代谢性疾病诊断中心等。这些研究所、研究中心将一批分散在校内外、海内外的多学科中青年学术队伍聚集在一起,自发组建多学科学术队伍群体,在项目申报及科研中心实行兵团作战。

·有所为有所不为 集中优势兵力打歼灭战·

坚持有所为有所不为，建一流的工科和医科，建设有特色的高水平理科和文科——这是华中科大科研建设中的一大法宝。

校长樊明武院士分析说，华中科大有11大学科门类，但学校面临办学经费不足、经费投入收益不高等问题。小而全、重复建设、各自为政的现象非常普遍，要努力扭转这种局面，就要按照学校的发展目标，以文科、理科为基础，以工科、医科、管理学科为主导，以信息学科和生命学科为龙头，建设结构合理、特色突出的学科体系，同时将科研工作发展重点转移到信息、生命科学、先进制造、能源等领域。

机械学院作为华中科大的大院系之一，在科研成果方面取得了让人羡慕的成果。科研工作中的"为"与"不为"在机械学院有非常明晰的概念。该院学科带头人史铁林告诉记者，"大项目"是机械学院要抓的重点，只有抓住大项目进行研究才容易出一些影响力较大的成果。机械学院将在电动汽车、IC装备、MEMS重大专项、国防军工项目、数字化装备工程等项目上来"大手笔"。当然，在抓"大项目"的同时，基础研究也是不能丢的，华中科大将在政策上鼓励、经费上支持、在项目申报上进行组织协调，从而使基础研究也能得到进一步发展。

翻开学校颁布的科研管理文件，可以看到：为了鼓励争取重大项目，设置了科学研究重大项目奖。为了加强学校可持续发展能力，切实稳住基础研究，学校还建立了"基础研究特区""理科特区"，学校通过政策机制，对特区的人才引进、经费投入、津贴待遇等方面进行强化支持。如科研基地特区政策规定，对科研基地纵向经费实行减免2%的学校科研提成；对重点实验室每年投入40万元基金支持其开放运行管理。

坚持"入主流，倡交叉，创特色"的建设方针，努力创办具有鲜明时代特色的新型文科，这是华中科大文科学科建设思路。所谓"创特色"就是要有自己的"品牌""名牌"，人无我有，人有我优。如今，华中科大许多"文理交叉，应用见长"的研究，在全国独树一帜。例如，哲学系的马克思主义哲学、生存哲学、科技哲学都走在全国前列，使原本学科基础较弱的哲学系迅速跻身全国高校十强。法学院独辟蹊径，以科技法为特色的法学研究呈现良好势头。教科院坚持以院校研究作为学科"亮点",并通过发展院校研究带动高等教育研究整体出特色、上水平。

2002年,华中科大还投入100万元,设立医工、医理交叉学科基金。该基金旨在促进学校医、理、工学科的交叉融合,充分发挥和利用多学科的整体优势,为申报国家重点、重大科技计划项目作项目储备和技术储备。

·打造大科研平台 到世界舞台去竞争·

2003年9月14日,华中科大电气学院常务副院长辜承林第二次在"漂洋过海"而来的5个集装箱的单据上签字,集装箱内的特殊"礼物"就是由美国得克萨斯大学无偿捐赠给华中科大的价值2000万美元的TEXT-U托卡马克装置中的一部分。这套价值不菲的装置已成为华中科大建设中美TEXT-U实验室的重要基石。

立足高水平国际合作,构建国际科技合作大平台,是学校在科研基地国际化战略建设中的重要环节。目前,华中科大已建成蒋氏工业培训中心、中英作物基因工程实验室、中德马普中心、中美TEXT-U托卡马克实验室等一批研究基地。

据了解,在强磁场研究中心建设方面,除了中美共建TEXT-U开放型聚变实验室外,华中科大还启动了另外两个国际合作项目,即国际热核聚变反应堆(ITER)人才培养基地建设和中国—比利时合作脉冲强磁场研究。强磁场研究中心将充分发挥学校多学科综合优势,凝聚人才,瞄准国际前沿,开展等离子体物理、聚变工程和强磁场条件下的物理、化学、材料、生命和医学科学研究,为国际合作和学术交流提供研究基地和实验平台。目前,这三个国际合作项目均已纳入华中科大学科建设发展规划。

华中科大一直把科技基础条件平台建设作为科技创新体系的重要组成部分。该校以模具技术、煤燃烧重点实验室、激光加工、数控系统国家工程技术研究中心等的评估工作为契机和动力,全面推进科研基地立项建设工作。同时,华中科大还紧密围绕新兴交叉学科的基地建设,在核医学工程、生物纳米技术、电子商务、计算网格、数字流域、环境医学等方向,积极组织申报教育部、湖北省重点实验室及工程技术研究中心。

据科技处有关负责人介绍,通过近年来的努力,华中科大又新建了一批国家及省部级科研基地,如引力与固体潮科技部野外观测台站;生物医学光子学、基本物理量测量等教育部重点实验室;机械设计与制造、生物医学光子学、煤燃烧等3个教育部网上合作研究中心;引力与量子物理湖北省重点实验室;国家技术转移中心武汉分中心等。其中,物理系罗俊教授及其课题组依托基地的科研优势,经过多年的潜心钻研,用旋转扭秤测量光子静止量的新上限。该成果引起国际学术界瞩目。

目前,华中科大正在筹建光电国家实验室,它是一个多学科交叉融合的大型科学研究平台,包括光电材料与微系统、光纤通信、光存储、物理光子学、生物医学光子学、激光技术、军用光电技术等研究方向,涵盖6个一级学科和12个二级学科,主要从事实现国家战略目标的前瞻性基础研究,对于推动我国科学研究的原始性创新具有重大的意义。

科研基地的建设和发展,极大地促进了华中科大的重大、重点项目。以跟踪世界先进水平、发展我国高技术为目标的"863"计划实施17年,华中科大喜摘硕果,一批高科技成果达到或超过世界先进水平。据统计,17年间华中科大承担"863"项目150余项,科研经费近3亿元,成为湖北省承担"863"项目最多的高校。这些项目主要集中在信息技术、先进制造技术、生物医药、能源与环境、新材料等领域。

现在,该校居国内前列或有重要地位的有激光技术、数控技术、机械制造等十多个科研领域。青年数学教授任佳刚发明的"任氏定理"蜚声中外;生物系教师研究出抗癌新药紫杉醇引起国内外关注;电信系与电子部54研究所合作研制成功的大型数字程控交换机在国内外引起巨大反响;经济学院张培刚教授是"发展经济学"的创始人,在国际上享有盛誉。

面对累累硕果,华中科大以党委书记朱玉泉、校长樊明武为首的领导班子看到的不是过去,也不是现在,而是将来。他们说,下一阶段,华中科大在科研工作中将进一步加强科研体制和机制的改革,做到凝练科研方向,汇聚科研队伍,建设科研基地,构建华中科技大学科研创新体系,通过科研,全面提升学校的办学实力。

(《中国教育报》2003年10月15日 作者:胡艳华)

育人为本　学研产三足鼎立
——华中科技大学教育创新纪实（之四）

"华工科技"成功上市，成为湖北省高校中唯一的一支上市股票；

大学科技园建设初具规模，以全新的建园方针、理念和建设速度走在全国大学科技园的前列，成为我国园区建设的"领头羊"；

华工科技企业孵化器成功组建。作为湖北省第一家高校科技企业孵化器，第一期可提供标准孵化场地1.3万平方米，已有在孵企业30余家……

近年来，华中科技大学科技产业发展接连取得重大突破，引起了社会的普遍关注。

作为华中地区最具实力的高校科技产业群，华中科技大学科技产业的业界地位、综合实力、经济效益等关键指标表现突出：2002年实现销售收入6亿元，实现利润6367万元，上交学校利润1000万元；至2002年底，纳入产业集团统计口径内35家企业，共计拥有总资产19亿元，净资产11.36亿元，集团公司权益资产5.57亿元，实现了学校资产的保值增值。

这些成绩的背后，是华中科技大学独特的产学研协调发展理念和发展模式，即由"三个层次，三条主线"构成网络的发展体系。

三个层次：一是从构建校内产学研协调发展起步，营造良好的科技创新环境；二是积极进行社会产学研协调发展的实践，进入国家技术创新主战场；三是探索国际产学研结合模式，促进国际先进技术优势转化为国内的技术创新能力。三个主线：一是通过人才培养，为提高创新能力培养大批的高素质创新人才；二是通过科研攻关，为企业技术进步提供大量的创新成果；三是通过科技服务，致力于高新技术产业化和企业紧密结合，大力发展高新技术产业。

·校内"学研产"：利用学科优势发展重点企业·

汤逊湖畔，华中科技大学科技园内，天蓝水碧，绿草如茵，其间散布着郁郁乔木和各企业特色鲜明而又风格统一的各色建筑，一派"人、自然、科技、产业"和谐统一的迷人风光，作为"中国·武汉光谷"的一道亮丽风景线，华中科技大学科技园向社会充分展示了华中大科技产业的形象和实力。

但是，谁能想到，如今这些颇具规模的企业群，其实是由一个个"小作坊"发展而来的。

20世纪90年代初，学校通过开展教育大讨论认识到，高等学校办企业，唯一的办法就是"利用学科优势，发展重点企业"。时任校长周济果断地提出了"育人为本，三足鼎立"的办学思想，即牢牢地把握培养人才这个根本，构建教学、科研、产业化协调发展的模式。

一时间，一批围绕学科形成的学研产相结合的"小作坊"风起云涌。这些"小作坊"普遍身兼三职，既是教学组织，又是科研组织，也是产业化组织。"小作坊"呈现出勃勃生机，形成了一种积极推进科学技术向现实生产力转化的风气。科技成果转化率明显提高，转化速度大大加快。

该校CAD中心和以其为依托的华中软件公司的发展能说明这个问题。这个中心是以机械零件教研室为基础发展起来的。在实践中，教研室的同志们认识到CAD作为现代信息技术的一个重要应用技术，是实现设计技术根本变革的一个必不可少的手段，它对实现产品的创新和提高、推动企业技术进步、提高企业市场竞争能力具有十分重要的意义。因此，CAD中心同志努力从教学和科研两个中心模式向产学研协调发展模式转变，致力于走产业化路子。经过十多年的努力，现在的CAD中心已成为国家CAD支撑软件工程技术研究中心（武汉），在CAD研究方面结出累累硕果。更重要的是，他们组建了华中软件公司，所开发的CAD软件产品在我国机械行业得到广泛使用，用户逾万家，效益达数亿元。

激光研究院以激光技术国家重点实验室为技术源头,以激光加工国家工程研究中心为转化科研成果的"通道",推动技术商品化、产品化。他们组建的武汉华工激光工程有限公司,目前已成为国内最具规模的激光高新技术企业。

武汉开目信息技术有限责任公司由原华中理工大学一个科研课题组发展起步,历经十余年产业化之路,以其鲜明的工程特色和先进的技术特色成长为中国制造业企业信息化建设领域规模最大、实力最强、产品线最全的自主版权软件公司。

· 社会"学研产":以服务求支持 以贡献求发展 ·

在"小作坊"不断发展的同时,学校与校外单位共同兴办的企业逐渐增多,"小作坊"实际上和整个社会、整个市场经济紧紧相连。在社会大市场中,"小作坊"逐步发展壮大,并踏上了规模化的发展道路。

本着"以服务求支持,以贡献求发展"的宗旨,学校为企业服务的主要方式有三种:

一是利用高新技术改造传统产业。学校数控中心是一个范例。华中大从60年代开始就进行了数控技术的研究,1992年开始向产业化发展。在数控研究中心的基础上,学校组建了华中数控系统有限公司,把多年的技术积累推向市场。如今,这家公司已拥有高性能数控系统产业化示范生产线,形成了年产3000台套高性能数控系统的生产能力。2000年,华中数控被国家科技部评为"国家863计划产业化成果基地";2001年,华中数控被国家计委授予国家"百家高技术产业化示范工程"企业。

二是直接参与高新技术企业的发展。学校EIM-601项目从立项开始,就以一种产学研结合的创新机制将科研、生产、市场融为一体。为振兴我国民族通信产业,原电子工业部下达了研制大型程控交换机的科研任务。学校与电子部54所迅速组织精干的科研攻关群体队伍,优势集成、集中攻关,仅用两年时间就开发出具有国际先进水平的大型局用程控交换机,取得了攻关的决定性胜利。在完成这项国家级任务之后,这批研究人员又在金鹏电子信息机器有限公司的统一指挥下,共同研究EIM-601程控交换机的产业化,集中解决601机亟待开发的若干项目。在产学研结合的过程中，这个课题组既出了成果，又出了人才，一批青年教师在科研中成长起来，成为科研和教学的骨干。

华工科技高理电子分公司成立于1998年，是学校创办的高新技术产业。目前，该公司已发展为国内最大的热敏电阻生产厂家之一，拥有现代化厂房1万余平方米，拥有完整的生产线及各类先进完善的检测设备，是飞利浦、LG、台达、冠捷、海尔、康佳等众多知名企业的长年供货商。

三是与企业共建工程技术中心。学校与中国长江动力集团公司合作共建技术中心，与深圳华为公司共建联合实验室，与深圳德生公司共建研究所，与海南新大洲公司共建快速制造中心，与湖北清江公司共建仿真中心，与武汉重型机床厂共同组建武华重工有限公司等。此外，学校还与武汉钢铁公司、东风汽车公司等数百家大中型企业进行人才培养与研究开发的全面合作。"九五"以来，学校与各有关企事业单位共同组建了69个技术（工程）中心，共承担1000万元以上横向合作项目2项，获得横向科研经费7.3343亿元。

在服务地方区域经济建设中，学校依照"两湖两广、江河海港云贵"的发展策略，大力推进科技成果转化为现实生产力。学校与80余个地方政府签订了全面合作协议，先后设立了华中科技大学深圳研究所、东莞研究院、佛山研究院等。2001年学校又提出了横向科研工作的"东进"战略，设立了华中科技大学温州研究院和华中科技大学国家技术转移中心宁波分中心。通过与这些重点省市地区的合作，学校探索了更为广泛的产学研合作渠道，在为地方区域经济建设发展服务的同时也获得了更多的发展机遇。

·国际"学研产"：科研再添实力　产业更显活力·

2000年，原华中理工大学、原同济医科大学、原城市建设学院合并组建华中科技大学。借着合校的东风，华中科大将视野扩展到国际大舞台，大力加强高起点、高水平研究方面的国际科技合作，争取产生有重要学术价值的理论和实践性科研成果，或有重大影响的应用性科研成果，力求产生重大的经济效益和社会效益。

学校通过国际合作，使一批研究中心和实验室迅速成长，提高了技术创新能力。如电信系杨宗凯教授及其团队从零起步，没花学校一分钱，建起了一座现代化的研究中心；控制系联合来自日本、美国、澳大利亚等国的 30 多名中青年教授，组建了全国首家非线性与复杂系统研究中心；生命科学与技术学院与英国洛桑研究所合建了中英 HUST-RRes 基因工程和基因组学联合实验室。

学校直接与国外企业和科研机构合作建立科技开发实体，共同开发和经营科技产品。2000 年，电信系互联网技术与工程研究中心与美国 Combrio 公司签订合作协议，在武汉合作进行高端网络产品的研究与开发。当年，双方就合作完成了"Linux 下网络服务质量控制及性能分析"研究项目。2001 年，双方又开始进行"宽带 IP 路由器的性能分析"研究。目前，Combrio 公司与"中心"已经合作完成了路由器样机的开发。

学校还注重引进国外的智力资源，提高科研能力。如机械学院推荐美国总统奖获得者、Wayne State 大学刘胜教授进入 MEMS 领域 863 专家组。在刘胜的引荐下，一批海外学者与机械学院建立起合作关系。2002 年，学校在 MEMS 领域共获得约 500 万元的资助。

（《中国教育报》2003 年 10 月 17 日　作者：王芯）

后勤社会化改革：从"包袱"到"财富"
——华中科技大学教育创新纪实（之五）

"东湖之滨，马鞍山麓。黄墙绿瓦，红花碧树，黛山丽水，精舍香榭。万千学子，沐朝阳之柔辉，观湖山之美景。"9月，华中科技大学2003级的8000余名新生，有幸成为这里的新主人。

由该校后勤集团斥资1.6亿元、两期建成的韵苑学生公寓，面积达16万平方米，拥有22栋宿舍楼，可居住学生2万多人。它已成为该校后勤社会化改革成果中的又一道亮丽风景线。

1998年至2003年，在这5年间，华中科技大学通过营造环境、转换机制、开拓市场等一系列措施，创造性地推动了该校后勤社会化改革，使"包袱"变为"财富"，后勤体系焕发出勃勃生机——

2200多名后勤职工不吃学校"财政饭"，每年为学校节省经费2000多万元；安置机关改革分流人员100多人；年产值从最初的8000多万元增长至2002年的3.5亿元……

·营造环境：开创一个全新天地·

华中科大党委书记朱玉泉对高校后勤社会化改革有独到的认识。他说，高校后勤社会化改革有利于提高学校的综合办学实力，有利于形成良好的校园文化氛围，有利于维护广大师生员工的根本利益。高等学校是后勤社会化改革的最终受益者，学校有责任为后勤社会化改革营造宽松和谐的环境。

因此，学校党委将解放思想、转变观念、营造良好的舆论环境放在首位，并继而在营造良好的管理环境、营造吸引人才的环境、营造宽松的政策环境方面下功夫，为后勤社会化改革提供了一个全新的天地。

变化是从1998年开始的。

当时，在国家机关精简机构的大背景下，面对高校扩大招生的战略布局，学校党委把目光锁定在后勤改革上。

长期以来，和全国很多高校一样，后勤是华中科技大学的一个大包袱：人员臃肿，效率低下。总务处、膳食处、设备处、外事处、劳动服务公司等多个单位都在办后勤，这些单位"各吹各的号"，力量分散，重复投资，无序竞争。1998年，学校后勤部门账面亏损额高达500万元。

校领导朱玉泉、周济深知学校后勤体制的弊端。他们看到，随着高校教职工收入的逐年提高，潜在的巨大市场使得把高校后勤产业建成"朝阳产业"成为可能。学校后勤是资源，不是包袱，应该让学校后勤走市场化、专业化、产业化的路子。

1998年6月，伴随一场声势浩大的"攻坚战"，学校对传统的高校后勤管理体制进行了大刀阔斧的改革。按照管理职能与经营职能相分离的原则，进一步理顺管理体制，实行归口管理、专业化管理、集中管理，成立了华中科技大学后勤集团。

通过"脱胎换骨"式的体制大变革，学校建立了以10大中心对应开发和服务10大市场的后勤管理体系，形成了大生产、大经营、大服务、小核算的后勤大归口管理新局面。

市场的竞争说到底是人才的竞争，没有一流的人才，决不能建设一流的高校后勤。

为此，在干部队伍建设方面，学校特别重视加强后勤集团的领导班子建设，并抽调了一批年富力强，具有博士、硕士学历的年轻同志进入集团领导班子，使之成为该校后勤社会化改革的高效率的决策机构。同时，在中心层干部的选拔上，学校允许后勤集团在机关各部门负责人招聘之前先行一步，给其最大的人才挑选空间。目前，后勤集团拥有博士6人、硕士13人、本科生35人、专科生121人，管理队伍的素质与知识结构得到了极大改善。

同时，为了促使后勤集团实现从传统事业型管理向现代企业型管理的转变，学校还专门设立了后勤"政策特区"，实施"政策松绑"，让它在财务政策上享受较大的自主权，其所有的赢利全部用于"自我积累、自我发展"。

·转换机制：市场化的体制呼唤市场化的机制·

突破了旧体制的樊笼，但没有一个灵活机动的内部管理体制，就好比是在高速公路上奔跑的牛车。

改革的突破口在哪里呢？华中科大后勤人把目光瞄准了人事制度改革。

后勤集团组建伊始，全员下岗，然后竞争上岗，谓之"休克疗法"。上至集团领导岗位，下至大楼管理员的一般岗位，全校所有教职工都可以参与竞争。5年来，后勤集团进行了三轮全员竞争上岗，双向选择的人事制度改革，且一次比一次力度大。现代企业的人力资源开发机制初步建立。

随后，一步接一步，建立现代企业的决策机制，建立现代企业的分配与激励机制，建立现代企业的经济核算机制，建立现代企业的监督与约束机制……后勤集团总经理龚守相告诉记者："我们按现代企业要求，已基本建立起现代企业的运行机制，实现了后勤集团的高效运转。"

2000年8月，华中科技大学组建了跨校区后勤集团，将其下属的后勤部门按校区改制成4个后勤服务（总）公司，同时依照现代企业模式改革管理体制，转换运行机制，施行企业化管理，打造巨型华中科技大学"后勤航母"。

2002年，主校区与东校区后勤进行了实质性融合，后勤集团在体制方面进行了第三次脱胎换骨式的改革，按照经营与服务相对分离、效益与效率优先、重心下移等原则，集团组建了饮食、商业、接待、物业、修建、安装等六大专业化总公司。

5年来，在后勤社会化改革的道路上，该校已博取了众多的第一：第一个组建高校后勤集团；第一个提出高校后勤服务"归口管理"等八项原则，并实现了管理体制创新；第一个提出高校后勤应走市场化、专业化、企业化之路；第一个实施"休克疗法"，实行全员竞争上岗；第一个提出并建成高校"标准化"学生食堂，并在全国高校范围推广；第一个提出高校后勤是"资源"不是"包袱"，并率先实现了由"资源"向"财富"的转变，形成了高校后勤企业核心竞争力的基本构架……

2003年3月，在北京召开的全国企业管理创新大会上，华中科大后勤集团申报的《后勤企业化经营管理》获"全国企业管理现代化创新成果奖"二等奖。

·开拓市场：后勤"航母"乘风破浪正当时·

"在市场经济时代，我们要转变观念，不等、不靠、不要、不找校长找市场。"该校后勤集团总经理龚守相对此深有感触。

在充分调研的基础上，后勤集团将后勤资源细分为餐饮服务、商业服务、接待服务、修建服务、通信服务等十大市场，确立了"充分占领校内市场，积极、稳妥开拓校外市场，多业并举，规模经营，滚动发展"的战略思想。

为探索和掌握高校后勤产业的规律，集团成立了发展研究部，其职责是研究后勤产业与市场，及时提出比较大的发展项目，进行市场的调查论证，提出可行性报告和具体的实施方案，并参与项目建设的前期工作，直至该项目进入正常运转。

充分发挥集团的整体优势，精心打造能抗市场风浪的"后勤航母"，是华中科大为建立可持续发展的后勤保障体系最重要的一招。5年来，后勤集团集中强大的资金、管理、人才等优势，凭借一流的服务、一流的设施和先进的经营方式，充分利用政府和学校给予的政策优势，积极开拓以餐饮服务为龙头、商业服务和接待服务为两翼的十大校内外后勤服务市场。

在开拓校内市场的同时，后勤集团将市场开拓的"触角"伸向社会大市场，先后托管了社会上两个单位的食堂、两个单位的汽车运输业务和三个单位的物业管理，承包了社会上三个单位的快餐服务，与社会上一些单位的合作事宜正在商谈之中。

在华中科技大学,师生中流传着这样一句话:食堂上"星级",店铺成超市,寝室成公寓。这是该校后勤社会化改革近年来取得的效果。

的确,5年来,后勤集团年产值从成立之初的8000多万元达到2002年的3.5亿元,平均每年以44.6%的速度递增。集团实现了超常规、跨越式的发展。

环顾校园,众多亮点随处可见:

——全部借助社会力量兴建的紫菘公寓,总投资1.4亿元,占地120亩,建筑面积11万平方米。13栋壮观的高楼,耸立于该校最西边,俨然是一片大学生公寓城。每间房都有独立的卫生间和阳台,电脑桌、衣橱等一应俱全。

——投资1000多万元重建的西二食堂,营业面积近万平方米,其西餐厅还专门引进西式炸鸡、牛排及其他西式食品。这里不但是师生吃饭的地方,还是大家的一个"休闲吧"。

——自筹资金1000多万元兴建了4大超市和10个连锁商店,建成了涵盖全校各主要区域的连锁经营商品营销网络,并实现了统一采购供货、连锁经营、仓储和卖场均实行自动化管理。目前,经营面积达6000多平方米,商品品种达2万余种。

……

乘风破浪正当时,今后,华中科大后勤"航母"还将续写更多的大手笔,高举后勤社会化改革的旗帜。

(《中国教育报》2003年10月20日 作者:万霞)

走有特色的综合化发展之路
——华中科技大学教育创新纪实(之六)

10月5日,投资达7500万元,多学科交叉、多院系共建的华中科技大学PET(正电子发射计算机断层显像)中心大楼在该校同济医学院落成并投入使用。

这家华中地区首家PET中心可谓"多兵种作战"的大科学平台。它汇聚了华中科大基础医学、临床医学、生物医学、工程技术、电力、控制、信息、化学等10多个学科方向及院系的科研力量。有关专家分析,有了多学科"协同作战",PET中心将在肿瘤、冠心病和脑部疾病等的早期诊断方面发挥巨大作用,从而造福湖北、华中乃至中西部地区的数亿百姓。

医学同行感慨:如果不是在一所多学科的综合性大学,要建成这样国内一流的PET中心几乎是不可能的。华中科大校长樊明武院士在"盘点"学校办学经验时,也不无自豪地说:"在50多年的办学实践中,我校遵循世界一流大学办学的普遍规律,牢牢扣紧了'走有特色的综合化发展之路'这条学科建设的主线,实现了多学科的生态平衡,为争创世界知名高水平大学奠定了坚实的基础。"

·综合化是建设一流大学的必经之路·

自然界中形形色色的物种组成了有机联系的生物链,形成了自然界的生态平衡。而在高校中,往往由于学科单一,无法相互影响、渗透,也就难以实现学科的生态平衡。

早在上世纪 70 年代，作为一所纯工科的院校，原华中工学院党委深刻地认识到，理工文管等学科"分家办学"造成的单科性大学的局面已经成为制约高校发展壮大的瓶颈！

1977 年 10 月，华中工学院党委专门给邓小平同志写了一封信，提出，必须改变照搬苏联、理工分家的学科模式。

1979 年的春天，一群穿着中山装的中国人走进了世界著名学府——麻省理工学院，其中就有华中工学院的负责人朱九思。不久，他们又马不停蹄地出现在加拿大和日本的一些重点大学。通过考察这些世界一流大学发展历史和现状，朱九思等人认识到：世界一流大学都经历过从单科性、多科性到综合性的发展过程；世界一流大学几乎都是综合性大学。因此，综合化是建设一流大学的必经之路！

方向明确后，华中工学院在朱九思的带领下，在国内高校率先开始了创办多学科的综合性大学的改革。1980 年，他们提出了学校的发展目标：在 10 年内把学院办成理工文管等学科相结合、教学和科学研究并重的综合大学。

那时要新增学科门类，高校面临着巨大的阻力。华中工学院就采取了迂回办法。例如为了建立中文系，该校就先办中国语言研究所，因为研究所不用上级批，可以招收研究生。后来，依托中国语言研究所，该校办起了《语言研究》刊物，此后又有了汉语言文学专业。中文系最终还是被原国家教委批准创办了。

就这样采取灵活、迂回的策略，经过持续四五年不懈的努力，华中工学院于上世纪 80 年代初，先后建立了理科的数学系、物理系和化学系，文科的中文系、新闻系、社会学系、外语系。学校开始向一所综合性大学迈进。

此后，华中理工大学（组建华中科技大学的高校之一）历任校领导都非常注重多学科的综合化发展，强调有特色的综合化。

黄树槐担任校长期间，进一步提出"狠抓学科建设，异军突起、出奇制胜"的办学思路，使得学校的学科门类不断增加。杨叔子院士担任校长期间，大力倡导"科学教育和人文教育相融合"，人文社会科学在与理工等学科的交融中获得了长足发展。1994 年，学校在全国理工科院校中率先设立文学院，当时的《长江日报》称，"华中理工大学拥有文科硕士点8个，本科专业8个，开办文科居全国同类大学之冠"。

周济院士担任校长期间，在学科发展中提倡"有所为、有所不为"，注重选择学科突破口、凝练学科方向，以优势学科带动学科群体实力的增强。如在"211工程""九五"期间建设中，该校明确了建设六大学科群和若干结构合理、特色鲜明的学科点的任务。广大教师紧跟国际学科前沿，学、研、产紧密结合，组建多学科学术群体，以大师带动学科发展，实行大兵团作战，取得了不少"顶天立地"的科研成果。一时间，学科建设形成了"一马当先、万马奔腾"的局面，学校也进入超常规发展的新阶段。

樊明武院士任校长后，大力倡导"以课题带动学科"，以国际合作快速提升学科实力、优化学科结构，使得学校的学科建设进入均衡发展阶段。今年9月，经国务院学位委员会批准，华中科大新增博士点33个，其中新增哲学、数量经济学、新闻学、社会医学与卫生事业管理、教育经济与管理等5个文科博士点，这样起步较晚的文科，其博士点由建校之初的0个一跃成为8个。土木、环境、建筑等学科新增一批博士点后，工科进入平衡发展时期。

·用一流的学科向一流大学发起冲刺·

学科是大学最基本的构成要素，没有一流的学科，就没有一流的大学。在华中科大走向综合化之后，向一流高校发起冲刺的基本条件已经具备了。

华中科大校长樊明武院士有一个鲜明的观点：办一流大学必须走综合化发展之路，但世界上没有任何一所大学在所有学科方向上都达到了一流；对于华中科大而言，必须选准若干个学科争创世界一流，以推动学校整体上向一流高校发起冲刺。

为了用一流学科冲击一流大学，华中科大有三大"硬招"——

第一招是制定了一个高水平、高质量的学科建设规划，突出重点地争创若干一流学科。

华中科技大学花了数年时间，反复思考和探索"建设一所怎样的大学"和"怎样建设这样的大学"这两个问题，并进而完善和制定了"学校发展战略规划""学科建设规划"和"校园建设规划"。

在"学科建设规划"中，华中科大确立了既符合世界教育、科技发展趋势，又立足于学校实际的学科发展目标：以文科、理科为基础，以工科、医科和管理学科为主导，以信息学科和生命学科为龙头，建成一流的工科和医科，建设有特色的理科和文科，最终把学校建成世界知名的高水平大学。在具体举措上，学校通过"211工程""985工程"等投入对重点建设的学科给予大力扶持。

第二招是构建一流的"人才军团"，使之成为学校创一流的"加速器"。

作为一所办学历史较短，学术积淀不深的高校，如何才能企及世界学术最前沿？华中科大选择了"学科跳远"举措，即广纳海内外杰出人才，让这些涉足国际学科前沿的学者用新思维改造传统学科，用新模式发展新兴学科和边缘学科，从而实现学科跨越式发展。

从上个世纪90年代至今，学校培养和引进了杨叔子、裘法祖、熊有伦、崔崑、张勇传、潘垣、周济、樊明武、刘广润等15名院士。这些院士在各自的学科领域都成为学科争创一流的"发动机"。

为了加速生命学科的发展，学校聘请了哈佛大学公共卫生学院分子与细胞学实验室主任汪宁博士担任生命学院兼职副院长，密切跟踪国际生命科学最前沿；学校聘请了骆清铭、徐涛、何光源等学成归国的"少壮派"学科带头人出任院领导，生命学科呈现一派生机。

华中科大经济学科起步较晚，但如今却在全国已经产生了较大影响力，这源于中国"发展经济学"的奠基人、哈佛大学毕业的张培刚教授，以及美国伊利洛斯大学毕业的林少宫博士等"海归派"知名学者的开创性工作。而今，该学科已拥有了西方经济学、数量经济学等博士点。

该校的法学、公共管理、新闻学、历史学等学科原先的实力较弱，由于北京大学法学院罗玉中教授、"中国MPA之父"夏书章教授、中国社科院新闻学所前所长孙旭培研究员、著名历史学家张岂之教授等大师级学者的到来，快速提升了这些学科的实力。

青年强则学校强。华中科大采取"精选、重用、严育、厚待"的政策，加大青年学术大师的培养力度。在机械学院、哲学系、经济学院、法学院、公共管理学院、生命学院、力学系等院系，一个个"博士军团"正成为学科建设的新生力量，尤其是文科师资队伍得到了极大改善。目前，文科领域具有博士学位的教师已由8年前的2人迅速聚集到近100人。哲学系在引进张曙光教授后，又从武汉大学请进来了欧阳康教授。这两位博士生导师举旗后，邹诗鹏、张延国、马天俊、高秉江、李耀南等一批在国内哲学界已经有相当影响的博士相继加盟。哲学系的马克思主义哲学、生存哲学、社会认识论、科技哲学、生命伦理学等方面的研究走在国内前列。

据统计，从1997年以来，已有6名院士、数十名学科带头人、400多名具有博士学位的中青年学者加盟该校。

第三招是实施机制和制度创新，鼓励和引导多学科实施交叉、融合、综合、集成，发展了一批新兴学科和边缘学科。

为了鼓励学校的工科、理科和医科尽快融合并产生高水平科研成果，2001年，学校设立了医工、医理交叉基金——每年投入100万元支持多学科的交叉创新。学校还举办了"科技鹊桥会""成果推介会"等活动，为不同学科的教师开展交叉研究牵线搭桥。

生命学院的徐涛教授1999年底选择从美国回校工作，就是看准了华中科大的多学科综合优势。他说："搞生命科学研究需要光学、电子等工学研究配套，国外不一定有合作的机会，而母校已具备很好的工科、医科背景。如果利用工程手段去解决医学、生物科学的问题，就很有可能在生命学科取得重大突破。"徐涛回国后，主持着多项国家自然科学基金、1项杰出青年基金。他和同济医学院有关学者联合开展了细胞跨膜信号传导、神经信号传导等6个国际神经学科前沿的研究。

有了多学科的碰撞、交融，华中科大采取"学科嫁接"的方式，发展了一大批新兴学科方向。例如，新闻学科和信息技术学科联合创办了"网络新闻传播"方向，共建了博士点，这在全国具有开创性。水电能源与能源洁净技术学科，开展了"数字流域""数字城市"研究，使得传统的水电学科插上了数字化翅膀。他们建成了亚洲最大的数字化仿真实验室，在三峡工程、清江水电工程中承接了数千万元的大课题，生科院骆清铭博士从英国回校后，积极开展生物医学和光学的交叉。他领衔创建了国内第一个生物医学光子学研究所，并获准设立了生物医学光子学教育部重点实验室。

·构建跨学科的大科学平台·

"有了多学科，不等于就形成了综合性，至少还要在形成学科体系和实现学科交融上下功夫。"华中科大党委副书记、教育科学研究院院长刘献君教授认为："在建设综合化大学中，我校注重组织大梯队，争取大课题，构建跨学科的大科学平台，这无疑是一条有特色的综合化之路。"

新的创造、新的生长点，往往产生在学科的交叉上，然而在实施中却受原有组织结构形式的约束。华中科技大学在学科建设中就学习、借鉴麻省理工学院的做法，采取建立中心的方式，集中相关学科力量，建设新的学科。例如在发展 IC（集成电路）设计时，该校建立 IC 设计中心，聘请沈绪榜院士担任 IC 设计中心主任，并集中图像所、电力科学与工程系等研究人员，组成大学科梯队进行联合攻关。

为了发展学科，华中科大建设了包括计算机学院、电信系、控制系、光电系等院系的"信息特区"，建设了大的学科平台，以实现人力、物力等学科资源共享。今年 10 月 6 日，华中科大与武汉邮科院等单位筹建的"武汉光电国家实验室"大楼奠基。该实验室总投资 4.8 亿元，是一个多学科交叉融合的大型科学研究平台。研究方向包括了光电材料与微系统、光纤通信、光存储、物理光子学、生物医学光子学、激光技术、军用光电技术等研究方向，涵盖 6 个一级学科和 12 个二级学科，专家评论说，这对于推动我国科学研究的原始性创新具有重大的意义。

潘垣院士被引进后，大力倡导以大课题促进学科大发展，并构筑起国际合作的学科大平台。他领军的电磁物理研究所启动了 3 项国际合作项目，即中美共建的 TEXT-U 开放型聚变实验室，中国—比利时合作脉冲强磁场实验室，国际热核聚变反应堆人才培养基地建设项目等。

该校还在核医学工程、生物纳米技术、电子商务、计算网格、数字流域、环境医学等方向构建大的跨学科平台，积极组织申报教育部、湖北省重点实验室及工程技术研究中心。

合校三年来，华中科大通过实现学科布局调整优化，加强国家重点学科建设，推进学科交叉、融合，发展特色学科，使该校学科建设形成点、线、面的有机统一和协调发展。一批新的学科方向和优势特色方向不断涌现。目前，该校的学科门类已经涵盖除了军事学以外的 11 个学科大类，总覆盖博士点 139 个，硕士点 200 个。

　　坚持走有特色的学科综合化之路，华中科大正朝着国际化、研究型、综合性的世界知名高水平大学坚实迈进。

（✎《中国教育报》2003 年 10 月 29 日　作者：刘继文　董晓林　钱海涛）

尽力为学生搭建创新创业平台
——访华中科技大学校长、中国工程院院士李培根

和李培根校长相遇，是在韩国首尔华克山庄大酒店——微软"创新杯"2007全球学生大赛总决赛现场。

李校长是应微软邀请前来担任软件设计项目的评委。代表中国出征韩国参加决赛的10支团队分别来自6所大学，而他所在的华中科技大学就占了其中3个，让他特别感到骄傲的还有，学校环境工程学院给排水专业的大二学生陈志峰，一举获得了IT项目比赛第一名的好成绩。

由于韩国手机制式与中国不同，与国内联系不上，从8月5日到11日在这样一个相对封闭的环境中，李校长得以有时间和他的学生们亲密相处，并有机会和记者谈论中国高等教育存在的某些问题以及学校实施教育改革的做法或设想。

·主动实践是创新能力培养的关键·

记者：我注意到，在整个大赛活动中，你的脸上一直充满微笑。8月8日晚，在首尔市长举行的招待晚宴上宣布进入总决赛的代表队名单时，你拿着相机一直微笑着站在那里；8月9日下午，当北京邮电大学代表队嵌入式开发项目的演示刚刚结束，你主动站起身来笑容满面地走到后台与参赛队员握手；8月10日公布大赛结果时，你微笑着走到过道，与获奖学生陈志峰紧紧拥抱。能不能谈一下你的心情以及所思所想？

李培根：我是为他们高兴呀，为他们自豪啊！我认为，有这么多的中

国大学生来参加微软"创新杯"这样一个绝对代表世界水平的比赛并取得好的成绩，从一个侧面说明目前中国高等教育从总体上来说是很好的，大有进步。同时中国一些高校的大学生，他们的学习方式已出现了新的变化。我们学校来参赛的联创团队，完全是学生自发组织起来的，队员分别来自不同的院系，是共同的兴趣吸引他们走到了一起。我认为，这一点非常重要。如果说是由校方出面，学校花费很多的人力物力，对参赛学生进行专门的训练、包装后去拿奖，那就是另一回事了。我想强调的是，学生正在学会创新学习、主动学习、在实践中学习，这是整个中国高等教育新近出现的可喜现象。

记者：在2006年上海举行的"第三届中外大学校长论坛"上，听你做过一次演讲，题目是"主动实践——创新能力培养的关键"。你为什么要特别强调学生的主动实践呢？

李培根：我在2005年做校长之后，确实经常在考虑中国学生的创新能力到底该怎样培养。我自己在国外也受过几年教育。应该说，整个中国大学中，在知识学习的教与学方面，与国外相比是无可挑剔的。差距在什么地方？我认为，主要表现在能力学习、能力教育方面，尤其是我们的学生如何主动地学习上。

高等教育中有一个重要的环节，就是实践。非但工科、医科如此，社会科学亦概莫能外。中国高等教育的实践环节是怎样进行的呢？通常由老师把实践的目的、对象、方法、程序等关键要素一一告诉学生，然后学生沿着老师制定的路线去做。在设定的框架和基本规定的路径中，学生的创新思想如何能自由驰骋？

所以我认为，必须引导学生进行主动实践，这是创新能力培养的关键。所谓主动实践是什么呢？就是选择实践的对象、目的、方法、程序等，全部由学生自己动脑完成。这样做的效果会很不一样，在主动实践的过程中，学生的质疑力、观察力、协同力、领导力等多种素质都能得到很大提高，会大大增加学生今后取得创新成果的几率。

记者：在你看来，微软的"创新杯"大赛对中国高等教育有什么启发和影响？

李培根：微软的一些做法对于我们更新教育理念很有帮助。这次大赛给我一个很深的印象是，他们非常注意引导大学生去关心社会。今年大赛的主题是："科技能够使人们受到更好的教育"，不少学生把关注的眼光主动投向了社会的弱势群体，如残障人、文盲、儿童等，并通过自己所掌握的技术去改善他们的学习条件。

我感到，学生仅仅学习知识是不够的，还应当学习社会，学习情感。健康的情感是学生成才的条件之一。从大的方面来说，对国家、对民族、对社会、对家庭、对同学都要有一份健康的情感，这种情感会驱使你主动去关心和了解身边的社会，这方面如果做得好的话，你会发现很多社会问题，这就是创造的驱动源泉。发现问题，进而想解决问题，就有可能创新。

我认为，中国要建设创新型国家，在当前来讲，实学创新是最关键、最紧迫的问题。微软"创新杯"大赛给我的另一个重要启示是，中国应该强调实学创新，尤其是工科学科要紧密结合应用。这使我更加坚定了在本校推行实学创新的决心。

·改革需要良好的教育生态·

记者："创新杯"大赛极大地激发了全球学生的激情、想象力和创造力，但微软同时又是一家营利性机构，对这样一个看似矛盾的问题你抱怎样的看法？

李培根：有一些大的跨国公司，真的有非常大气的一面，这是不能不承认的。有时我们也常常在想，为什么中国没有这样的企业来这样关心教育？当然有的企业可以说我们没有微软那样的实力，但我觉得关键的问题恐怕不在实力。能力有大小，对教育提供的支持、投入也可以有大小，问题是要有这份心。

比尔·盖茨肯定是把对教育的贡献，看作是自己应尽的社会责任之一。要说微软做"创新杯"这样的事情完全没有商业目的可能也不是事实，因为这对企业形象是一个特别好的宣传，能够吸引这么多的优秀学生，他们未来可能是微软的潜在用户，也有可能成为微软的员工。但是，有这种商业目的没有关系呀，它将是一种双赢的结果。微软对教育的支持，对全世界的教育起到一个推动的作用，同时也带来公司的兴旺发达，这有什么不好？

记者：你认为，企业对教育应当有一份社会责任吗？

李培根：是的。我们国内一些大的公司没有微软这样的实力，这是实情，但是有些事情是完全可以做的，譬如说接受大学生实习，有些企业就没有兴趣，认为你大学生来我这儿实习带不来什么好处，纯粹是添麻烦。这反映了我们的一些企业家在思想观念上过分功利。

我有一个观点，教育是一种生态，学校肯定是其中的核心部分，但教育的生态绝不仅限于学校本身，企业也是教育生态的重要一分子。我在学校提倡教育改革，希望在学校和企业之间能够很好地做到知识转移，相互之间形成良好的互动，如果这样的话，我们高等教育就能形成一个良好的生态。如果大家把高等教育的改革、教育水平的提高，仅仅认为是学校的事情，这种看法是不对的。

·需要激发年轻人的创业激情·

记者：不久前去过你们学校，看到各院系门口都张贴着参加"教育大讨论"的通知，华中科技大学已有几十年的历史了，如何办教育在今天还是一个需要讨论的话题吗？

李培根：那当然。8月22日，我们马上要召开一个暑期的工作会议，我将会做一个主题报告，题目是：解放思想，开放开拓，办尽可能好的教育。

为什么要提"办尽可能好的教育"呢？首先，我希望在"办让人民满意的教育"的基础上，还有更高的目标追求。第二个含义呢，是希望在现有困难的条件下，通过我们的努力办尽可能好的教育，去和国内那些比我们条件优越得多的名牌大学一争高下。第三个含义是，我希望为一些优秀的学生创造更好的条件、创造更好的氛围，给他们尽可能好的教育。我甚至想成立一个特殊的学院，实质性推进教育改革，包括主动实践、创新能力培养、实学创新人才培养等，让学生在多学科交叉的环境、实学创新的氛围里得到很好的锻炼。

记者：听参赛选手说，评委常常问"你所做的项目其商业前景将如何？"你认为，对学生灌输并强化一种商业意识，究竟是好事还是坏事？

李培根：我已经注意到这个问题。我提倡不仅要培养学生的创新意识，还要培养学生的创业意识。

这方面国外不少大学做得很好。譬如说美国 128 号公路周边有很多的高新企业，多数都和麻省理工学院有关系，显然它非常重视学生创业能力的培养。硅谷和斯坦福大学也形成了这样的格局。

比尔·盖茨就是一个创业者，他大学没念完，就出来创业了。中国太需要有创业精神的大学生了，中国要实现工业化，需要大量有创业能力的人。如果中国高等教育普遍重视创业精神的培养，未来中国大学的发展肯定会不一样，中国社会的发展也肯定会不一样。

作为课题的设计者，首先要考虑社会效益，同时也要考虑能不能形成市场，这也是衡量课题是否有价值和意义的重要方面，从这一点来看，具有与创业有关的某种商业意识并不是什么坏事。

（《中国青年报》2007 年 8 月 17 日　作者：谢湘）

与祖国同舟　与人民共济
——华中科技大学同济医学院百年发展纪实

2007年2月27日，2006年度国家科学技术奖励大会在京举行。同济医学院附属同济医院张旭教授主持的"腹腔镜技术在泌尿外科的应用研究及推广"项目，获得国家科技进步二等奖。该技术开展6年来，已推广至北京、上海等近30个省市的中心医疗机构及东南亚国家。

在同济医学院，像这样直接服务国家卫生事业、惠及人民健康的国家级科技奖励成果，近6年就有5项。

2006年8月8日，教育部发布普通高等教育"十一五"国家级教材规划选题，同济医学院长江学者特聘教授王建枝的《病理生理学》（双语教材）等25门教材入选。

在同济医学院，像这样为国家医学教育事业发展和医学人才培养而担任主编的国家级规划教材，仅2001—2006年就达74门次。

从1907年到2007年，同济医学院与祖国同舟，与人民共济，忠实地履行所肩负的责任与使命，在祖国乃至世界的医学史册中，留下了一页页绚丽的篇章，在祖国乃至其他一些国家人民的心中，成为一个响当当的名字！

·信念笃定：在风雨飘摇中济世自强·

在今天四川宜宾李庄镇东岳庙前数十米处，面向长江矗立着一座纪念碑。碑上的碑铭，述说着祖国和同济人一段悲壮不屈、自强不息的历史：

"民国未筹,同济先创。悬壶于黄浦,泛舟在海上。壶中民生久,舟边社稷长。八一三,炮声响,倭寇暴虐,儒祖惊殇。江尾狼烟虎火,学馆断瓦残墙。别吴淞,越浙赣,渡桂滇,归李庄。豪情飞四野,战歌动五乡;篷车开新路,绷带挽危亡……"

风雨飘摇

1900年,德国医生埃里希·宝隆,在现今的上海凤阳路正式创办了同济医院。1907年,在中、德政府的支持下,宝隆等借助从中、德募集来的捐助,在同济医院的对面,开办了德文医学堂,这即是同济医学院的前身。

学堂开办初期,有专职教师3人,学生33名。随着办学的不断发展,时局的不断变化,同济的名称和办学地也不断变更。1908年,改名为同济德文医学堂。1912年,增设工科,改名为同济德文医工学堂。1917年,改名为私立同济医工专门学校。1924年,更名为同济医工大学。1927年更名为国立同济大学后,成立了医学院。

1937年后,日寇炮火肆虐,学院先后被迫迁至上海地丰路(今乌鲁木齐路)、浙江金华、江西赣州和吉安、广西贺县八步镇、云南昆明、四川李庄和宜宾;1946年重返上海。

济世育人

"医院能救人于一时,学堂能救人于复世。"风雨飘摇中,同济人坚守着育人济世的信念。

1917年,中国人接办学堂后,"以教授高等学术,养成专门人才为宗旨",形成了重基础理论教学、重德文教学、重实习环节的特色和严谨求实的学风。

学院建立了解剖学、生理学、生物学、药物学、病理学、细菌学等6个研究馆,增设上海市江湾市立医院(现长海医院)为实习医院,与上海市卫生局合办卫生事务所及公共卫生研习所,在江苏各县设分诊所,并附设平民产院等,不断扩大与社会的横向联系,也为学生提供了更多实习和接触社会的机会,受到社会的好评,许多学生争相到同济学医。据1934年《第一次中国教育年鉴》统计,当时中国的40所公立院校中设医科者仅6所，同济在校医科学生最多，有204人。

学院的很多教师，既是名师，也是名医。他们结合学科和临床实际，开展科学研究。1930年，我国人体寄生虫学奠基人之一姚永政教授的著作《人体解剖学》，被列为全国大学用书。1936年，寄生虫学专家李赋京教授在安徽发现了钉螺新种，后被命名为"李氏钉螺"。1937年，姚永政在广西发现了日本血吸虫病，并找到了其中间宿主的钉螺，后被命名为"姚氏钉螺"。学院创办的《同济科学月刊》等一直出版到抗战前夕，在国内外医学界颇有影响。

"北有协和，南有同济"的雅誉，在上世纪二三十年代就被广为传诵。

就是在辗转迁移中，同济人也没有停止医疗服务和科学研究。1940年底，同济迁至四川宜宾及李庄镇。当时，在川南一带流行着一种被称作"麻脚瘟"的痹病。人一旦染上，即从脚部开始发麻，发软，并伴有呕吐、腹泻、发烧等症状，待"麻"的感觉逐渐蔓延至胸部以上，即会死亡。由于病因一直不明，导致无药可治，百姓谈"麻"色变。

一天晚饭后不久，宜宾中学有37人突然出现极似该病的症状，全校上下乱作一团。校方急邀唐哲教授等前去诊治，初步诊断为钡或磷中毒。杜公振教授和邓瑞麟助教得知后，立即进行反复实验和研究，终于查清了发病原因，是人们食用的食盐中含有有毒的氯化钡，并提出了预防和治疗方案。这不仅帮助中毒师生恢复了健康，也挽救了当地成千上万老百姓的生命。李庄和川南人民自此莫不奔走相告，万分感激。这一研究成果，也于1943年获得全国应用科学类学术发明一等奖。

匹夫有责

同济师生有着光荣的爱国传统。辛亥革命中，周宗琦、朱家骅等4名学子参加革命军。五四运动中，同济人与全国各地热血青年并肩战斗。五卅运动中，同济师生积极参加反帝大示威，揭露五卅惨案真相。北伐战争期间，众多师生投笔从戎。抗日战争期间，他们边迁徙，边办学，边参加抗日救亡活动。

抗战胜利后，虽然当时的工作条件和生活条件都很艰苦，但梁舒文、王宝楹、金问淇、宋名通、裘法祖、过晋源等一批有志之士，纷纷放弃国外优裕的条件，回到祖国，投身到医学院和祖国医学事业的发展建设中。

1946年，国民党发动全面内战。同济师生以极大的热情投入到反饥饿、反内战、反迫害的斗争中。1949年5月，在中共同济总支的领导下，医学院建立人民救护队、人民保安队和人民宣传队，应变护校，维护治安，迎来了上海的解放和新中国的成立。

·勇挑重担：在冉冉朝阳中建功立业·

在如今繁华喧闹的汉口航空路，"藏"着一个别致幽静的都市花园式校园，她就是同济医学院。长期在武汉生活的年长者大都清晰地记得：这里曾是半殖民地时期英国人经营的一个跑马场，到新中国成立前后，已只有一个破败的看台，落寞地伫立在杂草丛中。

再建家园

百废待兴的新中国，在党和政府的领导下掀起了社会主义建设的热潮。1950年，为适应我国卫生事业发展的需要，中央人民政府政务院决定，上海同济大学医学院及其附属同济医院内迁武汉，与初建的武汉大学医学院合并组建中南同济医学院。当时，武汉的条件比上海要差很多。600亩土地和600万斤大米，是湖北省政府给同济师生迁校的全部支持。

祖国和人民需要，就要服从！在迁回上海后的第4个年头，同济师生再次踏上了征程。于是，跑马场及其周边，课前课后，总可以看见年逾古稀的老教授、青年师生，甚至是毛头小孩一道并肩除草、种树，平地、盖房，"躬耕"校园的场景。边迁校边建设，仅一年多的时间，同济师生就在荒凉的跑马场上建起了一座生机勃勃的大学。

1955年3月，实力雄厚的附属同济医院从上海整体迁至武汉；同年6月，在华中地区声名赫赫的汉口协和医院也划归为附属医院；武汉中南卫生专科学校、原山东医学院和浙江医学院卫生系的部分教师也相继并入。中南同济医学院迁校建校任务胜利完成。8月，中南同济医学院更名为武汉医学院。

迁校建校的完成，使学院的师资力量、科研水平、医疗服务等都有较大的增强。1956年，国家首次给高校教师评级，将教授分为一至六个等级。高校林立的武汉地区评了13个一级教授，同济医学院就占了7个，实力之强,令湖北乃至全国众多兄弟院校羡慕不已。金问淇、李宝实、李赋京、梁之彦、姚永政、杨述祖、于光元……在当时的医学界,都是所在领域的学术权威。

学院不断完善教学保障环节、讲究教学方法、规范教学管理、加强教学监督,参与卫生部统编教材的编写,努力提高教学质量和育人质量,1949年至1977年,为国家输送了万余名研究生和本专科毕业生。

勇挑重担

迁校建校的繁忙,丝毫不减同济师生报效国家、服务人民、贡献社会的热情。

1950年,抗美援朝战争爆发。从1951年1月至1952年2月,同济医学院派出了4批志愿医疗队,同全国人民一道胜利地完成了抗美援朝保家卫国的伟大历史任务。

血吸虫病在我国历史久远,危害甚烈。20世纪50年代,广大师生和医务人员深入到农村疫区调查研究,查螺、灭螺,防病治病。1953年,邵丙杨教授首首创"酒石酸锑钾三日疗法",在全国推广应用,为500万血吸虫病人解除了病痛,成为当年血防重大科技成果。70年代,裘法祖教授运用手术治疗血吸虫病人,成为我国外科治疗晚期血吸虫病的第一人。

新中国建立后,党和政府对农村卫生工作极其重视。1965年,医学院响应毛主席"把医疗卫生工作的重点放到农村去"的号召,在短短1年多的时间里就派出了160个医疗队,医务人员2000多人次,奔赴5省31个县开展巡回医疗活动,并帮助培训农村卫生员和接生员,开展爱国卫生运动宣传等;还率先开展了减轻病人痛苦、减轻病人负担、保证医疗质量的"两减一保"活动,被湖北省委、省政府作为典型在全省推广。

对粗制棉籽油中毒的研究,则更像一个充满悲情色彩的传奇故事。20世纪60年代,在江汉平原等产棉区,众多棉农被一种俗称为"烧热病"的怪病纠缠着。皮肤烧烫起来,很多患者痛苦地跳入泥塘打滚,裹上厚泥降温。其发病率和死亡率都很高。更为严重的是,得上这种怪病,成年男子几乎都会身患不可逆的不育症;在一些村组,甚至没有了孩童的摇床。怪病惊动了湖北省,直至国务院。以同济医学院为主体的医疗队,奔赴产棉区,把实验室也搬到了农村。经反复研究和排查、成分分析和毒性试验，他们认定罪魁祸首就是村民经常食用的粗制棉籽油中的棉酚。专家们建议村民改变食用习惯，并广泛进行科普宣传，慢慢地，这种病在当地绝迹了。

1965年9月，我国器官移植外科的主要奠基人裘法祖教授，与夏穗生、吴在德等教授一起，率先在中国开展器官移植研究。1977年，他们成功施行了亚洲首例犬原位肝移植手术，摸索出一套可供临床应用的完整术式，为临床肝、肾移植奠定了可靠的技术基础。1977年，上海第二医学院来汉取经后，成功进行了中国第一套同种异体肝移植手术。当年10月，同济医院成功进行了中国第二例同种异体肝移植手术。自此，同济的器官移植研究一发不可收，成为全国的王牌。

20世纪70年代初期，周有尚教授和他的课题组走遍全国所有省、市、自治区，收集来如小山一样的调查资料。他们用算盘，用手摇计算机，完成了"中华人民共和国恶性肿瘤地图集""中国人口主要死亡原因分析研究"两项开创性成果，为制定我国恶性肿瘤防治工作政策与规划、制定我国卫生工作政策与规划提供了科学的依据。

1976年，唐山发生大地震。医学院派出了一支130多人的医疗队奔赴灾区夜以继日地战斗了一个多月，救治了1.5万余名伤员。

服从大局、勇挑重担，始终站在祖国和人民需要的第一线，始终站在医学的前沿，同济师生为新中国卫生事业的发展，为提高人民的健康水平作出了重大贡献。1978年3月，新中国召开全国科学大会，第一次对科研成果进行表彰，同济的21项科技成果榜上有名，名列全国高等医学院校前茅。

·意气风发：在滚滚春潮中铸造辉煌·

改革开放后，同济师生意气风发地迈入了一个新时代。

敢为人先

1978年3月，同济医学院迎来了恢复高考制度后的首批532名新生，学院开始了创新教育、凝练特色的新探索、新实践。

1981年，学院成为首批博士、硕士和学士学位授予单位。

1988年，成为全国最早试办七年制高等医学教育的高等院校之一；1997年，其七年制教育的办学经验被教育部作为典型向全国兄弟院校转发。

1989年，在医学院校中率先引进竞争机制。实行阶段淘汰制，对四、五、六学制的学生各分三阶段进行淘汰；严格实施五、七学制互通，优胜劣汰，优升劣降。

1994年，在全国医学院校中率先引入学分制改革，对医药类专业开展学分制改革与实践。

1995年，率先实行多形式的本科导师制，为学生配备学分制导师、科研训练导师、临床导师等，引导学生主动学习和实践，提高自身综合素质。

学院的教学改革和研究始终走在我国医学院校的前列。从1989年开始颁发的、四年一次的国家教学成果奖，学院届届都能获奖。

这一时期，学院形成了以本科教育为基础，以研究生教育为重点，积极发展成人教育的多专业、多学制、多层次的教育格局。坚持学分制、导师制、淘汰制，因材施教，促进学生个性发展；坚持实施全程科研训练、双科并进床边教学及预防战略实践教学，注重学生创新能力和实践能力的培养，成为同济医学教育的新特色。

人才高原

2006年的一天晚上12点多，基础医学院博士生张永杰突然接到导师王建枝的电话，要求他马上赶到系里——他的一篇文章必须马上修改。张永杰赶到系里，和王建枝教授一直讨论到了凌晨两点多钟。

王建枝的学生，不少都有类似的在凌晨被"召见"的经历。因为在王建枝看来，晚上12点，还属于工作时间。

像王建枝这样"拼命"的海归中青年学者，在同济医学院可信手拈来：耳鼻喉科学专家孔维佳，外科学专家陈孝平、王春友，妇科学专家马丁，心血管内科学专家廖玉华，免疫学专家龚非力、沈关心……

同济医学院高度重视人才工作，实施了"211人才工程"，较早地提出了"待遇留人、感情留人、事业留人"及"引进一批、培养一批、稳定一批、提拔一批"的人才工作思路。学院推出了人才奖励基金、青年科学基金、跨世纪人才基金、青年教师讲课比赛等一系列举措。一时间，600余优秀中青年人才从国外陆续回归，一大批国内院校的拔尖人才不断加盟，一大批院内的本土人才快速崛起，这三类人才凝聚在一起，迅速形成了新的人才高原，推动了学院教学、科研、医疗等各方面工作的快速发展。

勇闯禁区

人才的整体水平决定着学院的学术高度。同济人勇敢地在生命学科的未知领域跋涉探索、继承创新。

20世纪70年代后，王新房教授拿自己的身体做实验，和同事们成功创建了双氧水心脏声学造影法，替代了靛青蓝绿作为心脏检查造影剂的传统方法，使我国超声心动医学的水平一步跨入了世界先进行列，王新房因此被国外同行尊为"超声医学历史先驱者"。这项操作简便、价格低廉的检测方法，在全国乃至其他一些国家普及应用了20余年。

20世纪70年代末，同济人成立了我国最早从事器官移植基础和临床研究的大型综合性研究机构——器官移植研究所，创造了系列"第一"：世界第一批母体活体供脾移植在这里取得成功，亚洲第一例胰、肾联合移植在这里完成，亚洲第一例腹部多器官整体移植在这里进行……它不仅让大批垂危病人的生命之花重新绽放，还培养了一大批器官移植人才。

20世纪80年代初，沈迪教授在一种新药临床试验中，发现有两例病人出现血小板不聚集的现象。他追踪到她们，获知病人常有腿上瘀斑、牙齿出血等症状。这一发现促使他花了两年多的时间来寻找、研究了70多例相同的病例，从而发现了一种新病种——新型血小板聚集功能缺陷症。该病种后来被其他学者证实，并称之为"沈迪氏病"。

20世纪90年代，石佑恩教授将DNA疫苗技术首次应用于血吸虫病疫苗研究，成功构建出可迅速应用于动物的血吸虫DNA疫苗，为血吸虫病的综合防治和深入研究作出了重要贡献。

这20余年间，众多首创性研究成果，极大地提高了学院的学术地位和综合实力。1985年，学院更名为同济医科大学，世界卫生组织康复培训与研究合作中心、中国医学科学院武汉分院、中国预防医学科学院武汉分院等相继在学院挂牌成立。

再续前缘

同济从创立之日起就与德国人民结下了不解的情缘。1979年，经邓小平等中央领导一致同意，以裘法祖教授为团长的中国器官移植访问团赴德国访问，率先恢复了对外交流，成为中国对德国文化交流的重点院校。

1980年，学院与海德堡大学签订了第一个和德国的校际合作协议。随后，与德国20多所大学、医学院或科研机构相继建立了联系和合作关系。

1984年，中德医学协会和德中医学协会成立，1986年，首届学术会议在汉召开。自此，两个协会轮流在两国举办学术年会，成为中德医学界友好往来和科技交流的重要象征。

1980年以来，德国来同济访问、讲学、求学和开展科研合作的学者与学生达1000余批，3000余人次，原联邦德国总统谢尔、总理科尔等都曾率代表团访问同济。同济到德国访问、求学或开展合作的也有1000余人次。武忠弼教授被遴选为德国自然科学院外籍院士，裘法祖、武忠弼还被德国政府授予"大十字功勋"勋章（2002年，武忠弼又被授予德国国家最高级别勋章"星级大十字勋章"，成为我国唯一获此殊荣者）。

同济医学院的对德交流，不仅促进了合作双方的人才培养和科学研究工作，也推动了我国其他院校及地方政府的对德交流与项目合作，更为发展中德两国人民的友谊和文化交流作出了积极贡献。

·责任以行：在百舸竞渡中追求卓越·

在世纪之交的2000年，同济医科大学顺应新一轮高等教育体制改革和院校调整的大潮，与华中理工大学、武汉城市建设学院合并组建为华中科技大学。"千帆竞发，百舸争流"，华中科大拉开了建设世界知名高水平大学的序幕。同年6月，同济医学院成立。在发展融合中，同济师生努力践行"育人为本、创新是魂、责任以行"的办学理念，敢于竞争、善于转化、追求卓越，在新时期迅速凝聚出了令人叹服的"同济现象"。

精品战略

近年来，围绕着建设"一流教学、一流本科"，学院在育人的各个环节实施精品战略。实施教学名师工程，一批德艺双馨的教师被评为国家级、省级及校级教学名师或"魅力教师"。王建枝被评为全国师德标兵，龚非力、陈孝平被评为全国教学名师；王凯平、张存泰、彭挺入选学校首届由学生海选产生的"十大魅力教师"……

学院实施医学教育国际标准，自 2003 年起对各专业的人才培养计划、培养目标等结合我国和学校实际进行修订，并设计、启动新的课程体系。

继续深化教学改革和研究。"以'名教师、名教材、名课程'为依托，建立创新性的外科学教学体系"等 4 项成果获国家级教学成果奖。

实施精品课程建设，继续加强教材建设。2000 年以来，获 6 门国家精品课程，16 门湖北省精品课程；3 门教材获得全国高等学校优秀教材一等奖。

继续开展教学创新。实施严格、规范的教学管理。在医科院校率先引入教学质量督导制，首批获准试办医学教育八年制。

精品战略促进了医学生创新精神、实践能力和全面素质的提高，学生更加受到用人单位和社会的好评。近几年，毕业生就业率均在 95％以上。

异军突起

2003 年，科技部领导在同济医学院调研考察时，对学院在科研上的异军突起表现出了浓厚的兴趣，并称之为"同济现象"。随着时间的推移，"同济现象"继续"发烧"，在全国医学教育界也传将开来。

获资助的国家自然科学基金项目连续三年过百项。2000 年获得 26 项，2001 年增长为 47 项，2002 年为 64 项，2003 年 71 项，2004 年 106 项，2005 年 104 成，2006 年 107 项。近 6 年获各类资助项目 1478 项。多项指标稳居国内医学院校前列。

11 人获国家杰出青年科学基金资助。2000 年，应母校召唤，罗小平、宁琴夫妇一起回国比翼齐飞，双双成为国家杰出青年科学基金获得者。2 人成为"973"首席科学家。6 年 5 获国家科技成果奖。

"抗非"长城

2003年，面对突如其来的非典型性肺炎疫情，同济医学院充分发挥自身的学科优势和人才优势，与祖国和人民同舟共济，共同筑起了"抗非"长城。

附属同济医院呼吸内科徐永健教授任湖北省和武汉市防治非典专家组组长，环境卫生学教授唐非任国家科技部防非科技攻关组成员；附属协和医院呼吸内科辛建保教授确诊湖北省首例非典病人；协和医院、同济医院抽调12名医护人员奔赴北京小汤山参加非典治疗，附属梨园医院被湖北省指定为武汉市抗击非典涉外定点医院……健康所系，性命相托！在农村医疗卫生服务、地方病防治、抢险救灾、急救预防、国家重大工程的环境影响评价、支援西部建设、援外医疗等各个层面，如抗击非典一样，同济人在新的时期一如既往地战斗、奉献在最前线。

百年奋斗，百年辉煌。历经百年，同济医学院由一个简陋的医学堂，发展成为高级医学人才培养基地、医学研究基地和医疗卫生服务基地。

学院现有教职工6400余人，在校学生万余人，其中博士生和硕士生3800余名，本科生4700余人，留学生110余人。建院以来，已培养了7.3万余名医药卫生人才。这其中，有中国科学院或工程院院士裘法祖、吴孟超、侯云德、吴旻、陆道培、张涤生、周宏灏；有卫生部原部长钱信忠，原副部长何界生、殷大奎；有中国汽车业的创建者饶斌；有"感动中国"人物桂希恩；有为5万余名普通患者再造手足的"人民好医生"韦加宁；有扎根山区，将一个基层小医院——秭归县第二医院发展成为现代化"平民医院"的全国劳动模范郑家宝……

学院有劳动与环境卫生学、内科学（心血管病）、内科学（呼吸系统疾病）、妇产科学、外科学（普外·器官移植）等5个国家级重点学科，9个部省级重点实验室。有46个博士点，59个硕士点，9个本科专业。1978年以来，已获得国家技术发明奖2项、国家科技进步奖17项、国家部委科技进步奖174项。公开发行学术期刊22种，居全国医学院校首位。

学院拥有协和医院、同济医院、梨园医院等10所附属医院。协和、同济医院均为全国百佳医院，近年来年门诊量都超过180万人次，年住院患者约5万人次。

在发挥对德交流特色的基础上,学院与20多个国家或地区的40余所大学、研究所、医院、公司及世界卫生组织、联合国儿童基金会等国际组织建立了友好合作关系。

站在百年的新起点上,同济人正昂首迈向美好的未来。

(✐《中国教育报》2007年5月17日 作者:周前进 黄明芳 耿俊伟)

鼓励学生主动参与　服务国家经济建设
华中科技大学创新教育激发活力

武汉东湖之滨，先有华中科技大学，后有以自主创新著称的武汉·中国光谷，进而催生辐射更强的东湖国家自主创新示范区。众多光电子企业里多少都能找到华中科技大学的"影子"。合校10年来，华中科技大学更加注重创新教育和实践，参与地方和国家创新发展大计，永葆青春活力。

10年前的5月26日，原华中理工大学、同济医科大学、武汉城市建设学院合并组建华中科技大学，成为国家"211工程"重点建设和国家"985工程"建设高校之一。学科门类更加丰富，科技创新更上层楼。

华中科技大学鼓励学生主动参与创新实践。2008年成立的启明学院，以培养创新精神和实践能力为核心，招收大学生创新团队骨干、部分特优生等千余名学子，信息、机械、医学、城建等不同学科的师生在此切磋。

学校将创新成果积极转化为产业，服务经济建设。华中数控研制出五轴联动高档数控系统填补国内空白，打破国外封锁。其多项科技成果获得国家科技进步奖并批量生产。该公司已经成为国内最大的中高档数控系统产业化基地。校墙外的中国光谷以自主创新著称，企业不断提出新的命题，学校为企业技术创新提供支持。近年来该校与100多家大型企业共建创新平台，合建技术中心60多家。

华中科大融入国家自主创新体系建设，为"中国创造"添砖加瓦。去年底，武汉东湖新技术产业开发区成为国家自主创新示范区。该校与武汉市开展战略合作，共建武汉新能源研究院等四大自主创新平台。此外，该校联合武汉邮电科学研究院等单位筹建了武汉光电国家实验室。过去光盘产业关键技术和标准都掌握在外国公司,我国 DVD 企业每年要交转让费几十亿元人民币,光电实验室研发的具有自主知识产权的新一代高清数字家庭多媒体系统,打破洋品牌的垄断,价格仅为其 1/4,今年初已投产。目前,该校已有筹建的国字号实验室、技术中心等共 10 多个,聚集了 24 位院士等高端科技创新人才。

(《人民日报》2010 年 5 月 23 日　作者:张志峰)

聚焦华中大

华中科技大学70周年校庆丛书

第七章

党旗领航 笃行致远

习近平在华中科大调研时勉励大学生在服务人民服务社会中砥砺品质

中共中央政治局常委、中央书记处书记、国家副主席习近平近日在湖北调研时强调,各级党组织要切实抓好党的十七届四中全会精神的贯彻落实,善始善终搞好第三批学习实践活动,继续做好巩固和扩大第一批、第二批学习实践活动成果的工作,为转变经济发展方式、推动经济社会又好又快发展提供坚强保证。

每到一地,习近平都深入了解贯彻落实党的十七届四中全会精神的情况,强调要以改革创新精神加强和改进新形势下党的建设。在华中科技大学,他参加了大学生们正在举行的"党旗领航工程"特色党日活动。在听了两名学生党员关于在实践中践行党员承诺、发挥党员作用、升华党性认识的发言后,习近平对开展"党旗领航工程"活动给予充分肯定。他说,当代中国大学生有热爱党、热爱祖国、热爱人民的真挚感情,有为中华民族伟大复兴而奋斗的理想信念,是大有希望的一代。习近平勉励大学生们志存高远、脚踏实地,勤于学习、增强本领,在服务人民、服务社会的实践中砥砺品质、陶冶情操,努力把自己锻炼成为德智体美劳全面发展的合格人才。

习近平还到华中科技大学国家光电实验室等进行了调研。

(《中国教育报》2010 年 1 月 25 日 作者:李亚杰)

华中科大把党支部建在班上
——一百二十七个本科班和一百二十三个研究生班建立党支部

"把党支部建在班上!"华中科技大学响亮地提出这样的口号。目前,该校已在127个本科班和123个研究生班共建立党支部250个。学校党委书记朱玉泉对记者说,把党支部建在班上,对于加强大学生思想政治教育,培养有理想、有道德、有文化、有纪律的一代新人,具有十分重要的意义。

华中科大在实施"党支部建在班上"工作中,注重把握三个环节,重视早期培养、重视组织发展、重视入党后教育。在每年新生入学教育中,该校都把党的基本知识列为重要内容,教育他们认真学习马列主义、毛泽东思想、邓小平理论和"三个代表"重要思想,教育他们热爱祖国、热爱社会主义,树立为人民服务的崇高理想。新生班成立党章学习小组,由高年级党员牵头,建立联系人制度,使"立志成为一名光荣的共产党员"成为同学们大学生活的目标之一。

如何使组织发展工作规范化?华中科技大学提出:"发展党员工作要在校党委领导下进行。各级党组织要把吸收师生员工中先进分子入党,作为一项经常性的重要工作。发展党员要遵循'坚持标准、保证质量、改善结构、慎重发展'的方针和入党自愿、个别吸收的原则。"学校还聘请了一批党性强、政治经验丰富、曾担任过各级党组织负责工作的老同志作为组织员监督检查这项工作。

"入党后的教育尤为重要。"学校党委副书记冯友梅对记者说,"过去我们非常重视学生的早期培养、注意把好发展关,后来在实践中发现少数学生党员入党后不能自觉用党员的标准严格要求自己,而将自己视作普通同学。"针对这种情况,学校党委学生工作部推出了"党员风采主题系列活动",并努力推动这一活动长期开展下去,使广大学生党员在同学中发挥先进模范作用。各院系也纷纷行动起来,电气学院、能源学院的"我是共产党员"活动,水电学院的"党旗飘扬"系列活动,电信系的"党员道德建设月"活动等,在广大学生中产生了积极的影响。

如今,走进华中科大,处处感受到理想之光在闪耀。初冬的一个夜晚,华中科技大学西五楼117教室热闹异常。这个只能容纳300多人的教室竟挤满了500多人。由中国科学院院士杨叔子主讲的第1000期人文讲座——"民族精神:中华民族文化哲理的凝视"正在这里进行。据华中科大党委副书记刘献君介绍,从1994年起开始举办的人文讲座,已达1000余期,它以时间持久、内容丰富、听众广泛、影响巨大而成为学校开展理想信念教育和爱国主义教育的最具特色的第二课堂。杨振宁、杜维明、杨叔子、章开沅等学术大师先后登台授课,吸引了50多万人次的大学生听众。

目前,华中科大80%以上的同学向党组织递交了入党申请书,学生党员中近80%的人担任过学生干部,90%以上的人获得过校、院、系三级的各种荣誉和奖励,大部分学生党员的学习成绩在班级、年级中名列前茅。因此,华中科技大学党委曾被中共中央组织部授予"全国先进基层党组织"光荣称号。

(《光明日报》2005年1月5日　作者:江洪洋　夏斐)

创新党建模式　助力学科发展
——华中科技大学基层党建工作纪实

近年来，华中科技大学党委把基层党建工作与促进学科的发展紧密结合，通过创新支部设置、实施支部共建、开展主题组织生活等方式，以创新实践促进学科发展，为该校学科的发展增添了活力。

·创新支部设置　助推学科发展·

随着科学的发展，各学科之间相互交叉渗透已经成为一个主要趋势。在这一形势下，华中科技大学党委按照学科建设的要求，不断推进基层党组织的设置创新。

该校武汉光电国家实验室（筹）现有党员65人，其中学术带头人27人。这65人分属9个不同学科研究方向的研究部，而这些科研人员又分别属于不同的院系。由于科研工作繁重，研究方向各异，加上实验室和学院在对这些人员的管理上存在交叉，要把这些工作繁忙的专家学者凑在一起过组织生活非常困难。

为此，该校对光电国家实验室（筹）的支部设置进行改革调整，以研究部为单位，在每个研究部下分设党支部，创建了对党员进行院系和国家实验室双重管理、以国家实验室管理为主的体制。

这一创新举措，也为光电国家实验室（筹）的发展提供了强大的组织保证。2005年，该实验室的"中国数字人"支部在实验的关键时期，连续20多天吃住在实验室，充分发挥了党支部的战斗堡垒作用和党员的先锋模范作用。"中国数字人男 1 号"成果，于 2006 年被中国科学院和中国工程院评为"2005 中国十大科技进展"之一。

该校电子系也将党支部设置由原来分散的 7 个支部，重新按学科研究方向合并成 4 个支部，使得支部内的党员教师能够更好地融入学科建设中，发挥大团队承接大课题的优势，由此承担国家"863""973"等重大项目的能力大大增强，学科发展势头迅猛。如今，电子系的微电子学与固体电子学专业已成为国内最重要和最先进的专业之一。

生命科学与技术学院则探索出"以优秀的党员导师为核心，相同或相近科研方向的导师共同成立一个党支部，研究生随导师融入同一个支部"的纵向党支部构建模式。该院已经建成了 12 个研究生纵向党支部，并以此为核心构建了 12 个纵向班集体，支部成员涵盖硕士生、博士生、普通教师和学术带头人。这一构建模式既便于老中青的传帮带，也使支部成员时间相对统一，组织生活形式更加灵活，内容更加丰富。

·实施支部共建　促进学科交叉·

华中科技大学重视基层党组织活动在信息沟通、学术交流、协同工作以及跨学科人才培养等方面的积极作用。2006 年以来，党委先后下发了《关于进一步加强和改进教职工党支部建设的意见》和《关于加强基层党组织建设的意见》两个文件，创设了支部共建等党建工作载体，充分发挥党建工作对学科建设的推动作用。党委倡议在院（系）之间、教研室之间、机关与院（系）之间、学校与企业之间、跨学校同专业之间广泛建立起支部共建关系，通过共建活动加强人员交往、思想交流、学科交叉及跨行政单位的团队建设，促进优势学科强强联合，新兴学科相互支撑，相近学科互相学习，为学校的学科建设、人才培养等中心工作提供更有力的支持。

该校外国语学院是一个以教学为主的院系，在党建工作方面主动与一些机关职能部门联手，通过结对子的形式，积极探索党建工作的新思路与新模式。例如：负责本科生外语教学的大学外语系第一党支部、第二党支部、英语系党支部与教务处党支部结对子，德语系、日语系党支部与国际交流处党支部结对子，使广大教师及时掌握了主管部门的工作思路、工作信息和工作安排，提高了他们的工作积极性和主动性。在今年的教学成果奖和精品课程申报中，该学院获得校教学成果奖一等奖和二等奖各1项；在教学改革项目申报中，过去一般只申报2至3项，今年却达到了12项。

计算机学院应用系生物医学图像研究中心早在2006年就与同济医学院及其附属协和医院等多个科室和部门开展了广泛的科研合作。该中心2/3的教师是党员，且都是科研骨干，其合作单位亦是以党员为骨干的科研团队。双方通过交流，加强了理解，工作目标更加明确，开展了包括"863"在内的多项课题研究，极大地推动了学科发展。

·充实组织生活　砥砺学科队伍·

学校党委要求各基层党组织的组织生活不仅要围绕学习贯彻上级党组织精神、服务群众和提高党员自身素质来开展，更要围绕凝练学科发展方向、申报课题、科研攻关、组织评审和申报奖项、教书育人、提升教师业务素质等来开展。

能源学院各党支部围绕如何加强科研团队建设开展组织生活，使支部不仅成为党员温暖的家，更成为教师发展的平台，成为结硕果的战斗团队。该院煤燃烧国家重点实验室党支部以2007年获得国家基金委"优秀创新群体"作为组织生活的主题，组织党员讨论学术带头人该如何发挥核心、向导和组织作用，党员该如何发挥先锋模范作用，提升了该群体的凝聚力和战斗力。

新闻学院围绕帮助青年教师制定职业发展规划开展组织生活。院党总支帮助青年教师制定5年职业发展规划，落实老教授对他们的一对一指导。去年新进的3位博士，入校之初，院党总支就帮助他们制定中长期的职业发展规划，他们除听课、批改作业、辅导学生外，还参与老教授的课题，接受研究思想和方法上的指导。青年教师郭小平进校半年就在学院党总支的鼓励及"师傅"的帮助下争取到了一项国家社科基金，并以两篇权威期刊论文顺利地开始了其高校教师的职业生涯。

电子系多个党支部还通过支部生活扩大会的形式，组织党员和非党员召开青年教师教学竞赛讲评会、创建精品课程教学研讨会等，鼓励青年教师早日进入各级研究梯队，同时，努力营造团结、协作、奋进的环境，为青年教师的成长创造"肥沃的土壤"。

组织生活的内容与教师的中心工作紧密结合，党建工作与学科建设工作统筹规划，形成了工作合力，党的工作有力地促进了学科建设的发展。

在各方共同努力下，华中科技大学学科发展取得了丰硕的成果。在2007年国家重点学科增补评选中，该校共有14个二级学科通过增补评审，成为新的国家重点学科，新增国家重点学科的总数在全国高校名列第三。

（ 《中国教育报》2008年6月30日　作者：范葳　李小红）

"象牙塔"里党旗红
——华中科技大学党建工作纪实

"是否记得为你们领航的党旗?"

6月底,华中科技大学2010届毕业典礼上,校长李培根的演讲引起了现场7000多名学子的共鸣——学校开展的"党旗领航工程"是他们大学生活的集体记忆。

他们记得,刚一入学就接受了党的知识教育,加入了红色社团;大二大三,递交入党申请书的时候,学校组织开展了"党旗在我心中"系列活动;他们中的积极分子光荣加入党组织后,用实际行动"为党旗添光彩"。

· 党 旗 领 航 ·

2007年秋,"90后"学子开始步入高校,他们思想活动的独立性、选择性、多变性和差异性明显增加,学校党建如何应对这一变化?华中科技大学党委分析认为,"德才兼备、以德为先"的育人理念不能有丝毫动摇,开展大学生信仰教育和责任教育,要注重创新工作方法和载体,使学生党建工作生动活泼、可亲可信。2007年底,校党委在大量调研论证的基础上,正式启动"党旗领航工程",工程包括"早日站在党旗下、党旗在我心中、我为党旗添光彩"三个有机组成部分。

学校将入党前教育确定为新生入学思想政治教育的重要内容。军训时,通过讲座、知识竞赛、观看教育片等活动,将党的教育关口前移。在校党委的引导下,新生班不仅成立了党章和党史学习小组,还依托相关院系成立了青年马克思主义者学会、大学生科学发展观理论研究学会等6个红色学生社团。经过系列教育活动和创新实践，学校本科新生提交入党申请书的比例由之前的80%左右提高到90%以上。

为了加强对低年级学生党支部和党员的服务，学校创造性地提出在二级学院党总支下设专门负责学生党建工作的"学生党建工作领导小组"，通过举办党员骨干培训班、开展"党旗领航手"培训等活动，加强党性教育；同时，学校还制定出台了"学生党员考评方案"，对考评未达到合格的党员，学校将取消其所有评优资格。

为了探索发挥学生党员模范带头作用的实现途径，学校以"红色寻访""爱我中华"等为主题，引导学生党员走进历史，坚定自身政治信仰；以"关爱社会""贡献才智"等为主题，引导学生党员深入农村、社区，爱心助残、助孤、助老；以"关注学校""关注成长"等为主题，鼓励学生党支部积极为学校建设出谋划策，引导学生党员帮助同学。据统计，每年本科生党支部结合自身专业特长开展的"特色党日"活动超过700次，凸显了学生党员的先锋模范作用。

·创先争优·

在华中科大数万名学生心目中，"党旗领航工程"是扎扎实实的学习教育活动，也是真真切切的社会实践，带来心灵的震撼和责任感的提升。今年以来，随着创先争优活动在全校范围深入开展，这种厚重的感知再次升华成广大基层党组织和党员创先进、争优秀的热潮。

今年5月，校党委中心组先后开展了教育思想大讨论专题研讨、报告会等活动，以思想解放启迪创先争优工作思路。5月27日，校党委印发了《创先争优活动实施方案》，提出了创建"五好"先进基层党组织，争当"五带头"教职工党员和学生党员的要求，在二级单位党组织和党支部开展"创建先进基层组织"活动，在教职工党员中开展"争做立德树人标兵"活动，在学生党员中开展"争做党旗领航手"活动。

在校党委的统一部署下，创先争优活动蓬勃开展。同济医学院研究生党总支、医管院党总支组织实践队到安陆乡村，走访服务留守老人；协和医院2009级党支部开展"携手江蚁、同舟共济、爱心接力、共建和谐"

活动；材料学院毕业生党支部开展"扬帆起航、创先争优"主题生活会……

与创先争优活动蓬勃开展同步，学校创新发展不断取得新成果。2010年度国家社科基金立项数创历史新高，国际热核聚变实验堆（ITER）计划专项国内研究 2010 年项目启动会在校召开，学校与比利时蒙斯大学签署合作协议，与玉柴股份公司签订全面战略合作协议……

在学校全面启动"党旗领航工程"和深入开展创先争优活动期间，学校每年有 90% 以上的新生递交入党申请书，学生党员中 90% 以上的人获得过校、院、系三级各种荣誉和奖励，2009 年全校本科生、研究生就业率均达到 90% 以上。这三个 90% 印证了学校党组织坚强堡垒的强大吸引力，也书写了新时期学生党员发挥先锋模范作用的华美篇章。

（《湖北日报》2010 年 7 月 11 日　作者：刘娜　鄂祖建）

听一次课 住一回宿舍 谈一次心 解决一个问题
华中科大"四个一"活动温暖师生心

"我们再也不用担心因为错过到开水房打开水的时间而没有热水用了!"近日,住在华中科技大学韵苑学生公寓20栋的2007级学生杨斯喻高兴地说。她的高兴,源于该校"热水进楼栋"工程——自4月中旬以来,华中科技大学后勤集团开始在学生公寓5个楼栋试点安装电开水器,从早晨7点到晚上11点不间断提供热水,逐步解决学生宿舍用热水难的问题。

这是华中科技大学在全校中层领导干部和党员教师中深入学习实践科学发展观活动,开展"四个一"暖心工程所采取的一项举措。"四个一"活动即院长、系主任至少进学生课堂听一次课,党总支书记至少住一回学生宿舍,党员教师至少与学生面对面谈一次心,二级基层党组织和机关部处至少解决一个关系到师生切身利益的实际问题。

"四个一"活动开展以来,学校中层领导干部和党员教师通过采取贴近学生生活、服务一线教工的举措,着力解决师生在学习、工作、生活中遇到的实际问题。

"案例的选择应适合课堂探究,要精彩而不失深度。"这是该校公共管理学院党总支书记何流清在课后给授课青年教师的建议。4月以来,公共管理学院领导班子成员、部分青年教师代表和校教学顾问组成员组成听课组,开展了随堂听课活动。截至目前,他们已先后听了"会计与财务管理""电子政务理论与实践""决策理论与方法"等12门课程。在课上，他们认真听课做笔记；在课间，他们与授课教师切磋教学方法，向学生询问对授课教师的意见与建议。青年教师李菁很喜欢这种现场交流的方式，他认为听课组给出的建议很中肯，针对性强，对他的授课帮助很大。

院系总支书记、副书记入住学生宿舍，深入了解学生所思所想，令该校学子们大感意外和惊喜。日前，经济学院党总支书记邓华和带队到学生寝室"串门"，并住进学生公寓，与学生攀谈金融危机形势下毕业生就业和发展情况。控制科学与工程系党总支书记曹锋则把"书记、主任接待日"搬进学生寝室，零距离解答学生的疑问。该系自动化专业学生李立安说："这次领导入住学生寝室，同学们很感动，大家都愿意敞开心扉和他们交谈，这让我们觉得深入学习实践科学发展观活动离我们很近、很实在。"

"大家可以多听一些人文讲座，修身养性；多参加一些学术沙龙，开阔视野。只要善于规划自己的职业生涯，就一定会找到自己奋斗的目标。"这是该校机械学院党员教师汪新军教授与学生面对面谈心时对学生的谆谆教导。交流中，汪新军就如何克服各种压力、艺术生如何学习专业课等问题一一详细作答。4月中旬以来，该校党员教师和学生面对面谈心活动全面铺开。学生们开心地说：他们以前认为"高高在上"的教授、博导们，其实很平易近人，可以成为自己倾诉的对象。而参与其中的党员教师也纷纷反映，这种面对面的谈心使他们对学生思想动态和生活有了更多的了解，促使他们更深入地思考如何更好地教书育人。

"图书馆今晚有教室可供自习吗？"新闻学院2008级学生房珊珊每次去上自习前，都会登录该校iwap查询系统，不一会儿就查到了结果。这是该校教务处与宣传部联合推出的手机网站。该网站将教学资源安排及时上网，不仅有图书馆、机房、自习室等查询系统，还有手机版新闻网，这些都给学生学习和生活带来了极大便利。

华中科技大学人事处拟定《新进教师联系人制度》，开展面向新进教师的一站式服务。建筑与城市规划学院对青年教师开展英语培训。医药卫生管理学院投入万余元资金，为研究生建立生活厨房，提供微波炉和电磁炉，解决研究生学习、研究晚点后的就餐问题。该院研一学生刘元玲说："经常做课题到深夜，现在有了小厨房，晚了可动手做一些东西吃，就算是下一点面、熬一些粥，也会有很温馨的家的感觉。"

(✎《中国教育报》2009年6月29日　作者：程墨　范葳)

华中科大加强党建促发展
新生申请入党占九成　毕业生就业率超九成

华中科技大学以改革创新精神加强新时期高校党建，推动学校各项发展上水平。该校是国家"211工程"和"985工程"建设高校，近些年毕业生一次性就业率一直保持在90％以上，这与学校长期重视以党建促发展分不开。

学校重视扩大党组织覆盖面。学校坚持"早引导、早联系、早衔接、早培养"，注重在低年级发展入党积极分子。近3年，九成以上新生递交了入党申请书，目前全校共有本科生、研究生党员1.4万多人，占全校学生的1/4。

学校不断创新党建形式。近3年，学校创办了"网上党校""时政网"等党建网，大部分学生党支部建立了QQ群等适合学生特点的网络互动载体。实行党员寝室挂牌，现已发展了1500多个"党员寝室"。2009年学校首次设立"立德树人奖"，网上票选选出10名德才兼备的党员教职工。

校党委组织多种活动，建立长效机制。学校党政主要负责人带头走进学生课堂、食堂和宿舍，各院系党组织开展"四个一"活动：每位院长、系主任至少听一次课，每位党支部负责人到学生宿舍至少住一晚，党员教师与学生至少谈一次话，每个基层组织至少为师生员工办一件实事。

(《人民日报》2009年12月30日　作者：张志峰)

生命的最后一跃
——追记舍己救人的优秀大学生胡吉伟

2001年9月12日，教育部决定授予华中科技大学学生胡吉伟"舍己救人的优秀大学生"荣誉称号，以表彰他"富有理想、乐于奉献、助人为乐的优秀品质和勤奋学习、刻苦钻研的求知渴望，以及挺身而出、舍生忘死的革命英雄主义精神"，并号召全国广大学生向胡吉伟同学学习。

20岁的胡吉伟是华中科技大学经济学院2000级学生。今年7月31日，当辽宁省葫芦岛市绥中县的"110"巡警把他从深水中捞起时，他已停止了呼吸。

那天，绥中县六股河边，胡吉伟在听到几个小孩惊恐的呼救声后，飞奔至出事地点，衣服鞋子来不及脱下，眼镜也没摘，便奋不顾身地跳进河中，托举起13岁的落水儿童邹晓龙。晓龙得救了，而胡吉伟却再也没有上岸来。

教育部部长陈至立了解到胡吉伟同学的英雄事迹后批示："这是又一个当代大学生的优秀典型。"

人们扼腕痛惜之余，对胡吉伟同学的追忆和缅怀，绵绵不尽。

绥中县一中的老师们记得，在高二时，胡吉伟庄重地向党组织递交了入党申请书。此后，他积极参加中学业余党校的学习。

大学的同学记得，2000年12月20日，入学3个多月的胡吉伟再次向党组织递交了入党申请书。

胡吉伟积极参加党章学习小组的每一次活动，每次活动结束后，他都要记下自己的真实感受，向党组织汇报。

2001年初,胡吉伟参加了华中科技大学党校学习。有一次,因经济学院学生会有件紧急的事情需胡吉伟帮助办理,他错过了党课学习。胡吉伟办完事后,立即找其他入党积极分子借来笔记学习,还到图书馆查找、摘抄相关资料,找支部党员给他补课。补完课后,胡吉伟又十分详细、工整地整理出了这堂党课的学习笔记。

在追认胡吉伟为中共党员时,华中科技大学党委书记朱玉泉说,在新的历史时期,广大青年知识分子如此热切地追求党,并不断涌现出像胡吉伟这样的优秀典型,这是我们党的希望,也是我们党的骄傲。

胡吉伟不止一次地在向党组织的汇报中说:入党,绝不是为个人利益积累资本,而只能是为社会奉献更多,更好地为人民服务。

2000年4月初,华中科大在全校发起了献血的公益活动。胡吉伟带头报了名,还积极向同学们宣传献血的重要意义。按规定,每位参加公益献血的师生可领取200元的慰问和营养补助费。可胡吉伟先是执意不要,经学校医务人员劝说接受后,又通过党组织将这些钱捐给了贫困山区的学生。而此时,胡吉伟在春节返校途中,3000多元钱被偷,正缺钱用。

今年5月,学校评选校级优秀团员,同学们一致评选胡吉伟。可胡吉伟找到团支书商议后,把这一荣誉让给了别人。

同济大学学生、胡吉伟高三时的班长徐达说:胡吉伟在一中时各方面的表现都很突出,主要表现在他有奉献精神,乐于为他人服务。

胡吉伟在日记中写道:"一定要干一番事业,干一番常人无法干成的事,一定要在同龄人中出类拔萃,一定要做最坚强、最有自信心、最有毅力、最优秀的同龄人。"日记里还有他掷地有声的豪言:"反省自己——我不要平凡!"

年轻的胡吉伟走了,他的许多梦想已经无法实现,但是他已经兑现了自己"不要平凡"的诺言。

在同学们为胡吉伟建的网上纪念馆中,一首深情的诗表达了年轻人的心声——

你是转瞬即逝的流星,留下最闪亮的印痕;
你是夏日一现的昙花,留下最美丽的芬芳。
你伸出天使的翅膀,飞向最圣洁的天堂;
你把爱铭刻在我们心上最深最深的地方。

(✎ 《中国青年报》2001年10月13日　作者:张双武　陈思中　周前进)

"我给爸妈洗洗脚"

"当孩子温暖的手在我们略显粗糙的脚上抚摸时,心中真是百感交集……"这是华中科技大学能源学院2003级一位学生家长给学院写的一封信中的话。近日,类似内容的信件接连不断地从四面八方飘向华中科大……

·父母为我操碎心,我为父母做什么?·

华中科大能源学院2003级共有400多名学生。今年寒假,年级辅导员顾馨江给大家布置了一项特殊的寒假"作业"——给父母洗脚。顾老师说:"这样做是希望学生们既有丰富的知识,又有良好的修养;学到先进的技术,也具备健康的人格。"

为什么会布置这样的"作业"呢?顾老师先从自己说起:

2001年,我快要大学毕业走向社会了。回想一下,猛然意识到父母为自己付出的太多了,可自己为父母做了什么呢?一则公益广告启发了我。那年腊月廿六,我回到苏州家中,晚上提出给父母洗脚。他们都觉得不好意思。我坚持要洗,最终完成了心愿。

现在的大学生多是独生子女,一些学生只顾学习,不做家务,不懂得也不会关心他人。一些学生甚至和父母有代沟,不愿和父母沟通。这些都会影响他们的身心健康。让他们为父母洗脚，可以促进他们在付出中全面发展。洗脚只是一种形式，对父母发自内心的关爱才是最重要的。

2月份开学后，全院300多个同学完成了"作业"。这件事在华中科技大学掀起不小的波澜。许多师生认为，通过这一行动，可以使两代人更好地沟通感情、交流思想，有助于培养学生健康的情操。

·学生的身心健康离不开心与心的交流·

来自郑州的夏琛同学讲述了给母亲洗脚的故事：上高中时，老师曾让大家回去对父母说一声"我爱你"。那时大家都不好意思说。我也是拖了好多天。当我鼓足了勇气对父母说出"我爱你"之后，心里聚积了许久的感情似乎一下子迸发出来，有说不出的舒畅。顾老师布置这个"作业"，放假回家很长时间了，我都没有做。返校前两天，我觉得该为父母做点什么了，以把心里的感情表达出来，就像说"我爱你"一样。2月3日晚上，我给妈妈打了洗脚水，要给她洗脚。洗脚的时候，妈妈一直在微笑着看我……不知为什么，我的眼泪忍不住夺眶而出。本来准备了很多话要说，却一句也说不出来了……

武汉的张平一回家就提出给父母洗脚；爸妈再三推辞……张平还是把洗脚水送到父亲跟前，爸爸终于同意了。张平给爸爸搓脚时发现爸爸头上添了些白发，好像一下子老了许多。张平说："爸妈都下岗了，还在为我的学费奔波。我现在能做的就是好好学习，争取每周末回家陪陪他们。"

许多同学都说，给父母洗脚看上去是形式，但它是表达亲情的形式，做与不做绝不一样。

对此，北京大学心理学博士王仪谈了自己的看法：中国人表达感情的方式比较含蓄，两代人之间往往缺乏心与心的交流。处于青春期的学生心理起伏较大，遇到问题时，如果缺乏真诚的诉求对象，郁积心间，就容易走极端。而真诚的、善意的交流会起到"心理按摩"的作用。

·洗的是一双脚，温暖的却是两代人的心·

这些学子给父母洗的是一双脚，温暖的却是两代人的心。这从许多家长的来信中就可以感受得到。

张平的父亲在信中说：孩子给我们洗脚，我们感到欣慰。下岗的无奈、一年的劳累、生活的艰辛……一下子都烟消云散了。

湖北的一位家长来信也十分感人：孩子要给洗脚，我没同意。我们家在农村，条件差。孩子说宿舍里只有她一人来自农村，我问：你自卑吗？孩子说：不，我感到自豪，因为你们这样的条件还坚持供我上大学。我听了，忍不住偷偷流泪……

华中科技大学校报主编刘继文说，洗脚看似一件小事，但对同学们应该有所启发和激励。试想，一个大学生如果连自己的父母都不爱，对我们的国家、社会和他人能有爱心吗？将来能甘于奉献吗？曾在高校做过班主任的王仪博士说，其实，学生们心灵的"晴雨表"更需要关注和调适。现代通讯方式发达了，人和人的距离反而远了；面对面的交流、心与心的沟通尤其重要。

（✎《人民日报》2004年3月22日　作者：张志峰）

华中科技大学学子：
为烈士寻找回家的路

寒假结束，又一个新学期开始了。华中科技大学的172名同学度过了一个不平凡的假期。他们利用20多天的时间，走访了100多个村庄，累计行程1万余公里，为在解放战争中参加解放太原战役的5名烈士找到了亲属。23日，这些大学生在接受记者采访时说，这次"寻亲之旅"不但为烈士们找寻回家的路，自己也经历了一次心灵的洗礼。

新中国成立前夕，他们英勇捐躯，家人却未能收到正式的通知——
半个多世纪前的阵亡通知书，引发一场爱心追寻

10年前的一天，从部队转业的太原老人王艾甫在一个旧书摊上发现了"宝贝"：84份1948年秋天进行的太原战役的解放军烈士阵亡通知书。

老人捧起这些字迹模糊、有些发黄的通知书，双手颤抖了。这些烈士分别来自湖北、四川等10多个省份，其中26人籍贯不详。多数烈士牺牲时在20岁左右。老人心潮起伏：在新中国成立的黎明到来前，他们为国捐躯。家人知道他们牺牲的消息吗？烈士的亲人现在在哪里？老人立刻以3000元的价格买下了这些珍贵的通知书。

10年来，王艾甫经常想起这些阵亡的英烈。去年7月，在一次战争文物展上，老人向外界透露了为烈士寻找亲人的愿望。去年10月，在有关

方面支持下，湖北籍烈士郝载虎、马天和的亲人找到了，但是仍然有9名湖北籍烈士还没有找到亲属。

这件事引起了华中科技大学团委的注意。大学生来自全省各地，他们不正可以帮助烈士英魂还乡吗？寒假前夕，学校发出志愿为烈士寻找亲人的倡议，很快，有近千名学生报名。最终，172名和烈士同乡的学生入选。他们分成6个小组行动。1月19日，学校特地举行了出发仪式，为这些同学壮行。

擦去家族碑上的尘土，赫然露出烈士王德喜的名字——

几经周折，烈士的家终于找到了

法学院2005级学生聂红波的家在湖北枣阳，他所在的小组负责寻找枣阳籍烈士王德喜的亲属。阵亡通知书上记载，王德喜是枣阳县陈家沟营人，1948年7月入伍。

1月21日，聂红波回到枣阳。枣阳和随州、襄阳相邻，历史上地界变化较大，陈家沟营这个地名已经找不到了。

聂红波和朋友一起跑了枣阳市民政局、地方志办公室、养老院等处，结果一无所获。于是，他们又找了诸如陈家湾等相似的地名，开始一一踏访。几天过去了，仍没有结果。无奈，他们重新核实了原通知书复印件上的地名，依稀辨认出"陈家区青营乡"的字样。当地一位老人提供了一条线索，有个地方叫青龙堰，旧称青龙乡，可能跟通知书上的"青营乡"是一个地方。

连日的疲惫和无奈一下子消失了，聂红波立刻赶到青龙堰。村民介绍说这里姓王的很多，但没有德字辈的。不过村民们说，附近的王庄有一位叫王兴启的抗美援朝老战士，或许能从他那里打听到消息。

1月25日，聂红波踩着泥泞的小路来到王兴启老人家里。遗憾的是，这位在抗美援朝中当过侦察兵的老人并不认识王德喜。告别的时候，老人紧紧握住聂红波的手，激动地说：你们这些大学生还记得来寻访烈士的亲属，我们心里很欣慰！听到老人的话，聂红波忍不住落泪了，他想，无论如何也要寻访到烈士的家人，让烈士回家。

后来，小聂想到请当地的媒体帮忙。在当地电视台免费播出寻访王德喜烈士亲属的消息后，烈士的亲戚杜华兵与聂红波取得了联系，最终在七方镇陈家祠堂村找到了王德喜的侄孙子等人。他们带着聂红波在村子里找到了王氏家族碑。聂红波用湿布小心擦去碑上的尘土，赫然露出王德喜的名字。

寻访萧汗弼烈士的线索断了，但同学们的心灵依然受到震撼——
一些烈士的亲属仍未找到，寻访之路却没有结束

电信系2005级学生肖盾的家在湖北谷城，他们那个小组负责寻找谷城籍烈士萧汗弼的亲属。据记载，他是谷城县太平店村人，在部队任见习文教。1948年10月牺牲，年仅20岁。

原谷城县太平店村现为襄樊市襄阳区太平店镇，解放初期曾划给现襄樊市樊城区。这给寻访带来很多困难，8位同学兵分两路，冒雪跑了两天，没有任何线索。

后来，他们在《谷城县志》上发现了一句话：1946年，太平店有一批知识青年参加了解放军。按理说，萧汗弼曾任见习文教，算是文化人，他很可能就在这批青年当中。但这条线索并未给寻访带来明确的方向。

1月24日，当地老人建议他们到杨旗营村去试试，那里有个出名的革命烈士叫萧元凯。于是4位大学生直奔该村，找到萧元凯烈士的后人萧星斗老人。

萧星斗老人并不知道萧汗弼的任何信息，线索又断了。老人为大家讲述了萧元凯烈士的故事：萧元凯当年领导了解放太平店的战役，由于叛徒告密，作战计划泄露。萧元凯惩治了那个叛徒，自己也暴露了。敌人将萧元凯抓起来，在河边的龙王庙燃起大火。凶残的刽子手一刀一刀剐去萧元凯身上的肉……听到这里，几位同学都陷入了深思。

寒假很快结束了，肖盾只好把寻访的重任暂时交给了自己的家人。不过，他对记者表达了自己的决心：要在暑假继续自己的寻访之路。

四名仍未寻访到的烈士是：

萧汗粥，湖北谷城县人；

毛通银，湖北汾登县（湖北并无该县，按阵亡通知书记载）人；

王宣武，湖北宜昌县人；

张荣贵，湖北荆门县黄土坡村人。

（✎《人民日报》2006年2月24日　作者：张志峰）

华中科大学子"衣援西部"

昨日，4辆大卡车从华中科大启程，满载该校学子募集的10万余件衣物，开往四川省的甘孜州、凉山州以及乐山市的部分国家级贫困县。

这次"衣援西部"活动由华中科大团委发起。在4月的一次学生记者会议上，学生记者谈起处于高寒地区的四川凉山、阿坝、甘孜三州物资匮乏的情况。一位从当地走出来的同学告诉大家："许多孩子一年四季都光着脚丫，上学时就用化肥袋子作为自己的书包，几乎没有一个孩子有完整的可以保暖御寒的衣服。"随后几次选题会上，她所展示的一些资料都震撼了同学们的心。

这些学生记者决定马上启动"衣援西部"项目，千余名志愿者加入了爱心行列，短短两个月时间便募集到衣物10万余件。志愿者们又顶着酷暑，对衣物进行晾晒消毒及分类打包。

本月22日，12名志愿者将前往援助地区，将衣物交给当地政府有关部门，并携带部分衣物到贫困地区慰问群众，走访学校和贫困家庭。

(《湖北日报》2007年7月18日 作者：韩晓玲 黄志明 周启伟)

聚焦华中大

华中科技大学70周年校庆丛书

第八章

教育创新 育人为本

从校园文化入手拓宽育人渠道
——华中科大营造高品位人文氛围滋润学生心灵

1月10日晚,寒风凛冽,华中科技大学韵苑体育馆内却是热浪滚滚,掌声、笑声不时响起。该校一年一度的"特优生报告会"正在这里精彩"上演"。潘九朱等6名特优生以朴实的语言讲述自己的成长历程,吸引了5000多名大学生。像这样的校园文化活动,在该校几乎每个星期就有好几场。

在长期的办学实践中,华中科技大学注重以校园文化建设为抓手,使学生在学习和生活中能强烈地感受和体验到浓厚的文化熏陶,从而为校园营造一种润物细无声的育人氛围,拓宽了大学生思想政治教育渠道。

从1994年开始,华中科大就注重通过开展人文讲座等文化素质教育活动,进一步强化大学生的爱国意识,塑造爱国主义品格。目前,该讲座已举办了1000余期,杨振宁、杜维明、杨叔子、章开沅等学术大师先后登台授课,吸引了50多万人次的大学生听众。它以时间持久、内容丰富、听众广泛、影响巨大而成为该校开展爱国主义教育最具特色的第二课堂。

高品位的人文氛围潜移默化地滋润着学生的心灵。有学生说:"人文讲座犹如一弯清澈的小溪从我们的心田流过,提升了我们的思想境界。"船海系学生傅志明告诉记者:"素质并不是完全可以从书本上学到的东西,要靠平时一言一行的积累,这首先在自己心里就要有一个言行标准。听了人文讲座以后,我心中或多或少有了些标准,知道什么该做,什么不该做。"

开展大学生课外科技创新活动，是华中科技大学校园文化建设手段之一。学校每年都要举办科技节和文化艺术节，先后开展了网络知识竞赛、电子线路设计竞赛、创业计划竞赛、团队文化设计竞赛、网页制作竞赛等30多项科技文化活动。该校还拨出专款100多万元，相继在电气学院、电信系、机械学院等院系建立起13个大学生科技创新基地或训练营。

互联网的出现对高校校园文化建设既是挑战也是机遇。该校积极推进思想政治教育进网络工作，相继推出了"院系上网工程""学生社团上网工程""学生寝室上网工程"，建设了华中大在线、喻园晨光、学工在线、醉晚亭等一批精品网站，开创了大学生思想政治教育的新平台。

计算机学院学生党员通过"阳光创意"网站，举办了"政治理论学习网上交流会"，大大提高了政治学习的效率，增强了思想教育的针对性和实效性；电气学院通过学生宿舍网，掀起"手拉手助学活动"，已帮助湖北大悟县189名贫困失学儿童重返课堂；能源学院举办"教授党员网上行"活动，让教授党员和青年学生通过互联网交流思想，探讨发展，受到学生的欢迎。

（《中国教育报》2005年1月31日　作者：程墨　江洪洋）

有吸引力就有掌声
华中科大政治思想教学创新不断

近年来,华中科技大学的政治理论课和思想品德课(简称"两课")教学,围绕大学生的实际发展需求,以创新打造课堂吸引力。随堂听课教学调查显示,"两课"教育学生的满意度达到90%以上。

·有听头,有嚼头,课堂方能吸引力十足·

"原来哲学是可以画出来的,太有意思了!"华中科大城市建筑规划学院学生卢诗阳说。在马克思主义基本原理课上,董慧老师没有照本宣科,而是根据建筑规划专业学生的特点,让他们把自己理解的哲学道理"画"出来。

原来认为哲学非常枯燥的同学一下来了创作激情,纷纷交上自己的"哲学画"作品。"这很有嚼头,大家从中更加深刻地理解了哲学原理,并转化为自己的想法,不少人还很快运用到建筑专业设计中去。"规划专业学生王璇说。

负责"两课"教学的马克思主义学院院长洪明说,大学生已经具有独立的逻辑思维能力,一味地进行结论化、灌输式宣讲,学生往往认为与在中学学的差不多,产生反感。"两课"教学更要贴近学生,进行个性化表达,课堂才吸引力十足。

"讲思想修养课讲社会主义荣辱观时,老师没讲什么大道理,而是播放了2006年度感动中国十大人物'人民的好军医'华益慰和'孝亲敬老楷模'林秀贞的故事短片。看完后我们女生都感动得掉眼泪，男生的眼睛也是湿润的。"管理学院2006级物流专业的万方同学说："这打动了大家心中最柔软的地方。老师再进一步阐述，大家就特别能理解，印象非常深刻。"

华中科大的毛泽东思想、邓小平理论和"三个代表"重要思想课讲解深入，分为政治、经济、文化等专题，分别由相关学科背景的教师讲授。2007级电气专业的王龙飞说，三代领导集体的思想体系涵盖很广，由一个教师从头讲到尾，很难讲透，同学们也会产生"审美疲劳"。老师以专题形式，讲最擅长的，内容深入，脉络清晰，大家很受益。

·有需求，有营养，学生方能真懂真信·

"'80后'甚至是'90后'的大学生，在激烈的学业竞争和就业压力下，往往带有较强的功利目的。"思想道德修养课任课教师杨一平老师说，"他们以'对我有没有用'作为选择的依据，不少学生认为上'两课'就是为了多拿10多个必修课学分。"

管理学院万方同学表示，中学政治、历史课内容大多是明确的知识，不少同学为了考试，以为背结论、意义就可以。到了大学，同学们更想知道是什么、为什么、对自己有何意义，形成自己的逻辑判断。如果课堂无法满足这个需求，大家会认为比较无聊。

杨一平老师认为，对于中学生，教学可以使用释义法；对于大学生，最好运用归纳法，让他们少吃"定制餐"，多吃"自助餐"，使他们感受到"两课"是有"营养"的，不仅对自身成长有益，而且非常必要，使学生把功利性需求真正转化为自我成长性需求，他们才能真懂、真信。

学校思想道德修养课的教学就是让学生体会到所学的内容的确有利于做人、成人。电气与电子工程学院2007级学生徐泽浩表示，思想道德修养课的课外作业《我的室友》让他受益匪浅，"我以前没有集体生活经验，正是这道作业题让我主动认识室友，慢慢学会处理人际关系。"

·有创新，有规范，教育方能坚持方向·

案例法、课堂展示法、专题合作法、实践调研法、紧贴时事法……华中科大的"两课"教学不断创新的教学内容与方法受到了学生的欢迎。洪明同时指出，创新并不意味着没有约束，"两课"教育更要坚持方向。马克思主义学院多年坚持规范教学管理，通过对教学全方位的精心设计，让学生被教师的思路吸引，教学才能真正入心入脑。

马克思主义基本原理课程的任课教师尹雪萍每次上第一次课和最后一次课时，总会给全体上课同学鞠一个躬。她说："只有尊重学生、欣赏学生，学生才会尊重、欣赏你。"马克思主义学院的老师都被要求认真对待课程教学的每个细节，包括每门课程的开场白该怎样讲，怎样记住学生的名字，哪些精彩教学案例可以结合使用等。

学校还规定每学年每位教师听其他教师讲课不少于4次，马克思主义学院领导每学期听课不少于8次。听课教师要听取上课学生意见，对讲课作出评价，以利于相互取长补短和扬长避短。

此外，根据学校教学顾问组反馈的信息、教师集体评教的情况以及学生评分的结果，对教学效果不理想的教师，学院将进行警示谈话。某任课教师的教学评分只有70来分，几位老师通过听课发现其教学存在"跑题"现象，学院马上进行了警示谈话。2007年这位老师教学评分上升到87分，达到优质课堂标准。

现在，不少"两课"教师成为学生最喜爱的老师。物理0704班方仁鹏同学评价思想道德修养课的杨一平老师时说："杨老师启发式的解释、平等的思想和自我修养要求等对我的影响很大，简直相当于一场彻底的思想革命。这影响将陪伴我走完剩下的三年大学时光，甚至贯穿整个生命。"

(新华社2008年6月8日　作者：李鹏翔)

育人为本　创新是魂　责任以行
——华中科大倾力打造一流教学

华中科技大学正崛起大学生科技创新军团。

近年来，学生们不断展露峥嵘：2005年"挑战杯"取得一等奖1个、二等奖4个、三等奖1个，王晓鑫被评为"10位最有价值挑战学子"之一；2005年全国大学生电子设计竞赛中，取得一等奖12个，二等奖2个，一等奖总数居全国高校第一……

"育人为本、创新是魂、责任以行"的办学理念，"研究型、综合性、开放式"的办学定位，以及"培养大批社会主义事业的合格建设者和可靠接班人"的人才培养目标成为华中科大的强大引擎！它提升了本科学生的竞争能力和研究能力，营造了拔尖人才脱颖而出的良好环境。6月6日，华中科大校长李培根院士接受采访时再次流露出特有的自信和自豪。

这所朝气蓬勃富有闯劲的高校再次起航。这次扬起的风帆是"一流教学、一流本科"。

·多元化培养体系·

"就要搬到同济医学院读书了，挺舍不得！"临床医学八年制学生张文娟7月份就要转回学校的同济医学院学习，心中产生了很多不舍。

与她有着类似经历和感伤的，是这个学校首批招收的100名临床医学八年制学生。在这里完成了两年的基础学科课程学习后，他们将转入学校的同济医学院进行医学专业课程的学习和临床实践,"有了在这边打下的基础,今后学习起来就更有信心了"。

这批学生完成学业后,将"一站式"地获得医学博士学位。与按照正常本科、硕士、博士读下来的学生相比可以节约两年左右的时间。今年9月华中科大还将迎来第三批100名八年制学生。

"一站式"医学博士培养计划是"研究型"办学定位的体现。学校通过拔尖人才、复合型人才、学研产联合人才、国际联合等人才培养计划的实施逐渐形成以拔尖创新人才为龙头,以高素质、复合型专门人才为主体的新型人才培养体系。

·学生在专业间"自由流通"·

"通过自主转专业,我更充分地认识到自己身上的潜能!"

6月7日,华中科技大学光电子学院大三学生饶玲辉告诉记者,大一下学期从新闻学院转入光电子学院,为她的大学生活提供了另一种可能。

从2003年起,华中科大打破院系间的壁垒,建立了信息、机械、土建环、电气、管理和人文等五个学科大类的课程体系,原有19个院系、43个本科专业的所有新生,入学后前两年都将在这5个平台中完成通识教育基础课、学科大类课的学习,第三年开始本专业课程的学习。对于那些不能适应专业学习或因身体原因不能从事相关专业学习的同学,入学半年后可以免收转专业费用实现学科大类平台之间的转换;两年后可以在专业平台内进行专业调换。

迄今为止,已有千余人通过此项政策调换了专业。

·精品课程"唱主角"·

今年3月中旬,华中科技大学与高等教育出版社签署了一份"特殊"协议,约定各自投资50万元共建"课程教学资源研发基地",基地生产的产品不是机器和技术,而是教学改革成果和一本本精品教材。

打造优质教学资源，精品课程在日常教学中唱起了主角。今年1月，由教育部发布的2005年度国家级精品课程中，华中科大又有5门课程榜上有名。截至目前，已拥有国家级精品课程13门。

今后，学生选课可以像逛精品"超市"。今年学校还将力争完成8门国家级精品课程、12门省级精品课程和24门校级精品课程的建设目标。

80%的同学对精品课程表示称赞。电子系2001级学生席明鹏清晰记得康华光和张林讲授"电子技术基础"的情景。他说："张林老师在讲晶体管PN结知识点时，用Java制作的动画形象地表现了电子运动状态，比用粉笔表现易懂多了。"

学科建设的成果持续地转化为本科人才培养的优质资源。自去年以来，华中科大先后投入7000多万元，重建工程实训中心，兴建30个平台实验室，确保各院系设计性和综合性实验的开出率不低于60%，并力争超过80%。

·海选魅力教师·

"对于学生，她有着十足的野心；对于自己，她的要求近乎苛刻。每一个学生，在她眼中就是一件作品，她不像在育人，更像在创作。"

这是学生对电信系刘玉教授的颁奖词。今年4月27日，海选"十大魅力教师"开展得如火如荼。

学生策划、参与、主导并最终决定的海选活动，共选出10位"魅力教师"以及4类单项奖，刘玉等10位教师入选。发出倡议后仅15天，就收到学生提交的推荐表1829份，462名教师获提名；16天的投票时间里，4.6万多名学生参加投票。

"十大魅力教师"让众多默默奉献的优秀教师走上了前台，争先正逐渐成为一种风尚。

·推进责任教育·

"她真的是萧汗弱的姐姐！萧汗弱的亲人找到了！"今年5月4日，华中科技大学的彭寅彬、肖盾两个人心上，压了半年的一块石头终于落了地。

今年 1 月 6 日，校团委组织了一项主题为"寻找烈士亲人，告慰烈士英魂"的社会实践活动。包括彭寅彬和肖盾在内，来自烈士家乡的 172 名学子组成的"寻亲"志愿者，分成 9 个小组，共同寻找 11 名湖北籍太原战役阵亡将士的亲属。彭寅彬等寻找萧汗弼烈士的小组，经过多次艰苦排查，却一直没有烈士亲属的下落。

开学在即，彭寅彬他们只好将这项"任务"托付给了她在派出所工作的舅舅。"五一"长假，彭寅彬、肖盾两人先后回到太平店，最终确认萧淑兰的确是萧汗弼的姐姐。时隔半年之久，两个人终于圆满完成了社会实践任务。

在培养学生的社会责任意识方面下功夫，为烈士寻亲、癌症村社会调查、探访血吸虫疫区等社会实践活动的开展和宣传，成为"责任以行"最好的诠释。推进责任教育已是华中科大打造一流教学、一流本科的重要措施，为大学生关注社会、了解民生、投身西部提供了思想铺垫。

(《光明日报》2006 年 7 月 9 日　作者：夏斐　周前进　耿俊伟　范葳)

华中科大：
建"磁场"吸引大学生创新实践

最近这段时间，华中科技大学电子系 2004 级石泽文等 4 名本科生在该系刘政林副教授指导下，正在忙着研究加解密算法。他们承担的"国家大学生创新训练计划"项目"可重构的分组密码算法加解密引擎"，获得了 1 万元资助经费。

"本科生的科研能力不可小看，他们缺的只是机会和环境！"全国师德先进个人、Dian 团队创办人、华中科大电信系教授刘玉这样评价自己学校的本科生。

近年来，华中科大围绕着建设"一流教学、一流本科"的方针，创新教育教学理念，扩充一流教学资源，将本科生引入到科学研究领域，引导他们主动实践，着力培养他们的创新实践能力。"学生的动手实践能力强"成为社会对该校本科毕业生的评价。

· 创新理念指导创造性人才培养实践 ·

3 月 14 日，华中科技大学召开大学生创新能力培养研讨会筹备会。该校杨叔子院士在会上动情地说："年轻一代应把爱国与创新作为必备的修养，在以加强爱国主义教育为基础的前提下，着眼于明天，培养学生的创新精神，用爱国情感激发创新意识，用创新成果表现爱国情操！"

创新之根在实践！该校历任领导班子都是大学生创新实践能力培养的积极推动者。从"教师是办学的主体""科研走在教学的前面"，到"人文教育和科学教育相融合"，到"育人为本，学、研、产三足鼎立，协调发展"，到"育人为本、创新是魂、责任以行"，这一系列相传承的办学理念，都促进了该校创新型人才培养的实践。

如今，该校已经形成"五个结合"的人才培养方式，即人才培养与学科建设相结合，本科教育与研究生教育（毕业后教育）相结合，理论教学与实践教学相结合，共性要求与个性发展相结合，课内与课外、校内与校外教育相结合；实施了一系列举措，建立起了信息学科、机械学科、土建环学科、电气学科、管理学科和人文学科等学科大类的课程体系，构建起了以培养拔尖创新人才为龙头，以培养高素质创造性专门人才为主体，多种人才培养模式相融并存的人才培养体系。"机械类专业创新人才培养教学改革综合实践研究""七年制临床医学专业人才培养模式研究"等教改研究获得了国家高等教育教学成果一等奖。

·拓展基地吸引学生开展创新实践·

3月25日，华中科大工程实训中心创新二室。该校机械学院大四学生赵青领着一批大一、大二的学弟学妹们正在参观机械创新基地以前所做的一些作品。其中一个会爬楼梯的轮椅，引起了学弟学妹们浓厚的兴趣。

这个会爬楼梯的轮椅，全名为"星轮行星轮转换式可爬楼轮椅"。它既可以像普通轮椅那样在平地上靠滚轴前进，又能在乘坐人的操纵下，逐级攀登楼梯，如履平地。2006年10月，在第二届全国大学生机械创新设计大赛中，这个可以爬楼梯的残疾人轮椅夺得了大赛一等奖。

机械创新基地是华中科大目前建立的13个大学生科技创新基地之一。该校还成立有8个科技创新类学生社团、1个大学生科技创新训练营。这种发挥专业特色、整合多学科资源建立的大学生创新基地或社团，有着很强的吸引力，每年有近2万人次的大学生参加基地活动，有效地推动了大学生科技创新实践活动的发展。

不惜投入，加大实验室的建设力度，是华中科大为学生搭建一流创新实践平台的另一重要举措。仅 2000 年以来，该校就已相继投入 1.5 亿元，立项建设基础课实验平台、学科大类或多学科共享的实验中心、专业课实验室和工程实训中心等 40 多个，并对这些实验室实施开放式管理，确保了学生综合性、设计性、创新性实验的开出率。该校 3 月 5 日启用的工程实训中心，可同时容纳 400 名学生从事常规实习和 200 名学生开展创新实践。

该校还非常重视通过参加学科竞赛来提高学生的创新实践能力。该校每年投入 40 万元对电子、机械、数学建模等 10 余个学科竞赛进行支持。2006 年，该校获得教育部 30 万元经费支持，获准实施"国家大学生创新训练计划"，今年初，首批 45 个项目获得资助，每个项目的资助经费为 5000 元到 1 万元。

·依托项目引导学生进入科研前台·

"我们的'农家空调'见报后，接到许多咨询电话，有厂家，有农民，还有一个电话来自美国的北卡罗来纳州！"3 月 27 日，华中科大建规学院的刘小虎副教授高兴地介绍说。

利用农村一家一户的水井建造冬暖夏凉的空调，这是该院刘冕等 5 名本科生在刘小虎副教授指导下完成的一项实用研究项目。它的题目叫做"小型同井回灌地源环保住宅空调"。2006 年，他们在为一个乡村进行新农村规划的过程中，发现该村水井较多，可以利用，于是突发奇想：利用井水冬暖夏凉的特性，在冬天抽取温度高于室温的地下水，和房间中温度较低的空气交换热量，使室内气温升高；夏天，井水温度低于室温，和房间交换热量之后，房间就变得舒爽怡人；而抽出来的水在循环一圈后，再回灌到水井里。这样既调节了室内温度和湿度，又不会对居民用水造成任何问题。2006 年 9 月，他们居然在武汉市洪山区青菱乡横堤村一户村民家中真的完成了这项"自主选题"的科研项目。根据该年 9 月 17 日的测量数据显示，该空调系统能提供 4000W 以上的热交换功率（通常家用两匹空调的换热功率为 3500W）；系统比传统空调运行效率高出 40% 左右，节约能源和运行费用约40%。

在华中科大，越来越多的本科生在学校组织下，通过各种途径参加到实际科研工作中来，形成了依托基地、借助项目吸引本科生从事科研工作的良好传统和氛围。仅该校设立的"大学生科技创新基金"，近3年来就已投入240万元，支持学生创新科技项目54项。

在该校电信系刘玉教授2002年组建的"基于导师制的本科人才孵化站"——Dian团队里，本科生挑起了科研大梁，在导师的指导下独立从事项目研究与开发。该团队以科研项目为牵引，以培养科技团队的领军人物为目标，每年吸引近100名学生参加活动，科研经费由2002年的3万元增长到2006年的100万元，团队每年都有数篇论文在核心期刊发表。

电子系江建军教授开展的"团队式研究型教学法及实践探索"，以国家基金项目为牵引，将来自不同学科的学生按4至6人一组分成若干个学术团队，利用网络开展电子学科的合作实验、课程设计和课外拓展，让学生课内课外成了独立研究的"小学者"。截至目前，已有1500多名学生先后参与其中，完成研究论文20多篇，研究报告105篇，仅2003级学生中就有5篇论文被《功能材料》《功能材料与器件学报》《无机材料学报》等EI、SCI收录的期刊录用。

在"主动学习、主动实践"氛围中，华中科大的学生表现出较强的创新精神和实践能力：

2003年，获全国大学生电子设计大赛7个一等奖，并夺得最高奖"索尼杯"。

2004年，获得"挑战杯"创业计划大赛金奖，获得第五届全国机器人足球锦标赛队列表演赛冠军。

2005年，又获12个全国大学生电子设计大赛一等奖，一等奖总数居全国高校第一；获得联合国教科文组织"瑞天杯"人居环境设计大赛优秀奖；获得首届"花旗杯"科技应用大赛冠军。

2006年，获全国大学生高校机械创新设计大赛一等奖2项，获一等奖数及获奖总数均居国内高校之首；学生发表SCI收录论文9篇、EI收录论文17篇。

今年 3 月刚从该校电信系硕士毕业离校的萧奋洛，被该校师生誉为"获奖专业户"。从本科到研究生，他获得过 2 个全国冠军、2 个全国一等奖和 1 个全国季军，还在国内核心期刊上发表了 9 篇嵌入式系统方面的学术论文。他说，大学生科技创新基地为自己提供了很好的发展"土壤"，是基地宽松、开放的氛围让他有了自由发挥、顺利发展的空间。

(✐ 《科技日报》2007 年 3 月 29 日　作者：黄志明　贺妮娅)

美誉是这样凝成的
——"学在华中科大"解读

"大学需要有有形资产——大楼，需要有人力资源——大师，更需要有文化内涵——大爱……"3月14日晚，华中科技大学第1236期人文讲座迎来了中国科学院院士、英国诺丁汉大学校长杨福家教授。而更令师生兴奋的是，华中科大原校长杨叔子院士及现任校长李培根院士也随后登台讲演——同一期讲座出现了三位院士校长"联袂主演"的盛况！

这就是华中科技大学人文讲座的魅力，这就是华中科技大学的特色和氛围。

作为新中国自己建设起来的一所年轻的大学，华中科技大学经过短短50余年的建设与发展，就跻身中国重点大学行列，不仅被政府和学者誉为"新中国高等教育发展的缩影"，还赢得了"学在华中科大"的社会美誉。

沉浸在华中科技大学美丽的校园，很快就能品出她特有的"学"的韵味、"学"的氛围——这是一种敢于竞争、勇于创新的习惯，是一份勤于"主动"、注重"实践"的坚持，是一面科学人文、比翼齐飞的旗帜。

·一种习惯：敢于竞争　勇于创新·

"当某种好的精神或风气在某个组织实体内形成，就意味着某种好的品格在那个组织内已形成一种习惯。而真正的优秀就是一种习惯。"这是中国工程院院士李培根等在《论大学的软实力》一文中提出的观点。

在华中科技大学，就代代传承着一种"敢于竞争、勇于创新"的习惯。这种习惯，使得该校始终能够紧紧把握时代脉搏，捕捉机遇，把不利条件转化为有利条件，把劣势转化成优势，把理念转化为行动，把理想转化成现实！

"重点高等学校是在竞争中形成的。"早在上世纪60年代初，该校就提出了建设重点大学的办学目标和"当仁不让、全力竞争"的办学理念，推出了一系列措施，在一些条件还不具备的艰苦环境下，迎接挑战、奋力拼搏，坚持理论教学和实践教学相结合，科学研究和人才培养、社会服务相结合，培养了大批社会主义现代化建设急需的高素质人才，取得了一些重要成果，很快在新中国高等教育领域占据了一席之地。原华中工学院研制出的"柴研Ⅰ型""柴研Ⅱ型"柴油机，满足了城乡建设的急需，受到工人农民的热烈欢迎；同济医学院的师生长期坚持深入到农村疫区开展调查研究，查螺、灭螺，防病治病，为我国消灭血吸虫病，提高人民健康水平作出了重大贡献。

"文革"结束前后，该校不等不靠，果敢地提出了建设理工文管相结合的综合性大学的发展目标，提出了"教师是办学的主体""走综合化发展之路""科研走在教学的前面""从严治校，管理也是教育"等一系列具有前瞻性的办学思路与发展举措。学校"高筑墙，广积人"：从"文革"结束前后至20世纪80年代初，仅原华中工学院就调进了625名教师，选派了450多名人员出国留学或做访问学者，在高教界至今仍传为一段佳话。"学科综合化"则突破了单科性办学模式，设立了一批理科、文科和管理学科专业，开始向综合性大学转变，引领了国内大学综合化的潮流。科研是"源"，教学是"流"；"源"和"流"相辅相成地结合起来，教学内容才能不断更新，才能培养出高水平的人才，产生高水平的成果。学校鼓励教师走出校园寻找科研项目。"科研走在教学的前面"将人才培养和科学研究有机地融合在一起，为国家培养出了大批有较高学术水平的教师、实践能力强的学生和获得国家及社会认可的成果。"从严治校，管理也是教育"促进了该校优良学风的形成。

20世纪90年代前后，随着改革开放的深入和中国各高校改革力度的加大，华中科大领导班子敏锐地意识到：学科建设水平必将成为衡量高校科研水平和综合实力的一个重要标志。他们结合自身实际，提出"狠抓学科建设，异军突起、出奇制胜"的办学理念。经过全校师生的共同努力，该校的教学、科研工作得到进一步发展。

20世纪90年代中期，针对一些理工科院校重技术轻人文的现象，华中科技大学在全国高校中率先举起了以人文教育为中心的文化素质教育的大旗。该校党委强调，办大学就是要办出一个氛围来。该校面向全校师生开设"人文讲座"，定期邀请中外名人学者登台演讲。一批学者深入进行素质教育的理论研究和实践探索，建立了文化素质教育基地，着力培养人文素质和科学素质相结合的创新型人才。目前，该校已形成了具有自身特色的文化素质教育课程体系及教育模式，有力地促进了学校的发展，也推动了全国高校文化素质教育的开展。其影响不仅在当时振聋发聩，至今也仍是我国高校文化素质教育的一面旗帜。

到了20世纪90年代后期，社会主义市场经济体制逐步确立和完善，在国家实施"科教兴国"战略的大背景下，中国高校开始面向市场，更看重综合实力的竞争。实力是根本，发展是硬道理。华中科技大学又提出了"育人为本，学研产三足鼎立、协调发展"的办学理念和面向国民经济主战场，以"服务求支持、以贡献求发展"的办学新思路。该校紧紧围绕"育人是根本、教学是基础、科研上水平、产业出活力"做文章，培养、引进了一批包括院士、知名学者等大师级人才在内的学科、学术带头人，学科建设得到快速发展，科研课题和经费一路飙升，连年获得国家级科技成果奖；为地方和区域经济作贡献成为一个鲜明的办学特色；校园公共服务支撑体系得到极大改善；产业成为学校科技成果转化和人才培养的一个重要基地；学校成为首批被列入国家"211工程"和"985工程"重点建设的大学。

世纪之交，华中科技大学顺应新一轮高等教育体制改革和院校调整的大潮，实现了由原华中理工大学、原同济医科大学、原武汉城市建设学院、原科技部干部管理学院四所学校的合并组建。"千舟竞发，百舸争流！"该校提出了国际化的办学理念，拉开了学校建设世界知名高水平大学的序幕。经过几年的发展和融合，学校的综合实力得到进一步提升，校园文化得到进一步凝练，师生们敢于竞争、勇于创新的精神得到了继承和升华。

"十一五"伊始,在传承既往办学思路与举措的基础上,根据新时期国家和社会对高校的新要求,华中科大提出了"育人为本、创新是魂、责任以行"的办学理念,开始实施"一流教学、一流本科""应用领先、基础突破、协调发展"等具有丰富内涵的发展方针。该校坚持把育人作为学校的根本任务,突出强调本科教育的战略地位,把教学工作作为学校的中心工作,围绕着建设"一流教学、一流本科",加大投入,整合资源,深化改革,基本形成了以培养拔尖创新人才为龙头,以培养高素质创新型专门人才为主体,多种人才培养模式相融并存的人才培养体系。该校坚持把创新作为实现学校可持续发展的灵魂,致力于知识创新、技术创新、管理创新和培养创新型人才,完善集知识创新体系、技术创新体系、国防科技创新体系、区域创新体系为一体,科学研究、人才培养和学科建设有机统一的完整的创新体系,力争成为培养和造就一大批拔尖创新人才的重要基地,成为对提高国家和区域自主创新能力、促进经济社会发展具有重要作用的一支生力军。该校坚持把责任作为学校服务社会、大学生报效国家的基石,加强社会责任教育,拓展社会实践形式,构建社会服务的责任体系,通过保存知识、传播知识、扩张知识、转移知识,不断地为国家和社会发展提供知识与人才支持。

·一份坚持:勤于"主动"注重"实践"·

"学生实践动手能力强",这是社会对华中科技大学本科毕业生的总体评价。这一评价,源自该校历届领导班子对人才培养理念的一份坚持,即善于引导学生自主学习、主动实践,注重培养他们的创新实践能力。

该校建校之初,就很重视通过实践教学、科学研究和社会服务来培养社会主义现代化建设急需的高素质人才。上世纪 80 年代初期,该校提出加强学生创造力的培养,特别设立了"少年班""提高班",培养出一批具有强烈事业心、富于创新精神和开拓能力的优秀人才。80 年代中期,华中科大又率先提出"第二课堂"的概念,采取措施推动学生课外实践活动的开展,并结合学校的实践,出版了专著《大学第二课堂》。80 年代末期,该校开设"创造心理学"课程,供学生选修;1988 年起又设置学生课外科技活动基金,每年支持 50 余个项目,调动学生从事课外科技活动的积极性。90年代初期，在课内开始探索和推广开放性实验室的工作，在课外加大对科技活动和学科竞赛的支持力度，该校连续五年名列高校"挑战杯"大学生科技竞赛前三名。90年代后期，实施"育人为本，学研产三足鼎立、协调发展"的办学理念，产业成为培养学生创新实践能力的另一个重要基地。1996年，在教育部组织的对原华中理工大学的本科教学工作评估中，"学生实践动手能力强"被专家组认定为该校的一大办学特色。

自2000年合校以来，华中科大坚持把创新精神和实践能力作为培养创新型专门人才，特别是创新型拔尖人才的核心，集中、优化、扩展优质资源，实施以创新教育为核心的质量工程，积极构建本科生创新实践能力培养的教育体系。

该校不惜投入，加大实验室的建设力度。2000年以来，已相继投入1.5亿元，立项建设基础课实验平台、学科大类或多学科共享的实验中心、专业课实验室和工程实训中心等40多个，确保了学生的综合性、设计性、创新性实验的开出率。

在加强实验室建设的同时，华中科大不断加强实践教学的改革、建设与管理，积极引导学生进行主动实践，启动"大学生研究计划"，规定每个学生必须获得4至6个科研学分才能毕业，积极引导、鼓励本科生参与高水平的科学研究：

——在理论教学中通过教改立项等多种方式推行研究性教学，3年来已有60个涉及探究式教学、PBL、研究性教学的教学改革项目获得立项经费支持，"本科研究性教学的比较研究与实践"项目还获得教育部立项经费支持。

——建成了223个校外实习基地、37个校内实习基地，以及国家工科基础课程教学基地、国家生命科学与技术人才培养基地和国家集成电路人才培养基地等一批国家级基地和一批国家级、省部级重点实验室；建立了实验室对本科生开放的制度。这些都成为学生课程设计、生产实习、科研训练的重要基地。

——提供资金和场地，在校内建立了13个大学生创新基地，积极引导学生参加学科竞赛，并对电子、机械、数学建模等10余个学科竞赛每年投入40万元的支持经费。近年来，该校每年有近2万人次的大学生参加科技创新基地的活动，近2000人参加各种学科竞赛。

——每年分别投入 50 万元、15 万元实施"大学生科技创新计划"和医科"全程科研训练";2006 年,争取到教育部 30 万元的经费,开始实施"国家大学生创新训练计划"。

——实施三个"二百工程"。每年举办大学生科技创新训练营、党员骨干培训班和创业精英训练营,分别培训二百名学生,以期培养出一批未来的"学术大师""政治精英"和"工商巨子"。

——大力引导和支持学生参与假期社会实践和实际创业活动。

近年来,华中科技大学的大学生创新实践活动从课内到课外、从学校到社会,已蓬勃展开,成为广大师生的一种自觉、主动的行为,并取得了优异的成绩。

在计算材料科学与模拟中心创新基地,每年都有 10 多名学生发表学术论文,每年都有学生参加国际会议。在 Dian 团队,学生在导师的带领下承担科研课题,团队的科研经费已由 2002 年的 3 万元增长到 2006 年的 100 万元,团队每年都有 2 至 3 篇论文在核心期刊发表。

在国内外重要科技竞赛中,该校大学生也屡创佳绩:2003 年,获全国大学生电子设计大赛 7 个一等奖,并夺得最高奖"索尼杯",2005 年又获 12 个一等奖,一等奖总数居全国高校第一;2004 年,获得"挑战杯"创业计划大赛金奖 1 次,获得第五届全国机器人足球锦标赛队列表演赛冠军;2005 年,获得联合国教科文组织"瑞天杯"人居环境设计大赛优秀奖,获得首届"花旗杯"科技应用大赛冠军;2006 年,获全国大学生高校机械创新设计大赛一等奖 2 项,获一等奖数及获奖总数均居国内高校之首。

此外,2005 年,该校 3 项创新教育成果分获国家级教学成果一、二等奖。该校历年来的社会实践活动受到团中央表彰,为烈士"寻亲"活动、青年志愿者行动、支教支医支农活动等在社会上都产生了较好的反响,并涌现了舍己救人的大学生胡吉伟、曹雪松等一批先进模范典型。

·一面旗帜:科学人文　比翼齐飞·

1994 年 3 月 3 日,以面向全校师生的第一次人文讲座为标志,华中科技大学率先在全国高校中举起了大学生文化素质教育的大旗,进而又提出了"科学教育与人文教育相融合"的办学理念。经过 10 多年的探索实践，华中科大的文化素质教育不仅成为"学在华中科大"的一个重要标志，更成为华中科技大学的一面旗帜，从校内走向了校外，产生了较强的辐射效应。

华中科大开展文化素质教育经历了一个发展历程。上世纪 70 年代末，该校在全国工科大学中率先创办文科，为文化素质教育在该校的兴起和开展，在教育思想、学科队伍和学术生态环境等方面奠定了坚实基础。90 年代之后，该校历任领导都非常重视文化素质教育工作，校党委专门成立了由校领导任组长的文化素质教育基地建设领导小组。1995 年 9 月，原国家教委在该校召开"加强大学生文化素质教育试点院校第一次工作会议"，在会上，该校被推举为试点院校协作组组长单位。1999 年经教育部批准，该校建立"国家大学生文化素质教育基地"。

在不断的探索和实践中，华中科大逐步构建了"三个层次、六个方面"的文化素质教育体系。三个层次为：第一课堂（主课堂）、第二课堂（课外科技文化活动）、社会大课堂（社会实践活动）。六个方面是：建立并实施文化素质教育课程体系，将文化素质教育引入课堂，结合专业教学进行人文教育，要求理工科学生选修人文社会科学课程，文科专业学生选修自然科学课程；实施人文学科辅修专业制和双学位制；开设人文选修课和举行中国语文水平达标测试；举办人文社会科学系列讲座，出版《中国大学人文启思录》；开展多种形式的校园科技、文化活动；开展社会实践活动，并将其纳入教学体系。

该校的人文讲座在全国高校颇负盛名：由国家大学生文化素质教育基地举办的讲座，至今已达 1200 余场；由该校理学院承办的"自然科学讲座"，从 1996 年开始至今已举办了 180 余场；由研究生科学与技术协会举办的"科学精神与实践"讲座，从 2005 年 4 月至今已开办 30 多期。冯·克利青（诺贝尔物理学奖获得者）、丁肇中（诺贝尔物理学奖获得者）、郎咸平、袁隆平、钟南山、丘成桐、李开复、杨福家……一大批国内外知名学者先后应邀到该校讲演。华中科大的学生们都把人文讲座看作是"激发自己了解社会，反思自己，思考人生，提高人文修养的机会"，在他们当中，一直流传着这样一句话："大学四年，如果没有听过人文讲座，将是大学生活的遗憾。"

该校还致力于通过理论研究来推动文化素质教育，形成了以杨叔子等著名专家为带头人、以教育科学研究院师生为主要成员的研究队伍；先后承担了一批国家社会科学重大项目等课题，如"培育和弘扬民族精神""人文社会科学系列课程教学内容与课程体系改革的研究与实践""文化素质教育中的重点与难点及其对策研究""理工科大学实施素质教育的途径与方法的理论与实践研究""培养当代大学生人文精神问题研究"等。该校国家文化素质教育基地还根据需要，每年列出3至5个项目，组织师生开展研究，通过研究和实践，获得了一批理论和实践成果。

如今，华中科大每年都要接待数十所学校来校学习交流。该校还通过院士、博导面向社会、走出校园开设讲座，创办文化素质教育专题网站，出版系列专题丛书等方式，不断拓展文化素质教育的影响面，杨叔子院士应邀到全国各地所作的人文讲座迄今已逾300场。该校面向全国推出的"院士、博导中学行"活动，每年都派出一批知名专家学者走向全国各省市区的一些中学，作主题报告，深受各中学师生的欢迎。该校开办的视野网、中国大学生在线网站频道化成天下网、白云黄鹤BBS等成为文化素质教育向外辐射的新窗口。该校从2001年推出"大学开放日"活动，已让6万余社会大众，特别是中小学生及其家长领略到了该校的文化氛围。该校出版的《中国大学人文启思录》系列丛书，已经出至第6卷，累计发行30余万册，产生了广泛的社会影响，被众多学者誉为"重塑中国大学人文精神的力作"。

华中科技大学的师生有这样一份自豪：这里有森林中的大学之美誉，有一流的后勤保障设施，有一流的教学设备，有一流的师资，有严格规范的管理，有深受欢迎的人才；在这里求学治学，可以自然地养成敢于竞争、勇于创新的习惯，可以自主地享受主动实践、一展身手的乐趣，可以自由地兼收并蓄，既陶醉于技术，也沉醉于人文。一流的有形资源融入鲜明的文化氛围中，这就是对"学在华中科大"内涵的最好阐释！

（✎《中国教育报》2007年4月3日　作者：周前进　黄志明）

在实践创新中培养人才
——华中科技大学学生工作略记

7月10日,全球规模最大的学生科技大赛——微软"创新杯"2008全球大赛在巴黎落幕,华中科技大学联创团队的刘岩获得IT挑战项目全球第三名,潘婧、刘洋、金浩健、严舟组成的PaladinTeam在软件设计项目及王嘉辉在IT挑战项目上也闯进前六名。此前,该团队已连续两届获得该赛事软件设计中国区总冠军,其队员陈志峰更是夺得该赛事2007年IT项目全球冠军。

华中科技大学校长李培根院士说:"要把中国建设成创新型国家,首先要从创新人才培养做起。近年来,我校学生工作坚持'育人为本、创新是魂、责任以行'的办学理念和建设'一流教学、一流本科'的发展方针,积极投身于创新人才培养的创新实践,在多方面取得了显著成绩,形成了鲜明的特色,树立了自己的品牌。联创团队就是在我校浓厚的创新氛围下成长起来的一个学生创新团队的典型。"

·以办学理念为指导,不断创新人才培养思路·

与时俱进,紧紧把握时代脉搏,适时根据学校发展的办学理念,创新人才培养工作思路,是华中科技大学学生工作的优良传统。早在改革开放前夕,该校就提出了"走综合化发展之路""科研走在教学的前面"等办学思想,提出了"第二课堂"概念,组织各种校园文化活动,将人才培养延伸到科学研究和校园文化建设工作中,对复合型人才的培养思路作出了有益探索，引领了潮流。20世纪90年代中期，该校明确提出了"科学教育和人文教育相融合"的办学理念，在全国高校率先举起文化素质教育大旗，着力培养人文素质和科学素质相结合的创新型人才。90年代后期，又提出了"育人为本，学研产三足鼎立、协调发展"的办学理念，将人才培养的阵地由教学、科研环节拓展到了企业和国民经济的主战场。

"十一五"伊始，华中科技大学在传承既往办学理念的基础上提出了"育人为本、创新是魂、责任以行"的办学理念和"一流教学、一流本科"的办学方针，该校学生工作积极参与构建以培养拔尖创新人才为龙头、以培养高素质创新型专门人才为主体、多种人才培养模式相融并存的人才培养体系，并在实践中探索出了分层教育的人才培养思路，即强调针对不同层次的学生，最大限度地采取普遍或个性化的举措，开展教育、引导和服务工作，让最大众的学生、最优秀的学生和面临各种困难的学生各得其所，拥有各自最好的发展平台。

·以党建工作为龙头，强化大学生理想信念教育·

高校发展学生党员工作的过程就是对大学生进行理想信念教育的过程。华中科技大学积极创新学生党建工作的新形式、新载体，通过大力实施"党旗领航工程"，全面推进"支部建在班上"，定期举办学生党员骨干培训班等举措，不断加强对大学生的理想信念教育。

"我为党旗添光彩"是该校"党旗领航工程"的一项重要内容。2007年，华中科技大学决定每年下拨约20万元的专项经费，在全校实施以"早日站在党旗下""党旗在我心中""我为党旗添光彩"等为主要内容的"党旗领航工程"。该活动开展以来，已成为该校学生党建工作的"加速器"和对学生党员进行理想信念教育的新动力。

"早日站在党旗下"实行以"早引导、早联系、早衔接、早培养"为核心的"四早"工作制度，很好地增强了党组织对学生的吸引力。近两年，新生入学教育结束后，90%以上的新生都递交了入党申请书。去年有622名本科一、二年级学生被发展为预备党员。截至今年6月，该校本科生党员比例达到20.28%，毕业生中党员比例达39.9%。

全面推进"支部建在班上"这一学生党建传统,则进一步夯实了华中科技大学大学生党员发展工作的组织基础。3 年来,该校在校学生党员总人数分别按 15.7%、36.6%、39% 的比例增长;目前在校学生党员达 1.46万人,71.6% 的本科班级建立了党支部,本科三年级以上班级基本上都建立了党支部。"支部建在班上"增强了党组织在学生中的影响力和战斗力,成为该校的一个成功经验,在全国高校中积极推广。

该校还每年定期举办学生党员骨干培训班,定位为培养未来的政治精英,每期选拔、培训 200 名学员,为期半年。学校邀请政府官员、学者、企业家开设讲座,并开展社会实践、素质拓展等活动,重点培养他们的政治理论、组织沟通能力等方面的素质。培训班为学生党建工作培养了大批政治觉悟高、业务能力强的学生党员干部,也让他们成为党外青年积极分子的引路人和广大学生的贴心人。培训班目前已开展五期。

·以科技创新为导向,探索拔尖人才培养新路·

对着轮椅说"前进",轮椅就乖乖向前;对着轮椅说"上楼",轮椅就卖力地爬楼梯……华中科技大学电工电子科技创新中心的 3 名学生设计的"聪明"轮椅——"残疾人助理",将天方夜谭变成了现实。这一发明,在 9 月 10 日揭晓的 2008 年英特尔杯大学生电子设计竞赛嵌入式系统专题邀请赛中获得一等奖。本次大赛,来自该中心的另 3 支队伍也获得 1 项二等奖、2 项三等奖。

该校党委副书记欧阳康说,与联创团队一样,电工电子科技创新中心的成功,是该校学生培养工作以科技创新为导向,全力投身拔尖创新人才培养的结果。他介绍,在多年的探索实践中,华中科技大学建立了以大学生科技创新训练营和大学生学术科技节为主体、以大学生科技创新基金和大学生科技创新基地为重点、以各类高水平大学生科技创新竞赛为关键的"三层次"大学生课外学术科技活动体系,极大地激发了学生们的创新潜能,各类大学生创新基地或团队如雨后春笋般崛起。

Dian 团队也是这批基地或团队的"形象大使"。该团队由全国师德先进个人刘玉教授发起成立并指导,团队以科研项目为牵引,以培养科技团队的领军人物为目标,每年吸引近 100 名学生参加。团队每年都有论文在核心期刊发表，科研经费也由 2002 年的 3 万元增长到 2007 年的 150 多万元。在 2007 年第十届"挑战杯"大学生课外学术科技作品竞赛中，该团队荣获了一项特等奖。

近年来，该校每年投入经费 240 多万元，用于资助大学生科技创新，目前，已建起 20 个大学生科技创新基地、15 个大学生科技创新社团，每年有 50 个本科生科研项目获国家经费支持，100 个本科生科研项目获学校经费支持。除"学生党员骨干培训班"外，"三个两百工程"中的"学生科技创新训练营"和"学生创业精英训练营"也开展得风风火火。前者每年从保送生、全国奥赛获奖者和高考成绩特别拔尖的学生中选拔 200 名学生进行训练，力争把他们培养成为未来的"学术大师"。后者每年从大学生创业积极分子中选拔 200 人进行训练，力争把他们培养成为未来的"工商巨子"。该活动已坚持 3 年多，深受学生欢迎。

仅 2006 年以来，该校学生在全国以至全球各类科技创新大赛中获得的大奖还有：以总分全国第七、湖北省第一的成绩夺得第十届"挑战杯"竞赛"优胜杯"，在 ACM 国际大学生程序设计大赛中获金奖，在 IEEE 国际未来能源挑战赛中获得全球第二名，在 2007 年美国数学建模大赛中获得一等奖，在 2008 年世界杯机器人足球大赛中勇夺一金两银。两年来，该校本科生在权威、核心期刊发表论文 138 篇，参加国际、国家级学术会议并发表论文 29 篇，获得实用新型专利 12 项。还有数以千计的本科生直接参与到了老师的科研课题中。

·以主题实践为课堂，升华大学生责任教育·

在高度重视大学生的理想信念教育和创新能力教育的同时，华中科技大学也非常重视学生的责任教育。该校校长李培根经常强调：作为一所国内知名重点大学，华中科技大学应承担更多的社会责任，要坚持把责任作为学校服务社会、大学生报效国家的基石，要注重营造良好的育人环境，着力培养在校大学生的社会责任感。在传承创新中，该校构建起了"在专业教育中渗透责任教育""通过人文教育蕴含责任教育""利用主题社会实践强化责任教育"的全方位的责任教育体系。其中"主题社会实践强化责任教育"更成为该校责任教育的新亮点——"为烈士寻亲""衣援西部"

"公德长征"活动在全国高校及社会各界都引起了热烈反响。

  2006年初，在该校的组织下，172名大学生开始利用寒假时间"为烈士寻亲"。他们走遍8县市、100多个村庄，累计行程万余里，为在太原战役中牺牲的5位湖北籍烈士寻找到了亲属。此后，大学生志愿者们更将"寻亲"范围扩大到了全国17个省市，又成功为25位烈士找到了亲人。2007年1月，学校进一步成立了"大学生红色寻访基地"，开始定期组织大学生寻访革命烈士亲属、红色遗址遗迹和先进人物事迹等，让他们在寻访中受教育、长才干、作贡献，增强社会责任感。基地成立以后，大学生们又为赤壁市羊楼洞烈士墓群中的13位烈士找到亲属。今年暑假，该校奔赴各地的各类红色寻访队伍达30多支。大学生们用实际行动教育着自己，也展现了当代大学生的社会责任感和主流价值观。

       （《光明日报》2008年10月16日 作者：范葳 夏斐）

学生是最好的"名片"
——看华中科技大学如何培养创新人才

2010年微软"创新杯"中国区决赛中,华中科技大学延续了以往的辉煌,赢得了软件设计和IT个人挑战项目两项冠军,连续四年代表中国大学生参加全球总决赛。此前不久,生命学院两名本科生被耶鲁大学录取,即将前往攻读生物医学博士学位。一个个走向世界舞台的学子,承载着"华科"独具一格的教育理念。在校长李培根院士心目中,学生才是学校最好的"名片"。为了使这些"名片"更加闪亮,华中科技大学突破传统思维,形成了一套特色鲜明的人才培养模式。

· 启明学院:培养模式的"试验田" ·

高考还未开始,华中科技大学招办就先热闹了起来。许多高中生家长都是冲着学校的"启明学院"而来,看看自己的孩子能否有幸成为其中的一员。

成立于2008年9月的启明学院,是华中科技大学与知名企业合作创立的人才培养"试验区"。根据2010年本科招生计划,今年将通过高考直接选拔60名新生进入启明学院,与一年级240名学生一起接受"特殊"培养。

为何有这么多人甘当"试验品"?成绩也许是最好的解答。

仅仅在2010年过去的5个月中,启明学院的学生就获得了一系列重量级"成果":第26届美国大学生数学建模竞赛特等奖、首届全国大学生基础医学实验设计大赛一等奖、微软"创新杯"IT个人挑战赛中晋级全球前三、微软"创新杯"中国区总决赛软件设计项目冠军。

成绩的取得,并不是偶然的。启明学院的学子的确拥有一片"别样的天空":在导师指导下,学生自主设计、制定个性化的学习方案;根据自身特长与需要,可以选修启明学院开设的"特别课程";特优生可以跨专业、跨院系、跨校选修课程;学院鼓励和组织学生参加各类国际国内竞赛,学院提供经费支持。

"这学期的课表是我自己排的。"启明学院第一届学员李远自豪地说。不仅如此,学生还可以自己"创造"课程:如果同学们一致认为需要补充某一方面的知识,可以要求学校"量体裁衣",开设相关课程。在这样一个特殊的环境中,学生由被动的"接受者"变成了主动的"需求者",主动创新的气氛异常浓烈。

启明学院的课堂是高度开放的,学生们在这里不仅要学习相关领域的知识,还要了解业界发展趋势,对市场需求进行调查,直接研究业界最新技术。为了开阔学子们的视野,中国科学院院士杨叔子、熊有伦、程时杰和中国工程院院士潘垣、李培根等纷纷走上讲台,亲自授业解惑。

"启明学院将挑战这种传统模式,转变为以学生为中心,增强学生学习自主性。"这是李培根校长在启明学院首届创新年会上的话。他认为,被动实践只不过是"做习题",只有在主动实践的过程中,学生的质疑力、观察力、协同力等素质才能得到培养。有了成功的经验,启明学院作为主体参与了学校实施"985工程"总体规划的起草工作。

·联创团队:业界精英的"孵化站"·

2007年8月10日下午,在韩国首尔华克山庄大酒店会议大厅中,微软"创新杯"全球总决赛盛大的颁奖典礼正在举行。

领奖台左边的大屏幕上,一个个镜头像过山车一样急速闪过。当画面定格在"IT Challenge"(IT个人挑战项目)画面上时,所有的人都屏住了呼吸。这是一个分量极重的奖项,预示着又一位IT精英的诞生。

当主持人宣布,一等奖获得者是来自中国的"China Zhifeng Chen(陈志峰)"时,全场顿时掌声雷动。陈志峰的校长李培根更是激动地从座位上站了起来，"我很为陈志峰感到自豪！要知道，他才是一个大二学生，不是学计算机而是环境工程给排水专业的学生。"

"直到我站到领奖台上的那一刻我才真正意识到，我代表的是中国，我们也能改变世界！"对于当年的那一幕，斯文腼腆的陈志峰至今记忆犹新。那一次，他还获得了8000美元的奖金。

陈志峰的"梦想之舟"启航于华中科技大学校园里赫赫有名的"联创团队"。这个创建于2000年6月的学生团队，至今已经走过了整整十个年头。

联创团队的运行，带有极强的"民间化"特点。新成员"入团"，有一套规范的程序：团队会安排资深队员对其进行为期3个月的培训，主要是传授团队的学习方法，帮助新队员找到学习的"乐趣"；然后，根据其综合表现决定其能否正式加入团队；入队之后的学习则由其在项目小组中自主进行。

在联创，一个项目小组也就是一个合作学习团队。小组内分工明确，每个成员根据自己的专长承担相应的任务，组员之间优势互补、协同作战。如果遇到重大赛事，由队员们民主投票决定参赛人选，学习创新的能力是唯一的标准。

"基于项目的学习模式"催生了无穷的创新动力，也"制造"了一批"业界精英"："联创团队"创始人之一的刘铁锋，同时收到了微软亚洲工程院和微软亚洲研究院的聘任书；队员李森荣获微软"最有价值专家"称号，全国仅有234位；申林与队友设计出基于移动数据采集终端的在线诊断系统，能使医生远程快捷地对小儿肺炎进行听诊和判断……在十年庆典之际，联创团队已经拥有了三家创业公司，许多成员毕业后直接加盟旗下公司。

2006年，受"联创团队"启发而组建的"基于项目的专业教育试点班"正式开班。与此同时，湖北省教学改革基金项目"基于项目的专业教育试点"也正式启动，教育部更是明文将此纳入"国家大学生创新训练计划"项目。这个被称为"种子班"的新鲜事物，成为华中科技大学人才培养的又一"亮点"。

"宏思维"：人才评价的"新标准"

刘里鹏，华中科技大学校园里一位著名的"90后"。作为一名工科生，他两年间发表新闻、评论和散文40余篇，出版了3部科普专著《从割圆术走向无穷小——揭秘微积分》《好的数学——微积分的故事》和《基于"HWW分析法"的傅立叶变换的解析》。以人文意识思考科学问题，使刘里鹏成了校园里人才的"样板"。

在长期的教育实践中，李培根认识到，传统教育模式下一些专业基础比较扎实的学生，在宏观问题、重大问题、整体联系上往往缺乏训练和思考。作为一校之长，李培根一直都有一个愿望，期待培养出来的学生在养成专业思维的同时，能够具备"宏思维"。

早在改革开放之初，华中科技大学就实施了"走综合化发展之路"的办学思想，率先提出了"第二课堂"概念，将人才培养延伸到科学研究和校园文化建设中。20世纪90年代中期，学校明确提出"科学教育和人文教育相融合"的办学理念，在全国高校率先举起文化素质教育大旗，着力培养人文素质和科学素质相结合的创新型人才。90年代后期，学校又提出了"育人为本，学研产三足鼎立、协调发展"的办学理念，将人才培养的阵地由教学、科研环节和"第二课堂"拓展到了企业与国民经济的主战场。至今，从华中科技大学这片沃土走出了5名院士。

"文化素质教育培养了既具有广阔的科技视野，又有深厚的人文情怀的创造性人才。"学校的第一位院士杨叔子虽然已是77岁高龄，依然"文采飞扬"。有了这样的氛围，哪怕是最为"传统"的英语课也上出了"味道"：由灌输式学习，改为小组交流讨论、场景模拟教学，极大调动了学生的积极性。

新世纪之初，国际化宏观视野成为人才的必备素质。成立启明学院，其中一个目标就是培养学生宏观思维的能力，在专业教育中引导学生认识和思考人类社会的一些重大问题，并尽可能地应用学科和专业知识，针对社会重大问题，哪怕是很小的一个方面，进行探索性的研究与努力。

2007年起，华中科技大学建立大学生尽早进入实验室研究的制度和运行机制，向本科生开放各级实验中心、创新基地、国家级或省部级重点实验室、工程中心等各类研究基地；实施"大学生科技创新计划"和医科"全程科研训练"计划，在校内建立了22个大学生创新基地、8个科技创新类学生社团、1个大学生科技创新训练营。与此同时，用投入和政策鼓励学生参加全国性的学科竞赛及其他国内外各类大学生科技竞赛。

（✎ 《光明日报》2010年5月23日 作者：夏静 周前进）

华中科大孵化大学生创业团队

第二届"华为杯"大学生创业计划大赛、首届"研究生科技创新行动""大学生科技论坛""走向社会——新世纪人才工程"……目前,华中科技大学的学生们正在开展一系列学生创业活动。与此同时,大学生科技创业者协会、IT俱乐部、Linux俱乐部、发明与创新协会等直接面向社会的创业社团也应运而生……

结合创业项目,大学生创业者们三五成群地聚拢在一起,每一个创业项目都是"集体"。在创业团队中,计算机、电信、机械、管理、经济、社会学等专业的学生在这里都找到了各自的位置。许多老师也参加了企业团队,为学生当好"参谋"。

据统计,目前全校已有近400名同学报名参加今年的创业计划大赛,从博士生到一年级本科生都摩拳擦掌。有项目并组队的已有100多个,其中40多个参赛小组拥有自己的成型产品,课题方向涉及高新科技、生活实用产品、IT业以及咨询中介等诸多方面。

早在1999年,学校团委联合湖北省民营企业家协会成立了"大学生调查研究中心"。该中心配合校内外学术机构、政府机关、企事业单位开展了规范的市场调研、决策分析、社会调查活动等。今年年初,调研组成员召开新闻发布会,发布了便携式蓄冷空调、功能性早餐食品、超声波电机等产品、技术,帮助"孵化"出了"爱克森超声波电机公司"等两家学生创业公司。

好利工作室，核心人员有博士 10 名，硕士 4 名，本科生 3 名，高级顾问 2 名。他们经营着 HAOLY 创业网站（www.haoly.com），同时进行电子商务的应用，并依托网站经营投资咨询业务、承接应用并开发项目。目前该网站有近 10 家投资商和 10 余项新技术和新产品"上网招商"。由于卓有成效的工作，该网站被团省委认定为今年全国百支博士团"西部行"志愿服务活动湖北省高校博士团信息中心。

STAND 团队，由计算机学院、电信系的 20 余名硕士生和本科生组成。他们开发的"基于 Windows 防黑客攻击系统方案"属全国首创，目前处于整合、完善阶段……

此外"飞跃无限""华通""华中大新闻网""搜华佗"等网站也纷纷登台亮相。

大学生创业绝不是凭着单枪匹马能够闯出的。创业者需要校方为他们"指点迷津""撑腰壮胆""输血供氧"。今年 4 月，学校有关部门专门为参与创业计划大赛的学生进行了 10 期创业培训，并举办了"成功人士创业系列讲座"。

（《中国青年报》2000 年 6 月 6 日　作者：张双武　刘继文）

华中科大确定"教授上讲台"制度
院士纷纷为本科生授课

最近,华中科技大学中科院院士杨叔子教授放弃参加两个国际会议的机会,专门为200多名机械学院的本科生授课。

据介绍,走上本科讲台的,还有熊有伦、张勇传等中科院院士以及校长樊明武院士。

近年来,华中科技大学将"教授上讲台"制度化。该校规定:每年在全校范围内进行一次主讲教授、主讲教师竞争聘任上岗。竞争上岗位的,每月发放1000元左右的教学岗位津贴。竞争"主讲教授岗"者必须是现任教授,且在某个学科或研究领域有一定的学术地位;竞争"主讲教师岗"者必须是现任教授或副教授,且在某领域有明确的研究方向和一定的研究成果。这些严格的要求,使得最后走上本科讲台的都是些深受同行和学生好评的高素质教师。

杨叔子院士认为,教授上讲台可以将本科生引到学科最前沿,看到学科的全貌和未来。

(《湖北日报》2001年12月19日 作者:曾遗荣 张俊超)

46 种教材列入"国家级"
华中科大入选总数居全国高校第五

日前,在教育部公布的普通高等教育"十五"国家级教材规划中,华中科技大学有 46 种教材入选,入选总数仅次于北京大学、中国人民大学、清华大学和复旦大学之后,居全国高校第五。

据悉,在今年教育部组织的普通高等教育"十五"国家级教材规划选题申报工作中,全国共有 500 余所高等院校申报了 6000 多种教材。经专家评审,教育部最后确定并公布了 2021 种教材列入"十五"国家级教材规划。

据了解,华中科技大学入选的 46 种教材中,机械学科、医科、信息学科、材料学科的教材建设已处于全国高校的领先地位。其中,李元杰主编的《大学物理》一书,由过去那种以传授知识为主,过分强调知识本身的系统性、严密性的传统教学模式,向传授思想、方法、知识三者并重,强调对学生创造力培养的现代教学模式转变。据说,该书预计明年还将被翻译成英文在国外出版发行。

早在"九五"末,华中科技大学本着"编""选"并重的原则,就确定了学校"十五"期间的教材建设目标:要适应培养具有国际竞争力的高素质创造性人才的需要,力争出版一批具有世界先进水平的精品教材,同时把已出版的高水平教材推荐到国外,打入国际市场;并加强世界知名高水平大学原版教材的引进工作。

(《长江日报》2002 年 9 月 18 日 作者:柯进 刘太林)

华中科大学子获温度传感器设计冠军

近日,华中科技大学电子与信息工程系2000级本科生萧奋洛同学设计的一种便携式的检验校正系统,获得"美国国家半导体2002年中国温度传感器设计大赛"大陆赛区唯一冠军。

萧奋洛介绍,在人工气候无地栽培等生产、研究场所,都离不开大量的温度测量仪器来采集、控制温度。眼下国内众多生产场所安装的温度测量仪,需要每半年或一年进行一次常规定期检验校正,拆、装极不方便,送检过程耗时较长。他产生了设计一种能实现温度测量仪随时、全自动、现场、快速接受校正的系统的念头。他借助计算机,采用先进的控制技术,拿出了参赛作品"基于LM35温度传感器的高精度恒温控制系统"。大赛评委会鉴定:该设计作品最大的优点是可以提供"在线"快速检测,从而保证持续生产和生产质量。

据介绍,美国国家半导体公司是一家模拟技术居国际领导地位的半导体芯片开发公司,2002年首次在中国内地主办该竞赛。清华大学、华中科技大学、华南理工大学、武汉大学等数十所高校组织本、硕、博等各级在读学子参加了该项赛事。大赛设冠军1名、亚军1名、季军5名,共收到300多份作品,萧奋洛是获奖者中两名本科生之一。

(《科学时报》2003年2月11日 作者:刘利剑 周前进)

名师"挂牌上岗"名课免费上网
华中科大打造 150 门"精品课程"

只要点击华中科技大学精品课程网址，即使你远在边远山区，也可以尽情享用该校的 10 多门"精品课程"。为了进一步提高课堂教学质量，该校计划用 5 年时间打造 150 门"精品课程"，以便让最优质的教育资源造福更多学子。"精品课程"是具有一流教师队伍、一流教学内容、一流教学方法、一流教学管理等特点的示范性课程。"精品课程"之"精"最关键的就是教师精，既要有一批名师"挂牌上岗"，还要有一群能站在学科前沿、教学经验丰富的教师组成的教学梯队。

目前，华中科大已经有"电子技术基础"等 3 门课程被列为国家级"精品课程"，"材料力学""操作系统原理"等 12 门课程被列为湖北省"精品课程"，这些课程已经全部免费上网，供全社会享用，只要点击该校精品网站，诸如电子教案、网络课程、自我测试、实验指导、网络视频、课件下载、网上答疑等免费资源让你看得眼花缭乱。至今该校已经建成了 48 门校级"精品课程"，学校还计划在未来的 5 年内建设 150 门校级"精品课程"，并逐步上网，向社会免费开放。

(《湖北日报》2004 年 6 月 8 日　作者：刘继文)

华中科技大学教改：60名本科生直接攻博

新学年开始，华中科技大学尝试性地拿出约5％的博士生招生计划，招收60名本科生，他们不需经过2年至3年的硕士阶段学习，就直接开始攻读博士学位，学时为期5年，享受与博士生同等待遇。"直博生"这一新的名词也在校园中产生。

依据华中科大新出台的"直博生"培养方案，这些学生入学后，他们除撰写硕士论文外须先补足硕士阶段的全部课程后，再参照现行的博士生课程体系和学籍管理办法进行培养，并享受与博士生同等待遇。

据了解，此次被确定的60名"直博生"除了具备较扎实的专业基础知识和较强的动手能力、通过国家英语六级水平考试外，还是进入当年免试推荐硕士生考核范围的优秀应届本科毕业生。他们还顺利通过了该校专门组织的业务课笔试、面试和外语听说能力测试三轮考核，最终经教务处、研究生院和学校主管领导核定。

华中科大研究生院管理处负责人介绍，考虑到一些学科的基础研究周期较长、要求高，为保证科学研究和人才培养的相对连贯性，此次学校拿出5％的博士生招生计划，用于招收理、工、医等基础学科的"直博生"。不过，由于这些"直博生"不经过硕士培养阶段，因此毕业后只有博士学位，不会获得硕士学位。

（新华社 2004年9月25日 作者：董晓林 李鹏翔）

招聘"病人"用于教学
华科大同济医学院教改与国际接轨

向社会招聘"病人",并使其充当病人角色,以配合医学学生完成问诊、体检、临床初步诊断等临床技能考核过程,并从"病人"角度,对学生的"诊断"表现进行评价。利用这种教学方式,昨日华中科技大学同济医学院正式启动了该校的新一轮教改。

这也是该校为促进其医学教育国际化的一种尝试。

这种招聘的"病人"医学上被称为"标准化病人",他们不是真正的患者,而是扮演患者的健康人。在欧美等发达国家的医学院校,招聘"标准化病人"进行客观结构化临床考试(OSCE)较为普遍,现已逐步成为医学教育的国际惯例。

参照这种国际通行的培养方法,华科大同济医学院首先在内、外、妇、儿和精神科设立了国际通行的医学学生客观结构化临床考试站,并依照每科室配备2~3名"病人"的原则,面向社会招聘首批"病人"。

据医学院教务处有关负责人介绍,这种"病人"在国际医学教学中不仅起着"病人"和"评估者"的双重作用,而且具有两大显著优点。首先,经过培训的"病人",由于具有相同的"病理特征",可以为医学学生提供一个公平的临床技能教学、考试环境,避免了过去因病例对象不同而导致教学评估的不科学性;其次,随着《执业医学法》的颁布,医学学生直接在病人身上检查受到诸多限制,而"标准化病人"则避免了这种矛盾。

据悉，目前已有 20 多位退休教师、学生以及下岗职工报名担当教学"病人"。这些报名者由学校组织 1～2 周相关知识培训且通过考试合格后，才会被正式录用。录用后，学校将根据参加考评的次数、时间和扮演"病人"的角色，支付报酬。

（《长江日报》2004 年 10 月 21 日　作者：柯进　柯育萍　钱浩）

转专业不考试不交费　选择更为自由合理
华中科大学生 4 年可两次换专业

近日，华中科技大学原交通学院的大二学生江政伟告诉记者，高考时他的第一志愿就是机械学院，录取时被调配到交通学院，现在他终于圆了在机械专业学习的梦。

在华中科大实施的学科大类内自行选择专业的政策中，江政伟成为首批获益的 90 余名 2003 级学生之一。就在数月前，来自该校机械学院的学生饶俊峰则成功跨学科大类转入了电气学院，成为 140 余名跨学科大类转专业的 2004 级学生之一。

该校学分制改革打破以传统学年制为基础的刚性统一的教学管理制度，建立了弹性的、灵活的具有选择机制的学分制教学管理制度。从 2003 级起，学校大部分本科生被分别列入信息学科、机械学科等 5 个大类平台中完成学业。在这 5 个学科大类平台内部，学生们通过选修不同的专业课程、修满规定的学分后，有望改变自己入学时的专业，而从自己感兴趣的专业毕业。

学生进校后，学校给予他们两次转专业的机会。第一次转专业的时间为进校后的第一个学期，凡因身体原因或特殊爱好要求转换专业（信息学科大类除外）的新生均可提出转专业申请（不考试），经有关院系及教务部门审批，第二学期即可在转入院（系）上课。目前，该校 2004 级新生中约有 1.5％成功转换专业。第二次转专业的时间为第四个学期，学生可在自己所属的学科大类中自行选择专业。目前，该校信息学科大类和机械学科大类的学生已实现了第二次选择专业的机会。提出申请的 90 余名学生全部转入各自满意的专业。

据了解,华中科大从1999年即开始进行有关探索,自2003年起从2003级和2004级本科生中开始推行学分制改革。在这种政策下,转专业不考试、不交费,专业选择更为自由、合理,给了学生更多的考虑时间和选择空间,使学生成为政策的真正受益者。

(《中国教育报》2005年5月19日　作者:贺妮娅　程墨)

创新潜能在实践中尽情释放
——华中科技大学 Dian 团队学生的科研之路

"Dian"的寓意是知识和能力的积累来源于点点滴滴。对于华中科技大学 Dian 团队来说，他们正在破茧而出，期待迎接新的飞翔。

这是一支仅有 5 年历史的学生科研团队，团队中本科生约占 80%。

开始时，他们自称是全校课外科技活动的一朵"野花"，如今已经获得学校的大力扶持和资助，被纳入学校人才培养体系。

团队成员以本科生为第一作者在权威、核心期刊或知名国际会议上发表学术论文 11 篇，以本科生为核心骨干申请的发明专利有 6 项，累计获得来自企业的科研经费已超过 300 万元。

2006 年，Dian 团队被教育部列为首批"国家大学生创新性实验计划"的资助对象之一，团队有 11 个项目得到教育部的批准立项。

· 一边上课学习，一边真刀真枪搞科研 ·

Dian 团队创建人、华中科技大学电信系教授刘玉回忆起团队创建时的情景非常感慨。2001 年年底，刘玉面向全校招聘学生开展科研课题研究，3 名应聘的本科生圆满完成了她布置的课题任务，并编写出 2 万多行的软件代码。这使她感到，本科生的科研能力不可小视，他们缺的只是机会和环境。

2002 年 3 月，刘玉在网上组建科研论坛"Dian"，以期让不同专业的学生开展技术讨论。随后，这个团队由网络走向现实，在一个个实际科研项目中，学生的创新潜能被激发出来。团队的第一个项目"计算机网络信息加密方法研究"，总经费仅3.5万元，却培养了三代队员，申报了两项国家发明专利，发表了一篇权威期刊论文。

Dian团队的项目主要来自社会上的公司、企业，这些项目大多是小资金，短期限，很适合本科生做。还有些项目是以社会需求和学科前沿为背景向学校有关部门申请的创新基金项目，团队以此开展项目制的研究性学习。

加入Dian团队之前，电信系学生雷诚参加过学生创新基地的活动，自认为基础不错，但是进入团队后，一接触到真实的项目，他马上感觉到巨大的压力。用雷诚的话说，做砸了不是被老师批评两句就完了的，客户上门委托，有明确要求，要在市场中经过产品化检验过程后项目才能最终结题，项目研究是"真刀真枪"的。他一边上课，一边学习技术、调试电路板，还要和公司沟通，忙得不亦乐乎。"没有单纯的理论灌输，一切的一切都从实际应用出发，在实践中学习，在学习中实践，我真正学到了一些东西。"雷诚坦言。

在Dian团队申请的11个"国家大学生创新性实验计划"项目中，前沿性的占到50%。"如果没有真实项目的牵引，很难提出这么多研究课题，就算提出来了也未必能完成好。"刘玉说。

随着项目的推进，Dian团队一点点地成长起来。团队的校外项目经费从创建之初的0.9万元增长到了2006年的108万元，今年有望突破150万元。

项目研究需要很强的因材施教能力与精力投入，一位导师的知识、精力毕竟不够，因此，Dian团队采用开放式的导师制。学生们通过E-mail、QQ或MSN、论坛、电话等手段向全世界同行请教，他们自豪地说，他们的技术导师遍布全世界，他们"请教全世界"。随着团队声望和有Dian团队经历的校友不断增加，团队的导师资源更成为源头活水，呈马太效应放大。

Dian团队已成为学生求职和深造的品牌。目前团队孵化出站的优秀队员超过100名，分别就职于微软、朗讯、IBM、华为等大型企业，或者进入美、英等国家和地区名校深造。

一些大型公司企业甚至提前预订Dian团队成员毕业后去工作。

·学生管学生，本科生也能做科研主角·

Dian 团队首批队员熊祖彪，2003 年年仅 19 岁时被"委任"为一个难度很大的嵌入式开发项目的组长，面对一大批比他年龄大不少的组员，他很长时间都找不到当"头儿"的感觉。"开始时没有经验，总觉得缺乏底气，刘玉老师多次鼓励我，有时候晚上很晚从实验室一直陪我走到宿舍，一路都在开导我，教我一些管理的方法。"熊祖彪回忆说。

做完第一个项目后，他被派到北京参与一家通信公司的项目，依然担任组长，经过前期培训、制订计划、整体流程控制等多个环节的学习实践，他慢慢有了自信。熊祖彪说，从北京回来后，感觉到自己视野更加开阔，组织管理能力飞速提高，对项目的整体把握能力明显提升。2004 年，年仅 20 岁的熊祖彪担任了 100 人团队的技术总监。

Dian 团队中一个有趣的现象是，早期加入团队有过系统训练的本科生往往是未经 Dian 团队训练的研究生们的技术领导、项目组长。因为 Dian 团队实行的是以学生管学生，按照队员的水平和成就编为不同级别的队员，完全打破论资排辈，每位学生都通过预备队员、二线队员、一线队员到项目组长再到管理者的递进方式来孵化成才。当发现知识不够用时，项目组长就组织技术"读书班"，大家分别消化不同资料，然后互相"上课"，每位队员都是主讲教师，从而实现"自己教育自己"。

"学生都有潜力，要敢于给他们压担子，让他们多承担技术支持，进行分工合作，我主要负责做好后勤和思想工作。"刘玉用幽默的话语形象地阐明了 Dian 团队中导师所起的作用。"本科生当主力，学生在研究中发挥主体作用，更有利于他们感受科研过程，提高科研素质，形成敢于质疑、仔细观察、团队协同的能力。"华中科技大学电子系副主任杨晓非说，"以往的科研活动，学生更多是按照教师的思维模式去进行，他们本身创新能力的培养则受到抑制。如果学生就某一个问题去主动实践，发挥主观能动性，尽管不一定会产生创新思维的效果，但它会大大增加学生今后获得创新成果的机会。"

"团队的这种运作机制使我的研究经历迅速丰富，基础知识更加扎实，更注重细节，厚积才能薄发。"刚从奥地利维也纳参加了欧洲量子信息青年科学家会议归来、华中科技大学计算机学院的大四学生李玥如是说，他撰写的论文在会上得到了外国专家的认可。

大二时就加入了 Dian 团队的李玥，从一名懵懵懂懂对科研有点兴趣的学生成长为团队量子组的组长，从旁听科研例会、参与学术交流到撰写项目申请书、组织团队攻关、撰写论文并发表等，他的成长是 Dian 团队成员成长的一个缩影。

·从"第二课堂"向"第一课堂"渗透·

Dian 团队初期的自由探索、起步时的经费困难是不言而喻的，逐渐成功并引起注意后，学校积极支持，致力于将其从体制外纳入体制内，以推动研究性学习真正成为该校本科教育的要素。

学校教务处处长许晓东说，要推广 Dian 团队的做法，并逐步将这种"第二课堂"的项目制研究性学习渗透到"第一课堂"之中，突破以讲授为主，按学科逻辑组织教学内容的封闭式教学体系，确立教学、研究和实践（应用）三者辩证关系的教学新模式。说得具体一点，就是按照问题、项目的需求，设置综合性课程，促进学生知识的综合化，以培养学生解决问题的能力为目标。

在总结该团队创新实践经验的基础上，刘玉等申报的湖北省教学改革基金项目"基于项目的信息大类专业教育试点班组建"获准立项，2006 年 8 月，该校悄然推出了一个 20 人左右的本科生班——"种子班"，该班每年从全校信息类刚完成二年级学业的本科学生中遴选，其培养计划和教学计划单列，其中 50% 以上的教学内容都是理论与实践相结合的综合课程，以培养学生快速的学习能力和较强的实践动手能力为目标。"种子班"的成员大部分来自 Dian 团队，也有部分非团队成员，这些人必须经过 Dian 团队的项目考核，合格者才能加入"种子班"。

目前，"种子班"已有两届学生近 40 人。大四学生李玮玮是首届"种子班"成员，她对"体制外"和"体制内"的冲突深有感触。大二加入 Dian 团队时，她一边要完成专业规定的学分，一边利用课余时间参与团队的项目训练，"两者兼顾的结果是不能全身心投入科研训练中，训练效果并不是很好。"李玮玮如是说。

成为"种子班"成员后，李玮玮发现，学校给他们单独设课，有专门的授课教室，配备专职教师。教室还有一批计算机，学生可以一边听老师讲，一边做实验设计。在考试中，项目表现和特色课程占到75%，考核方式灵活，强调真实项目的牵引。李玮玮高兴地说，做项目也可以拿学分了，我现在特别充实，学习思考也更加深入了。目前她已经被保送到中科院计算所硕博连读。

"如果说，过去Dian团队的发展还存在着只能利用课余时间开展活动等一些制约因素的话，那么'种子班'则在很大程度上解决了团队'第一课堂'与'第二课堂'的冲突与摩擦。"刘玉说，"'种子班'要使动手能力强和综合素质高的学生能够脱颖而出，让他们真正成为兼具技术力和领导力的精英之才。"

(✐《中国教育报》2007年11月8日　作者：杨晨光)

华中科大启动创新研究院建设

日前，华中科技大学创新研究院恩明楼破土动工，正式启动创新研究院建设。在奠基仪式上，翰名教育科学基金会主席萧恩明宣布捐资 331 万美元，用以支持该研究院大楼的建设。据介绍，华中科大创新研究院将是一个开展多学科交叉研究，培养优秀研究生，并促进科技成果产业化的"特区"，建成后将采取"集中空间、集中团队、集中资源"的组织模式，在生命、信息、材料、环境、能源、装备等若干交叉学科领域，建设 10 个左右多学科交叉研究中心。首期将重点建设新材料、新能源、新环境等多个多学科交叉研究中心。

（《光明日报》2008 年 4 月 1 日　作者：夏斐　范葳　管晓霞）

华中科大锻造特色讲座
科学与人文两翼齐飞

24日,爱立信董事长泰斯库做客华中科大"科学精神与实践"讲座,为学子们演讲"拥抱全球化和革新的挑战"。

作为欧洲推行企业改革强有力的支持者,做事果断、大刀阔斧的泰斯库有个著名绰号"大刀麦克"。报告厅座无虚席,还有许多学生席地而坐,只为一睹这位传奇人物的风采。

通过"科学精神与实践"讲座,喻园学子已聆听了95位大师的精彩演讲。4年来,该讲座持续邀请不同领域的科学大师与风华正茂的学子直面交流,讲述科学研究的亲身经历,分享科学实践的感悟,探讨科学精神的真谛。

美国科学院院士、图灵奖得主姚期智带来"神奇的密码学",中科院资深院士何祚庥解读生产力和社会发展规律,菲尔兹奖得主丘成桐院士阐述数学家的志气与操守,为艾滋病防治奔走的桂希恩教授和抗击非典领军人物钟南山院士生动地诠释着"医德"二字……

经过几年锻造,"科学精神与实践"讲座已逐步成为华中科大学子感受科学旅程的新起点,与该校早已闻名全国高校的人文讲座相映成趣。

(《湖北日报》2009年3月26日 作者:韩晓玲 范葳 张佩佩)

华中科技大学：
5位院士2位名师共上一门课

华中科技大学启明学院的学子正享受着5位院士、2位名师为其共上一门课的"特殊待遇"。学校校长李培根院士日前为启明学院的学子讲授特别课程"工程导论"，这已是这门课程开设以来的第七讲。

近年来，华中科技大学结合建设创新型国家的需要和该校的办学目标、人才培养目标，深入学习实践科学发展观，着力深化创新人才培养模式改革，建设拔尖创新人才培养试验区，形成多学科交叉的创新教育生态环境，引导学生进行研究性学习、主动实践和科技创新，培养学生的创造精神。学校设立独立建制的启明学院，实施优才优育，即是一项重要的"试验"。

李培根院士当晚主讲的内容是：专业教育中的"宏思维"能力培养。他认为，宏思维是对宏观问题、重大问题、整体联系上的训练和思考，宏思维能力体现宇宙观、方法观、公民意识、社会责任感、宏伟目标，甚至情商，其本质是适应目标需求，高校教师应将宏思维能力的培养渗透到专业教育之中，比如各专业学生要思考在解决人类重大需求上能发挥何种作用。他还就当前工程领域面临的挑战以及如何在专业教育中培养学生的宏思维能力等进行了讲解。

启明学院种子班的2006级通信工程专业的胡焰同学说："这门课非常精彩，有利于拓宽大家的知识视野，让我们感受到了院士、名师们的魅力。他们备课也很细心，准备充分。经常会有下一讲的老师现场来听上一讲老师的课，再和相关人士交流、征询意见，现场学生反响热烈、气氛活跃，让人感动。"

据了解，启明学院成立于 2008 年 9 月，作为学校人才培养模式创新实验区，其创新教育改革计划的一项重要内容就是为学院学生制定特别课程计划。"工程导论"就是这样一门特别课程，由杨叔子、潘垣、熊有伦、李培根、程时杰 5 位院士和黄素逸、吴昌林 2 位知名教授共同主讲，共分八讲，涉及能源与环境、太空、能源发展战略、自动化与社会、科学技术工程、电气工程学科发展、专业教育宏思维培养以及主动学习过程与方法等，目的是开阔学生视野、引导学生主动学习、培养学生的宏观思维能力。

（《光明日报》2009 年 4 月 11 日　作者：夏斐　范葳　周前进）

华中科大教学实施"一票否决"

建立学校和院系两级责任制，将学风教风建设工作纳入各单位年度考核内容；强化教学工作一票否决制，达不到教学基本条件的教师不得评聘教学职称；发挥学业形成性评价对学风建设的导向作用，引导学生全过程、全身心投入到学习之中——近日，华中科技大学发布2011年一号文，紧抓学风教风建设，紧扣办学生命线。

据介绍，该校2011年一号文名为"关于进一步加强学风教风建设的若干意见"。它明确提出建立学风教风建设责任制，将学风教风建设工作纳入各单位、各级党组织的年度考核内容。包括校党委书记、校长在内的各级党政主要负责人，为学风教风建设工作第一责任人，每学期都应深入学生班级、课程、教学基地，了解学风教风情况，及时发现问题，解决问题。各教职工党支部均应联系一个专业班，重点开展对学习困难学生的服务支持工作，各党支部应明确每一名学习困难学生可联系的党员。学校对各院系的学风教风建设工作评估结果与业绩津贴挂钩。

该文称，学校将进一步深化人事制度改革，建立课程负责人制度，课程负责人具有建议聘任、评价任课教师的权力。教学工作具有"一票否决权"，达不到教学基本条件的教师，不得评聘教学职称。

据了解，依据该文，华中科技大学将开展启发式、探究式、研讨式等教学方法，实施基于问题、基于项目的教学方法改革，逐步提高小班、小组教学的比例，注重学生的团队学习、团队研究和团队协作，激发学生的主体意识，引导他们自主学习、主动实践。各院系将推进学生学业评价改革试点,逐步加大形成性评价在总体评价中的比例,发挥学业评价对学风建设的导向作用,引导学生全过程地投入到学习中。各院系改革试点课程的比例,第一年不低于本院系所开设必修课程的30%,并逐年增加;改革试点课程终结性评价成绩一般不得高于课程总成绩的50%。

(✎ 《中国青年报》2011年02月15日 作者:甘丽华 周前进)

聚焦华中大

华中科技大学70周年校庆丛书

第九章

人才荟聚 荣校兴校

为了建设国际一流学科
——华中科技大学引进高层次人才纪实

近年来，华中科技大学采取超常规措施吸引国内外高层次人才。1997年以来，已有5位院士、30多名学科带头人、200多位博士以上学历的中青年学者竞相加盟。

海纳百川涌春潮。这些新引进的人才用新思维改造传统学科，用新模式发展新兴学科和边缘学科，拓展了数十个科研新领域，产生了一批世界先进水平的新成果，带来了清新的学术风气，使学校发展焕发出勃勃生机……

·跨越式的"学科跳远"·

作为一所办学历史较短、学术及文化积淀不深的高校，如何才能企及世界学术的最前沿？华中科大选择了跨越式的"学科跳远"。

30岁的徐涛教授，今年9月被华中科大聘为"长江学者奖励计划"特聘教授。近10年来，徐涛一直在从事的细胞分泌的分子机制研究，使人类能深入了解细胞的生命活动机理和规律，这正是当今神经科学的国际前沿。1994年，徐涛攻读原华工生物医学工程博士学位，由康华光教授和韩济生院士一起指导。1995年，他受邀请到世界著名的德国马普生物物理化学研究所进行研究，在导师Neher（1991年诺贝尔奖得主）的指导下，完成了博士论文，并于1997—1999年进行博士后研究。1999年，徐涛又来到美国华盛顿大学生理与生物物理系继续深造，其导师是美国科学院院士、世界神经科学界的领袖之一 Bertil-Hille。

1999年10月11日,徐涛收到了一封来自母校的纳贤信。华中科大校党委副书记刘献君在信中这样写道:"我校的生命学科基础比较好,非常需要你这样的学术带头人。学校一定会创造最好的条件,使你能安心工作……"看罢来信,徐涛喃喃自语:"搞生命科学研究需要光学、电子等工学研究配套,国外不一定有合作的机会,而母校已具备很好的工科、医科背景。如果利用工程手段去解决医学、生物科学的问题,就很有可能在生命学科取得重大突破。"他的心早已飞回了祖国,飞回了母校。

今年6月,徐涛和爱妻一同回国,担任了生命科学与技术学院学术委员会主任、生物物理与生物化学研究所所长。学校已经投入100万元为他建起了生物物理和生物化学实验室,还配备了10多人的科研队伍。目前,徐涛主持着2项国家自然科学基金、1项杰出青年基金。他的研究扩展到细胞跨膜信号传导、神经信号传导等6个国际神经学科的前沿。获悉徐涛的科研成就,远在美国的导师 Bertil-Hille 院士毫不掩饰地预言,"徐涛将是中国神经科学领域的杰出人才。"

生物医学光子学是一门新兴交叉学科,其中大脑功能的近红外光学成像检测研究是热点之一。有关的光子学检测技术与信息提取方法,可以推广应用到环境生物医学领域的很多方面。

1999年上岗的特聘教授骆清铭,曾在美国宾夕法尼亚大学做访问学者。他研制的"大脑功能光学成像仪"申请了美国和欧洲专利。1997年骆清铭婉拒世界著名生物医学光子学专家 Chance 博士的挽留,毅然归国,担任了华中科大生命科学学院副院长。他说:"虽然学校里的工作和生活环境比不上美国,但国内的生物医学光子学还是一片处女地,这里有我的事业。"骆清铭创建了国内第一个生物医学光子学研究所,面积1000多平方米,仪器设备价值800多万元。骆清铭现在主持的课题经费达200多万元。今年,以该所为主体,联合校内相关研究方向,争取到了教育部生物医学光子学重点实验室。实验室有关脑功能光学成像的研究成果处于国际先进水平。

非线性与复杂系统研究是当今世界控制科学的重要前沿之一,国内外在该领域的研究水平处于同一起跑线。1999年教育部"长江学者奖励计划"特聘教授、美国杜克大学留学归来的王华博士和关治洪教授、方华京教授、王永骥教授等扛起了这面大旗。10月17日，在王华和其他教授的"张罗"下，全国首家"非线性与复杂系统研究中心"在华中科大安了家。该中心由来自中国、日本、美国、澳大利亚等国的30多名中青年教授共同组成了开放式、国际化的研究中心。该中心主要致力于非线性系统建模与控制理论在信息、能源、军事、生命、环境等多个交叉学科的应用研究。

·学科大树添新枝·

保护好人类环境，需要维护大自然的生态平衡；建设一流的大学，同样需要实现多学科的平衡。华中科大新引进的30多名学科带头人，拓展出了数十个新的学科方向。

水利水电及自动化工程系的前身只是一个教研室。当张勇传教授当选为中国工程院院士后，该系又相继请来了吴中如、刘广润两位院士，其中吴中如担任了系主任。3位"大师级"学科带头人分别专攻水库运行、大坝安全、工程地质，在学科上出现了明显的"杂交优势"。院士们还综合所长，在国际上率先提出了"数字流域"概念，对一个流域的资源利用、人口控制、环境保护、旅游等进行系统工程化开发。"数字仿真学科"迅速崛起，并引起了不少重要企业的注目。

目前，这个中心正致力于"清江数字流域工程"研究。该工程总投资达2000多万元。项目完成后，利用流域全状态综合仿真系统，清江公司可在室内充分认识水文规律，分析预测全流域的水资源，预警预报洪水，指挥防洪抗旱，优化调度和分配水资源等。

华中科大同济医学院的龚建平教授，1992—1996年在美国纽约医学院做博士后研究。在国际上，他率先发明了"细胞凋亡的定量分析方法"和"不同时间的基因表达方法"。在我国著名的器官移植学专家、中国科学院资深院士裘法祖教授的召唤下，他选择了回校工作，担任了普通外科主任。有了学校在科研资金、设备和人力等方面的倾斜，龚建平用2年的时间就建成了国内最大的"流式细胞仪"实验基地，逐步形成了外科学、分子生物学的交叉，对我国分子生物学的发展起了巨大推动作用。他还立足于细胞生物学、细胞分析学研究，在全世界率先提出"数字细胞"研究的概念……

· 大师大课题大梯队 ·

"开科研'夫妻店'和'小作坊'是干不出大事业的!"校长周济多次在全校教师大会上阐述这种观点。建设国际一流的高水平学科,呼唤"团队精神"。

"有了'大师'扛旗,我系的精神面貌为之一振。"该校电力系党总支书记张国德向记者饶有兴趣地谈起了该系大搞团队攻关的事。

潘垣院士是我国从事核聚变研究和脉冲电源技术研究的主要开拓者。1998年,校领导四顾茅庐、诚恳相邀,潘垣"出山"后担任了能源学院学术委员会主任。潘垣院士调进电力系后,成为学科建设的"旗手",提出了电力系今后10～20年的发展方向,即争取超导电力新技术、大功率脉冲技术、等离子技术等3个重大科研项目的立项,并为申报"973"课题而努力。

于是,几个分支学科的学者也相继聚拢过来,拧成了一股绳。受聘于日本琉球大学的唐跃进博士,了解到潘垣在搞"超导电力"研究,再也坐不住了。1999年5月,他放弃了优厚待遇,携妻女回校,被任命为超导电力研究与开发中心副主任,并被破格晋升为教授。今年30刚出头的曹一家,1994年留学英国攻读博士后,先后在拉夫堡大学、利物浦大学及英格兰西部大学从事复杂控制系统研究,已有很深的造诣。今年4月,他毅然辞去了利物浦大学待遇优厚的工作,携妻女回校。"学校为我们准备了很好的基础,现在是该好好干了。"他运用信息技术对传统电力学科进行改造,今年一回国便申请到了2项国家自然科学基金课题,还承担了国家"973"、国家"九五"攀登项目。中科院从事超导研究的李敬东博士,从事等离子体研究的刘明海博士等一大批志趣相同的中青年学者都选择了到华中科大发展。

一时间,大师周围良将云集。专业封闭的局面被打破了,一个实力雄厚、结构合理的学术梯队形成了。院士担当"旗手",成就显著的年轻学者当上了"突击队长",一批博士成为"突击队员",他们相互影响,共同推动着华中科技大学的科研"航母"。近3年来,电力系申请了12项国家自然科学基金。今年元月至10月底,该系已有近1000万元的科研经费入账，取得了历史性突破。新成立的环境科学与工程学院推选从中科院武汉水生所引进的沈韫芬院士为"掌门人"。搞工业环境化学的留法博士杨昌柱教授，从事城市垃圾处理研究的陈海滨教授、廖利教授、章北平教授，从事环境毒理学基础研究的石年教授，留学德国的赵开弘教授等都汇拢过来。工业环境污染处理、城市生活污染处理、人体环境研究呵成一气，华中科大的环境学科已经形成了完整的体系……

（《光明日报》2000年11月26日　作者：夏斐　刘继文　万霞）

超常规引进重量级人才
——华中科大备两亿重金聘百名栋梁

目前,华中科技大学正在实施人才引进的"百人计划"——3年内投入2亿元,从国内外引进100名高层次的拔尖人才,每人每年给予5~10万元的校内综合津贴,特别优秀的人才给予300万元的基地建设和科研启动经费。

校党委副书记刘献君幽默地介绍说,合校后,华中科大的人才引进计划首先是从引进校长开始的。该校新任校长樊明武院士是我国回旋加速器专家、磁铁理论与工程专家、中国工程院院士,曾任中国原子能科学研究院院长。谈及此事,樊明武真诚地对记者说:"我已58岁了,过了搞研究的最佳年龄,我想为培养人才再作贡献。"

据介绍,华中科大新组建了建筑与城市规划学院、环境科学与工程学院、土木工程与力学学院、公共管理学院、法学院等。这些学院都聘请了全国知名的学术专家任"掌门人"。如去年9月成立的建筑学院由中国建筑大师袁培煌出任院长;环境学院院长则由中科院院士沈韫芬担任;中国工程院院士方秦汉则出任土木学院名誉院长;今年1月,华中科大公共管理学院成立,"中国MPA之父"行政学界著名专家、中山大学博士生导师夏书章出任院长,该学院已经成为中国首批24所MPA硕士的培养单位之一;今年4月,法学院则邀请了北京大学法学院教授、博士生导师罗玉中担任院长。

此外,新引进的知名学者担当了新成立的10多个研究所、研究中心的"领头羊"。去年,美国杜克大学留学归来的王华博士以及关治洪教授、方华京教授、王永骥教授等拉起"非线性与复杂系统研究"的大旗，建立了全国首家"非线性与复杂系统研究中心"。该中心由来自中国、日本、美国、澳大利亚等国的30多名青年教授共同组成。30岁刚出头的曹一家博士辞去英国利物浦大学的高薪工作回到华中科大，当即就申请到了2项国家自然科学基金项目。从美国华盛顿大学归国的徐涛博士主持了2项国家自然科学基金和1项杰出青年基金项目。在英国皇家科学院从事小麦转基因研究的何光源教授回到了华中科大。在他的努力下，中国与英国农作物所共建的"作物基因工程和基因组学联合实验室"落户华中科大。该实验室承担了国家植物转基因项目、国家"九五"攻关计划"小麦转基因研究"等重大课题。

校党委书记朱玉泉对记者说，华中科大的师生员工已经形成了这样的共识：教师是办学的主体，是建设一流大学之本。5月初，学校出台了校特聘教授聘任办法，将在部分特色学科设置150个特聘教授岗位。其中100个左右用于聘任校内特聘教授，50个左右用于引进高层次人才。

(《光明日报》2001年5月27日　作者：夏斐　刘继文)

教师：人才兴校的第一资源
——华中科技大学实施"人才兴校战略"纪实

今年1至8月份，华中科技大学一口气引进和选留了近100名高校教师，其中近60人具有博士学位。在华中科技大学党委看来，高校肩负着教学、科研、社会服务三大任务，这三项任务无一例外地都要依靠高校教师来完成，因此必须突出教师在办学中的主体地位，只要是学校发展急需的高层次人才，多多益善！

高教界人士评价说，经过短短50多年的建设，华中科技大学之所以能跻身全国重点大学前列，与该校数十年常抓不懈的"人才兴校战略"密不可分。在这所高校，教师的主体地位得到了空前体现。教师是人才兴校的第一资源，是学校办学的主体，这已经成为该校历届校领导及师生员工的共识。

·"广积人"：让大学拥有更多大师·

"得人才者得天下"，高等教育的竞争亦是如此。

上世纪70年代初，当时的华中工学院（华中科技大学的前身）就作出了一个被人认为是"火中取栗"的举措："广积人"。当时负责校内工作的朱九思顶住压力，吸纳了大量人才。从1972年到20世纪80年代初，华中工学院共调进了625名教师。他们来自20多个省市的500多家单位，很快成为教学、科研的重要力量。这一战略举措既弥补了"文革"期间青年教师的"断层"，又在一定程度上消除了"近亲繁殖"现象。

为了培养骨干教师，1979年后，华中工学院选派了450名留学人员和访问学者出国，像今天的杨叔子、熊有伦、周济等院士及陈应天、李再光、郑楚光、黄文奇、李佐宜等知名学术带头人，回国归校后都在教学科研上引进了许多新的学科方向。为了创办文科，学校引进了著名哲学家冯友兰的得意弟子涂又光。

20世纪80年代，华中科技大学作为一所理、工、文、管结合的全国重点综合性大学的地位已经确立了。求贤若渴爱才如命、尊师重教的优良传统也深入人心、代代相传了。

1996年起，华中理工大学（华中科技大学的前身）党委书记朱玉泉和校长周济等对全校140多个40岁以下的具有博士学位的中青年教师进行调研，不无忧虑地发现，学校的整体实力很强，但顶尖的大师级学者不多。

"必须彻底改变缺少大师、缺少帅才的局面。"学校很快出台了《师资工作20条》，有针对性地加大院士及学科带头人的培养力度。于是，一些知名教授、学术带头人在各自的学科领域里快速发展，一些重点学科的带头人发起了"向院士冲刺"的强大攻势。从1995年到1999年，熊有伦、张勇传、崔崑、周济等知名教授先后当选院士。

为了更快地聚集大师，校领导想出了引进院士的高招。1998年，朱玉泉、周济、刘献君等校领导们"四下合肥"请潘垣，给传统电力学科指明了3个新兴学科方向。2001年，学校引进了前原子能研究院院长樊明武院士担任校长。2002年，水文工程地质专家刘广润院士也加盟进来，使学校院士达到了8人。近几年，学校还采用双聘方式广纳院士，沈绪榜、沈韫芬、吴中如、方秦汉、叶朝辉、侯云德等院士也陆续受聘。

· "以师为贵"：他们是学校办学的主体 ·

"教授治学""以师为贵"——华中科技大学处处浸润着尊师之风。该校的行政楼墙面涂料已经大面积龟裂脱落了，可学校领导也舍不得投钱翻修或重建；教务处的4个处级领导都挤在一个不到20平方米的小房间里。而2002年，学校为了加强医工结合，建立了正电子发射计算机断层显像应用与研究开发中心，一次性就投入了1000万元；学校设立了科学研究及教师队伍建设基金17项，仅2000年至2001年就投入经费5000多万元；学校培养师资不惜重金，2001年，学校批准了82名教师为首批校内特聘教授，每人每年可获5万至10万元岗位津贴；2000年到2003年，学校公派出国（出境）进修的教师就达2198人……

在这里，利益分配的天平永远向教师倾斜。在校内津贴分配方面，干部、职员与同级别的教师相比，要少拿1/4。校内住房的分配，从来都是教师优先！所以才有了贡献楼、招贤楼、教授楼、院士楼等楼名。近两年，已经建成的高层住宅小区和正在兴建的喻园教师小区使2800多户教职工能安居乐业。

在学科建设上，事关学科方向、人才引进、职称评定、经费投入等大事，都是学科带头人和学术骨干说了算。

·师兴校兴："人才军团"开足马力·

人强校强，师兴校兴！一个由院士、学科带头人、中青年学术骨干及一大批优秀博士组成的"人才军团"作为主力军正"开足马力"跑起来——争创一流的"华大专列"正全面提速。

生命学院实施"人才强院"战略，向着世界生命科学前沿发起冲击，现任院长骆清铭、副院长徐涛、何光源等博士都属于留学归国的"少壮派"学科带头人。1997年，骆清铭在美国读完博士回校后，领衔创建了国内第一个生物医学光子学研究所，并获准设立了生物医学光子学教育部重点实验室，获科研经费600多万元。从事小麦转基因研究的何光源博士从英国回校后，促成了"中英HUST-IACR作物基因工程和基因组学联合实验室"落户华中大。

水电能源与能源洁净技术学科，聚集了张勇传、刘广润两位院士，还聘请了两位双聘院士。他们与湖北清江水电公司共建了亚洲最大、技术最先进的水电能源综合仿真研究中心，并开展"数字流域""数字城市"研究，在三峡工程、清江水电工程中被广泛应用。

留美博士、同济医院妇产科主任马丁教授，年初被聘为"973"计划项目首席科学家。他牵头的妇产科学学科在妇科肿瘤学、卫生医学、生殖医学等方面形成优势,特别是肿瘤转移转基因小鼠的建立,处于国际先进水平。

一支业务能力强、综合素质高、结构合理的师资队伍正在华中科技大学形成,为学校实现人才培养、科学研究和社会服务三大任务提供了强有力的支持,成为使学校兴旺的第一资源。

(《中国教育报》2004年10月14日　作者:程墨　胡艳华)

"同济现象"背后
——看华中科大同济医学院人才强院

·"同济现象"引人注目·

近几年，华中科大同济医学院格外兴旺：科研上，获得国家自然科学基金项目由原来的26项，猛增到2002年的63项，2003年更达到70项，并且连续三年获得国家级科技奖。2001年"人工建立体神经-内脏神经反射弧恢复截瘫后膀胱功能"项目获国家科技进步二等奖，2002年"人工牛黄体外制备技术"项目获国家技术发明二等奖，2003年"肝外科手术的基础和临床研究"项目获国家科技进步二等奖。此外，三年中还获得省部级科技奖108项，连续两年有专家被评为"973"项目首席科学家。与此相关联，学术论文数量和质量均有大的提高，被三大检索系统收录的篇目连年倍增。

教学上，长学制人才培养模式与国际接轨，七年制高等医学教育评估全国领先，高材生源源不断从同济医学院的人才流水线上输出。日前，该院获准试办八年制医学教育，毕业生一次性拿取学士、硕士、博士三个学位。主编面向21世纪教材29本，出版立项教材27本，在全国医学院校中名列前茅，其中获得国家教材一等奖2项、二等奖1项，国家教学成果一等奖1项，医学免疫学、内科学、外科学3门课程入选国家精品课程。

医疗上，新技术不断运用到附属协和、同济、梨园医院，整体水准始终保持国内一流。三所附属医院年门诊量达290万人次。本月中旬，同济医学院触角下伸，将襄樊市最棒的医院收归旗下，拉开了优质医疗资源向基层扩张、在全省范围内构建"同济医疗网"的序幕。

这就是众口纷传的"同济现象"。有着百年历史的同济，为何还能焕发出灿烂的青春的光彩？记者日前作了一番探访。

·顶尖人才决定整体高度·

谈到"同济现象"的根源，华中科大常务副校长、同济医学院党委书记黄光英用她一贯的简洁风格说，同济的红火靠人才，尤其是顶尖人才。

忆往昔，同济的底子是德国的，当年一级教授比国立武汉大学还多，至今健在的医界泰斗裘法祖当年还只是其明星阵容中的小弟弟，人才济济奠定了它在国内外的地位。

看今朝，拔尖人才群令同济这一金字招牌更加耀眼：同济医学院，近年先后有500余名留学德、美、英、日的人才加盟，他们代表着该院最高水平。周剑峰带领的课题组找到了能控制肿瘤细胞生死的基因，破解了一道世界级医学难题，确立了同济医学院在肿瘤研究领域的国际学术地位。马丁牵头的妇产科成为国家级重点学科，他潜心研究"恶性肿瘤侵袭和转移的机理及分子阻遏"，成为国家"973"计划该项目的首席科学家。"海归夫妻"罗小平、宁琴也表现优异，主持或参与的项目经费近1000万元。黄士昂在附属协和医院主持筹建湖北省干细胞研究中心并担任主任，创造了湖北省乃至全国干细胞研究的多项第一。李和、王建枝担纲基础医学院，在世界上首次证明了第七型代谢谷氨酸受体与一级传入细胞纤维调控的超微结构基础。王建枝教授在世界上首先发现并在国际权威杂志 *Nature medicine* 上首次报道了老年性痴呆患者异常磷酸化的tau蛋白被异常糖基化修饰，从而完善了老年性痴呆发病机制的tau异常学说。

该院人事部负责人鄢明玉说，这远远不是拔尖人才的完全名单。

·引才和用才的奥秘·

这幕引才用才大片的总导演黄光英对记者说，谁都知道感情留人、待遇留人、事业留人，但在实践中效果往往相差很大，同济在这一点上做得特别扎实，回报也就大些。

引进人才必须采取超常规的措施。湖北既非政治中心，也不是经济发达地区，引进尖子人才难度相当大。同济医学院的领导班子清醒地认识到了这一点，专门成立人才工作领导小组，还设立了配套的人才服务委员会，专门负责给拔尖人才排忧解难。"就拿科研基金配套来说吧，阻力就大得很。院里决定对引进的拔尖人才的科研经费进行1比1配套，让他们有更充足的资金攻克难题，不少人想不通，说院里的钱都是大家争取来的，凭什么大把大把花在几个人身上？"黄光英说，班子坚决顶住压力予以实行。放眼长远，没有拔尖人才就没有领先地位，也就没有市场，这个钱花得值。

"院里最后一次分房，僧多粥少，党委毅然决定，全部分给业务尖子，辅助人员一律发扬风格。这一下，院里的态度是多么鲜明！对科研教学一线的骨干是多大的鼓舞！"看准了就干，黄光英的风格就是如此鲜明。

当初引进周剑峰，当场任命他为附属同济医院血液内科主任、肿瘤生物中心副主任，30万元科研启动经费划到他课题组的账上，他从美国来同济一周内，院里将他妻子从安徽调到武汉安排了合适的工作。周很快拿到国家级大课题，获得400万元基金资助，院方不但没有按行业惯例提成，反而按"同济规矩"给他配套了数百万元科研经费。这些都为周剑峰迅速做出杰出成绩奠定了基础。

附属协和医院，盯上了留美博士、原河北省人民医院副院长王建军。王建军是重量级人物，院里拿出超常举措，先把他全家接来武汉，一应手续由人事部门去办。院方投入科研启动经费，帮他申报国家和省课题，并特事特办晋升职称。并把他所在的胸外科病房调整到较好位置，装修一新。事实证明，引进了一个人才，激活了一潭死水，振兴了一个学科。

引进拔尖人才不是用来装门面的，得发挥关键作用。同济领导班子特别注意做好两个方面的工作：一是紧紧"攥"住引进来的拔尖人才，使其快出成果、出大成果；二是消减阻力，理顺员工的思想，让他们发自内心地尊重人才、支持人才。其中第一个方面特别重要，为此黄光英等院领导时常光顾教学、科研、医疗一线，掌握拔尖人才的工作进展以及面临的困难，尽可能创造最佳环境。

马丁是黄光英一手引进的妇产科专家，黄光英隔三岔五就去"擂"他的科研进展："马丁，抓紧啊！莫让别人说闲话。"搞得"一直都抓得很紧"的马丁都怕见黄书记了，一门心思奋勇攻关，成为国家科研计划首席科学家，一举获得3000万元科研经费。他担纲的附属同济医院妇产科稳居全国同行业前列。

·构建人才梯队·

构建人才梯队，发挥拔尖人才尖端作用，得有多层次、多种类的人才作支撑。在引进拔尖人才的同时，还得提高教师队伍的整体素质。

在同济医学院制定的《新时期教师队伍建设的实施意见》和《青年教师培养计划》中，提出教师特别是青年教师的培养目标、工作重点、政策措施，对青年教师订出了十二项措施，即岗前培训制度、试讲预讲制度、继续教育制度、外语培训制度、讲课比赛制度、全外语讲课比赛制度、住院医师培训制度、出国进修工程、青年教师博士化计划、一带一计划、破格晋升制度、青年科研基金制度等，并加大力度扶持青年教师进入全国高等学校万名骨干教师工程，大力引进和补充博士毕业生。不断选派优秀教师到国外知名高校、科研院所进行学习、访问、考察，以及进行科研合作与交流等，使教师的学历得到了提高，知识得到了更新。三年中共有400余名教师在职攻博，1000多名教师参加各种类型的培训，12人获得国家杰出青年基金，5人获得全国高校青年教师奖，38人被评为国家和省部级有突出贡献的中青年专家。

今日同济，一支战无不胜的人才队伍正在形成：一批引进的拔尖人才执掌优势学科帅印，大批有留学经历的后起之秀具备了与世界先进水平接轨的实力，所有工作人员经各种层次的培训胜任各自的工作。

(《湖北日报》2004年7月1日　作者：余彬　徐水平　余培超)

引才
大手笔

> "人才战略是第一战略!"华中科技大学协和医院大力实施这一战略的结果是:优势学科地位稳固,弱势学科翻身崛起,新兴学科强劲发展。请看该院近年来的——

·飞来飞去直通"世界前沿"·

和协和医院有着长期友谊的黄士昂教授,在美国加州大学圣地亚哥分校工作,已取得突出成就。对这样的人才引不引,怎样引?

协和医院院长王国斌教授说:对人才,不求所有,但求所用。再说,他们目前所在的实验室,正处于他们研究领域的世界前沿,通过他们,我们医院和"世界前沿"开了直通车,这是大好事呀!怎样引的问题也好办,飞来飞去呗!

2000年上半年回国的教授黄士昂,在国际干细胞研究领域具有较大的影响,在 Nature 上发表多篇文章。来协和医院工作后,他已承担"973"子课题一项,获得国家杰出青年基金资助,主持筹建湖北省干细胞研究中心并担任主任。目前,该中心运行良好,已经创造了湖北省乃至全国干细胞研究的多项第一。前不久,黄士昂教授接受记者采访时感慨:协和医院视野开阔,志存高远,是奋斗者的一方沃土。

·将"软肋"变成英才机遇·

协和医院作为全国最大的三级甲等医院之一,具有很强的整体实力。该院领导认为:"整体实力"可以成为强势学科发展的不竭动力,也可将"软肋"变为英才的机遇与舞台,让他们上演"将弱变强"的精彩大戏。

胸外科原是该院薄弱学科,发展长期滞后。但留美回归博士、已是外省一家大医院副院长的王建军教授有意放弃光明的仕途,来到协和医院胸外科做学术带头人时,求贤若渴的院领导迅速行动起来:

2001年,他们先将王建军全家接过来,安排住房,请王建军安心上班。其他的事情再由人事部门来办。在那一段时间里,医院领导和人事干部经过与有关部门反复请示交涉沟通,超常规地解决了王建军一家的武汉户口、人事关系和调动手续。同时,给他投入科研启动经费,协助申报湖北省、国家科研课题,并按照学校的有关精神,特别申报了教授主任医师职称、博士生导师。医院还专门将胸外科病房调整到较好的位置并重新装修。可以说是一路绿灯,畅通无阻。

事实证明,引进一个人才,能激活一个学科。自王建军教授来院担任该科主任后,胸外科的年手术量、年收入和年业务量成倍增长,病床使用率从过去常年不足80%到现在常年都超过100%,甚至长期保持在120%以上,手术种类也越开展越多。胸外科在全省乃至中南地区的影响迅速提升,尤其是在肺癌的研究与治疗方面取得了突出的成绩。

·成建制引进学科团队·

在几年前,肿瘤科是医院的一个薄弱学科,医护人员多,干事的人不多,病人不多,效益差,人心涣散。

后来,医院决定将肿瘤科作为医院的试点单位,实施全新的人事制度,全面引进新型的人事管理办法,向国内外招聘肿瘤专家。他们对引进的人才实行"七优先"的优惠政策,即优先聘用专业技术职务,优先安排学科学术任职，优先安排申报科研课题，优先配备实验室和科研配套经费，优先分配住房，优先解决家属工作，优先减轻所在科室成本支出负担。

结果非常理想，2002年10月，引进了一整套人才梯队：有来自美国、德国的国际肿瘤权威专家做学术顾问，有来自中国医学科学院的权威专家做兼职教授，有吸引回来的优秀留美专家做学术带头人，有从兄弟单位引进的知名专家做学术骨干，形成了医院肿瘤治疗与研究的"新兴团队"。

这个团队仅仅用了一年多的时间，就使肿瘤中心实现了跨越式发展，病床从一个病区15张床发展到五个病区155张床，而且还供不应求。中心收入从原来的每年几十万元提高到去年的2800万元，成为医院新的经济增长点。现在的肿瘤中心每年都有新招，已经成为全国知名的肿瘤治疗研究中心。

·人才争夺没有句号·

医院领导一再在全院大会上强调：当今世界的人才竞争已呈无国界趋势，我们必须增强人才需求的紧迫感，积极应对和参与国际人才的竞争。因此对人才的重视与投入永远没有句号。

为了快速提升学术水平，该院积极与国际顶级科研机构联姻，在"联姻"中不断发现和引进一流人才。

协和医院心内科是国家级重点学科，实力雄厚，但是在电生理离子通道等方面的研究比较薄弱。为此，科室负责人向医院提出引进国际水准的人才，组建具有国际水平的电生理离子通道研究室。医院领导和人事部门在经过讨论以后，立即通过各种渠道，包括网络发布消息，吸引人才。2003年，在有了意向性的目标以后，医院主要领导在出访德国的时候，特意转道英国，在牛津大学由诺贝尔生理学奖获得者领衔的国际顶级的研究机构里，敲定了雷鸣、邹安若等英才引进人选，并且根据专家的实际情况，确定了引进方案、专家待遇和工作办法。

随后，由医院组织申报了高级技术职务，并得到学校的批准。一个月以后，引进的专家回国，实验室组建工作亦同时启动，一切按照专家的意见，先期由医院投入启动经费，完全按照国际一流标准进行建设。专家们预言，这将是协和医院一个新的亮点。

(✎《湖北日报》2004年6月18日　作者：袁柏春　聂一钢　梁均贵)

磁力何在
——解读同济医院"海归"群

本月初,揣着在德国获得的博士学位证,邓东锐回到了华中科技大学同济医学院附属同济医院。

邓东锐只是同济医院"海归"群中的一员。从1997年至今,该院已有180名留学德、美、英、日等国的人才从海外归来。

作为一家地处内陆的医院,同济在物质待遇、生活环境等方面赶不上国外,也较北京、上海的名牌医院逊色,能够吸引这么多"海归",磁力何在?

· (一) ·

周剑峰现任同济医院血液内科主任、肿瘤生物医学中心副主任,他是2001年7月回国的。

此前,周剑峰在美国芝加哥依利诺大学医学院工作3年,购置了车子、房子,年薪6万美元。

当周剑峰将回国的想法告诉别人时,他们都感到诧异:"你不认为回国是一种失败吗?"周剑峰的洋导师也非常惊讶:"What's wrong with you?(你怎么了?)"经过半年慎重考虑,周剑峰最终下定了决心。他对妻子说:"在这里,我只能待在实验室做实验,永远都在导师手下干;但回同济,我可以当医生,可以有自己的舞台。"

但要回国，周剑峰不得不考虑许多问题，如妻子的工作、孩子上幼儿园等。

"你上班，你太太就来上班。"医院人事处处长吴菁的回答让他意外。

周剑峰上班后，在短短一个星期内，同济就把他妻子的人事关系从安徽调到武汉，分配在医院图书馆工作。同时，把他的儿子安排在医院幼儿园。

回国不久，37岁的周剑峰走马上任血液内科主任，30万元科研启动基金也划到他的课题组账上。在国外，周剑峰的主攻方向是"肿瘤与其周围组织的关系"。回国后，他将国外最先进的方法移植到国内。在2年时间里，他申请到两项国家自然科学基金项目，并成为国家"863"计划项目"基因治疗制剂"的主要负责人，共获得400万元基金资助。

周剑峰说："按常理，科研人员申请到基金后，管理部门是要提成的。但同济倒过来了，不仅没提成，还额外划拨240万元作为匹配资金。"——在同济医院，只要课题中标，医院就会给匹配资金，最高匹配额达230%。

今年11月，周剑峰带领的课题组取得重大突破，他们找到了能控制肿瘤细胞生死的基因，破解了一道世界级医学难题。这一成果的取得，确立了同济医院在肿瘤研究领域的国际学术地位。

·（二）·

"你在他乡还好吗？""祝圣诞节快乐！"每年过节，许多海外学子都会收到来自同济的问候。

"同济的大门永远向你敞开着，随时欢迎你回来。"1992年，就在该院医生马丁即将踏上异国土地时，时任党委书记的黄光英，握着他的手慨然许诺。

11年过去了，回忆起这句话，马丁仍百感交集："当时，不少单位都有这样的心理：'走，可以，但别想再回来。'而像同济这样的大医院，人才多得很，何必在乎走一两个。"

1997年8月，同济医院教授张苏明赴美探望时任西南医学中心副教授的马丁。在讲述了同济的现状后，他劝马丁："回同济吧，你或许可以有更广阔的发展空间。"

然而，摆在眼前的荣誉、地位，让马丁举棋不定。一名中国医生，能在国外当上副教授，何其不易！但拗不过老同事的再三劝说，马丁决定试试看。

回国前，马丁与同济医院明确提出，要"脚踏两只船"，国内、国外兼着干，且来去自由。同时，他私下还定了一个"考察期"——2年内，在同济干得顺心就留下；不行，重返美国。

1997年底，马丁回到故土。很快，同济医院就将15万元的科研启动基金交给了马丁，并让他担任妇产科一把手。

非议接踵而至：让一个不懂科情、院情，更不懂国情的人来管理130个人的大科室，怎么搞得好？

面对非议，同济医院领导层的态度是，既然人才回来了，就应该放手让他干。

马丁率先打破科主任在业务上"说了算"的惯例，允许科室成员进行业务争论；鼓励成员积极申报国家自然科学基金，无论拿到与否都奖励200元；力主科室成员出国，同时也随时欢迎他们回国。

良好的学术氛围让科室成果频出。2001年，原本处在全国中流水平的同济医院妇产科一举获得"国家级重点学科"殊荣，跻身全国妇产科综合实力前3名。今年初，马丁关于"恶性肿瘤侵袭和转移的机理及分子阻遏"研究获国家"973"计划项目资助，共获3000万元科研经费。他还当选为该项目的首席科学家，成为中南地区卫生界当选首席科学家的第一人。

5年时间过去了，那个埋藏在马丁心里的"考察期"已被淡忘。他说，他还要在同济干下去。

· （三）·

在同济医院，有一对"海归"夫妇——罗小平和宁琴，他们在科研上比翼双飞，被称为同济的"居里夫妇"。

1994年，这对夫妇离开同济赴加拿大留学，罗小平在多伦多儿童医院从事博士后研究，主攻方向为"小儿的遗传代谢病"；宁琴则在多伦多总医院从事博士后研究，主攻方向为"病毒性肝炎的发病机理"。

6年过去了,夫妻俩在各自的领域都取得了突出成绩,也走到了人生的十字路口。在国外,摆在眼前的路有3条:考医师执照,做家庭医生;继续在导师手下做研究;改行,到公司做研发和营销。但是,这对夫妻的人生目标都是"在医学研究上干出自己的事业",这3条路与他们的理想相去甚远。

2000年,夫妇俩回到同济。回国前夕,医院已把罗小平晋升为教授——人尚在国外,职称问题就解决了,这在该院还是首次。

罗小平夫妇回国不久,正值2001年国家杰出青年科学基金课题申报。同济医院将罗小平的课题上报,罗小平成为该院当年唯一一名申请到这项基金的医生。他借助医院的10万元启动基金,创立了我国第一个用"气相色谱法"诊断遗传代谢病的方法,结束了以往我国遗传代谢病患者必须将标本寄到国外判定的历史,既节约了病人的费用,又缩短了确诊时间。

宁琴一回国,同济就为她建立了分子病毒实验室。2001年、2002年,她先后获得国家自然科学基金和国家杰出青年科学基金资助,并创立了通过纳米技术快速诊断肝炎的方法,目前已申报专利。今年,医院又为她创立了我省第二家P3实验室。

在2年多时间里,罗小平共主持、参与了8个基金项目的研究,申请经费400多万元。而宁琴则主持、参与了10个基金项目的研究,申请经费500多万元。

在"海归"群的带动下,近5年,同济医院承担各类课题325项,其中,国家级科研课题96项,申请到的科研经费总量在全国医学界名列前茅。3年来,同济医院诞生了188项新业务、新技术,在全国医学领域位居前列。

对于众多"海归"扎根同济,该院院长陈安民说:"留住人才,要靠感情、待遇,更重要的是靠事业。"

(✎ 《湖北日报》2003年12月11日 作者:胡蔓 蔡敏 丁东 曾正航)

推翻美国专家的三峡坝址方案
刘广润选定三斗坪

如今三峡工程开始蓄水,当人们欣赏"高峡平湖"的壮美景色时,可能很少有人知道,三峡工程最初的候选坝址并不在三斗坪。

昨日,华中科技大学教授、三峡工程三斗坪坝址的主要推荐者刘广润院士告诉记者,三峡大坝坝址最初的研究重点是南津关。

解放前,美国水利专家萨凡奇曾提出以南津关为坝址的规划方案。1957年,刘广润留学回国后,任地质部三峡工程地质队技术负责人,担负起牵头为三峡水利枢纽选择坝址的任务。他带领科研人员对以三斗坪为代表的结晶石坝区和以南津关为代表的石灰石坝区共12个比较坝段,进行了深入的勘察研究,正确选择并推荐了三斗坪作为三峡工程的坝址。

刘广润解释,美国人提出的南津关坝址,虽然河谷狭窄,岩层外貌坚硬完整,但内部洞隙累累。三斗坪坝址河谷宽缓,岩石虽然表面风化强烈,但在风化层下面坚硬完整。相比之下,三斗坪地区工程地质条件、施工条件更为理想。

1958年春,周恩来总理视察三峡时,考察了南津关和三斗坪两个坝址。刘广润向周总理汇报了三峡工程地质情况,并推荐三斗坪作为三峡工程坝址。周总理当即指示,将勘察设计的重点转到三斗坪。

后来又经过多次勘查比较,有关部门最终将坝址定在三斗坪。

刘广润 1929 年生,华中科技大学水电学院教授,省科协荣誉委员,我国著名的工程地质专家,1999 年当选中国工程院院士。曾获"有重大贡献的地质工作者"称号和"李四光地质科学奖"。

(✎ 《楚天都市报》2003 年 6 月 5 日　作者:宋效忠　孙击翔)

干一行精一行
——记华中科大熊有伦院士

四面直立的石灰墙，没有任何修饰，仅张贴着几幅挂图，展示科研组最近取得的成果。两张旧书桌，几把木制的椅子，水泥地上贴着小方块瓷砖，窗外高大的梧桐树遮住了仅有的一个窗户。

这是机械工程专家、华中科技大学机械学院熊有伦院士的办公室。熊院士办公室里面还有一间，是其研究生的机房，所以办公室又成了学生们进出机房的过道。学生说，熊老师只要不出差，基本上就坐在书桌边，有时比学生来得还早。

成为熊有伦的研究生，对于年轻学子来说，是一种荣幸。在机械制造学科领域，熊有伦享有极高威望。但这位学术权威只要碰到学生有问题与他探讨，他总会抽出时间与学生讨论。

荣幸之余更是一种挑战。凡是熊有伦的学生，对这位院士级的导师总有一种敬畏感。因为在做学问上，熊有伦似乎长了一双"火眼金睛"，学生的任何一点怠慢或者疏忽都逃不过他的眼睛。

每当检查学生的论文时，他最关心的是这些论文是否真的有学生自己的想法，是否有实验数据作为论证，是否有创新点。如果研究工作还不够深入，他会建议学生不要急于发表。

熊有伦认为，研究生期间，不仅仅是一个学生长知识和学问的阶段，也是培养学生严谨治学态度和求实科学精神的阶段。而后者，老师要起表率和把关作用。

目前熊有伦已有两位博士荣获全国百篇优秀博士论文奖。

在教书育人上以身作则的熊有伦，在做学问上更有着一种朴素的情感。40多年来，他一直在机械制造自动化的科研和教学上埋头苦干，心无旁骛。

1966年，刚刚毕业的熊有伦就参与了"曲轴动平衡自动设计"和"加工中心"两个科研项目的攻关。没有经费，没有设备，没有资料，熊有伦从系里挑选10个学生，开始了"白手起家打天下"的漫漫科研路。

那时，他还要参加那个年代特有的"学习"。"学习"之余，熊有伦充分利用每一点时间，和学生一起偷偷摸摸地搞科研。1978年，熊有伦参与的这两个项目，一个获全国科学大会奖，一个获湖北省科技成果一等奖。

多年来，熊有伦主持了多个重大科研项目，并创造出不俗的业绩。1978年，他在国际上首次设计出具有偏置连杆结构的换刀机械手；主持开发了基于微机的机器人某离线编程系统，有效地提高了我国机器人编程水平；建立了精密测量的理论体系和极差极小化理论，在国际上首次提出"最小区域"的统一判别准则及计算机智能仲裁和判别方法，建立了形状误差、轮廓误差和位置误差评定的统一模式。

他主持开发的具有自主知识产权的复杂产品数字建模和可制造性分析软件系统，建立了集成快速测量、数字建模及面向制造设计于一体的系统平台，为提高我国汽车行业的发动机类产品自主快速开发能力和国际竞争力作出了重要贡献，该项成果2004年获得国家科技进步二等奖。

近段时间，熊有伦在看《保持共产党员先进性》读本，他说，就像书中所讲，共产党员要干一行爱一行，兢兢业业地在自己的岗位上把工作做好。

人物简介

<u>熊有伦，机械工程专家，1939年生，湖北枣阳人，1995年当选中国科学院院士，现为华中科技大学机械学院教授。</u>

在先进制造技术、数学制造、机器人技术等研究领域取得突出成果，获国家科技进步二等奖、三等奖各1项；省部级一等奖3项、二等奖5项。发表论文100余篇，出版专著5本。

(✎ 《长江日报》2005年8月22日　作者：瞿凌云)

程时杰：
为大电网"保驾护航"

程时杰：现任华中科技大学电气与电子工程学院教授、校学术委员会副主任；主要从事电力系统运行与控制方面的研究，共发表学术论文300多篇，其中SCI收录论文38篇，被引用187次；先后获得国家科技进步二等奖、国家级教学成果二等奖和多项省部级科学技术奖励。其主要学术贡献是对严重危害电力系统安全运行的低频振荡和具有复杂耦合特性的电力系统次同步振荡进行了系统深入的研究，提出了有效的分析和控制方法。

在现代电力系统普遍发展成为结构复杂的特大型互联系统的今天，如何保证大电网、大机组的安全稳定运行，这是华中科技大学电气学院教授程时杰和同事们多年探索的课题。因其在电力系统稳定控制、电力系统自适应控制理论、人工智能控制和基于储能原理的电力系统稳定控制方面取得的重要研究成果，程时杰2007年12月当选中国科学院院士。

· 今天的成绩源于昨天的坚持 ·

1970年，从西安交通大学毕业的程时杰结束了在武汉军区沉湖军垦农场的再教育，被分配到原水利电力部西北火电一公司安装锅炉辅机。在工地工作的9年中，程时杰从未放弃学习。他每天坚持早起到山坡上看书，一直看到上班时间。"虽然不清楚前方的路会通向哪里，但我不愿意虚度光阴。今天我所取得的成绩，离不开那时的坚持。"程时杰说。

1978年，33岁的程时杰考入原华中工学院电力工程系攻读硕士研究生，几年后，他获得了出国留学的机会。在异国他乡求学的日子里，程时杰凭借自己的刻苦钻研，4门课程成绩全部为A，创下了当时学校的纪录。其导师马力克在后来访问华中科技大学时说："是程先生让我们了解到中国学生的优秀品质。"

1986年，作为第一作者，程时杰发表文章，提出了一种新的电力系统自适应控制机制，可以跟踪受控系统的动态特性，向电力系统提供尽可能大的阻尼，以最大限度地稳定电力系统。目前，该论文已经成为国内外电力系统自适应控制领域的主要参考文献之一，被SCI检索论文引用53次。

·理论研究要甘于坐冷板凳·

停电持续29小时，损失负荷61800兆瓦，经济损失达300亿美元，2003年的"8·14"美加大停电事件，让人至今印象深刻。同一年，程时杰及课题组成员的研究成果"大电网大机组安全稳定控制的研究"获得2003年国家科学技术进步奖二等奖。评审专家在理论创新这一栏中评价说："在多年研究的基础上，他们开展了广域电力系统同步检测的理论和应用研究，研制出大电网安全稳定监测装置并用于实际电网……"

"理论研究需要我们甘坐冷板凳，潜下心来搞学问。"程时杰说。

项目工作中最大的难题，就是如何成功地实现科技成果转化，让研究成果得到实际应用。为了寻找工业应用的突破口，他们多次到汉川电厂、湖南省电力局、葛洲坝电厂等单位介绍他们的新技术。

程时杰说："通过'8·14'事件，世界各国对电力系统的安全稳定运行更加重视。我们只是在前人研究成果的基础上，向前迈出了一小步，提出了一些新的理论和方法而已。随着我国电网规模的不断扩大和装机容量的提高，还会出现新的问题，今后的路还很长，要做的事还很多。"

·将更多的机会留给青年人·

2007年度华中科技大学"我最喜爱的导师"评选揭晓,程时杰名列其中。学生对他的评价是:一个专心学术的导师,一个淡泊名利的导师,一个让学生充满了敬重感的导师。

早年曲折的求学之路使程时杰对人才有着深刻的理解和渴求。他心中总有一种强烈的责任感和使命感,那就是为学科发展选拔和培养优秀的青年教师,尤其是年轻的学术带头人。为了加快电气工程学科的发展,程时杰慧眼识英才,引进和培养了一批年轻的学术带头人。

在日本研究超导电力的唐跃进就是程时杰牵头引进的。为了使他回国后全身心投入工作,程时杰上下奔走,到处筹措资金,终于建立了超导中心,并申请到国家"211工程"建设经费和"863"专项基金400万元,为超导电力研究提供了物质保障。浙江大学的长江计划特聘教授、国家杰出青年基金的获得者曹一家教授,华南理工大学教授、博导管霖,山东大学电气学院院长赵建国……近30年的教学生涯里,程时杰桃李满天下。

"在国外,把导师称为老板,我认为导师应该是家长。家长对孩子的成长、要求、期望是殷切的,与老板不同。"正是这样的信念使程时杰无私地培养了一批又一批青年才俊。他常说,学校的发展、学科的建设及学术水平的提高,希望在年轻人身上,应该将尽可能多的机会留给青年人,这是社会进步的表现。

(《中国教育报》2008年5月29日 作者:万霞)

当代"医圣"
——追记裘法祖院士

华中科技大学同济医学院的林木深处,有一幢浅红色的小楼。小楼三层一套不足 70 平方米的房子,就是著名医学家、同济医学院名誉院长裘法祖院士的家。

这位我国现代普通外科的主要开拓者,肝胆外科、器官移植外科的主要创始人和奠基人之一,以 94 岁高龄,去世前几天仍在坚持查房,为四川地震灾区伤员会诊。

一息尚存,从医不止。这位被德国媒体誉为"永不疲倦的神奇中国医生",从医 69 年,诠释了"健康所系、性命相托"的当代"医圣"风范。

·"要划破两张纸,下面的第三张一定完好"·

6 月 7 日,裘法祖参加一个学术研讨会,分析地震伤员救治情况,指出现代外科分科过细,很多专科医生不具备全面救治常识。普外科医生必须懂得心肺复苏、颅脑外伤救治等全面知识,才能更有效救治伤病员。

裘法祖一生献身医学、孜孜以求。去世前几天,还这样为完善我国外科学建言献策。

裘法祖 1936 年从同济大学医学院前期结业后,赴德国求学。1939 年在慕尼黑大学医学院以一等优秀成绩获博士学位,随即在附属医院当医生。1946 年回国。

上世纪 50 年代,他开创了我国晚期血吸虫病外科治疗,为上百万患者开辟生命之路；70年代，他主持门静脉高压外科治疗，手术时间缩短3小时，治愈率提高到80％以上，这一成果获首届全国科学大会奖；80年代，他主持创建了我国第一个器官移植机构，率先开展器官移植研究。他主持的肝移植至今保持"手术例数最多"和"存活时间最长"两项全国纪录。

他改进的胃大部切除手术，胃肠吻合前先缝扎胃黏膜下层血管，使手术后吻合口出血大为减少；改变国外切除胃体积75％以上的老规则，切除部分仅稍稍超过50％，术后病人不会发生小胃症状，溃疡又不会复发，远期效果令人满意。

近70年的医学生涯，技术上的千锤百炼和丰富的经验累积，造就了"不多开一刀，不少缝一针"的"裘式刀法"。同济医院骨科专家罗永湘说，裘老术前准备认真仔细，术中一丝不苟。整个手术干净利索，一场手术下来，几乎没有废动作，体现了极强的手术驾驭能力。

同济医学院老院长、外科专家吴在德说："裘老的手术操作和手术风格，对国内普通外科产生巨大影响，被公认为中国外科界的一把宝刀。他操作稳、准、快、细，在不少疑难复杂及再次手术中独具'绝招'。他被称为外科全才，在腹部外科、神经外科、泌尿外科、骨科等领域均有很深造诣。其手术之精准，被誉为'要划破两张纸，下面的第三张一定完好'。"

· "做人要知足，做事要知不足，做学问要不知足" ·

裘法祖说："只有弟子做得更好，科学家才是成功的。"长期以来，他诲人不倦，为我国培养了一代又一代的医学人才。

裘法祖是临床医学家，可他大半精力花在了医学教育上。在担任全国高等医学院校医学专业教材编审委员会主任委员的22年中，他主持编写了以五年制医学教材为主体的50多种医学教材。我国现在的外科医学主流教材，都是他一手策划和组织编写。

裘法祖要求，外科医生要"会做、会讲、会写"。不仅要会做手术，还要著书立说，总结经验，给后人留下财富。如今，"三会"已成为卫生部培养临床博士研究生的标准之一。

"医生一个错误,病人却要为之付出一生的代价。"裘老对学生很严厉。同济医院院长陈安民回忆当年裘老带学生的情景说:"裘老查房时,我们这些负责主诉病情的年轻医生最紧张了。如果对病人病情了解不准,回答不出问题,裘老一定会狠狠批评。"

更多的时候,裘老身体力行,言传身教。每次手术前后,他一定要亲自清点每一件手术器械、每一块纱布。从医69年,施行手术无数,未错一刀。他的手术台被认为是最安全的手术台。

每天晚上八点,裘法祖在照料好身体欠佳的夫人后,总是准时走进书房,埋头读书、写作,直到第二天一两点钟。这样的习惯坚持了几十年,一直到去世前一天。

他教育医生要惜时,要抓紧时间学习。他说:"要知道一分钟的价值,就去问赶火车的人;要知道一秒钟的价值,就去问那些出交通事故的人;要知道千分之一秒的价值,就去问奥运会的亚军。"

他严谨求实,做任何事情都一丝不苟。武汉大学中南医院副院长刘志苏的博士论文是裘法祖评审的。他回忆说,他把论文拿回来时吃了一惊,厚厚一本论文,每页都有裘老的字迹,甚至标点符号都一一改过。

即使在"文革"期间被派去做卫生员,他也是认认真真把医用辅料整理好,准时送到门诊。主编《黄家驷外科学》第六版时,800万字的一部书稿,每一篇,每一页,每一个标点他都认真看过。

"自编完那部书后,裘教授累得直不起腰,从此再没直起过。"国际肝胆胰协会中国分会主席、同济医院教授陈孝平说。

桃李不言,下自成蹊。至今,裘法祖已培养出三代学术带头人,仅在同济医院,经裘老培养起来的副教授以上的医学人才就有50多位。国内肝外科专家吴孟超、首创断手再植术成功者之一的钱允庆、器官移植专家夏穗生都是他的得意门生。

被誉为"破译了肝胆密码"的吴孟超院士说:"裘老是我永远的恩师。"

青年医生申威说,全国医学生都读裘老的教材,都是他的学生。

就是这样一位医学泰斗,裘法祖却一直虚怀若谷,淡泊名利。他住的一套55平方米的房子50多年一直没挪动过。直到前年学校极力要求,将隔壁房子打通,房子才大了一些。有关领导曾多次请他搬到大一些的房子里住，他说："子女都不在身边，不需要那么大房子，够住了就很好。"

他不同意被人称为"外科之父"，他说："中国外科学是好多人一起建立的，好多人的贡献比我大。"

他经常说：做人要知足，做事要知不足，做学问要不知足。他说自己的幸福秘诀是：一身正气，两袖清风，三餐温饱，四大皆空……

·"医学要有人的温度，要温暖病人"·

今年5月24日，四川地震伤员转诊来武汉同济医院，94岁的裘老主动请缨，担任医疗专家组顾问。当天中午，伤员住进"爱心病房"不到10分钟，他就拄着拐杖赶到病房查房，参加会诊。

近年来，他看不惯一些医生的医风。一位职工被确诊为甲状腺癌，晚上哭着找到裘法祖家。第二天仔细检查后，对她说是误诊，不是癌。裘法祖说，癌是不能对病人随便讲的。现在有的医生，就凭实验报告单、化验单，随便看一眼，就轻易下结论诊断。

"做一名好医生一定要有仁爱之心，医学要有人的温度，要温暖病人。""医生是做人的工作，要先交朋友，后做手术。"陈安民回忆毕业当年做医生时，裘老带着他们查房，来到骨科一位病情特殊的患者床前，他不仅问病情，还问病人家庭情况。

"医术不论高低，医德最重要。"裘法祖著作等身，但他从没有架子，不论病人身份高低贵贱，凡预约的病人，他提前到诊室等待；病人的来信，他每封必回。凡是找他的病人，不论身份高低，从没"例外"，都全身心投入，直到病人满意。

今年85岁的胡震寰回忆起30多年前情景：1974年的冬天，他当时被一家医院诊断为胃穿孔，另一家诊断是肝坏死，命悬一线。那天天很冷，裘法祖把双手搓热，伸出手摸他的肚子，边摸边问："凉不凉？"

邵女士1991年患了腺瘤，好多家医院都说要手术切除。她找裘老看病，77岁的裘老单腿跪地，用手触诊。她执意站起来，可裘老却说只有这样才能听得清楚、看得清楚。经过裘老的三次治疗，没动手术，邵女士的病就好了。

裘老对病人极端负责。他要求，外科医生在给病人开刀后的当天晚上，一定要去病房查看。他说："不去看看病人，回去后能睡得着觉吗？"而由此创立的一天早、中、晚三次查房制度，也在同济医院外科一直沿袭下来，无论多晚，医生一定要到病房探视手术后的病人。

他要求医生尽可能减少病人的苦痛，提高术后生活质量。"能不开刀就不开刀，能开小刀就不开大刀"。四川地震伤员在同济医院治疗，截肢必须征得他同意。

裘法祖要求医生兢兢业业、谨慎细致对待每位病人。他说："医生治病，是将病人一个一个背过河去的。一个病人愿意在全身麻醉的情况下，让医生在他肚子上划一刀，对医生是多大的信任啊。这种以生命相托的信任，理应赢得医生亲人般的赤诚。"

医学界人士都知道，裘法祖会诊从不收费。90多岁高龄，不管是白天还是深夜，一个电话过来，风雨无阻，马上就走，看完病直接回家。谁要给会诊费，他就会生气、发火。

2004年，湖北省人民政府授予他"人民医学家"称号。而在他看来，2001年中国医学基金会医德风范终身奖是他的最高成就。

一息尚存，工作不止。直到去世前一天的6月13日，他还在为他写的文章修改的一个字，翻阅多本专著后确定，上午交给出版社稿件，下午还垂询改得是否合理。

裘法祖一生热爱党，热爱祖国，热爱人民，是爱国知识分子的楷模。他常说："我有三位母亲，一位是生我养我的母亲，一位是教育我的同济，一位是我热爱的祖国。"

大医、大师、大爱！他不骄不矜，平淡自然，用一生诠释了爱的含义。他的科学态度、技术特色、道德情操和人格风范影响了几代人。世纪老人走了，一代又一代同济医学院的学子，永远都以听过他的教诲，能感受到他的光焰，引以为荣，引以为傲。

（✒ 新华社2008年7月20日　作者：黎昌政　俞俭）

千里马摇身变伯乐
——从一位青年学者归国看华中科大的人才引进

2008年5月28日,全球心血管领域的著名学者王擎,从15名应聘者中脱颖而出,出任华中科技大学生命科学与技术学院院长。这是该校首位面向全球招聘的院长。

今年43岁的王擎,在美国克利夫兰临床医院心血管遗传学中心已工作了9年,担任中心主任也有7年。在《美国新闻和世界周刊》开展的全美心血管医学实力排名中,该医院14年来一直位列榜首。

在美国学习、工作的20余年间,王擎先后发表科研论文、教科书篇章等143篇,在国际顶级学术期刊 Nature、Science、Cell 和 Nature Genetics 上发表的论文就有8篇。由其发现的8个与人类重大疾病相关的基因,5个为世界第一。

此外,他的科研成果已被开发为对恶性心律失常长QT综合征和Brugada综合征进行遗传诊断的试剂盒。该试剂盒可在出现症状之前或产前进行诊断,找到致病突变基因并给予治疗。这一成就已挽救了众多病人的生命。其诊疗方法也已成为国际医学教材中的经典案例和重要篇章。

就是这样一位全球知名的学者,却落户到了既没有区位优势、又没有待遇优势的华中科技大学。

是什么吸引了他?王擎说:"是祖国的飞速发展和华中科技大学的诚意与氛围,让我感觉到我的事业在国内,在华中科技大学。"

·为人才专门搭建舞台·

王擎的回国与华中科技大学同济医学院附属协和医院的杨钧国教授不无关联。王擎和杨钧国都从事心脏猝死——长 QT 综合征的基因研究。2002 年,王擎到他做兼职教授的天津某大学参加一个会议。得知消息后,正在北京出差的杨钧国专程赶到天津,拜访这位神交已久的青年科学家。

同年,科技部启动"功能基因组和生物芯片"国家重大科技专项。杨钧国动员王擎合作申请一个"重要心血管病和神经系统疾病新的致病基因的发现及其功能研究"重点项目。

当时时间非常紧迫。为拿下这个项目,协和医院领导带领两人一起赶往科技部汇报,杨钧国更是动员该院心血管内科的 8 名医师和研究生在家帮忙搜集资料。

在科技部汇报期间,王擎邂逅了借调在此工作的华中科技大学生命学院教授闫云君。科技部社会发展司生物医药处时任处长安道昌(现生物技术发展中心副主任)也被王擎的才华所打动,他提醒闫云君:"这么牛的人,怎么不引进到你们学校?"

闫云君为之一动,立即向当时主管科技工作的丁烈云副校长汇报。丁烈云随即拜访了王擎,并指示科技处:要创造一个可能的条件,让王擎回国服务。

为了发挥王擎的专长,也预见到人类基因组研究对于生命科学发展的战略意义,华中科技大学果断决定,组建华中科技大学人类基因组研究中心,专门为王擎搭建一个能自由驰骋的舞台。

2003 年 5 月,依托实力雄厚的医科和快速崛起的生命学科,华中科技大学人类基因组研究中心成立,聘王擎任中心主任,杨钧国为副主任,两人从同一领域里的合作伙伴变成了一个战壕里的亲密战友。

·五年坚持得"骏马"·

相对于北京、上海、广东、江浙等地，相对于国内部分名校，地处中部的华中科技大学在引进人才方面存在诸多劣势。华中科技大学校长李培根院士在各种场合要求：学校的部长、处长、院长、书记、教师、职员、校友等，人人都要善于发现人才、举荐人才、培养人才、用好人才，齐心创造更加适合人才聚集和发展的硬环境、软环境，把学校建成为一个吸引优秀人才的"强磁场"。

烦琐的事务性工作挤占大量科研时间，是许多欲归国一展抱负的学者的最大顾虑。为让王擎能充分发挥其学术优势，安心从事科研及学科团队的构建，华中科技大学人类基因组研究中心一成立，该校就从上到下形成了一个完善、高效的行政服务链。

该校党委书记朱玉泉亲自带队协调各方关系，确保新组建的研究中心能够快速发展；时任副校长的李培根院士主抓科技工作，迅速督促落实了中心的启动基金，专门为中心建设划拨了 250 平方米的科研场地和 3 年的研究津贴；在人事方面，该校更是放开中心的编制，方便王擎根据学科发展需要，从海内外引进高层次人才。

刘木根是王擎与上海某知名大学合作培养的研究生，他在完成课程学习后，到美国克利夫兰临床医学中心的分子遗传研究中心从事博士论文研究工作。在两年半的时间里，他一直跟随王擎从事心血管疾病的分子遗传学研究，很受王擎赏识。2003 年 8 月，刘木根回到上海准备博士论文答辩。为协助王擎尽快组建一支高水平研究团队，华中科技大学指派专人做刘木根的思想工作，硬是通过各方努力，把他请到了学校。如今，刘木根在中心担任主任助理、科学技术部主任，成长为中心的中坚力量之一。

正因有这样细致、高效的服务作保障，华中科技大学人类基因组研究中心在短短 5 年时间里硕果累累：2005 年，中心形成了拥有 40 余人的研究团队，包括 3 名教授、4 名副教授和 2 名工程师；先后在 *Nature Genetics*、*Journal of Biological Chemistry* 等国际国内权威杂志上发表文章近 30 篇，其中，*SCI* 收录论文 24 篇；建成了中国南部最大的心血管基因库，储备了中国人的相关标本1万多份,为我国心血管疾病研究积累了宝贵的资源。

今年3月,在该校的力邀和好友的劝说下,王擎有点犹豫地提交了竞聘生命科学与技术学院院长的资料。在竞聘答辩会上,校长李培根与王擎推心置腹:"在国外工作,成就感的来源只有一个——在第一流的杂志上发表论文;回国工作,成就感还将来自带领生命学院迈向国内乃至国际一流,来自为祖国的生命学科做第一流的学术研究。"李培根的这番话深深地触动了他。"五一"期间,王擎作出决定,在完成美国已有项目后将彻底、完全地回国服务。

携手5年后,华中科学大学终于迎回了这匹"骏马"。

·当好团队发展领头羊·

作为曾经的"千里马",一到华中科技大学就任,王擎就变成了为该校寻觅、延揽英才的伯乐。作为华中科技大学生命学院院长,王擎已物色、打动了4位国际知名的青年学者,他们预计在今年底陆续回到国内,到该院工作,另有6个团队也已初步达成相关意向。

根据王擎提出的把学院带进"全国前五,世界知名"的目标,学院需要引进、建设20个左右的研究团队,需要从全球范围引进60~80名各有专长的杰出人才。

谈起即将到位的4位中青年学者,王擎了然于胸:

一位是做细胞生物学研究的,他有一种全新的技术,可以从细胞水平上把基因直接"敲"出来,这为研究基因对细胞的影响提供了一种很好的手段。王擎打算以这位学者为核心,成立一个癌症研究中心。

一位在结构生物学核磁共振方向的研究工作属世界一流,发展势头很好。王擎打算像当年学校引进他的学生刘木根一样,先引进该教授带的一个博士后,为该教授来校做好铺垫工作。

另两位教授在基因的免疫机理和心脏发育研究方面也各有绝活。

王擎说:"一旦这4个人到位,就可以迅速围绕他们组织起科研团队,推动学院办学实力的提升和办学内涵的深化。今后,我们将继续借助学校、学院和我个人的推荐,以及在 Nature 和 Science 等国际顶级杂志上发布招聘信息等各种途径,发现、吸引更多的优秀人才加入。"

除了努力做好学院领头羊的角色,王擎对自己的学术研究一点没有放松。他想在这几年里,争取在 Nature、Science 这样的顶级杂志上再发一两篇文章,体验一下在祖国发这样高水平文章的成就感。

谈及王擎的"落户",华中科大校长李培根充满喜悦和自豪:"王擎教授的回归,是我校新时期高端人才引进、培养工作的一个缩影。这表明,只要敢于竞争,善于转化,尽心尽力为人才做好服务工作,营造一个尽可能好的氛围和环境,我们就能够化劣势为优势,从海外引进一大批优秀人才。"

(✐ 《中国教育报》2008 年 9 月 12 日　作者:耿俊伟　周前进)

甘守寂寞段正澄
年逾古稀当院士

段正澄：75岁，华中科技大学机械学院教授、博士生导师；原华中工学院招收的第一批学生，毕业后留校任教至今；主要研究方向为自动化加工技术与装备，曾三次获国家科技进步二等奖。

12月2日，华中科技大学的大一新生苏杰惊喜地发现，本校的段正澄教授以75岁之龄被增选为中国工程院院士。这也是在本届增选院士中唯一超过古稀之年的当选者。

而两周前，正是这位白发苍苍的老教授在一次讲座上打了一个形象的比方，"做科学研究要耐得住寂寞，不能外面来一个脉冲，自己就要震荡"，给这个大一新生留下了深刻印象。

"从事科学研究，也许十年二十年都不会有什么大的成果，因此绝不能浮躁，不能急功近利。选准了目标，就要长期坚持、百折不挠。只有这样，才能出成果，出大成果。"对于坚持的意义，段正澄有着特别深刻的体会。

1953年，19岁的段正澄成为华中工学院（华中科技大学前身）成立后招收的第一批大学生，1957年毕业留校任教，从此扎根喻园。52年来，他和团队成员从最初研究单机自动化加工，到多工序自动化加工，到数控加工，再到多学科交叉数字化加工，在科研的道路上坚持前行至今。

段正澄和他的团队曾三次获国家科技进步二等奖，获奖的三项成果，研究周期没有一项少于 10 年：研制全身伽马刀，10 年；研究激光加工技术与装备，20 年；完善汽车发动机曲轴磨床，30 年！

2008 年获奖项目"高性能发动机曲轴高精高效磨削加工技术与系列成套设备"，研究始于 20 世纪 70 年代。当时，德、美、日等国几乎垄断了世界汽车曲轴制造设备的高端市场。为了在技术上取得突破，段正澄团队在孝感机床厂与工人们同吃同住，从 1979 年到 1983 年，他们研制出国内第一台数控高速全轴自动曲轴磨床。又经过 20 多年的不断升级改造，目前，我国生产的汽车曲轴磨床不仅拥有自己的知识产权，而且结构简单，价格比国外便宜一半！

对于这个前后历时 30 年的项目，华中科技大学副校长、机械专家邵新宇教授面对媒体记者感慨："段老师熬得住。"

而今已是华中科大副教授的龚时华 1993 年就师从段正澄攻读硕士和博士，回忆起跟导师到江铃汽车厂调试设备的经历依然记忆犹新：曾经连续两年的时间里，年过 60 的老师和他一起，天天到厂里进行调试工作，即使夏日炎炎也一天都没有中断。

已经 75 岁高龄的段老有一个好身体。在机械学院，一楼是实验大厅，四楼是办公室，75 岁的段正澄每天走上走下，忙个不停。虽年过古稀，仍精神矍铄，神采奕奕。

身高 1.8 米的段正澄曾经是华中工学院校篮球队的第一任队长，专打后卫。1954 年，这支篮球队拿到了湖北省冠军。近 60 岁时，有学生跟他打赌，比赛定点投篮。结果，他赢了。

（✎ 《中国青年报》2009 年 12 月 5 日　作者：雷宇　万霞　朱娟娟）

生命写就的精彩人生
——追记华中科技大学材料学院原院长陈立亮教授

陈立亮走了。办公室里,龙舌兰和虎皮兰显得生机勃勃,金嗓子喉宝和口罩安静地摆在案头,旁边是他最后指导的博士生的毕业论文。

2011年2月18日,在湖北省人民医院的病房里,华中科技大学材料学院原院长、博士生导师陈立亮教授艰难地呼吸着,但他仍然放心不下案头的毕业生论文和它的主人。

42岁,生命像一曲华美的乐章,绚烂之时戛然而止,留下一个悲壮的手势,一个充满力量的音符。

·治学,潜心的投入·

"在大家普遍认为学术界浮躁的环境下,我们要能够潜心科研。"

1992年,23岁的陈立亮从大连理工大学毕业,来到华中理工大学(华中科技大学前身)攻读硕士研究生,进入材料学院凝固模拟课题组从事铸造充型与凝固过程模拟的科研工作。

敬业,投入,干什么都精益求精,悟性特别好,是陈立亮留给导师刘瑞祥教授最深的印象。观察到陈立亮基础较好,刘瑞祥决定给他一些小题目,让他去进行计算机编程。

刘瑞祥回忆说："我那时候想，如果 3 个月后他能给我结果，我就很满意了。"

结果，半个月后，陈立亮就告诉导师，程序已经编好了。刘瑞祥有点不相信，结果拿过来一看，很惊讶，完全出乎他的意料。

是个好苗子！刘瑞祥马上跟课题组负责人林汉同教授交流了这个信息。林汉同也对陈立亮的发展抱有很大的期望，不久，陈立亮转为林汉同教授的学生，直攻博士研究生。博士毕业后，陈立亮留校任教。

1997 年至 1999 年，是课题组最艰难的 3 年。人员少，只有林汉同、刘瑞祥和陈立亮 3 位老师，带着周建新、廖敦明等研究生；场地小，师生工作时都挤在东三楼 120 室里一个 10 余平方米的办公室。

没关系！乐观的陈立亮决定用时间来换取空间和人力。没有白天和黑夜，在这间办公室里，他和同事们一待就是 10 年，潜心于铸造过程数值模拟仿真技术的研究、开发与应用工作。

春天的耕耘带来秋天丰硕的成果。针对铸铁收缩缺陷准确预测的世界性难题，他创造性地提出了球铁铸件动态区域碳守恒原则，实现了球铁收缩缺陷的定量化预测，已在 70 余家大中型企业应用。

他组织开发的"华铸 CAE"品牌在国内外铸造业的名望越来越大，该系统发展成为国内铸造领域最具影响的仿真分析系统，拥有完全自主知识产权，在 300 多个工矿企业推广应用，带来 10 亿元以上的经济效益。

30 岁破格晋升副教授；32 岁，破格晋升教授、博士生导师。他带领的材料成形模拟仿真团队被评为"2010 年湖北省自然科学基金创新群体"。2008 年，他获得湖北省青年五四金质奖章，2009 年获第 11 届中国青年科技奖，2010 年教育部推荐享受政府特殊津贴。

面对成绩，陈立亮说："在大家普遍认为学术界浮躁的环境下，我们要能够潜心科研、认真工作，多提携和培养更多年轻人才。"

"君来经我手，君去悄悄走。难得领军才，谁堪绝尘后！"导师刘瑞祥和林汉同悲痛之余，为"爱徒"写下这样的诗句。

·人梯,奉献的精神·

"我就是你们的跟班,为你们跑上跑下是应该的。"

2011年2月20日,在陈立亮的追悼会上,校长李培根院士数度哽咽、落泪,无限伤痛地细数对他的怀念与记忆。

2001年2月,陈立亮被任命为材料学院副院长,分管本科教学工作。2006年3月,学校又把材料学院院长的重任交给了他。

甫一上任,陈立亮就大刀阔斧地对教学工作进行多角度多层次的改革:以学科建设推动专业改造,以信息技术改造传统专业;建立本科生科技创新基地,建立"科技创新—毕业设计—研究生"直通车制度;彻底改革实验教学模式,建设本科实验教学中心、建立专职实验教学队伍;强化教材建设;建立向本科教学倾斜的考核分配制度。

改革带来了新变化。学院"十五"和"十一五"期间共出版了40多本本科专业系列教材,其中18本被列为国家"十五""十一五"规划教材,居全国同专业第一,部分教材被60多所著名高校采用。

在材料学院的师生中,至今还流传着两个大家熟知的故事。

一个是"从转出30人到转入49人"的故事。由于材料学院给学生的印象就是翻砂、和泥巴,2000年,第一志愿生源特别少,2000级学生中全年级前30名几乎全部转到学校其他专业。

陈立亮担任副院长后,大刀阔斧地改革传统专业,引进计算机专业。2006年,大一学生在全校范围内自由转专业,在不少院系痛感优秀人才流失的同时,材料学院却转进了49名学生。

另一个是"56名非正式毕业生"的故事。2007年,陈立亮敏锐地感到电子制造业转向中国的趋势日益明显,学院应该积极申报电子封装技术新专业。虽然全国当时没有一所学校有此专业,但他一方面向学校汇报,另一方面立即着手从2005级材料成型及控制专业中挑选了56名学生,修改后两年培养计划试办电子封装技术方向。

远见卓识得到最好印证。2009年,教育部批准学校电子封装专业正式招生。同年,华中科技大学也有了全国第一批电子封装方向的正式毕业生，毕业生就业率达到100％！

人才是学科发展的头等大事，引进人才就是引进新的学科方向。陈立亮毫不含糊，他对想引进的人才表态说："我就是你们的跟班，为你们跑上跑下是应该的。"

·师道，爱的"直通车"·

"是陈院长把我领进了科学研究的大门，他将影响我的一生。"

庞盛永，这位陈立亮临终前一直牵挂的博士生，这些天跟实验室里的很多兄弟姐妹一样仍无法接受陈老师走了的事实。

就在去世的前两周，陈立亮还给他打电话出主意，鼓励他进一步修改博士答辩论文，争取冲击全国优秀博士论文。

"陈老师给我修改的博士论文初稿我会终身保存。我要用它时刻鞭策自己、告诫自己，以后如何教书，如何育人。"庞盛永哽咽道。

庞盛永升研二时因为一门课程不及格要由公费培养转成自费，每年需要交纳8000元的学费。因为家庭条件不好，庞盛永考虑过退学。得知消息后，陈立亮与实验室的老师们一起凑了钱，帮他垫付了学费。

在陈立亮那里，有一辆爱的"直通车"，直达学生的心灵。材控0901班的学生都记得陈立亮这位慈父般的班主任。在担任该班班主任期间，陈立亮每个月都去一楼的男生寝室，与他们谈学习、谈生活。他的办公室的书桌上，还贴有该班2010年上学期的各科成绩表，一些成绩不及格的学生的科目下面，他都重重画上了一笔。

孙小军，这个贵州山区走来的仡佬族孩子，从右腿残疾的预科生到如今以全额奖学金到东京大学攻读硕士学位，其中凝聚了陈立亮太多的心血。他让小军进入自己的课组便于照顾他，并结合小军的实际条件和自身情况，建议小军学习数值模拟方向，这样可以减少右腿截肢对他发展的影响。

在孙小军申请日本东北大学交换生时，陈立亮亲自写推荐信。在小军赴日留学前，陈立亮还多次和学院学工组联系，想帮小军装一个假肢，费用由他来出。孙小军在回忆文章中写道:"希望将来做一个像陈院长这样的人,陈院长是我学术上的楷模,是陈院长把我领进了科学研究的大门,他将影响我的一生。"

· 生死,从容的力量 ·

"别跟姐姐嫂子说实情,我不愿意看见别人哭!"

"生如夏花之绚烂,死如秋叶之静美。"他是一个乐观开朗的人,带走一路欢笑。

陈立亮和妻子丘斯迈结识于一次公选课。从那时开始,妻子就知道,陈立亮总是快乐地忙碌着。

他忙得顾不上家庭——

两人结婚后一直没要小孩,母亲询问起来,陈立亮总是说,太忙了,没时间照顾。母亲急了:"那等你们退休后就有时间啦!"2002年至2003年,陈立亮到美国爱荷华大学做了一年的高级访问学者。回来时,儿子已经不认识他了,对着他叫"叔叔好"。

他忙得顾不上身体——

2003年回国后,陈立亮参加了单位的一次体检,发现肺上有一个炎性结节。医生说没事,他再没放在心上。7年时间,他的心放在学院和实验室的发展上四处奔波,错过了每年的体检。

2010年5月中旬,在北京,被确诊为恶性肿瘤之后,陈立亮对妻子说:"别跟姐姐嫂子说实情,我不愿意看见别人哭!"

他走得太匆忙,还有好多事情没有做——

妻子还等着他一次次的叮嘱;儿子还等着爸爸教他游泳,因为他的水性是那么好;年迈的母亲还在等着他来嘘寒问暖;学生还等着毕业时,喝他亲手做的胡辣汤……

他走得很从容,留给这个世界一个微笑的背影——

在治疗期间,不便出门的他用儿子的QQ上线,利用小摄像头,与学生交流课题进展、指导论文写作。身体条件许可的时候,他还经常到办公室和实验室里转转,看看大家的工作进展。2011年1月16日至21日,在病情有所好转后,在家休养的陈立亮,让从大四做毕业设计的学生到硕士生、博士生分批来家里进行指导。

这座上足了发条、从不歇息的钟,最终停摆在 2011 年 2 月 18 日 20 时 02 分。

(✐ 《中国教育报》2011 年 4 月 29 日　作者:胡艳华　万霞　靖咏安)

张培刚对发展经济学的开创性贡献

发展经济学创始人之一张培刚教授离开了我们,作为学界的同仁和后辈,我们为大师的离去感到万分悲痛。张培刚对发展经济学的产生和发展作出了历史性贡献,他的理论和思想形成可分为两个阶段:第一阶段是从上世纪30年代中期到40年代末,这十几年是他学术的辉煌时期,以他1945年完成的博士论文《农业与工业化》而达到顶点,该论文获得1947年哈佛大学威尔士奖,并在1949年由哈佛大学出版社出版,这篇论文奠定了他在发展经济学界的历史地位。第二阶段是从上世纪80年代初至今,这三十年是他学术青春重新焕发的时期,提出了建立新发展经济学的构想。

张培刚的理论和学术思想在国内许多报刊都有详细介绍,这里仅列举其中三方面的贡献,足以说明他是当之无愧的发展经济学的拓荒者和创始人之一。

·当之无愧的发展经济学先驱·

发展经济学产生于上世纪40年代末,繁荣于上世纪50年代、60年代。二战结束后,世界上亚非拉地区许多殖民地和附属国相继独立,发展经济成了这些国家的主要目标和迫切任务。但对如何发展经济,在当时还没有一套现成的理论作为指导,于是各种发展理论应运而生,蔚然形成一门新兴学科——发展经济学。上世纪80年代,著名发展经济学家杰拉尔德·迈耶主编了两卷本《发展的先驱》，第一卷（1984年出版）收录了刘易斯、罗斯托、罗森斯坦-罗丹、赫尔希曼等十位发展经济学家的回忆文章；第二卷（1988年出版）收录了舒尔茨、明特等五位发展经济学家的回忆文章。其实，真正可以作为发展经济学先驱的应是第一卷的十位学者，还有些先驱由于去世较早而未收录进该文集，如提出"贫困恶性循环理论"的拉格纳·纳克斯等。如果把这11位发展经济学先驱与张培刚进行比较，我们发现，张培刚与他们论著发表的时间是同时代的，而且大多数人的论著是在上世纪50年代发表的，而张培刚的《农业与工业化》是在1945年完成，1949年出版的，比大多数先驱的著作问世更早。其次，他们的论著大多都是论述落后国家工业化问题的，其主题基本相似。因此，张培刚无论在作品发表时间还是在讨论的主题上，都称得上是发展经济学的先驱和创始人。迈耶未把张培刚列入发展先驱，可能是因为张培刚回国后很长时间沉寂了，没有继续在发展经济学领域进行研究、发表作品。这是时代的悲剧，但不能由此否定他发展经济学的先驱地位和创始人角色。

· 独树一帜的工业化理论 ·

张培刚对工业化概念的定义独具特色。他在《农业与工业化》中对工业化概念进行了全新阐述："工业化可以定义为一系列基要（战略性）的生产函数连续发生变化的过程。"后来在《农业与工业化》修订版中他对工业化定义进行了修改和补充："'工业化'就是国民经济中一系列基要生产函数（或生产要素组合方式）连续发生由低级到高级的突破性变化的过程。"张培刚认为，这种变化可能最先发生于某一个生产单位的生产函数，然后再以一种支配的形态形成一种社会的生产函数而遍及整个社会。基要的生产函数的变化能引起并决定其他生产函数的变化，后者称为被诱导的生产函数。张培刚关于工业化的定义比传统定义内涵更丰富。传统上把工业化定义为工业尤其是制造业在国民经济中比重不断上升的过程。比较这两者就会发现：

首先，前者着重于要素组合方式或技术的变化，后者则强调产业结构的变化。其实，从要素组合方式和技术变化的角度来定义突出了工业化过程本身，而从产业结构变化的角度来定义只是描述了工业化过程所产生的结果。

其次，传统定义过于狭窄，只包括制造业至多还包括整个工业部门，而张培刚的定义更全面。它不仅包含制造业工业化，还包括农业经营的工业化。把农业机械化和现代化也包括在工业化过程中是张培刚关于工业化定义的一个新奇之点，意义重大。它可以防止和克服那些惯常把"工业化"理解为只是单纯发展制造业，而不顾及甚至牺牲农业的观点和做法。许多发展中国家以牺牲农业来推进工业化，结果却以工业化失败和农业停滞告终。经过这些教训之后，发展经济学家和发展中国家政府开始意识到工业和农业平衡发展的重要性，这也说明了张培刚的工业化定义的科学性。

再次，张培刚对工业化的理解不只是生产和技术方面，而且包括制度变革。他指出："这些基要的创新和基要的生产函数的变化，更进一步加强了伴随现代工厂制度、市场结构及银行制度之兴起而来的'组织上的'变化。这一切变化都曾经对农业及制造业的生产结构发生巨大的作用，因此曾经构成而且将继续构成工业化过程的主要特征。"他把技术变化所带来的制度变化看作是工业化过程的一个组成部分，这是张培刚工业化理论的又一个新奇之处。

·科学系统的工农业相互关系学说·

张培刚在《农业与工业化》一书中用了三章的篇幅（一共六章）来阐述工农业之间的相互关系和相互作用。

首先，张培刚有关农业在工业化中的基础作用的理论是开创性的。他从粮食、原料、劳动力和市场四个方面阐述了农业对工业化的贡献，还论述了农业为促进工业化而作出的资本和外汇贡献。他在60多年前就已把农业看作是工业化和国民经济发展的基础和必要条件。诺贝尔经济学奖获得者库兹涅茨曾在1961年发表的《经济增长与农业的贡献》一书中，把农业部门对经济发展所作的贡献概括为四个方面：产品贡献、市场贡献、要素贡献和外汇贡献。这在张培刚的《农业与工业化》一书中都论述到了，但库兹涅茨的论述比张培刚晚16年，以发表时间论也要晚12年。

其次，在 70 年前张培刚就对农业与工业化之间的相互关系进行了深入的辩证分析。张培刚用两章的篇幅探讨了工业化对农业生产和农业劳动力的影响。他指出，工业的发展与农业的改革或改进是相互影响的，但两者相互影响的程度不同。在工业化初期，农业的改革和改进会促进工商业的发展；但到工业化中后期，工业发展对农业的影响显然大于农业对工业的影响。这一思想已成功得到一些国家和地区发展实践的证明，例如中国、韩国和中国台湾基本都遵循"先以农支工，然后以工促农"这个发展规律。张培刚还认为，工业化进入到相当成熟阶段，工业的发展必将引起农业生产结构的变化，以适应人们因收入增加引起的对食物消费结构的变化。此外，工业化还会带来农业生产增长速度和相对份额的下降，但农业生产总量和单位产量将会不断增加，农业生产规模亦会扩大。

在第五章中，张培刚对工业化对农村剩余劳动力的吸收和转移的影响做过详细探讨。他指出："在工业化的初期，农业劳动力有大量剩余，使得农业劳动力的'转移价格'低到保留劳动力在农场上已无多大意义。所以，从农场吸引劳动力到工厂的有效力量，几乎完全是在工业对劳动力的需要方面。"这里的"转移价格"是指农民离开农场的机会成本，也就是现有农业收入。这些观点与刘易斯无限劳动供给的二元经济发展模型的假定如出一辙。但是，诺贝尔经济学奖得主刘易斯的二元经济发展理论是在 1954 年发表的，比张培刚至少晚了 5 年。

(《光明日报》2011 年 12 月 02 日　作者：谭崇台　郭熙保)

聚焦华中大

华中科技大学70周年校庆丛书

第十章

科学研究 瞄准前沿

开辟学科新方向　勇立潮头重创新
——华中科技大学"211工程"建设侧记

"华中Ⅰ型数控系统""高华CAD二维绘图及设计系统"获国家科技进步二等奖;"计算机集成制造系统"为学校赢得国际制造工程师协会颁发的"大学领先奖";"面向21世纪机械工程教学改革"获湖北省教学成果特等奖、国家教学成果一等奖;"CAPP关键技术及应用系统"获中国高校科学技术一等奖;连续两次获得全国百篇优秀博士学位论文奖;建立了两个国家级工程技术研究中心。

这是华中科技大学"211工程"重点建设学科——机械制造综合自动化学科,5年间连续获得的6项标志性成果。

2001年5月29日,教育部组织的专家验收小组这样评价华中科技大学"211工程""九五"期间的建设成绩:改造了传统学科,发展了交叉和新兴学科,优化了教学科研环境,提高了办学水平,创造了学校改革、建设和发展的成功经验,全面地、高质量地完成了国家下达的"211工程""九五"期间项目建设计划——华中科技大学"211工程"建设全面推进了学校的改革、建设和发展。

华中科技大学为什么能创造出这些令人瞩目的成绩?

江泽民总书记说:"创新是一个民族进步的灵魂,是一个国家兴旺发达的不竭动力。"华中科技大学的"211工程"建设,靠的是学研产协调发展,集成创新出效益。

·国内外联合共建　自筹资金3亿元·

1996年,华中科技大学获准进入国家"211工程""九五"建设计划。学校随即提出了"以'211工程'为旗帜,全面带动学校基本建设(学科建设、队伍建设、基地建设)"的思路,明确了建设六大学科群和若干结构合理、特色明显的学科点的任务。搞建设,就得大量的资金!钱从哪里来?除用好上级的专项拨款外,华中科技大学在自筹建设经费上动脑筋,凭借自身的实力和特色,把眼光投向国内、海外、国际,以争取联合、共建的形式,将国内外多方面的建设项目和建设资金进行交叉捆绑,实行"集成建设""集成创新",为重点学科的建设筹备了大量的资金,有的学科自筹资金超过上级拨款的几倍,学校总自筹资金3亿多元。

"211工程"重点建设的机械制造综合自动化学科,在利用"211工程"投入的1020万元建设资金的同时,依靠与国内外的共建,争取到多方面的资助:

意大利政府投资近700万元,在该学科建立了具有国际一流水平的柔性制造系统(FMS)中心实验室;

西门子公司投资400万元建立了西门子(武汉)培训中心;

德国FESTO公司投资300万元建立了气动技术和工业自动化现代实验室;

香港蒋震先生投资1000万元港币建立了"蒋氏工业培训中心";

武汉钢铁设计院、美国国家仪器公司等投资数十万元至数百万元设立了相关研究、开发基地;

教育部和世界银行贷款投资数百万元建设国家工科机械基础课程教学基地;

在"九五"期间,该学科共投入建设资金5000多万元,超过上级拨款的5倍。在这些巨额经费的支持下,该学科相继建成了一批具有国内、国际先进水平的研发基地、教学实验基地及人才培养基地:国家CAD支撑软件工程研究中心(武汉)、国家数控系统工程技术研究中心、智能制造技术教育部重点实验室、国家工科机械基础教学基地等。

"211工程""九五"重点建设的水电能源与能源洁净技术学科,国家支持建设经费1445万元。他们利用学科优势横向联合，为地方经济建设服务，仅与清江公司共建"水电能源综合仿真研究中心"就获取经费1250万元。"九五"期间，该学科实际使用建设经费超过了3400万元，多筹资金近3000万元。他们先后建起了水电能源仿真中心大楼、燃烧与污染物排放综合研究基地、水污染治理与烟气净化试验台、燃烧污染物排放研究专业资料中心等。

数据存储技术及系统结构学科计划建设经费为425万元，但争取共建经费达到4000万元，超过原计划经费近10倍，促进了学科和实验室的建设。

多谱段信息处理及其应用学科，"211工程""九五"计划建设经费1020万元，他们通过与航天工业总公司合作，争取国防科研项目，又获得了1500万元的国防科研技术改造费，在完成科研的同时，加速了学科研究基地的建设。

材料热加工技术学科计划建设经费也是1020万元，通过部门共建，又获得了1000万元的自筹建设经费。

生物医学工程学科建设经费为425万元，但实际使用经费超过了700万元。华中科技大学算了一笔账：根据国家计委的批复，该校"211工程""九五"建设共需2.3亿元的经费投入，其中，中央专项拨款和湖北省共建经费计1.6亿，其余资金由学校自筹，而实际上华中科技大学"211工程"共投入建设资金达5.3亿元，比原计划净增建设资金3亿元。

这笔投入，不仅促进了该校的重点学科建设、教学实验基地建设与教学改革，构筑起了数字校园的基本框架，还使学校的基础设施更为完善，增加教学实验用房近4.9万平方米，增加教工住宅面积近9万平方米，增加学生宿舍面积5.3万平方米。专家们认为：集成建设，不仅促成了一批高新技术成果的问世，造就了一大批高素质人才和大师级人才，更重要的是，这种全新的建设方式，迅速改善了学校的教学、科研和生活条件，使学校的"211工程"建设驶上了快车道，夯实了学校及学科建设赖以生存和发展的基础，包括实验室建设、研究开发基地建设、人才培养基地建设、公共服务体系建设、配套基础设施建设，为将来上高水平、搞大课题奠定了基础。

·跨校门国门联合　兵团作战出效益·

在华中科技大学，从校领导到一线教师都有一个共识：学科要争创一流，要出大成果，仅靠一个教研室或一个研究室的力量是远远不够的，必须在大学科的概念下实现跨教研室（研究室）、跨院系、跨学科乃至跨校、跨国际的联合，走国内、国际联合之路。在以重点学科为核心的"211工程"建设中，华中科技大学在推行集成建设方针的同时，非常强调团队精神，提倡走大团队、大联合，出大成果的建设道路。

计算机集成制造系统（CIMS）是利用信息技术提高制造企业竞争力的一项综合性、战略性高技术，它融合了很多先进制造技术、信息技术和现代管理技术，开发和应用有相当的难度。华中科技大学机械综合自动化制造学科在CIMS的开发中，联合了机械学院、材料学院、计算机学院、管理学院等多个院系、多个学科的精兵强将，先后有250多名教师参与项目研究，共完成了150多个项目，面向市场需求开发出了一系列CIMS高技术产品，为提高我国制造业自动化水平作出了重要贡献，并因此为国家和学校赢得了1999年度国际制造工程师协会颁发的"大学领先奖"。这是自1994年清华大学获奖后我国高校第二次获得该奖。在世界上同一个国家有两所高校获得此奖的，也只有美国和我国。国际制造工程师协会是国际制造业的权威性组织，在70多个国家和地区拥有6万多名会员，为加快CIMS的技术创新及开发应用，该协会从20世纪80年代起设立了"大学领先奖"和"工业领先奖"两项国际性大奖，分别授予在CIMS的研究和应用方面取得杰出成就的大学和企业。

在多谱段信息处理及其应用学科在"IC（智能）设计中心"的建设中，该校图像识别与智能控制研究所主动为中心提供基地，电子科学与技术系组织多学科学术队伍，建成了可以对系统谱段信息进行处理的宽口径信息技术平台，并开展了一系列的项目研究，其成果为国家建设，特别是为国防建设发挥了重要作用。

仅从2000年5月底至今，华中科技大学就成立了10多个跨院系、跨学科、跨校、跨国研究机构。这些研究所、研究中心将一批分散在校内外、海内外的多学科中青年学术队伍聚集在一起，自发组建多学科学术队伍群体，在项目申报、科研中实行兵团作战。

·重创新育人为本　学研产三足鼎立·

华中科技大学的"211工程"重点建设的学科大都是该校传统优势学科。在科学技术发展一日千里的今天，学科要取得进一步发展，最重要的就是要通过创新，特别是学科方向的创新，形成新的学科特色和优势。华中科技大学"九五"期间"211工程"建设的实践表明，学科建设取得的重要成果，几乎都集中在学科的新兴发展方向上。

材料热加工技术学科在"211工程"建设中，一方面用高新技术改造传统模具、压力加工等优势方向，一方面着重在快速成形、精密成形技术、激光加工等新兴学科方向加大建设力度。他们开发的快速成形制造系统产品达国际先进水平；开发的金属与合金纳米粉体材料制备技术与成套设备，获国家发明专利，是国内唯一能够进行规模化生产的技术，对推动我国纳米技术发展具有重要意义。

水电能源与洁净技术学科利用最新信息技术，提出了"数字流域"等概念，在三峡工程、清江水电工程中广泛应用，推动学科形成了新的特色和优势。

数据存储技术与系统结构学科作为我国保留的唯一信息存储技术学科，跨领域有所作为，针对网络技术和海量数据发展的需要，提出了网络存储新概念，开辟了网络存储新的学科方向。他们同时提出的超高密度近场光记录存储新技术，使我国数据存储技术学科走上了新的发展道路。

生物医学工程是该校针对生物技术迅猛发展而重点建设的一个学科。学科通过引进"长江学者奖励计划"特聘教授，在生物医学光子学学科方向实现突破，带动了我国生物医学光子学学科方向的形成，并在2年内就被批准为教育部重点实验室。

依靠创新，华中大"211工程"学科建设不仅紧紧跟上了当今学科前沿发展的步伐，巩固了原有的特色和优势，还确立了新的特色和优势。

"育人为本，学研产三足鼎立协调发展"是华中科技大学的办学思路。"九五"期间，该校把这一办学思路成功运用到"211工程"的建设中，取得了一系列令人瞩目的成果，直接为国家高等教育事业的发展及经济建设、人才培养等作出了重要贡献。

产业化使数控技术迅速在工厂得到应用，取得了巨大的经济和社会效益。据介绍，该学科组建的开目、天喻、华中数控公司的年产值已超过1亿元，并能在较宽口径的学科领域内进行科技创新和成果转化。在该学科，"九五"期间形成了以3名中科院、工程院院士为带头人，数十名博士为骨干的学术队伍，为国家培养了2000多名各类在校生，为企业培训高级管理和技术人才3000多人次，其中出现了一批优秀人才。5年间，该学科共签署科研合同393项，到校经费7940万元，取得一系列标志性成果，获省部级以上科技奖励46项。

材料热加工技术学科在"九五"期间诞生了1名中国工程院院士，学术梯队中博士学位人员已占34%，研究生年招生规模已从"九五"前的30人左右扩大到近200人。前后承担了100多项各级科研项目，获国际级奖3项，国家级奖2项，省部级奖23项。在开展高层次人才培养和高水平科学研究的同时，8MN锻造液压机组、快速成形系统系列产品、汽车车身与覆盖件模具CAD/CAPP/CAM集成系统、金属与合金纳米粉体材料制备技术与产业化、汽车传动轴等类关键零件精密成形技术的研究与应用等标志性成果多数已转化为现实生产力，并在汽车、家电、机械、材料等行业获得推广应用，有的已在国内批量生产，产生的经济效益累计达5.8亿元人民币。

水电能源与洁净技术学科通过"学研产协调发展"，产生中国工程院院士1名，引进院士4名，教师的博士化率从"八五"末期的16%增至"九五"末期的28%，形成了一支以院士和具有博士学位的中青年教师为主体，老中青结合的学术队伍，培养了大批的博士生、硕士生，承担了367项科研任务，获国家级奖2项，省部级奖34项。"三峡梯级水电联合调度（AGC）系统""三峡河道航运安全与航运GIS技术研究""水电站水库防洪决策支持系统""水电控制和机电设备状态演变仿真"等科研成果已为国家创造了7.3亿元的直接经济效益，并取得了显著的社会效益。

多谱段信息处理及其应用学科、数据存储技术与系统结构学科、生物医学工程学科等在育人、研究、产业化方面也取得了较大成就。

面对21世纪的机遇和挑战,华中科技大学将发展的远景目标定位为"具有世界先进水平的一流大学"。这个远景目标分两个阶段实现:第一阶段是到2020年左右,把学校建设成为一所世界知名高水平大学;第二阶段是到2050年左右,把学校建设成为具有世界先进水平的一流大学。并明确提出了"国际化"的办学方针。

世界一流大学必须有一批世界一流的学科。华中科技大学在创建"具有世界先进水平的一流大学"的"211工程"建设中,敢于创新,在建设方式、发展道路等各方面都进行了成功探索,取得了令人瞩目的成就,推动了学校的快速发展,也为国家的经济建设作出了重要贡献。今天,"育人为本,学研产三足鼎立协调发展"的模式,已成为学校的办学特色,华中科技大学正向"国际化"的道路迈开大步前进。

(《光明日报》2001年7月12日 作者:陈思中 周前进)

与建国际知名大学相适应
华中科大制定文科起飞计划

华中科技大学近日就文科发展作出部署：建立与国内一流、国际知名大学地位相称的文科，"十五"期间力争10个左右的学科、专业达到国内一流水平；到2020年，文科从整体上达到国内一流水平，3至5个学科达到国际知名水平。

目前，华中科大文科有博士点3个、硕士点20个，有本科专业14个。学校正在酝酿对其进行调整、重组，并新建若干文科院系，包括正在筹建的法学院、公共管理学院、历史系等。引进杰出人才、学科带头人的工作也在紧锣密鼓地进行，若干名在国内有影响的中青年学者已经上岗。

华中科大分析了高校合并后学校面临的竞争态势：有的重点理工院校与文科院校合并后，其文科发展取得了历史性的跨越；有的重点理工科大学在得到国家重点投入后，在文科发展上雄心勃勃，步伐加快；一些综合性大学与其他工科院校合并后，综合优势更加明显。

华中科大提出，学校的目标是2020年建成国际一流、世界知名的高水平综合性大学，需要有与之相称的文科，具体的目标是：到2005年，文科办学规模有较大发展，本科专业达到20个左右，本科在校生达到4500人，研究生在校生达到1500人；硕士学位授权点达到30个以上，博士学位授权点达到10个以上。

在学科布局上，巩固西方经济学、高等教育学、语言学及应用语言学等3个博士学位点在全国的学术地位；马克思主义哲学、新闻传播学、数量经济学、社会学、公共管理、法学、马克思主义理论与想政治教育等 7 个学科发展成优势学科，力争获得博士学位授予权；高起点，增设历史学、心理学等学科。

"十五"期间，华中科大对文科投入每年将不少于 800 万元。

(✎《长江日报》2000 年 11 月 3 日　作者：杨于泽　刘继文　曹素华)

形成高科技产业链　推动资源整合共享
华中科大优势特色学科提升竞争力

近日，建设面积达 4.5 万平方米的武汉光电国家实验室（筹）大楼在华中科技大学正式启用，百余名专家陆续进入实验室，开展我国光电子信息领域的创新研究工作。这一新的进展从一个侧面显示了华中科大在服务"中部崛起"战略、加快"武汉·中国光谷"建设中发挥着越来越重要的作用。

华中科大的科技创新呈现出不凡的气象，源于学校清晰的办学思路——"育人为本、创新是魂、责任以行"。中国工程院院士、华中科技大学校长李培根认为，"育人为本"就是要坚持把育人作为学校的根本任务；"创新是魂"就是要坚持把创新作为学校实现可持续发展的灵魂；"责任以行"就是要坚持把高等学校服务社会、大学生报效国家作为自己的责任。华中科技大学要承载更多的社会责任，也应该在承载更多的社会责任中去发展自己，使自己更具特色。

作为先进制造装备的"大脑"，数控系统对国家发展装备制造业有着重要的战略意义。过去数十年间，由于国外对我国一直采取技术封锁、高档产品限制、低档产品倾销的歧视政策，民族数控产业在竞争中"屡战屡败、屡败屡战"。1994 年，在华中科技大学前任校长，中国工程院院士周济的指导下，华中科大的数控专家抛弃了西方普遍采用的"基于专用计算机"的研发思路，转而走"以通用工业微机为硬件平台，以 DOS、Windows 为开放式软件平台"的技术路线，从"硬件主导型"拉到了由中国人划定的"软件主导型"上来。

"创新成果如果不能在现实应用中成功找到出口,转化为推动社会发展进步的生产力,那不仅是对高校创新思想和创新成果的浪费,也会窒息高校的创新意识、创新能力。"华中科技大学党委书记朱玉泉介绍,"通过输出人才、输出技术、输出企业,华中科大成功地打通了三个层次的对外输出通道。"据悉,学校每年向社会输出本科学生七千余名,大大提升了企业发展的核心竞争力。与此同时,学校输出一流技术,提高相关产业的竞争能力。而第三个层次,则是为社会输出一流的高技术企业,提升区域乃至整个国家高技术产业竞争能力。

目前,华中科技大学依托以"国家实验室、国家重点实验室"为主导的基础性研究平台,以"国家工程中心"为基础的应用研究平台,以产业孵化器为主导的高技术企业孵化中心,以科技园为中心的企业生长基地,形成了一条基础研究、应用研究、企业孵化、产业生长的高科技产业创新链。

据悉,按照"应用领先、基础突破、协调发展"的构想,学校将在未来的五年将工科、医科、管理学科等具有优势和特色的应用学科放在优先发展的地位,加强基础和应用基础研究,强调在科研与学科建设中兼顾全局,统筹发展。学校将适度调整科研、学科的组织结构和运行机制,强化质量意识,打破学科壁垒,推动资源整合与共享,形成多学科交叉的氛围,进一步提升科技创新能力。

(《中国教育报》2006年11月17日 作者:唐景莉 程墨)

心源性猝死研究又有进展
中国人相关基因新突变点被发现

华中科技大学同济医学院心血管疾病研究所杨钧国教授日前宣布,他率领的科研组经过一年多的努力,成功地发现两个导致心源性猝死的新的基因突变点,为我国心源性猝死病人的预报和基因治疗带来了新的希望。这一研究结果使我国成为该领域研究的先进国家之一。

"心源性猝死"目前已是心血管病死亡的主要原因,在美国已占心血管疾病死亡的50%。长QT综合征是引起心源性猝死的一个常见原因。其最主要的临床特征表现为心电图上Q-T间期显著延长,研究发现,该类患者常有遗传背景。目前,美国、法国、意大利、芬兰、日本等国发现了6个基因上有近200个突变点与该病有关。

杨钧国教授率领科研组在该病的遗传学和发病机制的研究中,先后收集和调查了30多个长QT综合征的家系,建立了中国长QT综合征的遗传信息库。去年,该研究组运用分子生物学SSCP技术制定,发现中国人长QT综合征并没有欧美人常见的基因突变位点,推测中国人可能有新的突变点。今年初,在复旦大学遗传工程国家重点实验室的大力协助下,科研组终于找到了两个新的突变点。经反复验证和国际权威基因库(GeneBank)检索,证实了他们新发现的这两个突变点不同于欧美和日本人发现的突变点。新发现的突变点位于第7对染色体的7q35-36区的HERG基因上,在1515及1650位点。

据杨钧国介绍，他们的研究表明：中国人长 QT 综合征及猝死病人的遗传背景有明显的种族异质性，在将来开展的基因诊断和治疗中，一定要采用国产的基因探针芯片和基因治疗方法。

(✒ 《健康报》2001 年 2 月 2 日　作者：聂一钢)

国内第一部《药物毒理学》出版

日前,由华中科大同济医学院周立国副教授主编的《药物毒理学》一书正式出版发行。该书是我国第一部药物毒理学专著,目前已被列入全国高等院校药学类统编教材计划。

药物毒理学是研究药物对生物体的损害及其毒性作用机理的一门学科。目前我国尚无药物毒理学的专著,更没有一本药物毒理学的教科书,药物毒理学尚处在研究的初始阶段。周立国副教授参照近年国内外药物毒理学的进展,结合自己多年来教学与实际工作经验,历经9年,写出了这本共计23万字的专著,对药物毒理学的基本概念和实验方法作了较详尽的阐述。

(《长江日报》2001年6月4日 作者:柯育萍)

华中科大克隆出新的血管生成因子

华中科技大学人类基因组研究中心主任王擎教授领导的一个研究小组率先克隆了一个新基因,该基因是一个新的血管生成因子,其突变可引起先天性静脉畸形骨肥大综合征。该研究成果发表在 2 月 12 日的 Nature 杂志上。

血管是人体中遍布全身的复杂网络,也是胚胎发育过程中形成的第一个器官。近侧的动脉向组织提供大量的血流,而远侧的毛细血管则向组织细胞提供血液。

血管的形成是一个非常复杂的生理过程,受一系列血管生成因子的调控。当血管生长的调控发生异常,就可对人们的身体健康造成影响,并可引起多种疾病。过多的血管生成可导致癌症、关节炎、牛皮癣和失明,还可引起肥胖症、哮喘、动脉硬化以及一些感染性疾病等等;而血管生长的不足或血管的退化则可引起另外一些疾病,如心肌缺氧、大脑缺氧、中风、高血压以及骨质疏松等等。因此,无论是血管生成因子还是血管生成抑制因子的研究,都具有重大的理论意义和应用价值。目前已有数种血管生成因子被研究应用到对癌症与心肌缺血的治疗,并进入到临床试验阶段。

先天性静脉畸形骨肥大综合征是一种罕见的先天性心血管疾病,主要症状为毛细血管、静脉管和淋巴管畸形,并伴有疾病侧肢端过度生长。王擎教授通过研究这一先天性心血管疾病,应用细胞遗传学和分子生物学手段,克隆到一个新的血管生成因子。

王擎教授将这一新基因命名为 VG5Q，意即位于人类 5 号染色体短臂的血管基因，他们的研究表明，约有 4% 先天性静脉畸形骨肥大综合征病人是由于该基因突变而引起，抑制该基因的表达可抑制内皮细胞的增殖，并可破坏内皮细胞形成血管，该基因的表达产物则可促进血管生成。

这一研究成果将有助于我们理解血管的发生机制，进而控制血管的形成，针对不同的疾病去促进或抑制血管的生长，从而达到治疗疾病的目的。进一步研究将使人类有望最终战胜肿瘤、关节炎等这一类重大的与血管生成有关的疾病。

（✍ 《光明日报》2004 年 2 月 26 日　作者：胡艳华　刘木根　夏斐）

杨叔子领衔弘扬民族精神
海内外众多机构参与课题研究

"一个民族，没有科学技术，一打就垮；没有精神和文化，不打自垮。"13日，由华中科技大学中标的教育部哲学社会科学重大课题攻关项目——"弘扬与培育民族精神研究"开题报告会上，课题组领衔杨叔子院士重温自己的一句名言，博得与会者热烈掌声。

该课题将立足于历史传统和现实调研的坚实基础，在哲学与时代的高度解读民族精神的科学内涵，进一步阐发弘扬和培育民族精神的必要性和重要性，全面研究弘扬和培育民族精神的途径。课题研究将采取历史和现实相结合、理论与实践相结合、批判与继承相结合、推理与实证相结合的研究方法。

据华中科大文科办负责人介绍，该课题的主要研究人员包括数十位国内知名学者及5名海外著名学者。他们将从各自的学术视角参加本课题研究，开展实质性国际学术合作。五个子课题历史研究、实证研究、学理研究、比较研究和对策研究将面向全社会公开招标，整个课题预计在2005年12月完成。

（《湖北日报》2004年4月15日　作者：黄宣传　江洪洋　刘继文）

中国教育科研网格支撑平台开发成功

10月22日,记者从"第三届网格与协同计算国际学术会议(GCC2004)"上获悉,我国第一个大型正式的网格服务中心,中国教育科研网格支撑平台在华中科大开发成功,并已对外开放,这标志着我国这一技术进入实用阶段。

网格又称为虚拟计算环境,是信息产业的新热点、因特网应用的新发展。这种技术可以把分布在各地的计算机连接起来,让不同用户分享网上资源,感觉如同个人使用一台超级计算机一样。正如电力网为千家万户供电一样,网格计算的核心是实现跨越整个企业、政府或工作组的资源虚拟共享、管理和访问,无论这些资源的运行特点如何,用户也无须关心这些资源在哪里。这种虚拟资源可以使相关人员迅速获得所有必需的数据访问和处理能力,帮助其进行计算密集型的研究和数据分析、解决复杂的业务问题。

据此次会议主席、华中科技大学教授金海介绍,网格计算目前已在欧洲率先起步,通过网格成功整合起若干台计算机的欧洲联合实验室的计算能力,超过美国任何一个独立的实验室的计算能力。目前已经应用的网格在全世界不超过10个。在我国,网格专家主要研究和推广的是"中国国家网格"和"中国教育科研网格"。

中国教育科研网格支撑平台由华中科技大学、清华大学、上海交通大学、北京航空航天大学联合开发,它基于Web服务的参考架构,达到国际先进水平。该支撑平台利用中国教育科研网和高校的大量计算资源和信息资源，实现资源的有效共享，消除信息孤岛，提供有效的服务器，形成高水平、低成本的计算服务平台。

由华中科技大学、IEEE北京分会、中国计算机学会联合举办的"第三届网格与协同计算国际学术会议"是国际网格计算领域研究、开发、应用人员和企业就网格计算技术现状和发展趋势进行交流的重要活动。

(《中国教育报》2004年10月27日 作者：胡艳华 程墨)

瞬间洞穿10厘米耐火砖
我国气体激光器实现重大"突破"

"噗"的一声,一道紫红色的光束将一块约10厘米厚的耐火砖穿透,日前,记者在华中科大目击了这一幕,而发出这道光束的,是我国首台拥有自主知识产权的大功率气体激光器。

华中科大激光工程与技术研究院王又青教授在现场介绍说,激光从放电管射出时,每平方厘米顷刻间释放出100万~1000万瓦的光电能量,射出光圈的中心温度可达到1万摄氏度,足以在像碳钢、耐火砖等坚硬物品上进行精确的切割或"雕琢"。这块耐火砖虽可承受6000多摄氏度高温,但也抵挡不住它的威力,所以不到2秒钟就被洞穿。

此前,国内企业生产的气体激光器,最高的功率只能达到2千瓦,近一半的激光切割系统设备都得依靠从国外进口。华中科技大学研制的这台快轴流二氧化碳激光器,功率达到了4千瓦。教育部专家组日前在对其进行鉴定时,认为这标志着我国大功率快轴流二氧化碳激光器实现了从技术引进到自主研发的跨越。

记者注意到,耐火砖被穿透的洞直径有1.6厘米。王又青说,这就是激光束的直径,由于这种激光器发散角很小,光束即使经过38.4万公里射到月球,也只会形成一只洗脸盆大小的光圈。如果一般手电筒的光束能够射这么远,光圈的直径将达一两千公里。

据了解,二氧化碳激光器广泛应用于电子、汽车、机械制造、航空航天和医疗器械等行业,国内市场需求每年平均以200台的速度增长。王又青介绍,华中科大研制成功的这台激光器如果实现产业化,每年可为国家节约 3 亿~4 亿元外汇，还可带动上百亿元产值的加工业。

他同时表示，我们虽然掌握了核心技术，但国内相关配套产品发展滞后，60%的系统零部件须依靠进口，这在一定程度上制约了该类激光器的大规模生产。

（✎《长江日报》2005 年 5 月 20 日　作者：柯进　黄志明　辛国胜）

45万字《方言笺疏》搬进了计算机
古籍研究告别"卡片时代"

经过一年多研究,华中科大将45万余字的文字学古籍《方言笺疏》,成功搬进了计算机。古汉语研究由汗牛充栋的"卡片时代"跨入"数字化时代"。

昨日,这一新成果首次亮相。

由清代学者钱绎撰写的《方言笺疏》,是古汉字研究者必读的重要典籍,全书13卷,共计45万余字。

针对古汉语典籍冷僻字繁多的特点,尉迟治平教授等人自主开发出一套古汉语语料专用处理软件。如果研究者想要查询某个汉字在不同年代、不同地区的方言状况,只需输入"关键词",数据库自动弹出查询者所需要的信息。如第一次提供的信息还不能满足需要,查询者可在当前结果中进行二次或多次查询。

此前,研究者要想了解某个汉字的历史流变,基本都须从卷帙浩繁的文献古籍中采用卡片记录或书签等方式查找、分类,并将这些卡片收藏在不同书柜里,以备日后调用。为了研究某个汉字,研究者收藏的分类卡片不仅"汗牛充栋",而且调用时尤为不便。

此前美国微软公司也推出了收录有6.4万余字的超大字符集,基本解决了中文古籍计算机处理的瓶颈问题,但该字符集一方面仍使几万个冷僻汉字无法实现计算机输入;另一方面,由于要输入某个冷僻字,输入者必须先在《康熙字典》或《汉语大字典》上查阅该汉字所在的位置后,再依据国家标准进行编码。即便以这种方法输入，往往计算机仍无法识别该汉字。

据介绍，目前该校已完成另外两部古籍——20卷本《尔雅义疏》和8卷本《释名疏证补》的电子化处理。预计在2007年9月前，该课题组将完成《说文解字》《中原音韵》等其他28部古籍的电子文本化处理。

（《长江日报》2005年9月30日　作者：柯进　黄志明）

解密武汉光电国家实验室

11月2日，喻家山东麓，关山二路上，一幢造型时尚、巍峨壮观的建筑群成为众人瞩目的焦点。当天，这座总建筑面积达4.5万平方米，总投资4.5亿元的武汉光电国家实验室（筹）大楼正式启用。

本月底，百余名专家将进入这片300亩的实验室园区，开始我国光电子信息领域的原始性技术创新研究工作。

· 一 ·

武汉光电国家实验室（筹）采用部省共建模式，由华中科技大学、武汉邮电科学研究院、中国科学院武汉物理与数学所及中船重工集团717研究所四家单位联合组建，依托单位为华中科技大学。该实验室是科技部2003年11月批准筹建的全国五大国家实验室之一，也是目前全国唯一光电领域国家级实验室。

科技部针对目前多数国家重点实验室学科单一、研究领域偏窄、规模较小、开放流动不够等问题，对学科相近、关联度高的若干国家或部门重点实验室整合重组，推动有条件的实验室拓宽领域，组织开展跨学科、跨领域的综合交叉研究，探索新的管理体制和运行机制，决定建立5个代表国家科技实力、充满创新活力的综合性国家实验室，武汉光电国家实验室（筹）就是其中之一。

5个国家实验室的建设目标直指"国际一流实验室"。要求成立实验室理事会，在国际上公开招聘实验室主任，学术上实行国际接轨的管理制度，凝聚国内外科技创新的精英力量，建设高水平实验平台，形成强大的科技创新能力，造就中国的世界级大师。

· 二 ·

武汉光电国家实验室（筹）的发展目标是原创创新的摇篮，光谷发展的纽带。武汉光电国家实验室（筹）副主任、华中科技大学黄德修教授告诉记者，武汉光电国家实验室（筹）在利用华中独特的地理位置、科教资源以及"中国光谷"光电子产业优势的基础上，可向南连接深圳，向北连通长春，往西向西安等地辐射，最终有望成贯通国内东西、南北两条光电子产业成果转移"通道"，而武汉也将可能成为代表中国光电子信息领域最前沿技术成果的集散地。"中国光谷"已拥有较强的基础研究实力，目前也具备了比较雄厚的产业化基础，但缺乏基础研究与应用工程开发研究、产业化之间的衔接，光电国家实验室大楼的启用，修补了这一断裂，从而在"光谷"真正形成了完整的创新体系。

作为国家光电信息产业基地技术创新的源头，武汉光电国家实验室（筹）突出基础性、前瞻性、战略性特点，以面向国家战略的需求，在科学前沿上进行深入的战略性和前瞻性研究工作，为解决国家光电子产业发展中的重大关键科学问题提供支持。

· 三 ·

经过两年的筹建，武汉光电国家实验室（筹）已经取得了阶段性的进展。实验室实行理事会领导下的主任负责制。华中科技大学校长李培根院士任理事长，中科院院士叶朝辉任主任。构建了资源共享、开放交流的国家级公共基础研究技术平台，主要包括微纳光电子工艺平台和分析测试平台。

在运行机制方面，经过华中科大校领导、实验室与相关院系的协商和探索，达成"学科共建、人员双聘、设备集中、成果共享"的方针。目前,华中科大已整合了包括一个国家重点实验室、两个教育部重点实验室在内和6个相关院系的学科资源进入光电国家实验室。实验室成立了7个研究部：激光科学与技术研究部、光电子器件与集成研究部、光电信息存储研究部、生物医学光子学研究部、光电材料与微纳制造研究部、微光机电系统研究部、光通讯与智能网络研究部。另有基础光子学研究部和空间光子学研究部将与参建单位共同组建。

实验室现有固定人员百余名,其中中科院院士1名,教育部"长江学者"特聘教授4名,国家杰出基金获得者1名,中国科学院百人计划1名,博士生导师30余名,实验室还从美国、爱尔兰、新加坡、日本、德国以及中国香港引进一些高层次人才。

据了解,各研究部正在实验室统一安排下举行学科规划系列活动,以进一步凝练研究方向,制定实验室三年发展规划,同时为争取科技部尽快对武汉光电国家实验室（筹）评估论证做准备。

(✐《湖北日报》2005年11月16日 作者：张孺海 万霞 辛国胜)

填补我国高端医疗设备空白
磁场刺激器在华科大诞生

主机外形像一个金属盒子，通过一条操作"手臂"，使电流作用在圆形线圈上产生磁场。这种磁刺激能暂时干扰大脑功能，像变压器一样，在颅内引出电流参与大脑活动。

昨日记者从华中科技大学获悉，由该校机械学院研制的经颅磁场刺激器，能通过电磁场刺激大脑，有效治疗抑郁症、帕金森综合征、癫痫病等神经功能疾病。它的研发成功，填补了我国在这一高端医疗设备上的空白。

主持设计的廖家华教授介绍说："仪器工作时，能将放置在线圈上的硬币打出一米高，作用在人体上感觉却很柔和，不需开刀手术，也没有疼痛感。"据了解，在发达国家，磁场刺激（TMS）作为一门崭新的热门技术，已广泛应用于神经、精神学等多学科的科研和临床。世界上也只有美国、英国和丹麦等少数几个国家能生产经颅磁场刺激器。华中科大机械学院研发成功的这台仪器，改变了市场上没有国产磁场刺激器的现状，与国外产品相比，更具备价格方面的优势。

（《湖北日报》2005年12月28日　作者：韩晓玲　万霞）

同济医学院追击矽肺 20 年
研究 7 万余名工人　建起全球最大队列

20 年中跨省研究 74078 名工人，完成矽尘接触工人健康危害的队列研究，其中 3 项结果被用于我国职业卫生标准的制定或修订。

昨日从华中科技大学同济医学院了解到，由公共卫生学院陈卫红教授等人完成的这一课题，是迄今国际上规模最大的接触矽尘工人队列研究，被国际癌症研究中心评价为全球矽尘研究的十个可靠队列之一。

4 月上旬，在省科技厅组织鉴定时，著名流行病学家庄辉院士等认为，研究结果对保护矽尘作业工人健康、预防矽尘危害具有重要的实用价值和社会效益，达到国际先进水平。

尘肺病是我国最为严重的职业病，占全国职业病总人数 70% 以上；矽肺病是最严重的尘肺病，约占尘肺病例的半数。20 年来，同济医学院先后与美国、德国合作，联合国内 20 余家厂矿职工医院和疾控机构，对五省 29 个厂矿的工人进行长期研究；职业流行病学追访则从 1960 年持续至 2003 年，覆盖了多数研究对象的终生职业经历。

研究发现，影响接尘工人寿命的主要疾病依次为恶性肿瘤、心血管疾病、呼吸系统疾病、脑血管疾病；在严密控制粉尘浓度的情况下，矽肺发病率下降明显；矽尘具有致癌性，但致癌能力不强。

一些成果在国际上受到重视并应用。矽尘与肺癌关系的研究结果，被国际癌症中心采用，确定矽尘是人类致癌物的主要依据之一。在我国，先后用于两项职业卫生标准的修订，为控制矽肺发病、实现 2030 年消除矽肺的目标提供了较完善的依据和方法。

（《湖北日报》2007 年 5 月 17 日　作者：韩晓玲　周前进　胡修德）

华中科大成立国家纳米药物工程研究中心

近日，经科技部批复，华中科技大学获准组建国家纳米药物工程技术研究中心。这是该校获准组建的第六个国家级工程技术研究中心，该中心总投资2500万元，建设期3年，相关筹划建设工作现已紧锣密鼓地展开。

据介绍，该中心将立足自主创新，强化对纳米药物核心技术的研发，在关键技术上取得源头创新成果，完成具有自主知识产权的纳米药物技术开发和工程化，为我国生物医药提供具有自主知识产权的纳米药物技术支撑平台；中心将加强纳米药物的人才培养和社会服务，为纳米药物产业化提供技术、工艺、设备和人才等储备和技术支撑，初步具备我国纳米药物相关领域的科技成果产业化的工程设计、技术与经济分析、信息平台建设的能力。

(《科学时报》2009年3月13日　作者：鲁伟　覃璇)

华中科大快速预报雷电灾害项目启动

在阴雨天出行,将不必为突发的电闪雷鸣担忧了。华中科技大学的"雷电灾害监测预警关键技术研究及系统开发"项目3月25日立项运作,项目完成后将实现雷电灾害信息的快速预报,市民出行就能有准备了。

该项目为国家"十一五"科技支撑计划重点项目,由华中科大牵头,中国气象局、总参大气研究所等5个单位合作完成。项目技术组组长华中科大赵文光教授介绍说,该项目依托我国"北斗"卫星定位系统进行,多学科领域交叉,充分体现了我国自主创新能力。"系统搜集海量雷电信息数据并作出分析后,将会对雷电灾害信息在0~2小时内进行预报,再通过电视、网络、手机等多渠道传到公众手中,从而减少雷电对公众的危害。"承担该项研究任务的中国气象科学研究院大气探测研究所所长张义军称。

(《科技日报》2009年3月30日 作者:房珊珊 刘志伟)

83 特斯拉！
我国脉冲磁场强度进三甲

近日，依托华中科技大学建设的国家脉冲强磁场科学中心（筹）取得重要突破。该中心自行研制的国内首个双线圈脉冲磁体成功实现 83 特斯拉的磁场强度，再次刷新我国脉冲磁场强度纪录，使我国非破坏性磁场强度水平跃居世界第三、亚洲第一。

据了解，此次测试用的圆柱状磁体高 450 毫米，直径为 400 毫米，磁体孔径 14 毫米，重达 150 公斤。磁体采用了双线圈结构，包括内、外两个线圈，分别采用 1.6 兆焦耳和 8 兆焦耳共 10 个电容器模块供电。与普通单线圈磁体相比，双线圈磁体能产生更高的场强，但其结构更加复杂、研制难度更大，对电源和控制要求更高，是对脉冲强磁场工程技术的重要挑战。

此次突破全方位验证了建设中的脉冲强磁场实验装置的可靠性，证明该中心在脉冲强磁场的磁体技术、电源技术与控制技术等方面已达到世界一流水平。

特斯拉是磁感应强度的单位。高强度的磁场为科学研究提供了新的工具，可为物理、材料、化学等前沿基础研究发现新现象、揭示新规律提供更多的机遇。目前，世界最高的非破坏性磁场强度由美国洛斯阿拉莫斯国家高磁场实验室创造，为 97 特斯拉；排名第二的是德国的德累斯顿强磁场实验室，纪录为 91 特斯拉。

国家脉冲强磁场科学中心筹建于 2007 年，所建设的脉冲强磁场实验装置是我国"十一五"期间计划建设的 12 项国家重大科技基础设施之一，也是唯一落户湖北省的国家重大科技基础设施项目。

(✐《科学时报》2011 年 11 月 14 日　作者：鲁伟　万霞　程远)

聚焦华中大

华中科技大学70周年校庆丛书

第十一章

应用领先 服务社会

光谷的龙头
——华中科技大学科研成果转化扫描

1998年12月,时任华中理工大学光电子系主任黄德修教授向武汉市有关领导提交了《关于在武汉东湖开发区建成"中国光谷"的建议》。这是我国第一份建设中国光谷的建议书。现任华中科技大学校长周济遇见黄德修的第一句话就是:"光电子技术非大搞不可,搞小了等于白搞,搞慢了等于自杀。"

华中科技大学在激光技术方面,从1971年起就开始气体、固体激光器及其应用的研究,80年代建成全国第一个激光技术国家重点实验室,90年代初由国家计委批准建立了第一个国家激光加工工程研究中心。十几年来,先后承担国家科技攻关项目21项、国家"863计划"10项,在激光技术和激光应用方面已处于全国领先地位。由去年重组后成立的华工科技产业股份有限公司以及华中数控系统有限公司、武汉天喻信息产业有限公司等有较强实力的高科技企业,承担着光电子信息产业化的伟大使命,也责无旁贷地承担起建设"中国光谷"的历史重任。

为更好地抓住建设"中国光谷"的历史机遇,华中科技大学实施大公司战略,决定从第一批进入该校大学科技园培植的7大项目来支撑第一个建设。"华工科技"是"中国光谷"的龙头企业之一,上市后,"华工科技"成功募集到4亿元资金,其近2亿元将投入到光电子产业。

"华工科技"计划用不到两年的时间实现产值10亿元,力争5至10年内实现产值100亿元。

·科研的"聚宝盆"·

和国内外知名高校一样,华中科技大学是一个科研成果的聚宝盆。

2000年5月26日,华中理工大学、同济医科大学、武汉城建学院、武汉科技职工大学共同组建华中科技大学。四校合并汇聚了一批在国际国内有着影响的学科。有一些学科已经达到国际先进水平。

机械制造及自动化学科的综合实力和科研水平居全国第一。1999年,荣获国际制造工程师协会"大学领先奖",标志着我国在先进制造技术方面达到国际领先水平。

同种脾移植、亲属脾移植居世界领先地位,异种胰岛细胞移植居亚洲领先地位,肝脏移植、肾脏移植居国内领先地位。普外·器官移植为全国重点学科,在全国器官移植中开展最早,数量最多,规模最大,起着龙头作用。

脉冲功率与等离子体研究是国际前沿的研究方向,该校已承担重大国家项目"神光计划"中的氢弹物理模拟及和平利用核聚变能两套研制任务。超导电力系统的研究,也是国际前沿的研究方向。

华中科技大学共有3个国家工程研究中心,4个国家重点实验室,5个教育部和卫生部重点实验室,6个国家重点学科,还有一批与国内外著名企业共建的高水平研究中心;拥有两院院士11人,博士生导师394人,博士后科研流动站成员13人,常年从事科学研究的队伍在4000人以上;科研经费逐年增加,1999年突破1.6亿元,在全国排名第三。

如今,华中科技大学的"华工激光""开目软件""华工图像""高理电子""华中数控""天喻信息"等一大批特色产业享誉国内外。1999年,该校科技产业销售收入达2亿元,比上年增长22%,实现税后利润4100万元,比上年增长33%,上缴国家税收超过1000万元。今年则将完成销售收入3亿元,利润超过5000万元,分别比上年增长50%和25%。

·教学科研和产业良性循环·

华中科技大学科技开发总公司与社会企业经过5年合作,斥资近300

万元开发的具有世界领先水平的项目——"胰岛素口腔喷剂新药"已经过国家的严格评审,可望在2000年底或2001年初正式投入规模生产。据市场初步调查,全国糖尿病人中只要有10%的病人使用这种新药,届时年产量可达每年1亿支,实现产值30多亿元,利税5亿元。

建立高校技术创新体系,必须造就一批上市公司,实现知识资本与金融资本的对接。

1999年7月,华工科技股份有限公司正式组建,下属高理电子分公司、激光工程公司、图像分公司等全资、合资企业,为上市做好了充分准备。这标志着华中科技大学科技产业开发从单纯的产品经营向产品与资本经营并重的发展战略转移。2000年6月8日,该校的华工科技产业股份有限公司3000万元A股在深交所挂牌交易,此股当天开盘价39.80元,收盘价57.35元,两数字均创下中国股市新股上市首日的最高纪录。华工科技的重组上市,为知识资本与金融资本项对接开发了成功之路。

为了与上市公司有机配合,华中科技大学科技园业已拉开建设帷幕,从而将实现"成果—产品—资本"的良性循环。

华中科技大学科技园规划面积1100亩,作为科技部、教育部首批试点的15家大学科技园之一,已于1999年12月正式开工。自今年4月以来,科技园基础设施建设拉开帷幕,已经征用的1000亩地全部交付使用。经过2至3年的建设和发展,将完成7个亿元以上项目,产值将达到几十亿元。

目前正筹备成立的华工科技创业投资公司相当于科技成果的孵化器,将极大地提高科技成果的孵化效率。

(《人民日报》海外版 2000年9月19日 作者:龚达发 秦立东 肖晓春)

华中科大全方位参与区域经济建设

来到华中科大水电学院亚洲最大的室内立体仿真屏前,记者轻点鼠标,800里清江便闪入眼帘。点击它的任何一段河流,其水文、地貌、人文景观、经济发展等信息尽收眼底。这不是科幻片的镜头,而是华中科技大学与清江水电开发公司联合投资2000多万元建成的"清江数字流域工程"。

华中科大利用自身的人才和科技优势,积极参与区域经济建设。仅去年一年,该校就与全国各地方政府或企业签订合作项目683项,其中,百万元以上的项目就达29项。

校长樊明武对记者说,面向国民经济主战场,全方位参与人才培养和科技合作,已成为华中科大的一个鲜明办学特色。

·高科技成果"助力"三峡工程·

举世瞩目的三峡工程直接检验和应用了华中科大的高科技成果。该校控制系、水电学院、机械学院、计算机学院等10多个院系参与研究工作,承担的课题达100多项,涉及三峡工程的论证、施工建设、管理、环境影响评价、移民问题等各个环节。

该校完成的"三峡工程的施工系统分析、仿真和诊断研究"为工程提供了安全、高效运行的施工系统。为了把混凝土的生产、输送、浇筑管理好,使成本更低、质量更好、效率更高,该校又拿出了"计算机网络化管理"，为三峡工程的混凝土浇筑生产提供决策支持。2002年，三峡总公司财务部的一份"经济效益证明"显示，仅以上这两个项目所创造的经济效益就累计达3亿多元。

该校的刘广润院士不仅在三峡选址中发挥了关键性作用，还指导并带领专家组完成了坝区地壳稳定性、水库岸坡稳定性、水库诱发地震等重大问题研究；水利水电专家张勇传院士全程参与了三峡工程的建设，包括三峡工程的论证、设计联络会和相关的技术验收工作；吴中如院士则主持和承担了三峡临时船闸、升船机重大工程项目。

·深层次服务"助推"湖北经济·

在湖北，该校近5年来已承担高新技术项目500多项，与企业共建技术中心30多个。2001年，公安厅投资2.2亿元与该校产业集团天喻信息公司签订"湖北省公安交通管理信息系统"总承包合同。该系统包括机动车辆管理、驾驶员管理、办公自动化等13个子系统。作为湖北省"金盾工程"的第一个大型项目，也是"十五"期间第一个特大型信息化建设工程，该项目完成后，将通过覆盖全省的计算机网络对180多万辆机动车、200多万驾驶员以及交通违章、交通事故、交通指挥等进行全自动化的网上管理，从而改善传统的交通管理方法，大大提高交通管理效率。

2002年，该校与武汉东湖新技术开发区生产力促进中心、武汉火炬科技投资有限公司、武汉华中曙光软件园共同投资3121万元，组建了武汉集成电路设计工程技术研究中心。与武汉轨道交通有限公司就武汉轻轨建设进行的"数字轨道交通"项目合作，与省政府共同开展的电子政务建设项目等都为社会或业内人士所熟知。

·全方位参与10省区经济建设·

在全方位地参与地方和区域经济的建设中，该校出台了"两湖两广江河海港云贵"的方针，与湖北、湖南、广西、广东等地区进行深层次合作，在电力、激光、动力、自控等领域开展科技成果转让、推广信息和交流、科技攻关和开发、高层次人才培养、本科生教育、继续教育等各种形式的合作。几年来，除台湾、香港、西藏等个别省市区外，该校与其他各省（市、区）或省（市、区）的市县州都签订了全面合作协议，并进入到有具体实施项目和经费投入的实质性科技合作阶段。

在浙江，仅去年在网上技术市场招标中中标的"制造业信息化管理"等项目，就为学校拿回了 2000 多万元的科研经费。在江苏，与南京消防集团有限公司合作建立盛华智能建筑工程技术中心，对方注入资金 1200 万元，合作研发智能监控、通信等建筑智能产品，设计建筑智能软件，承揽建筑智能系统工程，开发技术培训。目前，双方的资金、人员均已到位。

(✎《光明日报》2003 年 9 月 25 日　作者：夏斐　周前进)

依托大项目大企业　完善技术创新链　建设大学科技园
华中科大产学研交出高水平"论文"

近日，广东东莞市民营科技企业组团赴华中科技大学，就校企产学研合作进行考察洽谈。从年初至今，类似这样的企业考察团，该校已接待了200多个。该校党委书记朱玉泉说，就是这样频繁的校企合作，促进了学校产学研办学实践的不断深化，学校在为企业和区域经济发展服务的过程中，教学和科研水平也迅速提升。

据朱玉泉介绍，10年来，该校全方位参与全国各区域创新体系的建设，与湖南、河南、江西等20多个省份建立了合作关系，在电力、激光、动力、自控等领域开展科技成果转让、推广信息和交流、科技攻关和开发、高层次人才培养等各种形式的合作。

"十五"以来，该校近半数的科研力量投向湖北，已完成湖北省内企业委托项目近4000项。近5年来，学校产学研成就非常突出，仅与广东省的合作项目就达1000余项，经费总额近3亿元。学校先后为华为、富士康、中兴、创维等一批广东企业解决技术难题等项目300多项，获研发经费近2亿元，为当地培训各类技术人才3000余人。

学校何以能在产学研方面取得如此成就？记者在采访中了解到，该校主要从三个方面来推动这项工作。

一是依托大平台、大项目和大企业，铸造科技"发动机"。1998年，该校提出"育人为本，产学研三足鼎立、协调发展"的办学思想。近10年来，该校始终把社会服务作为产学研协调发展中的重要一环，实施

"大平台、大项目和大企业"战略，全方位参与到区域创新体系的建设中。

为配合广东省科技强省战略、深圳市"适度重型化"策略、东莞市由"东莞制造"向"东莞创造"的转变等，该校与当地先后共建了华中科技大学深圳研究院、东莞研究院、佛山研究院和石碣镇电子技术创新服务中心等多个产学研相结合的创新基地。2006年，该校又联合国内制造行业的知名企业，共同投资组建国家级实体"制造装备数字化国家工程研究中心"，尝试将中心的建设和发展与国内经济发展最有活力的区域紧密结合，打造产学研合作的大平台。学校还与武钢集团、神龙公司、海尔集团等100多家国内大中型企业建立了合作关系，建起了100多个技术中心，承担企业委托项目4190余项，科研经费约9亿元，成为活跃在南国的科技"发动机"。

二是完善技术创新链，催生完整产业链。学校依托大平台、大项目和大企业，以及与地方的广泛合作，形成了一条从知识创新到技术创新，再到成果转化的完整产业链，成为产学研深入发展的重要动力源，在区域创新体系中发挥关键作用。该校华工激光公司的诞生，就是这样一条典型创新链的缩影：首先，经过该校激光国家重点实验室的知识创新，再经过激光国家工程中心的技术创新，最后经过科技成果产业化转化给激光公司。在此过程中，处于下游的产业又通过对科研课题的提炼，提出新问题，驱动学校的知识创新。比如，市场对下一代激光产品有新需求，学校就将这些需求反馈给国家重点实验室和工程中心的研究者，研究者再按需研发，这就又回到了上游，驱动着知识和技术的创新。

三是建设大学科技园，打造企业"孵化器"。近几年，该校将大学科技园作为科技研发平台、孵化平台、创业平台和人才培养的基地，把附属协和医院、同济医院、梨园医院等也作为实现社会服务职能的重要阵地。依托大学科技园，该校先后孵化出了华工科技、华工激光、华中数控等一批湖北省乃至全国知名的高科技企业。依托该校的技术和人才支撑，在"武汉·中国光谷"诞生了一批知名激光企业，直接推动了"武汉·中国光谷"的产业升级。

通过在企业的实践，一批参与产学研合作的教师不仅感到自己的技术设想在企业能得到验证，研究的针对性及操作能力能得到增强，而且迅速成长为学校教学科研的中坚力量。通过面向企业需求参与科技攻关，青年教师邵新宇不仅主持一些相关领域的国家重点项目研究，今年还被评为"长江学者"。

（✎《中国教育报》2007年6月24日　作者：耿俊伟　周前进　柯进）

助舞龙头
——华中科技大学"产业群"提升武汉城市圈纪实

记者 12 月 18 日从武汉获悉，投资 107 亿元建设的武汉新芯集成电路制造有限公司 12 英寸 90 纳米晶圆厂基本建设完工，明年初可望正式投产，月产集成电路片 1.5 万片。这标志着武汉·中国光谷集成电路（IC）产业链条基本完整。华中科技大学电子科学与技术系教授邹雪城称，该晶圆厂落户武汉光谷及光谷 IC 产业群的初现，无不浸透着华中科大的智慧与汗水。

在国家级综合配套改革试验区武汉城市圈中，坐落在武汉光谷腹地的华中科大，正以其区位、学科优势及其鲜明的办学思路，通过转移知识、打造"华中产业群"，助舞着城市圈龙头——武汉"两型社会"（资源节约型和环境友好型社会）的建设和发展。

武汉 IC 产业的发展，是华中科大"助舞龙头"的一个范例。早在 2002 年，邹雪城等经充分调研论证，正式提出光谷有必要建造一流的集成电路产业链。为营造光谷 IC 产业发展的有利环境，他们于 2000 年开始，协助引进了光谷第一家从事 IC 芯片设计与销售的武汉昊昱微电子公司。为帮助公司渡过难关，电子系派出教师担任公司技术顾问，带领研究生和公司员工，从基本硬件配置、人员培训、建立设计流程到每一颗芯片的设计，全力以赴地提供支持。仅 3 年多时间，公司就开发出了 4 大类近 50 个品种的产品，得到长足发展。2005 年，公司的年销售和研发收入超过 3200 万元。今年 3 月，该公司与台湾旺宏集团合资成立了武汉昊宏微电子公司。

目前，入驻武汉的IC设计企业有12家，有3000多人从事IC产业的相关工作。这12家企业，由华中科大主导引进或扶持发展起来的就有6家。

武汉新芯集成电路制造公司12英寸90纳米晶圆厂由湖北省、武汉市和东湖高新技术开发区联合投资兴建。它落户光谷也有着邹雪城的团队牵线搭桥，并全程参与洽谈的功劳。晶圆主要用来生产各种集成电路，是IC产业链条中的关键环节。邹雪城称，该厂投产后能提供网络、通讯、多媒体处理、储存等芯片，可以满足通讯类（3G）、数字电视等消费电子产品的广泛需求；工厂投产后，第一期就约需1600名人员……更为关键的是，未来5年内，武汉光谷有望因此而集聚30家左右的相关企业，如IC设计公司、8英寸及12英寸芯片制造厂商、封装测试厂商、特殊气体与设备制造厂商等，形成400亿元以上产值的半导体产业规模。

烽火科技集团烽火微电子公司负责人则评价说：华中科大全程参与湖北省政府IC产业规划，为政府提供决策咨询，为企业提供新技术引导、指导以及人才的培养和输出，对光谷IC产业的发展起到了至关重要的作用。

武汉激光产业的发展，同样凝聚了华中科大的巨大贡献。11月28日，源出华中科大、位居国内激光切割设备领域领先地位的两大制造商——华工科技产业股份公司和武汉团结激光股份公司作为主要出资人，携手成立武汉华工团结激光技术公司。

华工科技拥有激光切割系统的核心技术和两个国际知名切割设备品牌"Laserlab"和"Farley"，并搭建有遍布全球的营销网络。

此前，在"嫦娥一号"开始漫长的探月之旅，举国欢庆之时，该公司的员工更是倍感自豪：其下属的华工激光公司生产的高精密激光焊接机，被用于为"嫦娥一号"卫星焊接一种短电容器件，从而在这一举世瞩目的工程中，打下了武汉激光企业的烙印。

与华工科技相比，团结激光也毫不逊色。它旗下的上海团结普瑞玛公司是我国最大的激光切割机生产制造企业，年销售额达65亿元。两强牵手，依托华中科大激光技术国家重点实验室和激光加工国家工程研究中心的研发优势，国内乃至国际激光行业的全新格局呼之欲出。

在武汉光谷这一国内最大的激光研发、生产、高端人才培养基地，散布着由50余家激光企业所组成的激光产业集群，几乎每家企业的负责人或技术发明人都出身于华中科大，每家企业都和华中科大有着千丝万缕的联系。

现如今，华中科大不仅以大学科技园为科技研发平台、企业孵化平台、科技创业平台和人才培养基地，孵化出了华工科技、华工激光、天喻信息、华中数控等一批在湖北省乃至全国知名的高科技企业，还不断地通过引进、孵化、扶持高新技术企业和输出智力，为高科技产业群在武汉光谷和武汉城市圈的落地生根献智助力。

华中科大校长、中国工程院院士李培根说："传播知识、扩展知识、保存知识，是大学三个重要的使命，也可以说是永恒的使命。但在中国当前这样一个特定的历史时期，华中科大将转移知识作为学校另外一个重要的使命。"他认为，转移知识具体讲就是为社会服务，就是科技成果的转化乃至科技成果的产业化。大学在转移知识方面做得更好的话，是对社会很大的贡献。李培根有一个梦想，就是让"华中科大周围布满由该校学生创立的公司，能够形成'华中产业'的集群效应"，为武汉城市圈，即"全国资源节约型和环境友好型社会建设综合配套改革试验区"多贡献力量。

（✎《科技日报》2007年12月20日　作者：赵凤华　耿俊伟　周前进）

中国造胰岛素口腔喷剂获准进入临床试验

华中科技大学徐辉碧、黄开勋教授主持研究的胰岛素口腔喷剂近日获准进入临床试验,这意味着实现糖尿病患者扔掉针头的夙愿已指日可待。

长期以来,糖尿病得到世界公认的唯一个有效的治疗药物就是胰岛素,但由于胰岛素只能通过注射用药,这给病人,尤其是需要终生用药的病人带来了痛楚与不便。

五年多来,华中科技大学药物研究所胰岛素科研组在徐辉碧教授和黄开勋教授的带领下,通过设计和筛选可能的吸收促进剂,最终获得了较好的组方,研制出了胰岛素口腔喷剂。动物实验表明,该喷剂的生物利用度在百分之二十五以上,而按目前国际惯例,胰岛素非注射用药的生物利用度超过百分之二十,即可获准进入临床研究。

(《科学时报》2000年9月28日 作者:周前进)

情倾三峡功永存
——华中科大支援三峡工程建设纪实

·82岁长者的三峡情·

提到三峡建设者，三峡总公司总经理陆佑楣总惦记着一位82岁的老者——我国著名的水利水电及水力机械工程学家、三峡工程专题论证专家组专家、国际水利研究协会会员、华中科技大学博士生导师程良骏教授。

1979年，程良骏教授出席"南水北调规划学术讨论会"，提出东线应以轴流泵或贯流泵输水为主，西线应促三峡工程尽快上马，丹江口电站可先加高坝顶的建议；1989年，程良骏出席了在华盛顿召开的国际名人代表学科交流大会，在会上演讲"中国三峡工程与新型水轮机的优化设计"。1990年至今，他仍然全力研究三峡机组的两个主要问题——"多相漩涡磨损"和"多变工况下的稳定性预测"。1995年，程老在"三峡工程机组设计研讨会"上，首次提出了"增容十万解双涡"的建议。从此，"双涡"问题得到了专家们的关注。

在程老的书房里，珍藏着一个红锦缎盒子，里面是一个镀金的小金盆，这是陆佑楣送给程老八十寿辰的礼物。程老说："我不在乎金盆的含金量，我在乎的是上面留下的'心系江河春长在，情倾三峡功永存'几个字。"

·三峡物料"大管家"攻克世界级难题·

1997年,以长江截流为标志,三峡工程的施工进入二期工程。作为世界上最大的工地,三峡在大坝浇筑高峰日,光水泥、粉煤灰用量就达5000吨和1500吨。这些物料来自不同产地,搭配使用有严格的规定,因此,如何实现物流的科学调度被众多媒体称为"世界级难题"。华中科大控制系费奇教授以其敏锐的系统工程学者的眼光看到了这一"瓶颈",经过他和课题组成员的共同努力,散装水泥/粉煤灰调度指挥系统终告诞生。

该系统自1998年6月投入使用后,使三峡工程物料的需、产、运、储、供、管变成了一本明白账。物资部门调度指挥更加合理有序,进货渠道通畅,并且具有预见性。据估算,在三峡工程二期施工中,该系统可累计产生直接经济效益达1.2亿元。这项研究成果于1999年被评为教育部科技进步一等奖,2000年被评为国家科技进步二等奖。国内外媒体纷纷评论说,这套调度系统成了三峡物料的"大管家"。

·"能工巧匠"为三峡省钱过3亿·

如果说控制系的费奇教授等人主要研究的是怎样把物料管理好,及时有效地运输到三峡工地上,那么水电学院的几个课题组考虑的则是如何将运到工地上的物料更加高效率地"加工"成产品。

王乘教授率领的课题组承担的是"三峡工程的施工系统分析、仿真和诊断研究"。就好像好厨师需要好厨具一样,施工系统的安全、高效运行,直接影响着工程的进度、质量和成本。为了让"厨具"更精美,用起来更顺手,该课题组综合运用了力学、机械工程、信息科学、控制科学、数字仿真等领域的理论与技术。

为了把混凝土的生产、输送、浇筑管理好,使成本更低、质量更好、效率更高,周建中教授率领的课题组亮出了"绝招"——"计算机网络化管理",把生产过程中所有管理都纳入计算机网络的宏观管理中,为三峡工程的混凝土浇筑生产提供决策支持,进行生产管理、质量管理、生产成本管理、设备管理和人事管理等。

2002年，三峡总公司财务部出具的一份"经济效益证明"显示，仅以上这两个项目所创造的经济效益就累计达3亿多元。

·关注三峡百万移民问题·

三峡工程涉及100多万移民的搬迁、安置等社会问题。有专家指出，在某种意义上说，三峡工程成败的关键在于能否顺利安置百万以上的水库移民。

从1997年开始，该校社会学系的一批师生开始关注三峡移民问题，希望用社会学的理论来指导有关库区移民的研究和现实移民政策。雷洪、风笑天等教师带领研究生在这一领域独辟蹊径，进行了大规模的实证研究。5年来，社会学系的师生深入宜昌、秭归等地，与移民同吃同住，对当地库区移民进行了4000多人次的问卷调查和个案访谈。

雷洪、风笑天两位教授已主持完成了国家移民总局委托的"三峡移民的社会适应性"研究，该研究在国内首次以实证的方法，采用大规模样本，以社会化理论来研究移民问题，对三峡移民的人际适应、社区适应、生产劳动适应等方面提出了许多新观点、新见解。

国家的方针是让三峡移民"迁得走，稳得住，能致富"。雷洪说："我们的注意力就放在'稳得住'上。只有稳得住，才可能致富。成功移民的关键在于通过切实可行的社会化措施，让他们适应迁后的环境。"国家移民总局等单位对社会学系三峡移民研究的评价是：研究规范，理论视角新颖，发现了一些深层次的移民问题，并为国家调整移民政策提出了很多有价值的政策建议和意见。

·谱写水利工程医学新篇章·

兴建水库，特别是大型水库，对环境生态、自然景观和人群生活、健康都有影响，不论对移民安置、搬迁，还是对施工现场人员的劳动能力的保护，在世界水利建设中，都有许多经验和教训。有的引起血吸虫病的流行，有的爆发痢疾、伤寒、肝炎等多种疾病。

华中科大医学院受长江水利水资源保护办公室的委托，完成了"三峡工程修建对人群健康影响的调查研究",回答了三峡水利水电工程的修建不会出现血吸虫病扩散的问题。

该校承担了"三峡工程库区自然疫源性疾病率的影响及控制对策研究",重点是对血吸虫病、疟疾、介水传染病等的疫情进行预测、防治对策和卫生事业经费预算、技术力量状况评估与应达到的标准等研究。

该校以蔡宏道、鲁生业、黄铭西、石佑恩等主持完成的"三峡工程对湖北省境内自然疫源性疾病的影响"和"长江三峡水利工程库区秭归县城关镇移民卫生规划"等项目为重点,通过调查研究,第一次证实三峡库区是自然疫源性疾病的疫源地。

同饮长江水,共圆百年梦。华中科技大学支援服务三峡工程历时数十年,参与了100多个科研项目,创造出数亿元的经济效益和无可估量的社会效益。

(《湖北日报》2003年7月28日　记者:黄宣传　通讯员:刘继文　周前进)

构建中南部科技"发动机"
华中科大科研优势源源释放

4月底,我国汽车环保节能生产取得重大突破:汽车内饰件低压注塑成套技术,根除了甲醛等有害气体污染;第三代发动机进气管——塑胶进气管,实现节能6%至8%。这两项填补国内空白的技术,由华中科大与深圳群达行精密模具公司合作完成。

华中科大努力探索既符合高校特点又融入社会经济领域的路子,创新实践育人为本、学研产三足鼎立的办学模式,实现"校内建研发中心、周边建孵化器、开发区办大学科技园、资本市场融资和退出支持新一轮成果转化"四级跳,科研优势源源释放,得到国家有关部门高度肯定。

目前,该校形成了华工科技、天喻信息、华中数控等一批规模企业。2007年,学校规模企业收入19亿元,利润增至1.5亿元,5年间翻了一番。光电子、数控系统等领域的不少产品,已具国际竞争力。

华中科大规模企业与学校优势学科结合,共建工程中心、承担国家重大科研项目,拥有企业标准孵化场地18000平方米,在孵企业80余家。每年为1500至2000名大学生提供创业培训,使孵化功能向"引导创业"转变。

华中科大与地方携手,共建研究院、技术创新服务中心等创新基地。"十五"期间,该校完成湖北省企业委托项目近4000项;近5年来,与广东省的合作项目达1000多项,经费总额近3亿元。东莞民营科技企业志诚冠军公司与华中科大合作5年,5个产品为国内首创,年销售收入从7300万元增到3.3亿元。

华中科大开发形成科技成果持续转化平台,被誉为我国中南部的科技"发动机"。

(《湖北日报》2008年5月22日　作者:曾祥惠　张孺海　韩晓玲　周前进　耿俊伟)

华中科大携手百家名企共促科技创新

2009年12月29日,东方电气、海尔、华为等近百家名企负责人云集华中科技大学,参加该校校企合作委员会成立大会、华中科技大学-WISCO联合实验室大楼落成典礼及科技成果专场发布对接会。华中科大负责人表示,校企合作委员会的成立,是探索产学研用结合、投身建设创新型国家的一项重大实践;是推进科技体制改革、促进高等教育改革和发展的迫切需要,也是增强企业自主创新能力、提高企业核心竞争力的需求。为此学校专门规划200亩地作为科技创新特区,目前华中科大与武钢共建的联合实验室、与丝宝集团共建的启明学院、与翰名教育科技基金会共建的创新研究院均已进入学校创新特区。这些与企业共建的集科研开发、人才培养、科技孵化为一体的产学研合作创新平台,既是对新的校企合作模式的探索,更丰富了科技创新的内涵。

(《科技日报》2010年1月5日 作者:万霞 黄民新)

"分而治之"降伏巨大脑瘤
武汉"协和"突破伽马刀治疗禁区

武汉协和医院在国内率先运用国际新技术——伽马刀,分次治疗巨大脑胶质瘤取得突破性进展:打破了直径4厘米以上巨大脑胶质瘤不能采用伽马刀治疗的禁区。最近,这项成果获得"中华医学创新奖"。

50多岁的患者张秀华,1997年被诊断为脑胶质瘤,肿瘤直径6.4厘米,差不多有鹅蛋大,占整个脑部约1/5,患者出现较严重的头痛、全身抽搐。

赵洪洋教授查阅了大量资料,采用"化整为零、分而治之"的伽马刀分次治疗方式,治疗后瘤体迅速缩小,约一年,影像学检查肿瘤完全消失,治疗前频繁发作的抽搐消失,患者恢复了正常的生活与工作,随访5年未见肿瘤复发。

据临床资料显示,对巨大的肿瘤,采取常规伽马刀治疗方法,一次毁损容积较大,必然增加正常脑组织的坏死和水肿范围,所造成的危害可能超过肿瘤增长对患者的损伤。如采取开颅手术,患者要承受开颅的创伤,另外手术医师不可能凭直观对部分病灶边界精确分辨,所以不可能彻底切除干净,手术还会刺激残留肿瘤细胞的增长;术后患者还将承受放疗带来的副反应。依据细胞增殖周期、剂量分割、治疗时间间隔理论,这种方法将肿瘤治疗的总量一分为三,既有效杀死了肿瘤,又把肿瘤周边脑组织水肿及坏死的可能减少到最低程度。治疗一般分3次,每次间隔1天,间隔治疗为脑神经和组织的修复创造了条件,同时,使处于细胞增殖敏感期的肿瘤遭到杀灭,提高了肿瘤的灭活率。

(《健康报》2002年6月5日 作者:彭晓兰)

协和医院成功实施新生患儿大动脉转位手术

出生时心脏大动脉"错位",出生后十四天接受手术。武汉协和医院今日对外宣布,接受大动脉转位心脏手术年龄最小的李姓患儿康复,这标志着湖北省可成功开展各种低龄复杂先天性心脏病手术。

该患儿出生时全身青紫,被诊断为心脏大动脉转位:主动脉、肺动脉与左、右心室连接完全错位,正常的血液循环受阻。

据介绍,心脏大动脉转位是复杂的先天性心脏病,发病率占先心病的百分之五至八,患儿出生一个月内自然死亡率极高,必须尽快手术。婴幼儿的复杂心脏病是心脏手术的难点,对手术技术、体外循环、麻醉技术等要求很高。由于患儿太小,心脏体积小,血管缝合只能在显微镜下进行。

该院心外科董念国教授称,在小儿复杂先心病中,过去死亡率高的法乐氏四联症,该院目前只需三十分钟就可完成手术。而肺动脉闭锁、左室双缺口等复杂心脏病手术均已取得成功,手术患儿的年龄界限也不断突破,低龄患儿手术成功率增大。该院对婴幼儿复杂先天性心脏病的术前诊断、麻醉、手术技术和术后监护、处理均已步入国内领先水平。

据了解,武汉协和医院率先在中南地区开展婴幼儿先心病的手术治疗,目前已完成各种婴幼儿心脏手术五千多例,成功率达百分之九十八。

(中国新闻网 2007年2月7日 作者:艾启平 涂晓晨)

同济医院基因疗法另辟蹊径
恶性脑瘤基因治疗取得新突破

日前,来自昆明的术后恶性肿瘤复发病人李某和湖北的脑肿瘤转移至脊髓的病人王某,重新像正常人一样上班了。他们都没有想到,经过同济医院脑外科薛德麟教授的基因治疗,调动他们自身的"免疫系统"竟然杀灭了顽固的脑肿瘤细胞。

据介绍,脑恶性肿瘤占脑颅内肿瘤发病率的一半,病人的生存期基本上不会超过一年时间。尽管术后还可以放疗或者化疗,效果也不明显。能不能另辟蹊径?同济医院脑外科薛德麟教授和他的同事们从 2000 年开始,决定进行基因治疗研究。

在一般情况下,人体自身的免疫系统会杀死来自体外的各种病毒和细菌。但是,恶性肿瘤细胞是人体自身产生的,它能够逃避人体免疫系统的"追杀",因此如果能让人体自身的免疫系统识别肿瘤细胞并杀死它们就能达到目的。为此,薛教授用病人体内切下的肿瘤组织制成疫苗。这种疫苗通过静脉回输到病人体内后,能激活人体自身免疫系统,识别并杀灭脑肿瘤细胞。同济医院该疗法属国内首创,目前医治的 62 例病人中存活最长的已达两年。

(《长江日报》2002 年 7 月 2 日　作者:曾正航　蔡敏)

科技抗非显身手
——同济专家在抗击非典一线挑大梁

华中科大同济医学院专家学者发挥业务专长，在抗非典一线发挥了重要作用。

战胜非典要靠科技。10多位专家教授在防治非典第一线担任职务。同济医院副院长、呼吸内科专家徐永健分别出任省和武汉市防治非典专家组组长，为我省防治非典整体方案建言献策，并陪同国务院督查组督办了宜昌疫区的相关工作。协和医院呼吸内科副主任辛建保接省卫生厅紧急通知，迅速奔赴黄冈，确诊了我省首例非典病例。公共卫生学院院长周宜开担负起武汉市防非信息组负责人的重任，每天分析大量信息，为武汉市防治非典提供决策依据。环境卫生专家唐非赴国务院下属的科技部防非科技攻关组，研制出有效的服装和设备。同济医院急诊内科副主任李树生教授抽到教育部，与其他专家一起完成了北京高校和全国高校防控非典方案，受到教育部充分肯定。

此外，预防医学专家余震抽调到省教育厅防非领导小组专家组工作，流行病学教授施吕元任省防非专家组顾问，流行病学教授黄铭西、聂绍发、李国光教授也担任了省及武汉市防非专家组成员或顾问，为抗击非典奉献了自己的聪明才智。

广大医护人员纷纷请战，到一线大显身手。至15日，已有85名医护人员要求到抗非一线，协和医院、同济医院派出12名医护人员赴京参战。

同济医学院成立非典防治攻关组，向教育部申报了10余项相关科研课题。

同济现代医药公司为预防非典专门生产了清肺解毒茶,同济医学院免疫研究所生产出干扰素滴鼻剂和喷雾剂。同济明治药厂向卫生部捐赠价值100万元的药品、向省卫生厅捐赠价值20万元的药品。

(✎《湖北日报》2003年5月16日　作者:余彬　余培超　柯育萍)

我省首家老年病医院在梨园医院挂牌

以专门研究、治疗老年病为特色的梨园医院，本月18日向社会各界透露，全省首家老年病医院在该院挂牌。

梨园医院建院23年来，始终在老年病上下功夫，对于老年人的消化道疾病、心脑血管疾病及老年痴呆等多发病的诊治有着独特的疗效。东湖之滨的地理环境、热情周到的优质服务、精湛高超的医疗技术使许多老年患者慕名而来，满意而归。

应对激烈竞争的医疗市场，梨园医院确立了以社区为目标，把区内大学、党政机关、研究机构、厂矿职工和社区居民等群体作为对象的服务模式，在社区广泛开展全方位、多形式、立体化的宣传，广纳病源。近年来，与梨园医院签订社区医疗协约关系的单位，已由3年前的20多家增至现在的73家，服务辐射武汉三镇和省内地县。

近几年，医院在已有磁共振的基础上，又采取多种形式引进或更新螺旋CT、肿瘤深部热疗机、奥林巴斯全自动化分析仪、电子内窥镜（全套）、1250 mA血管造影机、彩色多普勒、超声骨密度分析仪等大型设备近2000万元。

据统计，目前我省60岁以上的老年人口在总人口中的比例超过10%，人口老龄化问题引起社会各界极大关注。

湖北省卫生厅、省老龄委、省老干局等200多个单位参加了当日的揭牌仪式。

(✐ 《湖北科技报》2004年2月24日 作者：王昌萍 黄抒 徐玲)

《聚焦华中大》编委会

主　　编：谢正学
副 主 编：詹　健　万　霞　粟晓丽　高　翔　姚　坦
参编人员：（按姓氏笔画排列）
　　　　　史梦诗　刘雪茹　汪伟颋　汪　泉
　　　　　张雯怡　范　千　罗　祎　郭雨辰

华中科技大学
70周年校庆丛书

聚焦华中大（下）

○ 主编 谢正学

中国·武汉

图书在版编目（CIP）数据

聚焦华中大/谢正学主编. —武汉：华中科技大学出版社，2022.9
（华中科技大学70周年校庆丛书）
ISBN 978-7-5680-8738-4

Ⅰ.①聚… Ⅱ.①谢… Ⅲ.①华中科技大学-校史 Ⅳ.①G649.286.31

中国版本图书馆CIP数据核字（2022）第163744号

聚焦华中大
Jujiao Huazhongda

谢正学　主编

策划编辑：杨　静
责任编辑：章　红
封面设计：刘　卉
版式设计：赵慧萍
责任校对：曾　婷
责任监印：朱　玢
出版发行：华中科技大学出版社（中国·武汉）　　电话：(027) 81321913
　　　　　武汉市东湖新技术开发区华工科技园　　邮编：430223
录　　排：华中科技大学出版社美编室
印　　刷：中华商务联合印刷（广东）有限公司
开　　本：710mm×1000mm　1/16
印　　张：60.75　插页：2
字　　数：996千字
版　　次：2022年9月第1版第1次印刷
定　　价：168.00元（上下册）

本书若有印装质量问题，请向出版社营销中心调换
全国免费服务热线：400-6679-118　竭诚为您服务
版权所有　侵权必究

目 录
CONTENTS

·下篇 在新时代迈向世界一流·

第十二章 党建引领 追求卓越 _ 449

筑梦,凝聚师生的力量
  ——华中科技大学坚持走中国特色世界一流大学建设之路 _ 450

与社会主义现代化事业发展同频共振 _ 454

华中科技大学党建育人见成效
  让听的人和讲的人同频共振 _ 457

为党育人践初心 为国育才传师道 _ 460

努力办好让党放心让人民满意的大学 _ 464

做新征程的奋斗者和追梦人
  ——华中科技大学师生热议坚守初心践行使命 _ 467

以奋斗之豪情 奏青春之乐章
  ——华中科大学子热议《习近平与大学生朋友们》 _ 469

华中科技大学:从党史故事中汲取不竭动力 _ 472

华中科技大学:颂扬党史明德厚学 绽放青春亮丽本色 _ 474

华中科技大学:党员是科研攻关"领头雁" _ 478

敢于竞争 善于转化
  ——解读华中科技大学 60 年崛起之路 _ 480

华中科技大学喜迎 60 周年校庆 _ 488

创新发展中的大学责任与担当
  ——访华中科技大学校长丁烈云院士 _ 489

在"双一流"建设中实现两个跃升
　　——访华中科技大学党委书记路钢代表　　_ 492
李元元：接棒跑好下一程　　_ 494
华中大故事彰显奋斗拼搏的力量　　_ 496
中国工程院院士、华中科技大学党委书记邵新宇：
　　求是创新逐梦一流　　_ 499
抗美援朝中的华中大故事　　_ 506
华中科技大学：校歌含情　故事有爱　　_ 510
世界一流大学与一流科学城建设共生共兴
　　——访中国工程院院士、华中科技大学校长尤政　　_ 512
追求卓越，迈向世界一流大学　　_ 515
加快构建立德树人体系　　_ 517
华中科技大学国际教育科技创新园区（军山校区）启动　　_ 520
为实现高水平科技自立自强贡献力量　　_ 521

第十三章　立德树人　筑梦青春　　_ 525
华中科技大学：让思政理论课真正地"动"起来　　_ 526
华科思政教育贯穿育人全过程做有情怀有温度的人　　_ 529
一个英雄与一个班的名称
　　——华中科技大学"胡吉伟班"思政工作的示范效应　　_ 531
炎炎夏日，华科865支暑期社会实践队行走在中国　　_ 535

中国，我怎能不爱你

　　——华中科大思政课"深度中国"走红引出的话题　　_ 537

母校华中科大师生追忆武汉勇士黄群

　　大学时代就摩拳擦掌以身许国　　_ 542

"有高度"融合"有温度"　"天下事"讲成"身边事"

　　华科思政课"深度中国"何以"爆款"　　_ 545

一起战疫　在线就业

　　华中科大：引导更多学生到祖国更需要的地方去　　_ 549

全国疫情中投入床位和医护人员最多的高校

　　疫情大考　华中大青年交出"逆行答卷"　　_ 551

追风少年励志万里海疆　76名国防生奔赴部队基层一线　　_ 556

做坚如磐石的那一块平凡砖头

　　——华中科技大学"开学第一课"由校友张定宇开讲　　_ 558

华中科大108名青马学员暑期调研疫情冲击下的城乡基层

　　到一线去　那里是最好的思政课堂　　_ 562

华中科技大学：抗疫精神成思政课最生动教材　　_ 565

华中科技大学"百年中国"课程开课　名师大咖讲述百年党史　　_ 570

首部工科类课程　思政教学指南发布　　_ 572

华中科大：创新人才培养　　_ 574

创新沃土培育创业精英

　　——华中科大探索研究生创业型人才培养模式　　_ 577

华中科技大学：“星光”闪亮创新创业名片	_580
华中科技大学：以本为本　让"学在华中大"的品牌更响亮	_584
华中科大107门课程全英文讲授	_592
华中科大95%教授给本科生上课	_593
小团队搭起大舞台	_594
华中科技大学70%的学生参与过创新创业训练	_597
ASC16世界超算大赛华中科技大学夺冠	_599
这所高校连续六年举办新年音乐会	_600
让每个学生都成为创新精英	
——华中科技大学光电信息学院"一课三化"教改成果	_602
华中科技大学助力学子"云"上就业	_607
华中科技大学开展网上视频论文答辩	_609
"天才少年"是怎样炼成的	_611
培养"厚基础、跨学科、有担当"的复合人才	
——华中科技大学新闻专业基础理论课程群的创新实践	_615
立足工科优势培养新文科复合型人才	
——华中科技大学公共管理学院人才培养改革实践	_619
发挥工科优势　支撑全方位人才培养	
——华中科技大学工程实践创新中心探索工程实践育人纪实	_623
华中科技大学面向国家需求成立两个新学院	_627
华中大化学院施行"一制三化"教育　为学生量身定制成才计划	_628

华中科技大学：探索培养未来科技领军人才 _ 630
学术大咖新秀齐登场　学生站在教育 C 位
　　——华中科技大学经济学院奏响课程育人"交响乐" _ 633
华中科大党委书记带队赴东风汽车"访企拓岗" _ 636
强强出击！华科华为联手斩获 DIMACS 算法挑战赛全球冠军 _ 638
华中科技大学与中国三峡集团商讨深化科技创新人才培养 _ 641
华中大团队将世界纪录提高 36％！ _ 642
Graph 500 全球第一，他们这样带学生飞 _ 644
永葆鲜红底色培养新时代卓越工程师 _ 648
华中科技大学：学生就业是最大的民生 _ 652

第十四章　群英荟萃　聚智谋新　　　　　　　　　　_ 659

华中科技大学打造聚集人才的"强磁场" _ 660
筑起科技创新的人才"金字塔"
　　——华中科大聚集高层次人才服务国家重大战略需求纪实 _ 662
华中科技大学设"课堂教学卓越奖"　投入数百万元重奖
　　一线教师 _ 665
华中科技大学：汇聚一流人才　建设一流大学 _ 666
用"中国速度"创造"中国强度"
　　——走进李亮教授的"磁场" _ 668
让水数字化流淌——张勇传院士的水电科研之路 _ 673

30年,他在山洞中追寻世界标准

　　——记中国科学院院士罗俊　　676

丁汉:给力数字化制造　　679

华中大教授李德群:33岁开始学术研究　　680

骆清铭:给大脑"拍彩照"　建立世界上最好的脑连接图谱!　　684

马丁:一个医学院士的家国情怀　　687

中国器官移植开创者最后的"移植"

　　——"移植人"夏穗生教授的简静人生　　691

刀尖舞者——专访院士陈孝平　　697

60余年党龄70年教龄,捐一生积蓄,不冠名不留影云淡风轻

　　教授"侠侣"捐千万元助学,深藏功与名　　705

以身垂范　育医学人才

　　——记2020年全国教书育人楷模、华中科技大学教授胡豫　　711

毕生献给超声医学

　　——记"超声心动图之父"王新房　　715

邬堂春院士:有效通风可减少使用固体燃料和清洁

　　能源烹饪者的风险　　718

潘垣:在求新中不断攻克科研难关　　720

第十五章　矢志创新　勇攀高峰　　725

铆足劲儿做科研

　　——走进华中科技大学　　726

华中科技大学：试水国家大科学工程	_ 729
医工结合　这所大学正在发生"化学反应"	_ 733
我科学家发现特发性基底节钙化致病基因	_ 737
筛查肿瘤再生细胞或有新办法	_ 739
华中科大成功研发世界最大成形空间快速制造装备	_ 741
中美科学家揭开大脑神经信号传递新通路	_ 742
"痕灌技术"打破传统灌溉模式	
实现农作物自主吸水　比滴灌节水一半左右	_ 744
我研制出世界首台小型数字PET可更早发现肿瘤，	
技术水平国际领先	_ 746
我科学家着手研发高分辨"脑地图"可视仪	_ 747
我国金属3D打印技术取得重大突破	_ 748
我科学家研发出超级荧光分子开关	
对研制新型超分辨率荧光显微镜意义重大	_ 749
华科大国家治理研究院周年"成绩单"获赞	_ 750
华中科大　金属玻璃核磁共振研究获突破	_ 752
华中科大发现神经系统　调节衰老和寿命新途径	_ 753
武汉研制建筑通风空调节能技术	_ 754
临床"全数字PET"在武汉研制成功	_ 755
世界最大金属零件高精度3D打印装备顺利通过成果鉴定	_ 757
华中科大研究人员研发出高灵敏新型钙钛矿探测器	_ 759
世界首台机械式高压直流断路器投运　华科大教授领衔研制	_ 761

引力波探测，中国没有缺位
　　——华中科技大学引力中心专家访谈　762
国家重大科技基础设施精密重力测量项目开工建设　765
五纳米存储元器件开发成功数据保留时间超过十年　767
我国科学家测出国际最精准万有引力常数　769
华中首个 5G 联创实验室成立　771
华中科技大学：取得低功耗信息安全器件领域新进展　772
华中科技大学：取得晶体结构转变领域进展　773
世界领先的强磁场　中国建设的加速度
　　——走进国家脉冲强磁场科学中心系列报道之一　774
世界领先的强磁场　中国人这样建
　　——走进国家脉冲强磁场科学中心系列报道之二　778
世界领先的强磁场　全球共享的大装置
　　——走进国家脉冲强磁场科学中心系列报道之三　782
我国首次实现视觉自主无人机艇协同运动起降　786
华中科技大学一项历时两年的应用表明"煤改霄"
　　技术上可替代"煤改气"　788
用中国智慧破解"电网"难题　790
华中科技大学引力中心团队研究成果编入高中教材　794
新冠肺炎 AI 辅助医学影像诊断系统研究取得进展　796
国家重大公共卫生事件医学中心落户武汉　797
院士专家为构建强大的公共卫生体系与国家治理现代化献计献策　799

为人类可持续能源贡献"中国方案"
　　——华科大为"人造太阳"耕耘二十年　　_ 801
华中科技大学研制并交付使用首台高精度量子重力仪　　_ 806
湖北光谷实验室：助推"中国光谷"迈向"世界光谷"　　_ 807
"幽灵"双曲极化激元被证明　极化激元模式分类有新说　　_ 810
采用"码中码"策略，实现大规模信息存储
　　超分子水凝胶或让未来"硬盘"变"软"　　_ 812
人畜共患传染病项目获批立项
　　同济医院宁琴教授任首席科学家　　_ 816
无源保暖护脸技术为冬奥健儿送温暖　　_ 818
罕见病"梁-王综合征"以华中大师生姓氏命名　　_ 820
华中科大骆清铭院士团队
　　研究和治疗阿尔茨海默症短时记忆损伤有了新思路　　_ 822
摘得国际EDA竞赛冠军，华中科技大学计算机学院"90后"团队
　　——探前沿算法　解应用难题　　_ 824
"2022·中欧人权研讨会"聚焦科技与人权　　_ 828
华中科大年减碳4000万吨"黑科技"通过鉴定　　_ 830
华中科大：中国故事国际传播指数报告发布　　_ 833
碱性膜燃料电池催化剂找到了"平替"　　_ 834
揭牌！两大国家技术创新中心落户湖北　　_ 835
光谷腹地追光者　　_ 837

第十六章　责任以行　不负使命　　843

华中科大版黄金十条出台

　　——每年投1000万　加速智力变财富　　844

中美专家共商煤炭清洁利用　　846

科技"公转"成华中科大新名片　　847

一带一路服务贸易人才校企合作培养基地在武汉成立　　849

一群大拿爱上科普　让物理成了"香饽饽"　　850

"把科技的命脉掌握在自己手中！"

　　——探访华工激光和它背后的"高校力量"　　853

武汉协和医院：准点开刀率76%是如何实现的　　857

治疗患者过亿人次

　　武汉协和155年不断刷新现代医学纪录　　859

武汉同济医院打造临床研究高地

　　"科研巅峰战略"助推顶尖科技成果快速转化惠及患者　　861

向世界亮出"同济名片"

　　——华中科技大学同济医院原创产出的背后　　863

梨园医院举办大型义诊　免费体检绿色康复治疗家庭医生签约

　　11年来不忘初心　重阳敬老健康随行　　866

华中科大"三万"工作组帮助村民干干净净迎新年　　870

部属高校精准扶贫十大典型项目扫描

　　华中科技大学：科学精准规划　共建美好家园　　871

"白衣天使"真情帮扶爱洒边疆　　873

云南临沧：小山村里建起了大茶厂　　875

云南临沧：我贫困你来帮，你有难我支援，腊肉火腿送给华科大 _ 878
华中科大5批工作队接力扶贫重点贫困村蝶变"魅力巴石" _ 880
华中科大对云南省临沧市临翔区开展科技产业、医疗健康、
　　教育精准帮扶——三管齐下为边疆山区"拔穷根" _ 883
两个数字背后的生死之谊 _ 886
华中科技大学校长李元元院士：
　　用更高层次医学创新补齐国家医疗体系短板 _ 889
以生命守护生命
　　——华中科技大学附属医院系统战疫纪实 _ 892
协和医院在省内率先开展核酸检测 _ 897
江汉方舱医院：凝聚对抗病毒强大合力 _ 898
协和医院与荷兰专家"隔空"对话　分享抗"疫"经验 _ 900
艰苦鏖战4个月，协和医院交出"国家队"答卷 _ 901
与国家同舟　与人民共济
　　——新冠肺炎重症救治同济医院战"疫"直击 _ 906
9个学科 10名医生 17名护士 456个小时并肩作战
　　华中科大同济医院首例新冠危重症患者重获新生 _ 912
同济医院与意大利专家共享新冠肺炎救治经验 _ 914
勇往直前　守护生命
　　——记华中科技大学同济医学院附属同济医院"尖刀连" _ 916
武汉103岁新冠肺炎患者入院6天后被治愈 _ 919

华中科技大学：师生各展所长投身疫情阻击战　_920
一所疫区校医院的"防疫手记"　_923
"希望找到病变，及时反馈给临床"
　　——专访首例新冠肺炎患者遗体解剖主刀医生刘良　_927
一切服从前线和国家需求
　　——华中科技大学加强科研攻关推动疫情防控救治　_931
推动公共卫生治理现代化研究
　　——华中科技大学以"智"战"疫"　_935

后记　_939

下篇

在新时代迈向世界一流

聚焦华中大

华中科技大学70周年校庆丛书

第十二章

党建引领　追求卓越

筑梦，凝聚师生的力量
——华中科技大学坚持走中国特色世界一流大学建设之路

9月初，华中科技大学"胡吉伟班"接力谱写青春英雄志的先进事迹，受到中央媒体普遍关注。该校在16年6届"胡吉伟班"的创建工作中，坚守崇高的理想信念，坚持扎实的集体建设，秉持优良的学风校风，形成了长期的品牌效应，真正把学校思想政治工作优势转化为推进集体成才的强大动力。

党的十八大以来，华中科技大学深入学习贯彻习近平总书记系列重要讲话精神，始终坚持把"培养什么样的人""如何培养人"以及"为谁培养人"，放在育人工作的中心位置，牢牢把握社会主义办学方向，争做科技创新的引领者，团结带领全校师生员工，推动了各项事业的快速发展。

·立心铸魂，全员育人促成才·

习近平总书记强调，青年的价值取向决定了未来整个社会的价值取向，而青年又处在价值观形成和确立的时期，抓好这一时期的价值观养成十分重要。

9月1日，新学年开学第一天，华中科技大学师生代表就会聚一堂，围绕"学习习近平总书记重要讲话，加强党的领导，落实立德树人根本任务"的主题，认真研讨。

党的十八大以来，学校坚持立德树人，高度重视大学生价值观养成，要求全校党员领导干部要敢于做、善于做大学生思想政治工作，全体教师要帮助青年学生培育社会主义核心价值观。同时学校注重引领广大青年在勤学、修德、明辨、笃行上下功夫，坚定理想信念，鼓励广大青年到基层和人民中去建功立业，让青春绽放在祖国最需要的地方。

围绕学生成长阶段，学校认真做好入学教育，建设好入口关，引导学生积极实现从高中生向大学生的身份转变。学校系统设计大学成长过程教育，以"党旗领航工程"为龙头，围绕学业教育、心理健康、实践教育等方面做好大学生思想政治教育。学校还围绕就业创业、文明离校等方面做好毕业教育，把好出口关。已成为学校品牌的"党旗领航工程"，包含"早日站在党旗下""党旗在我心中""我为党旗添光彩"三阶段。近年来，学校党委不断赋予"党旗领航工程"新的内涵，将其与"两学一做"学习教育深入融合，紧紧把握新时代党员学习教育的脉搏，使"党旗领航工程"成为"两学一做"学习教育常态化制度化的有力抓手和良好载体，成为广大党员"学""做"的拓展和延伸。

近年来，学校还在研究生中持续开展"红色领航员"，帮助学生把个人命运和党的命运、国家前途紧密结合，持续实施"党报进学生宿舍"，党报覆盖全校一万多间宿舍，引导教育学生树立坚定正确的政治方向和理想信念。

· 榜样力量，坚持价值引领 ·

坚持国家至上、民族至上、人民至上，始终胸怀大局、心有大我。习近平总书记对知识分子的谆谆叮嘱至今言犹在耳。

华中科技大学师生中，也有这样一批践行社会主义核心价值观的楷模：有着60年党龄、70年教龄、90多岁高龄的崔崑院士不忘初心、永葆本色，陈孝平院士关爱学生、勇闯医学禁区，冯克燕教授因"济世救心"当选荆楚楷模……这些身边的典型接地气、有人气，产生了良好的引领示范作用。同时，学校还组织了十佳师德先进个人、十佳辅导员、十佳青年教职工、优秀教师班主任等评选，不断用身边的榜样引导师生牢固树立社会主义核心价值观。

近年来，华中科技大学坚持价值引领，高度重视师德师风建设，并推出系列举措。

健全机制重保障。学校成立师德师风建设工作领导小组，由学校主要党政负责人担任组长。学校还出台关于建立健全师德建设长效机制、规范学术道德的系列文件，编撰《教师服务手册》《师德学习手册》等，不断加强教师师德建设基础工作。

教育引导筑基础。学校积极将师德教育贯穿教师职业生涯全过程。在新教师入职培训工作中，专门开设师德师风建设教育专题，学校主要领导上台讲授。学校举办师德专题培训班，课程由教师参与讨论形成，将师德教育融入教师的职业生涯发展中。

全面从严是关键。学校将师德考核作为教师考核的重要内容，贯穿教师管理全过程。学校对新进教师，严把思想政治关，政治方向和政治立场、师德师风、学术道德列入必备考核内容。在教师岗位聘用、聘期考核、评优评先中，学校还实行师德表现"一票否决制"。

·"顶天立地"，对标国家战略·

习近平总书记一直关注着科技创新工作。他强调，必须坚持走中国特色自主创新道路，面向世界科技前沿、面向经济主战场、面向国家重大需求，加快各领域科技创新，掌握全球科技竞争先机。

近年来，华中科技大学高度重视国家战略，积极对接国家战略，把建设世界一流大学的目标与服务国家经济发展紧密结合起来，"顶天立地"做科研。学校既瞄准学科交叉融合的国际前沿，不断创造高水平的科技成果，又瞄准制约行业发展的重大瓶颈，服务国家战略需求。

正在喻家山麓动工建设的精密重力测量研究设施，是2015年国家发改委批准华中大牵头建设的国家重大科技工程，也是该校第三个大科学平台，拟建成全球规模最大、技术最先进的精密重力测量科学中心之一。

而华中大此前所有的两个大科学平台，武汉光电国家实验室（筹）已跻身国际十大知名光学研究机构，脉冲强磁场实验装置已成为世界上最好的脉冲强磁场实验装置之一。

这三大科学平台，犹如三艘科技航母，正引领华中大在有组织地开展原始创新的大道上筑就高峰，飞速发展。学校已建有22个国家级科研机构、2个国家重大科技基础设施、75个部省级科研机构、5个国家国际科技合作基地、7个高等学校创新引智基地等，对学校科研工作起到良好的带动作用。

"十三五"期间，学校将继续打造大平台牵引的，集基础研究、应用研究、技术转移转化于一体的科技创新链，产生重大学术成果，引领技术创新，加速成果转化。

(《光明日报》2017年9月13日　作者：夏静　万霞)

与社会主义现代化事业发展同频共振

> 习近平总书记强调，要扎根中国大地办大学。华中科技大学牢记嘱托，积极探索实践，不断提升办学质量和水平，在立德树人方面取得可喜成绩，在创新引领方面实现跨越发展。

·不忘初心，扎根中国大地办大学·

作为新中国创办的重点大学，华中科技大学在共和国旗帜下不断发展壮大，始终与祖国和人民同呼吸共命运，与社会主义现代化事业的发展同频共振。

校运系于国运。进入新世纪以来，华中科技大学实现了跨越式发展，我们始终站在国家发展战略的高度，对接国家重大战略需求，谋划推动学校发展。我们对接国家高校体制改革战略，建设医工特色的综合大学；我们抓住国家科教兴国战略机遇，建设武汉光电国家实验室（筹）；我们抓住国家几个五年规划的战略机遇，建成脉冲强磁场国家大科学工程，获批精密重力测量国家大科学工程；十八大以来，我们抓住国家科技体制改革的战略机遇，争取到"基于超导回旋加速器的质子放疗装备研发"等一批国家重点研发项目。

不忘初心再出征。今天，在实现中华民族伟大复兴的征程中，华中大的发展战略必须服务国家战略，体现国家意志，要在"两个一百年"奋斗目标和伟大中国梦实现过程中作出华中大应有的贡献。

·牢记嘱托，坚持立德树人育英才·

2010年，习近平同志视察华中科技大学，考察了"党旗领航工程"特色党日活动。

只有培养出一流人才的高校，才能够成为世界一流大学。学校始终把立德树人作为立身之本。经济学院党委坚持16年创建"胡吉伟班"，把思想政治工作优势转化为推动集体成才的强大动力。党委学工部坚持10年开展"党旗领航工程"，创造了"支部建在班上"等先进经验。国家人文素质教育基地坚持30多年举办人文系列讲座2185期，形成注重文化素质教育的校园文化。学校坚持培养创新创业人才，建设启明学院、创新研究院，华中大"创业企业家"在国内外形成气象。

华中大师生牢记总书记嘱托，坚持立德树人，突出本科人才培养，突出创新人才培养。学校大力加强师德师风建设，培养"四有"好老师，坚定学生"四个自信"，培育"六有"大学生，坚持为人民服务、为中国共产党治国理政服务、为巩固和发展中国特色社会主义制度服务、为改革开放和社会主义现代化建设服务，培养中国特色社会主义合格建设者和可靠接班人。

·敢于竞争，勇做创新引领排头兵·

华中科技大学承担了3个国家级大学科平台的建设，目前在国内高校独树一帜；我们建设了13个蓬勃发展的工研院，服务湖北及长三角、珠三角等地区；我们在数控、激光等领域孵化了一批高科技企业，打破了国外技术垄断的局面。这些事，是几代华中大师生创新引领的一个缩影，反映了华中大人敢于竞争、善于转化、勇于引领的精神风貌。

实施创新驱动发展战略，是国家立足全局、面向未来的重大战略。创新引领是世界一流大学的共同特征。未来中国必将有更多的领域，在世界上从跟跑到并跑，最后实现领跑，华中大应该在中国领跑世界的领域中作出自己的贡献。华中大将对接国家战略,争取并建设好国家研究中心、国家工程研究中心、国家技术创新中心、国家临床医学研究中心、国家重大科技基础设施等新的重大平台,争取并承担更多更重要的国家重大专项和重点研发计划等重点项目,为国家建设高等教育强国、科技强国、健康中国、人才强国贡献华中大力量。

当前,华中大正在深入学习贯彻习近平总书记系列重要讲话精神,我们将把几代华中大人的强校梦、一流梦与中华民族的强国梦、中国梦更加紧密结合起来,谋划制定学校发展战略,实现学校新的更大的跨越式发展。

(《光明日报》2017年9月13日　作者:路钢)

华中科技大学党建育人见成效
让听的人和讲的人同频共振

"感谢组织,让我再次重温誓词,时刻牢记自己是一名光荣的中国共产党党员。"日前,85岁高龄的华中科技大学退休教授樊孝述,收到了学校党委发来的"政治生日"短信,这是他在入党60周年纪念日收到的最珍贵礼物。

在华中科技大学,无论是院士专家还是普通学生,党员都有"两个生日",在"政治生日"当天都会收到短信提醒重温入党誓词。大家纷纷表示:每年的短信都舍不得删,时刻提醒自己既要"上好党课"又要"上好党自习"。

· "三进三助"让党课活起来 ·

"党建工作最忌各吹各的号、各唱各的调,与学生成长不合拍。"华中科技大学党委书记邵新宇说,"对症下药,实施新时代党旗领航工程,开展早日站在党旗下、党旗在我心中、我为党旗添光彩等系列活动,让党课贯通学生培养的每个环节。"

每年9月开学季,新生们纷纷慕名来上"华中大开学第一课"。这门课的内容是看望胡吉伟学长,地点是华中科技大学青年园,学习方式是瞻仰胡吉伟塑像,学习目标是"点燃一盏灯,照亮一群人"。

2019届毕业生梁栋很早就立志远赴西藏扎根基层。她说:"在学校接受红色教育,让我切身体会到青年人身上的使命与担当,毕业后我毫不犹豫选择到祖国最需要的地方去建功立业，和祖国发展同频共振。"

又到6月毕业季，毕业生们即将背起行囊奔赴全国各地。华中科技大学举办"毕业生党员最后一课"活动，把思想教育做到学生离校最后一刻，帮助他们更好实现角色转变。

"感谢最后一课，让我带着红色记忆和理想信念继续前行。"先锋党员人文学院丁安琪汇报了自己应征入伍，在南海参军的经历和退伍返校后勤奋刻苦、力争上游考取清华大学的故事。

第一临床学院把"最后一课"搬到了大悟县新城镇金岭村，课程内容为"扶贫义诊助攻坚"，由2019届毕业生组成志愿服务队，让乡亲们在家里享受了一把免费看病。

"通过这场生动的国情课，我们真切感受到了国家乡村振兴建设的成果，也坚定了我们扎根中国大地、为健康中国战略贡献力量的决心。"第一临床学院党员田禾说。

将党建育人"最先一公里"和"最后一公里"连接起来的是"三进三助"。学校领导、院士、专家学者、研究生导师、教师班主任等走进班级、走进宿舍、走进支部，助学习、助生活、助成长，为的是让学生随时感受到关爱，接受到价值引领教育。

·用身边的事感染身边人·

"人要站得稳得有硬骨头，国要立得住得有好钢铁！"6月5日，"讲好华中大故事"分享会举行，华中科技大学新闻学院副教授龚超分享了朗诵作品《您是一块千锤百炼的"特殊钢"》的创作思路。

几年前，"钢铁院士"崔崑的故事产生了广泛社会反响，学生们深深为他勤奋报国的精神所感动。龚超说："身边人的故事是最好的活教材，能更好把知识分子党员身上的那股钢劲儿传授给学生。"

2016级本科生肖健是"勤奋励志助学金"的获得者，听完朗诵后他禁不住泪流满面。他说："2013年崔院士夫妇设立了助学金，目前已捐资600万元帮助我们完成学业，我立志学习院士追求卓越的专业精神，也用钢铁意志书写壮美人生。"

"过去学校教育主要靠灌输，思政教育与学生成长需求之间有道坎。

讲故事可以让听的人和讲的人同频共振,以跌宕起伏的情节传递核心价值观。"华中科技大学党委常务副书记、副校长马小洁介绍了开展"讲好华中大故事"的出发点和落脚点。

组织活动最怕"形式大于内容",但"讲好华中大故事"一经推出,便在各个党支部引发了强烈反响。2018 年,活动共收到文本作品 45 件,视频作品 39 件,设计作品 7 件。从党旗领航到学在华中大,从教书育人到治病救人……华中大人在新时代拼搏奋斗的故事不断被挖掘出来。

"所有党建活动归根结底都是为了育时代新人。讲好华中大故事,通过打造有品德、有品质、有品位的大学文化,让今天听故事的人,成为明天故事的主角。"华中科技大学校长李元元表示。

(《光明日报》2019 年 6 月 30 日　作者:夏静　魏海勇　王潇潇)

为党育人践初心
为国育才传师道

不忘初心、牢记使命，华中科技大学把组织开展好主题教育作为当前重要政治任务，作为推动中国特色世界一流大学建设的重要契机，党旗领航，传承红色基因，高标准高质量开展主题教育。

· 加强统筹谋划，以上率下，压实责任 ·

学校党委切实提高政治站位，以习近平新时代中国特色社会主义思想为指导，高起点谋划、推进主题教育，层层压紧压实主体责任。

行动快部署早。校党委持续关注主题教育开展情况，在2019年6月召开的校党委常委会上传达学习中央"不忘初心、牢记使命"主题教育工作会议精神，提前谋划学校主题教育的各项准备工作。校党委成立主题教育领导小组，抓好主题教育统筹谋划、组织推进和督促指导。

带好头开好局。校领导带头学习、带头调研、带头检视反思、带头抓整改。在14个单元的集中学习研讨中，校党委书记和校长每次都围绕主题提前准备，充分交流发言，校领导班子成员坚持把自己摆进去、把职责摆进去、把工作摆进去，谈认识、找差距、改问题。

指导细督导严。学校定期召开主题教育领导小组会议和领导小组办公室主任会议，强化集中指导，加强过程把控，及时检视研判，确保主题教育走深走实。学校组建10个督导组，督促指导各单位突出重点、抓住关键、统筹兼顾、全面推进，把每一项工作都做扎实、做到位。

· 严格标准要求，全员覆盖，夯实基础 ·

把学习教育、调查研究、检视问题、整改落实贯穿全过程，全校"一盘棋"，基层全面跟进，党员全体参与，以钉钉子精神有计划有步骤推进主题教育。

学习走深走实。校内掀起"大学习"热潮，做到时间上跟进、思考上跟进、情感上跟进。全体校领导、全校中层干部、教工党支部书记分批前往中共五大旧址、武昌中央农民运动讲习所等革命场所旧址，加深对初心使命的理解和感悟，激发建功立业新征程的动力和激情。开展基层党支部书记集中轮训，推进深入学习习近平新时代中国特色社会主义思想。

调研一竿子插到底。学校沉下去听真问题。通过"面—线—点"结合的方式开展调研，开门听意见。通过多种方式收集意见建议750余条，全部原汁原味反馈给校领导班子成员和40余个二级单位，梳理归类成机关职能部门和二级单位层面问题共12方面309条。

检视问题求广度抓深度。紧盯高校主题教育着力点，学校各级领导班子问初心、认责任、担使命，结合征求到的意见建议再梳理、再反思，查摆自身不足、查找工作短板、深刻检视剖析。校领导班子分7个专题安排了12项调研任务，共开展20次专题调研，先后访谈320余人次，发放及回收调查问卷8600余份，形成14个调研报告。

整改突出实践性。学校坚持边学边查边改，将党员干部焕发出来的热情转化为攻坚克难、干事创业的实际成果。一方面针对中央规定的八个专项整治，专门制定方案，由校领导牵头，细化出34个整治重点任务，实行清单式管理，项目化推进，确保工作实效；另一方面针对主题教育中发现的问题，主动梳理出学校层面7个方面41条问题，形成整改措施共110项，分别由校领导牵头抓整改落实。

· 强化担当作为，解决问题，求得实效 ·

学校紧紧围绕为党育人、为国育才的初心使命，教育党员干部为民谋利、为民尽责、知重负重、攻坚克难，努力创造人民满意的实绩，加快建设中国特色世界一流大学。

思想政治更坚定。全校党员干部思想政治与党性作风受到深刻洗礼和锤炼。广大干部普遍反映，通过学习习近平新时代中国特色社会主义思想，切实感受到科学智慧和理论力量，学出了责任担当，学出了精诚团结，学出了忠诚拥护。

担当作为更自觉。学校开展教育改革大讨论，明确下一阶段建设重点，实施"倍增"计划，绘就学校高质量快速发展蓝图。在关键领域、"卡脖子"的地方下大功夫，不断提升科技报国能力，申报并获批高端数控装备集成攻关大平台；积极参与国家科技发展战略顶层设计，入选科技部"2021—2035年国家中长期科技发展规划"研究任务承担单位；国际顶级学术期刊《科学》《自然》《细胞》刊发学校系列最新研究成果。大力推动"一流大学、一流学科建设"，入选国家"一流网络安全学院建设示范项目高校"；"双一流"中期自评超额完成任务；落实教学中心工作，出台"华中卓越学者计划"教学激励实施细则。

思政育人更深入。校党委制定了学校"三全育人"综合改革实施方案、深化思想政治理论课改革创新的方案，校党委常委会专门研究马克思主义学院建设，全面提升思政工作质量。切实解决学生的学业、就业、经济困难和心理问题，全面梳理困难学生名单，进行"一生一策"帮扶。激发学生燃起科创报国热情，学校在第五届中国"互联网＋"大学生创新创业大赛中，金奖数全国排名第二；在第十六届"挑战杯"全国大学生课外学术科技作品竞赛中总分创历史新高，捧得"优胜杯"。

管理服务更高效。学校通过主题教育，推动了高校治理体系优化，治理能力提升。学校贯彻落实校党委领导下的校长负责制，着手修订校党委常委会、校长办公会议事规则，增强学校党委总揽全局的能力、统筹协调的合力、担当作为的战斗力。坚持以人民为中心的思想，学校重视解决师生反映强烈的急难愁盼问题，努力办好得人心、暖人心、稳人心的实事。如开展爱心敬老助餐到家服务，传递关爱老人的正能量；大力推进人车分流，不断增强师生安全感；楼管岗位实行"首接负责"制，力争"一站式"解决学生困难，践行精心、精致、精准的"三精"服务。

· 以师生满意为标准，真抓真改真落实 ·

主题教育开展以来，华中科技大学党委把"改"字贯穿主题教育全过程，把师生满意作为重要标准，着力将理论学习的收获、思想政治的洗礼，转化为干事创业的担当，转化为攻坚克难的底气，转化为推动学校事业发展的生动实践。

抓住学做结合边学边查边改。学校坚持从一开始就把学和做结合起来，把查和改贯通起来，带着问题学，边学边改，细化举措，制定学校深化思想政治理论课改革创新方案，全面提升思政课质量和水平，以扎实的作风带动主题教育不断深入。

针对师生所急所盼问题抓整改。校领导班子、各部门各单位主动认领问题，制定问题清单、责任清单，立查立改、即知即改，真正解决师生的操心事、烦心事，增强师生获得感、安全感、幸福感。校领导班子成员带头走近学生，真情、真心、真诚与学生面对面，参加"开学第一课"，帮助学生解决学习、生活和思想问题，助学习、助生活、助成长。打造"有困难找宿管"精品服务，增强学生安全感、归属感；针对毕业生需求，调整成立就业指导与服务中心，提升毕业生管理服务水平；针对师生员工生活方面的需求和难题，学校推出"爱心助老移动早餐"，把"暖胃、暖身更暖心"的早餐车餐饮服务送到老职工家门口；开设 27 家"师生便民服务店"，开办"绿色菜篮子"工程；推进"人车分流专项行动"，为校园营造安全有序的交通环境。

瞄准办学治校困境难题出实招。学校将持续推动整改落实同改革发展稳定结合起来，直面问题、对症下药，着力破除制约发展的体制机制障碍，着力化解阻滞改革的深层次矛盾，加快建设卓越华中大，让广大师生有盼头、有干劲。针对学校治理难题，提出班子建设、立德树人、基层党建、学科建设、校园规划等 11 个方面的专项任务，采取项目化方式逐项推进整治。

学校党委将扎实巩固好主题教育成果，以更严更实的作风推进主题教育取得实实在在的成效。

(✐ 《光明日报》2019 年 12 月 4 日 作者：华中科技大学"不忘初心、牢记使命"主题教育领导小组办公室)

努力办好让党放心让人民满意的大学

2010年1月,时任中共中央政治局常委、中央书记处书记、国家副主席的习近平同志在华中科技大学参加了学校的"党旗领航工程"特色党日活动,并提出殷切希望。学校始终牢记嘱托,深入贯彻落实习近平新时代中国特色社会主义思想,守初心、担使命,不断追求卓越,加快建设中国特色世界一流大学。

·提升治理能力,让党放心·

习近平总书记强调,办好我国高等教育,必须坚持党的领导,牢牢掌握党对高校工作的领导权,使高校成为坚持党的领导的坚强阵地。

把习近平新时代中国特色社会主义思想作为根本遵循践行好。坚持用习近平新时代中国特色社会主义思想武装头脑、指导实践,增强"四个意识"、坚定"四个自信"、做到"两个维护"。主题教育进一步推动了全校党员、干部、师生成为习近平新时代中国特色社会主义思想的坚定信仰者,成为爱党、爱国、爱社会主义的忠实实践者。践行初心使命,学校工作要上升到国家崛起、民族复兴的高度来谋划;学院工作要上升到社会需求、人民需要的高度来推动;个人事业要上升到党的事业、教育事业的高度来奋斗。

把党委领导下的校长负责制作为学校的根本制度落实好。党委要履行好管党治党、办学治校主体责任,把方向、管大局、做决策、抓班子、带队伍、保落实，充分发挥领导核心作用，有效担负起全面领导学校工作的重任。党委要加强总揽全局的能力，完善决策和运行机制形成合力，加强领导班子建设增强战斗力。

把党建工作作为办学治校的基本功掌握好。以党的政治建设为统领，学校各级党组织要牢牢站稳政治立场，把基层党组织建成师生最贴心、最信赖的组织依靠，建成学校教书育人的坚强战斗堡垒。把党的政治组织优势转化为发展优势，将党组织的领导核心作用发挥到"双一流"建设上来，将党支部的战斗堡垒作用发挥到前沿学术团队建设、一流管理服务上来，将党员的先锋模范作用发挥到教学科研管理各项工作上来。

·提升育人能力，让人民满意·

"培养什么人、怎样培养人、为谁培养人"是教育的根本问题。学校要把立德树人成效作为检验工作的根本标准。

构建"大思政"工作格局，增强奋斗新时代的责任感。加强爱国主义、集体主义、社会主义教育，引导广大师生进一步增强民族自豪感、自信心，坚定理想信念，坚定不移听党话、跟党走，培养社会主义合格建设者和可靠接班人。深化协同育人，充分挖掘各类育人要素的思政功能，构建全员、全过程、全方位的"大思政"工作格局。发挥课堂主渠道作用，创新教学方式方法，增强思政教育吸引力。

深化教育教学改革，增强人才培养的时代感。华中大为新时代培养具有全球竞争力的高素质创新型人才，形成更高水平的人才培养体系。坚持以学生为中心，持续擦亮"学在华中大"文化素质教育创新创业品牌，加大学生个性化培养力度，拓展文化素质教育内涵，强化实践育人，弘扬体育精神，陶冶艺术情操，全力培养德智体美劳全面发展的社会主义建设者和接班人。

集聚优质育人资源，增强学生享受优质教育的获得感。将办学优势转化为学生的最优质教育资源，推动高水平科研成果融入课堂教学、实习实践等育人环节，鼓励高层次人才积极参与本科生培养全过程，促进高水平研究基地向本科生无门槛开放。改革培养模式，强化导师职责，筑牢研究基础，让研究生站到创新最前沿，提升研究生创新能力。加大引进国际优质教育资源，拓展与业界的合作，营造丰富多元的育人环境。

·提升创新能力,让国家赞誉·

习近平总书记强调,发展是第一要务,人才是第一资源,创新是第一动力。世界一流大学都是在服务自己国家发展中成长起来的。

坚持把教师队伍建设作为基础工作,激发队伍活力。教师队伍的素质直接决定着大学的办学能力和水平。要坚持党管人才,聚天下英才而用之,实施人才强校,事业留人、情感留人、待遇留人、服务留人。健全完善考核评价机制,积极引导教师争做"四有好老师",做教书育人的模范、创新创业的典范、师德师风的示范,使教师在岗位上有幸福感、事业上有成就感、身份上有荣誉感,让各类人才焕发创新创造活力。

坚持专业建设服务社会需要,增强学科竞争力。每个学科专业都要以支撑创新驱动发展战略、服务经济社会发展为导向,提高人才培养、科学研究、社会服务和文化传承创新水平,努力成为知识发现和科技创新的重要力量、先进思想和优秀文化的重要源泉、培养高素质优秀人才的重要基地。坚持重大需求带动学科发展,工科要在铸造国之利器的重大科技成果上,镌刻更多华中大印记;医科要在健康中国战略实施进程中,作出更多华中大贡献;理科要在基础科学前沿探索中,打造更多华中大高峰;文科要在服务国家建设、推动社会发展中,发出更多华中大声音。

坚持对接国家战略,增强服务引领力。要发挥以武汉光电国家研究中心、脉冲强磁场实验装置国家重大科技基础设施、精密重力测量国家重大科技基础设施、国家数字化设计与制造创新中心等"四颗明珠"为代表的平台创新优势,瞄准国家需求和"卡脖子"难题,贡献更多基础性成果和关键技术。推进国家级平台向地方延伸,深化校地合作,为区域产业转型升级发挥重要作用。发挥科教优势,做好精准扶贫、对口帮扶等工作。

不忘初心、牢记使命是党的建设的永恒课题,是全体党员、干部的终身课题。华中科技大学将以恒心守初心、用奋斗担使命,努力把学校办成让党放心、让人民满意的大学,为实现中华民族伟大复兴的中国梦作出更大贡献。

(《光明日报》2019年12月4日 作者:邵新宇)

做新征程的奋斗者和追梦人
——华中科技大学师生热议坚守初心践行使命

华中科技大学启动主题教育以来，广大师生深入学习贯彻习近平新时代中国特色社会主义思想，并结合自身经历畅谈坚守初心、践行使命的心得体会。

94岁高龄的中国工程院院士、华中科技大学教授崔崑经历了中国从站起来到富起来再到强起来的伟大飞跃。他感慨道："新中国成立70年来，我国取得了举世瞩目的成就。70载风雨历程，中国共产党人的初心从未变化，且愈发坚定。作为一名共产党员，虽然我已经90多岁，但是我仍愿意尽微薄之力，为中国高等教育事业的向前发展添砖加瓦。"

华中科技大学长江学者特聘教授、国家杰出青年科学基金获得者曾绍群长期致力于医工结合领域的研究。他说："通过主题教育，我更深刻地理解了高校教师立德树人的初心和使命，认识到这一任务的光荣和艰巨。在教学工作中，我要在育人环节中加强对本科生、研究生的思想引领，引导学生创新发展光电医学工程，为健康中国贡献自己的力量。"

华中科技大学公共卫生学院教授潘安多年来从事慢性代谢性疾病的营养流行病学工作，他说："没有全民健康，就没有全面小康，全民健康是中国梦的重要组成部分。随着经济状况不断改善，我们的健康也不容忽视。因此，我们要不忘初心，立足科研工作第一线，始终把提高百姓的健康水平牢记心中，为实现健康中国2030的宏伟目标而拼搏。"

华中科技大学马克思主义学院青年教师闫帅和同事创新课堂形式，让思政课"深度中国"走红校内外。他说："思政课教师的初心和使命，就是有效引导广大学生正确认识中国和世界发展大势。我们深入调研，实时更新的思政课内容成为同学们更好了解中国和世界的有效平台。走入一线是最好的考场，担当实干是最好的答卷。"

华中科技大学管理学院2018级博士研究生徐明宇多次深入社会实践，用脚步丈量祖国大地。他说："华中大赋予我的红色基因让我深感使命重大。在未来的学术研究中，我将始终铭记共产党人的初心与使命、华中大人的责任与担当，心无旁骛，潜心求学，做到'板凳坐得十年冷，文章不写半句空'，在祖国最需要的地方催生出更多的创新之花和创造之果。"

华中科技大学船舶与海洋学院2017级本科生党员杨颖青所在的班级光荣成为首届"黄群班"。她说："心怀报国愿景，努力学好专业本领，勇于引领时代浪潮，积极投身祖国建设，这是黄群师兄用生命向我们诠释的使命，也是我们'黄群班'全体成员共同努力的方向。"

华中科技大学师生将学思践悟与学校"双一流"建设密切结合，以认真负责的态度、改革创新的精神、求真务实的作风，对标对表主题教育要求，将拳拳爱党之心化为踏实爱国之行，立志为建设中国特色世界一流大学和中华民族的伟大复兴贡献力量，做新征程的奋斗者和追梦人。

(《光明日报》2019年12月4日　作者：夏静　高翔)

以奋斗之豪情　奏青春之乐章
——华中科大学子热议《习近平与大学生朋友们》

·生逢其时　重任在肩·

校青马学员、新闻与信息传播学院2018级本科生　汪司晨

在读《习近平与大学生朋友们》一书时，我好似聆听着习总书记对大学生的殷殷嘱托，真切感受到习总书记与大学生的亲密无间，深深认同总书记所说的"生逢其时，重任在肩"。

尤其是在第十七篇访谈中，赵楠作为访谈对象之一接受了中青报的采访，他在采访中回忆了2013年7月17日习总书记视察的场景：当天，总书记即将离开国科大，向前来送行的研究生们做了一场即兴演讲。他对在场的同学们说："我们处于一个伟大的时代，有着伟大的目标，可谓生逢其时，责任重大……"

读罢此段，我脑海中不禁浮现出今年抗疫一线中国青年的身影：新冠肺炎疫情暴发时，中国青年白衣执甲，逆行向前，筑起抗击疫情的青春防线。

我领悟到，当代青年唯有把人生圆心扎在祖国大地，唯有把个人理想融入国家发展，方能不负青春；不仅要写好发表在期刊论文的文章，更要写好在祖国大地上的文章，方能无悔青春；在危急时刻顶得上去，在困难时刻冲在前头，在祖国需要时挺身而出，在时代召唤时立于潮头，方能绽放青春！

"自找苦吃"是人生品质,更是奋斗本领

校青马学员、船舶与海洋工程学院 2017 级本科生　叶涛

细细品读《习近平同志提倡年轻人要"自找苦吃"——习近平与大学生朋友们(三)》这篇文章,我触动很大。我想结合在大学的成长经历谈谈自己的想法。

一是年轻人要到实践中"自找苦吃"。去年,我在临沧市临翔区一中开展帮扶实践,那些在逆境中拥有坚定信念的青年学子,他们对文化知识的渴求、对贫穷现实的呐喊、对国家帮扶的感恩,给我上了一堂人生课;我曾赴河北塞罕坝开展"美丽中国"调研实践,在林场望火楼上,我认识了几年未曾下山的"林二代"夫妻,他们的奉献精神让我明白了"美丽中国"背后是无数个用生命守护着绿色的工作者……

二是青年要在基层,在祖国最需要的地方"自找苦吃"。今年暑假,我曾赴天津市滨海新区塘沽街道工作委员会开展为期 1 个月的政务见习,我真正理解了"党的工作最坚实的力量在基层"这句话。无论是烈日炎炎,还是刮风下雨,大到抗疫、创建文明城市,小到为老人寻找失物、打扫卫生,基层工作者的身影永远在群众最需要的地方。

正是由于诸多"自找苦吃"的经历,让我懂得了青年担当。因此,我选择成为校第 23 届研支团成员,明年前往祖国最需要的地方继续发光发热,而我也定将"自找苦吃"的精神内化于心、外化于行,为党和国家的事业贡献青春力量。

青年大学生的奋斗之路

公共管理学院 2017 级本科生　吴佳俊

回望百年以前,青年学生为了新的民主而迸发激情,为了新的中国而追求先进。百年以后,我们的民族正在走向伟大复兴,这百年也见证了我们青年学生的改变。在实现"两个一百年"的伟大目标上,我们就是主力军。

正如同习总书记所说，当代大学生珍惜韶华，把学习成长同党和国家的事业紧紧联系起来、同社会和人民的需要密切结合起来，用青春铺路，让理想延伸。我想，在当下，在这个百年未有之大变局下，吾辈能够做的有很多。身为青年，我们无论是在救死扶伤的抗疫一线，还是在科研攻关的前沿阵地、在乡村振兴的奋斗岗位，都能在这个时代找到人民需要、国家需要的地方。

青年一代大学生是未来的栋梁！在读完《习近平与大学生朋友们》后，我更确信，祖国的未来需要我们青年大学生的努力和奉献。

(🖋 《中国青年报》2020 年 12 月 8 日　作者：雷宇)

华中科技大学：
从党史故事中汲取不竭动力

"带着镰刀和铁锤的百年交响，我们从这里出发……" 6月20日晚，"永远跟党走"华中科技大学庆祝中国共产党成立100周年主题展示活动举行。"六课时" 13个节目，带领师生重温"站起来、富起来、强起来"的辉煌历史进程，指引大家面向"十四五规划""2035年远景目标"，唱响"2049畅想曲"。

华中科技大学党委书记邵新宇表示，走得再远都不能忘记来时的路。为庆祝中国共产党成立100周年，用好红色资源、赓续红色血脉，华中科技大学精心设计形式多样、主题鲜明的特色活动，引导师生党员深刻感受中国共产党波澜壮阔的发展历程。

学校打造首门"四史"学习课程"百年中国"，开展"百个研究生党支部讲好百个党史故事"、党史知识竞赛、五四演讲比赛、红色经典诵读、红色影片配音等活动。举办抗疫专题展，将20余堂党课搬进专题展现场；学校附属同济医院心血管内科副主任医师周宁，作为抗疫医生代表，登上湖北省庆祝中国共产党成立100周年文艺晚会舞台，表达护佑人民健康的坚定信念。

新闻与信息传播学院2020级硕士生李舒霓参与创作的《红旗飘扬江汉关——迎接武汉解放的第一面党旗》，获得"研究生献礼建党百年系列活动之华中科技大学同上一堂党史课"微党课视频大赛特等奖。她说，武汉本就是"党史故事"的一片沃土，从武汉出发，去探寻历史长河中的党史故事、那些熠熠生辉的思想闪光处，一代又一代青年人必将从中汲取前行的不竭动力。

(《光明日报》2021年7月1日　作者：夏静　张锐)

华中科技大学：
颂扬党史明德厚学　绽放青春亮丽本色

华中科技大学是教育部直属重点综合性大学，是国家"211工程"重点建设和"985工程"建设高校之一，是首批"双一流"建设高校。学校校园占地7000余亩，园内树木葱茏，碧草如茵，环境优雅，景色秀丽，绿化覆盖率72%，被誉为"森林式大学"。

作为在新中国的朝阳中诞生，在共和国的旗帜下成长的高校，华中科技大学始终与党同心，与国家发展同频，被誉为"新中国高等教育发展的缩影"。学校坚守"为党育人、为国育才"初心使命，传承"党旗领航"红色基因，教育引导全校党员师生学党史、悟思想、办实事、开新局，确保学习入脑入心，庆祝建党百年见行见效。

现阶段，华中科技大学正以创建世界一流大学为目标，秉持"明德厚学，求是创新"的校训，敢于竞争，善于转化，聚精会神，科学发展，全面提升办学水平，努力开创更加辉煌灿烂的明天。

百年征程心向党　喻园奋进铸辉煌
红色文化丰富多彩

"没有共产党就没有新中国……"近几个月，这首红歌响彻华中科技大学校园内。无论是班级活动抑或是学校大型展示活动，总能听到同学们或哼唱、或合唱的情景。

6月初，两场由同学们担纲主创、主演的大型活动在华中科技大学校园内接续开展。

16个院系、160余名同学历经2个月时间准备的"百年征程心向党，喻园奋进铸辉煌"学生社区展示活动于6月5日晚盛大举行。三个篇章根据党的发展历程缓缓拉开序幕。

"筚路蓝缕铸初心"篇章中，歌曲联唱《百年风雨路》带领观众深刻感受中国共产党百年光辉历史；舞蹈剧《八女投江》展现了东北敌后抗日战场上英雄们的豪情壮志；民乐表演《水上踏歌》洋洋盈耳，好似"最是春风吹舞衣，踏歌如梦飞"。

"东方潮涌绘新篇"篇章中，古典舞《知否》展现神州大地面貌的焕然一新；器乐表演《我和我的祖国》深情诉说了学子们拳拳爱国之心。

"扬帆逐梦再起航"篇章中，合唱《我爱你，中国》用饱满的情绪表达了华中大学子对祖国最真挚的爱意。

6月6日，一场"传唱红色经典，回首百年华章"研究生党支部献礼建党百年党史歌唱大赛在学子们中接续上演。

大赛在慷慨激昂的国歌声中拉开帷幕。《毕业歌》和《五月的鲜花》带领观众走进中国青年投身抗日救亡的激情岁月；歌曲串烧《映山红》和《弹起我心爱的土琵琶》重温了革命者的浪漫情怀和必胜信念；歌曲串烧《在灿烂阳光下》和《我爱你，中国》向观众展现了海外游子对祖国的无限眷念之情；《走进新时代》和《我们都是追梦人》展现了时代青年勇于担当的英姿。

据悉，研究生党支部献礼建党百年党史歌唱大赛共分为院系初赛、校级复赛、校级决赛三个环节，通过党支部覆盖研究生群体近2万人。

美妙的歌声化作深情的祝福，祝福伟大的中国共产党永葆青春，祝愿伟大的祖国明天更加灿烂辉煌。红色文化在校园处处弥漫，红色精神在学子心中牢牢扎根。

先锋引领传帮带　服务群众做标杆
"为群众办实事"蔚然成风

无论何时，"为人民服务"始终是中国共产党镌刻在内心的动力之源。华中科技大学充分发挥先锋引领作用，通过深入调研、实地走访，了解了同学们的内心所需、心中所想，用实际行动为他们解决实际问题。

"时时解疑惑"，全方位解决学生学业实际需求。学校持续提供"入学适应、学业促进、能力提升和发展领航"四维学业指导。邀请优秀教师班主任做客"师生茶座"活动开展分享，围绕专业导航、学术启蒙、科研创新、职业规划等主题与学生展开深度交流，为学生传道授业解惑。组织优秀辅导员开展"大学生学业发展与规划"团体辅导，走进院系、走进社区、走进新生，帮助学生培养学习兴趣、激发学习动力。邀请三好学生标兵开展"明星学子面对面"活动，分享学习经验和学习方法。联合数学学院、物理学院建设学习提升中心，邀请"朋辈小老师"在社区活动中心开展微积分、大学物理等基础课程辅导和答疑，做好学业帮扶。

"月月有主题"，助力学生发展实际需求。学校党员先锋队每月围绕不同主题，为师生办实事。3月，围绕学习雷锋，"黄群班""胡吉伟班"党员带头，在图书馆、公用房、教学楼等地开展志愿服务；第一临床学院和第二临床学院师生进入社区开展义诊服务。4月，各院系纷纷组织党员亮牌，广泛组织本科生党支部，以"一对一""一对多"等形式，结合学科专业特色为学生办实事，掀起"帮扶热"。5月，全面开展党员进寝室工作，高年级党员走进低年级学生寝室围绕个人发展、生涯规划等进行指导，解决同学们的实际问题。6月全面推进"党员学长学姐说"，优秀本科毕业生党员临近毕业之际，为低年级学生传授学习、就业、考研保研等方面的经验，发挥传帮带作用。

"事事皆挂心"，关心学生生活实际需求。为进一步优化学生生活环境，学校对南二舍进行统一修缮，改良宿舍基本设施及住宿条件。各院系积极组织党员志愿者，发挥党员先锋模范带头作用，从前期临时宿舍安置方案的精心筹划，到搬迁车辆、物资袋等搬运必需品的供应，再到搬迁日党员志愿者的身体力行，真正做到"民有所呼，我有所应"，用心用情用力帮同学们办实事、解难题。由于学校有三个校区，为了方便师生在三个校区的文件流转，学校开通了校区专递服务，涉及3个大类50多项具体事项，通过自助下单、收件办理、通勤运转、分发受理、办结取件，实现跨校区办理。各项举措不断增强同学们的归属感、幸福感、安全感。

立志明德担大任　献礼百年启征程
毕业生党员"最后一课"传承使命

"我志愿加入中国共产党，拥护党的纲领……永不叛党。"在华中科技大学毕业生党员最后一课活动上，校党委书记邵新宇院士带领毕业生党员重温入党誓词。

毕业生党员代表、党支部代表向母校师生深情讲述了自己的成长历程。

"我在疫情中，积极投身防控工作，牢记党员初心使命……"先锋党员、能源学院2017级本科生郭子奇讲述了争当党员先锋、参加疫情防控、潜心科研创新、投身实践服务的故事。

"一入校，我就深受学校学风影响，立下志向——一定要将论文写在祖国大地上。"电气学院2016级博士生周游汇报了面向国家重大需求、突破科研难题，将论文写在国家战略需求最前沿的故事。

全国党建工作样板党支部、经济学院胡吉伟党支部汇报了在"新时代党旗领航工程"指引下，传承英雄精神，让党支部活力成为党员成长动力的奋斗故事。

随后，毕业生党员代表集体诗朗诵《青春最亮丽的本色》，表达了对母校的感激之情和眷恋之情，体现了做中国人的志气、骨气、底气。

邵新宇为党员先锋队授出征旗，并讲授党课。"希望全体毕业生接力探索、接续奋斗，肩负历史使命，坚定前进信心，以社会主义建设者和接班人的时代担当，让中华民族伟大复兴在我们的奋斗中梦想成真！"邵新宇铿锵有力的话语鼓励着毕业生。

全场师生一同唱响《没有共产党就没有新中国》，铿锵的誓言在校园飘荡，饱含深情的歌声唱出对党的无限热爱。

（新华每日电讯客户端2021年8月2日）

华中科技大学：
党员是科研攻关"领头雁"

"从无到有，一切从零开始，事非经过不知难。"作为骨干成员，华中科技大学国家脉冲强磁场科学中心研究员王俊峰负责脉冲强磁场装置科学实验站建设，带领团队攻克了极端电磁环境下弱信号检测难题。

回忆起"一穷二白"的创业阶段，王俊峰告诉记者，每一块电路板设计图、每一个零件都得自己绘制和安装调试。脉冲磁体的绕制工作十分严苛，上万次重复动作，不容一丝差错，没有"回头路"。

脉冲强磁场设施是一个不断挑战电磁极限的复杂强电磁系统，包括磁体、电源、科学实验及配套低温、监控系统等，涉及多个学科，研制过程中面临许多难题：工程建设上无模式可借鉴，国内缺乏相关核心技术，导体材料落后，科研资金有限……

"面对重重困难，在中心党支部的坚强领导下，团队迎难而上，党员更是带头攻关。"华中科技大学电气与电子工程学院党委书记张明介绍，从2008年破土动工，到如今跻身世界一流，中心从无到有、从弱到强，只用了短短10余年。自中心成立以来，学院始终注重将党建工作融入科研事业全流程。

时任中心党支部书记韩小涛教授带领的控制系统团队，不分昼夜、反复调试，克服高压和电磁干扰，成功研制出世界领先的监控系统；党员、磁体团队负责人彭涛教授和团队成员不畏高噪音、高粉尘艰苦环境，尤其是夏天穿着高温防护服连续绕制磁体超过12小时，最终打破国外技术封锁，开发出世界领先的脉冲磁体工艺……

多学科、跨部门协作，如何凝心聚力？"这里就是一个大家庭，大家心往一处想、劲往一处使，上下拧成一股绳。"王俊峰回忆起在中心奋斗十几年的最大感受，就是在大科学装置建设面前，大家都不计个人得失。

华中科技大学电气与电子工程学院党委副书记罗珺介绍，学院党委实施"头雁领航"计划，8个教师党支部书记实现"双带头人"全覆盖，通过每月主题党日活动、教职工"微党课"政治理论学习，加强对全体教职工的思想引领，激发团队的使命感、责任感和荣誉感。

党建工作如何和科学研究有机结合？针对队伍结构年轻、高学历人才多，且多数具有海外学习和工作背景等特点，电气与电子工程学院不断探索党建工作的新方法。老党员、中国工程院院士潘垣教授与中心教师经常一起学习座谈，以老一辈科学家的经历感悟引导年轻教师潜心科研。

国家脉冲强磁场科学中心承担着脉冲强磁场国家重大科技基础设施的建设和运行任务，强磁场设施已成为我国唯一、亚洲最大的脉冲强磁场设施，用优质的服务为国内外用户开展科学研究保驾护航。截至去年年底，强磁场科学中心已为海内外106所科研单位开展1477项研究课题提供支撑。

"不仅是世界科研强磁场，中心也对优秀人才具有极强吸引力，通过强化党建对人才工作的引领，打造了名副其实的人才'强磁场'"。罗珺介绍，中心团队由最初的十几人，已发展到80人的队伍，其中，35岁以下青年人员60人，成为一支以党员为核心力量的高水平、基础扎实、结构合理的优秀团队。

"我们'95后'站在成熟的世界顶级大平台，听着导师们的创业故事，来实现自己的科研梦想。"年轻党员、博士生董芃欣系统接受了学院新工科课程思政教育和工程实践培养，先后参与多项创新创业项目，正全力瞄着具有工业应用前景的先进电磁制造研究，贡献着青春力量。学院统计显示，每年超过70％毕业生到西部地区和重点行业就业。

(《新华每日电讯》2022年7月4日　作者：李伟)

敢于竞争　善于转化
——解读华中科技大学60年崛起之路

近期，华中科技大学青年教师王健的研究成果受到国际知名学术期刊《自然·光子学》《科学》的青睐，先后载文发表。

自2011年6月以来，华中科技大学学者在《科学》《自然》系列期刊上发表论文10多篇，在内地高校中位居前列。

科研论文数量不断增加，刊载的国际期刊层次不断提高，论文的影响力不断扩大，反映了华中科技大学科研实力的提升，也为该校60周年校庆增添了一份喜庆。

1952年前后，中南同济医学院（原同济医科大学）、中南建筑工程学校（原武汉城市建设学院）、华中工学院（原华中理工大学）相继诞生。

2000年5月26日，同济医科大学、武汉城市建设学院、华中理工大学合并组建为华中科技大学。

2003年6月，教育部批复，从1952年全国院系调整，到2000年华中科技大学组建，原3所学校和新组建的华中科技大学都体现出了在共和国旗帜下发展壮大的鲜明特色；1952年为华中科技大学的建校年。

60年来，华中科技大学与时俱进，跨越发展，走出了一条开放、引领、竞争、转化之路。

·华中大的视野：开放·

"希望同学们能够用你们的智慧，用你们的激情，用你们的理想，去点亮中国的未来！"

4月29日晚，华中科技大学校长李培根院士充满激情地为该校 Dian 团队十周年庆典晚会致辞。

从2002年组建到2012年，该团队从5人小组发展到近150人。一大批青年学子在科研实践中拓展了视野，增长了长干，也见证着该校开放式办学之路。

向学生开放，向社会和业界开放，向国际开放，正是这三个"开放"给了历史不长的华中科技大学一个全新的面貌。

学校调动一切积极因素，营造良好教学氛围，让学生成为教与学活动中的主体，引导学生自主学习、主动实践、自由发展。这种"教育向学生开放"的理念一直贯穿于该校的整个教育教学过程中。

9位国家级教学名师，49门国家级精品课程，12个国家级教学团队，13个国家级人才培养模式创新实验区，7个国家级实验教学示范中心，26个国家级特色专业，8个国家级双语教学示范课程……这些优质资源正助力学生"海阔凭鱼跃，天高任鸟飞"。

2008年，学校还创办了针对本科生创新人才培养的教育改革创新示范区——启明学院，以及针对研究生创新人才培养的创新研究院。"开放式办学"在教学系统中的各种要求在这两块试验田中得到体现。

华中科技大学还一直探索着教育向社会和业界开放之路。一方面，社会的知识向大学转移，一批社会和业界的优秀人士成为学校的非专任教师，真正走进课堂、主讲课程。百度公司董事长兼首席执行官李彦宏也成为该校计算机学院课堂上的教师。

另一方面，大学的知识向社会转移，通过社会服务等途径，促进科技成果的转化乃至产业化。

从1950年代，同济医学院广大师生和医务人员深入农村血吸虫病疫区调查研究，查螺灭螺，到90年代，黄德修教授等率先倡议、积极推动"武汉·中国光谷"的诞生；从与全国20多个省（市、区）建立合作关系，到校企合作委员会成立……转移知识，承担使命，履行责任，向社会和业界开放的思维一旦开启，并与国家和地方战略需求相结合，学校办学活力倍增。

开放也意味着坚持全方位、多层次的国际交流与合作。

1979年,以裘法祖教授为团长的"中国器官移植访问团"赴德国访问,同济医学院重启对德交流,成为中国对德国科技与文化交流的重点院校。

现如今,该校牵头中国高校整体参与国际热核聚变实验堆计划(ITER 计划)、牵头承担中美清洁能源联合研究中心清洁煤技术联盟中方联盟、承建中欧清洁与可再生能源学院……

目前,华中科技大学与世界上 23 个国家和地区的 100 多所大学和研究机构建立了合作关系。每年约有 300 批、1500 余人次的国(境)外专家学者来校任教、合作科研和开展学术交流活动。在校留学生规模也从无到有,2011 年达到 1800 余人。

沿着开放之路,华中科技大学在教育上给出了一份与众不同的答卷。

·华中大的理想:引领·

1977 年 10 月 24 日,华中工学院院长朱九思在书桌前奋笔疾书,代表学校党委给国务院副总理邓小平写信。

他在信中写道:"现在越来越清楚地看出这种理工分家的体制,与迅速发展我国科学技术、赶超世界先进水平的要求严重不相适应,必须加以改变。"

1979 年,朱九思向教育部正式提出"大学的学科结构要综合化"的主张,引领了当时大学向综合化发展之路。

1970 年代末,华中工学院通过开展教育思想大讨论,明确了教学与科研的关系,提出"科研是源,教学是流;科研要走在教学的前面""走综合化的道路",开始了办学历史上的三个转变,即由单一的工科教育,向理、工、文、管相结合的综合性大学转变;由主要从事教学工作,向既是教学中心又是科研中心转变;由主要从事本科教育,向本科教育和研究生教育并重的多层次办学转变。

1980 年代,针对各高校之间激烈的竞争态势,学校提出"异军突起,出奇制胜"的教育思想,大力发展交叉学科、边缘学科、新兴学科,进一步充实学校发展内涵。那个时期是学校国家重点实验室等科研平台增长最快的时期,为学校新一轮的发展夯实了基础,创造了条件。

进入 1990 年代后,学校针对高等教育领域片面的科学主义教育,以及狭隘的专业教育的弊端,提出以文化素质教育为突破口,强调"做事"与"做人"的有机结合,促进科学教育与人文教育相融合。

1997 年下半年,在党中央提出"科教兴国"战略的大背景下,学校提出"育人为本,教学、科研、产业三足鼎立,协调发展"的理念,倡导科学研究要"顶天立地",加快科技成果向现实生产力转化,推动科技与经济和社会发展更加紧密的结合。

进入新世纪后,学校提出"国际化"的办学思想,通过一系列举措,为培养具有国际竞争力创新性人才创造了物质和思想基础,提升了学校的核心竞争力。

2007 年,在党中央提出建设"创新型"国家的大背景下,学校明确了建设"综合化、研究型、开放式的世界知名高水平大学"的战略目标,提出了"育人为本、创新是魂、责任以行"的办学理念,和"一流教学、一流本科""应用领先、基础突破、协调发展"的办学方略。学校积极投身国家创新体系建设,完善了集知识创新体系、技术创新体系、国防科技创新体系、区域创新体系为一体,科学研究、人才培养和学科建设有机统一的创新链体系。

2011 年,华中科技大学第三次党代会明确提出:到 2020 年,基本建成优势凸显、特色鲜明、国际知名的高水平大学;到本世纪中叶,跻身世界一流大学行列。学校努力实施三大战略转变:由"规模发展"向"质量提高"转变,由"工医优势"向"综合优势"转变,由"以教师为中心的教育"向"以学生为中心的教育"转变。

60 年来,这一系列办学理念和方略见证着中国高等教育改革和发展的脉络,带领着学校快速崛起。

华中科技大学坚持引领大学生党建和思想政治教育工作之路。

1980 年代,学校率先提出"第二课堂";90 年代,率先举起文化素质教育大旗;新世纪之初,响亮地提出"党支部建在班上"。近年来,学校大力实施"党旗领航工程",开展了"为烈士寻亲""公德长征""衣援西部"等有影响力的活动。这些创新之举都在全国高校获得推广。

华中科技大学还坚持引领转移知识、服务社会之路。

"服务乃宗旨,贡献即发展",学校坚持积极推动科技成果转化,全方位服务区域经济建设，取得了良好的社会效益和经济效益。

将国家级的科技创新平台延伸到地方，在地方落地生根，为地方经济社会建设作贡献，是华中科技大学转移知识、服务社会的"点睛之笔"。

创建于2007年的东莞华中科技大学制造工程研究院，将学校制造学科的6大国家级研究平台引入广东省，开展技术研发和服务工作，已自主研发了十几类行业关键装备，为1000多家企业提供技术服务，孵化出8家高科技企业。

在引领中，华中科技大学实现着自己对大学理想的追求，耕耘着世界一流大学的梦想。

·华中大的品格：竞争·

2003年11月，依托于华中科技大学，联合中科院武汉物数所、武汉邮电科学研究院、中国船舶重工集团公司第717研究所，武汉光电国家实验室（筹）应运而生，成为国家首批立项的5个国家实验室之一。

2008年，华中科技大学承建国家重大科技基础设施脉冲强磁场实验装置，致力于建成世界四大脉冲强磁场科学中心之一。

没有深厚的历史，没有区位优势，却时时能做出一些大事情，干出一番大事业，开创出一个蓬勃发展，欣欣向荣的局面，这离不开该校敢于竞争的优良传统。

华中大人有敢于竞争的豪气！

1960年代，学校就提出"树雄心、立大志、下决心、攀高峰，力争尽快地使学校成为世界一流的工业大学"的目标。80年代初，提出"办成以理工为基础的综合大学"的奋斗目标。90年代后期，提出建设国内一流、国际知名高水平大学的目标。合校后，学校提出创建世界知名高水平大学的奋斗目标，并制定了具体措施。

华中大人有敢于竞争的手段！

1986年，华中工学院院长黄树槐到当时世界上著名的日本数控企业考察。当地工作人员说："你们国家引进的数控系统，属于我们淘汰的系列。"他听了心里很不是滋味。

回国后，黄树槐亲自挂帅组织该校开展数控技术的有组织创新。

1994年,华中数控公司成立。公司以华中科技大学为技术依托,冲破了西方数控强国封锁围堵,依靠核心技术的自主创新迅速崛起,用"中国脑"装备中国制造,打造出了数控技术的民族自主创新品牌。

华中大人有敢于竞争的能力!

学校之所以能有今天快速发展的格局,离不开由团结而产生的凝聚力,以及"打团体赛"的传统。

该校机械学科在计算机集成制造系统的开发中,联合了多个院系、多个学科的精兵强将参与项目研究,获得1999年度国际制造工程师协会颁发的"大学领先奖"。

同济医学院也敢为人先,创造了一系列第一:第一批参与编写新中国医学教材;首创"酒石酸梯钾三日疗法",在全国推广应用,为500万血吸虫病人解除了病痛;创建双氧水心脏声学造影法,在全国乃至其他一些国家普及应用了20余年。我国最早从事器官移植基础和临床研究的大型综合性研究机构——同济医学院器官移植研究所,成功完成了世界第一例母体活体供脾移植,亚太第一例胰、肾联合移植,亚洲第一例腹部多器官整体移植……它不仅让大批垂危病人的生命之花重新绽放,还培养了一大批器官移植人才。

60年来,华中科技大学基本构建起研究型大学的学科体系和比较完善的科技创新体系。目前,该校有8个学科进入ESI国际排名。2010年,学校以第一完成单位获得6项国家科技大奖,列全国高校第一。两项成果分别入选2011年中国科学十大进展和中国十大科技进展新闻。

·华中大的智慧:转化·

3月27日,华中科技大学医药卫生管理学院"农村健康服务研究中心"成为该校第8个人文社科研究基地。

"入主流、倡交叉、创特色",该校人文社会科学的发展走过了一条不寻常之路。

把困难转化成机遇,把不利条件转化为有利条件——华中科技大学60年的发展中,从来都不缺乏"大智慧"。

1970年代末,华中工学院想创办文科,但难度很大,学校就采取迂回的办法。

1979年,学校创办中国语言研究所,招收研究生,办《语言研究》刊物,随后发展成汉语言文学专业,在师资力量和教学条件具备后,再上报教育部,最终获得批准,建立了中文系。

经过不断努力,学校的人文社会科学从无到有,由弱到强,建起了12个文科院系,涵盖了文学、史学、哲学、法学、经济学、教育学、管理学、艺术学8大学科门类,拥有了2个国家级重点学科。

同样,60年来,该校理科植根基础研究、注重学科交叉、扩展应用研究、狠抓人才队伍,逐渐成为学校发展的重要支撑力量之一。

善于转化,还表现为重视人才、用好人才。

1970年代中后期开始,学校顶住当时极左思潮的压力,广泛引进、培养人才。到80年代初,仅华中工学院共调进625名教师。这一战略举措弥补了"文革"期间青年教师的"断层",为学校实现新一轮的大发展做好了人才储备。

进入1990年代,针对当时教师队伍的现状,学校制定了《师资工作20条》,加大了培养和引进高层次人才的力度,实施"教师博士化计划"。

近年来,学校积极推进"人才强校"战略,进一步加大人才引进工作的力度。一批批海外学者相继回国加盟,学校新世纪人才工作继续快速发展。

善于转化,还表现为面向社会,把社会资源转化为自身的优势。

与一些兄弟院校相比,华中科技大学获得的政府资源相对较少,怎么办?

学校的答案是:面向国民经济主战场,主动转移知识,服务社会,在高效率的科技成果转化中,获取资源。

2000年6月,华工科技3000万A股股票在深圳证券交易所正式挂牌交易,这是华中地区第一家具有高校背景的高科技上市公司。

至2012年,学校已创建国家级大学科技园,相继孵化和培育了华工科技、华中数控、天喻信息等3家上市公司。学校与众多地方政府及一批500强企业、行业龙头企业建立了全面战略合作关系。

附属协和医院、同济医院则是将一流的医学资源转化为医疗服务的优良基地,成为湖北省乃至中南地区的医疗诊治中心。

"一楼萃三楚精神,云鹤俱空横笛在。二水汇百川支派,古今无尽大江流。"焕发着激情与活力的华中科技大学,正秉持"明德厚学,求是创新"的校训,朝着世界一流大学阔步前进。

(《光明日报》2012年9月27日)

华中科技大学喜迎60周年校庆

日前,华中科技大学迎来建校60周年庆典。校庆典礼上,华中科技大学校长李培根在致辞中再现了学校60年发展历程:原校长朱九思提出把华中工学院(华中科技大学前身)办成综合性大学,著名教育家杨叔子倡导"绿色教育",使科技与人文的春雷在华科大涌动,改写了学校的发展轨迹;60年,学校走出了张培刚、周济、陈刚、汪海兵等知名学者、两院院士和业界精英;创办了联创团队、Dian团队等大学生创新创业平台,将自由、创新的种子播撒在学生成长的土壤中;打造了华中数控、华中激光等品牌学科,创建了国家光电重点实验室、华科大东莞研究院等创新平台,用光和热走出了华中科技大学敢于创新和挑战的发展之路。

"回首过去才能知道走了多远,反思过去才能知道还能走多远。"李培根说,大学教育不能只是风向标,不能只是对现实负责,未来的华科大更要对国家的历史和未来负责,在对历史的记忆和未来趋势把握中,明晰自己的责任和担当,引领科技、文化和社会的进步。

(《光明日报》2012年10月10日 作者:夏静 刘小英)

创新发展中的大学责任与担当
——访华中科技大学校长丁烈云院士

科技创新、创新型人才在经济社会的创新驱动发展中有重要作用，而培养人才、科学研究则是大学的重要任务。那么，在创新发展的时代大潮里，大学有哪些责任？该有怎样的积极担当？日前，记者在武汉市就此专访华中科技大学校长、中国工程院院士丁烈云。

记者：在创新发展中积极作为与建设世界一流大学、一流学科如何结合？

丁烈云：纵观世界发展历史，科技创新与经济发展在一个国家中总是协调的，其中，一流大学建设与经济发展密不可分。现在，一流大学主要在美国、欧洲和日本。展望未来，当我们进入中等发达国家行列时，在世界一流大学分布的版图上，中国大学将占有重要位置。

建设世界一流大学、在创新发展中积极作为，大学就要面向世界科技前沿，面向国家重大需求，面向国民经济建设主战场，从而产生一批具有世界影响的一流成果。通过科技创新引领经济社会发展，把论文写在祖国的大地上。具体到我们学校，到 2020 年，若干学科将达到世界一流，学校整体步入一流行列。

大学有"三学"要素，即学生、学者和学术，学生为立校之本，学者为立校之道，学术为立校之魂。也可以说，"三学"相加即为大学，因此，我们要办高质量"三学"的大学。

记者：大学的根本任务是育人，如何更好地培养创新型人才？

丁烈云：我们要教会学生做事，更要教会他们做人。"学在华中大"

是武汉高校学生之间的口头语，学校会把这个品牌打造得更亮，华中科技大学的特点是"实"和"严"。学校应该更加关心学生的成长，尽力将优质资源给学生配置，比如，名教授给本科生授课，更多的学生有机会到国外学习交流。

我们高扬文化素质教育的旗帜，倡导工科学生具有人文素养和精神，开出精品课程，真正让学生受益。建设一个工厂、设计一条生产线，要不要考虑环境、能源及污染等因素？怎样更好地发挥技术对人类生活的积极影响、消除其消极影响？人文精神在其间具有重要作用。我们在专业课里强化人文素养，通过潜移默化的方式培养对社会负责任的工程师。

大学生踊跃创新创业也是华中科技大学的一个品牌。在课程学习中应该激发学生创新创业的积极性，引导学生想创新创业；通过实训、体验，让学生能创业；通过学校提供专业化的服务，帮助学生创成业。在高校创业者收益榜中，我们学校名列榜首，在福布斯公布的2015年中国30位30岁以下创业者榜单中，有3位是华中科技大学的毕业生。学校将进一步整合相关资源，把创新创业基地由5000平方米扩建到18万平方米。把风险投资、律师及会计师事务所等引进基地，让创新创业的学生得到更加专业的服务。

记者：高校的科技创新怎样对接经济、服务经济社会发展？

丁烈云：科技对接经济的中间有个重要的技术创新链，这个链条依次是研究、开发、工程化、产业化，其中最难的是工程化。这就要求同时发挥好高校和企业的优势，通过协同创新，做好科技与经济的对接。我们学校依靠孵化器来解决工程化的"堵点"。社会上一般比较重视孵化项目和技术，而高校更要重视孵化人，关键要培养出受到社会欢迎的创新创业人才，高校的回报不能只用钱来衡量。我们学校正在布局力争产生一流科技成果的项目，并与育人相结合，比如，学校的"脉冲强磁场"在世界上排名第三，我们要将其进一步做强，在国家重大科学研究和技术开发中发挥更大作用。又如，学校的脑连接图谱研究在世界上具有优势，来自欧洲和美国的一些科学家也在借助于我们的技术，为他们的样本提供高分辨率高质量的结果。我们一定要坚定不移地追求这些引领性的科研、追求引领性应用型成果。努力促进工程、医科两个学科的交叉融合，正在研发的"质子刀"将提升高端医疗仪器设备的水平。

科技对接经济，还包括直接为企业服务，让实验室成果变成产品，带动企业技术进步。我们学校在广东东莞、江苏无锡以及湖北的武汉、襄阳、鄂州等地都建立了工业园。

总之，学校的发展要从自身优势和特色出发，把自己的优势发挥到极致，这样，才能更好地投身创新发展之中，才能建设好世界一流大学和一流学科。

（✎《人民日报》2016 年 10 月 27 日　作者：董洪亮）

在"双一流"建设中实现两个跃升
——访华中科技大学党委书记路钢代表

"十九大报告指出,加快一流大学和一流学科建设,实现高等教育内涵式发展。"华中科技大学党委书记路钢代表表示,这是华中科技大学等创新型大学的神圣历史使命和崇高的国家责任。

国运兴则校运兴,国家强则人才强。路钢说,经过多年建设发展,尤其是十八大以来五年的奋斗,华中科技大学人才培养的质量、科技创新的能力、社会服务的贡献都站到了一个新的历史起点上,奠定了建设一流大学一流学科的坚实基础。但与党的十九大新要求相比,学校深感差距不小、责任重大、使命光荣。路钢说,学校要更加聚焦人才培养的质量,培养出更多更优秀的人才;更加聚焦科技实力的建设,不断增强学科影响力;更加聚焦治理体系和人文环境,创造出更高更切实际的治理能力。

路钢表示,华中科大将坚持"双一流"建设方向,扎根中国大地办大学,全面加强党对高校的领导,落实立德树人根本任务,培养出服务人民、服务党的治国理政、服务新时代的中国特色社会主义、服务现代化建设的一流人才。随着第一个一百年目标和全面建设社会主义现代化国家第一个阶段奋斗目标的实现,学校的"双一流"建设要相应实现两个跃升:第一个跃升是从目前个别学科引领、大部分学科并跑或跟跑到部分学科引领,主体并跑、特色发展。第二个跃升是实现主体引领,学校整体进入一流大学前列。

路钢说:"我们将把几代华中科大人的强校梦、一流梦与中华民族的强国梦、中国梦更加紧密地结合起来,奋力走好新时代的新长征,为实现建成世界科技强国和高等教育强国的奋斗目标,作出华中科技大学新的更大贡献。"

(《光明日报》2017年10月24日 作者:夏静 刘平安)

李元元：
接棒跑好下一程

"从今天起，自己就将成为一名新的华中大人，将尽快融入华中大这个大家庭，全心全意为学校发展贡献智慧和力量。"11月1日，华中科技大学召开教师干部大会，刚刚就任华中科技大学校长的李元元如是说。

李元元说，华中科技大学是一所办学实力雄厚、学术声誉卓著、社会影响广泛、令人尊敬向往的国内一流、国际知名学府。学校始终坚持追求卓越与服务国家战略、民族复兴的紧密结合，形成了优良的办学传统和鲜明的办学特色，取得了巨大的办学成就，为国家和社会培养了众多各行业领域的精英人才，为我国高等教育事业发展、科技创新和社会主义现代化建设作出了重要贡献。这些成绩的取得来自学校历任领导班子的高瞻远瞩和开拓创新，来自一代又一代华中大人的艰苦奋斗和顽强拼搏。华中大的历任校长，都是学术巨匠、教育大家和管理专家，都是自己学习的榜样。

他表示自己将进一步继承和发扬华中大的优良办学传统，传承好学校历任领导班子的办学治校理念和精神，接好华中大校长这一接力棒并奋力跑好下一程。

李元元说，过去的15年间，自己有幸担任过两所"985工程"大学的校长，亲身经历了中国高等教育非同寻常的发展进程。

从北国春城来到华中江城，谈及今后的工作，李元元表示，具体将围绕以下几点开展工作：

一是扎根中国大地办教育，把服务中华民族伟大复兴作为教育的重要使命。把一流大学建设与面向"四个服务"紧密结合，走中国特色、世界水平、华中大特点的一流大学建设之路，承载好国家使命、担负起中部崛起和湖北振兴的时代重任，努力办出让党和国家满意、让人民群众满意的大学。二是坚持以师生为本办教育，努力营造优良的人才成长发展环境。紧紧抓住"双一流"建设的历史机遇，贯彻"学生、学者与学术的大学"的思想，秉承"育人为本、创新是魂、责任以行"的理念，尊重知识、尊重人才、关爱师生，深入基层问计于师生、问需于师生，努力办出让师生员工满意的大学。三是坚持改革创新，加快推进学校内涵式发展。遵循高等教育发展规律和人才成长规律，在继承中发展、在坚守中创新，直面问题，破解矛盾，努力推动学校高质量有特色发展。

（《光明日报》2018 年 11 月 2 日　作者：夏静　张锐）

华中大故事彰显奋斗拼搏的力量

1月2日晚，2019年"讲好华中大故事"创意传播大赛颁奖晚会举行。华中科技大学的学生及教职员工以文字、视频、图片等多媒体形式讲述自己身边的华中大故事，生动诠释"明德厚学，求是创新"的华中大精神，彰显奋斗拼搏的力量。

"醉晚亭榭如画，梧桐语话百家。"一首给祖国的告白书朗朗唱出，也唱出华中大人与祖国携手同行，共叙华章的誓言。晚会上，附属同济医院、附属协和医院、武汉光电国家研究中心、后勤集团和研究生工作部等单位以舞台剧、话剧、诗画舞等形式，绘声绘色地再现那些发生在各自岗位上的华中大故事。

华中大故事是勤恳坚守的故事。华中大的年轻人们用脚步丈量土地，把青春献给祖国。刘栋明、何梅、吴金伟等从华中大走出去的选调生们，转身投向湘西、宁夏、广西的土地。他们扎根基层，利用自己的专业知识，工作在脱贫攻坚一线。他们是第一书记，是驻村扶贫干部，是基层法务工作者。年轻的汗水落在泥里就不见了，但他们都相信，青春无论西东，都将长出芳华。

华中大故事是攻坚克难的故事。华中大人从来就有攻坚克难、不畏险阻的基因。同济医院的音诗画舞表演将人们的记忆拉回建国初期。闷热潮湿的房间里，裘法祖、夏穗生等器官移植奠基人正试图开拓出一片中国医学新天地。没有高级手术电刀，他们就用一双手处理上百个出血点；没有抗排斥药就自己联系生物制品研究所实验制作；为了观测实验对象——狗的术后反应，他们与狗同吃同住，在烟雾弥漫的手术室里进行千百次的实验。终于，在无数个挑灯夜战之后，肝移植手术的核心模式被确定下来，中国人第一次掌握了哺乳动物大器官移植的完整手术。

华中大故事是侠肝义胆的故事。当晚，2019年"侠女"医生涂蕾的故事再次上演。涂蕾医生热心救助急性病患者并全程陪护的事迹，成就侠女医生的美名。为陌生人开启生命绿色通道，是生性里的侠义情怀，也是医者仁心的不二选择。

华中大故事是诲人不倦的故事。华中科技大学数学学院的吴洁教授长年坚持手写板书，尽量为学生展现数学思维的过程。她以一线教师的身份，立于三尺讲台数十载，默默耕耘出教书育人的故事。

华中大故事是恪尽职守的故事。"2244"是华中科技大学后勤服务集团的特殊代码。他们是维修工，是宿管阿姨，是食堂大妈，也是环卫工人，于细枝末节处守护着学校的正常运转。他们的故事大多发生在抢修电线的雨夜，发生在寒气逼人的凌晨，也发生在日复一日的颠勺起落里。

一打道理不如一个好故事，华中大的故事让华中大人自己来讲，方可展现出一个真实、立体、全面的华中大。讲好华中大故事创意传播大赛由华中科技大学党委宣传部主办，已连续举办两届，旨在通过人人讲故事，传播好华中大声音，阐释好华中大特色。

本届大赛自2019年3月起，面向全校师生、校友及社会讲好华中大故事，共收到文本、视频、图片及应用类作品共118件。作品涵盖"党旗领航的故事""教书育人的故事""学在华中大的故事""潜心科研的故事""创新创业的故事""杰出校友的故事""历史足迹与校园文化的故事""管理服务的故事""治病救人的故事""国际交流的故事"十大主题。

华中科技大学党委书记邵新宇表示，举行讲好华中大故事创意传播大赛是要让听故事的人和讲故事的人同频共振，弘扬华中大精神，凝聚华中大力量。通过身边人的故事告诉广大师生，平凡人亦可成就非凡人生。希望全校师生勇担新时代高等教育的使命和文化传承创新的重任，把华中大人的故事讲述得更动人,为卓越华中大建设和"双力倍增"目标提供强大精神动力。

(光明日报客户端 2020年1月3日 作者:夏静 李霁 王潇潇)

中国工程院院士、华中科技大学党委书记邵新宇：求是创新逐梦一流

◆ 给传统专业学科动一场外科手术，促进不同学科专业交叉融合，可能催生化学反应，培养出能驱动科学研究、引领未来科技和产业变革的人才

◆ 往往在大平台上，更有可能做出与前人不同的重大发现，产生有重大影响力的发明创造。正因如此，一流人才更青睐有国家重大科技基础设施、国家研究中心、国家重点实验室等大平台的大学

◆ 华为天才少年计划顶薪这一层次，华中大的入选数量占比达到一半左右

在华中腹地、九省通衢的武汉诞生，伴随着共和国的脚步，风雨兼程，不断创新，在众多名校中异军突起，以不足 70 年的建校史跻身国家"211 工程""985 工程"和首批"双一流"建设高校，这就是华中科技大学（下称"华中大"）。

作为教育部直属高校，华中大建校 69 年培养各类专门高素质人才 75 万人，涌现出一批杰出校友，如互联网知名人物张小龙、高科技创始企业"伯乐"龚虹嘉、体坛风云人物李娜等。

作为建设创新型国家的生力军，华中大面向世界科技前沿建设了以"四颗明珠"为代表的一批国家级科技创新平台，产出一大批高水平科技成果。如测出最精准万有引力常数 G 值，创造脉冲平顶磁场强度新的世界

纪录，建立最精细小鼠脑图谱基础数据库，近年在国际顶尖学术期刊论文发表持续并加速增长等。

站在全面建设社会主义现代化国家新征程上，如何秉持"明德厚学，求是创新"的校训，发挥一直以来敢于竞争、善于转化的优势，把华中大建成世界一流大学，《瞭望》新闻周刊记者为此专访中国工程院院士、华中科技大学党委书记邵新宇。

·营造开放环境催生创新创造·

《瞭望》：作为科研创新的主阵地之一，华中大为落实"四个面向"推出了哪些新动作？

邵新宇：面向世界科技前沿、面向经济主战场、面向国家重大需求、面向人民生命健康，是党中央对广大科学家和科技工作者提出的新要求，也是大学未来科研发展的根本遵循。

一年来，我们及时调整学科布局，集中表现为今年7月，学校新成立未来技术学院和集成电路学院。

未来技术学院聚焦"大工程大健康"未来战略产业发展，依托机械工程、生物医学工程、光电信息科学与工程、自动化等四个国家一流本科专业，发挥武汉光电国家研究中心、国家数字化设计与制造创新中心等重大科学研究平台科教协同育人、产教融合的优势，凝练了先进智能制造、生物医学成像、光电子芯片与系统、人工智能等四个未来交叉学科技术方向。

集成电路学院瞄准集成电路"卡脖子"难题，聚焦集成电路学科前沿，将建设存储器、传感器、光电芯片、显示器、化合物半导体等特色方向，按照"国际视野、拔尖示范、协同育人、自主创芯、服务地方"的思路，培养国家急需的集成电路高水平创新人才，实现集成电路学科国际领跑，支撑我国集成电路事业的自主创新发展。

《瞭望》：大学生蕴藏着巨大的创新能量和活力，如何激发这份创新力？

邵新宇：与其说保护，不如说我们在营造一个开放的环境，让大家在这片土壤里，能够自由地所思、所想、所行，最后朝着创新方向去走。

我们依托升级后的工程实践创新中心，把原来只辐射到理工科的工程实践环节，开发成通识体验课，面向全校所有学科开放。医科、文科生也可选修该课程，身临其境地了解制造业的发展历程及其与各领域的融合，还可了解制造业从业人员的工匠精神、管理需求，有效提升工程素养、质量意识和系统思维。截至目前，医科、文科等学生已有2.7万人次参与体验学习。

我们还把企业的一些优秀成果和最新理念搬到课堂，请企业家、杰出工程师到课堂给学生授课，与学生交流、互动。现在社会需求变化非常快，我们得承认，企业在某些方面已走到大学前面。我们思考创新的时候，一定要扎扎实实把社会需求吸纳进来。

我们还把科技前沿吸纳到学校。学校工程实践创新中心就把几何拓扑优化、机器人化加工、智能注塑成形、多车间关联排序等国际先进技术融入工程实践创新平台，让学生耳目一新，颠覆了对制造技术的传统认识，体验了前沿科技带来的生产力革命。

·搭一流平台　聚一流人才·

《瞭望》：2017年华中大入选世界一流大学建设高校。在你心中，真正的一流大学是什么样？

邵新宇：被国际同行评为一流大学的核心是，有没有一流师资和人才。所以，在我心中，真正的一流大学，是一流学生愿意来读书，一流教授愿意来从教。靠什么来吸引一流人才？关键是事业留人，或者再具体一点，叫平台留人。真正一流的人才，会更看重事业发展的平台，像国家重大科技基础设施、国家研究中心、国家重点实验室、国家工程研究中心等，都是一流人才特别关注的。因为往往在这些平台上，才可能做出与前人不同的重大发现，产生有重大影响力的发明创造。

我们建设世界一流大学，关键要围绕主攻方向，营造大环境，建设大平台，产出大成果，吸引一流人才。

《瞭望》：华中大目前搭建了哪些大平台？对一流人才的吸引力如何？

邵新宇：华中大拥有两个国家大科学工程、20多个创新平台和创新高地。包括武汉光电国家研究中心、国家脉冲强磁场科学中心、精密重力测量国家重大科技基础设施、国家数字化设计与制造创新中心等。

构建这些平台，形成了学校从知识创新、技术创新到产业化的创新链条和创新体系，也让学校在光电、制造和电气等学科领域形成国家基地集群优势，吸引了一批国际一流科学家队伍，其中还有一大批青年拔尖人才。

这些优秀人才在华中大与这些大平台结合，发生了很好的化学反应：许多聚焦国家战略需求的新学科在这里应运而生，如物理相关领域的空天科学、天文学科等；众多交叉学科研究在此产生，还有更多关键领域"卡脖子"问题在此解决。

·锐意改革培养拔尖人才·

《瞭望》：高校要满足党和国家事业发展对创新人才的需求，还需哪些改革？

邵新宇：受社会、家庭环境及学校教育教学模式的影响，中国学生的批判精神、创新意识还有待加强。

要改变这一现状，培养更多适应时代需求的创新人才，大学需要进行更广泛、深入的改革。特别要重新审视目前设置的学科专业，调整过去相对较窄的学科专业结构，从分析国家发展重大需求、分析世界科技发展趋势、分析国民经济发展主战场稳定态势出发，形成适应创新发展需要的新学科群。

我们新成立的未来技术学院，主动打破传统专业学科壁垒，发展未来社会急需的智能制造、智能感知、智能健康等未来技术领域，促进基础、应用学科复合，加强"引企入教"，探索形成专业交叉、科教协同、产教融合的新工科人才培养新模式，就是要给现有的专业学科动一场外科手术。我们希望通过这种深度融合，催生不同专业学科间产生化学反应，培养能驱动科学研究、引领未来科技革命和产业变革的人才。

《瞭望》：华中大在培养拔尖创新人才上有何经验？

邵新宇：我们的学生，很多没毕业就被一些单位"盯"上了。比如，华为天才少年计划实施3年来，从华中大选了6位同学，不仅有博士，还有本科生。在顶薪这一层次，华中大入选人数占比达到一半左右。

今年暑假期间，华中大图计算团队获得2021年图计算挑战赛冠军。这项赛事是图计算领域最具影响力的国际赛事之一，这一成绩也是国内团队首次在该赛事中得冠。

从天才少年的个体到图计算团队的群体，如此战果，从拔尖创新人才培养角度离不开三点。

一是注重基础，强化实践。一方面，加强专业精品课程建设，打造线上线下国家一流课程和计算机硬件系列课程线上实验资源，突破时间、空间和平台的制约，支撑学生自主学习和个性化学习；另一方面，建立跨越四年的专业实践体系，除每门专业课开设独立实验课外，还在大四开设为期四周、涵盖专业实验课的综合系统实验，突出计算机硬件能力、软件能力及软件与硬件协同的计算机系统能力培养。

二是科教协同。发挥重点学科优势和科研平台优势，引导学生早进实验室、早进课题、早接触科学前沿问题，激发科研兴趣，培养科学思维。我们从院士到拥有各类头衔的人才，100%要为本科生上课，很多人还会担任本科班主任，目的就是让本科人才尽快进入大平台，参与部分研究工作，尽快成为科研主力军和生力军。

三是产教融合。我们与华为合作开设"华储班"，共建"智能基座"产教融合协同育人基地。引入华为鸿蒙操作系统、达梦数据库等国产IT品牌进教材、进课堂、进实验，就是要把企业的优秀成果和先进理念引入学校，培养能面向未来的创新型人才。

·五育并举全面育人·

《瞭望》：华中大在德育上有什么亮点？

邵新宇：经过多年探索，华中大持续开展了14年的"党旗领航工程"，经受住了时间考验，是我们德育的一大亮点。

"党旗领航工程"包括三个主要部分：一是"早日站在党旗下"，引导广大学生学党章党规，学习系列讲话，识党、爱党、入党，坚定理想信念，积极宣传党的主张；二是"党旗在我心中"，引导广大党员牢记党员身份、党员意识，做合格党员；三是"我为党旗添光彩"，引导广大学子不忘初心、牢记使命，立足本职，积极奉献，争做优秀党员。

当前，我们结合时代需求，将"党旗领航工程"的对象从过去主要面向学生党员变为全体在校生，将"党旗领航工程"的工作内涵从单一的学生党建活动变为系统的学生思想教育；同时在工作理念上，以理想信念教育为龙头，系统实施"六有大学生培养"计划，引导学生做有理想、有追求、有担当、有作为、有品质、有修养的"六有"大学生。

"胡吉伟班"和"黄群班"是"党旗领航工程"的重要载体。前者成立于2001年，以见义勇为英雄校友胡吉伟命名，突出以德立班、集体主义，强化党建带动班建、团建；后者成立于2018年，以全国道德模范"全国见义勇为模范"黄群校友命名，突出科研创新、学风建设，强调专业带动集体成长。两个荣誉班级的连续举办，呈现优良育人成效：有的班级义工与志愿服务活动参与率达到100％，有的班级整体成绩稳居年级第一，有的班级全国大学生数学竞赛参赛获奖率达到100％。

《瞭望》：华中大对体育、美育、劳动教育有何新举措、新进展？

邵新宇：一流大学要有一流体育，一流体育促进一流大学。华中大高度重视体育，力求通过教会、勤练、常赛，让学生享受体育乐趣，增强体质，健全人格，锤炼意志。

2020年，学校出台《华中科技大学关于全面加强与改进学校体育工作的实施意见》，其中一大看点是，以赛促测、以赛促评、以评促练。每名学生测试比赛成绩将与其体育课、评先评优、"一生一技"、毕业等考核评价挂钩。学校将根据学生在校学习期间体育教学、课余体育锻炼、体质健康测试、游泳测试、体育竞赛等情况，颁发华中科技大学运动技能等级证书。

学校还重视将优秀传统文化与现代竞技精神结合。比如，2018年我们因传承龙舟项目，被教育部认定为首批中华优秀传统文化传承基地。学校党委高度重视，成立华中大龙舟文化传承基地领导小组，设立专项经费，推进龙舟运动普及，丰富校园文化生活。

一流大学也要有相匹配的美育教育。两年来，我们从中央音乐学院、中国音乐学院、北京舞蹈学院、巴黎国立高等音乐舞蹈学院等海内外名校引进一批中青年艺术人才，还聘请包括女高音歌唱家吴碧霞在内的一批名师，充实到美育教师队伍中。同时逐年提升生均美育投入，加快推进高品质剧场、音乐厅及配套美育设施建设项目，为美育提供硬件支撑。2019年成立的艺术学院，更是以专业艺术教育提升着公共美育水平，还有"一生一艺"美育计划的落实和推动，以中华优秀传统文化、艺术与科学融合为特色，每年精心策划近百场艺术实践活动。如今，新生音乐思政课、森林艺术节、同歌同行毕业艺术季等美育品牌，正为师生们带来一场场校内艺术盛宴。我们希望，通过不断加强美育工作，将来让校园周周有艺术活动，处处有艺术瞬间。

劳动教育依托"公益劳动""工程体验""工坊实践"等课程，建设劳动教育模块。开设32学时的劳动教育必修课程，让学生树立正确的劳动观念、具备必备的劳动能力、培育积极的劳动精神。

每学年我们会设立劳动周，开展劳动技能竞赛，组织志愿服务劳动。生命学院还设立劳动教育的实践基地——生命小农园，帮学生丰富劳动体验，提高劳动能力，深化对劳动价值的理解。生命小农园里师生播种打理的草莓、葫芦、南瓜、辣椒等瓜果蔬菜开花结果，已成为校园一道亮丽的风景。

我们还通过开展丰富的劳动主题教育活动，邀请劳模进校园开讲座，打造"我身边的最美劳动者"等融媒体产品，弘扬劳模精神、劳动精神和工匠精神，营造良好的校园劳动文化生态。

我们希望通过劳动教育，使学生理解和形成马克思主义劳动观，牢固树立劳动最光荣、劳动最崇高、劳动最伟大、劳动最美丽的观念。

（新华社《瞭望》新闻周刊2021年8月30日　作者：李伟）

抗美援朝中的华中大故事

一张张斑驳的老照片,一个个模糊的面容,一段段英雄的壮举……11月26日,《抗美援朝中的华中大贡献》专题展览在华中科技大学图书馆开幕,再现了70年前,一群华中大人在战火中了不起的故事。"看到了华中大人在祖国最需要的关键时刻挺身而出,毅然奔赴前线爱国的大无畏精神。"华中科技大学青马班学员陈银冰深受感动。

·"长津湖英雄"不为人知的故事·

"看完电影《长津湖》,除了对第九军团英雄的敬佩,也让我不禁想起了院史中那段前辈们临危受命为抗美援朝的战士治疗血吸虫病的故事。"华中大同济医学院附属同济医院医生在朋友圈写下了影片观后感。

翻开历史相册。解放上海后,第九军团的20军和27军驻扎在上海市郊各地,入夏时节开展水上练兵,众多战士感染了血吸虫病。1950年1月,由262名同济师生组成的第二中队(同济中队),赴江苏太仓支援。检查、治疗和预防工作历时3个月,他们将死亡率降低在万分之五以下,远低于千分之五的国际统计数据,为第九兵团避免非战斗减员作出了巨大贡献。

"在祖国需要时,医学院师生克服一切困难,舍身为国,用实际行动践行了'除人类之病痛,助健康之完美'的誓言,他们是我们的榜样。在疫情防控的当下,我们要扎实学好专业知识,随时奔赴祖国和人民需要的地方。"参观完"长津湖英雄"的故事版块，华中大法医学系本科生陈黎圳的心情久久不能平静。

·挺身而出 只为国之所需·

"组织抗美援朝志愿救护队，去为正在与侵略军进行战斗的中朝军民服务！"

1950年11月6日，中华全国总工会向全国医务工作者的号召一经发出，华中大同济医学院及附属同济医院、附属协和医院师生纷纷挺身而出，组织起志愿医疗队，被命名为上海市抗美援朝志愿医疗手术总队第一大队和第六大队，分批奔赴前线救死扶伤。

在1951年1月至1952年3月期间，他们创下多个第一：手术人数第一、教学时数第一、专题学术报告次数第一、编写战地医学教材门类最多、医疗队中知名专家教授数量居各队之首。

时任中美医院（现为华中科技大学同济医学院附属同济医院）院长林竟成被任命为上海志愿手术总队副总队长兼第一大队大队长。刚做完腰脊椎吻合手术，穿着重重的石膏背心的他在动员会上动情地说："抗日战争时期，我从事了8年战地医疗工作，常常抱憾，未能为中国最优秀的儿女、为人民解放军伤病员尽过力，这心情是别人难以理解的，现在有机会弥补这个缺憾了，我志愿参加抗美援朝医疗队，去完成我们神圣的任务。"

同为中美医院的外科学教授裘法祖，也踊跃报名参加第一大队。经历过二战硝烟，裘法祖深知战争的残酷，面对德国妻子和3个儿女，他顾虑重重。当他把心事告诉妻子，妻子深明大义，坚决支持丈夫参加医疗队，还告诉他战场上正需要有经验的外科医生。

同样，中南地区的医务人员也积极赴朝，组成了中南区抗美援朝志愿医疗手术大队，其中武汉中队的医护人员，全部来自协和医院。时年37岁的协和医院工会主席高景星任武汉中队队长，当时身患肺结核的他和妻子钱衍把两个年幼的孩子托给友人照顾，夫妻俩一同参加医疗队赴朝。一时之间，两人双双成为整个中南区六省二市赴朝医务工作者的典型。

·义不容辞　培养医学人才·

上海志愿医疗手术队多数是医术精湛的专家。为保护国家卫生科技人才，第一大队被安排到长春军医大学，负责后方伤员救治，同时进行临床教学和医学人才培养。

在长春军医大学期间，第一大队的同济师生协同开展骨科、腹部外科胸外科等各科手术及查房巡诊外，还通过医教结合的方式，建立了外科常规制度、医生查房制度、住院医生制度等规范体系，使长春军医大学的外科诊疗走上了正轨。

裘法祖在自传体回忆录《写我自己》中写道："每周有大批伤员到达，我们连夜接待进行治疗。其间，我们还担任（长春）军医大学青年医生的教学工作，上课、作报告。"

来自同济的颌面外科专家张涤生，担任第一大队副大队长兼颌面外科中队队长。为了使大量烧伤、冻伤官兵能够得到集中医治，张涤生经过奔波和努力，3个多月后在长春建立了"冻烧伤治疗中心"，这是当时中国第一个整形外科治疗中心，后改建为志愿军后勤部颌面外科治疗中心。一批当时领先的腹部外科、骨科、胸外科技术在这里开展起来了。

·功臣伉俪　谱写大爱诗篇·

戴植本是来自同济的外科医生，何绣章是外科护士，当年他们同时踏上了北上抗美援朝的列车并安排在同一个小队，共同的使命，相互的关爱，让两颗年轻的心慢慢靠近了。正当他们憧憬着完成医疗队任务回上海的时候，中国人民志愿军后勤部决定抽调一批年轻医生进行野战外科集训。戴植本毫不犹豫地报了名，何绣章积极支持他。

1951年9月，戴植本进入志愿军野战外科训练班，3个月后赴朝任医生兼任军卫生队教员。刚进入朝鲜时，正值美军实施惨无人道的细菌战，戴植本和卫生队的战友们迅速行动，奋战20多天，终于控制住疫情。他后来提到消灭南朝鲜伪首都第一师（白虎团）的那次战斗。当时，天上下着大雨，炮弹密密麻麻地倾泻着，天空被染红了，炸弹常常在耳边呼啸而过。那一刻，战地医生和救护队员谁也没有想到自己的生和死，只是想到自己多一分勇敢，志愿军就少流一滴血。

朝鲜战争停战后，戴植本戴着朝鲜政府授予他的一枚军功章回到学校，著名妇产科专家、医院抗美援朝委员会副主任金问淇教授亲自为这对功臣主持婚礼。

·薪火相传　涵养时代新人·

历史照鉴未来。抗美援朝精神中"祖国和人民利益高于一切"的爱国情怀，一直在华中科技大学延续着，并在新时代迸发出了生机，折射出了新的精神传承。抗击疫情中，华中大11家附属医院尽数出战，3.4万名医护人员精锐尽出，守护1.5万张病床。在5000万元应急科研经费支持下，30多个科研单位的全力攻关，锻造了一批抗疫"神兵利器"。

"急国家之所急，面向国家之所需，是贯穿在华中科技大学师生血脉中的红色基因。无论是抗美援朝中的挺身而出，还是抗疫中的不计生死，中国共产党人的精神谱系已经融入了华中大的教学、育人等各个方面。"华中科技大学党委书记李元元说。

今年是建党100周年，华中大开展"学党史　见行动"系列活动。"抗美援朝中华中大人的英雄事迹，就是学校党史学习教育的生动思政教材。"李元元在参观展览时，激动地上前当起了讲解员。华中大新闻传播学专业研究生戚晨观展后感慨："家中老人也曾奔赴抗美援朝战场，今天学习了华中大同济和协和师生的英雄事迹后，深刻感受到了这段历史的厚重。我会在新闻专业领域，挖掘和讲好红色故事，从榜样的故事中汲取奋斗力量。"

(✐光明日报客户端2021年12月7日　作者：夏静　王一雪　高翔)

华中科技大学：
校歌含情　故事有爱

"泱泱汉水，浩浩长江，喻家山麓，东湖岸旁……"5月20日，华中科技大学举办校歌发布仪式暨2022"讲好华中大故事"分享会，师生共同唱响校歌，庆贺建校70周年。

华中科技大学校歌简称"华中大之歌"，由全体华中大人集体作词，著名作曲家孟卫东作曲。2009年，华中大启动了校歌征集创作工作，历经2009年、2012年、2019年三轮歌词征集和2021年的曲谱征集，在数万华中大师生、校友共同努力下，完成了校歌的创作工作。

发布仪式播放了孟卫东的祝福视频，华中大广州校友会会长柴再希介绍了校友会邀请孟卫东为校歌谱曲的历程。"我们推荐的作品最终能被选定为校歌，校友们感到无比的骄傲和自豪。"柴再希表示，广大校友不仅要唱好国歌，也要唱好校歌，更好地完成每一天的工作、学习，把人生最美妙的业绩谱写在中华大地之上。

华中科技大学校长尤政认为，校歌歌词语言精练，配上富有激情的进行曲风格的旋律，能很好地起到凝聚人心、催人奋进的作用，非常符合华中大的历史文化特点。校歌是学校建校历史、文化传统、办学理念和发展目标的集中体现，是学校文化和精神的重要载体和标识，能够帮助学校凝练和丰富华中大精神文化内涵，进一步增强全体师生的归属感、凝聚力和向心力。

"讲好华中大故事"分享会展示了部分单位的优秀获奖作品，各单位代表交流了工作经验。

中国故事创意传播研究院院长陈先红教授作了题为《讲好华中大故事的理论研究与实践创新》的报告,她认为学校应围绕教学、科研、人才培养和社会服务,讲好华中大"人、事、物、场、境"故事。

机械学院"继往开来"视频作品,书写两代机械人的奋斗史;协和医院的"一封家书"故事、同济医院的"承诺"故事,展现了医护人员在疫情大考面前不计生死的家国情怀;总务后勤处的"大橙小爱"作品,讲述了一线环卫工人在平凡岗位上不平凡的故事。

49年党龄的退休干部耿建萍,从12岁去天安门广场见毛主席的故事说起,回顾了自己加入中国共产党,参加工作,投身华中大生命科学与技术学院事业发展的奋斗历程。现场观众用持久的掌声向她表示敬意。

华中科技大学党委书记李元元表示,获奖作品蕴含了对学生的关爱,对老师的敬爱,对事业的热爱,还有对学校、对国家的挚爱与大爱。

李元元指出,校园文化是大学精神的外在表征,是大学"软实力"的体现,是高校建设、发展和育人过程中重要的办学资源,也是中国特色社会主义先进文化的重要组成部分。华中大将坚持推进"文化荣校"战略,将文化建设纳入学校发展的总体规划之中,将文化传承创新工作进一步融入学校人才培养、科学研究、社会服务、国际交流合作的方方面面,使之相辅相成、相得益彰。

活动同期举行了"讲好华中大故事"网站首发仪式。"讲好华中大故事"主题活动始于2018年,旨在让听故事的人和讲故事的人同频共振,展现华中大特质,培育华中大文化,弘扬华中大精神,凝聚华中大力量。

(《光明日报》2022年5月21日 作者:夏静 晏华华)

世界一流大学与一流科学城建设共生共兴
——访中国工程院院士、华中科技大学校长尤政

"今年是华中大建校70周年。70年来，我们培养了70余万学子。他们中约50%留在了湖北，其中的60%是在武汉。而留汉的毕业生中，又有50%在光谷就业创业。"中国工程院院士、华中科技大学校长尤政说，名城孕育名校，名校成就名城。世界一流大学与一流科学城建设，共生、共兴、共强、共发展。

当前，以东湖科学城为核心区域的光谷科创大走廊建设，如火如荼、蹄疾步稳。一座"科学+科学家+创新生态"的科学城正振翅待飞。而承担着重大科技基础设施、湖北实验室、国家级创新平台建设的华中大，正是东湖科学城建设的中坚力量之一。

尤政表示，世界一流大学是创新的发源地，也是创新人才培养的重要基地，一流的科学城是创新生态的构建地。一流大学与一流科学城，肩负着国家的使命和时代的责任。

近年来，世界一流科学城建设正成为新一轮城市发展竞争的重要赛道。全国有十多个科学城正在规划建设。东湖科学城应该建成什么样的世界一流科学城？

"一流科学城的建设与国家科学技术的发展，特别是战略高技术的发展，密切相关。"尤政认为，服务国家、面向世界、创新基因、以人为本，是东湖科学城应该具备的关键因素。具体说来就是：使命引领，以服务国家作为最高追求；面向世界，展现光谷视野胸襟；尊崇科学，打造独特光

谷创新文化；以人为本，聚力建设世界向往之城。

历史上，一所著名的大学，可以造就一座城市，带动一个产业发展。

孕育创新思想、提供学科支撑、引育创新人才、支撑创新产业、打造战略科技力量……在尤政看来，世界一流大学建设将为一流科学城建设提供多方面支撑。

"'顶天立地，追求卓越'，是我们办学的不懈追求。"尤政说，"顶天"就是要孜孜不倦地潜心原始创新，多出"从0到1"成果；"立地"就是要解决"卡脖子"问题，推动经济社会发展。

数十年来，华中大始终秉持"服务乃宗旨，贡献即发展"理念，奋力写好"两篇文章"，面向世界科技前沿，把论文写在高水平杂志上，更服务国家需要，把论文写在祖国大地上。华中大教授黄德修率先提出"中国光谷"概念，逐步孵化推动"中国光谷"走向世界。

"研究平台是科研的基础条件，特别是工科，没有平台是一定培养不出好学生的，是一定出不了大成果的。"尤政说，华中大高水平建设光电学科群，奋力建成了武汉光电国家研究中心等国家科技平台和重大基础设施群，孵化了华工科技等为代表的创新企业群，培养了数以万计的留鄂留汉光电领域创新人才，为武汉万亿级光电产业集群的发展建设，为"中国光谷"迈向世界光谷提供了强大的科技支撑。

唯有创新驱动的产业，才有世界的竞争力。

尤政认为，着眼于科技发展趋势，立足于华中大与光谷优势，东湖科学城应在信息技术，特别是信息的基础技术，以及生物医药，特别是高端医疗装备等方面不断发力。可以预见，未来依托微系统技术研发的穿戴式、植入式医疗设备，必将更好守护公众健康，助力健康中国建设。

为推进东湖科学城科技体制机制创新与改革，尤政建议，宏观层面，要大胆探索新型举国体制，充分发挥国家作为重大科技创新组织者的作用；中观层面，要将创新链、产业链、资金链连接起来，探索全面激发创新主体积极性的有效机制；微观层面，优化目标导向、评价方式、服务工作、科技管理，大胆探索激发各类人才创新活力的有效办法。

回首往昔，华中大与光谷在科教融合、产教融合方面，已经并正在书写着彼此成就、携手共进的华章。

展望未来，尤政表示，在支撑服务新一轮东湖科学城的建设发展中，华中大将聚焦服务国家重大需求，以重大科技创新平台为核心，打造世界一流创新体系，汇聚培养世界一流科技人才，贡献世界一流科技成果。

（✎《光明日报》2022年6月1日　作者：张锐　夏静　王潇潇）

追求卓越，
迈向世界一流大学

> 扎根中国大地办大学，与祖国共进、与时代同行，始终以服务国家发展为己任，这是华中科技大学70年峥嵘岁月的主脉。

习近平总书记强调，我国高等教育要"为服务国家富强、民族复兴、人民幸福贡献力量"。华中科技大学在新中国朝阳中诞生，今年迎来了70周年校庆。从深根固柢直至枝叶扶疏，从定位理工科成长为综合性大学，华中科技大学顺应中国高等教育发展大势，在新时代努力建设中国特色、世界一流大学。

回望校史，有太多故事值得讲述，有太多经验值得总结，而最能给人带来心灵触动和智慧启迪的，是一所高校与国家发展的同频共振。教育家朱九思努力践行"培养为社会主义建设所需要的各种专门人才"，著名医学家裘法祖说"德不近佛者不可以为医，才不近仙者不可以为医"，发展经济学奠基人张培刚费尽毕生心血研究中国的现代化路径，罗俊院士带领团队在山洞蛰伏30多年测量迄今最高精度的引力常数，校友张定宇说"我必须跑得更快，才能从病毒手里抢回更多的病人"……扎根中国大地办大学，与祖国共进、与时代同行，始终以服务国家发展为己任，这是华中科技大学70年峥嵘岁月的主脉。

建设一流大学，关键是培养一流人才方阵。我们坚持为党育人、为国育才，强化一流本科教育底色，提升一流博士生教育高度，全面提高人才培养能力。我们提出为新时代培养卓越工程师，既要有扎实理论基础，也要有强大创新能力。我们一向重视大学生人文素质教育，提倡人才应该具有深厚人文底蕴、强烈创新精神和丰富想象力。同时，我们用好学科交叉融合的"催化剂"，进一步加强"文工交叉""文理交叉"，形成了实力雄厚的工科、门类齐全的医科、稳步发展的理科、特色鲜明的文科。推进新工科、新医科、新农科、新文科建设，网络空间安全、密码学、大数据处理、智能医学等新专业应运而生，在新兴科技领域加快培养紧缺人才。

一流大学是基础研究的主力军和重大科技突破的策源地，华中科技大学作为国家战略科技力量的重要组成部分，对攻克"卡脖子"关键核心技术有着刻在骨子里的使命担当。习近平总书记在湖北省武汉市考察时，专门来到学校重大科研成果孕育的企业武汉华工激光工程有限责任公司，这是对我们坚持产学研融合、推进科技创新的巨大鼓舞。我们把建设国家重大科技平台作为积聚创新动能、锻造战略科技力量的"关键棋"，同时揭牌成立未来技术学院、集成电路学院，成为全国同时拥有这两个重要平台的3所高校之一。未来我们将继续焕发只争朝夕的使命感、紧迫感，努力做出更多"从0到1"的突破，为把科技的命脉牢牢掌握在自己手中、实现高水平科技自立自强作出更大贡献。

御风以翔，破浪以飏。从世界现代化历史来看，大国崛起的背后都有一流大学群体的有力支撑。我国日益走近世界舞台中央，更加迫切需要建设中国特色、世界一流大学。华中科技大学70年的发展历程，也是探索建设中国特色、世界一流大学的历程。我们将继续坚持"顶天立地，追求卓越"。"顶天"就是要坚持党的领导和社会主义办学方向，心怀"国之大者"；"立地"就是要扎根中国大地，为服务国家发展贡献力量；"追求卓越"就是要不断超越自我，形成一个永无止境、不断超越的过程。

正如华中科技大学校歌所传唱的，"柱长天以大木，开莽原以上痒"。在70年新起点上，华中科技大学将继续鼓励师生仰望星空、探索未知、敢于竞争、善于转化，努力迈向世界一流大学，不断拓展人类知识、成就学术梦想、服务国家发展。

（《人民日报》2022年7月11日　作者：尤政）

加快构建立德树人体系

立德树人是一项系统工程,其体系的构建,要通过"一盘棋"系统理念,探索形成各领域同题共答、各环节同向发力的育人工作机制,完善"五育并举""三全育人"格局,推进立德树人根本任务落地、落实、落细。

·立德树人体系的内涵是什么·

构建立德树人体系是推进新时代高等教育发展的必然要求。习近平总书记强调,要把立德树人内化到大学建设和管理各领域、各方面、各环节,做到以树人为核心,以立德为根本。构建立德树人体系,就是从顶层设计入手,致力打好人才培养"组合拳",提升高等教育发展水平。

构建立德树人体系是深化高校育人工作改革创新的有效载体。当前,高校在教育实践中仍存在立德树人主体责任泛化、路径举措窄化、目标任务虚化、考核评价弱化等问题,致使立德树人仅成为少数部门和少数人的主责任务。构建立德树人体系,有助于破解制约立德树人成效的体制机制障碍,理顺权责关系,把立德树人的成效作为检验学校一切工作的根本标准,全面提升高等教育质量,取得良好育人效果。

构建立德树人体系是运用系统观念推动工作的具体体现。立德树人涉及学校教育和人才培养各个环节,体现在教学、科研、管理、服务和实践等诸多活动中,需要制度、评价、资源等方面的协同配套。习近平总书记强调:"系统观念是具有基础性的思想和工作方法。"只有以整体的眼光看待问题，系统设计、全面推进立德树人体系构建，充分调动全域、全员的育人积极性，才能实现整体效应最大化。

·体系如何构建·

立德树人是对人才培养规律的高度凝练和深刻总结，这就决定建设立德树人体系并非另起炉灶，也非平地盖高楼，而是对现有人才培养体系的升级改造与拓展延伸。通过理念融入、制度调整、资源保障和评价支持，有效拓宽立德树人可能路径，强化立德树人制度保障，提升立德树人实际成效，形成体系化的立德树人资源、平台与监测网络，做到全员、全程、全方位育人。因此，立德树人体系建设的基点是将立德树人体系与人才培养体系融为一体，这一建设思路，既可避免另起炉灶带来的工程烦琐及体系兼容问题，也能规避任务指向的建设方式引发的运动式落实的窠臼，做到常态化、系统化地落实立德树人根本任务。这就要求立德树人教育体系要嵌入人才培养体系之中，以树人为核心、以立德为根本、以制度为保障，注重高校场域、教师劳动与学生学习的特点，统筹教学、科研、管理、实践与服务育人。

我们在实践中探索构建了思想政治教育体系、科学知识教育体系、创新创业教育体系、实践能力教育体系与综合素质教育体系相结合的立德树人体系。思想政治教育体系旨在将思想政治教育贯穿于人才培养全过程和各环节，培养明大德、守公德、严私德的社会主义建设者和接班人；科学知识教育体系则以"厚实基础、关注前沿、科教融合、协同育人"的指导理念，注重打牢学科和专业基础，拓宽学术视野，鼓励用高水平科研成果支撑和反哺教育教学和人才培养；创新创业教育体系则以培养创新精神和批判性思维为抓手，打造创新人才培养特区；实践能力教育体系则以实验教学和工程实训为重要内容，着力提升学生实践技能和动手能力，让学生既能仰望星空，又能脚踏实地；综合素质教育体系则旨在通过打造高水平文化素质教育课程和学术讲座，提升学生人文情怀和综合素养，培养既有科学精神又有人文素养的高素质人才。五个方面虽有各自内涵，但彼此相顾，一体贯彻，成为一个相互贯通、相互促进、相互支撑的整体。

健全立德树人如何突破"上热下冷"

立德树人根本任务的落实，不仅需要育人体系的升级调整，也需要保障体系的协同跟进。高校要打破落实立德树人根本任务过程中存在权责不匹配问题，将条件保障和资源分配紧紧围绕立德树人进行配置部署，突破"上热下冷"困局，激发学校育人新活力。

各项保障机制具体包括制度供给体系、资源分配体系、教师管理体系、服务提升体系与评价支持体系。制度供给体系旨在系统梳理并调整与立德树人根本任务不相适宜的制度举措，提供良好的育人制度环境；资源分配体系意在根据立德树人根本任务配置资源，以目标定任务，以任务配资源，将立德树人成效和人才培养质量作为院系年度考核和教师收入分配的重要标准；教师管理体系重在引导教师回归育人初心，争做教书育人的大先生和学生成长的引路人；服务提升体系意在提升管理人员的服务育人意识，为立德树人和人才培养保驾护航；评价支持体系旨在破立并举，将立德树人成效和人才培养质量作为教师职务晋升、岗位聘用、评优评先以及院系考核和干部任用的重要标准，通过评价指挥棒的作用，激发和引导关键主体落实立德树人根本任务。

思想道德教育、科学知识教育、创新创业教育、实践能力教育、综合素质教育相结合的立德树人体系，是华中科技大学培养卓越人才具体实践的结晶，也是开展一流大学建设的具体行动。实践探索显示，立德树人体系在促进学生德智体美劳全面发展，造就堪当民族复兴大任时代新人方面取得了很好的成效。

(《光明日报》2022年7月12日　作者：李元元)

华中科技大学国际教育科技创新园区（军山校区）启动

7月15日，武汉经开区和华中科技大学共建的华中科技大学国际教育科技创新园区（军山校区）项目正式启动。

华中科技大学国际教育科技创新园区（军山校区）位于武汉经开区军山新城南侧，东临长江、背靠大军山，与车谷新地标"春笋"比邻而居。园区将根据发展需要分期建设，首期规划建筑面积45万平方米，首期学生规模1万人，拟于2024年9月建成。

中国工程院院士、华中科技大学党委书记李元元表示，华中科技大学将举全校之力，把国际教育科技创新园区打造成为"创新开放、交叉融合、教科一体、国际一流"的现代化新校区，为推动区域经济社会高质量发展提供坚实人才支撑。

长期以来，华中科技大学与武汉经开区建立了深厚友谊，形成了紧密的合作关系。今年1月，双方签署合作协议，共建未来技术创新研究院，打造示范性中试基地和技术转移机构。5月18日，双方再次携手共建国际教育科技创新园区（军山校区）、高端医疗中心等一系列重大项目，促进学研产用协同发展。

（新华社2022年7月16日　作者：郑奇悦　李莹）

为实现高水平科技自立自强贡献力量

习近平总书记在湖北武汉考察时强调："科技自立自强是国家强盛之基、安全之要。"作为汇聚大量人才与科技资源的智力高地，高校肩负着人才培养、科学研究、社会服务等重要使命，在科技创新中发挥着重要作用。华中科技大学作为新中国成立后中国共产党创办的大学，建校70年来始终坚持"顶天立地、追求卓越"，发扬"敢于竞争、善于转化"优良传统，展现"敢担大任、勇攀高峰"精神特质。新时代，我们自觉肩负起实现高水平科技自立自强的重任，努力为建设科技强国贡献力量。

大力培育创新人才。习近平总书记指出："科技创新，一靠投入，二靠人才。"一流大学是培养拔尖创新人才的重要阵地。要坚持党的领导，坚持马克思主义指导地位，全面贯彻党的教育方针，坚持社会主义办学方向，抓住历史机遇，紧扣时代脉搏，立足新发展阶段、贯彻新发展理念、服务构建新发展格局，把发展科技第一生产力、培养人才第一资源、增强创新第一动力更好结合起来，努力为改革开放和社会主义现代化建设服务。华中科技大学不断增强人才培养的时代感、使命感、紧迫感，用好学科交叉融合的"催化剂"，提高基础学科培养能力，打破学科专业壁垒，对现有学科专业体系进行调整升级，瞄准科技前沿和关键领域，推进新工科、新医科、新文科建设，加快培养紧缺人才，更好满足党和国家事业发展对创新人才的迫切需求。从为党和国家培养"红色工程师"到培养新时代"卓越工程师"，学校始终坚持为党育人、为国育才，以立德树人为根本任务，以人才强校为重要战略，筑牢高水平科技自立自强的人才根基。

深入实施新时代党旗领航工程，传承红色基因，将爱党报国的理念贯穿于人才培养全过程。坚持科教协同、产教融合，加快推进卓越工程师课程体系建设。坚持学科交叉、项目驱动，深入推进新工科背景下专业课程思政教学，以新工科建设深化卓越工程师人才培养改革。建立启明学院、未来技术学院等人才培养特区，打破学科专业边界，高起点、高标准、高质量培养国家急需紧缺的高层次人才。聚焦科技前沿，以长远眼光发现和培养具有战略科学家潜质的高层次人才，探索见苗浇水、精准滴灌式培养路径，大力锻造战略科学家成长梯队。

着力加强基础研究。习近平总书记强调："加强基础研究是科技自立自强的必然要求，是我们从未知到已知、从不确定性到确定性的必然选择。"我国面临的很多"卡脖子"技术问题，根子是基础理论研究跟不上，源头和底层的东西没有搞清楚。基础研究一方面要遵循科学发现自身规律，以探索世界奥秘的好奇心来驱动，鼓励自由探索和充分的交流辩论；另一方面要通过解决重大科技问题带动，在重大应用研究中抽象出理论问题，进而探索科学规律，使基础研究和应用研究相互促进。一流大学是基础研究的重要创新源头。要聚焦国家战略需要，发挥基础研究深厚、学科交叉融合优势，释放基础研究、科技创新潜力，勇当基础研究主力军。华中科技大学作为一所以理工医科见长的高水平研究型大学，着力推进实施基础研究支持计划、交叉研究支持计划、重大科技创新支持计划，鼓励教师瞄准源头和底层科学问题，板凳甘坐十年冷，努力实现更多"从0到1"的突破。持续深化新时代教育评价改革，建立健全讲创新、比质量、重贡献的分类评价机制，创造有利于基础研究的良好科研生态。持续推进国家级重大平台建设，为国家重大基础前沿研究提供有力技术和平台支撑。

推进重大科技突破。习近平总书记强调："随着我国发展壮大，突破'卡脖子'关键核心技术刻不容缓，必须坚持问题导向，发挥新型举国体制优势、踔厉奋发、奋起直追，加快实现科技自立自强。"国家战略科技力量是科技创新的"国家队"，代表国家科技创新的最高水平，是国家科技创新体系的中坚力量，对于加快建设科技强国至关重要。强化国家战略科技力量，提升国家创新体系整体效能，引导科技创新重点突破，是新时代实现我国科技自立自强的必然选择。高水平研究型大学是国家战略科技力量的重要组成部分，要瞄准世界科技前沿，着力攻破"卡脖子"的关键核心技术，充分发挥重大科技突破策源地作用。创新是华中科技大学的灵魂。面向经济主战场和国家重大需要，学校构建起从基础原创、关键核心技术突破到产业化应用较为完整的创新链国家科研基地体系，成为武汉建设具有全国影响力的科技创新中心、实现高质量发展的重要科技引擎。面向未来，学校将坚持主动服务国家重大战略，推动关键核心技术创新和科技成果转化，努力为科技进步和经济社会发展作出更大贡献。

（✎《人民日报》2022年7月21日　作者：李元元　尤政）

聚焦华中大

华中科技大学70周年校庆丛书

第十三章

立德树人 筑梦青春

华中科技大学：
让思政理论课真正地"动"起来

你印象中的思想政治理论课是什么样的？还是一个老师带着一张嘴或是一个多媒体课件从头翻到尾吗？你知道可以用图画来解释哲学原理吗？你在课堂观看过学生自编、自导、自演的历史剧吗？你见过下课了还会跟任课老师"不依不饶"激辩的学生吗？而这些情景当前在华中科技大学思想政治理论课上频频上演。

·多形式全方位的"形动"·

"对于思政课的互动教学，长期以来我们一直都在做。随着时代的变化和教学观念的转变，现在我们更注重发挥学生的主观能动性，将以教师为主体的课堂转变为以学生为主体、师生关系和谐平衡的课堂。"华中科技大学思政课老师栗志刚如是说。

据了解，为了激发学生的积极性和主动性，从根本上改革思政课教学方法，华中科技大学将教师主讲的授课模式改变为多形式、全方位的互动教学方式——教师间互动、学生间互动、师生间互动、课堂内互动、课堂内外互动。

每学期开学前、学期中和学期末，华中科技大学都组织思政课教师以课题组为单位进行集体备课，负责此项工作的杜志章老师说："这种教师间的互动，给任课老师们搭建了教学方法借鉴、案例和视频等资料共享的平台，有助于提高备课效率和授课水平。"该校党委书记路钢、常务副校长林萍华、副书记欧阳康等校领导多次参加集体备课。

使课堂从"一个人的课堂"变成"一百多人的课堂"，甚至"几百人的课堂"，从而建构起师生共同的课堂，是对师生间互动的最好诠释。"毛泽东思想和中国特色社会主义理论体系概论"的任课老师郭小安就经常以学生感兴趣的话题作为引玉之"砖"，将课堂变成了"大家讲堂"。对此，能源学院2010级学生王明秀说，这种教学法兼具理性和感性，让他很容易接受。

丰富的课堂互动重在将课堂"主场"让给学生，学生主讲，教师点评。在董慧老师主讲的"马克思主义哲学基本原理"课上，她让学生结合专业特色，讲出他们心中的哲学原理。建规学院的学生就将一个个深奥的哲学问题转换成了一幅幅类似"小丑""海螺""月亮变化"的图片在讲台上生动阐述；新闻、人文等文科生就把课堂改成了"董慧杯马克思主义基本原理大讲坛"。

·构建理论体系的"行动"·

该校对当前思政课教学面临的现实困境和当代主流教学论进行了深入研究，构建起了思政课互动教学理论体系。

该体系包含以下内容，一是认为应通过教学互动促进学生意识中知、情、意的交互作用，促使价值认同的形成。二是认为互动教学应坚持师生间的平等、真诚原则以及知情统一的原则。三是提出了一系列互动教学方法。四是认为高校思政课互动教学体系应基于马克思主义交往实践理论，以特定价值传导为中心，贯穿教学全过程。

"在理论体系的指导下，我在课堂上采用了经典阅读与感悟、提问与追问等方法，还是很有效的。"承担"马克思主义基本原理概论"教学任务的杨金华老师说，"很多学生反映，在互动教学法的引导下，通过参与课堂，他们明白了'无用之用是大用'的道理。"

据了解，目前华中科技大学已在3个层面提出了24种思政课互动教学方法。在理性互动层面有案例分析与讨论、学生主讲与点评、实验模拟与发现等8种，在情感互动层面有从角色互换到决策推演、从道德小品到体察感悟、从环境关注到热爱自然等 8 种，在实践互动层面有调研考察、网络互动、义工行动等 8 种。

·走入学生心灵的"神动"·

"我们正在进行的互动教学不是一般意义上的动，而是'形动'与'神动'的辩证统一，要求在调动学生嘴巴说与肢体动等外在显性'形动'的基础上，更要注重师生间的心灵交流、情感互通和思想碰撞这些更高层次的隐性'神动'。"华中科技大学常务副校长林萍华对互动教学改革如是说。

这一要求在实际教学中有所实现。在对该校本科生进行的问卷调查中，学生对"马克思主义基本原理"课是"认识国家、社会的重要课程"的肯定率达到 74.8%，对教师教学方法的肯定率达 83%。

该校法学院 2010 级学生沈建铭说："上'马克思主义基本原理'这门课彻底颠覆了我以往对这类课程的看法。课程并不像我想象中的那样枯燥和无聊，反而给了我很多灵感和思维上的启发。"

近年来，该校的"互动教学"也引起了同行的关注。该校段喜春老师受邀在湖北省高校公共理论课教学暑期培训班进行示范教学。湖北省内众多同行自行联系到该校观摩课程教学，20 余所高校到校开展交流。不久前，该校举办了"思想政治理论课互动教学专题研讨会"，多所高校参加，共同探讨思政课互动教学的理论和经验推广。

(《中国教育报》2012 年 11 月 12 日　作者：万玉凤　柯进　粟晓丽)

华科思政教育贯穿育人全过程
做有情怀有温度的人

又到毕业季,华中科技大学的学生离校前都要上好思政的最后一课。

在材料卓越1301班的最后一课,思政课教师闫帅提出了这样的问题:2017年,大学给你带来了什么?大学生活如何伴你前行?闫帅讲:"大学要培养的不是拥有一技之长的精致的利己主义者,而是有情怀、有温度的'明德亲民止于至善'的人才。"闫帅传授的人生之道帮助同学们重新审视人生的选择。从入学到毕业,华科思政教育贯穿于教学的全过程。

日前,华科新闻学院的2016级学生,也赶上了学校党委书记路钢开讲的题为《把握百年变局、增强传播自信、培养一流人才》的专题思政课。路钢的授课新且活,从国际、国内发展形势谈起,讲述了500多年来世界的全球化进程,认为目前全球化进入了关键时期,鼓励大家学好传播学,传播中国声音,传递大国形象。他根据学生专业背景因材施教,课堂上气氛活跃,讨论热烈。

在华科思政课上,教师不再是一本讲义走天下,而是根据学生专业特色做相关调整。如果给医学专业学生讲授思想道德修养,教师便会结合医学伦理的有关内容带领大家探讨道德问题,而且在每学期开学前、学期中和学期末,学校都会组织思政课教师以课题组为单位进行集体备课,在集体备课活动过程中,思政课一线教师们互相分享教学案例、视频资料、授课方法、授课经验;校领导也亲自参与到集体备课活动中,把关课程思想舆论导向,确保了思政课的教学质量。

华科的思政课内容丰富,形式多样,有的课堂还搬到了户外、搬到了基层。传统的思政课设计重理论教学，轻实践育人。华科新闻学院特别推出了面向所有大一学生的社会认知课程，专业教师暑期带领学生深入社会实践：赴湖北恩施农家书屋建设社会实践队、赴武汉及秭归青年志愿影响因素与文化构建社会实践队、赴沈阳"网络视频直播"的正能量传播研究社会实践队、赴红安"寻访红色足迹、弘扬长征精神"社会实践队、赴王店镇巴石村"精准扶贫"社会实践队，一支支实践队走出教室，走下基层，在实践中加强思政课学习。华科新闻学院教师李磊说，开展社会认知课程，结合了新闻学院学生思维活跃但集体意识不强的特点，10人一组的社会实践队伍，带队教师加强引导，明确分工，短短10天的实践活动培养了团队精神，相互建立了深厚的友谊。

思政课教育贯穿大学学习的全过程。一堂堂思政课帮助学生们变得更有理想，更有目标，更有担当。新闻学院大一学生梁光琼说，刚入学时，自己颇感迷茫，在一堂主题为"心理辅导"的思政课上，听了学长学姐的正能量故事，逐渐明确了方向。新闻学院研一学生陈琼说，通过一年的党课、思政课学习，自己感受到了国家对新闻人才的重视，更加了解党的方针政策，感受到党为人民服务的宗旨，觉得加强思政理论学习是非常有意义的。毕业之际，华科共策划包括"最后一课"在内的14项毕业生主题教育活动，激发了毕业生爱校荣校之情、感恩奉献之心和报国成才之志。

华科新闻传播学院教师顾建明认为，大学思政课教育应该从实际生活中的是非识别、人品修养入手。思政课教育要注重以良好的行为习惯为切入点，做好人生经验的总结，让学生明白做个什么样的人。要积极引导学生自觉培养行为规范，树立道义信念，为此，既要逐步对教学大纲与教材进行修订，也要对教学与考核方法进行改革，树立打持久战的观念。

目前，华科每年用于本科教学津贴和教学质量奖励的经费预算超过3000万元，并建立教学成果奖励制度，鼓励院士、教授上好思政课，既传授知识，也引导思想，帮助学生树立正确价值取向。中国科学院院士陈孝平就曾走进临床医学本科生的课堂，亲授自己主编的《外科学》。课堂上，陈孝平分享了自己做小医生与名家时的亲身经历，鼓励学生严谨求实，精益求精。

(《光明日报》2017年7月3日　作者：夏静)

一个英雄与一个班的名称
——华中科技大学"胡吉伟班"思政工作的示范效应

8月29日,华中科技大学第六届"胡吉伟班"的同学们在结束了暑假的实习实践后,又一次自发地来到青年园英雄学长胡吉伟的塑像前敬献花篮,向学长汇报近期的收获与体悟。这个传统至今已经延续了6届共16年。

传承英雄事迹,汇聚榜样力量。华中科技大学坚持将立德树人贯穿育人全过程,16年6届"胡吉伟班"的创建工作,积极引导在校大学生坚定理想信念、形成良好班风学风,为高校思政工作起到了典型示范作用。

·来自英雄的嘱托·

2001年7月31日,华中科技大学经济学院2000级学生胡吉伟因抢救落水儿童而光荣牺牲,年仅19岁。胡吉伟牺牲后,教育部、共青团中央先后授予胡吉伟"舍己救人的优秀大学生""全国优秀共青团员"荣誉称号。

华中科技大学党委认为,胡吉伟舍己救人的英雄行为是教育引导当代青年学生砥砺前行的生动教材,是推进高校思想政治工作有效深入的优质典型,若能将他的精神转化为一种指引学子前进的动力,一种深切的情怀,用这种无声的力量去浸润他们浮躁的心灵,必能感召一批人,激励一代人。

举办胡吉伟英雄事迹宣讲报告会、排演话剧、建网上纪念馆、树胡吉伟塑像、组织清明祭扫，通过一系列活动，学校党委号召全校师生学习胡吉伟事迹、传承英雄精神，起到了"点燃一盏灯，照亮一大片"的作用。

同时，一个具有创新意义的班级开始酝酿：2001年12月，校党委正式决定创办"胡吉伟班"；2002年3月，"胡吉伟班"评分细则制定完毕；2002年4月，15个班正式进入预审。

在学校党委的指导下，第一届"胡吉伟班"的评选在2002年4月10日如期举行。最终，胡吉伟生前所在班级，经济学—数理学双学位002班成功当选。当班长彭玉磊从院党总支书记手中接过班旗，华中科技大学第一届"胡吉伟班"正式宣告成立。

从第一届"胡吉伟班"的评选标准制定以来，对精神文明等德行方面的考察均占了总分的40%以上。当今高校有着培养又红又专、德才兼备、全面发展的中国特色社会主义合格建设者和可靠接班人的重任，而"胡吉伟班"的评选标准正是以该目标为核心，紧扣时代发展主题进行评定。

从第一届到如今的第六届，"胡吉伟班"已经走出192名富有理想的青年学子，一代代"胡吉伟班"成员在崇高理想信念指引下，用行动传递着优质的班风、学风、校风。

·锻造信念的力量·

以英雄命名只是这个班的符号，"胡吉伟班"所具有的创新性及示范作用则将这个固化符号转化成为一种共同认知，使其成为高校模范班级的新蓝本。

"胡吉伟班"有一套"一二三四"的班级建设传家宝，即"以班党支部为龙头，以班委、团支部为两个基本点，通过学习、生活、问题三个方面建设，实现制度化、信息化、便捷化、效率化四大目标"，形成了育人的良好局面。

为了将英雄榜样的力量进一步深化，在学校党委的支持下，"胡吉伟党支部"随即成立。把党支部建在班上，不断强化党支部在班级建设中的火车头作用。"胡吉伟党支部"的建立与延续，对于班级、院系及整个学校的党建氛围的营造、党员活动的开展都起到了积极引航作用，使得每一个党员都更加坚定了报国的信念，让非党员更加贴近党组织。

依托"党员进寝室""党员接待日""五星党员"答辩会等，"胡吉伟党支部"积极探索，让党建活动更加务实，让党的故事更加生动。16年来，该班党员数量不断攀升，入党申请书提交数量长期为100%，党员数也长期领先于其他班级。

"一对一帮扶"，让支部内成绩优异的同学和支部内及年级内学业困难的同学结对子，帮助同学解决学业问题；"大学生优秀讲堂"，针对时政热点，让同学们发挥主观能动性，通过新媒体渠道表达观点；"党闻联播"让党员及时在班级的微信平台上发布有关党的路线、方针、政策等信息，不断提高同学们的政治理论素养……

系列活动立刻在全校掀起学习热潮，各党支部纷纷来到"胡吉伟党支部"取经、观摩，不仅使得各支部内部学习氛围更加浓厚，另一方面也带动了全校同学学习党政知识的主动性。

·做时代的"胡吉伟"·

"胡吉伟班"每三年评选一次，一次选择意味着三年的坚持，不同时期的"胡吉伟们"也在用行动践行着自己当初许下的诺言。

班级事务，他们全力以赴，主动承担。胡吉伟生前担任班长时，就在班级内以寝室为单位成立了"互帮互助学习小组"。第五届"胡吉伟班"则开始了班级集体学习计划，提出线上约自习、线下学友互助的想法。如今，基于"学友圈"的党员互助平台已经成了经济学院学生工作的品牌。该平台在进行党员帮扶互助的同时，将党建、团建工作也进行了同步传播。

社会服务，他们坚持不懈，持之以恒。胡吉伟曾写道："人仅仅思想伟大了，还算不得真正伟大，只有他的行动伟大了，才能真正体现出人生的伟大价值。"16年来，"胡吉伟班"的成员们一直在用行动传递着胡吉伟及"胡吉伟班"精神，用自己的爱心与耐心服务社会。第五届"胡吉伟班"两年来坚持陪伴、照顾丧偶教师张奶奶。第六届"胡吉伟班"2015年与关山街汽标社区签下了长期义工基地协议书。

社会实践，他们不遗余力，踏实调研。"胡吉伟班"紧跟党和国家的步伐，自创建起就对青年志愿者活动予以重视，并将班级社会实践活动加入评比细则中，鼓励学子积极主动地进行社会实践、志愿服务，以一己之力服务社会、锻炼自身。2013年，第五届"胡吉伟班"党支部联合研究生党支部，开展"聚焦武汉2049，学研互促复兴梦"的实践活动，并将10万字的调研结果提供给市政府，并收到了时任武汉市市长唐良智的3000字回复。

湖北省委政研室党建处处长张忠诚评价，"胡吉伟班"是新时期英雄人物感召下的，因德而生、以德为先的模范青年群体。"胡吉伟班"及其党支部的创建模式，是高校立德树人的新探索，是高校思想政治工作的新平台，也是社会主义核心价值观的新诠释。概括起来就是崇德向上的青年群星、立德树人的华中大样本。16年6届的创建工作，很好地回答了以下三个时代设问：谁说当代青年学子是自我一代？谁说家国情怀是虚幻的口号？谁说立德树人是空洞的说教？

16年时光流转，青年园里的胡吉伟塑像见证了6届"胡吉伟班"的轮换；16年守正坚持，德行为本的6届"胡吉伟班"交出了一份份傲人的成绩单；16年薪火相传，192名"胡吉伟班"学生用行动践行着他们最初的誓言。

胡吉伟走了，而这个以英雄的名字命名的班级，以及更多的华中大学子，正以更加崭新的面貌、更加积极的态度，在崇德奉献的路上继续前行。

（《光明日报》2017年9月2日　作者：夏静　万霞）

炎炎夏日，
华科865支暑期社会实践队行走在中国

或进行社会调查、文化宣传，或开展环境保护、医疗服务，在这个炎炎夏日，华中科技大学865支暑期社会实践队、逾六千名大学生走出"象牙塔"，奔赴祖国各地，用心、用情感受祖国变化，研究社会问题，服务基层群众。

在电气学院赴新疆"丝路新世界·青春中国梦"专项社会实践行动中，参与学生奔赴乌鲁木齐、昌吉、石河子等地调研走访，了解支西大学生们的现状，为更多的大学生志愿者开辟道路，为国家西部发展和"一带一路"战略目标贡献力量。

建规学院赴广西宁明、湖北孝昌"美丽中国"乡村规划暑期社会实践队，用脚步丈量土地，通过对华中科技大学定点扶贫的贫困乡村的乡村规划，运用不同专业的理论知识，解决乡村规划的实际问题，为美丽中国建设贡献青春力量。

社会学院赴湖北大悟关于扶贫事业发展状况暑期社会实践队，对农村人口生活现状与扶贫事业发展情况进行调研，评估大悟县扶贫政策的实施效果，总结相关经验教训，以期更好地推动贫困人口的生活状况改善。

同济医学院赴湖北八地脊柱畸形矫治救助团队，依托该校附属同济医院脊柱外科中心等优秀平台，在湖北省8个地市级城市联合当地三甲医院组织开展多场大型义诊活动。

新闻学院赴辽宁獐岛支教暑期社会实践队在海岛开展了21天支教，队员们第一次站上三尺讲台，没有一位"老师"怯场，讲解深入浅出，板书条理清晰,仿佛已经执教多年。这得益于他们充分的准备,从4月份开始,队员们每周都会参加援之缘支教协会组织的教学培训,5月中旬,队伍们更是紧锣密鼓地展开细节讨论及准备,从掌握备课技巧,到讲课改进;从任课分配到课程排表,从应急预案计划到物资准备,队员们群策群力,使得多达50页的策划书逐渐完善并逐一落实。

计算机学院高度重视精准扶贫工作,结合计算机专业特色组织学生奔赴云南临沧勐准村和湖北孝昌巴石村开展暑期社会实践活动。队员们实地考察了当地农产品特色、贫困现状与农村电商发展情况,走访贫困户,对村干部进行办公软件培训教学,完成了适合当地发展的电商扶贫工作报告,并搭建了电商平台和微信服务公众号,利用暑假时间不断完善当地农产品宣传推广并协助当地进行农产品销售,为精准扶贫工作贡献力量。

(《湖北日报》2017年8月25日 作者:海冰 王潇潇 高翔)

中国，我怎能不爱你
——华中科大思政课"深度中国"走红引出的话题

抢不到座位，就坐上窗台；窗台被占满了，站上几个小时也要听完！

一个多月以来，华中科技大学思想政治公共选修课"深度中国"走红校园成"爆款"。

校园冲击波——
"良心好课"抢占我心

4月11日晚6时30分，华中科大西十二教学楼N101教室早已挤得满满当当，没有一个空座。

来自华中科大马克思主义学院的闫帅、邹旭怡、刘兴花三位授课教师走上讲台，宣布开讲"深度中国"第五讲《乡关何处——"农民工"究竟该留城还是返乡》。

这一课由教师闫帅主持，刘兴花和邹旭怡两位老师对辩。教室顿时安静下来，同学们齐刷刷抬头，听得聚精会神。

这是一个手机可随时转移注意力的时代。"如果以到课率和抬头率来论，'深度中国'课程的效果已经惊人。"武汉大学马克思主义学院教师陈训威慕名观摩，在微信公众号上写下《"深度中国"，热在华科》。

当晚 9 时 30 分下课了，一些学生还舍不得离开。他们走上讲台，围着老师继续探讨。目睹热烈场景，陈训威说："启发同学们思考，激发大家进行系统化学习的欲望，课程就是成功的。"

这是一门公共选修课，学生不满意，可以"用脚投票"，随时离开，大不了重新选一门。湖北日报全媒记者跟踪该课堂一个多月以来，200 人的教室，场场爆满。

"选课时，系统被挤爆了，我'抢'了第三次才成功。"机械学院 2016 级学生杨德民说，有的班级超过一半的学生都选了这门课。

不愿意漏掉每一节课，4 月 2 日晚，计算机学院 2015 级学生苟星成在东九教学楼 C101 教室站了两个多小时："我是西边校区周三课堂的，临时课程冲突，提前赶到东边校区来听课。"

马克思主义学院研二学生徐雪莲和几个同学坐在窗台上全程听完："大家都说是良心好课，特意来蹭课。"

峰乎？岭乎？
月是故乡明，风景这边独好

冲击波，不仅仅是抢课和抢座！

聆听"深度中国"，学生们来到一片新天地。大家普遍反映，"视野更开阔，看问题更全面、更客观了"。"横看成岭侧成峰，远近高低各不同。"青年学子应当怎样真实、客观地看待当代中国和外部世界？

答案在"二人转"的睿智解读中——

华中科大马克思主义学院院长黄岭峻、教师杨炳祥同台讲授第一课"峰乎？岭乎？——观察中国的不同视角"。

西方宣扬中国崩溃论的时候，中国为什么一直风景这边独好？杨炳祥从历史文化视角出发，分析大量诸如《资治通鉴》"海内安宁，家给人足，后世鲜能及之"的思想，"大家认为，能带来政治稳定、民生富足、治安良好的政府就是好政府，古今一致。""按照中国现在发展思路，全面依法治国、把权力关进制度的笼子，一系列利益调节机制的建立，正是朝着避免历史周期律的方向努力。"

黄岭峻打开一扇国际之窗，对比分析不同主义的诱惑偏差。"新自由主义主张管得最少的政府就是最好的政府，'朱门酒肉臭，路有冻死骨'怎么办？政府一定要进行财富的二次分配保证公平。""单纯的市场调节或者单纯的政府干预都不能解决问题，而是要将二者有机结合起来。""一些国家脱离本国实际，套用新自由主义开出的药方，经济跌入低谷、难以自拔。"

黄岭峻在比较中总结说，用马克思主义的立场和方法分析中国问题是科学的、符合实际的。

"只有适合国情的道路才是好道路。如果盲目移植、照搬，陷入无休止的政权更迭和社会动荡，只会让人民生活倒退。"听完深入浅出的讲解，该校水电与数字化工程学院学生路岚青感慨："并不是外国的月亮就特别圆。我更坚信，月是故乡明，风景这边独好。"

自动化学院2017级学生刘柱端坐在教室第二排，不停地记着笔记。他说："通过国际比较，让我更正确认识了中国特色。我们享受制度优势的同时，也要理解发展是需要不断完善的，这也是我们将来可以施展作为的价值空间。"

"学生遇到国内问题，会习惯性地问国外是怎样的，喜欢拿西方来比。如果没有正确的立场和方法，往往会得出模糊甚至错误的结论。对于学生关心的问题，我们不能回避，而且必须回答好。"华中科大党委宣传部部长、马克思主义学院党委书记胡艳华说。

心起波澜——

"种子"的力量

怎么看待中国的发展大势？青年一代能为国家做什么？

答案在"独角戏"的幽默剖析中——

华中科大马克思主义学院杨秀实老师以"从'地矿'到'脑矿'——科技创新如何助力强国富民"为题，上演"速度与激情"。他情绪饱满地说："英国人有蒸汽机时，中国并没有本质上的落后。乾隆时期，中国经济总量并不弱。可是当时的中国，无视科技创新。"

随后，满屏公式出现在PPT上。"你们学物理、化学，以人命名的单位、公式中，有中国人吗？""唯有创新，才能保持大国地位。"

土木工程与力学学院2016级学生彭博深有感悟："强国之间的转移，都伴随着创新思维的转移。我们要担起创新使命。"

答案在"锵锵三人行"的犀利辩论中——

"乡关何处——'农民工'究竟该留城还是返乡"课堂上，刘兴花和邹旭怡两位老师激烈对辩。

邹旭怡主张返乡："我的一位初中同学，返乡开了淘宝店，今年还当上全国人大代表。"

"以人民为中心，我们应该顺应农民工的意愿。"刘兴花用数据说话，"国务院的一个课题组调查显示，超过一半的农民工想在城镇定居，近六成愿意在城镇买房。"

课堂现场开通弹幕，学生边观摩边发表意见。每辩论一次，学生还通过网络投票。

发弹幕还不过瘾，数学与统计学院2014级学生黄泓竣几次站起来辩论："机械化大生产，能不能带来农民工返乡后的广阔作为？"

电子信息与通信学院2015级学生马富为认为："农民工为城市发展作出重大贡献，应温情相待。"

一番激辩后，学生黄泓竣、马富为有了共识："发展的道路不会是平坦笔直的，发展中的问题，还是要通过发展的办法来解决。"

学生路岚青感叹："长期生活在城市，总不理解我们为什么是发展中国家。课程让我感受到精准扶贫的重要性。国家对发展的定位是十分准确的，有这么好的道路，更激发我们好好学习、为中国梦接力奋斗。"

黄泓竣即将到复旦大学学习经济学，他希望通过自己的研究，为国家发展中遇到的难题贡献可操作的方案。"我学会了从不同角度看待矛盾，而不是片面、盲目地指责。仅仅讨论问题不够，解决问题才是关键。"

"与国家共进退，不仅仅只是在战争年代。"学生彭博说，"唯有国家强大，个体才更有安全感。现在学好本领，将来才有能力把国家建设得更好。"

聆听"深度中国"，有矛盾不回避，有问题积极解决，学生原慧民表示："增强了责任感和使命感，更爱我们的祖国，更渴望为她做点什么！"

夜幕下的校园，春风荡漾，一轮圆月，映照"种子"的向上成长。

光荣使命——
好的思想政治工作应该像盐

播撒种子的园丁们在想什么？

有人觉得，现在的思政课很难教，学生大都"政治冷漠"，"你觉得你有道理，那你说啊，我就是不理你。""那是没有打动他，没有触及内心。"黄岭峻说，互联网中成长起来的一代，接触的信息多，但很零碎，究竟以什么样的视角来分析，他们是迷茫困惑的，"众声喧哗中，更需要用高品质的课程与学生成长发展需求对接。"

有人说，好的思政工作应该像盐，但不能光吃盐，最好的方式是将盐溶解在各种食物中自然而然吸收。"'深度中国'在时事热点解析中，融入了正确的价值观，帮助青年学子全面客观认识当代中国、看待外部世界，增强'四个自信'。"华中科大教务处处长陈刚表示，学校在经费、后期在线课堂打造等多方面予以保障，努力将'深度中国'打造成精品课程。

精品背后，是精力付出。

该课程由11位优秀教师联袂打造，每周一个专题，涵盖马克思主义原理、政治学、经济学、社会学、教育学、法学、历史学等多个学科。

从英、法、美工业革命，到当今中国创新战略；从中国春运人口大迁徙，到乡村振兴战略下的广袤田野；从特朗普当选后的"各种不确定"，到中国大国外交的布局与自信；从跨越中等收入陷阱的国际经验、中国实践，到"后真相"时代的网络空间治理……"深度中国"的11个专题，每一个都精心设计，有的课程还是集体备课、多次演练。老师们利用节假日出门调研，力争将最鲜活的素材搬上课堂。课程考核还将以"我为祖国献计策"的竞赛方式进行。

"讲好思政课是一种情怀，创新传播马克思主义是一份光荣使命。"黄岭峻说，三尺讲台立德树人责任重大，期待更多优秀教师走上思政课的讲台，引导学生正确认识中国和世界发展大势，正确认识时代使命和历史责任。

《湖北日报》2018年4月15日　作者：陈会君

母校华中科大师生追忆武汉勇士黄群
大学时代就摩拳擦掌以身许国

20日牺牲的黄群,是中船重工第760研究所副所长、研究员,武汉人,1989年毕业于华中理工大学(现为华中科技大学)。黄群因公殉职的消息传到母校华中科技大学,不少熟悉他的同学和朋友都表示震惊和惋惜。尤其是黄群当年的同班同学情难自已,对他当年以身许国的志向记忆犹新。

·毕业前得知到军工研究所工作高兴不已·

1985年,18岁的黄群考入华中理工大学船舶与海洋工程系(简称"船海系"),与陈远红是同班同学。

在那个时代,高校船舶类专业不是很"吃香"。国家经济总量的提升、对外大宗商品的需求增大、基础建设的扩展,带动了船舶工业发展,船舶类专业大学生毕业后大部分都从事船舶工业。

"勤奋、善良、睿智、厚道、宽容、勇敢,在我心中,黄群就是完人。"陈远红说。当时的船海系为船舶工程和海洋工程而建。直到现在,班上绝大多数同学仍然战斗在船海工程一线,默默耕耘,为建设海洋强国而奋斗,黄群在学生时代就是他们中的典型。

杨宏刚和黄群不仅是大学同班同学,还是中船重工后备干部班同学,对黄群的了解比不少同学多了一层。

杨宏刚说,黄群在学校是个比较低调的人,言语不多,偶尔蹦出一两句,全是金句。在工作中面对外面的诱惑从不动摇,始终相信伟大的祖国,坚定自己从事的事业,从不动摇。毕业后,也有同学受改革大潮的影响,去了其他领域,但是黄群不忘初心,始终在自己领域越钻越深。

"这种志向应该是在学生时代就有了的。"黄群的大学同学黄东回忆,1989 年毕业前夕,黄群得知自己被分配至军工研究所工作,高兴不已,迫不及待地去校内图书馆寻找国内外相关资料来看。"我说你去单位报到后再看也不迟啊。他却说大学学的多是通科教材,早一点看资料能够早一点熟悉将来的研究领域。"

即便是同班同学,对自己的研究领域需要保密的,黄群也从不透露给黄东一星半点。黄东说,因为专业相同工作相近,他经常和黄群一起探讨专业领域问题,但是黄群有言在先,只限于专业工程学术,从不透露研究的专业型号以及具体数据,大多数情况都是听他说,碰到感兴趣的问题黄群就不停追问。

黄群一心钻研科研,对外界的很多事情显得"另类"或"陌生"。黄东回忆,2004 年,因为工作关系,他和黄群一起参加一个标准审查会,当时借机逛一下当地风景名胜是普遍现象,没想到黄群一开完会就直接回去了,说是所里有任务,不能耽搁分秒。

2014 年黄东在武汉和黄群见了一面,一起聊到喝茶,以及何种名茶,黄群一脸茫然,完全不知道外面的名茶有哪些。他建议不抽烟少喝酒的黄群多喝茶以增强体质。

·不在乎外部条件一心想着怎么搞好工作·

1985 年,肖涛和黄群同时考入华中工学院(华中理工大学前身)船海系,一个读船舶电气,一个读船舶工程。虽然两人选读专业不同,但因为在同一个地方读过高中,性格相近,两人喜欢一起活动,成为无话不谈的朋友。毕业后,两人又一起被分配到 719 研究所,成家前,他们经常一起开火吃饭。

"刚到所里,条件很艰苦,待遇很低。"肖涛回忆起 30 年前的往事,仍历历在目。他说,同一批分到所里的 15 个人,后来由于家庭、深造等原因先后离开。黄群不在乎外部条件,他一心想着怎么搞好工作,以实验室为家。起初，他在总体专业组担任副组长，后来所里要求抓质量，安排他到质量处。在他的带领下，所里质量体系标准才逐步完善起来。

在肖涛眼中，好友黄群生活上追求淡泊简单规律的生活方式，工作上却比谁都认真、严谨。两人平时都很忙碌，来往虽不多，但肖涛知道，遇到困难时，黄群一定会帮助自己。黄群热爱运动，多次劝说肖涛一起锻炼，他总说等退休后约着一起健身。今年5月，黄群从大连到武汉出差，晚上忙完特地约肖涛散步，想帮助肖涛排解郁闷。

黄群因公殉职，肖涛刚得知消息，并不相信。在他印象中，黄群基本不会游泳，遇到水肯定躲得远远的。不过当得知他是为了保护国家财产和同胞生命时，肖涛信了："只要他在那里，就一定会冲上去！这是职责所在！"老友离世，肖涛这两天落寞许多，过几年退休后，他再也无法实现与黄群一起锻炼的约定了。

·默默无闻为国家奉献自己的青春和才华·

黄群牺牲后，他的大学老师刘增荣为之惋惜。今年73岁的刘增荣曾教过黄群所在的船舶工程专业852班，时过多年，桃李满天下的他，看到黄群的照片，感到非常熟悉。

"他品学兼优，出了这种意外，我感到很惋惜。"刘增荣告诉记者，他带了很多学生，1985级船舶工程专业的学生成绩都很优异。无论是学习，还是班上集体活动，黄群都表现突出。毕业后很多学生出了国，或者中途离开了自己所学的专业领域，黄群始终坚守在这个行业，默默无闻为国家奉献自己的青春和才华，确实不简单。

工作时，刘增荣曾带领学生去实习过，他目睹过台风来袭的可怕场景。这一次，黄群冒着生命危险，去保护国家财产和军工设备，最终献出自己宝贵的生命，刘增荣觉得非常可惜，也为学校和自己培养出这么一位优秀的学生骄傲。

(《长江日报》2018年8月24日　作者：杨佳峰　王潇潇)

"有高度"融合"有温度"
"天下事"讲成"身边事"
华科思政课"深度中国"何以"爆款"

为了能在课堂上抢到一个座位,每次上课前半个小时,许多同学就已赶到教室;没有座位的学生,挤满了走道,宁愿站上两个多小时,也要把课听完……这是华中科技大学思政课"深度中国"授课时的常态。

思政课程,何以受到学生"热捧"?成为"爆款"课程背后,"深度中国"又有着怎样的历程?

· "打开一扇窗,更加全面、深度地了解了祖国" ·

青年教师邹旭怡、刘兴花,在课堂上"碰撞"起了观点。

这是"深度中国"课程第五讲"乡关何处——'农民究竟应该是进城还是返乡'"授课中的一幕。

台上,两位老师围绕"进城还是返乡"展开激烈辩论;台下,同学们听得聚精会神,不少人还通过课堂上使用的"微助教""微弹幕"等新媒体应用工具,发送"弹幕"观点、实时互动。

无论是从每堂课的授课教师人数、授课方式,还是与学生的互动方式等来看,"深度中国"课程都可谓另辟蹊径。而类似的形式创新、内容创新和方法创新,贯穿于课程始终。

华中科技大学马克思主义学院院长黄岭峻教授介绍,课程结合的,多是开课一段时间内广受关注的话题,比如中美经贸摩擦、精准扶贫等。避免"填鸭式"的教学，将思政理念融入"接地气"的教学全过程，让学生在思辨中增进对中国道路的自信，增进对中国方略的认同。

每学期的十二次课，分别确定不同的主题，结合不同主题，又推出了专题式、辩论式、对谈式等形式多样的授课方式。

"专题式主要由一位老师主讲，辩论式由两位老师分正方、反方共同主讲，对谈式则是三位或多位老师共同参与，在对谈中交流真知灼见。不拘一格，根据课程的需要灵活选择。"授课教师李建国副教授说。

"深度中国"课程还广泛"借智"，除了来自马克思主义学院的任课老师之外，还广邀校内外名家学者。华中科技大学党委书记邵新宇、原校长丁烈云，以及武汉其他高校的知名学者，都曾登上讲台。

更有深度的内容、更有新意的表达，赢得了学生们的更多共鸣。

土木工程与力学学院学生王孙超感慨："课程回答了我们很多疑惑，也为大家打开一扇窗，更加全面、深度地了解了祖国。"

"有的学生，原本对思政课存在偏见和误解，认为课程枯燥、不易理解。'深度中国'课程希望成为'供给侧改革'的一种尝试。"授课教师闫帅说，"思政课不能'曲高和寡'，贵在'润物细无声'。"

·"在授业解惑中，引人以大道、启人以大智"·

对于计算机科学与技术学院2016级学生丁健豪而言，精准扶贫，原本是一个有些遥远的概念。

听了"深度中国"课程："从精准扶贫看大学责任——来自澜沧江边的故事"这一生动结合一线支教故事的专题内容，让他印象深刻。"学以致用，以后我要争取用自己所掌握的知识与技能，为推动贫困地区的发展贡献一份力量。"

"教育的本质，意味着一棵树摇动另一棵树、一朵云推动另一朵云、一个灵魂唤醒另一个灵魂。"教师李晶说，"能够启发学生思考，给学生带来触动，课程的目的就实现了。"

"深度中国"课程，同样为青年学子们提供了更多观察中国和认知世界的视角和方法。

谈及民主问题，课程以部分西方国家的大选为例，直击"金元政治"的弊端，"我们的民主是人民民主，体现大多数人意愿，更能集中力量办大事……"

"通过国际比较，我们更加全面、深度地了解了当今中国的发展。这也让我们懂得要更加主动地去关心国家大事，更加明白作为大学生应有的责任与担当。"管理学院学生蔡嘉琪说。

"大学时代，就像学生进入了小麦的'灌浆期'，这个时候阳光、水分跟不上，就会耽误一季庄稼。思政课，就是要给学生的成长提供更多的'阳光''水分'。"华中科技大学党委宣传部常务副部长、马克思主义学院党委书记胡艳华说。

邵新宇说，创新高校思政教育工作，离不开更有贴近性的载体。"大学之为大，就是在授业解惑中，引人以大道、启人以大智，使人成为栋梁之材。思政教育，要不断探索将'高度'与'温度'结合，把'天下事'更好地讲成'身边事'，立德树人，打造'有灵魂的卓越'。"

"既有高的'到课率''抬头率'，又有正确价值观的'入脑''入心'"

"给我一片雪花白啊雪花白/信一样的雪花白/家信的等待/是乡愁的等待……"

当余光中先生的《乡愁四韵》，伴随着悠扬的旋律在教室中回荡，思乡爱国之情深深地感染着莘莘学子。初冬时节，一学期的"深度中国"课程画上句点。

通过将社会主义核心价值观融入对时事热点的讲解与分析中，"深度中国"课程在潜移默化中引导学生正确认识当代中国以及外部世界，引导学生"理解中国、认同中国、振兴中国"，进一步增强了"四个自信"。

"聆听课程，让我们更深入地了解了我们的国家。我们在享受制度优势的同时，也要理解发展是一个不断完善的过程，我们会更加热爱自己的祖国。"自动化学院学生戴志伟说。

"我们需要在未来保持这种关注国事的态度,将从这堂课中学到的思考方式和角度应用在之后的生活中,不断学习、不断探索、不断进步、不断践行,为祖国的发展做出贡献。"计算机科学与技术学院学生马富为说。

"深度中国"课程,也是华中科技大学不断强化大学生思想政治教育工作的一个缩影。

邵新宇介绍,学校正着力全面抓好"思政课程"建设,努力构建全员、全过程、全方位的大思政教育体系,打造一批课程思政示范课堂,推动形成专业课教学与思政课教学紧密结合、同向同行的育人新格局。

"'深度中国'不仅是课程的创新,也是一次成功的思政课改革探索。"湖北省委常委、宣传部部长、省委高校工委书记王艳玲说。

湖北省委高校工委、省教育厅日前在华中科技大学召开全省高校"五个思政"建设现场推进会。128所高校党委负责同志、马克思主义学院院长等参加会议,并观摩了"深度中国"课程教学演示。

湖北省教育厅厅长陶宏说,只有遵循思政工作规律、遵循教书育人规律、遵循学生成长规律,才能像"深度中国"课程一样,既有高的"到课率""抬头率",又有正确价值观的"入脑""入心"。

(《新华每日电讯》2019年1月13日　作者:唐卫彬　俞俭　梁建强)

一起战疫　在线就业
华中科大：引导更多学生到祖国更需要的地方去

"今年我们华中科技大学的学生，即使在受到疫情影响情况下，还是可以有比较好的就业。"日前，华中科技大学校长李元元在接受记者时说。面对来势汹汹的疫情，该校将学生就业工作的主阵地转移至线上，全力保障毕业生顺利就业。从今年2月至今，已有430余家单位在华中科技大学就业信息网发布各类招聘信息，540余家企业报名参加"空中双选会"。

面对疫情，华中科大积极开展网络招聘，搭建线上招聘平台，引导毕业生抓住春季求职黄金期，"顺利毕业，尽早就业"。该校广泛邀请用人单位通过学校就业信息网、微信公众号发布招聘信息，并通过开展空中宣讲会、邮件接收简历、视频面试的方式选聘毕业生，实行网上签约。同时，主动联系相关省份的组织部门、人社部门，对选调、人才引进工作进行沟通、调整；联系中国建筑集团、中国航空工业集团等央企、军工企业，为其招聘、签约开通绿色通道；鼓励院系利用学院资源、学科资源主动对接用人单位。从3月1日起，该校持续开展春季"空中宣讲会"和大型"空中双选会"，为用人单位和毕业生提供充分的线上双向选择机会和良好服务。

为助力毕业生找准职业定位、找到合适的工作，华中科大积极开展网络就业"云指导"。依托网站、微信公众号、官方抖音等网络平台，开设了"一起战疫、在线就业"专栏持续为毕业生推送简历制作、面试技巧，邀请世界500强、国防军工企业HR、就业教研室老师对毕业生进行线上就业指导、提供咨询服务，上线了就业网络课程，免费提供选调生备考视频课等内容。此外，该校还针对未签约的家庭困难学生、非全日制研究生开展了就业"一对一"帮扶和就业岗位推送工作。

"我参加了第一次线上面试，就顺利拿到了offer!"华中科大生命科学与技术学院应届毕业生霍存壮说。据了解，每年大约有5000多家单位企业到华中科大招聘，截至3月初，已有近3000家来校招聘，不少学生已经拿到了录用通知。该校副校长解孝林介绍："我们把学校本科生和研究生的就业情况与往年做了一个比较，现在来看，目前研究生的就业跟往年相比是持平，还有略有一点增长；本科生的就业情况基本上也还是不错。"

李元元表示，通过这次抗击疫情，学生的家国情怀和担当意识可能会比往年进一步增强。华中科大将加强对学生进行就业引导，引导更多的学生选择到祖国更需要的地方去，"所以，我们对做好今年的就业工作还是很有信心的"。

（✎《中国教育报》2020年3月5日　作者：张晨　程墨　王潇潇　孙金立）

全国疫情中投入床位和医护人员最多的高校
疫情大考　华中大青年交出"逆行答卷"

"作为一名团支部书记，患者需要我，我应该继续向前冲。"新冠肺炎疫情发生以来，华中科技大学同济医学院附属同济医院感染科主管护师张霓始终战斗在一线。而鲜为人知的是，她正承受着失去亲人之痛。

疫情期间，张霓的大伯突发心肌梗死，去世前给她打电话寻求帮助，但那时张霓身在隔离病房，没有带手机……深夜，张霓流着泪，在日记中对将她抚养长大的"大伯爸爸"说："会有天使替我来爱您。"

像张霓这样展现出强大勇气与责任的年轻"逆行者"，是新冠肺炎疫情暴发以来华中科大青年群体的一个缩影。

作为全国疫情中投入床位和医护人员最多的高校，该校10家附属医院投入医护人员约3.3万人、病床8900余张，管理方舱医院病床近6000张。习近平总书记曾专门视频连线华中大附属协和医院；在武汉市考察疫情防控工作时，更是称赞奋战在一线的医务工作者是"新时代最可爱的人"。

在这些"最可爱的人"中，有3500余名附属协和医院青年、3500余名附属同济医院青年，背后还有数以万计的在校大学生……面对疫情，一支支青春之师闻令而动，用行动书写"与祖国同舟、与人民共济"，团旗在疫情防控一线高高飘扬。

·"穿上工作服的那一刻,就真的什么也不怕了"·

"所有医护人员都在抢救患者。我的亲人已经没了,不能再让更多人失去亲人。"张霓和她的年轻团队连续近两个月坚守发热病区,主动承担危重患者的护理工作,哪里有困难,她们就去哪里。

在疫情期间,病患的一切需求,几乎都由护士来完成。大到打针、抽血、喂药,小到打开水、送饭、递洗脸毛巾、关灯、找遥控器、倒水……年轻的护士们从未停歇。张霓介绍,科室里全员都选择留下来,"没有谁去逃避,大家想着的都是各司其职,尽可能地拯救更多生命"。

直到学校附属同济医院本部发热病房转运了最后一名患者,张霓所在的感染科一共有44名护士参加到防疫当中,完成了310张床位的医疗救治工作,接诊累计达万余例。很多人感慨:"不知道为什么,穿上工作服的那一刻,就真的什么也不怕了。"

面对疫情,学校附属协和医院团委发出《在防控疫情阻击战中充分发挥共青团生力军和突击队作用的通知》动员令。手术室团支部向医院党委递上了请战书,全体请战上抗"疫"战场,"手无寸铁,心有铠甲"。

学校附属同济医院团委率先提出倡议:"抗击疫情,青年先行,坚守岗位,有召必应!"团委委员带头,6名临床团委委员全部上一线,30多名团支书、近1000名团员主动请缨,不惧危难,参与一线工作,在预检分诊、隔离病房、发热病房、重症监护室等多个岗位发挥重要作用。

他们中有取消婚礼,甘心"疫情不散,婚礼不办"的护士;有离汉通道关闭前在高速路口递出孩子、火速返岗的急诊科夫妇。

在该校附属梨园医院,"90后"护士们守护着一批90岁高龄老年人的健康,他们相差约70岁,两代"90后"在这里温情"邂逅"。

该校附属同济医院"90后"护士汪妍在发热门诊战"疫"前线递交了入党申请书,她说:"在发热门诊工作的这段时间,从党员同事身上,我更清楚了党是什么、党员是什么,我想成为像他们一样的人。"

· "您战一线，我助后方" ·

"原来还能这么学啊！学习文言文好像没那么枯燥了。"说起最近的课外辅导，正在读小学三年级的小石兴奋不已。

两个多月前，小石的妈妈作为医护工作者不得不奔赴抗疫一线，小石为此郁闷了很久。

华中大第 22 届研支团成员王鸿钏用手机开直播，倾听小石的心声。在他的帮助下，通过渐进性教学模式、课业辅导与游戏相结合的授课方式，小石从最初只能安静听十分钟的课，到如今能持续学习近三十分钟。

疫情期间，华中大团委发起医务人员家庭关爱志愿服务行动，建立医务人员家庭服务台账，组建了 581 人的志愿者队伍，其中包括校级、省级青马班学员 82 名，还有西部计划志愿者、学生干部、普通学生等。

华中大校医院和附属协和医院、同济医院、梨园医院，武汉第一医院，湖北肿瘤医院，武汉儿童医院……志愿者和七所前线医院的医生、护士建立了对接关系，精心组织开展线上服务，服务内容涵盖了学业辅导、读书交流、益智游戏、兴趣课堂、老人陪伴等。

土木学院的学生卢孝巍担任初三年级辅导组组长，带领小组负责 5 名初三学生的辅导。此前，他在担任"大手拉小手"公益团队队长期间，筹备了美术、音乐、手工等 18 门兴趣课程，具有丰富的教学经验。

这一次，他将这些经验带到对医务人员子女的辅导中来。在不打断学生正常复习进度的前提下，他们积极开展以针对习题答疑、薄弱知识点讲解、学科知识框架梳理为主要形式的辅导教学，获得了医护子女家长的点赞。

"他很开心，期待下次上课""谢谢，她还从来没这么开心地学过英语"……医护人员的每一次肯定，都让校园里年轻的志愿者信心倍增。

华中大团委还积极响应团中央号召，指导学生会、研究生会发出致全体同学的倡议书、制作防"疫"海报、推出原创歌曲等形式，组织引导广大返乡大学生团员站出来、团结起来、行动起来。

据不完全统计，数千名团员青年发挥自身优势和特长，深入田间地头、街道社区，以线上线下多种方式在大后方参与疫情防控工作，工作岗位覆盖后勤保障、交通运输、联络沟通等方面。

2019届研究生支教团成员王一苇从新疆返回家乡武汉,主动报名成为华中大校友会的志愿者。报名当晚她就前往汉阳国际博览中心开展志愿活动,负责爱心物资的装货和卸货等工作。

上下午两班倒,即便是在阴凉的仓库里,她也总是满头大汗,但她不能脱掉本就稀缺的一次性防护服,"现场都是素未谋面的陌生人,因为爱一座城而聚集在这里"。

· "网络战疫,当好宣传员" ·

疫情期间,长期处在信息焦虑中,感觉"废了""暴躁""很悲伤","疫情替代性创伤"也成了一些宅在家的同学的新恐慌。

华中大团学组织发挥青年新媒体优势,组建起青年网络宣传突击小分队,青年学子化身宣传员,活跃在网络战"疫"一线,扛起正能量旗帜,讲述华中大青年战"疫"故事,系列推文累计阅读量达30余万次,创作《守望天明》《无名之辈(医护人员版)》《为生命守候》三首原创歌曲MV,把战"疫"必胜的信心付诸歌声和笔端。

"这些平凡、真实、鲜活的故事中有悲悯更有温暖,有理性更有情怀与精神,或许故事的主角就是你的同学或者在校园里曾经遇见过的普通行人……"华中大团委推出"听见1037 | 我的抗疫札记"系列专题,呼吁大家共同铭记这段抗疫的青春篇章。

该栏目收到众多同学的投稿,校团委、校学生会将这些华中大青年的战"疫"故事制作成朗诵音频发布推文,向全体华中大青年学生传递战"疫"必胜的信心。

"作为一名大一学生,这是我第一次亲身经历这样的大灾难。"经济学院的本科生屈诗雨在抗疫札记栏目中写下了自己的心声,"大江大河大武汉。有打响辛亥革命第一枪的勇气,有一桥飞架南北的豪迈……只要我们足够努力,就一定能取得新冠肺炎疫情阻击战的全面胜利!"

"从见证故事到讲述故事,用自己的语言让世界听到中国医生的无畏、听到中国方案的高效、听到中国制度的优势,我感到无比自豪。"华中大团委联合北京大学、复旦大学、西安交通大学、兰州大学五所高校相关单位组织开设"战疫云宣讲,青年有担当"网上云课,参与其中的青马学员、校学生会主席团成员向霖毅感受颇深。

疫情发生以来,华中大党委书记、校长与数万学子"齐聚云端",共上"抗疫思政课"。校团委邀请青年战"疫"英雄走进"青春在战疫中绽放"主题团日团课,组织西部计划志愿者、青马学员、团学骨干等战"疫"精神专题培训,充分发挥网络媒体作用立体式讲好战"疫"中的青春故事。

(《中国青年报》2020年4月17日 作者:雷宇)

追风少年励志万里海疆
76名国防生奔赴部队基层一线

8月20日下午,华中科技大学国防生张桦收拾好行囊,出发前往北海舰队某作战支援部队。一周来,该校76名2020届国防生陆续返校完成毕业派遣,将在万里海疆挥洒青春保家卫国。

今年,该校国防生全部分配到部队基层一线。张桦来自黑龙江大兴安岭,从小就对部队、军人心怀崇敬,高考时毫不犹豫报考了国防生。四年的军事化管理、军事训练将一个还有些懵懂的小伙锻炼成拼命三郎。尤其是同学之间的团结拼搏,让他提前感受到了部队敢打敢拼的集体精神,"我印象最深的是引体向上科目,从大一时无人达标,到一点点进步,同学们训练时手上的皮都磨掉了,我们互相鼓励着坚持了下来。到部队后,我要身体力行地把人民军队'听党指挥、能打胜仗、作风优良'的优良传统和学校'明德厚学、求是创新'的校训精神结合起来,成为优良传统的继承者、发扬者和实践者。"

自1999年开始,华中科技大学与海军联合培养国防生,20多年来,华中科技大学共为海军培养了2000余名国防生。这其中,有当上沂蒙山舰副作战长的利川女孩杨扬,有"军队科技功臣"杜检业,有海军"比武状元"杨兴峰,还有西沙水警区优秀指导员许双凯等优秀代表。2020届76名毕业国防生中,党员69人,52人次获得校优秀党员、三好学生、优秀干部等称号,30人次在国内外科技竞赛中获奖。

据了解，今年毕业的 76 名国防生也是华中大最后一批国防生。从 2017 年起，国防部不再从普通高中毕业生中定向招收国防生，也不再从在校大学生中考核选拔国防生，逐步调整为面向地方院校毕业生直接选拔招录。

(✎ 《湖北日报》2020 年 8 月 20 日　作者：方琳　张绍浩)

做坚如磐石的那一块平凡砖头
——华中科技大学"开学第一课"由校友张定宇开讲

9月23日上午,华中科技大学2020级本科生开学典礼暨抗疫精神宣讲报告会上,"人民英雄"国家荣誉称号获得者、1981级校友张定宇重返母校,以亲身经历和切身感悟,为7000余名本科新生深情讲述了"开学第一课"。近40分钟的演讲,16次被掌声打断。学生被伟大的抗疫精神所感动,眼中含泪,感受着为人民、为祖国奋斗的源泉和力量。

·"燃烧微弱之光疗愈世间伤痛"·

"作为一个普通医院的院长喊出'我们要保卫武汉、保卫武汉人民'这个口号,是任何人都要做的事情,位卑未敢忘忧国。"张定宇洪亮的声音响彻光谷体育馆。

金银潭医院被称为"疫情的风暴之眼"和"离炮火最近"的战场。春节前一周,医院患者从一个一个转诊到一拨一拨地转诊。与此形成鲜明对比的是,卫生员告急,安保人员告急,医护人员告急,防护用品告急。"在这至暗时刻,我要像一道光,与我的战友们命运与共。"张定宇说,面对凶险的疫情,金银潭医院党员、干部职工没有迟疑退缩,全部挺在急难险重岗位,从未有人主动"下火线"。

"这场人民至上、生命至上的战争,我们赢得太不容易。"回忆起武汉封城期间,全国各地医疗队援鄂的情景,他感慨万千,仍然想对那时远离亲人、集结出征的346支医疗队、海陆空三军医疗队，以及4.2万名援鄂医护人员说一声："谢谢你们，为湖北拼过命！"

谈起渐冻症病情，张定宇话语中折射出坚强。"每天晚上我都会抽筋，非常痛，得起来用体重压住，病情重的时候需要用热水才能缓解，但是病痛并没有压倒我。"进入会场时，他有些吃力的步伐牵动着在场所有人的心。如雷的掌声，从他入场一直持续到落座。"有人问我，身体状况都这样了，为什么还这么拼？"他说，"如果你的生命开始倒计时，就会拼了命去争分夺秒做一些事！现在不歇，在漫长的以后，我会一直歇着，很久很久。歇不住，又何尝不是一种幸福？"

"人要有追求，我不能延长生命的长度，但为什么不让生活更丰满呢？"他说，希望在大瘟疫肆虐的时刻，能用残缺的身体燃烧出的微弱之光，疗愈世间的伤痛。

演讲过程中，张定宇对学生发出谆谆教诲："请不要辜负你们的青春年华。在实现中华民族伟大复兴的事业中，你我可能就是平凡的砖头。不管将来你置身于共和国大厦的哪一块，你都要做坚如磐石的那一块。"

· "抗疫精神如一盏明灯，照亮人生路" ·

这场特殊又具有重要意义的"开学第一课"，通过"人民英雄"张定宇的生动讲述，让同学们深刻感受到华中科大"与人民同舟、与祖国共济"的使命担当。

人工智能与自动化学院刘佳欣同学说："听报告之前，张定宇、金银潭医院、一线医护人员、援鄂医疗队……都只存在我的印象里、作文素材中，而今天，一切都鲜活了起来。我们在武汉这座英雄的城市，感受到了抗疫英雄们的勇敢与义无反顾。我敬佩张定宇的勇气，更敬佩他面对生活与死亡展现出的大义。"

"我曾经觉得安稳幸福地过一辈子就好，但今天我明白了，造福人类、奉献社会，才能真正让心灵获得幸福。"电气与电子工程学院钱森林同学说。

"'苟利国家生死以，岂因祸福避趋之'，这样的人就在我们身边，这样的精神也将一直激励着我们不懈奋斗，追求卓越。"机械科学与工程学院于鹏同学坚定地说。

经济学院相里怡雯同学手里还握着沾了泪水的纸巾，她说："听着张定宇的报告，我几度潸然泪下。身着白衣、心向苍生，坚毅笃定、战无不胜。我希望自己能够接过责任的火炬，为社会、为人民献力！"

"一下子就有劲儿了！感觉非常振奋！那时候是他们保护我们，当我们学成回馈社会时，也要为国家作出贡献！"光学与电子信息学院的宁鹏程同学说。

"之前都是在电视中看到张定宇，这次有幸现场听他做报告，真的和我想象中不一样。虽然他身患渐冻症，但是他的声音特别洪亮，我觉得特别震撼！"管理学院岳琰同学激动地说。

"张定宇的演讲是最好的'开学第一课'，愿吾儿以前辈为榜样，勇于担当，肩负起时代重任。"家长们有感而发。网友们也纷纷在直播平台留言："'希望在大瘟疫肆虐的时刻，我能用残缺的身体燃烧出的微弱之光，疗愈世间的伤痛！'听到这，我哭了。""危难时刻，无论保护个体还是国家，总能挺身而出的人，谓之'英雄'，幸而有你们，护得家国安康。"

抗疫战场上，像校友张定宇这样的华中科大人，用平凡却又充满力量的故事感染和激励着每一个人。他们在武汉保卫战、湖北保卫战中，顽强奋战，用实际行动诠释了"天下兴亡，匹夫有责"的家国情怀，体现了"顶天立地、为国效力"的使命担当。张定宇身上彰显的高贵品格和坚强意志，正是华中科大精神的生动体现。

面对突如其来的新冠肺炎疫情，华中科技大学11所附属医院均为新冠肺炎患者定点诊疗救治医院，3.4万名医护人员奋战在抗疫一线，是全国投入最多床位和医护人员的高校。华中科技大学党委积极谋划，把做好抗疫精神宣传宣讲工作作为学校立德树人的重要环节，成立了由校党委书记邵新宇、校长李元元担任团长，由一线医务工作者、抗疫科研专家、校园防控人员等为代表的华中科大抗疫精神宣讲团，通过集中宣讲报告、思政课教学、主题故事会等形式，生动讲述一线战疫、科研抗疫、校园防疫的感人故事，将抗疫精神转化为推动学习工作的强大动力。

"以张定宇校友为代表的华中科大人，用行动诠释了什么叫'顶天'又'立地'。关键时刻，总能看到华中科大人挺身而出，无论是医护工作者还是科研工作者,他们都在尽全力为抗击疫情贡献力量。"中国工程院院士、华中科技大学党委书记邵新宇说,"开学第一课",我们请张定宇学长为同学们讲述抗疫历程,就是要引导他们扣好"人生的第一粒扣子"。

(✐《光明日报》2020年9月25日 作者:夏静 范千 谢小琴)

华中科大108名青马学员暑期调研疫情冲击下的城乡基层
到一线去 那里是最好的思政课堂

尽管早已回到久违的校园开始正常的学习生活，但暑期时的一幕幕，让华中科技大学社会学院2018级本科生向亮萤念念不忘。

在湖北秭归县阳光社工服务中心，她负责当地留守儿童、困境儿童的暑期托管，教孩子们"七步洗手法"。一个眼睛大大的女孩练习完无比开心，"我可以回家教我奶奶洗手啦！"

"看到那一双双充满稚气的眼睛，一只只胖乎乎的小手，我觉得自己所作的事情很有意义。"托管结束时，这名"90后"姑娘在日记中写下实践心语。

城乡基层是实现群防群控的组织基础。疫情冲击下，城乡治理体系和治理能力面临怎样的挑战？

今年暑假，华中科技大学创新"校青马工程"培养思路，组织40名学员以向当地党团组织报到等形式进入19个政府部门、13个当地团组织、5个社区街道、3所事业单位就近就便开展政务见习，并统筹108名"青马学员"在家乡开展"疫情冲击下基层城乡社会治理研究"暑期社会实践。

"开展此次实践，就是想引导'青马学员'扎根祖国大地，了解国情社情民情，在实践中经风雨、练本领、长才干，培植深厚的为民情怀，为今后走向基层、提高治理能力奠定基础。"负责此次活动的该校团委书记、青马学校办公室主任林桢栋谈到。

最真实的国情社情体验，成为学生最好的思政课堂。

在一个多月的实践中，向亮萤不仅成为孩子们眼中"多才多艺的社工姐姐"，还成长为备受社工机构肯定的"骨干社工"。她和同事们一起深入农村，参与孵化党员志愿服务队、老年协会等组织的各项活动，调动村民自我服务的积极性，让村民自主投身于乡村环境整治、乡风文明建设。

在广州市海珠区金碧东社区，无论是"文明养犬行动"，还是"地铁博物馆夏令营"，都能见到公共管理学院2019级硕士生刘子灵忙碌的身影。她发挥专业所学，走访社区党委、社工、物业、居民等六大团队，帮助梳理多元主体参与的社区治理结构，完善"蜂巢"党建制度流程体系，形成一份9000余字的调研报告，获得社区党委的一致好评。"群众事无小事，基层党组织为群众解决实实在在的问题，在困难面前聚力同行，是我学习的榜样。"参与社区治理两个月来，刘子灵收获满满。

在安徽省祁门县退役军人事务局，生命科学与技术学院本科2017级第二党支部书记戴丽琰承担起单位微信公众号的运营工作。短短六周，她编发文章50余篇、推动粉丝增长6倍、浏览量破1万人次。"听老兵回忆70年前的故事，触摸保存70年的军官证、军功章，我深切体会到革命先辈们的艰辛付出，体会到幸福生活的来之不易。"

在江西省新干县界埠镇，船舶与海洋工程学院2018级本科生刘腾跟随政府工作人员走乡串户，深入多个行政村中的十余户贫困户家庭面对面交流，详细询问记录每家每户的家庭情况、致贫原因、条件改善和日后发展等信息，并及时反馈给扶贫工作人员，也针对性地对现阶段存在的问题进行整改。

刘腾感慨，"脱贫攻坚，党心所向，民心所依。走访中我们听到了贫困户无数句'感谢党和政府'。淳朴的话语却更加激励我们，坚定信心，决胜脱贫攻坚战。"

脱贫攻坚战已到尾声，但突如其来的疫情让一些地区增加了因灾返贫的风险。带着这种担心，人文学院2019级硕士研究生黄新杰调研了湖北省大悟县丰店镇的很多村落。在田间地头，她顶着烈日询问农民特色农副产品种植经验；在扶贫车间，她向基层干部请教自主产业造血功能；在农家小院，她向老乡们了解易地扶贫发展情况……一家家的走访，让她看到通过一系列有针对性的政策扶持和产业引导，村民们的腰包鼓起来了。

在湖北恩施土家族苗族自治州，能源与动力工程学院2017级本科生魏永康体会到了什么叫"力行获感动"。

7月26日，恩施州建始县普降大到暴雨，厚厚的淤泥给城区清扫带来很大难度。魏永康同建始县人民政府办公室的干部职工一起来到船儿岛社区吉祥园小区进行灾后清淤。"我们清淤最累的时候，一位社区大爷一直招呼我们去他家里休息。大爷家里受灾没法烧水泡茶，却还坚持要我们喝矿泉水解渴。"一瓶矿泉水，一句感谢的话，让魏永康感受到党员干部与群众的鱼水之情。

两个月时间，108名华科大青马学员带着思考，赶赴全国21省70个市、区、县走访实践。他们结合专业特色，完成访谈记录205篇、调查问卷939份、实践感想97篇、总结报告达38万字。

据介绍，华中科技大学"青马工程"注重实践导向，以"信仰入头脑、实践长才干、基层立功业"为培养主线，通过"党性教育、理论学习、实践锻炼、能力提升"等方式，以寒暑假为主体，设计"第三学期"社会实践课程，围绕政务见习、生态文明治理探访等主题，已持续开展三年。

华中科技大学党委书记、青马学校校长邵新宇表示："学校将继续发挥'青马工程'的统领作用，构建更加完善的青年政治骨干培养体系，着力培养更多具有家国情怀、国际视野、敢当大任、追求卓越的青年马克思主义者。"

（《中国青年报》2020年10月27日　作者：雷宇　李旻丽）

华中科技大学：
抗疫精神成思政课最生动教材

从对未来生涯的迷茫到坚信"学习的知识就是手中的枪"，华中科技大学电气学院学生吴逸桐在新冠肺炎疫情前后思想态度发生转变，毅然选择赴西部基层支教一年。

熬夜制作手工饼干、手写贺卡，甚至差点忘记自己的结婚纪念日，只为将暖心传递给"营养与健康"课堂的学生。疫情期间，该校生命学院教师班主任金文闻给全国各地学生寄送140盒小饼干传递暖心的故事感动校园。11月10日，在华科举行的2020年湖北省高校学生思政工作集中调研会上，大家一起分享了一个个抗疫故事，在生动讲述中深入人心，以真人真事、真情实感温暖人、感染人、鼓舞人。

在2020年年初的新冠肺炎疫情防控阻击战中，身处武汉的华科挺身而出、冲锋在前，是全国抗疫战场中投入力量最多、作出贡献最大的高校。学校11所校属医院均为新冠肺炎定点诊疗救治医院，共投入医务人员约3.4万人，病床近9000张，同时还管理着4个方舱医院近6000张病床。战疫中，学校涌现出许多先进个人和先进集体。其中，6名同志被授予"全国抗击新冠肺炎疫情先进个人"称号、3名同志被授予"全国优秀共产党员"称号、2个集体被授予"全国抗击新冠肺炎疫情先进集体"称号、1个集体被授予"全国先进基层党组织"称号，还有多人获省市及卫生系统各类表彰。华科人用实际行动展现了"与人民同舟、与祖国共济"的使命担当。

·无畏坚守尽显医者仁心·

"我宣誓,牢记使命,冲锋在前,坚决贯彻医院部署,全力以赴支援红十字会发热定点医院工作,圆满完成院党委交给的任务。"1月22日,华中科技大学附属协和医院发出《守护健康 打赢疫情防控战》的倡议书,内科党委书记陈吉相很快就带领着30余名内科党员组成抗击新冠肺炎突击队,庄严宣誓。当晚,队员们便迅速投入协和对口支持的发热定点医院武汉红十字会医院的工作中。

危难时刻方显英雄本色。疫情初期,华科成立防控新冠肺炎工作领导小组,学校党委书记邵新宇、校长李元元任工作领导小组组长,紧紧抓住前方医院和后方校园社区两个阵地,统筹协调、全盘谋划、上下一心,吹响战疫集结号,号召全校党员冲锋在前,坚决打赢疫情防控阻击战。

邵新宇在战疫示范微党课中讲述:"战疫过程中,党旗始终高高飘扬在华科抗疫的各条战线上。附属协和医院党委第一时间发出倡议书,全院各基层党组织、全体党员纷纷响应。华中科技大学附属同济医院党委成立临时党支部,立下'不计报酬,无论生死'誓言。在校园防控战场,为保证顺利打赢新冠肺炎疫情阻击战,众多老党员、老教师身先士卒,为近两万名校内居民充当志愿者,解决居民的日常生活难题。95岁高龄的'钢铁院士'崔崑及夫人第一时间捐款100万元。这些身边的故事生动诠释了一个支部就是一座堡垒,一名党员就是一面鲜红的旗帜。"

党旗所向,白衣为袍,一线医务工作者勇当抗疫排头兵。

1月中旬,附属协和医院受命派团队进驻武汉市金银潭医院,并负责将南五楼普通病房改造为临时ICU。"让我来,我先上!"原本在金银潭医院轮值的医院重症医学科副主任、主任医师尚游主动请缨。"时间不等人,只有ICU病房改造得快一点,病人才能早点得到救治、早点康复。"尚游说。

附属同济医院麻醉科党支部书记、中法院区插管小分队队长万里,带领着一支"敢死队"守护着危重症患者生命。"插管的时候要贴近病人,感染风险极高,但此时此刻,不能顾及个人安危,只有与死神硬碰硬,才能换来病人生的希望。"万里说。

这些平凡人不平凡的故事，已成为学校思政课堂最生动的案例，激励和影响着更多华科人。

·科研攻关助力战疫一线·

李元元在接受采访时表示："作为一所以工科和医科优势突出的综合性、研究型重点大学，武汉疫情形势严峻，华科责无旁贷。发挥自身优势，为打赢新冠肺炎疫情防控阻击战贡献华科力量。"

为助力抗疫一线，学校紧急投入5000万元经费，发挥综合学科的专业优势，集结多学科研究团队，动员30多个科研单位参与疫情防控科研项目，为一线抗疫提供科技支撑，重点在新冠肺炎病毒溯源、快速检测救治、临床药物筛选、疫苗研发等方面加大攻关力度。

法医学系刘良教授团队是全国第1例新冠肺炎逝世患者遗体解剖工作的完成者。2月15日晚上9点多，刘良接到金银潭医院院长张定宇的电话，有一个患者遗体可以做解剖。他紧急召集团队赶往医院。作为主刀医生，59岁的刘良穿上密闭的防护装具，10分钟便汗如雨下，呼吸困难，就是在这种艰难的环境中，他硬是咬着牙完成了第一例解剖手术，并迅速与团队总结解剖技术细节，为新冠肺炎的治疗提供了第一手的研究资料。国家卫生健康委下发《新型冠状病毒肺炎诊疗方案（试行第七版）》，刘良团队的研究成果写进其中。

疫情期间，为缩短监测时间，电信学院白翔教授、许永超副教授团队负责的智能创新实验室积极发挥自身优势，利用AI辅助医学影像量化分析系统，大幅提升了诊断效率，缓解影像医生的压力。

5月11日，使用人工肺膜（ECMO）术前73天，新冠肺炎核酸转阴、不可逆纤维化呼吸衰竭患者刘强，经过全力救治，成功脱离生命支持的ECMO，依靠植入的双肺在辅助下自主呼吸，并恢复自主进食。今年1月底，刘强经过医护人员不懈努力，他核酸成功转阴，但是出现了不可逆的广泛肺间质纤维化，肺移植是唯一希望。为了挽救他的生命，附属协和医院董念国教授团队与国内顶尖专家联手会诊，多次讨论最终确定肺移植手术方案，并为他成功实施手术。

7月16日，公共卫生学院王超龙教授和邬堂春教授与哈佛大学公共卫生学院林希虹教授合作的文章在《自然》杂志发表。该研究有利于世界各国更有效地制定预防政策和方案，对我国取得抗疫的最终胜利和应对将来潜在的新发传染病具有重要指导意义。

3月18日，建筑与规划学院副教授管凯雄报名成为新冠疫苗一期临床志愿者。3月20日，他经过层层检查顺利接种。5月22日，世界权威医学期刊《柳叶刀》刊登的新冠疫苗人体试验临床数据结果公布，这件对管凯雄来说"有意义的小事"为更多人所知。

"原来真正的英雄就在身边，管老师是首批108位志愿者，真的很敬佩。""以后我希望也能像老师一样，在国家需要的时候挺身而出。"22日晚，管凯雄和学生讨论课程的微信群被各种消息"轰炸"。特殊时刻的一次勇敢选择，为学生上了一堂最直接的思政课。

· 华科抗疫精神激励"后浪" ·

疫情期间，华科积极迎战，急学生之所急，想学生之所想，解学生之所难，积极拓展"云课堂""云教学""云答辩""云招聘""云思政"，为学生的课业、毕业、就业保驾护航。

3月底，2020届光电信息学院硕士毕业生鲍立在线上完成了自己的毕业论文答辩，顺利毕业。谈到"云答辩"的场景，他仍记忆犹新："我以为只有七八位老师在线，没想到最多时竟有32位老师同时在线。我将踏上工作岗位，看到学校在疫情期间投入了这么多，身为华科学子，希望今后能够带着这份属于华科的担当，贡献更多创新产品。"

9月17日，是华科本科新生报到的第一天，新生蔡文泰正式和父母成了校友。他的父母都毕业于华科，都在协和医院工作。新冠肺炎疫情暴发后，他们一直奋战在抗疫一线，而蔡文泰则在家中备战高考。"之前我对职业选择还有些'摇摆'，但经过这次疫情，我明确了自己的志向。"今年高考，蔡文泰第一志愿就填报了华科同济医学院临床医学类专业并被录取。

9月23日，在华科2020级本科新生开学典礼上，"人民英雄"国家荣誉称号获得者、校友张定宇以亲自经历和切身感怀，为7000余名本科新生动情讲述"开学第一课"。张定宇近40分钟的演讲，16次被在场师生自发的掌声打断。伟大的抗疫精神,在一个个故事中凝练,在一句句讲述中深入人心,师生们眼中含泪,感受着为人民、为祖国奋斗的源泉和力量。

能源学院2017级本科生艾克帕尔·吐地说:"从武汉返乡解除隔离之后,我成为村里志愿者队伍中的第一名大学生,哪里需要,我就出现在哪里。"建筑与规划学院2019级研究生党员司玉立表示:"我们'90后'党员要努力做新时代的'后浪',成为抗疫英雄精神的传承者,让我们个体的小我融入时代的大我。"

邵新宇认为,抗疫大考是一堂有高度的思政大课,也是一堂有温度的思政金课。华科身处抗疫主战场,生动感人的身边故事如盐在水,是思政教育的鲜活教材;这堂课中,人人都是课堂主体,是讲课人也是听课人;是积极投身抗疫大战的亲历者,也要成为伟大抗疫精神的阐释者、传承者;要把抗疫成效转化为思政育人成效,引导广大师生从抗疫的生动实践中坚定理想信念,筑牢精神之基。

这学期,华科把做好抗疫精神宣传宣讲作为学校立德树人的重要环节,成立了由学校党委书记、校长担任团长,一线医务工作者、抗疫科研专家、校园防控人员等为代表的华科抗疫精神宣讲团。

生命至上、举国同心、舍生忘死、尊重科学、命运与共的伟大抗疫精神。一个个一线战疫、科研抗疫、校园防疫的感人故事,将永远激励着一代又一代华科人奋力拼搏,勇往直前。

(✐《光明日报》2020年11月29日 作者:夏静 高翔 崔美娇)

华中科技大学"百年中国"课程开课
名师大咖讲述百年党史

"没有共产党就没有新中国……"从抗战歌曲导入,一场全新的"四史"学习盛宴再次来袭。4月7日晚,华中科技大学首门"四史"学习课程——"百年中国"开讲,教室里热闹非凡,不时传来阵阵掌声。

中国共产党为什么"能"?马克思主义为什么"行"?中国特色社会主义为什么"好"?随着一个个疑问被抛出,党团结带领人民完成的"三件大事"、创造世所罕见的"两大奇迹"、实现"三次伟大飞跃"的奋斗历程逐一展现在同学们眼前。

这堂主题为"新中国的创立与实践——中国共产党与中国特色社会主义政治发展道路"的课由马克思主义学院文红玉教授讲授。从"国"到"中国"再到"新中国",文红玉娓娓介绍了何谓新中国、新中国"新"在哪里、中国特色社会主义政治发展道路的"特"在何处等,生动地讲述了曲折过程中的一个个历史人物与故事。"相较于百年前,现在正是美好的时代,同学们的青春梦想与强国梦想交融在一起,必将大有作为。"对比今昔,文红玉告诉同学们,未来已来,梦在心中,站在两个一百年的历史交汇点上,每一位青年都重任在肩。

"百年中国"课程负责人夏增民介绍,这是学校马克思主义学院为推进"四史"教育与思政课教学,面向本科生开设的第一门"四史"学习课程。马克思主义学院院长岳奎、国家治理研究院副院长杜志章、"四大名嘴"之一尹平、武汉音乐学院马克思主义学院院长胡艺华等8位老师强强联手,分别讲述"决裂与选择:少年中国学会与中国青年的道路探索"

"抗战岁月与黄河绝响""中国共产党与新中国政治发展道路""媒介进步与社会变局""改革开放的历史进程和宝贵经验""马克思主义中国化百年历史进程""中国共产党与百年中国现代化历程"等不同篇章,希望全面、立体地铺展出中国百年宏伟画卷。

"为什么会出现人民公社?""为什么美国大选不适合中国国情?"……老师讲授完后,同学们结合课程内容与当前社会热点展开热烈讨论,不同观点相互碰撞,"火药味"十足。

材料学院学生谭祖龙表示,上完课收获良多:"多了解历史,增强对国家民族的感情,就能够避免内心世界的枯燥平庸。""平时很少有机会遇到这么多关心社会热点的同学,能够一起交流,让不同的思想在这里碰撞,是一个很难得的机会。"电信学院的林照千表示,最喜欢课堂中的互动环节。

据悉,"百年中国"主要通过讲授中国百年来对发展道路的探索,帮助学生从全局角度了解中国共产党历史、中华人民共和国史和中国特色社会主义建设史,促进学生更深入地认识党情、国情、社情,更好地把握共产党执政规律、社会主义建设规律、人类社会发展规律。

(《长江日报》2021年4月8日 作者:陈晓彤 高翔 范千)

首部工科类课程思政教学指南发布

近日，首部工科类课程思政教学指南——《新工科背景下专业课程思政教学指南》在华中科技大学发布。

《新工科背景下专业课程思政教学指南》主编、华中科技大学校党委副书记马建辉介绍说，华中科技大学在校党委的领导下，全面部署、深入推进课程思政建设，经过几年的实践探索，学校众多学科专业中涌现了一批有价值的课程思政实践成果。这本《指南》是以华中科技大学电气工程等优势工科专业长期的教学改革实践为基础，针对新工科背景下工科专业课程思政教育建设存在的不足，通过梳理总结专业课程思政教育的指导思想、构成维度、评价原则、质量保障体系，结合专业课程的典型教学案例，提供一种可具体操作的课程思政教学思路和方法。

教育部高等院校电气类专业教学指导委员会主任胡敏强代表教育部电气类教指委对指南的发布表示了祝贺。胡敏强表示，该书作为首部工科类课程思政教学指南，此书在"双一流""新工科"和工程教育专业认证等系列教学改革的实践经验基础上，建立了包括家国情怀、责任担当、个人修养、科学精神、工程师精神和创新精神等六维专业课程思政教育的体系框架，具有鲜明的时代特色和工程特色，为此后其他各专业推进建设自身的课程思政教育体系起到了引领作用。

中国工程院院士、华中科技大学校长尤政表示，华中科技大学近年来全面部署、深入推进课程思政建设。此次出版的《新工科背景下专业课程思政教学指南》既是"新工科"建设的探索，也是"课程思政"的探索。

"华中科技大学建校 70 年以来，一直与祖国的发展同频共振，《指南》挖掘了大量我校历史上的故事，每一个发展阶段都有鲜活的案例。这些都印证和阐述了新中国的科学发展史、产业的创业拓展史，以及新时代以来工程教育面临的新格局和新挑战，让学生们在学习中建立道路自信、理论自信、制度自信和文化自信及时代责任感，把爱国热情再投入到工程学习和实践中，既掌握扎实的专业知识，同时建立正确的世界观、人生观、价值观，成为祖国需要的可靠接班人。"尤政说。

该《指南》由华中科技大学课程思政研究中心和华中科技大学电气与电子工程学院主持编著，由华中科技大学出版社出版。

(中国教育报客户端 2022 年 5 月 16 日　作者：王潇潇　杨勇)

华中科大：
创新人才培养

建校 60 年来，华中科技大学走出了倡导"绿色教育"的杨叔子、"发展经济学之父"张培刚、"同济医学活化石"武忠弼、"五十载坚持把科研写在工厂里"的段正澄等 20 多名院士在这里留下了求学、执教的身影。

60 年的华科，在传承中创新、在探索中发展，走出了一条创新人才培养的特色之路。

· 开放，初展"科研之翼" ·

华中科技大学电气学院 2008 级本科生张璐璐和张强的毕业设计，是在强电磁工程与新技术国家重点实验室里完成的。

"这是国家的重点实验室，能在这里完成毕业设计，真的是'优待'。"张强告诉记者。在华科，享受这样"优待"的学生不在少数。

"实验室建立以来，每年都会接纳本科生做毕业设计，并让学生参与实验室的各类课题。"实验室主任杨德先说。2006 年，学校出台《华中科技大学实验室开放管理办法》，要求国家重点实验室等各级各类科技创新平台向全校各层次学生开放，让学生参与大项目或小课题的研究。"开放式"的办学，让许多本科生可以在各级创新平台上初展"科研之翼"。

"引导学生进行主动实践，是培养学生创新能力的关键。"华中科技大学校长李培根说，学校秉承"育人为本、创新是魂、责任以行"的办学理念，把创新精神和实践能力作为创新人才培养的核心，实施"开放式"办学方针，将校内外优质教育资源引入本科教育。

·"特区"，塑造拔尖人才品格·

2008年9月，由华中科技大学与业界共同创办的"启明学院"诞生。它与学校2007年创建的创新研究院共同成为华科培养拔尖创新人才的两大"特区"。老师们说，启明学院的学生在导师指导下，可以自主设计、制定个性化的学习方案。

除了创建创新能力培养的"特区"，学校还设立了学生思想建设的"特区"，促进科学教育与人文教育相融合。5年来，启明学院共有127名学生分赴都江堰、新疆生产建设兵团、大别山区等地，为当地做出20余套城镇总体规划或新农村规划方案。

"真正的拔尖人才不仅要有一流的科研能力，更要有高尚的品格。"华中科技大学党委书记路钢说，学校在加强学生创新能力培养的同时，更加注重学生人文素质的培养。目前，"党旗领航工程""红色寻访""衣援西部"等活动已成为学生服务社会的重要平台。

·创业，"孵化"业界精英·

在广东东莞市松湖烟雨风景区里，不少游客"开着"代步机器人四处游玩。这个机器人形状的交通工具名叫"易步车"，它的主要发明人是华中科技大学2004级学生周伟。

易步机器人的成功研制，使"创业"的梦想在周伟心中生根发芽。在学校的帮助下，东莞华中科技大学制造工程研究院积极为代步机器人的孵化和投产牵线搭桥，使他和同伴的科研成果"Robstep易步车"成功转化成热销产品。

在华科创新创业氛围的孕育下，学校先后走出了百纳信息公司创办人杨永智、上海翰纬咨询公司创始人左天祖等一批业界精英，成为华中科技大学亮丽的"名片"。

近年来,华科对创新创业教育十分重视,采取了多种措施支持、服务大学生自主创业实践。目前,华科校团委共接纳学生创业企业 30 余家,专设大学生创业基金,提供 3000 平方米的免费创业空间,为大学生搭建创业实践平台。

(✐《光明日报》2012 年 09 月 23 日 作者:夏静 周前进 范葳)

创新沃土培育创业精英
——华中科大探索研究生创业型人才培养模式

近年来,华中科技大学在研究生教育中把培养创新创业人才作为重要课题,逐步探索出"以科技创新为主旨,以创新创业团队为载体,以实现创业公司为目标"的创新创业型人才培养模式。

·构建从创新到创业的孵化体系·

曾建华,华中科技大学同济医学院的博士,两年前创办武汉华肽生物科技有限公司。目前,该公司已推出10余种产品,并注册了"曾博士"商标。曾建华说:"公司的销售额与日俱增,最初的梦想也变得越来越近,所有这些都离不开创业初期学校给予的帮扶。"对于曾建华而言,创业机遇来自华中科大党委研究生工作部首期"未来企业家训练营"的招募。他从328位报名者中脱颖而出,成为训练营30名学员之一。

对创业有着浓厚兴趣和强烈愿望的曾建华,从进大学起就利用课余时间卖手机、卖球衣、卖电话卡、当家教,凡是校园里出现的商机,他都尝试过。训练营一年的"特训",开启了他研发新型高科技生物药妆的想法。

2009年,曾建华以"生物高科技的抗衰老药妆品"项目申请华中科大创新基金,获得2万元资助。两年后,他的项目顺利获得该校创业基金5万元资助,并成立华肽生物科技有限公司。同时,该校产业集团为其注入30万元天使基金,加速了公司的发展。

华中科大研工部部长吴涛认为,与大多数"摆地摊""做小买卖"的创业形式不同，研究生更具有研究能力和创新精神。学校倡导他们将创新项目进行产业化实践，研发具有核心竞争力的高科技产品，从事技术创新和科技引领的创业。

在扶持研究生创业的过程中，华中科大摆脱了以往模拟创业的传统形式，以自主创新推动创业实践，建立起研究生从创新到创业的孵化保障体系。2001年至今，该校已投入676万元，从400多个研究生创新团队中选拔并培育了28家高科技创业公司。

·搭建平台为学生创业保驾护航·

在华中科大研究生创新创业基地第11批项目立项仪式上，"面向移动终端的医学影像浏览系统"项目通过考核，获得5万元创业基金。

该项目负责人、生命学院博士生何龙军说："3年前学校创新基金的资助让项目得以起步。现在创业基金的再次投入，让我坚定了把公司继续做下去的决心。"

从研究生到创办公司，华中科大在创新创业型人才培养模式"创新团队—创业团队—创业公司"三个环节中，运用教育引导、基金资助、政策扶持等方式提供了切实有效的支持。

同时，华中科大陆续举办了"科学精神与实践讲座""科学研究方法论坛"和"创新与创业论坛"等一系列讲座，邀请到200多位院士、学术大师以及知名企业家来校演讲，形成了以"创新精神培养、创新方法培训和创业实践启发"为目的的培训教育体系。

目前，华中科大创新基金共资助了11批268个项目，资助额度达483万元；创业基金资助5批34个项目，资助额度达193万元。

考虑到绝大部分创新创业团队都以技术人员为主，缺乏法律知识、市场营销和财务管理能力，华中科大还建立了人才储备基地"未来企业家训练营"。

另外，华中科大也"穿针引线"，在研究生创业公司与政府部门、校友企业之间，搭建起政策解读和信息沟通的平台。在华中科大举办的投融资论坛上，软件学院的硕士生王欣欣就凭借其自主研发的"宣讲会查询系统"，获得50万元投资。

· 培育高学历创业的价值链条 ·

经过不断探索，华中科大创新创业型人才培养模式取得了一系列创新成果：发明专利 100 余项，优秀论文 300 余篇……

一批高科技创业公司正蓬勃发展。机械学院的硕士生周伟，创建了东莞易步机器人有限公司，目前产品出口 40 多个国家和地区，销售额达亿元。获得创业基金支持的王欣欣，成立了武汉鸣鸾信息科技有限公司，研发的"宣讲会查询系统"日浏览量曾超过 124 万。

创业带动就业，在追寻梦想的征途中，这些创业精英也成为吸引人才的强力"磁石"。曾建华的公司中，近一半的员工都是该校毕业生，还有一些是"未来企业家训练营"的成员。周伟公司的核心技术成员全部来自该校。

（《中国教育报》2013 年 6 月 24 日　作者：柯进　粟晓丽）

华中科技大学：
"星光"闪亮创新创业名片

加强大学生创业教育，培养具有创业意识、开拓精神和创业能力的创新型人才，是知识经济时代对人才培养和教育发展提出的新要求，在大学生就业形势严峻的今天，创业教育有其现实的和深远的意义。

一年来，华中科技大学新生代毕业生在资本市场上"星光"熠熠。应、往届毕业生创新创业已形成群星效应，成为该校一张靓丽的名片。"80后"与"90后"学生、校友在创业圈屡现"惊艳"，在业界和高校打造出了良好口碑。

去年10月，计算机学院2003届本科毕业生姚欣，凭借创办的PPTV获得2亿美元融资；

今年6月3日，电信系2009届硕士毕业生张良伦、2011届硕士毕业生柯尊尧等创办的米折网获3000万美元B轮融资；

7月10日，机械学院2011届本科毕业生郭列创办的脸萌网获千万级A轮融资；

7月16日，机械学院2002届本科毕业生、2005届硕士毕业生杨永智创办的海豚浏览器获畅游1.2亿美元战略投资；

7月21日，软件学院2011届本科毕业生黄承松、电信系2006届本科毕业生夏里峰创办的卷皮网获得5000万元人民币的A轮融资；

9月12日，光电信息学院大四学生、冰岩作坊成员付小龙开发的"恋爱笔记"获得1000万元人民币A轮融资；

……

"四维"普及创业教育

"创新开启创业,'四个维度'普及创业教育"是华中科技大学培育创新创业人才的思路。该校将大学生创新实践与创业教育紧密结合,从创新思维、创业知识、创业能力、创业精神四个维度开展创新创业教育。

构建以"公共平台""学科平台"和"教师团队"为主要模式的大学生科技创新基地工作体系,全面开展大学生创新教育与实践。2008年,该校与业界共同创办启明学院,遴选大学生创新团队和特优生入院,致力于培养他们的创新能力、创业精神和国际视野。目前该校已建立联创团队、Dian团队、冰岩作坊等22个各具学科特色的大学生科技创新基地。每年参与基地活动的学生近2万人次,一批批创新创业新星从这里走出,闯向市场。

将"四维"教育纳入课程体系建设,开设创业教育课程,涉及创业概论、商业机会等9个主题。主讲教师为在企业管理、高新技术企业咨询与辅导、创业投资等领域内工作多年,具有深厚的理论功底和丰富实践经验的资深人士。

开展大学生创业精英训练营活动。该校每年遴选180名有显著创业特质的学生入营,采取课内外相结合的方式:课内聘请校内外名师系统讲授创业实践中的重点要素;课外设置模拟实践环节,让学员成立自己的团队,完成课题,模拟操作。

创设创业大讲堂、创业沙龙活动。讲堂面向全校同学,每年邀请数十名知名企业家,来校分享创业经历,传授创业知识,培养创业意识。至今年9月底,已举办讲座逾300场,创业沙龙36期,主要为企业家、投资商和大学生创业者搭建沟通平台,为在校创业者提供对外交流、寻求合作渠道。

搭建平台扶持创业实战

2005年,该校为加强大学生创新创业工作,专门成立了大学生创业指导委员会,通过顶层设计和资源配置,营造良好的大学生创业环境,鼓励和引导在校大学生自主创业。经过多年发展，已建成涵盖创业计划竞赛、大学生创业实践基地等项目的综合创业实践平台。

专辟办公区域免费为创业团队使用。为使大学生获得创业"实战"的机会，目前，该校在校内外共提供创业场地 7800 平方米，其中，校外孵化器场地 7000 平方米，校内场地 800 平方米，被评为"湖北省大学生创业示范基地"。

设立"一站式"服务平台。该校团委不仅为创业团队在校内进行企业宣传和推广提供支持，还在创业社区内设立了大学生创业实践"一站式"服务平台，开展创业服务月活动，邀请创业导师为学生创业项目或企业提供深度咨询服务，涵盖市场定位、发展规划、法律咨询、投融资等多个方面。

开展全校规模的创业计划竞赛。该校学生每年参加各类校级、省级、国家创业竞赛 30 余项。

·孵化器助力创业落地生根·

帮助创业初期的学生创业团队走上正轨，是该校创业教育的另一项重头工作，通过大学生创业基金和科技企业孵化器等多种方式"扶""送"创业团队。

设立大学生创业基金。该校于 2007 年设立 50 万元"大学生创业基金"，为优秀大学生创业企业提供资金支持。基金的资金募集以政府引导资金、社会捐助资金为主，大学生创业企业盈利回报为辅。2013 年，大学生创业基金增加到 210 万元。2014 年，该校计划增设 1000 万元作为大学生创业扶持基金，为更多大学生创业团队提供支持和保障。

借力科技企业孵化器。该校团委与校产业集团科技企业孵化器、武汉市人才交流服务中心、湖北省青创中心、岱家山科技园等单位紧密协作，为学生团队提供了专业的企业孵化体系，为学生团队提供了真实的创业"训练场"。

现如今，华中科技大学已探索出较完善的大学生创业教育和支持体系，大学生创业已经形成了课堂教学为主、课外教学为辅的教育模式，以学生自主实践为主、专家指导为补充的实践模式，以科技创业为主、以其他形式并存的商业模式，以学校科技企业孵化器为主、大学生创业基地为辅的孵化模式，逐步构建起了集校内资源、政府资源、社会资源支持为一体的资源支持体系。

近三年来，深圳乐行天下科技有限公司、武汉奇米网络科技有限公司等100余家科技含量高的学生创业公司，如雨后春笋般冒出。近些年来，"微信之父"张小龙、淘米科技创始人汪海兵、PPTV创始人姚欣、海豚浏览器创始人杨永智……华中科技大学学子中崛起了"一帮"将技术创新与资本市场生动结合的新时代创业弄潮儿。

(《中国教育报》2014年10月31日 作者：靖咏安 何杰)

华中科技大学：
以本为本　让"学在华中大"的品牌更响亮

"学分不达标，本科进校专科毕业？"近日，华中科技大学18名学生因学分不达标从本科转到专科的事件再次成为舆论焦点，这种根据学生的学业基础、学习能力与个性需求等方面差异，探索分流培养、分类成才的人才培养模式与学籍管理制度也受到了各界的热议。《人民日报》《光明日报》等媒体纷纷发表评论，认可华中科技大学此举为其他高校更好地规范学生管理提供了一次有益的探索，"'严进宽出'是时候改变了"。

多年来，华中科技大学一直将提高本科教育质量作为重点工作，多措并举以夯实本科教育基础，铸就了"学在华中大"的美誉。为了让"学在华中大"的品牌更加响亮，学校近年来不断创新改革形式，取得了阶段性的经验成果。

·狠抓课堂教学质量　夯实教学设施建设·

"名捕"是学生们给华中科技大学周纯杰教授取的外号，因为凡是上过他的课的学生都有一段被"虐"的经历。虽然课程"很苦很累"，但每年毕业时那些曾被他教过的学生都争相邀请他参加毕业晚会，足以看出同学们对他的喜爱。为何学生们对这位老师"又爱又恨"？

在周纯杰为大二年级开设的C语言课程设计课上，他会提供20个左右的选题供学生选择，而为了防止学生抄袭代码，每年他都会将上一年50%选题予以淘汰，补充新选题。布置的选题可能只有两句话，最后的验收却要求符合现实生活中的原型，这就意味着学生在课下需要自己调研、查资料、做设计，工作量远不止课上的 45 分钟所能完成。不仅对学生严格，周纯杰对自己和教研、科研组的其他老师、助教同样要求"苛刻"。为了给学生营造良好的交流平台，在课程学习过程中，周纯杰把两周的课程设计拉伸到 8~10 周，全程安排 9 名教师和 9 名助教按照公开的值日表在学生非上课时间值班辅导，一周 6 天全天候值班。谈及为何这样严厉，周纯杰坚定地说："在校园里的磨砺，是我能给学生们更大的财富。"他认为，人的潜力是无限的，并一直在试图挖掘每个学生的上限，他认为通过半"压迫"式地让学生自主学习，可以让学生的能力迅速向上提升。

重视本科教学、科学管理课堂、挖掘学生潜力，周纯杰只是华中科技大学众多教授、博导的一个缩影。在这所"以学生为本"的学校，教师们用心策划课堂的每一分钟，只为能在本科阶段的教学中为学子做好把关人、守住教学质量关。

"为本科生讲授一门完整课程，且教学质量综合评价进入本单位前 50%。"这是华中科技大学 2012 年修订的《华中科技大学教师职务聘任实施细则》中对职称评定的一项重要规定。从条文中不难看出，为本科生上课且质量优良已经是教师职务评定的一个必要条件。与此同时，为提高本科教学质量，加强课程建设，学校重构了基础教学组织，决定在本科教学中实施课程责任教授制度，鼓励长江学者奖励计划入选者、国家杰出青年科学基金获得者、"华中学者"计划入选者和学科带头人等担任课程责任教授或加入课程教学团队。截至目前，全校依托学科基础课程和专业核心课程建有近 200 个课程责任教授团队。

该校程时杰院士一直坚持给新生讲授"电气工程导论"研讨课，将思想引领融入和贯穿于教育教学全过程；陈孝平院士坚持为本科生讲授《外科学》总论，将"德不近佛者不可以为医，才不近仙者不可以为医"的人文精神融入课程教学过程中；国家教学名师余龙江教授长期工作在本科教学一线，并于 2013 年率先开展"翻转课堂"教学方式实践，其深入浅出、探究式的教学方式和全身心投入的教学热情深得学生好评。

通过课程责任教授团队的搭建，该校教学团队积极开展与本科人才培养和课堂教学相关的教研活动、资源建设、年轻教师培养等工作，为全面提升课堂教学质量奠定扎实基础。

课堂是学生学习知识的主阵地，在狠抓课堂质量的同时，学校也与时俱进地更新和落实了众多课堂教学纪律监督等方面的制度。学校的重视、制度的保障使得该校课程质量得到了显著提升。截至目前，华中大共有国家级别精品课程 49 门，国家级别网络精品课程 5 门，国家级别精品视频公开课 7 门，国家级别精品资源共享课 46 门，国家级别双语教学示范课程 8 门，省级精品课程 113 门，居全国高校前列。

为了更好地满足学生对实践教学的需求，该校也在实践教学基地的布局和运行机制方面下足了功夫。目前，学校共有国家级别工程实践教育中心 28 个，国家级别校外实践教育基地 8 个，校外实习实训基地 390 个，国家级别实验教学基地 7 个，国家级别虚拟仿真实验教学中心 2 个，全方位地为学子的实践教学奠定了基础。

·激励教师站好讲台　强化教师培训约束·

2018 年初，华中科技大学 25 名长期工作在教学一线、教学效果优异的教师，收获总额达 260 万元的"新春大礼包"的消息引发了关注。对于外界来说，这可能是一个"重磅新闻"，但对于该校教师而言，这已经是"日常新闻"了，因为对于教师的激励和鼓励，学校从来都是"大手笔"。

"学校一直都很重视我们这些常年站讲台的教师，也不知道为啥这次突然就'火'了。"今年因获评"课堂教学卓越奖"而成为"红人"的数学与统计学院的吴洁教授被问到获奖 20 万元时笑着说道。

走进吴洁的课堂，首先映入眼帘的是优美大气的板书，虽然如今上课使用 PPT 已是流行，但每年开课，她都会根据学生的选择安排上课形式。对于微积分教学而言，教师一步一步演算的板书成了大多数学生的首选。面对每年的新面孔，即使"闭着眼"都知道该讲什么内容，但吴洁的每一节课一定会结合更新的内容，与时俱进，常教常新。通常一节课只有 45 分钟，但只要学生有问题，无论是早 6 点或是晚 11 点，她看到后就会第一时间解答。同时，为了更好解答学生疑惑，她还专门去学习录屏软件，录制答疑微视频。吴洁说自己是幸运的，但她的获奖也正顺应了学校设立课堂教学卓越奖的初心——鼓励那些多年如一日坚守三尺讲台的执着者；激励更多人向优秀教师学习，做一个追光者。

吴洁的用心让学生们通过课堂感受到了华中大教师的严谨与细致，而该校以学生为中心的理念也在众多教师的言行中，在与时俱进的有益制度传承中不断发展。2017年，学校启动课堂教学卓越奖、优质奖的评选，同时在原有"华中学者"计划的基础上，增加了教学激励实施细则。近年来，华中科技大学一方面加强了对学生实施个性化、多样化的人才培养模式的探索，另一方面加强了对教师教学的激励措施。据统计，自2015年以来，该校用于本科教学的津贴和教学优秀奖励的奖金累计超过1亿元。

为进一步提升教师教学能力，华中科技大学还不断加强国家级别教师教学发展中心建设，结合学科特点，开展了"以学生为中心"课程改革、教师批判性思维、"三明治"教学、微格教学、翻转课程设计、教师科学发声等多项教师培训活动，这些内容丰富、极具实践意义的课程吸引了广大教师的积极参与，效果也十分显著。2012年至2017年底，该校教师教学发展中心举办工作坊173期、讲座38期、沙龙11期、观摩课19期、示范课10期、研讨会3期、咨询35次，培训学校教师累计5110人次，近2100人。

·聚焦创新人才培养　探索可复制英才教育模式·

华中科技大学工程科学学院第一届毕业班班级微信群是一个24小时都不会"冷场"的活跃群，瑞士、美国、日本、新加坡、中国……全班29名学生毕业后便奔向了世界各地，虽然大家已处于不同经纬，但奋斗的4年时光成就了现在师弟师妹眼中学霸的他们。原来，全班29名学生，20位通过申请进入排名前100的世界名校深造，其中50%以上为电子与电气工程、电子与计算机工程、生物医学工程等专业排名前30的学校。

"学霸班"的"传说"当然还不止这些，该班同学大学加权平均成绩超过84分，4人获免试推荐继续在华中大攻读研究生，2人通过考试被录取为清华大学硕士研究生，班级综合深造率已经超过85%。

在华中大，因为4年的精心培育而在毕业后破茧成蝶的学子每年都不计其数。为了进一步推进拔尖人才的培养，近年来，华中科技大学不懈探索着可复制的英才培养模式。

根据学生自身特点和发展志趣，学校构建了自主选择专业的个性化育人体系。而为了更好地配合这一政策，学校改造和升级本科教学管理信息系统，适应"以学生为中心"的个性化培养需要，用信息技术支撑本科教育教学相关改革。启明学院、创新研究院、光电信息试点学院、工程科学学院、国家示范性微电子示范学院，以及中欧清洁与能源学院等一批人才培养特区的建立，则是华中大利用有限资源将创新创业教育融入人才培养体系的全新尝试。

学校每年组织和参加大学生创新创业赛事100余个种类，参与学生5000人次以上；每年新增大学生创新创业训练1000余项，覆盖学生4000余人次。为了学子在创新创业领域能够有更多机会，学校以教学平台、科研平台和教师团队为依托，建立了24个大学生科技创新基地、18个示范性学生创新团队，同时建设了集工作空间、网络空间、社交文化和资源共享空间为一体的校园创客空间、众创空间，实现了创意、创新、创业全链式覆盖，推动大学生创新项目从研究到应用、从创新到创业、从校内到校外的无缝对接。

· 展望未来人才需求　领航新工科体系建设 ·

12月3日，经学校党委常委会决定，华中科技大学智能制造实践教学平台建设项目正式启动。本着优化教学资源配置、提高实践性教学水平的初心，以及打造开放性、创新型、现代化的工程训练示范中心，构建一流教学支撑平台的使命，该实践教学平台将为学校新工科体系人才培养提供更为充分的条件，为在本科学生工程训练实践教学中普及并深化数字化智能制造系统应用理念奠定基础。

作为一所传统工科强校，华中科技大学一直在思索结合自身工科发展人才培养优势的新工科体系建设，这个体系一方面要快速响应社会、产业和生活需求，另一方面更要远离喧嚣去思考更深层次、面向未来的重大问题，引领产业需求。在具体建设过程中，学校既着眼于学科的实用性、交叉性、综合性，也传承了实践能力、创新能力等学校的传统人才培养优势，毕业生不仅在技术上优秀，还懂得经济、社会和管理，兼具良好的人文素养。

在充分结合自身专业优势下，华中科技大学电气与电子工程学院、光学与电子信息学院、机械科学与工程学院探索的三项新的人才培养计划入选了教育部门首批"新工科"研究与实践项目。其中电气与电子工程学院推出了电气专业本科荣誉学位培养体系及卓越工程师培养计划2.0设想。该项目以大工程观视角，拟建设"电气化＋"工程实践教育体系、实践平台，并进一步完善"电气化＋"工程实践教育多维度评价体系和相关机制。在此基础上，该院创建了以"明德、通识、专业、实践"四大板块构成的荣誉学位体系，突出人才培养的系统性、完整性。荣誉学位以能力为导向，按能力目标递进分解，以多样化的教学模式提升学生学习体验，并根据能力达成评价进行实践教学的持续改进。配套这一体系，该院还新开设了新工科模式下的4门实践课程，改革实践教育平台，强化学生创新能力培养，努力使学生获得更好的学习和成长体验。

学校党委对新工科体系建设高度重视，多次组织专家进行研讨。"第一，要更加敏捷地继续探索本科专业动态调整机制；第二，要更好把握未来需求、把握产业方向；第三，院系要围绕新工科建设，找准定位、修订方案、提出理念、创建模式、启动改革、提升能力；第四，院系要重视、支持教材建设，学校要继续加大对教学环节的投入力度，力争在新时代总结出更多教育教学改革经验典范，向全国推广。"学校党委书记邵新宇教授对新工科提出了四点建设思路。

· 突破常规教学规则　打造华中大医科人才培养样板 ·

"当真正成为一名医生后，我更深刻地体会到亲友健康管理有多么重要。通过这种实践教学，我学会了耐心对待病患，提升了对知识的理解和运用能力。"一提起2013年参加的亲友健康管理项目，华中科技大学同济医学院2010级学生郑聪就打开了话匣子，"加入这个项目后，我开始更有计划、有针对性地帮助家人管理他们的健康，同时也体会到了国家加强基层医疗保健的决心。"

2012年，华中科技大学同济医学院第一临床学院（即附属协和医院）创新性地开展亲友健康管理实践教学，指导学生从入校起就以"准家庭医生"角色为不同年龄段亲友建立健康档案，动态追踪管理。"以亲友为临床教师，以亲友健康问题为教材，巧妙利用情感纽带，激发医学生学习兴趣、强化自主学习、加强预防保健意识，在递进式移情教育中促进医学生完善知识结构、提升综合能力和人文素养，深入落实了全人、全程、全员育人理念。"第一临床学院副院长季湘年介绍。

据不完全统计，自2012年启动以来，共有1300余名学生从亲友健康管理实践教学中获益。一些学生结合实践发表了学术论文，有的学生申请到大学生创新创业项目，更多人通过项目实践，逐步树立起了"大健康、大卫生、大医学"理念，而与之配套，第一临床学院建立了大学—医院—社区—网络全方位立体学习平台，实现了学校—社会衔接、课内—课外联通、通识—基础—临床贯通的全程临床实践教学，让培养的学生都能成为家庭、家族、社区、社会的健康守门人，顺应了健康中国的建设潮流。

作为拥有百年办学历史、中国最早的医学院之一，华中科技大学同济医学院目前已形成了具有同济特色的卓越医学人才培养模式，形成了"基础理论厚、临床能力强、创新潜质大、综合素养高"的育人特色。

"当时觉得自己才大二居然就可以跟着老师做科研了，期待的同时又很忐忑。"现已在北京大学医学部妇幼卫生学系的周双同学至今还记得大二时参与到吕美霞副教授课题组时的心情。2015年，作为本科特优生的她进入了华中科技大学公共卫生学院吕美霞副教授的课题组，开始了武汉市青少年视力低下情况的调查。该调查主要进行父母态度和行为对儿童近视的关系的研究。课题结束后，以周双为第一作者的论文 *Association between Parents' Attitudes and Behaviors toward Children's Visual Care and Myopia Risk in School-aged Children* 在 SCI 收录刊物 *Medicine（Baltimore）* 上刊发。

像周双一样在本科阶段就能走近重点科研项目的医科学子还有很多，华中科技大学医科构建了"早期接触科研—实验课程教学—科研技能训练—创新实践项目"四阶递进式实验教学体系。同时，该校对医科基础设施的投入也不断扩大，今年10月，中国首家中德友好医院正式挂牌于同济医院光谷院区，国际医学中心建设也在积极推进中。

面对未来人才需求，华中科技大学一直在积极主动布局未来战略必争领域人才培养。鉴于学校医工医理跨学科科研工作的大量开展，跨学科结合的思想也被融入教学过程中。而正是得益于这样的人才培养模式，使得该校的学子具有了更为宏大的国际视野,使得医工医理跨学科的研究成为一种新的研究风尚,使得医工医理结合的思维能够在校园播种,在社会开花。

作为"新中国高等教育的缩影",华中科技大学多年来秉持"以本为本,以生为纲"的育人核心,以培养能够满足党和国家事业发展需要的人才为重要使命。乘着改革开放的东风,华中大也在"扎根中国大地办大学"的路上不断蓬勃发展,并通过一系列卓有成效的行动,不断擦亮着"学在华中大"的名片。

(《中国教育报》2018年12月24日　作者:王潇潇　高翔)

华中科大107门课程全英文讲授

昨日，华中科技大学公布全英语讲授的课程名单。该校本学期全英语讲授的课程共有107门，主讲教师达407名。

该校全英语讲授课程既有基础课，也有专业课；既有面向留学生开设的，也有面向中国学生开设的。主讲教师大部分是教授和副教授。用全英语授课的教师，目前已超过该校教师总人数的12%。

校方介绍，全英语教学是指所有教学环节全部使用英语，但对于教学中的疑难点，可辅之以汉语（普通话）进行解释。全英语教学选用国外优秀教材，这也是该校创建世界知名高水平大学的战略目标和"国际化"办学理念的具体体现。

（《长江日报》2012年10月12日　作者：朱建华　姜涞）

华中科大95%教授给本科生上课

昨日从华中科技大学发布的《2011年度本科教学质量报告》中获悉，2011年该校95%的教授给本科生上课。这是该校第二次向社会发布《本科教学质量报告》。

该《报告》称，2011年，该校共有各类全日制在校生59474人，其中本科生占56.14%。校方把为本科生上课作为教授聘用的基本条件。2011年各院（系）共有1110名教授为本科生讲授课程，占教授总人数的95%，占开设课程总数的26.16%。

该《报告》显示，2011年该校共有应届毕业生8346名，毕业率95%，学位授予率94.2%。免试或被录取为研究生的占毕业生总人数的37.38%，出国深造的占毕业生总人数的11.03%。

(《长江日报》2012年11月28日　作者：朱建华)

小团队搭起大舞台

2013年1月7日,华中科技大学机械学院大学生科技创新团队聚团队队长朱钦淼,应湖北省荆门市高新区之邀,率学院师生赴荆门考察洽谈校地、校企长效合作机制。

一个大学生社团,缘何得到地方政府、企业如此的青睐?华科大和荆门政企负责人异口同声:他们这15人的小分队,用一个月的创新实践活动,破解了我国企业普遍不欢迎大学生前往实习打扰的难题,搭起了大学生智助中小企业技术创新升级的大舞台。

·从两天到一秒的飞跃·

10天的时间,聚团队3名本科生郑世娇、甘健、江海霞用实实在在的产品"征服"了中集宏图公司,使他们不用再外包加工球罐下料样板,而开始用团队研发的计算软件自己生产,并因此将球罐整罐产品的生产效率提高了50%左右。

2012年6月,平时依托数字制造装备与技术国家重点实验室等做工程项目的聚团队,萌生了去基层、去中小企业实践服务的念头。在湖北省科技厅的牵线搭桥下,团队选拔了15名队员分批进驻到荆门市的3家中小企业。

中集宏图公司生产的球罐,主要用于储存或运输石化产品,对各块球皮外形的精度要求极高,传统测量方法为实测手算,因数据多、误差大,导致其外形数据的获取在行业中长期以来都是一件耗时耗力的工种。公司一直将该工艺对外发包，但也一直在试图突破这一困境。

8月20日，抱着试一试的态度，公司将"球罐球皮精准下料样板计算软件"研发难题交给了郑世娇等。

拿到技改难题，3位大学生很兴奋。不到凌晨2点，他们停不下工来；早上8点，他们又开始忙碌。建数据模型，江海霞负责公式推导，为确保不出差错，她反复演算了5天。甘健负责构建软件系统，编写了2000多行的代码，他笑称"至少完成了两门课程作业的代码编写量"。

8月29日，他们提交出合格产品时，公司负责人连呼"超出想象"。3个还没毕业的学生，仅用了10天，就将原来测算一类球皮所有生产加工参数需要的两天左右的时间，缩至只需要按一个按键的时间，且能准确计算出外形数据，大大提高了球罐的生产效率和精度。

公司总工程师称，该软件9月即获得了应用，已生产出8个球罐；原来生产1个球罐需17天左右，现在只要8～10天了。

· "光在车间打杂不行" ·

有调查称，目前我国仅有5%左右的企业愿意为大学生提供实习机会。因学生实习大多为"走马观花"，企业不欢迎被打扰。

朱钦淼说："刚开始，这些企业也不大相信我们的能力。不是让我们做一些机械重复的工作，就是给出要求不明确的项目。"

一个星期过去了，十天过去了。"光在车间打杂可不行。"朱钦淼带着队员们多次找企业负责人沟通，希望能提供一些生产难题，让他们有针对性地开展攻关实践。

3家企业为学生们的责任心和闯劲所打动，先后拿出了8个课题。各项目小组开始奋斗在研发一线，当遇到无法解决的难题时，就向老师、学长们求助，向企业员工请教。

一个月下来，队员们承担的项目全部完成，6项当即获得应用，2项公司进行改进后也已应用。他们为楚大机电公司完成的"LD-8S全自动数控制瓶机平行开关模的改进"项目，现在已在加工样机；为新宇机电公司完成的"激振力调节指示牌的成本方案优化"项目，每年可为公司节约20万元左右。

·"明年请一定再来"·

"我们需要这样的大学生实践。请你们明年暑假一定再来。"2012年8月31日,队员们离开荆门时,楚大机电公司总经理邓家辉发出真诚邀请。

新宇机电公司董事长游学峰也掏出真心话:"分配给你们的课题都是工程中心计划完成的课题,你们在工作上的冲劲以及任务的完成质量都给我们留下了很深的印象。欢迎团队大四的队员来公司做毕业设计;欢迎你们明年再来!"

回校后,团队还当起了"红娘",积极居中协调、推动学院和荆门方面探索校地、校企合作机制。

2013年1月7日,双方达成共识,将结合荆门高新区企业转型升级的方向,以政产学研模式为导向,共建中小企业科技创新实践基地。

对聚团队成功的创新实践活动,华科大校长李培根院士认为,它的意义不仅在于为企业解决实际问题,更在于教育本身的意义,即也是大学的创新教育实践。这对增强大学与企业的互信、教育与社会的互信有一定作用。中国社会和教育都需要这种互信。

(《中国科学报》2013年1月10日 作者:周前进 粟晓丽)

华中科技大学70%的学生参与过创新创业训练

华中科技大学坚持将大学生创新实践与创业教育紧密结合,建立全方位服务体系,激励大学生创新创业,学校70%的学生参与过创新创业训练,涌现出一批"华科系"创新创业人物,在各行各业受人瞩目。

华中科技大学构建以"公共平台""学科平台"和"教师团队"为主要模式的大学生科技创新基地工作体系,全面开展大学生创新教育与实践。目前已建立联创团队、Dian团队、冰岩作坊等22个各具学科特色的大学生科技创新基地。每年参与基地活动的学生近2万人次,一批批创新创业新星从这里走出,闯向市场。

"基于导师制的本科人才孵化站"Dian团队孵化出包括米折网、悦然心动在内的27家创业公司;机械创新基地孵化出包括乐行天下、喻华科等在内的10余家创业公司;联创团队孵化出海豚浏览器等创业团队。

为了让大学生创业团队在校园即可充分体验创业的风浪,华中科技大学建立大学生创业园、科技园、大学生创业社区"两园一区",提供良好的服务平台,帮助创业学生试水历练,提高创业质量与成功率,学校超过70%的毕业生在读期间有参与过创新创业训练计划项目的经历。

通过多年发展,学校已形成以政府引导资金、社会捐助资金为主,大学生创业企业盈利回报为辅的大学生创新创业基金体系。2003年,学校科技企业孵化器设立700万元种子资金,设立每年50万元"大学生创新基金",2013年设立2000万元天使基金,用于大学生创业项目投资。在这一基金体系下,学生的创意、点子都能受到资助,试水创业,像乐行天下、华肽生物、海投网等一批创业项目就是这样从校园走向社会,逐步走向壮大。

(新华社 2015 年 5 月 20 日　作者:俞俭)

ASC16 世界超算大赛华中科技大学夺冠

华中科技大学官网消息,4月22日,2016ASC世界大学生超级计算机竞赛(ASC16)总决赛在武汉落下帷幕,东道主华中科技大学表现出色,一举夺得总冠军 e Prize 计算挑战奖,上海交通大学获亚军,浙江大学获最高计算性能奖。

此外,新加坡南洋理工大学、北京航空航天大学、国防科学技术大学、中山大学获得应用创新奖,首次设立的最佳人气奖由香港浸会大学和南洋理工大学获得。

华中科技大学代表队在 e Prize 计算挑战奖赛题中,针对深度学习 DNN 智能语音识别应用,设计了非常出色的深度神经网络优化方案,对涉及英文、中文普通话、四川方言三个语种共约60万条语音数据实现了高准确度训练模型,并将计算性能最高提升108倍。

浙江大学代表队采用异构加速超算系统设计方案并实现高度优化,运行国际通行的 HPL 基准测试,以每秒12.03万亿次浮点运算速度创造了新的世界纪录。

ASC16由亚洲超算协会、浪潮集团和华中科技大学共同主办。ASC 超算大赛由中国发起,旨在通过大赛平台推动各国及地区间超算青年人才交流和培养,提升超算应用水平和研发能力,发挥超算的科技驱动力,促进科技与产业创新。

(人民网 2016 年 4 月 22 日 作者:贺迎春 熊旭)

这所高校连续六年举办新年音乐会

12月28日晚,华中科技大学交响乐团在琴台音乐厅奏响新年音乐会,给全校师生和市民观众带来一场音乐盛宴。

今年,该校艺术教育中心邀请到哈佛大学 Radcliffe 交响乐团音乐总监 Federico Cortese 担任新年音乐会指挥,旅美大提琴家张莹莹、著名胡琴演奏家姜克美、旅美女高音歌唱家、华中大校友秦天特别出演。海内外许多校友们也纷纷通过音乐会表达对母校的思念和新年祝福。

这也是华中科技大学交响乐团第三次在琴台音乐厅上演新年音乐会。

据了解,华中科技大学交响乐团建于2000年,前身是华中理工大学管弦室内乐队。经过十多年的发展,现已成为由在校本科生、研究生等近百人组成的双管编制交响乐团。

乐团成立至今,先后得到美籍华人音乐家胡咏言先生,台湾音乐教育家、指挥家陈澄雄先生,德国指挥佛朗兹·肖特基,荷兰指挥律德,美国指挥帕尔默,国家一级指挥梅笃信先生等多位专家的指导,排演了几十首中外优秀作品,曾与湖北省歌舞剧院交响乐团联合举办专场交响音乐会。

多年来,乐团在不断寻求提高业务水平的同时,也一直致力于在校园内普及严肃音乐、倡导高雅艺术。定期通过草坪音乐会、室内乐音乐会、新年音乐会、专场音乐会等多种形式的演出活动,为同学们提供了解交响乐、走近交响乐的机会和平台，丰富了校园内的文化生活，深受欢迎。

目前，武汉近十所高校都成立了自己的艺术团，有效拓展了艺术教育普及。

（✎ 湖北日报客户端 2018 年 12 月 29 日　作者：方琳　王潇潇　高翔）

让每个学生都成为创新精英
——华中科技大学光电信息学院"一课三化"教改成果

一个二维码上,居中写着"地球公转模型"6个字。拿起手机,对着二维码一扫,就显示出"华中科技大学光电学院数理基础课程"字样。接着呈现的,是一个蓝色的小球以一个红色的大球为中心,围绕一道黑色的轨道不停运转的模型。画面右边,"太阳转速""地球转速"等数据也随之更新。地球公转原理就以这样生动、直观、有趣的方式"跃然屏上"了。

"像这样的动画作品,目前累计有1000多个,都是学生的课程作业。"华中科技大学光学与电子信息学院(简称华中大光电学院)副院长杨晓非教授说,"这是我们教学改革'数字化'方面的一种有益尝试。"其实"数字化"只是学院"一课三化"教学改革中的一个环节。经过6年多的摸索尝试,学院"融合产业学科优势,基于'一课三化'举措,推进光电专业创新人才的群体培养"教学成果荣获第八届高等教育国家级教学成果奖一等奖。

"我们的想法很简单,就是要引导多元资源转化为教学资源,让全体本科生都能够受益,使创新精英教育不再是少数人的'奢侈品'。"项目主持人、光电学院原院长、现任华中大副校长张新亮如是说。

留住学生眼中那束可贵的光

为了满足光电子信息产业和国家级科研平台对人才的需求，学院光电信息科学与工程专业每年招收400名以上本科生。

"随着招生规模的扩大，学院面临的研究型综合性大学工科类专业较大规模学生培养共性问题越发明显。"谈起改革的初衷，杨晓非感慨颇深，"学生入校时，都是优中选优的尖子生。我们一定要保护好他们眼中那束渴望知识的可贵的光，不能仅面向一两个实验班的三四十人开展小范围的创新人才培养，而是要面向全体本科生开展普遍的创新能力培养。"

找准问题，才能对症下药。为此，学院深入研究思考这些"共性问题"。优质教师资源、创新实践资源等相对欠缺，创新教育受益面窄；课程体系的实践训练环节不足，理论和实践脱节；培养目标和教学过程同质化严重，个性发展得不到满足；学生对基础理论课程缺乏深度学习，原始创新能力受到限制；学校教育与社会资源缺乏有效融通，科研和产业资源没有有效转化为优质教学资源……

找出了问题，更要找到出路。学生人数多、规模大，怎样才能达到这样的效果呢？经过多次研究，学院决定以面向全体学生的课程教学质量提升为突破口，依托国内排名并列第一的光学工程学科资源和"武汉·中国光谷"产业优势，开始创新人才培养教学改革。

改革遵行"群体培养与多元发展相统一、工程实践与科学思维相统一"的人才培养理念，建立基于"一课三化"举措的综合育人体系，实现创新教育从部分学生受益到全体学生受益的转变，从而提升学生的科学思维能力、自主学习能力、工程实践能力和合作交流能力，促进学生个性化、多元化发展。其中，"一课"是强基固本的核心课程群，"三化"包括自主研究式学习的"数字化"、理论和实践互动融合的"一体化"、多方优质资源协同的育人环境"社区化"。

·既懂菜谱又能炒出佳肴·

"教学改革必须牵住课改这个'牛鼻子',强基固本的'一课'建设是首要的。"全院改革实施以来,学院将主要精力都放在了优化课程体系上,为此,学院构建以核心课程群为主干的课程体系,在核心课程教学中全面推行基于项目训练的研究式学习,实行了《职称晋升教师教学工作总体评价实施方案》,启动"教书育人质量点"考评机制,引导教师"乐教""向教"。

"老师,我的'车'终于能动啦!""老师,我的无人机能飞了!"曹丹华教授和吴裕斌教授经常在半夜收到学生发来的"喜报"。而这些"车"和无人机等小产品,充分体现了"光电系统课程设计"课程实施基于项目训练研究式学习取得的显著成效。

"一名优秀的厨师,不仅能看得懂菜谱,更能炒出佳肴。一名优秀的学生也是如此,不仅能熟背原理,更能在实践中制出产品。"作为核心课程"单片机原理及应用"课题组的责任教授,曹丹华深知动手能力才是检验学生理论学习的"试金石"。为此,课题组总结20多年来的教学经验,对课程体系进行了精心规划。

现在该课程体系包含"单片机原理及应用""微机实验""光电系统课程设计"三门课,贯穿一学年,形成了"设计+加工+装配+调试"的产品诞生完整通路,摆脱了"纸上谈兵"的教学模式。

从课改中受益的,不仅有学生,更有老师。核心课程之一的"物理光学"任课教师杨振宇教授说:"刚开始就尝到了甜头"。

原来,在课程实践环节,杨振宇将科研课题中的小问题凝练成学生大作业的题目,放手让学生去"折腾",得到了意想不到的效果。"学生做出来的大作业正好解决了我们部分科研问题,也给了我们发掘潜在研究生的机会。"

目前,学院已构建起12门核心课程群为主体、个性化多元选择课程为辅的课程体系。这种双赢互动的效果,是课程体系改革的成效,也推动课程体系朝着师生共享共进的良好方向持续深化。

·引导学生站在巨人的肩膀上·

与核心课程群密切对应,学院构建起贯穿本科四年的一体化"四级实验实践体系":即认知型(培养专业兴趣)—基础型(夯实专业基础)—综合型(强化光电系统构建)—能力提升型(分析解决问题能力培养),践行工程实践和科学思维的统一。

为此,学院开设了1.5个学分的科研训练课程。"这个课程没有固定的考试内容,没有固定的班级,只要学生做出了符合要求的成绩,就能拿到学分。"教学实验中心王英老师说,"这是一个个性化的培养过程,选择权在学生手中。"

在公共房非常紧张的情况下,学院还建立了占地800平方米的大学生公共项目实验室,现有2名专职导师、20多名兼职导师和10多名学长导师。"这都是从我们这里产出的作品。"负责实验室运行管理的教师邓前松指着大厅里展示的"宝贝们",一脸自豪地介绍道,"这里全天候免费开放,支撑课程项目训练、大创项目、学科竞赛、企业深度实习、实验室科研等能力提升计划,已经惠及8200多名学生。"

"一体化"教学模式是光电学子提升工程实践能力的专业锻炼平台,"社区化"管理服务则是光电学子专业素质全面发展的有力保障。

"辅导员、班主任、专业任课老师都追着提醒我们,要完成科研训练课程。"已经研究生二年级的童天昊对本科时被"共同督促"的场景依然记忆犹新,"这种反逼式的管理模式对大一时迷茫的我们而言,其实是特别受用的。"

对此,"光纤通信技术"任课教师崔晟副教授说:"我们的良苦用心只有一个目的,就是希望引导学生们早日站在巨人的肩膀上思考问题。"

学院党委副书记李玲介绍说,社区化通过挖掘学科资源、产业优势、社区资源等,将人才培养链由单一的教学区,延伸到"武汉·中国光谷"产业园区、科研实验区、寝室社区、网络虚拟社区等育人环境,着力打造"产学融通、科教结合、师生互动、朋辈互助"的育人共同体。"我们在探索由学院相对孤立封闭的育人模式,向多方协同的育人模式转变。"

一件件创新的产品，一篇篇高质量的论文，一座座闪耀的奖杯，一句句暖心的感激，鼓舞着光电学院继续在教改"试验田"上耕耘着、前行着。

(✐《中国教育报》2019年4月15日　作者：粟晓丽　高翔)

华中科技大学
助力学子"云"上就业

"2月25日,我迎来了第一次线上面试,并且顺利拿到了offer!"华中科技大学生命科学与技术学院应届毕业生霍存壮说道。面对来势汹汹的疫情,华中科技大学将就业工作的主阵地转移至线上,积极推进企业与学生连线,全力保障毕业生就业工作正常进行。2月以来,已有部分学生通过"云招聘"成功收到了企业的邀约函。

华中科技大学积极开展网络招聘,搭建线上招聘平台,引导毕业生抓住春季求职黄金期。疫情期间,该校广泛邀请用人单位通过学校就业信息网、微信公众号发布招聘信息,并通过开展空中宣讲会、邮件接收简历、视频面试的方式积极选聘毕业生,实行网上签约。同时,主动联系相关省委组织部、人社部门,对选调、人才引进工作进行沟通、调整;联系中国建筑集团、中国航空工业集团等央企、军工企业,为其招聘、签约开通绿色通道;鼓励院系利用学院资源、学科资源主动对接用人单位。"学院主动邀请企业参与线上双选活动,同时为同学们推送就业信息、推荐就业指导的视频课程,为毕业生就业保驾护航。"该校生命科学与技术学院辅导员段政说道。

为助力毕业生找准职业定位、找到合适的工作,华中科技大学积极开展网络就业"云指导"。该校依托网站、微信公众号、官方抖音等网络平台,开设了"一起战疫、在线就业"专栏持续为毕业生推送简历制作、面试技巧,邀请世界500强、国防军工企业HR及就业教研室老师对毕业生进行线上就业指导、提供咨询服务,上线了就业网络课程,免费提供选调生备考视频课等内容。此外，该校还针对未签约的家庭困难学生、非全日制研究生开展了就业一对一帮扶和就业岗位推送工作。

就业是最大的民生。据了解，2月以来，已有430余家单位在该校就业信息网上发布各类招聘信息，已有540余家企业报名参加"空中双选会"。从3月1日起，华中科技大学将持续开展春季"空中宣讲会"和大型"空中双选会"，为用人单位和毕业生提供充分的线上双向选择机会和良好服务。

(中国社会科学网2020年2月29日　作者：明海英　孙金立　王潇潇)

华中科技大学
开展网上视频论文答辩

近日，华中科技大学光学与电子信息学院的三位春季毕业研究生通过视频方式顺利通过了硕士学位论文答辩。他们也是该校首批通过视频方式进行学位论文答辩的研究生。

整个答辩过程全程录像。答辩正式开始后，答辩人向答辩委员们展示答辩环境，宣读《华中科技大学研究生学位论文独创性声明》，承诺遵守学术规范，独立完成答辩。三位答辩人通过展示PPT方式汇报硕士学位论文的主要内容，答辩委员们依次提问，答辩人依次作答，答辩流程紧凑有序。

在答辩人和旁听人员离会后，答辩秘书介绍了评审专家对学位论文盲审的评议意见。答辩委员们经过讨论和不记名投票，一致同意通过三位同学的硕士学位论文答辩，建议授予工程硕士专业学位。

记者从华中科技大学了解到，为确保满足毕业条件的研究生按期答辩、顺利毕业，保证线上答辩和线下答辩的程序、质量标准等不变样，研究生院制定了详细的工作流程和技术解决方案，成立督导工作组，明确工作要求。目前春季毕业生视频答辩工作正在有序开展。

首位视频答辩学子延翊铭在答辩感言中写道，"2020年的艰难开年，让湖北武汉成为全国人民关注的中心。为了不影响我们的正常毕业，学校决定进行视频答辩。作为本年度华中科技大学第一个视频答辩的学生，我感到非常荣幸。三年华中大的学习科研，留下了太多的美好回忆，十分感谢学校对我的培养。武汉加油，中国必胜！"

该校副校长解孝林表示:"疫情还没完全结束,我们不能因为疫情影响学子的正常毕业和就业规划。因此,除了光学与电子信息学院,在正式开学前,在其他院系我们也将采用这种视频答辩的方式保证满足毕业条件的研究生顺利毕业。"

(✐《科技日报》2020年3月12日 作者:刘志伟 高翔)

"天才少年"是怎样炼成的

一名高考复读生,本科毕业于三本院校,从华中科技大学(以下简称"华科")博士毕业后,因入选华为"天才少年"斩获最高一档年薪201万元而红遍全网。

读博期间到底经历了什么,让张霁完成如此逆袭?

能拿到华为"天才少年"最高一档年薪的,屈指可数,其中3人本科或博士毕业于华科。这不免又让人们好奇:华科"造星"到底有什么"秘诀"?

《中国科学报》就此采访了华科副校长、张霁读博期间的导师,以及其实验室的在读博士生。

·坚持传承,不盲目追随科研热点·

截至目前,拿到华为"天才少年"最高一档年薪且与华科有不解之缘的3人分别是:本科毕业于华科、博士毕业于中国科学院大学的钟钊,本科和博士毕业于华科的左鹏飞,以及博士毕业于华科的张霁。

其中,博士毕业于华科的左鹏飞和张霁都在 ATC、DAC、ICPP、SIGMOD 等计算机系统结构专业的顶级会议/期刊上发表了很多科研成果。

那么,他们的科研产出有多"牛"?

华科计算机专业在读博士生彭周旋做了这样一个通俗的解释,"两位师兄中,任何一位的成果都足以支撑4—5个普通博士生毕业,而且其成果都是在 3 年左右的时间内连续产出。他们都是当之无愧的高水平博士毕业生"。

值得关注的是，今年同样入选华为"天才少年"的，还有华科博士生姚婷，其年薪为 156 万。

在这 3 位博士毕业于华科的"天才少年"中，左鹏飞和姚婷的研究方向都是围绕新型非易失存储器（NVM），而张霁的研究方向是 AI for System，即将人工智能的方法应用于系统和存储之上。

他们同属信息存储系统教育部重点实验室，虽然在专精方向上有所区别，但立足点都是计算机存储。而这也是实验室的"内核"。这些"内核"承载着前辈们的智慧与积累，学生们在这些基础上不断传承和发展。

彭周旋同样是该实验室的一员。他告诉《中国科学报》，"我们实验室的学生大多是计算机系统结构专业，在计算机学科大类中是属于偏底层、较为艰深的专业，入门门槛较高，要想取得科研成果相当困难。而且，不像当前热门的机器学习、人工智能等方向那样为大家所关注。"

之前也有学生提出为什么实验室不把研究重点转向热门的方向，这样相对而言更容易出科研成果，学生也更好毕业。

但是，实验室就是"不走寻常路"，不盲目追随科研热点。实验室的老师们坚持立足于传统的主攻方向——"存储"，再向外延伸，他们坚信这样可以保持实验室的核心竞争优势。

华科副校长解孝林在接受《中国科学报》采访时表示，正是有这样"前瞻性"的导师队伍，在学术上引导研究生面向国际前沿攻坚克难，才能培养出国家急需的高层次人才，推动华科研究生教育高质量发展。

·成为"一个领域里首屈一指的专家"·

不少高校在招收博士生时，比较看重本科和研究生学历。为何华科会招收三本出身的张霁，这让很多人感到疑惑。

"学习、研究就像马拉松。有些三本学生，由于偏科影响了高考总分。只要学生持续努力，这些'拖后腿'的科目在本科、硕士阶段是可以弥补的。"解孝林表示，华科研究生招生考试选拔一直坚持"择优录取，宁缺毋滥"。事实上，张霁本身就非常努力且优秀。

"我对张霁印象最深的是求知的主动和创新的热忱。他对于新的知识，有一种强烈的渴求。一旦发现问题，就要想尽办法去解决，张霁在这方面的表现非常突出。"张霁读博期间的导师、武汉光电国家研究中心教授周可在接受《中国科学报》采访时说。

在彭周旋看来，严格的自律和持之以恒的努力是促使3位师兄、师姐成功的关键。

以左鹏飞为例。他能够做到五年如一日，每天都有着严格的时间规划，长期稳定地投入大量时间在科研上。他想成为"一个领域里首屈一指的专家，所有人提到这个领域都会想到你的名字"。

解孝林认为，3位"天才少年"最难能可贵的是他们的抗挫折力非常强，在科研中百折不挠，也就是他们的逆商都很高。这种敢于"逆风飞翔"的魄力，是当前我国面临科技"封锁"困境下最需要的。

在计算机存储这个方向上，技术、器件和市场几乎全都被国外企业所垄断，和现在被大家广泛关注的CPU芯片一样。而存储器件与CPU芯片都是计算机的基本构成部分，二者联系非常密切，没有高性能的存储器件就无法发挥出CPU的强大算力。

"当前可能还是会有很多人追随热门研究方向，这无可置喙，但是系统结构等底层技术是国家和企业永远的刚需，希望能有更多的导师和研究生在这些方向上投注努力，推动可持续性发展，最终突破国外企业的技术垄断和封锁。"彭周旋表示。

·让研究生站到创新最前沿·

华为"天才少年"走红，也让华科火了一把。好苗子也需要好平台和好环境，华科在培养研究生方面有哪些"秘籍"？

"要让研究生站到创新最前沿。"解孝林强调，华科的办学始终瞄准科技前沿和国家急需的关键领域，"敢于竞争，善于转化""敢担大任，勇攀高峰"，尽一切可能，为学生的成长成才提供最好的条件。

近年来，华科在学科建设方面的进步有目共睹。学校已有5个学科进入ESI全球前1‰、16个学科进入前1%，是湖北地区唯一入围ESI全球排名前300的高校。几乎每年都能看到学校ESI排名上升的好消息，这让学生们感到自豪。

优质的科研平台和科研资源，为培养优秀研究生提供了坚实基础。为拓展研究生的国际视野，提升他们追踪学术前沿的能力，"学校支持博士研究生去国际一流大学联合培养、参加国际会议、短期研修等等，开展的各类学术活动、实践活动都为研究生们的成长营造了非常好的氛围"。解孝林表示。

正是因为喜欢这样的科研平台和氛围，彭周旋在获得保研资格后，毫不犹豫地选择在本校继续深造。

"当初选择这所学校是因为其深厚的理工科背景和良好的口碑，以及优美的校园环境。经过四年的本科生涯，在亲眼见证学校在各方面的点滴改进和努力后，我更加坚信今后能有更好的发展。"彭周旋说。

7月29日，国家召开了全国研究生教育会议，折射出研究生培养的重要性。

高水平的导师队伍建设是高质量研究生培养的根本保证。解孝林介绍，学校将加大导师选聘、培训、考核的力度，实行进退有序的动态管理，不断提升导师队伍水平。

除此之外，"我们还要深化招生制度改革，以质量为核心，优化研究生培养方案，加强核心课程建设，推进分类培养，加强内部质量监控体系建设，不断完善人才培养体系。"解孝林说。

（《中国科学报》2020年8月11日　作者：张晴丹）

培养"厚基础、跨学科、有担当"的复合人才
——华中科技大学新闻专业基础理论课程群的创新实践

学新闻将来能干什么？如何为新闻教育铸魂，增强学生的专业自信？新闻传播教育如何适应高校新文科建设新格局？

针对这些问题，华中科技大学新闻与信息传播学院（以下简称"华中大新闻学院"）做了一些探索。特别是2011年以来，华中大新闻学院建设媒体融合背景下的新闻传播基础理论课程群教学实践体系，以基础理论为核心，创新课堂教学手段，开展跨学科融合育人，强调理论与实践并重，探索出新闻教育的"华中大模式"。

·筑牢根基：重构新闻传播知识体系·

华中大新闻学院原院长张昆教授认为，新闻传播基础理论课程探索新闻规律、探寻新闻传播在社会上发展演进的过程和脉络、传媒的使命与责任等，联结着该专业的通识教育与专业教育。在过去，由于对基础理论课程关注太少，使得有的学生在信念和信仰上出问题。新闻传播教育的一切改革，自然应该由此开始。

讲授"马克思主义新闻观"的唐海江教授，结合自己近10年的教学经验，立足经典文本解读，构建经典与实践、理论与现实的对话场域。他精选40余万字"马列新闻论著选读课"材料供学生精读，并联系社会热点话题，如围绕"新闻反转"问题，组织学生讨论马克思关于"报刊的有

机运动",分析互联网技术给新闻真实带来的多重影响,进而引导学生树立马克思主义的世界观、价值观和方法论。

"基础理论课程有助于我深入了解与新闻传播相关的理论和历史,站在更宏大的角度看待自己的专业。"2020级硕士生曹梦怡曾获得范敬宜新闻教育奖。她说,概论、原理课程安排在前期,中外新闻传播史、新闻传播伦理与法规等课程紧随其后,逐步深入、相互衔接,对自己的学习、就业和个人发展都大有帮助。

近十年来,为解决传统理论课堂存在的课程封闭、历史与现实脱节、国外与本土割裂、不同课程间的断层等问题,华中大新闻学院根据新的专业定位,重整基础理论课程架构,厘清课程的边界,重新编写教材、教案,更新知识体系,实现了历史课程、理论课程、方法课程在马克思主义新闻观基础上有效衔接。"马克思主义新闻观""中国新闻传播史""外国新闻传播史""新闻学理论""传播学概论""传播学研究方法"等核心课程脱胎换骨,对于熔铸专业之魂,增强学科自信,起到重要的作用。

· 文工交叉:把变革的文化基因融入教学 ·

"作为国内工科大学创办的第一个新闻学专业,华中科技大学的新闻学专业拥有自己的办学传统。"张昆在《三思新闻教育》中这样写道。

华中大新闻教育是学校第一个文科专业,华中大新闻学院在诞生之初,就充分发挥工科院校的优势,打破了新闻教学的原有模式,融自然科学、人文社会科学于一体,形成了"秉中持正、求新博闻"的院训。文工交叉、重视动手能力,成为新闻学院教学早期特色。

华中科技大学新闻与信息传播学院副院长李华君介绍,面对新文科建设新格局,华中大新闻学院继续发扬"文工交叉"的优良传统,积极引进具有计算机、人工智能等理工科背景的人才壮大教师队伍,强化知识的交叉。

"Python语言""数据挖掘""计算机与程序设计基础(C++)""WEB信息构架设计"等课程,开阔学生视野,突破学科壁垒,着力培育具有互联网思维的融合媒体人才。

在华中大新闻学院的本科生课表里,"游戏学导论"似乎与其他专业课程格格不入。课堂上,拥有计算机学科背景的熊硕老师,从游戏起源讲到历史,再到游戏与传播学的联系。在这门融合了计算机知识与传播学理论的课堂上,新闻学子初步游览游戏的大千世界,从策划的视角看待游戏,学习游戏策划基础的术与道。

为支撑师生跨学科教学,学院建立了多功能的实验中心,设有计算机与多媒体实验室、广播电视实验室、广告摄影实验室、网络与新媒体传播实验室、传媒与舆情调查实验室等八个大类实验室。中心建筑面积1124平方米,现有教学仪器设备1441台,价值1364.57万元。

"在新闻传播类专业学生的人才培养中强调技术思维,也就是我们说的互联网思维,要把技术变革这样一种文化基因融入我们的课程教学里面去。"华中科技大学新闻与信息传播学院院长张明新教授表示。

·知行合一:在实践中厚植家国情怀·

4月6日,光明日报社高级编辑陈品高,开启了华中大光明新闻创新实践中心"光明课堂"第一课。他以《实践是检验真理的唯一标准》一文的发表历程为例,为新闻学子作了有关媒介素养的主题分享。2020级本科生阳昕媛,被新闻行业前辈们实事求是的锐气和敢说真话的勇气打动,感慨自己作为未来的新闻媒体人,要锤炼本领,担起时代重任。

"光明课堂"由创建于2020年11月的光明新闻创新实践中心组织开设。实践中心旨在为华中大新闻学子提供了实习、培训、教学、科研的广阔平台,是深入推进学界、业界深度融合的重大探索实践。

在华中大新闻学院,有一支"三个三分之一"特色的教师队伍:"三分之一"来自人文社科学界,"三分之一"来自理工科学界,"三分之一"来自业界。业界教师以丰富的从业经历,为学生从理论学习跨越到技能实践提供了经验介绍与专业指导。

2020年11月,在中国青年报第六届寻找全国大学生百强暑期实践团队线下交流会上,华中科技大学新闻与信息传播学院、第一临床学院"讲好华中大抗疫故事"暑期社会实践队,获评"最佳实践团队"称号。此前,实践团队对话媒体工作者、医学学子,实地访谈医护人员,完成稿件

26 篇 7 万余字、调研报告 2 篇、短视频作品 8 个，助力讲好中国战疫故事、华中大战疫故事。

华中科技大学新闻与信息传播学院党委书记詹健介绍，学院通过开设"进基层、懂国情、长本领"基础理论实践认知课，为学生打造全方位的实践型学习场景。从大一到大三，学院组织学生参与相互衔接、逐级提升的综合实验课程、社会认知实习与专业大实习，培养具有家国情怀、国际视野的高素质全媒体复合型新闻传播人才。

（ 《光明日报》2021 年 4 月 27 日　作者：夏静　张锐　徐苗）

立足工科优势培养新文科复合型人才
——华中科技大学公共管理学院人才培养改革实践

智慧城市长什么样？6月初，记者在华中科技大学公共管理学院（以下简称"公管院"）电子决策剧场，目睹了智慧城市的"大脑"和"神经"，身临其境地体验了一把未来的生活。

电子决策剧场是公管院教学与科研的信息化实验室，也是学院的一张名片。历经20年发展，现在的公管院已成为国内一流、国际知名的教学科研机构。

当下，传统公共管理类学科面临新的挑战，如何适应数字化、全球化要求，推动公共管理改革创新？公管院立足华中大工科优势，尝试文理交叉融合，积极探索"个性化、信息化、国际化"新文科复合型人才培养模式。

·"一人一方案"个性化育才·

学院致力于成为"领导者的摇篮，政府的思想库"。为此，进行了一系列人才培养改革。公管院常务副院长张毅介绍。

"上学时我们根据兴趣搭配课程，同在一个班而所修课程不一样。"获"挑战杯"全国一等奖的毕业生周蓉回忆起选课经历，"这种课程设置很个性、很灵活，能激发我的创新灵感。"

学院把课程模块化作为培养复合型、创新型、卓越的公共管理人才的突破口。课程体系由人文素质、政法、经管、数理、信息以及实践教学6

个模块组成，涉及理论基础、应用知识、国际前沿，并随时保持更新。

尊重学生，培养他们的学习兴趣，从大二开始，学院为每位学生度身定制学习方案、分配学业导师。"我对政治学感兴趣，我的学业导师非常支持我，给我提供了参考书籍和研究资料。"公管院学生谭成说。

第一课堂的问题解决了，第二课堂该如何设计？如何培养学生的创新精神和实践能力？学院尽量压缩课时，把更多的时间和空间留给学生。在公管院，有一个坚持了15年的读书会，学生根据兴趣参加读书会，在读书中开阔视野、训练思维。

每逢节假日，学院开设政府管理大讲堂，邀请名师大咖作报告，不出校门学生就能了解学科前沿发展趋势，名师的魅力让一批又一批学生走入学术殿堂。

通过个性化人才培养，近年来，一批学生在创新创业、基层就业领域表现突出。陈罗琦等3名学生获全国大学生城市管理竞赛一等奖，胡畅航扎根基层，贡献青春智慧……

·文理交融提升信息素养·

顺应改革，学院将技术和定量素养纳入公共管理学科，先行先试，积极探索文理交融的新文科发展模式。充分发挥华中大学科优势，推进"文工、文理、文医"交叉，塑造学生的创新思维，提高创新能力。瞄准学科发展方向，以培养公共部门CIO（首席信息官）为目标，重点建设电子政务核心专业。对此，毛子骏教授深有体会："与其他一流大学的管理学院相比，华中大的优势在于工科底子强，建院之初，学院就提出做信息化研究。"

信息化和大数据给社会带来深刻变革，学院进一步强化信息技术、大数据和人工智能在人才培养中的作用，将信息化融入所有学科课程，培养具备信息分析处理能力的人才。谭成表示信息模块课程让学生熟悉了技术和各种研究工具，给学生以后的科研插上了信息化的"翅膀"。

一直以来，学院搭建高水平实验室作为公共管理类人才培养平台，开展程序设计、仿真模拟等实践教学课程，让学生在课堂上能体验到实践的现场氛围。

不仅如此，华中大打通社会学、新闻传播等九大文科院系壁垒，建立通信工程、计算机、人工智能、物联网、公共卫生等相关理工科交流平台，构建多学科交叉的文科综合实验教学模式。

2008年成立的舆情信息研究中心是学科交叉的产物，由公管院和新闻与信息传播院合作打造，是全国首个党委宣传部门与高校联合的舆情信息研究机构，为频繁出现的网络舆情提供了治理范式。

在抗疫中，通过大数据挖掘信息、收集资料、了解动态、评估形势、提出建议，学院共有11项有关新冠肺炎疫情的报告被采纳，并获中央和省级部门的批示。

·为国际化问题贡献中国智慧·

如今，国际社会日益成为一个你中有我、我中有你的人类命运共同体，公共管理类人才越来越需要面向日益开放的世界，树立全球化思维与国际化视野。

20年来，学院打造了一支国际化的教师队伍。大多数教师具有留学和访学经历，为学生打开了一扇了解世界的窗户。"城市管理学""电子政务"等12门课程采用双语教学的方式，按照国际学术规范对学生进行训练，引导学生关注人类社会重大问题，培养国际视野。

公管院的生源遍布全球，一批批留学生慕名到华中大求学深造。留学生以硕博为主，硕士生占比40%，博士生占比60%。与此同时，60%左右的本科生可以出国交流一次。

"公管人应有修身齐家治国平天下的情怀。"华中科技大学副校长许晓东常说，公管院的学生要放眼世界，为人类提供更多的公共产品，为世界减贫以及和平事业作出中国贡献。

2014年3月，华中大设立东盟研究中心，挂靠公管院，培养熟悉东盟问题的国际知名创新型人才，打造有国际影响力的特色高端智库。

国际化的教育离不开国际化的教材，公管院多名教授用自编教材取代西方教材。许晓东编著的《定量分析方法》、陈鹤编著的《行政法与行政诉讼法精编案例教程》是国际学生的课程教材。徐晓林的《电子政务导论》是国内最先对电子政务概念和体系框架进行总结的一本著作，中国行政管理学会顾问郭济称,此教材是电子政务的"金钥匙"。

"我们未来对国际学生的教育将更注重分享中国经验,以中国的案例、中国的素材、中国的理论,培养知华、友华、爱华的国际学生。"张毅说。

(✐《光明日报》2021年6月15日 作者:夏静 晏华华)

发挥工科优势 支撑全方位人才培养
——华中科技大学工程实践创新中心探索工程实践育人纪实

建校近 70 年来，工科一直是华中科技大学的传统优势学科和人才培养重点方向。而在工科人才培养中，工程实践作为重要环节之一贯穿始终。该校的工程实践创新中心，几乎与学校同时建立，又伴随着学校多年的跨越式发展不断自我革新，现已成为学校人才培养的一张重要名片。

2019 年，工程实践创新中心进行了全方位迭代更新，本着工程训练要体现时代特征，着力培养大学生的工程观、质量观、系统观的理念，在人才培养方面形成了一套卓有成效的华中大工程实践创新模式。

·学校到企业无缝对接·

"砂箱是传统工艺制作砂型的重要工具，先用铁锹往砂箱倒入砂石、用平锤锤砂石、透气针扎透气孔……" 6 月 24 日，华中科技大学工程实践创新中心，教师黄胜智在为学生们演示传统工艺如何制作砂型。而在此之前，教师霍肖已经为学生们讲解了现代铸造技术的发展。通过两位教师关于铸造技术演进的讲解，学生们对基础铸造的不同方面有了更加详尽的了解。

除了课堂演示外，在中心的工程认知机床展示区，还陈列着若干已退出教学一线的机床设施。这些设施不仅是时代的记忆，更见证着近代工业革命的发展。

从课堂到单独区域的设备陈列，该中心充分体现了对设备更迭的重视，也折射出了学校对新工科发展的思考。新工科的建设与发展路径，对高校人才培养提出了新的要求。相对于传统的工科人才，未来新兴产业和新经济需要的是实践能力强、创新能力强、具备国际竞争力的高素质复合型新工科人才。

"在构思升级智能制造实践平台之初，我们就考虑到不仅要有科技创新的东西，还要用一件件实实在在的物件让学生知道——一批批不同年代的机器代表的是一代又一代人的奉献。而我们进行整体的改革升级，则是为了让学生看到现代制造业的雏形，使他们在未来的创业就业中，能够敏锐感受到时代发展的前沿需求。"工程实践创新中心主任李昕介绍道。

根据新工科发展理念改造完成后的工程实践创新中心，面积达1.5万余平方米，设有4个高水平教学实验室、22个车间和实践区，各类实践教学设备4000余台/套，开设了36个工程训练项目和40个工程体验项目，用于对学生的实践创新指导。

·所有学科工程实践全覆盖·

今年3月中旬，工程实践创新中心面向文科、医科等未修读工程训练的本科生开设了公共选修课"工程体验"。

在工程实践创新中心党支部书记冯晓东看来，设立该课程主要是为了充分发挥智能制造实践平台优势，促进学科交叉。"通过这门通识课程的学习，非工科专业的学生也可以在工程实践中了解工程文化，建立对工程的感性认识，了解智能制造特征，镌刻华中大'工科优势'烙印。"

升级后的智能制造实践平台有针对性地设置了课程内容，使其成为一门通识课程。课程以工程实践创新为依托，筛选出了一批典型的工程实践项目，分别组成独立的教学单元，旨在引导学生从跨学科、跨专业、跨系统的角度，形成科学研究的大视野和大思路，领悟实践过程中的科学方法、技术途径和贯穿始终的人文精神。同时，通过产品或工程项目开发，培养学生的动手实践能力，形成工程观，树立自主创新的意识，让学生结合专业知识参与研究并逐渐深入，为后续创新做好铺垫。

全校的医科、理科、文科生都可以通过选修该课程，身临其境地了解制造业的发展历程及其与各个领域的融合，还可以了解到制造业从业人员的工匠精神、管理能力，有效地提升工程素养、质量意识和系统思维。截至目前，全校已有2.7万人次参与体验学习。

工程知识和专业学习结合，擦出了别样的火花。VR操作工程实践、3D打印心仪手办、教工业机器人写字……新鲜有趣的体验吸引了许多原本根本没机会接触工程实践的学生纷纷报名。教师先讲解、学生再动手，从早上8点到晚上8点，工程实践创新中心循环开授"三维扫描与3D打印""智能机器人DIY""玩转智能控制小车"等40个体验项目。选修该课程的学生可以按自己的意愿和需求进入实训室，在高水平教师和有经验的工程技术人员指导下，完成作品制作或项目开发。

同济医学院临床医学专业的郑同学说："现在医工结合的项目非常多，尤其是高端信息技术对医学有很大的推动作用。面向医科开设体验课特别及时，为我后续的医学研究奠定了交叉研究的基础。"

·将"产品"变成实践教学"场景"·

走进工程实践创新中心可以发现，众多现代化机械装备上都贴着几个醒目的大字"华中大造"。这些带标签的机器都产自华中科技大学实验室走出的企业。而现在，机械设备又实现了"循环"，回到了教室里。

"升级后的生产线必须是国产装备、国产控制系统、国产工业软件，这些都与我们经常听到的'卡脖子'领域息息相关。在工程实践创新中心，我们大部分实现了国产化，学生不仅能学到专业知识，能看到企业的需求，还能增长自信。"李昕说。

据了解，目前该中心用于实践教学的设备设施和软件资源，60%源自学校研发，主要涉及数控机床、工业机器人、激光加工、工业软件、材料成型、增材制造等领域，融合了学校9位院士、12个科研团队的最新研究成果，基于1个国家科技进步一等奖、6个国家科技进步二等奖、2个腾讯"科学探索奖"。这些产品在工矿企业重点行业甚至国防领域得到大量应用，一些成为"国之重器"，一些成为行业领军，一些则在国际市场具有显著竞争力。

"我们要让每一个学生享有优质的教育资源,为他们带来获得感。"在中国工程院院士、华中科技大学党委书记邵新宇看来,要让最领先的理念、最前沿的科技和最先进的应用来支撑学校的人才培养。

"工程训练课程必将成为树立青年学子科技自立自强信念的一次生动教育实践。"邵新宇自豪地说。

(✐《中国教育报》2021 年 7 月 5 日 作者:王潇潇 高翔)

华中科技大学面向国家需求成立两个新学院

7月14日下午，华中科技大学未来技术学院和集成电路学院正式成立。湖北省副省长肖菊华和华中科技大学党委书记邵新宇院士、校长李元元院士共同为两个新学院揭牌。

华中科技大学未来技术学院是教育部今年5月批准成立的首批12所未来技术学院之一，着眼于未来科学技术原创，瞄准国家未来发展的国之战略重器，聚焦"大工程 大健康"未来战略产业发展。集成电路学院以服务国家重大战略和区域经济发展为目标，瞄准集成电路"卡脖子"难题，聚焦集成电路学科前沿，突破关键核心技术，培养国家急需人才。

两个新学院的成立，是学校在新形势下积极响应国家战略需求、敢于责任担当的重要举措，是创新探索交叉学科建设、勇于改革进取的核心载体，将致力于培养相关领域创新型人才、推动产业发展。

据了解，目前全国仅有清华大学、北京大学和华中科技大学三所高校同时获批未来技术学院和国家集成电路产教融合创新平台。

(《湖北日报》2021年7月16日　作者：方琳　王潇潇　高翔)

华中大化学院施行"一制三化"教育为学生量身定制成才计划

9月19日上午,华中科技大学化学与化工学院举行新生开学典礼,320名新生齐聚一堂,开启人生新篇章。院长朱锦涛教授将为本科新生上第一堂课,寄语同学们:做志存高远、勤勉笃行,德才兼备、情理兼修的化院人,努力成为未来的化学家。

在接下来的学业中,以培养拔尖人才为目标的"一制三化"(导师制、小班化、国际化和个性化)教育,将贯穿同学们的学习和生活。

首先是"128"计划,即一位教师党员与2名学生党员共同帮扶8名新生,给予学生思想指导、学业和生活帮助,让学生尽快融入大学生活。随即,为拔尖学生配备学业和科研导师,全面提升学生专业技能。

"学院依托校内5个国家级科研平台,以科研训练促进学生创新能力提升。"副院长龚跃法教授介绍,学生一年级进实验室观摩学习,二年级进课题组进行科研训练,三年级进科研团队从事科学研究,四年级毕业论文结合重点科研项目开展。近五年来,本科生参加科研项目700余项,发表论文30余篇,申请发明专利10余项,获国家级创新创业奖20余项、省部级奖50余项。

"双课程和双导师制是学院的特色。"党委副书记聂红波称,学院先后与中科院长春应用化学研究所、中科院北京理化技术研究所联合成立"吴学周精英班""化学菁英班",聘请中科院名师担任班主任,定期到学院开办讲座,让学生紧跟学术大师探讨学术前沿。还与湖北人福医药集团等共建实训基地,让学生深入了解业界急需。

学院坚持与世界一流大学合作办学，开展短期游学和假期交流。据介绍，2019年，学院共投入80余万元组织59名本科生出国出境游学。近3年来，学院共资助193名优秀大学生前往哈佛大学等海外境外高校学习交流，选拔资助13名校级特优生前往海外知名教授课题组参与科研训练。

(✐《湖北日报》2021年9月25日　作者：张双双　刘赵昊旻)

华中科技大学：
探索培养未来科技领军人才

"我想发明一款陪伴空巢老人的宠物机器人""发现癌症密码，可以挽救无数生命"……这是华中科技大学未来技术学院新生的梦想与追求。今年10月10日，华科未来技术学院正式开学，首批120名学子踏上了本硕博连读的征程。

4个月前，包括华科在内的12所高校获批建设未来技术学院。欣喜的同时也迎来挑战，未来技术学院应该如何办？华科举全校之力，发挥特色学科优势，组建一支高水平师资队伍，瞄准未来前沿性、革命性、颠覆性的技术，培养一批未来科技创新的领军人才。

·整合优势资源·

华科未来技术学院的师资堪称"重量级"，中国科学院院士丁汉出任"掌门人"，来自四个一流学科的多名院士、上百位高层次人才组成了导师团队。"跟随专家学习，就像站在巨人的肩膀上，前沿科学触手可及。"学生娄耀鹏对数学非常着迷，希望和导师一起闯荡科技的"无人区"。

一流的师资队伍，离不开前沿的学科平台。华科拿出"最强组合"，聚焦"大工程、大健康"两大国家重大战略方向，系统整合机械工程、生物医学工程、光电信息科学与工程以及自动化四个国家一流本科专业的优质教学资源。与此同时，利用武汉光电国家研究中心、国家数字化设计与制造创新中心等重大科研平台资源，进行科教协同育人；利用国家集成电路产教融合创新平台，推进产业和教育深度融合；依托"高校国际化示范学院推进计划"等国际交流合作平台，加强与世界一流大学的战略合作和互学互鉴，打造国际化育人环境。

未来技术学院先行先试，聚集了先进智能制造、生物医学成像、光电子芯片与系统、人工智能等四个未来交叉学科，探索学科交叉、科教协同、产教融合的新工科人才培养新模式。

"在这里，我可以自由地做实验了。"走进未来技术学院先进的实验室，刘芊月十分开心。学习人工智能知识后，她想发明一款注入"灵魂"的宠物机器人。"我的奶奶很喜欢宠物，但对宠物毛发过敏，如果我能发明宠物机器人，不仅能缓解奶奶的孤独，还能为社交障碍和自闭症患者群体带去陪伴和欢乐。"

从师资配备到平台搭建，无不彰显着华科的决心。未来技术学院执行院长唐明充满信心："学校把'压箱底'的导师力量和平台资源都拿出来了。"人才是关键，无论是教师还是学生都要成为勇立潮头的探索者、拼搏者。

·因材施教培养·

学院依据未来特色学科方向，支持学生个性化发展，打破传统学制壁垒，课程改革一切为学生成才服务。在"一方向一方案、一学生一方案"的基础上推行"单人课表"，设置开放与交叉贯通相结合的选课制，允许跨专业、跨院系选课，本科生可以跨层次选修研究生课程。

推行"3+1+X"弹性学制。前三年重视对数学、物理等基础学科的通识教育，夯实学生基础；大四强化对工科、理科、医科等学科交叉模块学习，拟定研究方向；研究生阶段根据兴趣投身科研。各学历阶段，以什么专业毕业由学生自己选择。

"学院实行淘汰制，核心课程成绩不能低于80分。"唐明介绍，目前，学生的培养方案是150个学分，学院对基础课程优化重组，开发了一套辅助课程，包括领导力课程、科学思维相关课程、创新训练营、暑期学校等，以提升学生的综合素质、启发他们的科学思维。

"太有趣了！这里的课堂与我想象的完全不一样，同学们踊跃提问，自由发言。"娄耀鹏说，"这种氛围让我学得更带劲。"

在未来技术学院，学生从大一开始就可以自由选择导师。每个学生有两位来自不同领域的导师，导师引导学生寻找兴趣，和他们一起解决问题，激发学生的好奇心和创造力。学院营造更灵活向上、更有朝气的学习环境，让学生有更多的自由空间"放飞"科学梦想。

"希望未来学子以心怀'国之大者'的担当，追求卓越、矢志一流、勇攀高峰，成为实现中华民族伟大复兴的先锋力量。"华中科技大学党委书记李元元说。

（《光明日报》2021年11月2日　作者：夏静　晏华华）

学术大咖新秀齐登场　学生站在教育C位
——华中科技大学经济学院奏响课程育人"交响乐"

"在全球面临新冠肺炎疫情加剧蔓延和经济陷入衰退的背景下，中国经济迅速复苏并实现强劲增长，增速高于很多专业机构预期。"在华中科技大学经济学院"中国经济改革与发展"课上，年轻教师叶巾祁与学生进行互动，结合实例，帮助他们理解中国经济改革和未来发展的目标。

发挥每门课的育人作用，帮助学生认识和理解国情，坚定跟党走，培育学生经世济民的专业素养，是华中科技大学经济学院课程思政建设的一个缩影。近年来，该院突出全课程育人理念，通识课培植自信，专业课渗透情怀，在知识传授中注重价值引领，在价值传播中注重知识含量，将立德树人贯彻到课堂教学全过程、全方位、全员之中，推动思政课程与课程思政协同前行。

·构建课程思政大格局·

华中科技大学经济学院是教育部首批"三全育人"综合改革试点单位，学院党委书记戴则健介绍说，培养什么人、怎样培养人、为谁培养人，是学院探索课程建设、教学方法、学生考核方式等改革的根本出发点。

多年来，学院在张培刚、林少宫等老一代学术大师的引领下，高举"明德厚学、经世济民"旗帜，以课程育人为核心，逐步探索和形成了以

"尚人文、厚基础、重创新、强实践"为特色的课程育人体系，发挥学科优势，讲好中国故事，研究中国问题，促进了学生们经济学知识学习、素质教育和能力培养的有机融合。

2018年入选"三全育人"综合改革试点单位以来，学院在传承思想政治工作优良传统的同时，积极思考深化课程育人，全面推进集通识、专业、双创、实践为一体的课程育人理念，并探索出坚持党旗领航、突出学科特色、强化文化功能、营造实践氛围"四位一体"的特色做法。

"专业课程蕴含着丰富的思政元素，一方面，专业知识本身具有明显的价值倾向、家国情怀等。另一方面，教师可以通过深度挖掘，在已有思政元素的基础上进一步拓展和开发。"学院副院长欧阳红兵介绍说，经济学院的"宏观经济学"课程是教育部特色示范课堂，课程团队一直注重在课程学习中突出理论与实践相结合，从不拜倒在西方经济理论脚下，通过教学中引用的大量案例、数据反映出中国改革开放的成果，实实在在让学生体会到中国经济奇迹的过程、经验和成就。

·教师人人会讲中国经济故事·

众所周知，西方经济学的一个基本假设就是"人是自私的"，强调"利益最大化"。如果经济学院的教师们一味照本宣科讲解，无疑会使学生产生错误的价值导向，成为"精致利己主义者"。在学院院长张建华教授看来，专业课教师身处教书育人第一线，应该成为思政教育的主力军。

每门课都要守好一段渠、种好责任田。全员、全过程、全方位引导青年学生坚定理想信念，已成为经济学院全体教职工的行动自觉。

课程思政不是简单的"课程"加"思政"，不能将德育内容生硬楔入专业课程，经济学教师也不用句句提马哲，如何让每位教职员工都参与育人工作？学院党委副书记崔金涛介绍，通过强化课程思政顶层设计，使各类课程与思政课同向同行。

近年来，学院进一步设立"课程思政示范课体系"，大力弘扬经世济民的理想情操，在"经济学原理""发展经济学""中国经济发展与改革""经济思想史"等课程中融入中国国情、中国问题、中国经验，将爱国奉献的家国情怀与经济学专业知识融合。

针对不同专业的特点，挖掘专业课程中所蕴含的思政元素，通过学科组集体备课、微课程教学竞赛等形式，奏响课程思政"合奏曲"，提升教师的育德意识和能力。

孙雅是经济学院的一名青年教师，从新加坡、日本等高校学成回国任教，深受学生喜爱。她以"外部性"为题开展课堂互动，结合长江大保护、经济结构转换与城乡发展的生动实例帮助学生理解中国在发展的同时重视环境保护。"课程思政如盐入水，课程思政改革的关键，是各类课程与思想政治理论课形成协同效应，不能强行要求每一节课程、每一个章节都为讲思政而讲思政。"戴则健表示。

·多元评价让学生站C位·

课程思政的评价，需要将学生的认知、情感、价值观等内容纳入其中，体现评价的人文性、多元性，更要突出学生的感受，让学生来评价效果好不好。

张建华说，学院逐步将客观量化评价与主观效度检验结合起来，综合采用结果评价、过程评价、动态评价等方式，制定出更为精细和系统的评价指标，充分、及时反映学生成长成才情况，反映课程中知识传授与价值引领的结合程度，以科学评价提升教学效果。

经济学院有不少面向改革开放前沿的政策研究课题，可以吸纳大量各层次、各专业学生参与课题调研和分析，用第一手材料教育学生，用先进方法培养学生。目前，多篇本科生科研论文在国际期刊发表，毕业生升学率65%以上。

胡吉伟班党支部书记、2017级本科生周云鹤说，思政元素是一种思维工具，也是一种认识方法。课程思政潜移默化，同学们通过不断吸收营养，深切感受到学院老师们立德树人的用心用情，更加坚定成长为德智体美劳全面发展的社会主义建设者和接班人的决心。

（✐ 《新华每日电讯》2021年11月11日　作者：李伟）

华中科大党委书记带队赴东风汽车"访企拓岗"

为认真贯彻落实党中央、国务院关于高校毕业生就业工作的决策部署，3月24日，华中科大党委书记李元元带队前往东风汽车集团有限公司调研，与东风汽车集团有限公司董事长、党委书记竺延风座谈。双方就进一步开展科学研究、人才培养合作，以及把"访企拓岗"落实到各个层面合作、建立常态化互动渠道等进行深入交流。

在竺延风的陪同下，李元元一行先后前往岚图汽车公司、智新科技、东风公司技术中心，参观东风汽车设计、生产的先进智能化流程，体验最新产品，对东风公司在新能源领域的研究与方向进行详细了解。

李元元在调研时表示，华中科大党委将毕业生就业工作作为"一把手"工程，出台了党委书记、校长"访企拓岗"就业促进专项行动实施方案，将每学年全体校领导班子成员接待、走访重点用人单位工作常态化，带动全校全员深度参与做好毕业生就业工作。作为企业与高校的优秀典型代表，东风公司与华中科大同在荆楚大地，有能力、有责任、有义务为服务社会经济发展贡献更多的力量。学校将尽最大所能发挥科技、人才资源优势，服务东风公司的"东方风起"计划和科技创新"跃迁行动"，为东风公司当好"动力源、助推器、人才库"，希望华中科大与东风公司开展更加频繁、有效的合作，为服务地方经济发展作出更大的贡献。

竺延风指出，华中科大与东风公司友谊深厚、合作成效显著，建立了坚实的合作基础。东风公司作为立足湖北、布局全国、面向全球的企业，希望通过搭建合作平台、开展具体项目研究、建立系统的互动机制，与华中科大开展务实、高效、长远的合作，以充分发挥双方优势，在科学研究、人才培养、创新创业等方面创造更丰硕的成果。公司将以多种形式、在各个层面与高校开展进一步的合作；要面向高校开放创新创业平台，吸引青年学子走进企业，以实践促创新；要以系统性的项目合作为引领，为双方创造更加广阔的合作空间。

东风汽车集团有限公司总经理、党委副书记杨青主持座谈会。

(✎《中国教育报》2022年3月25日　作者：王潇潇　汪泉　张晨)

强强出击！华科华为联手斩获 DIMACS 算法挑战赛全球冠军

4月11日，记者从华中科技大学获悉，在9日刚结束的第12届美国离散数学和理论计算机科学中心 DIMACS 算法挑战赛中，来自华中科技大学、去年刚获得 EDA 算法（ICCAD 2021）国际竞赛冠军的吕志鹏教授团队与华为云瑶光调度算法团队组成的联合参赛团队，首次参赛即在四个赛道中斩获两项冠军、一项亚军以及两项季军。

这是中国团队在 DIMACS 算法挑战赛中首次夺冠，同时中国也是此次竞赛中获得冠军和前三名最多的国家。

·算法界顶级赛事·

DIMACS 算法挑战赛于1990年发起，致力推动重大应用问题的算法研究，是计算机领域历史最悠久、最专业的国际专业算法竞赛之一，已有32年历史。

大赛主办方为美国离散数学和理论计算机科学中心，本届大赛由其联合亚马逊公司共同举办。

"这是一个学界和业界深度融合的赛事，是最权威的算法比赛之一。历届赛题既包含困扰业界和学术界多年的'硬骨头'难题，也有最前沿的应用难题，非常具有挑战性。"吕志鹏介绍。

此次 DIMACS 算法挑战赛的主题为车辆路由问题（Vehicle Routing Problem，VRP）。该问题广泛应用于物流运输、供应链优化、后勤保障、先进制造、智慧城市等诸多工业应用领域，在提出至今的60余年时间里，被国际学术界和工业界持续深入研究。

据悉，本次竞赛共吸引来自19个国家和地区的59支顶尖算法研究团队参赛。

·算法不断迭代代码达2万余行·

此次竞赛共包含五个赛道，中国团队参加四个赛道比赛，分别是带容量约束的车辆路由问题赛道（CVRP）、可分载的车辆路由问题赛道（SDVRP）、带时间窗的车辆路由问题赛道（VRPTW）、库存路由问题（IRP）赛道。

"有很多队伍只参加一个赛道比赛，就像体育比赛一样。我们同时参加多个赛道比赛，因为我们在不同赛道对应的学术研究和工业应用方面有比较多的前期积累。"吕志鹏说。

团队成员丁俊文老师介绍，车辆路由问题可以描述为如何为多个车辆合理规划访问客户的顺序，要求各车辆从仓库出发并最终返回仓库，在满足容量约束的条件下使得总的行驶时间或路程最短。这些问题看似简单，但是找到最优方案却十分困难，已困扰业界和学界多年。

2021年12月，赛事启动。参赛前两个月团队成员几乎每天都待在实验室。"从第一版算法到我们提交的最后一版算法已经修改了不知多少次，最后核心代码写了有2万行左右。"团队成员硕士二年级学生李云皓说。

这是团队备赛的常态，该队硕士三年级学生黄施豪介绍，备赛时他们经常是白天修改代码，晚上进行测试，第二天早上看结果，接着再改。

4月9日，赛事成绩公布，团队战绩赫赫：带容量约束的车辆路由问题赛道（CVRP）和可分载的车辆路由问题赛道（SDVRP）获得冠军；带时间窗的车辆路由问题赛道（VRPTW）获得亚军和季军；库存路由问题（IRP）赛道获得季军。

·算法系统已落地应用·

除斩获全球大奖,还有一个喜讯。吕志鹏说,本次竞赛涉及的车辆路由问题实际上就是芯片代工厂中的物料传送系统的核心问题,团队在比赛中所做的相关研究已落地应用。

该团队成员十分年轻,吕志鹏教授团队除了吕志鹏和丁俊文老师,学生们均为"90后",年轻人给团队带来诸多青春活力。李云皓说,同学们都很拼,"不只是我们参赛的几个人,整个实验室同学们都在拼,大家经常参加国际国内各类比赛,赛场上比本领。"

吕志鹏说,实验室研究氛围比较自由,前期会给学生们安排一些基础算法训练,之后就直接带他们做一些前沿的算法研究或者参加一些国际算法比赛。

"以赛代练,可以将平时训练的技能灵活运用,能力自然就能得到不断提升。"吕志鹏说。眼下,黄施豪又投入日常科研工作中,实验室的师生们朝着科研方向继续前行探索,期待在用科研服务工业应用道路上再获佳绩。

(《科技日报》2022年4月11日　作者:吴纯新　赵娜　王潇潇)

华中科技大学与中国三峡集团商讨深化科技创新人才培养

4月15日，华中科技大学党委书记李元元、校长尤政带队前往中国三峡集团总部，与中国三峡集团董事长、党组书记雷鸣山，总经理、党组副书记韩君等就深化产学研合作，实现科技创新人才培养开展商讨。

华中大校领导马建辉、解孝林，中国三峡集团领导王良友、张定明、吕庭彦等参加活动。

商讨过程中，华中大副校长解孝林从科研基地建设、校地校企合作、重大科技成果等方面，介绍了学校近年来的发展情况和科技工作取得的成就，并重点梳理了华中大与中国三峡集团多年来的合作历程。

三峡集团成立于1993年，1994年即与华中大开展了校企合作。目前项目涉及领域主要包括水电工程建设及运维、清洁低碳和新能源、生态环保及数字化智慧水电等。

会上，华中大电气学院、能源学院、土木与水利工程学院的负责人就相关学科方向，从科学研究、人才引进、已有的合作项目及未来开展合作方向等，与三峡集团相关负责人进行交流。

（工人日报客户端2022年4月18日　作者：邹明强　王潇潇）

华中大团队
将世界纪录提高 36%！

近日，2022 国际超级计算大会（ISC22）公布 IO500（超算存储 500 强）结果，华中科技大学武汉光电国家研究中心并行数据存储实验室 PDSL 团队夺得"10 节点榜单"第一，将世界纪录提高 36%！这是华中大团队打破图计算性能世界纪录后传来的又一好消息。

IO500 是高性能计算领域针对存储性能最权威的世界排行榜。自 2017 年 11 月开始，IO500 榜单在高性能计算领域顶级会议——全球超级计算机大会（SC）和国际超级计算大会（ISC）上发布。IO500 包括"总榜单"和"10 节点榜单"两类。其中，10 节点榜单将基准性能测试限制为 10 个计算节点，可以准确反映存储系统为实际程序提供的 I/O 性能，便于用户横向对比，参考价值更高。IO500 涵盖带宽和元数据两项基准测试，计算整个存储系统的性能评分。

SC 和 ISC 是世界公认高性能计算大会，每年举行一次。ISC2022 于 5 月 30 日在德国汉堡召开。"全球最快的 500 台超级计算机排行榜"（Top500）就在 SC 和 ISC 会议上公布。我国超算"神威·太湖之光"于 2016—2018 年连续 2 年蝉联第一，"天河 2 号"于 2010—2015 年连续 6 年称雄。

数据是国家基础性战略资源，已成为重要的生产要素，以数据为核心的数字技术逐步成为经济发展的新驱动力；存储是大数据产业发展的关键环节，是数据赖以存在和发挥效能的基础平台，是数字经济中至关重要的数据基础设施，不仅关乎企业数据的安全存放，也关乎数字经济产业安全、国家安全。实现存储产业端到端的自主创新才能保障数据安全，从根基上提升我国数据安全产业基础能力。PDSL 实验室针对国内超算大数据和人工智能等应用的存储需求，研究了高性能 FlashFS 并行文件系统，FlashFS 采用 PDSL 自研的网络通信框架、任务调度框架和存储引擎，又在元数据布局、文件同步、目录扫描等多个关键技术上大胆创新，实现突破。

PDSL 实验室团队与国家超级计算济南中心合作基于"山河"超级计算平台对 FlashFS 及配套应用环境适配性进行了验证和优化，测试结果展现出 FlashFS 优异的线性扩展能力，表明其在输出带宽和 HPC 应用适应性方面具有持续稳定的表现。

PDSL 研究团队是谢长生、万继光、谭志虎教授指导的以研究网络存储技术为主的团队。主要研究方向包括：分布式大数据存储系统、分布式云存储系统、智能存储系统研究等。该团队承担了国家自然科学基金等十几项国家级科研项目，并与华为、PingCAP 等企业密切合作，开展长期联合研究，还在人才培养和存储相关竞赛上取得耀眼成绩：优秀博士生姚婷获得华为天才少年和 ACM ChinaSys 优博；硕士研究生杨豪迈、郭一兴和博士研究生刘鹏宇，在首届 NVIDIA DPU 中国黑客松比赛中获得冠军；硕士研究生单海康、李响参加国内首个分布式数据库内核开发大赛"OceanBase 数据库大赛"获得季军，也是华中地区唯一获奖团队；硕士研究生李思岑、王能杰、陈劲刚、李响四位同学获得 Talent Plan 课程优秀学员，并担任 Talent Plan 学习社区学习营导师，指导 400 多名高校学员。

（✎ 湖北日报客户端　2022 年 6 月 6 日　作者：苟冰冰　汪伟颋）

Graph 500 全球第一，他们这样带学生飞

"根据刚刚发布的 Graph 500 最新排名，我们团队的图计算系统再次在 SSSP（单源最短路径）评测中排名全球第一，并以单机性能超过所有分布式系统。祝贺实验室的小伙伴们！"华中科技大学计算机科学与技术学院教授金海第一时间在微信中转发了这个好消息。

揭示结果的当天，恰逢六一，看到结果的那一刻，学生们高兴得像回到了童年。"第一，我们守住了第一。"

不久前，国际高性能计算大会上揭晓了第 24 届 Graph 500 排名，华中科技大学计算机学院图计算团队研发的图计算机 DepGraph Supernode 性能超过日本"富岳"等超级计算机，他们不仅蝉联了冠军，还打破了世界纪录。

高性能图计算被誉为下一个科技前沿，可谁又想到代表华中科大拿下这个前沿排名的，是几名研究生，平均年龄仅 24 岁。

· 人才培养要"急国家之所急" ·

图计算，听着陌生，但生活中却离不开它的应用。

甲刚买了一件商品，如何将广告推送给有同样兴趣的乙？某地突然有大量用电需求，如何提前供电不至于电荒？使用打车软件，从一个地方导航到另一个地方，怎样寻找最短的路径？……

背后运用到的图计算技术，还广泛地应用于金融科技、互联网应用、药物筛选、育种筛选等民用领域，以及军事领域。

2009年，谷歌最先提出图计算概念。美国、日本等国家投入重金开展相关研究。然而，中国后来居上，反超美国、领先世界。一个重要的佐证就是，华科连续刷新世界纪录，国内图计算强校的研究成果接连登上国际顶级学术会议。

蝉联全球第一的背后，有什么奥秘？"'第一'的背后，是学校一开始就奠定了以人才培养为首要目标。"金海说。

在这个团队里，如何培养优秀的学生，急国家之所急、敢于啃硬骨头，更是金海思量的。from paper to paper 的研究，他并不支持。开题时，有学生做了这样的研究，往往会发现金老师"面无表情"。相反，真题真做，更会得到他真心的赞赏。

"问题一定要来自产业界，要做就做'想国家之所想、急国家之所急、应国家之所需'的研究，引领国际前沿、解决卡脖子问题，因为只有从底层原理创新、反超现有技术才不会受制于人。"金海对此很肯定。

2018年，华中科大牵头的"面向图计算的通用计算机技术与系统"项目被列入国家重点研发计划。华中科大还与华为、之江分别成立了联合实验室，与腾讯、阿里等国内顶尖企业均有合作。

"硕士生、博士生阶段就能接触到国家重点研发计划的课题，一下子打开了我们的眼界，让我们在搞科研的起步阶段就能够和产界融合，研发出来的都是能用的成果。"华中科技大学计算机科学与技术学院博士生赵进说。

图计算团队指导老师、华中科技大学计算机科学与技术学院副教授张宇告诉《中国科学报》，和从前的学生相比，现在的学生和产业界接触的机会更多。"从前学生偶尔会有'成果是否符合实际生产需要'的疑惑，但现在他们既能把文章发在国际最顶尖的会议，又能将做出的产品应用到企业中。"

· 营造培育创新人才的文化氛围 ·

说到育人，金海有"三招"。第一招就是鼓励学生解决真实问题。第二招是给学生一个宽松、自由发挥的环境；第三招重在营造一个良好的团队文化。"三招"听起来司空见惯，但真正用好却"威力无比"。

"我们的研究内容可以自己去寻找,导师不会要求学生必须怎么做,而是支持我们做感兴趣的方向,这样做起来很有劲儿。"赵进就"自主开发"了一个"面向并发图计算的软硬协同优化技术"的研究方向,张宇帮他联系国外同行,还鼓励他"做一件事不要半途而废,要坚持下去"。

除此之外,与企业合作后,赵进接触了工程管理思维,"最大的不同在于,以企业的管理方式,来把控项目进度"。与华为的合作,他们每两周就要汇报项目进度,"有点类似公司里的晨报、周报,更能督促学生做好时间管理"。每隔半年左右,华为会对他们的代码进行验收、测试,"我们要解释代码是怎样写的,这又锻炼了表达、沟通能力。"赵进说。

"在大学里面,团队的文化建设和激励也是教育的重要部分。"金海说。实验室办了一份内部交流的期刊——《并行与分布式计算通讯》,虽然一年只出 4 期,但每期的封面人物都是在顶级学术会议上发文章的学生。

"每当同学们在顶级学术会议或期刊上发表文章,金老师都会在钉钉群里发布并祝贺。"不久前,赵进也收到了金海的祝贺信息,简短的几行字,却让他无比自豪。

实验室还有自己的微信公众号——"穿过丛林"。上面刊登实验室成员在顶级学术会议、学术期刊上发表的文章,并用通俗的语言向大众进行科普。最新一期的推文,推荐的正是赵进、张宇"IEEE TKDE22:基于 GPU 的动态图处理系统"的研究成果。

· "厚基础"让未来有更多可能性 ·

沈千格是今年刚加入图计算团队的研一学生。她本科就读于华中科大计算机科学与技术学院,此前并没有参加过如此规格的比赛。出道即巅峰的感觉一度让她觉得"很梦幻"。"看到结果的那一天,我们几个研一的小伙伴难以置信,纷纷放下了手中正在干的事情,把结果看了一遍又一遍。"

拿世界大赛来给研一学生"训练",学校如此做,有何底气?

华中科技大学计算机科学与技术学院冯丹院长表示,在本科阶段,计算机学院就特别注重系统能力培养,学生要经过从"设计一个 CPU、一个操作系统、一个编译器、一个数据库",再到第七学期为期一个月的系统能力综合实践训练，现在学院的人才培养体系还全面融入国产IT生态，引入华为鲲鹏、昇腾、鸿蒙以及达梦数据库等国产IT生态根技术进教材、进课堂、进实验，实现从系统能力培养到IT生态全栈系统能力培养的升级。"学生在本科阶段就全面接触学习使用国产IT生态根技术，打下了扎实的专业基础。"

"千万不要小觑学生的实力。因为，他们是这样'炼成'的。"张宇表示，这样培养出来的学生，虽然刚来时并不知道什么是图计算，但接触了前沿知识后，上手很快。

正是得益于平时打下的基础。去年，图计算团队还一举拿下了第七届中国国际"互联网+"大学生创新创业大赛的全国金奖。令人意想不到的是，这还是在他们写代码遇到了些坎坷的情况下，仅用了一周多的时间备赛。赵进笑着说："不能这样计算备赛时间，因为我们一直在做高强度的现实项目，当中打下的基础其实也算是'备赛'。"

"厚基础对于计算机学科来说，其知识更新速度非常迅速，但是万变不离其宗，把核心课的基础打扎实了，学什么都容易上手。"采访结束前，金海如是说。

（✎ 《中国科学报》2022年6月13日　作者：温才妃）

永葆鲜红底色
培养新时代卓越工程师

在日前召开的新一轮"双一流"建设推进会上,教育部提出要超常规培养急需高层次人才,聚焦培养基础学科人才,大力培养卓越工程师,有针对性地把科学教育、工程教育的基础打扎实。

我国于2010年启动卓越工程师教育培养计划1.0,并于2018年提出加快建设发展新工科,实施卓越工程师教育培养计划2.0。经过十余年的发展,目前我国已建成世界最大规模的工程教育体系。在国内,工科在学规模占全部学科的三分之一;从国际上看,我国工科在学规模也占全球工科培养总规模的三分之一。

当前,卓越工程师的培养仍面临诸多挑战,包括学生的大工程观和解决复杂工程问题的能力有待提升,工程教育评价机制不完善等。受此影响,我国工程师人才的结构性矛盾也愈发突出。作为人才培养基层单位,高校应结合自身特色,积极推进产教融合,在搭建平台、构建生态上下功夫,形成良好的卓越工程师培养闭环,面向国家重大需求,推动高质量发展。

·科技自立自强离不开卓越工程师支撑·

作为工业制造大国,我国目前肩负着产业基础高级化和产业链现代化的攻坚任务。大学,特别是与制造业相关的工程学科,在其中发挥着重要作用。

一方面,要通过加强基础科学和前沿高科技领域的研究,产生从0到

1 的基础创新，攻克关键核心技术。另一方面，要通过培养高水平创新人才，不断向制造业注入活力，做出更多从 1 到 10 的技术突破。而人才培养目标的实现，离不开科教结合、产教融合的方式。

新中国成立之初，国家培养的工科人才被称为"红色工程师"，主要解决落后工业运行过程中的技术问题。他们政治坚定，愿意服务于国家，同时具有很高的工程素养和工程实践经验。

随着科技革命、产业革命的深入，工程师不仅要解决保障工业运转的问题，更要具有突出的技术创新能力，善于解决复杂工程问题，以创造具有核心竞争力的产品为目标。但无论何时何地，作为卓越工程师，爱党报国的信念都是不变的前提。

卓越工程师还要具备扎实的理论基础、高度的创新能力、广泛的知识储备。这三项指标是新时代对工程师培养提出的新要求，使卓越工程师区别于国外工程师、传统工程师。

"双一流"建设高校承担着培养一流人才、服务国家战略需求、争创世界一流的使命。作为传统工科优势高校，华中科技大学在 70 年的办学历程中，始终贯彻落实立德树人根本任务，坚持人才培养"四个面向"，为国家经济社会发展培养了大批实学创新的卓越人才，并逐步构建起独具特色的卓越工程师人才培养体系。

不忘来时路，方知向何行。过去，华中科大曾孵化出以华中数控为代表的上市公司，为数控机床相关技术的自主可控积累了经验。在当前的国内国际形势下，如何继续发挥人才培养优势，是事关高水平科技自立自强和国家长治久安的重大命题。

作为以工科见长的高校，在当前的复杂环境下，更应发挥优势，想国家之所想、急国家之所急、应国家之所需，强化一流本科教育底色，提升一流博士生教育高度，全面增强人才培养能力。

·面向国家需求构建卓越工程师培养体系·

大国崛起离不开科技创新的支撑。党的十八大以来，我国在科技领域取得了历史性成就。当今世界正处于百年未有之大变局，高水平研究型大学必须心系国家事、肩扛国家责，既要能够解决"心腹之患"，也要能够解决"燃眉之急",面向国家需求,在"发现真问题,解决真问题"的过程中,筑牢高水平科技自立自强的人才根基。

在构建卓越工程师培养体系方面,华中科大也在新形势下不断总结经验,形成了更规范的体系。

坚持立德树人,以新工科建设深化卓越工程师人才培养改革。学校坚定把牢办学政治方向,坚定不移推进习近平新时代中国特色社会主义思想铸魂育人,推动思想政治工作全方位融入,推动高校党建高质量发展,将爱党报国的理念贯穿于人才培养的全过程。时代在变,永葆"红色工程师"的底色不变。

去年7月,华中科大未来技术学院、集成电路学院揭牌成立,学校成为全国3所同时拥有未来技术学院、集成电路产教融合创新平台的高校之一。两个学院的成立,是学校深入贯彻习近平总书记重要指示精神的战略举措,是主动服务区域经济社会发展的具体行动,也是坚决落实立德树人根本任务的创新实践。

坚持科教协同、产教融合,加快推进卓越工程师课程体系建设。目前,卓越工程师的培养体系从过去的以本科教育为主,一路延伸到博士研究生教育阶段。人才培养体系的变化需要有相应的教材体系、实验培养体系作配套,不仅要增加理论、实训课程,而且要从思维方式上对教学评价进行重塑。产教融合最重要的是,高校与企业通过协同合作建立起完备的创新链条,发挥出高校、科研院所、企业各自的优势。目前,学校在实践条件方面具有一定优势,设有工程实践创新中心,并形成了较为完备的课程体系,解决了产教脱节的问题。

坚持学科交叉、项目驱动,积极探索卓越工程师人才培养模式改革。除了和企业联合外,高校自身的重大项目也是培养卓越工程师的载体。目前,学校已建设有脉冲强磁场、精密重力测量两座国家大科学装置,同时还建有武汉光电国家研究中心、数字化设计与制造国家制造业创新中心。近期,数字建造、智能设计与数控两个国家技术创新中心也将相继获批落地。

基础设施的建设过程、大项目的研究过程,也是培养人才的过程。其中,许多平台的设备都是由学校自行设计制造的。不同专业背景的学生在提出学科交叉问题后,能真正切入研究,充分发挥出了重大科技平台在人才培养中的作用。

整合多方力量打造人才成长的创新生态

近五年,华中科大在学科建设、人才与科研、基地建设等方面成果丰硕,首轮"双一流"建设取得显著成效。未来,学校将继续坚持产学研深度融合,不断完善卓越工程师人才培养计划,进一步加强学生的知识获取和理解能力、知识运用能力、领导和管理能力、交流沟通能力、职业素质和社会责任能力的培养,大力推进国际工程师资质认证工作,努力形成卓越工程师人才培养的华中科大经验,为建设人才强国作出贡献。

改革评价体系。针对卓越工程师人才培养的特点,不断完善相关的教学评价指标,让教师、学生都能有所收获。让卓越工程师培养所需要的各类资源能打破体制机制壁垒,在高校畅通汇聚。涵养优良的学术生态,使学术评价制度更有利于促进优良学风的形成。

加强开放合作。当下的合作交流,是平台之间的合作交流。只有加强不同学科、领域间的互动和交叉,才有可能获得新的进展。卓越工程师培养要发挥大学的人才、基础研究和学科优势,结合企业的创新主体作用,打造大学企业创新双引擎,从而形成创新生态的良性循环,源源不断为社会提供发展动力。

营造工程师文化。实现科技自立自强,要发挥出高校、科研院所、企业各自的优势。在这个创新生态链上,科学家专心从事前沿创新,工程师把科学家的创新想法变成实用技术,产业界则把技术转化成产品,产学研各司其职。要实现这一创新生态链,离不开对工程师文化的塑造,以及社会的认同。作为人才培养基层单位,高校要与企业、院所一道,做出更多探索和努力。

下一阶段,华中科大将坚持改革创新、争创一流、顶天立地、追求卓越,努力实现立德树人质量达到新高度、学科建设形成新格局、人才队伍形成新高地、科技创新取得新突破、社会服务产生新成效、文化建设取得新成绩、国际合作形成新品牌、治理效能得到新提升。

(《中国教育报》2022年6月20日 作者:尤政)

华中科技大学：
学生就业是最大的民生

在2022年QS毕业生全球就业能力排名中，华中科技大学位列中国内地高校第六位，其中雇主与学生互动排名连续6年全球第一。对进校招聘用人单位的调查显示，用人单位对华中科技大学毕业生总体满意度一直保持在98%以上。

"就业对每一个家庭来说都是天大的事，当学生以高分考入华中科技大学，学校不应辜负每个家庭的期待，有责任在人才培养的最后环节，帮助学生找到满意的毕业去向。"华中科技大学党委书记、中国工程院院士李元元说。

· 又到毕业季 ·

"最近5年，华中科技大学每年的毕业生数量都保持在1.5万名左右，突如其来的疫情更是让本就不小的就业压力日益增加。"6月下旬，在接受《民生周刊》记者采访时，华中科技大学党委副书记马建辉说，"学校绝不是仅仅让学生找到一份工作，而是把就业质量作为学校办学能力和人才培养质量检验的一个标准，也作为学校落实立德树人根本任务的一个标准。"

3月9日，教育部发布《关于开展全国高校书记校长访企拓岗促就业专项行动的通知》，华中科技大学第一时间组织专班起草实施方案，精准施策，为促进毕业生就业不懈努力。

3月15日，学校召开校党委常委会会议审议并通过方案；3月24日，李元元带队前往东风汽车集团有限公司调研；4月15日，李元元、校长尤政带队前往中国三峡集团调研；5月24日，就业指导与服务中心主任敬鹏飞及部分院系副书记等50多名师生一同参观武钢有限公司。

选调生是华中科技大学近几年毕业生就业的新领域，为提高选调生质量，学校打造了"星青年"选调生品牌。通过挂职锻炼、岗前培训和持续追踪、成长帮扶，构建选调生"宣传—选拔—培养—成长"长效机制，使赴基层公共部门就业人数大幅度增长。

华中科技大学还着力打造"宏志助航计划"示范培训基地，面向湖北省450名低收入家庭高校毕业生开展就业能力提升集中培训，并通过开展政策宣传月、就业促进周、生涯教育月、求职辅导月、未就业毕业生五个一专项行动等活动，为学生提供有温度、有深度、有广度的就业指导服务。

·3个目标全部完成·

艾光悦是能源与动力工程学院2018级毕业生，在学校的帮助下，他先后参加招聘会30场，获得东方电气、国家电投等多家能源行业重点企业的录用通知。最终，他选择前往国核湛江核电有限公司，成为一名"准核电人"。

"感谢母校，母校不仅让我获得了良好的专业知识水平和踏实的学习工作作风，还积极协调各方力量，助力我们顺利就业。"艾光悦告诉《民生周刊》记者。

随着社会经济的发展，对就业的要求越来越高，华中科技大学深刻认识到，必须主动应对这种变化，开展就业工作。学校首先帮助学生们树立正确的就业观、择业观。近年来学校开办了不少生涯规划、就业指导相关的课程，在正确就业观念的引导下，越来越多的学生开始到基层、到艰苦的地方、到国家最需要的地方去。

华中科技大学大力支持学生创新创业。自2008年成立了培养拔尖创新人才的启明学院后，学校一直重视学生创新创业工作，2021年来校招聘单位中，有160余家为本校学生创业团队孵化出的企业。

各学院就业的结果从某种程度上反映了不同学院办学治院的水平，这个数字十分关键,毕竟高校最重要的产品就是毕业生。一个培养单位是否优秀,关键看它的产品好不好。据悉,华中科技大学拟调整毕业生就业率与就业质量连续3年在学校排名较后的专业,优化学科专业。

疫情带来的经济压力大大影响了学校与企业间的沟通和交流,增加了开拓岗位的难度,华中科技大学及时采取了相应措施。

首先,学校注重改革和完善就业的体制机制,实行"一把手"工程,即各个院系书记院长带头负责院系学生就业,发动全体老师主动关心学生就业,发动校友助力学生就业,形成良好氛围。

2021年9月,华中科技大学就给就业工作定了3个目标。第一个是书记校长带头,其他校领导全部参加,总共走访不少于100家企业;第二个是不论线上线下,到学校来招聘的企业用人单位不能少于9000家;第三个是争取开拓13万个就业岗位,让一个学生可以挑8~9个岗位。

4月15日,材料科学与工程学院、能源与动力工程学院、中欧清洁与可再生能源学院、数学与统计学院、外国语学院等相关负责人与楚能新能源股份有限公司负责人开展院企合作座谈交流。

4月29日,建筑与城市规划学院、土木与水利工程学院、哲学学院、艺术学院、环境科学与工程学院相关负责人走访绿城中国华中区域公司。

6月19日,同济医学院附属协和医院(第一临床学院)负责人走访新疆维吾尔自治区博州人民医院,与博州党委常委、副州长阿尔特共同为新疆学生联络站揭牌。

疫情影响了线下校园招聘的进行,但并未影响就业岗位的质量。线上突出重点,华中科技大学主动邀请重点单位举办专场空中宣讲会,提升岗位信息匹配度;线下化整为零,鉴于当前疫情防控要求,学校每周举办小型双选会,满足毕业生应聘需求。

目前,这3个目标几乎全部达成。去年9月至今,面向华中科技大学开展招聘的用人单位超过1.2万家,为毕业生提供超过13万个岗位,平均每个学生对应8.7个岗位。

创业初期的学生存在就业缓慢的问题,但华中科技大学形成了完整的创业链条。学生不仅可以在老师帮助下转化自己的创新成果,还能吸引投资公司来投资,如在挑战杯大赛、创青春大赛上,华科学子的优异成果吸引了很多投资,他们也因此创办企业。

· 实践和创新并重 ·

华中科技大学校长、中国工程院院士尤政认为，学生高质量就业是"建设高质量教育体系"的重要内容，是人才培养质量的核心内容，关系到学校学科评估、"双一流"学科建设、学校声誉等。研究型大学作为高等教育的中坚力量，更应深刻理解自身的使命职责，把握毕业生高质量就业的深刻内涵，为国家重大战略和区域发展贡献力量。

工科和医科是华中科技大学的优势，学校尤为重视学生实践能力的培养，"创新之根源于实际"，这也为学生的创新能力培养打下基础。因此，华科的学生实践能力和创新能力都比较强。

在具备这两点优势的情况下，学校大力引导学生在校期间多深入社会、了解社会，这让华科学生具备了相对较强的社会实践能力，很多企业都很欢迎华科的学生。

"华科是华为的娘家，华为是华科的东家。"这句话流传于华为企业内部和华中科技大学，背后透露出华科和华为的多重纽带关系。从创始团队到如今，华为每段发展历程都有华科毕业生的影子。据华中科技大学官方统计，已有超过1万名毕业生就职于华为公司。

做好实习工作是学校促进就业的一个重要途径。针对疫情影响实习的现状，华中科技大学及时做了调整。学校首先加强了和企业的联系，与企业建立人才培养基地，根据企业比较完善的管理办法和服务的条件机制，在确保学生安全的情况下保证学生的实习质量。

作为国家"211工程"重点建设和"985工程"建设高校之一，华中科技大学拥有武汉光电国家研究中心等4个国家级大科学平台。"我们还要加强与国家重点企业，特别是世界500强，包括央企等这类企业全面合作，学校主动出击，与这些企业签署全面合作协议，想办法将毕业生就业等方面的条款放入其中。"华中科技大学一名领导说。

华中科技大学投资1亿元建立了工程实践创新中心，让文科、医科、理科的学生都可以去进行工程实践，校内也在加强投资开办实习基地。这样即便某些实习基地在中高风险地区，但因为实习基地的数量较多，学校也可以将学生调到其他实习基地，基本保证每名学生的实习。有了初步实习经验后，学校鼓励学生到企业的科学研究和生产第一线工作。

"今年大学生就业困难，我们学校相对好一些。因为，在教学与科研上，学校与社会企事业单位联系紧密，甚至把业界精英引入课堂。这样，学生所学与业界所需比较搭。"华中科技大学新闻评论研究中心主任顾建明说，"一方面，大学生就业困难；另一方面，适合社会需求的有生劳动力不足，这需要政府出台更有力扶持政策，为灵活就业的大学生提供更多支持。"

（人民日报社《民生周刊》2022年7月5日　作者：张兵　薛邦熠）

聚焦华中大

华中科技大学70周年校庆丛书

第十四章

群英荟萃 聚智谋新

华中科技大学
打造聚集人才的"强磁场"

前不久,华中科技大学等建设的国家脉冲强磁场科学中心(筹)传来喜讯,李亮教授及其团队研制的双线圈脉冲磁体实现 83 特斯拉的强磁场强度,从而使我国非破坏性磁场强度跃居亚洲第一、世界第三。被华中科技大学这个人才"强磁场"所吸引,李亮等一批优秀青年教师脱颖而出。

华中科大高度重视青年教师岗前培训,每年集中时间采取理论学习、专题讲座等方式,对新进教师进行系统培训,近 3 年共有 800 多名青年教师顺利结业。学校还实施导师制,发挥老教师的"传帮带"作用。

为开阔青年教师视野,学校实施"三个一流"工程:选送一流的青年教师到国外一流的大学,师从一流的导师进行研修。近 4 年学校已派出 600 余名青年教师出国进行一年以上的研究访问。同时设立"学术新人奖",支持在教学科研一线做出突出贡献的青年学者。2011 年,学校又设立"华中学者晨星岗",计划在 4 年内设立 300 个华中学者晨星岗岗位,引导鼓励教师潜心教学科研。

为探索建立杰出人才培养新模式,2010 年 7 月华中科大聘请美国工程院院士等知名学者任首批顾问教授,发起"培养未来杰出人才"计划。每年从全世界选拔 3 至 5 位优秀青年学者,到一流大学或科研机构进行科研锻炼和培养,青年学者完成培养后到华中科大工作。一年多来,学校已吸引了 50 余位海内外优秀博士应聘,已有 5 位青年学者入选。

学校打造一流的科技创新平台,吸引各方青年人才。2008 年 4 月,国家重大科技基础设施项目——脉冲强磁场实验装置落户华中科大。在美国通用电气公司全球研究中心任高级工程师的李亮博士被强磁场事业所吸引，加盟华中科大。他说："这里可以给我提供更高的事业发展平台，更大的发展空间。"

目前，青年教师占华中科大全校教师的60%。近些年，青年教师中24人被聘为"长江学者"，21人获得国家杰出青年科学基金。

（《人民日报》2012年1月18日　作者：张志峰）

筑起科技创新的人才"金字塔"
——华中科大聚集高层次人才服务国家重大战略需求纪实

华中科技大学校园内的武汉光电国家实验室（筹）内，骆清铭教授科研团队的青年教师张斌、李安安正在细心提取花生米大小的鼠脑——它将被安装在实验室自主研发的显微光学切片断层成像仪上。这一过程，团队成员已记不清重复了多少次。

今年1月17日，他们的研究成果"显微光学切片断层成像获取小鼠全脑高分辨率图谱"入选由两院院士等无记名投票选出的"2011年度中国科学十大进展"。此前，该研究成果刊发在国际顶尖学术期刊《科学》杂志上。

建设、依托科技创新大平台，聚集海内外高层次人才，出原创性科研成果，服务国家和区域重大战略需求，眼下正在成为华中科技大学的办学特色。

·光电国家实验室成高层次人才"蓄水池"·

光电国家实验室（筹）是华中科技大学建平台、聚人才、出新成果的典范。

2003年11月，国家批准依托华中科技大学，联合武汉邮电科学研究院、中科院武汉物理与数学研究所、中国船舶重工集团公司第七一七研究所，共同筹建武汉光电国家实验室。作为科技部批准筹建的首批5个国家实验室之一,该实验室2005年投入运行,至今已吸引了一批优秀人才:两院院士6名、外籍院士1名、"973"首席科学家3名、长江学者12名、国家杰出青年科学基金获得者7名;实验室还先后获批为教育部、国家外专局"高等学校学科创新国际合作基地",中组部"海外高层次人才创新创业基地",科技部、国家外专局"国家级国际联合研究中心"等。

人才是创新之本。数年间,实验室获批国家重大专项课题3项、"973"计划课题17项、"863"计划项目35项、国家自然科学基金资助项目148项,其他项目数百项;已获得国家科学技术奖6项,其中包括2项国家自然科学奖、1项国际科学技术合作奖,获批发明专利300余项。实验室在生物医学光子学、光电子器件与集成、信息存贮、能源光电子和激光与太赫兹技术等领域已形成了自己的研究特色,产生了一批原创性科研成果。

·在承建国家重大科技基础设施中聚拢人才·

在光电国家实验室的东侧,国家脉冲强磁场科学中心(筹)静静伫立着。它建成不过4年,但美国著名物理学杂志《今日物理》在2011年第11期的相关报道中,已将它与美、德、法等3国的世界顶级脉冲强磁场国家实验室相提并论。

2007年1月,国家发改委批复,由华中科技大学建设脉冲强磁场装置。这是教育部直属高校承建的第一个国家重大科技基础设施项目,建设目标为世界四大脉冲强磁场科学中心之一。

2008年4月才开工建设,仅仅11个月后,该中心的实验装置样机系统就研制完成。2011年11月8日,该中心自行研制的国内首个双线圈脉冲磁体成功实现了83特斯拉的磁场强度,刷新了我国脉冲磁场强度纪录,进入国际前列。"强磁场之父"、比利时鲁汶大学弗里茨·亨纳齐教授不禁惊叹,该中心的建设速度是一个世界纪录。

创造这个纪录的关键人物,是华中科技大学教授李亮。回忆当时回国的选择,他说:"学校的诚意深深打动了我,同时也是出于对强磁场事业的热爱。"

事业起步之初,这个国家级科技创新平台只有七八个人,现在已经发展到40多名教师、技术人员,加上研究生,队伍总数已在140人左右。

几年来，该中心已与国内外科学家合作开展科学实验30多项，发表高水平论文130余篇。

·瞄准国际前沿建设重大科研创新平台和团队·

华中科技大学将提高自主创新能力作为重要使命，瞄准国际前沿，着力建设重大科研创新平台和创新团队。

目前，该校已建有20多个国家级和国际科研平台，形成了包括"一个支点、三个层次、五种类型"的金字塔形科技创新链体系。"一个支点"就是高端人才队伍；"三个层次"是指实验室的基础研究层、工程中心的应用研究层、技术开发转移的产业化层；"五种类型"为国家实验室、国家重大科技基础设施，国家重点实验室，国家工程（技术）研究中心，省部重点实验室，省部人文社会科研基地等。

学校先后涌现出一批具有自主知识产权和重要影响的科技成果：数控技术打破西方国家的技术封锁，提升了我国装备制造业水平；牵头开发的中国教育科研网格，被国际权威网络组织认定为全球最著名的6个网格系统之一；成功开发出的基于粉末床的大型激光快速制造装备，无需模具即可整体成型任意复杂结构的大型制件，成果入选2011年中国十大科技进展新闻……

仅"十一五"以来，华中科技大学就以第一完成单位获国家科技奖18项。

（《中国教育报》2012年5月7日　作者：柯进　万玉凤　张雯怡）

华中科技大学设"课堂教学卓越奖"投入数百万元重奖一线教师

25名一线教师,因长期工作在教学一线,教学效果优异、成绩突出,获得总额为260万元的重奖。这是华中科技大学为充分调动广大教师投入课堂教学的积极性和创造性,推出的一项全新举措。

26日,湖北省高校"五个思政"建设现场推进会在华中科技大学举办,华中科技大学党委副书记马建辉在交流发言中透露,华中科技大学设立了"课堂教学卓越奖",获奖教师可获得20万元重奖。

据了解,为表彰在课堂教学中成绩突出的在编在岗教师,树立教学优秀榜样,充分调动广大教师投入课堂教学的积极性和创造性,促进教育质量不断提高,华中科技大学作出决定,设立"课堂教学卓越奖"以及"课堂教学优质奖"。日前,经过严格评选,9位教师获首届"课堂教学卓越奖",每人获奖20万元;16名教师获"课堂教学优质奖",每人获奖5万元。奖金总额为260万元。

据悉,华中科技大学历来重视课堂教学工作。2013年起,学校还设立了责任教授课程制度,发放责任教授津贴,鼓励"长江学者奖励计划"入选者、"国家杰出青年科学基金"获得者、"华中学者计划"入选者和学科带头人等担任课程责任教授或加入课程教学团队。

(新华社2018年6月26日 作者:梁建强 俞俭)

华中科技大学：
汇聚一流人才　建设一流大学

5月6日，华中科技大学召开人才工作会议，全校领导干部、人才及教师代表相聚一堂，共同探讨人才队伍发展规划和战略部署。会议提出，推进实施"新时代人才强校战略"，努力建成具有全球吸引力的华中大世界一流人才汇集中心。

大会上演了感人的一幕，华中科技大学党委书记李元元、校长尤政为首届"湖北省杰出人才奖"获得者、新当选院士献花，并为2021年度国家级人才计划入选者代表颁发纪念奖杯，现场响起热烈的掌声。

大会交流环节，来自理科、工科、文科以及医科的4个学院代表，分享了各自引才育才用才的经验和做法。机械科学与工程学院党委书记高亮介绍，学院通过引育并举、设立创新基金、加强国际交流等措施，建设了一支包括院士、国家级高层次人才和省级人才的一流教师队伍。高亮认为，培养人才比引进人才更重要，未来学院将扎根中国大地，全力支持学校走出一条建设中国特色世界一流大学的新路。

尤政作了题为"立足新时代人才强国战略　书写人才强校新篇章"的报告，分析了学校人才工作的战略机遇、人才队伍现状、人才工作存在的问题和面临的挑战以及新阶段人才工作的目标举措。他指出，华中大有尊重人才的优良传统，通过多年积累探索，学校人才引育体系不断完善，高层次人才队伍快速增长，教师队伍结构不断优化，青年科学家群体迅速崛起，高层次人才赋能科技创新日益凸显。

"人才培养是大学的根本任务，华中大培养的学生踏实努力，基础扎实，成才率高。"尤政介绍，学校将紧紧围绕"四个面向"，依托国家级科研基地，培养一批基础研究拔尖人才和卓越工程师，在人工智能、先进智能制造、光电子芯片与系统以及生物医学成像等方面，攻克"卡脖子"难题，为湖北建设科技强省和中部崛起战略贡献力量。

尤政表示，学校正在制定"科学研究白皮书"，将分三个阶段建立一支结构合理、充满活力、富有创新精神和国际竞争力的高水平人才队伍；培育一批在国家重大战略需求和新兴交叉领域的领跑者；培养一批战略科学家、科技领军人才和青年科技人才。

李元元回顾了学校人才队伍建设的历程。他说，在 70 年的办学过程中，学校坚持筑巢引凤聚集人才、精准发力引进人才、创新举措培养人才、用理想信念留住人才，形成了坚持党管人才、坚持人才强校战略、坚持人才优先发展战略的鲜明特色。他表示，学校将紧紧抓住中央人才工作会议带来的人才发展重大机遇，扎实工作，开启学校人才工作新征程，跑出华中大创新发展的新速度。

据悉，不久前，华中大研究制定了《华中科技大学关于实施新时代人才强校战略的若干意见（征求意见稿）》，《意见》在加强战略人才力量、加大人才对外开放力度、深化人才发展体制机制改革、加强党对人才工作全面领导等方面作了明确规划，努力为服务加快建设世界重要人才中心和创新高地作出华中大贡献。

（《光明日报》2022 年 5 月 7 日　作者：夏静）

用"中国速度"创造"中国强度"
——走进李亮教授的"磁场"

2011年11月8日凌晨，位于华中科技大学校园一角的国家脉冲强磁场科学中心（筹）仍然灯火辉煌，中心主任李亮率领他的科研团队，正在进行一次重要的实验。"83特斯拉！"大家一阵惊呼。5点28分，中心自行研制的国内首个双线圈脉冲磁体成功实现了83特斯拉的磁场强度——这不仅刷新了我国脉冲磁场强度纪录，也使我国非破坏性磁场强度水平一下子跃居亚洲第一、世界第三。

要知道，中心2008年4月才开工建设，仅仅11个月后，中心的脉冲强磁场实验装置样机系统就研制完成。外国同行不禁惊呼，中心不仅创造了"中国速度"，也创造出"中国强度"。这其中的关键人物，正是华中科技大学教授李亮。

·"直博"遇坎坷，异国再深造·

年龄不大，却已"聪明绝顶"；旅外十年，却仍内敛低调。2011年12月28日，记者在国家脉冲强磁场科学中心（筹）初次见到"传说中"的李亮，他简单的穿着、朴实的作风，一下子让人放松下来。

48岁的李亮，出生在湖北荆州市一个知识分子家庭。"本科毕业时，和现在的大学生一样，我也在考虑自己未来的走向。当时，中国工程院院士潘垣的一次演讲让我对磁约束受控热核聚变研究产生了兴趣，后来我选择了去中科院等离子物理研究所继续攻读。"李亮说。

其时，外国科学界对强磁场的研究日益重视，而当时中国在这一领域的研究才起步不久。1985年，中科院等离子物理研究所正四处"招兵买马"，吸引年轻学者进入该领域。"研究所建在一个岛上，离城市那么远，条件也比较艰苦。"李亮说。出于对新学科的兴趣，他还是坚持留了下来。

1987年，李亮被选为中科院历史上第一批转"直博"的研究生，"直博"学制5年，按理说，1990年他就能拿到博士学位。没想到，直到1997年，他才在异国他乡拿到博士文凭。比最初的预想，晚了整整7年。

现在说起那段往事，李亮显得云淡风轻："读研究生时，国家准备研制自己的HT—U托卡马克装置，但由于种种原因，国家还是决定从国外引进整套装置，课题被迫下马。"

由于课题下马，出不了研究成果，李亮只拿到了1988年的聚变工程硕士学位。

这样的好苗子，不能糟蹋了。1991年，所里同意李亮出国深造。比利时鲁汶大学的弗里茨·亨纳齐教授，在国际上早已享有"脉冲强磁场之父"的美誉。李亮把自己的申请材料寄给弗里茨·亨纳齐教授后，很快得到同意的答复。

就这样，李亮前往比利时，开始了新的求学生涯。

·最聪明勤奋的学生，屡次刷新世界纪录·

在鲁汶大学物理学院，李亮一边学习过去在电机系没有系统学习过的物理专业课程，一边参与导师的课题研究工作。"这几年我负责设计、制造、实验和维护的磁体总共达67个。1993年到2000年，美国国家强磁场实验室、德国脉冲强磁场实验室和澳大利亚脉冲强磁场实验室的脉冲磁体，基本都是我完成的。"说到这些，一向谦虚谨慎的李亮才流露出难掩的自豪。

要知道，来找李亮做研发的，都是比利时、美国、日本、德国、荷兰和澳大利亚等国的国际知名强磁场实验室。还是学生的李亮，当时已经研发出磁场强度达到74特斯拉的高性能脉冲强磁体，"这是当时世界最高纪录。"

还没毕业,就有许多大公司和大学、研究机构争相要聘请他。最终,李亮选择了与自己专业最为对口的美国国家强磁场实验室。直到现在,这个实验室也是世界排名第一的强磁场实验室。1998年,他再次创造了当时脉冲磁场的世界最高场强79特斯拉的纪录。

在实验室做了3年基础研究之后,李亮又对脉冲强磁场的应用研究产生了兴趣。2000年至2007年,李亮一直在美国通用电气(GE)公司全球研究中心任高级工程师,从事包括强磁场、整体充磁技术、磁共振成像(MRI)和高温超导电机等方面的研究,研究成果处于国际领先水平。

·母校校长"三顾茅庐",放弃高薪毅然回国·

2007年,他是怎样割舍一切回中国的呢?"我只身回国时女儿才5岁,她那么小,很难理解我的选择。"李亮有些歉疚。

早在2003年,已转至华中科技大学任教的潘垣院士就曾联系过李亮,告诉他,学校正在筹备建设脉冲强磁场装置。李亮把自己的导师弗里茨·亨纳齐教授推荐为华科大的客座教授,为后来创造脉冲强磁场建设的"中国速度"奠定了良好基础。

2007年1月,国家发改委批复,由华中科技大学建设脉冲强磁场装置。这也是教育部所属高校承建的第一个国家重大科技基础设施项目,计划投资1.33亿元,建设周期为5年,建成后将成为世界四大脉冲强磁场科学中心之一。

中国自主研发世界级的脉冲强磁场装置已是箭在弦上,不得不发。华中科技大学校长李培根,三次赴美邀请李亮回国牵头这一历史性的重大科技基础设施项目的建设。"学校的诚意深深打动了我。"李亮动情地说,"同时也是出于对强磁场事业的热爱,中国可以给我提供更高的事业发展平台,更大的事业发展空间。"

既从事过脉冲强磁场科学研究、又从事过脉冲强磁场应用研究的李亮,一直想着,怎样把脉冲强磁场科学、脉冲强磁场技术和脉冲强磁场应用结合起来,创造一个全新的开放式的公共科研平台。然而在国外,由于自己所处单位的功能单一性,自己工作的局限性,他难以实现这一理想。他常想,"要是能在中国建一个这样的研究平台就好了。"

2007年4月，李亮辞去了GE公司的工作，告别了夫人、两个孩子和父母，只身回国，主持国家大科学工程脉冲强磁场实验装置的建设工作。最初，李亮是作为华中科大特聘教授回来的。学校尽可能地提供了一些生活上的便利，但收入毕竟比过去缩水很多。"最舍不得的是家人，我夫人一个人，既有自己的事业，又要带孩子照顾家，非常辛苦。"李亮的眼中流露出柔情与歉疚。

2007年底，入选"长江学者"；2008年，入选"国家杰出青年科学基金"的科技人才培养计划；2011年，又成为国家973项目"多时空脉冲强磁场成形制造基础研究"的首席专家；前不久，以李亮为学术带头人的"脉冲强磁场科学与技术"团队成功入选2011年度教育部"长江学者和创新团队发展计划"创新团队名单……在国内的事业发展，一年上一个台阶，李亮不禁感慨："这一切得益于国家的人才政策，得益于日益改善的科研环境，这里是个干事业的大舞台。"

·让中国脉冲强磁场强度走进世界第一方阵·

从回国主持国家脉冲强磁场实验装置建设项目的那一天起，李亮就把引进、培养人才，组建高水平的研发团队当作自己的第一要务。

"刚开始，我们只有七八个人，现在已经发展到40多名教师、技术人员，加上研究生，队伍人数达到140人左右。"李亮说，"招兵买马"都是面向全球。加盟这个团队的，有很多是从日本、美国、加拿大等国留学回来的科研人员。"我还通过自己的同学、同事关系，从海外引进了3个学者。"李亮说。

"想引进海外人才，由李亮去现身说法，事半功倍，因为他自己就是个榜样。"中心工作人员陈晋说。

李亮还特别注重与国际同行的交流合作。说起导师弗里茨·亨纳齐教授，李亮开玩笑地说："过去他是我'老板'，我给他'打工'，现在反过来了，是他年年来为我们服务。"

带领着这个飞速进步的团队，李亮身先士卒，亲力亲为，研发工作进展很快。对待团队成员，李亮也有他特有的凝聚力。"李亮教授对我们给予绝对信任，给了研究方向和指标后，他总是让我们放手去做，不会事事干预。"中心的丁洪发教授说起李亮,一脸敬佩。

正是在这种"快乐工作"氛围中,李亮和他的团队创造了奇迹:2011年11月,使用双线圈磁体成功实现83特斯拉峰值磁场。

"双线圈一次测试就成功突破80特斯拉磁场强度,是件了不起的事情。我们首次采用双电源双线圈结构能一次成功,不仅证明我们的磁体技术达到了很高水平,而且证明中心在电源技术、控制技术与测量技术上均已达到很高水平。"李亮说。而根据原先的规划,中心的脉冲强磁体装置拟建设场强为50特斯拉~80特斯拉。如今,仅仅3年时间,李亮和他的团队就超越了设计要求,创造了与中国经济一样令人咋舌的"中国速度"。

(《人民日报》2012年1月3日 作者:田豆豆)

让水数字化流淌
——张勇传院士的水电科研之路

院士名片：

> 张勇传在水库运行基础理论、规划资源与洪水风险管理、电力系统和水电站计算机仿真控制、电力系统工程随机决策等领域取得重要突破。主持和负责的"柘溪水电站优化调度"，使柘溪成为我国第一个实现现代化调度的大中型电站。他首先提出凸动态型规划和水调对策论；首次提出传递相关概念及相应的判别准则以及RBSI技术，首次提出随机决策模式、洪水分和分型归纳演绎预报模式；率先提出了数字流域和三维水网的崭新概念。先后出版《水电站水库调度》等10多部著作，获得国家科技进步一、三等奖和省部级一、二等奖10多项。1997年当选为中国工程院院士。

77岁的张勇传院士热爱书法，他写得最多的是"上善若水"。

水，不仅是他儿时嬉戏的伙伴，也是他事业的核心，更是他的精神家园。

张勇传生长于河南南阳白河畔。儿时的他，爱躺在白河水面仰泳，至今回忆起都觉得"那非常惬意"。未曾想到，1953年夏连降暴雨，白河水暴涨。张勇传正要渡过白河，前往许昌参加高考。洪水不退，考期将过，怎么办？张勇传决定搭乘一只小木船，沿河而下，顺汉水，赴襄樊！临考前一天，张勇传到达襄樊赶上报名。第二天，张勇传准时出现在考场做完试题。

不久，张勇传收到了华中工学院的录取通知书。这一年，也正是这所大学的诞生之年。1954年，他正读大学二年级，长江爆发全流域性大洪水。张勇传响应学校号召，参加了长江防洪抢险。他和同学们扛沙袋，垒堤坝……无数的人用生命和血肉之躯，筑起了一道冲不垮的钢铁长堤。

人生中的两次洪水，让张勇传开始了对于水的理性沉思。大学四年级，张勇传发明了一种新方法——"图解法"，大大简化了原来"水能计算"的过程。这篇文章发表在《水力发电》杂志上。这是张勇传发表的第一篇论文。

1957年，他大学毕业，并留校任教。以前的水库调度多凭调度人员经验，张勇传寻求一种科学的、最佳的水库调度方法。1963年12月，张勇传撰写了《水电站水库调度》一书，由中国工业出版社出版，该书是中国水库调度领域的第一部著作。

1979年，张勇传来到湖南柘溪水电站，他在机房内"安营扎寨"，由于只有一台计算机，而且很笨重，一个方案往往要连续三天三夜才能算出结果。经历了多次失败的打击和折磨，课题组拿出了柘溪水电站的优化调度方案。

使用新的调度方案，电站一年之内就多发电1.3亿度，占全年总发电量的6%。国家科委和水利部将这一成果向全国34座大中型水电站推广。柘溪水电站成为我国第一个成功实现优化调度的大中型水电站。"柘溪水电站经济运行实时控制"等项目，也被评为湖南省科技进步一等奖。

其后，江西上犹江水电站请张勇传为他们做水电能源开发方案。1982年，他设计的方案实施后，使该电站发电量增加了7.4%。这项研究，被评为江西省重大科技成果一等奖。江西柘林水电站也请张勇传做水电站调度模型，这项以柘林水电站为主的"江西四库联合优化"项目，获国家科技进步三等奖。

张勇传提出并证明了水库优化调度的3个定理，并编制出了我国第一个水库优化调度通用软件。1984年初，张勇传和同事们建立了我国第一座水电站经济运行计算机控制实验中心。

在湖南和江西两省水电站优化调度项目中，张勇传"通过学科交叉，在本学科取得理论上的突破，并在生产应用中取得巨大经济效益"，鉴于以上贡献，他荣获了1985年的"国家科技进步一等奖"。

此后，张勇传还在国内首次将博弈论、控制论、不确定性理论等运用到水电运行管理中，其理论在丹江口、三峡等特大水库和水电站建设中得到运用。

近年来，张勇传院士率先提出了"数字流域"的概念。"数字流域"就是用数字计算来解决河水和其他有关方面的问题，其重点突破对象就是洪水"数字流域"，还可广泛适用于三维图像的制作及虚拟空间的设计，以及海量信息的存储、处理等。张勇传院士说："这是一片新的天空，其发展前途肯定乐观。"他还提出了"三维水网"概念。

张勇传院士说："我们做学问的态度就要像水一样，既柔且刚，无论面对怎样的挫折，都不要影响自己的信念、目标以及做人的准则。就像水一样，不管它是风平浪静，还是惊涛骇浪，它都永不停息地流淌下去，流过山川，流过平原，给人类带来永无穷尽的资源和福祉。"

（《湖北日报》2012年8月28日　作者：别鸣）

30年，他在山洞中追寻世界标准
——记中国科学院院士罗俊

罗俊是我国著名的引力物理学家。在华中科技大学喻家山人防山洞里，他带领他的团队，30年如一日，测量万有引力常数G，探索引力规律，测量结果多次被国际物理学基本常数委员会（CODATA）收录。

·山洞是"世外桃源"·

走进喻家山人防山洞，尽管洞内安装了通风系统和十几台除湿器，记者还是觉得胸闷、幽冷、潮湿。可是，在罗俊眼里，这里却是引力实验最得天独厚的场所，是科研人员心目中的"世外桃源"。

"引力实验对恒温、隔振、电磁屏蔽等要求极高，人防山洞的'优越'环境简直是为引力实验'量身定做'的。"说起为什么要在山洞里做实验，罗俊掰着指头细数起山洞的好处。

从1983年10月，华中科技大学（当时称华中工学院）在喻家山人防山洞里筹建引力实验中心起，罗俊将人生中最精彩的30年献给了引力中心。

最初的10年，为了精确测量万有引力常数G这个难题，罗俊尝试了不少方法。从机械共振法到电磁引力静平衡法，从提出一个个方案到研制一台台仪器，罗俊在一次次实验、一次次总结中，最终选择了扭秤周期法来测。

那段时间，罗俊每天工作十几个小时，除了吃饭和睡觉，他几乎都在山洞中做实验。潮湿阴冷的环境、高强度的工作，让他左半边脸上出现了一块块白斑，他却毫不在意；大把大把地脱发，头发几乎掉了 2/3，他索性剃成光头，戴上帽子。

执着的兴趣、不懈的努力，带来了丰硕的成果。1998 年，在解决精密扭秤特性研究、实验背景场监测等关键问题后，罗俊采用精密扭秤周期法取得了 105 ppm（1 ppm 是百万分之一）相对精度的测 G 结果。随后，他们通过研究吸引质量圆柱体的偏心对结果进行修正。测量结果最终被国际科技数据委员推荐的万有引力常数值所采纳。

又经过 10 年的努力，2009 年，罗俊团队采用花费 3 年时间精细加工的圆球作为吸引质量，解决了球面间距高精度测量等问题，将 G 的测量精度提高到 26 ppm。这是国际上精度优于 50 ppm 的六个结果之一，也是采用扭秤周期法测得的最高精度 G 值。

伴随着一项项有影响力的研究成果的发布，引力中心的研究逐步走到了前沿，国际地位逐步提升。

"这里已成为世界的引力中心。"今年暑期，美国华盛顿大学保罗·博英顿教授在时隔 20 年后再次参观中心时，由衷地感叹。近年来，国际同行中的顶级专家，如美国国家标准与技术研究院的詹姆斯·福勒教授、法国国际计量局前局长特里·昆教授、美国加州大学尔湾分校的莱利·纽曼教授等人，陆续主动到访引力中心，交流经验、讨论合作。

"人们总是问我，山洞条件那么苦，你怎么坚持下来的？可我从来没觉得苦，感受到的更多是乐趣和幸福。"罗俊笑着说，"我是科学家，科学家追求真理的兴趣和执着足以支撑我克服一切困难。在山洞这样一个'世外桃源'里，我能够静下心来研究自己感兴趣的东西。这是我的幸运。"

·"做科研最重要的是规范"·

走进引力中心，到处张贴着罗俊定下的中心"法则"："规范"（做事有依据），"有序"（做事有流程），"可查"（做事有记录），"高效"（做事有效率）。罗俊对科研的严谨从中可见一斑。

"做科研最重要的是规范。"罗俊十分重视"规范"，这不仅仅是他培养学生、做科研的基本态度，也是引力中心文化传承的基础。

"有规范按规范办,没有规范先讨论出规范。"在罗俊的团队,20余项规章制度为科学研究和学生培养的高质量、为团队高效有序的运行提供了强有力的保障。

"规范只是约束行为,但不禁锢思想。"罗俊说,"大学是追求真理、满足好奇心的象牙塔,必须坚持学术自由的精神。"

在中心,学术思想的讨论从来都是非常开放的。老师与学生经常可以激烈争吵,面红耳赤却不影响和谐。1995年开始跟着罗俊读博士的周泽兵在学术讨论会上与罗俊争论颇多,却是他最喜欢的学生之一。

"汇报时被他问住是常有的事,罗老师对缺点的批评从来毫不留情。"现在已经是物理学院教授、党总支书记的周泽兵,对罗俊的"严厉"深有体会。

"中心谁没挨过罗教授的'骂'?我们都习惯了,现在不被'骂'还有点不习惯了呢!"引力中心副主任涂良成感同身受,他说,"不过,罗老师的批评从来只对事、不对人。"涂良成的一篇论文被罗俊修改了17次才通过。

在罗俊严格的培养下,他指导的博士生胡忠坤、涂良成的论文分别获评2003年、2008年全国优秀博士学位论文。

"招了学生,就要让他有所进步、有所收获、有所成就。"罗俊不仅精心指导学生,还站在实验室未来发展的高度,为学生们开辟新的发展研究方向。从引力实验到周泽兵的精密重力测量、胡忠坤的冷原子物理,再到涂良成的重力梯度测量等,在他的扶持下,这几名学生都快速成长为中心新一代的学术带头人。

如今,罗俊和他的团队又联合中科院测地所、中科院武汉物数所、中国地质大学(武汉)等单位,提出了关于建设精密重力测量研究设施的设想。今年,"精密重力测量研究设施"项目被列入国家重大科技基础设施中长期规划"十二五"重点建设项目之一。

(《光明日报》2013年11月06日 作者:夏静 张晶)

丁汉：
给力数字化制造

华中科技大学机械学院 49 岁的丁汉教授当选中科院院士，成为该校第 12 位院士、机械学院的第 6 位院士。

"资深好伴善章裁，天命刚知大喜来。立地顶天程未半，增光缩影卷新开。"得知这一消息，杨叔子院士第一时间为爱徒送上祝贺和期望。

丁汉长期从事数字化制造理论与技术研究，将机器人学和制造技术相结合。他先后获国家自然科学二等奖 1 项，国家科技进步二等奖 2 项、三等奖 1 项，省部级科技奖 6 项。

叶轮、叶片等复杂曲面零件的制造水平，代表着国家制造业的核心竞争力，误差控制和加工稳定性分析是这类零件高效精密制造的理论难题。丁汉带领团队，通过近 10 年研究，提出了"复杂曲面扫掠包络误差控制原理和宽行加工理论"，为这一难题开出了良方，获得了国际专家的引用与赞誉。

目前该工艺已经应用于航天发动机厂的诱导轮加工，刀位误差仅为国际专用软件结果的六分之一，效率提高了数倍，成套工艺应用于批量生产。研发的机器人磨抛系统应用于大叶片的工业生产，替代了人工磨抛，加工效率和表面质量提高了一倍。

《湖北日报》2013 年 12 月 20 日　作者：韩晓玲　赵睿

华中大教授李德群：
33 岁开始学术研究

在高端家电开始争夺市场的时代，空调、电冰箱的外观也越来越受瞩目，你知道那些高端空调仿金属外观、仿喷涂外观的塑料外壳是如何制成的吗？这些都是智能塑料注射机的功劳。

12月7日，70岁的李德群教授当选中国科学院机械与运载工程学部院士。三十余年来，李德群便一直致力于材料成形智能化、塑料注射机智能技术及应用研究，引领我国"智能制造"行业的发展。尽管已是古稀之年，将"占领学术的制高点"作为研究立足点的李德群，在采访中表示，将继续研究材料成形智能化，并将中国的成果推广到国际上。

·曾当10年工人和农民·

尽管毕业于清华大学，但李德群毕业后却有十年当农民和工人的经历。12月7日，说起曾经的10年艰苦岁月，李德群院士却表示是愉快的十年。

"毕业直接分配宁夏到农场当农工，我的心理有很大的落差，但去了却发现农民工人对我都非常友善。"在宁夏灵武农场当农工时，李德群也用自己的知识回报当地人的友善。发现宁夏的农工们劳动强度太大，完全超出他们的身体极限，李德群为实现农业机械化做了很多工作，改善了农工的处境，减轻他们的劳动强度。

随后，在湖北潜江的5年里，李德群又当了5年工人。回到湖北后李德群如鱼得水，在短短三年里，把一个很落后的农机厂改造成一个比较先进的环保设备厂。

"有了那个10年，经过人生的跌宕起伏，让我学会了处境再艰苦也能努力克服，其实通过艰苦环境可以学到很多东西。"李德群教授表示，十年里他在精神、体力、智力、技术等多方面水平都有了提高，让他对现在的生活更加珍惜。

·33岁开始学术研究·

和不少从一开始就致力于某一领域的专家不同，李德群从33岁才开始学术研究。1978年，离别武汉15年的李德群，拿着华中工学院研究生录取通知书百感交集。33岁的他回归校园，重新拿起课本，开启人生新的征程。

"进入华工后，我才有可能真正开始学术研究。"李德群说。他倍加珍惜拨乱反正后来之不易的学习和科研机会。

当时他的导师肖景容教授结合学科前沿和实际需要，为李德群确定了塑料注射成形模拟的研究方向。"科学研究一开始找准方向十分重要。"李德群认为，正是导师的高瞻远瞩和循循善诱，让自己走上了研究的快车道。他从此步入了塑料注射成形模拟和模具 CAD/CAE/CAM 的科研之路。

1986年，李德群应邀前往美国康奈尔大学担任访问学者。一年多的美国之行，大大拓宽了他的视野，提高了他的研究能力，让他认准了塑料注射成形智能化的发展方向。由于当时的塑料注射存在多重缺陷，难以在工程中广泛应用。

带着改变这种状况的决心，从美国归来的李德群带领其团队开始了三十年如一日的科学攻关。

·攻克难题成为行业"引领者"·

在塑料注射成形模拟技术的研究中，不论是学术论文还是应用实践，李德群一直走在行业的前列。针对塑料注射中面模型的缺陷，李德群经过深入的思考和调研，提出了表面模型的概念并开发出基于表面模型的模拟软件，率先在国际上发表相关论文。国际专业杂志 *Modern Plastics* 随后用整版篇幅专题报道了该研究成果。

李德群的这一成果很快成为国际研究热点。来自美、英、德、日等 50 多个国际研究团体引用了其表面模型的论文，美国佐治亚理工学院 Cardozo 教授在综述论文中评价："表面模型的概念是注射成形模拟历史上一个重要里程碑。"

上世纪 80 年代，由于塑料件制造技术不过关，我国缺乏具有自主知识产权的模拟软件，大量的成形模具需要依靠进口。刚从美国归来的李德群意识到这是一个亟待解决的行业难题，李德群和他的团队在 90 年代初率先开发出国产塑料注射成形模拟软件并实现了工程应用。

塑料注射成形集成模拟软件——华塑 CAE，成为李德群的又一成果。在李德群和他主持的数字化成形团队的努力下，塑料注射成形模拟和金属铸造模拟、板料成形模拟软件一道，成为我国材料成形模拟领域的知名品牌，目前已在 600 多家单位应用，覆盖家电、汽车、航空、航天等领域的龙头企业，产生了显著的社会和经济效益。

· 10 年前就瞄准智能制造 ·

2005 年，李德群将目光投到成形装备智能制造方向上。我国塑料注射机保有量达 100 万台，传统技术普遍陈旧，无法实现能量按需供给与精确控制，产品质量的一致性难以保障。李德群认为，对于如此量大面广的行业，一旦做出技术创新，其产生的价值将不可限量。

李德群在成形模拟的基础上将工艺参数自动设置、自适应注射等智能技术应用到注射机上，提出了在线反演的注射速度平滑优化、工艺曲线的二级闭环控制等方法，成功开发出智能型注射机。

经国家权威机构测试，李德群所开发的智能型注射机能耗低于我国及欧洲最高能耗标准，响应时间、位置精度等关键指标均达到国际先进水平，显著提高了注塑产品的重复精度、良品比例和生产自动化程度。目前，智能型注射机不仅在国内推广应用，还远销海外。2012 年，塑料注射机智能技术及应用成果获教育部技术发明一等奖。

熟悉李德群的同事们说，当初很少有人看好智能成形装备的研究，都觉得耗神费力不讨好。但李德群和他的团队明知山有虎，偏向虎山行，经过10年的悉心研究，终于把智能控制系统和智能型注射机研制成功，不得不令人佩服。而当前，工业技术4.0、智能制造都是全社会关注的热点话题，李德群又一次走在了学科的前沿。

从表面模型的提出，到模拟软件的开发，再到智能装备的制造，李德群在科学研究的道路上经历了从理论到实践、从工艺到装备的全过程，为我国塑料成形加工学科的发展做出了突出的贡献。

·建议年轻人锻炼好身体·

尽管已是70岁，李德群教授仍然坚持锻炼，乒乓球是他最喜欢的运动。对于年轻学者，他表示好身体是进行学术研究的前提，在大学时代他曾每天都固定坚持一个小时的锻炼，大学毕业后当工人和农民的10年里，他的身体素质也有很大提高。

李德群教授给了年轻学者4个建议，一要有很好的目标，如果没有人生的目标，条件再好也很难做出成绩，对自己的成长要有规划目标，这样才有动力；二要一步一个脚印在学术上打下坚实基础；三要多实践应用，才能在适合的场合发挥自己的聪明才智；四要锻炼身体保持健康。

（荆楚网2015年12月7日　作者：余梅　李秋晨　汪泉　王潇潇）

骆清铭：给大脑"拍彩照"
建立世界上最好的脑连接图谱！

刚结束在天津的学术会议，晚上八时多赶到北京，从地铁口走出来的骆清铭，戴着黑色棒球帽，拖着行李箱，朴实犹如一名旅者。虽年过半百，但他讲话的语速和眼神里，却越发透出年轻的朝气。

这位其貌不扬的"旅者"，正是当年建立显微光学切片断层成像系统技术（MOST），创造出了当时世界上最精细的小鼠全脑神经元三维连接图谱，从而斩获"2011年度中国十大科学进展"的人。

前不久，基于MOST技术而诞生的给大脑"拍彩照"的技术，再次举世瞩目。"如果以前的技术是'拍黑白照'，现在就是'拍彩照'。"骆清铭说，"在全球范围内来看，我们要率先以工业化方式，大规模、标准化、高分辨来建立世界上最好的脑连接图谱。这是一场科学的赛跑，希望我国的'脑计划'能早日启动，依靠自主核心技术在这一领域占据先机。"

华中科技大学副校长骆清铭喜欢用"有趣"和"有用"来描述人生的这十六年时光。"前八年时间研究出来怎么给大脑"拍黑白照"；后八年时间，创造出怎么给大脑"拍彩照"，并以工业化的方式来进行，改变原来"小作坊"的科研方式，实现脑科学研究方式的变革。

·第一个八年：拍出"黑白照"·

骆清铭善于通俗的解释。"拍黑白照"就是2010年他带领团队研发出来的显微光学切片断层成像系统技术（MOST）。这项技术，奠定了骆清铭做脑科学研究的技术基础，在他看来，这是最艰难却又改写人生的经历。

1997年，骆清铭从美国留学回到中国。此前他在宾夕法尼亚大学医学院最好的实验室工作了两年。在美国，他做了一件自己看起来很简单的事情：测试人脑顶叶运动皮层的运动响应，以光学成像的方式将它表现出来，骆清铭后来还申请了专利。他说，当年的媒体报道将这件事描述为：世界上第一次用光学成像的方式测出了脑的活动。

回国后的骆清铭认为，他可以在脑部研究上做点"文章"。一开始，他做"无损检测"，但"周边的人都不相信"。于是，他顺藤摸瓜地联想到，"如果实实在在把脑子里每一个神经元、毛细血管都做出来，会不会有用"。

虽然当时骆清铭拿了两个国家自然科学基金项目，但经费加起来也才有二十四万元。他只好"东拼"一点，"西凑"一点，又找了学院的几个老师和学生，研究项目就这样风风火火地"登场"了。

2002年，他正式启动高分辨脑连接图谱研究。2010年，他的"拍黑白照"成果发表在国际顶级期刊《科学》上。现在回想起来，骆清铭已经记不清这八年的艰苦细节，只是那种"重压"之感依稀浮现于眼前，"带头的人心理压力比受到的苦要大。不知什么时候是个头"。

·第二个八年：拍出"彩色照"·

后面的八年，在骆清铭看来，是被时代推着往前走的。在这一技术之上，后来又有人对他提出，是否可以将"黑白照"做成"彩色"，于是就有了两色的脑图谱，再后来，图谱的色彩元素越来越多，显示的内容越来越精细。"连艺术家看到，都会惊叹脑结构的美。"骆清铭指着电脑中色彩斑斓的脑图谱，忍不住叹道。

随着技术的不断升级，2016年8月8日，《新闻联播》对骆清铭教授团队的科研成果进行了报道。报道中介绍，他的技术处在世界领先地位，他所做的脑连接图谱研究是认知脑功能的科学前沿，那时，骆清铭团队的目标非常清晰：做成3D人脑连接图谱。

很快，苏州工业园区就找到骆清铭，希望能帮助他实现这一目标。2016年10月10日，到今年10月10日，经过一年时间，骆清铭的华中科技大学苏州脑空间信息研究院建成，于是，就有了今天我们看到的脑部"彩色照片"。

"一群中国科学家却能给大脑'拍彩照'，让大脑空间呈现出一个缤纷的多彩世界；并能精准定位，给每个神经元上都标记门牌号；还可以把各种形状的神经元单拎出来，清楚地看到每根神经元的走向；最牛的是，他们率先以工业化方式大规模、标准化、高分辨绘制脑图谱数据……"

(✎《广州日报》2017年10月17日　作者：杜安娜　张丹)

马丁：
一个医学院士的家国情怀

是否获得过国家科技奖，是能否当选院士的重要参考。但对于临床医生来说，到底要不要做科研，一直是近年来医学界争论的焦点。

对此，马丁给予了肯定回答：作为国内一流大学附属医院的临床医生，有责任为医学发展作出原创性贡献，让更多患者获益。

· 提出精准疫苗接种，有望为国家节约巨额开支 ·

宫颈癌是最常见的妇科恶性肿瘤之一，死亡率逐渐上升为妇科肿瘤首位。据世界卫生组织统计，每年有近50万宫颈癌新发病例，其中我国每年新发病例约13.5万人，约占世界的三分之一。

按照国际上普遍推行的策略，主要靠接种HPV（人类乳头瘤病毒）疫苗。11月初，由葛兰素史克公司生产的宫颈癌疫苗在湖北落地，许多女性奔走相告，妇科肿瘤专家马丁对此有不同看法。

"是个办法，但对我国来说，太浪费了！"马丁给记者算了一笔账，接种保护率较高的九价疫苗，每人需花4000～5000元人民币，若在我国推行全民疫苗接种，将有4亿适龄青少年需要接种，对国家来说是难以承受的巨大经济负担。

实际上，大量研究表明，超七成女性一生中至少会感染一次HPV病毒，但绝大多数都能被自身免疫系统清除掉，只有1%～4%的个体会发展成宫颈癌。"为了4%以内的发病率，让99%的人接种疫苗，受益的是外国公司。"马丁直言。

于是，从 2010 年起，马丁就提出精准筛查宫颈癌易感人群的概念，带领团队破译中国人宫颈癌发病遗传"密码"。

马丁带领团队联合浙江、上海、湖南等地数十家医疗机构收集样本，3 年内共检测了 16484 个中国汉族人群样本，发现了 11 个全新的宫颈癌遗传易感变异位点。之后，团队又在全国收集宫颈癌家系并进行检测分析，证实了宫颈癌的遗传易感性：HPV 感染只是宫颈癌发生的外因，内在遗传性才是发病的根本原因。

2013 年 8 月，关于这个项目的研究成果发表在国际顶级专业期刊《自然遗传学》上，影响因子高达 35.8。

"我国宫颈癌预防的重点应该是将 1‰~4‰ 的易感人群筛选出来。"马丁提出宫颈癌早期预警策略：实行精准疫苗接种，为国家节约巨额开支。

· 为研究适合中国人的宫颈癌疫苗毅然回国 ·

马丁是同济妇产科第一个博士研究生，导师是率先在全国开展妇科肿瘤手术治疗研究的蔡桂茹教授。

"跟着蔡教授上门诊、做手术，病人都是已经挨到了癌症晚期不得不来看病的农村妇女。"马丁回忆，那时转诊到同济医院的晚期宫颈癌病人特别多，个个被病痛折磨得没有了人形，做检查时轻轻一碰就一摊血。

这段经历让马丁刻骨铭心。为了开拓视野，1990 年博士毕业后，他选择了去美国得克萨斯州立大学西南医学中心从事肿瘤转移领域的博士后研究，研究主要方向仍然是宫颈癌、卵巢癌等肿瘤转移机制。

马丁的妻子孟力是同济医院血液内科的教授。据她介绍，马丁的基本功很扎实，到美国后迅速适应了国外的氛围，优越的科研条件也让他如虎添翼，在国际知名刊物上发表多篇文章，并于 1995 年获聘西南医学中心副教授，成为当时留学生中的佼佼者。

"我们当时在美国过得非常惬意。"孟力教授说，马丁喜欢钓鱼，每个周末都会带着她去垂钓，还带着女儿玩遍了美国。但 1997 年，40 岁的马丁决定回国。

当时美国已经开始研究宫颈癌疫苗，但样本都是取自白种人。"难道白种人的疫苗会适合中国人吗？"于是，马丁放弃国外优越条件，毅然回到同济医院。他说："同济几代人的努力就是希望能对中国宫颈癌病人进行规模性预防，我不能辜负。"

马丁决定回国时，女儿正上初中，妻子孟力独自留在美国陪伴女儿，直到她上大学才回国。与妻女异国的六年里，马丁只能趁去美国开会顺便看看女儿。有一年，女儿白天顾着跟他团聚，凌晨两三点爬起来做作业，马丁也跟着爬起来陪女儿。"爸爸手很巧，做出来的东西就是比妈妈好。"

·临床医生做科研的最终受益者是病人·

尽管在各种压力之下，我国医生发表的论文数量已高居世界第五，但引用率不高。这说明很多文章是赶出来的，为的只是升职称，含金量不够。

"无法在临床中应用的科研没有意义，所有的科研最终受益者都应该是病人。"马丁一针见血。

比如破解宫颈癌密码，这个项目不仅能帮助圈定宫颈癌高危人群，还推动了早期宫颈癌的靶向治疗。目前宫颈癌前病变治疗的常规方案是宫颈切除，随之而来的风险是孕妇在后期妊娠过程中可能因宫颈机能不全而流产或早产。

能否采用"分子编辑"的手段改变早期变异细胞的基因序列，仅用药物就能中止甚至逆转细胞的早期癌变？

想法虽妙，但落实到每一步都很艰难。有一次，马丁的学生李双到云南做大样本筛查，当地医疗条件有限，连仪器都要借。"如果要放弃，有一万个理由。"李双说，有时候所有步骤明明是对的，但进行验证时还是失败了，只能推倒重来。

从一个基因到另一个基因，从一条通路到另一条通路，有时团队分明看到了成功的希望，但接下来就会发现那道亮光其实只是漆黑隧道里的一丝火花。经过长达五六年的探索，2015年，"分子编辑"的研究成果终于问世，以封面文章发表在《临床研究杂志》，现已在进行临床转化，不久就可用于临床。

目前，马丁教授和其团队在全国多个宫颈癌高发区建立研究基地，通过多中心、大样本验证和长期随访，促进宫颈癌早期预警、早期精准筛查和早期无创治疗的方案完善，对中国宫颈癌的风险预测和预防筛查易感高危人群、个体化治疗、新药研发均具有重要意义。

(✐ 《武汉晚报》2017 年 11 月 28 日　作者：王恺凝　童萱)

中国器官移植开创者最后的"移植"
——"移植人"夏穗生教授的简静人生

4月16日下午,中国"器官移植的开创者"、武汉同济医院教授夏穗生与世长辞,走过了他95岁的生命历程。

家属遵照他生前遗愿,捐出眼角膜,同时代他向自己亲手创立的新中国第一个器官移植研究所——武汉同济医院器官移植研究所捐献100万元,用于器官移植研究和人才培养。

"春蚕到死丝方尽,蜡炬成灰泪始干。"夏穗生一生都为器官移植事业拼搏,为患者康复努力。离世了,将积蓄捐献给器官移植研究机构,让事业后继有人;将器官献给器官移植事业,留下光明在人间……

· 矢志不渝,引领中国站上"外科手术之巅" ·

夏穗生是我国培养的第一批医学本科生,上世纪50年代毕业于同济医学院。确定研究方向时,他义无反顾选择了外科。他说:"那时,外科在我国刚刚起步,有许多工作要做。"

"终末期肝脏疾病,肝移植是患者唯一的希望。"做了多年临床医生,一个个重症肝病病人眼神里强烈的求生渴望,在他头脑中挥之不去。夏穗生决定,先在狗身上实施肝移植实验,打开器官移植的神秘大门。

1958年9月10日,夏穗生将一只狗的肝脏移植到另一只狗的右下腹,术后这只狗存活了10个小时。这是国内对肝脏移植的一次开创性探索,揭开了我国器官移植事业的序幕。

1963年，美国施行了世界首例人体原位肝脏移植手术，存活7天。然而翻阅所有资料后，夏穗生的心凉了半截：核心技术只字未提。

"突破技术难关，让我国医学立于世界医学之林，必须开展器官移植实验，这是祖国的召唤、患者的嘱托。"夏穗生说，"一种渴望进行肝移植的执念渐行渐近。"

当时的条件下，理想变成现实何其艰难。1972年同济医院腹部外科研究所（现器官移植研究所）成立，夏穗生出任研究所副主任，他终于有了机会。他带着5名医生、5名技师，在一幢破旧的两层小楼里开始了艰难探索时光。

"当时实验条件之差，一言难尽！"今年76岁的同济医院教授刘敦贵，30岁开始跟着夏老做狗移植试验。他感慨："一个直径约70厘米的小型消毒锅，是实验室里最先进的家当，用煤油气灯加热，术前消毒就得耗费一天；术后为了让狗体温尽快回归正常，大家生炉子给狗取暖；手术衣、纱布要重复利用，数九寒天，大家一起手工清洗、晾晒……"

课题组成员马绪娴回忆，时常要昼夜不眠地守着手术后的狗。武汉夏天闷热的天气、难闻的气味，让人几乎要晕过去。手术经常从早上8点做到晚上11点，在夏穗生带领下，大家热情很高，不敢有丝毫马虎。

1973年9月5日，第一只狗的异体原位肝移植实验进行。夏穗生把实验狗的肝脏切下来后，创面血流如注，当时电刀还未问世，又没有电凝刀，没有止血纱布，也没有止血凝胶。他只能用细丝线逐个结扎。每次手术下来，仅打结就有三四百个，才能将出血点止住。

4年多过去，夏穗生所带领的肝移植小组开展分解手术98次，实施130次狗的原位肝移植手术，总结出一套切实可行的手术顺序和操作方法，提高血管吻合成功率；先后攻克供肝失活、凝血机制紊乱等难题；研制出器官保存溶液，延长缺血肝存活时间；合作研发免疫抑制剂，控制移植后排斥反应……肝移植手术核心模式终于被确定下来。

至此，中国人掌握了哺乳动物大器官移植的完整手术。

心中有大爱的人是无私的。1977年，上海第二医学院（现上海交通大学医学院附属瑞金医院）派团队来学习肝移植技术，夏穗生和助手毫无保留地将关键技术交给他们。不久，就从上海传来开展中国首例肝移植手术的消息。

当年底，夏穗生为一位肝癌晚期患者成功施行了肝移植手术。不久后又为一位男性患者开展了肝移植手术，患者存活了 264 天，创下当时国内肝移植存活时间最长的纪录。

1978 年，夏穗生在《中华外科杂志》发表《130 例狗原位肝移植动物实验和临床应用》，并在第九届全国外科学术大会上报告。"同种原位肝移植研究"成果获得卫生部甲级科学技术成果奖，受到首届全国科学大会表彰。

成绩并没有让夏穗生停下探索的脚步。他不断创下新纪录：1980 年，建立国内第一个器官移植研究所，我国终于有了独立病房、护士和器官移植专业医生；1982 年主持国内首例胰腺移植获得成功；1989 年，在国内首先施行亲属活体脾移植，系列脾功能研究成果获国家科技进步奖；1989 年和 1994 年分别成功实施亚洲首例胰肾联合移植和腹部多器官移植……

在夏穗生率领下，同济医院器官移植研究所陆续开展肾、肝、胰、脾、甲状旁腺、肾上腺、胰岛、骨髓、胸腺、胰肾联合、脾细胞、肝细胞以及心脏共计 14 种器官的移植。他指导研发的国产免疫抑制剂，填补了空白。在他任所长期间，同济医院器官移植研究所一直保持着移植种类、例数和长期存活的国内最高纪录。

·"放手做，成绩是你们的，失败了算我的"·

"要让中国器官移植事业发展壮大，关键是人才。""器官移植的未来在年轻人，我的任务是搬梯子。"这是夏穗生常说的话。他要求学生做国内暂无人研究的课题、国际最先进的课题，"这样，才能立起中国医学的脊梁。"

夏穗生是我国首批博士研究生导师，他培养博士后、博士、硕士共 69 人，刘乐欣、姜洪池、陈知水等一批学生已成为我国器官移植和外科学界的领军人才。

1999 年，年仅 33 岁的陈知水被夏穗生点名主刀肝移植手术。第一次主刀，又是当时最年轻的器官移植术主刀医生，陈知水心里有点打鼓。夏穗生打气："胆大心细，放手做，成绩是你们的，失败了算我的。"5 个多小时的手术，75岁高龄的他一直坐在旁边。如今，陈知水已是博士生导师、同济医院器官移植研究所所长。

同济医院肾内科教授吕永曼记得，20年前，她被邀参加夏穗生教授组织的多学科大会诊，决定她给患者进行肾活检。患者病情复杂，她担心害怕。夏教授安慰道："你认真做就行，我们已做好各种预案，有责任我来承担！"有了老师的鼓励"撑腰"，任务顺利完成。

敢于"压担子"，缘于平时的"严要求"。他告诫学生："器官移植是关乎人生命的大事，是从鬼门关抢救人生命的手段，容不得丝毫马虎。"

夏穗生经常告诫学生："手术台上的成功，不是真正的成功，病人出院才是成功。"让大家不仅重视手术，还要重视术后恢复管理。那时，夏穗生有个不成文规定，肾移植患者术后不排尿，连续出现两例，手术医生就要被罚到实验室干半年。

有一次查房，陈知水比约定时间晚了5分钟，夏教授什么都没说，直接就走了。"夏教授对大家很严。哪怕是主任，只要做错一点事，后果都会非常严重，会经常被骂哭。"陈知水说，"长期的严要求，形成了团队严谨细致的工作作风。"

夏穗生的女儿夏丽天记得，经常很晚了，饭菜都凉了，做完手术的爸爸还没回家吃饭，家人等了又等。"后来才知道，要等手术病人清醒、情况稳定后，向值班医生反复交代了注意事项、可能出现的问题和预案后，爸爸才会回家。"

·落红不是无情物，化作春泥更护花·

在临床和实验研究中，夏穗生共获56项次各级科技进步奖，发表第一作者学术论文270余篇，主编专著26本。如今，夏穗生开创的肝移植技术方法仍在惠及肝移植患者。正因为有了越来越成熟的器官移植技术，越来越多生命垂危的患者才能看到生命的曙光。

著名器官移植专家、原国家卫生部副部长黄洁夫这样评价："他是我国器官移植事业的开创者。作为我国器官移植的奠基者，他鞠躬尽瘁，参与、推动和见证了我国器官移植发展至今的全过程。"

著作等身，居功至伟，他仍保持着谦逊、低调的品格。2011年，夏穗生凝聚自己毕生科研、临床经验，编著出版我国器官移植第一部大型专著《中华器官移植医学》。出版社先后3次派人上门，说服他将书名改为《夏穗生器官移植学》，他都不同意。

他不做"挂名英雄"。由他亲自指导并参加的研究生课题，通过成果鉴定的有9项，其中8项以研究生为第一作者。4项获得国家自然科学基金资助的课题，全部由研究生担任课题负责人。

武汉大学中南医院肝胆疾病研究院院长叶启发回忆，80年代中期，他曾写过一篇关于肝硬化门静脉高压出血的论文，夏穗生反复修改十余次，还当面指导。论文发表前，叶启发希望把老师列为署名作者，但他坚决不肯。

一息尚存，学习奋斗不止。90高龄，他还参加学术会议，写论文，为学生改论文，"逐字逐句改，连标点都不放过。"93岁瘫痪在床，他还在阅读器官移植领域的专著。他吩咐家人："只要患者、学生需要，我随叫随到。"

从医近70年，多少喧嚣纷扰，几多世事沧桑。正因为对器官移植事业有热爱，对人民健康有深情，他才保持简静朴素，归真致远，带领、激励一代又一代医务工作者不断开创器官移植事业新高峰。

夏穗生不讲究吃穿，也没什么业余爱好。平时不是泡在实验室，就是泡在病房、办公室。他常说："我一生只做了器官移植这一件事。"只要有利于器官移植事业的，他都去做。

2013年3月，他在遗体（器官）捐献志愿书上签字，成为一名遗体（器官）捐献志愿者。"要别人捐献遗体器官，自己不做出榜样，只讲空话，不做实事，不行。"在他感召下，同济医院300多名医生和医学生签下器官捐献志愿书。

器官移植是夏穗生一生的事业。签署器官捐赠志愿书前，他并未与家人商量，但家人还是很快理解了他："他觉得自己是'移植人'，自己的一切，包括器官，应该属于移植事业。"

"落红不是无情物，化作春泥更换花。"作为我国器官移植事业的开拓者，如今，他践行诺言，捐出角膜，为我国器官捐献和移植事业作出了表率。

"希望越来越多的人因器官移植获得新生,我国可以为世界器官移植事业提供更多的中国方案。"

也许,只有循着这句话,才能理解夏穗生近一个世纪的简静人生。

(✎《新华每日电讯》2019 年 4 月 22 日 作者:黎昌政)

刀尖舞者
——专访院士陈孝平

4月8日,武汉"解封",武汉华中科技大学同济医学院附属同济医院外科学系主任陈孝平和同事们却并未放松。他说:"对待病人,要像大人背小孩过河一样,一定要安全送到对岸。只要还有一个病人,我们就决不放弃。"

陈孝平,武汉地区医学界唯一的中国科学院院士,1953年生于安徽阜南,15岁开始行医,1970年就读于蚌埠医学院,1979年考取同济医学院研究生,从此扎根武汉。他从事临床、教学和研究工作40余载,从一名赤脚医生到"刀尖上的舞者",在肝胆胰外科领域有多项突破,分别主编了全国高等学校5年制、7年制和8年制统一应用的教材《外科学》。

疫情暴发以来,陈孝平带领武汉同济医院外科1000多名医务人员组成护肝队、营养支持团队和手术小分队等,奋战在ICU、重症病房和急诊室。他像一名救火队长,哪里有危重病人就支援哪里,既要救治新冠肺炎患者,又要保证急诊外科手术照常开展,还要为援汉医疗人员做好医疗保障。

· 不到最后一个病人出院,我们都不能放松 ·

问:作为同济医院外科带头人,疫情发生后您面临的主要挑战是什么?

陈孝平:当时我们面临多方面的困难。首先是发热病人数量突然增加，发热门诊的工作量比平时增加几十倍甚至上百倍，全院所有科室的人都上了。

原先的工作日程全都打乱了。哪里需要就往哪里跑，前线要物资、要医生、要护士，我就要安排他们去支援。遇到危重病人，就去现场会诊。另外，有一些急诊病人需要开刀，我们也不能耽误，外科手术还照常开展。没有白天黑夜之分，半夜三更的一个电话来了，就要去处理，应该说一直处于应急状态。

问：在没有特效药物的情况下，如何最大限度提高治愈率、降低病亡率？

陈孝平：新冠肺炎患者不单单是肺部受损，有的心、肝、肾等器官都有损害。在没有有效抗病毒药物的前提下，我提出了维护好"四个平衡"的治疗原则：免疫平衡、营养平衡、内分泌平衡、水电解质平衡。就是我们要想办法让病人各项器官功能维持好，让他们活着，创造一个他自己抗病的能力，给他一个恢复的机会。

问：抗疫是一场总体战，针对疫情防控与救治您提出了哪些建议？

陈孝平：疫情暴发后，全国各地医护人员支援武汉，北京大学第一医院院长刘新民曾经跟我说："我带了134名医护队员到武汉。他们很年轻，都是自愿报名来的。对我而言，有两个重要的任务：一是降低重症病人的死亡率，不负国人之托；二是我要把我的团队，完完整整地带回去，他们的家人在等待他们。"可以想象当时这些领队的压力有多大。所以，我提出，要全力救治患者，同时要全力保护好医护人员，医护人员是我们最重要的救治力量。

同时，我也建议从社区排查疫情。那时很多大医院发热门诊人满为患。当时我提出建议，不能都集中到大医院去，一定要发挥社区医疗作用，从社区抓起，一个一个排查，这样好管控。实际上，武汉市很快就从社区开始排查了，医院压力因此大大减轻。

问：武汉"解封"，下一步防治重点是什么？

陈孝平："解封"不代表抗击疫情结束了，因为我们还有重症病人在医院。不到最后一个病人出院，我们都不能放松。要做到慎终如始，毫不松懈抓好疫情防控，不惜一切代价抢救重症患者。

"复阳"人群、输入性病例和无症状感染者，这三类是防控重点。现在最好的防控措施还是大家很容易做到的三点，一是戴口罩，二是少聚集，三是做好个人卫生，特别是手卫生。做好这三点，我想基本上能够保证你的安全。我还要提个醒，特别是对发烧咳嗽的病人，一旦遇到这种情况，首先要想是不是新冠肺炎。每个人都要有这根弦，包括医生，这样才能防止第二次暴发。

· 有这么一群敢于担当的年轻人，我感到非常骄傲、我为他们点赞 ·

问：抗疫中的医护人员群体最令人感动的是哪一点？

陈孝平：这一次抗击新冠肺炎过程中，很多医生都是默默无闻在做事，他们甘于奉献，是地地道道的实干家、"老实人"。选择做一名医生，就要做到不计较时间、不计较金钱、不计较一时得失。一个好医生首先是个"老实人"，这是最基本的。因为你只有老老实实，才能专心去治病救人。踏踏实实救每一个生命，不是"老实人"怎么能做到这一点呢？

问：这中间有哪些让您印象深刻的人和事？

陈孝平：在这次抗击疫情最前线，很多都是"80后""90后"的年轻医生，绝大多数都是自愿报名参加，他们不叫苦不叫累，防护服一穿，数个小时就坚持下来了，而且无怨无悔。他们可不是一些人心目中的"小皇帝""小公主"，也不是娇滴滴的一代。

我们外科有位年轻医生，名叫张占国。抗击疫情初期，他就主动报名去一线，他提出了三个理由：一是作为主治医生，他经验丰富；二是他还没有子女，可以全身心投入抗疫；三是父母身体都健康，还有一个哥哥，即使自己出什么问题还有哥哥给父母尽孝。这完全就是视死如归，我听了非常感动。在国家遇到困难的时候，有这么一群敢于担当的年轻人，我感到非常骄傲、我为他们点赞。

问：疫情期间您一直和援汉医疗队并肩工作，如何评价这些同行？

陈孝平：国家征召，广大医护人员义无反顾、逆行武汉，无问西东、不分门第，与病毒相搏，他们是"人间天使，希望之光"。一方面，几乎"一夜间"来了几万名医护人员，各方面接待都跟不上，有的甚至连住的、吃的都没有周全保障，但是一旦面对病人，他们就把冷暖、饥饿都抛在脑后，立刻打起精神，投入到战斗中。另一方面，各地来的医生经验不一、专业不一，会诊现场相互切磋、发表不同意见，虽然有争执但总能达成一致，因为大家都是为了一个共同的目标走到一起来的，没有任何理由不做好，通过一段时间磨合，大家真正成为朋友。

· 赤脚医生的经历让我感受到了作为医生的责任和魅力 ·

问：您曾经是公社里的赤脚医生，这段经历对您一生从医有什么影响？

陈孝平：我有两位亲人，在我十几岁的时候相继去世。一位是我姑妈，她患有先天性心脏病，那时候心脏外科手术还开不了刀，眼睁睁地看着她走了。我跟她感情很深，很痛苦。另一位是我舅舅，当时得了肠梗阻，在送医院的途中就没了。那时候我就感觉，生病好无助，我说自己要是个医生就好了。

1968年，知识青年上山下乡时期，我到了农村，做了赤脚医生，在公社医院培训后，就跟着老师到田间地头挖中草药，为百姓看病开药。从最初的感冒肚子疼，到慢慢地可以处理复杂一点的疾病，可以说，赤脚医生的经历让我感受到了作为医生的责任和魅力。真正从医是从上蚌埠医学院开始，那时候国家培养专科医生，1970年的一天晚上，我突然收到通知，要我连夜到县医院去做体检，当时公社离县医院有35公里，我骑着单车赶路，到医院是早上5点。收到入学通知后，正式走进了专业队伍，这是我人生的重要转折点。

问：您师从我国外科医学奠基人裘法祖院士，从他那里学到最珍贵的东西是什么？

陈孝平：我报名考研究生的时候，就是为了考肝脏外科才报的武汉同济医学院，那时候我对武汉一点也不了解，甚至裘教授是谁我都不知道，因为那时候不像现在这样信息灵通。从1979年考上裘教授的硕士研究生，继而于1982年又成为他培养的第一个博士生后，我有机会长期接触裘教授。我为能在这样一位大师精心栽培下成长而感到无比幸运。

"做个好医生"，这是他讲得最多的，也是我学到的最珍贵的东西。好医生，就是你能够解除病人的疾苦，赢得病人高度的信任。

问：肝脏外科难度大、危险性高，为何选择这一专业作为主攻方向？

陈孝平：我选择这个主攻方向最开始完全是出于好奇。从我1970年跨入医学院的大门，到我1979年读研究生，上学3年，工作6年，9年间我没有见到一例肝脏手术。我们都说要知难而上，当时我就想闯一闯、试一试，所以就选择了这个专业。

问：职业生涯中您最难忘的经历是什么？

陈孝平：印象最深的是我做的一例阑尾手术。对外科医生来说，这是个小事，但对我来说，却是个难忘的手术。那是1972年在淮南煤矿九龙岗矿工医院实习期间，从开皮到做完手术，整个过程只用了20分钟。这么短的时间做完阑尾手术，在当地引起轰动。其实我觉得主要是老师指导得好，我也做了周密准备，很顺利地解除了病人的病患与痛苦，我感觉很欣慰，这也决定了我这一辈子的职业，就是做一名外科医生。

问：2009年11月3日，感动全国的"日行10公里减去脂肪肝"的"暴走妈妈"，在同济医院接受了母子间活体肝移植。您为何要接这个病例？

陈孝平：首先，这项技术是成熟的。手术技术、手术模型在我读博士研究生的时候就已经做完了。动物实验也已经完成了，就差临床没有用。其次，这个妈妈非常伟大、非常坚定，一定要割一个肝给她儿子。她感动了我，这么好的一个母亲，我们有责任去帮助她。所以我就毫不犹豫地答应了。

问：当时这个病例的关注度很高，有没有压力？

陈孝平：当时中央电视台13个小时全程直播，我从手术室出来的时候，电视台记者问的是同样的问题。我说中央电视台每年有一个春晚，春晚有彩排，手术没有彩排。就像演员在舞台上一样，台上一分钟，台下十年功，真正在手术台上，你是没有这种感觉的。

·跟着国外走，永远只能做老二·

问：您的很多手术打破了肝胆胰外科领域的禁区，为什么能做到这一点？

陈孝平：跟着国外走，永远只能做老二。改革开放40多年来，中国的医疗技术水平、医疗条件有了大幅度提高，我们不能一味跟随国外的技术。比如，西方认为肝脏血流阻断20分钟是一个极限，如果阻断时间再延长，肝脏就会坏死。但是我们在手术时发现，阻断了27分钟，病人活过来了。再结合过去一些动物实验的研究，例如狒狒肝血流可以阻断45分钟都没问题。我就对此前的那个极限产生怀疑，后来我们就开始动物实验研究，在此基础上尝试在临床上阻断30分钟，甚至60分钟。这就是一个突破点，有了这么一个突破点之后，我们的自信心就越来越强了，发现一个问题研究一个问题，发现一个问题解决一个问题，最后一个一个取得突破。

问：外科医生被称为"手术刀尖上的舞者"，但您说过，能不开刀尽量不开刀，怎么理解二者的关系？

陈孝平："手术刀尖上的舞者"，这说明医生手中手术刀的重要性，是对外科医生的赞扬，也是一种激励。有人认为医生手术越大，成就感越强。这种观念是错误的。对待病人，我强调分类施治，就是说处于疾病的不同阶段，采取不同的治疗方法。比如身上长了脓肿，早期的时候打针吃药，炎症消下去病就好了；如果不控制，继续发展，里面就会形成一包脓，这包脓不放出来就不会好，就要动手术了。

医生要把握好的，应当是以病人为中心，怎样对病人好，就怎样治疗。我有几个基本原则：一是能不做手术的，尽量不做手术；二是能做小手术解决问题的，不要去做大手术；三是能做简单手术解决问题的，不做复杂手术；四是能做微创手术的，不做开创手术。上述原则的前提是，取得的效果相同或更好。

问：外科领域下一步重点关注哪些方向？

陈孝平：21世纪的外科有两大方向，一是器官移植，二是微创外科。器官移植的技术已经成熟了，现在同济医院所有的器官都可以移植。微创外科还处于发展阶段，还有很多工作需要做。过去我们有一句话叫"大医生大切口"，现在反过来了，医生做得越好，伤口越小，这就是微创。这方面的发展空间还很大，是无限的。随着科技发展，医生要打破过去的惯性思维。

·要重视三基：基本知识、基本技术和基础理论·

问：从医多年，您对这个职业的感悟是什么？

陈孝平：你要知道医生治好一个病人的感受。当我们接到一个病情非常重的病人，然后通过你的技术和努力，把他治好了，一家人高高兴兴走出医院大门，这个时候医生心里的喜悦不亚于病人的家属。

我经常跟病人家人谈话，说我们是一个战壕的战友，我们的目标都是一样的。病人希望好起来，家人希望给他治好，医生何尝不是这样的？每治好一个病人就会有成就感，越是困难的，越是复杂的，这种成就感就越大。

现在发现一个现象，一些年轻医生只看报告，不看病人，这是非常不好的。我曾经有一个病人，她肝脏上长了一个肿瘤，她看了一圈，医生都说让开刀。后来她就到我这来，我让她躺在床上，摸摸肚子，听一听，她就决定留下来做手术。过了三四年以后，当我再次遇到她，她说陈院士你知不知道我为什么在你这里开刀？因为我看了一圈，没有一个人给我摸过肚子，只有你给我摸了肚子做了检查。就这么简单一个动作，你可以看到病人是怎么想的。所以我常说，任何一个病人都离不开医护人员的关怀，不能够全都靠机器，我们治疗的是人，人是有感情的。

问：培养一个合格的医生，最重要的是什么？

陈孝平：我们培养医生，一定要让他在临床上摸爬滚打。靠一天到晚读书，5年不够读8年，8年不够读12年，哪能读出一个医生来呢？我们年轻的时候一天要查三次房。裘教授在世的时候，晚上12点之前他基本上不往我们家里打电话，他知道我们白天晚上都在病房里。就是这样每天仔细观察病人，仔细去和病人打交道，一个病例一个病例积累经验。光去接触也不行，还要动脑筋想问题，想办法解决问题。比如，同样做10个胃切除手术，有的人非常有体会了，有的人还离不开老师指导，就是他不会总结。边实践边观察边总结，这样才能培养真正有临床经验的医生。

问：经历此次疫情，在医学教育方面我们有什么要重视解决的问题？

陈孝平：过去有一段时间，大家过分强调专科化了。医学生毕业以后就读研究生，研究生毕业以后就在专科里面，没有经过真正的全科轮转，所以导致了他们"三基"不行。所谓"三基"就是基本知识、基本技术和基础理论。这一次疫情，有的人在会诊时说，我是搞这个专业的，我对其他专业不懂，这个话他直接先讲出来了。所以我建议，以后的医学教育一定要改进。

"纪检监察工作和医务工作一样，都是为了治病救人，精神内核是一致的。"采访结束时，陈孝平院士这样说。

（中央纪委国家监委网站 2020 年 4 月 13 日　作者：高文新　代江兵　阮雪冰）

60余年党龄70年教龄，捐一生积蓄，不冠名不留影云淡风轻
教授"侠侣"捐千万元助学，深藏功与名

7月3日，华中科技大学崔崑夫妇捐资400万元，设立"新生助学金"。整个捐资没有仪式，留影照都没有拍，老人专门叮嘱"不要宣传"。

但消息还是于近日在校内传开，再次感动了喻家山。从2013年至今，崔崑和夫人朱慧楠教授捐资助学已累计达到1000万元。

一对年过九旬的教授夫妇，深藏功与名，一掷千金，捐出一生积蓄，堪称侠侣义举。经多次做工作，崔崑夫妇接受了本报记者专访。

·一件衬衣穿30年，三笔捐千万助学金·

在近3个小时的采访里，谈及捐款之事，老人一直表示："没有什么，就是待遇还不错，两个老人又没什么花钱的地方，年纪大了，手头有积蓄，做些对社会有益的事。"

谈起金钱，风轻云淡。其实，两位教授在科研领域勤奋治学，在生活中十分勤俭，并非"土豪"。在崔崑夫妇位于华中科技大学校内院士楼的家中，记者看到，两位九旬老人仍然自己做饭，山东出生的崔崑负责掌勺烧菜，来自广东的老伴负责理菜炖汤，分工明确，饮食与武汉普通老人无异，清淡、不讲究吃喝。

崔崑一件衬衣穿了30年，曾因媒体报道，引发公众关注点赞。采访

时，崔崑不以为然，他还给记者展示了一件"自认为很新"的夹克。"这件才只穿了十几年，都还能穿，为什么要买新的呢？"他说。

崔崑回忆起2013年第一次决定捐资助学的初衷。"当时，中央提出深化教育改革，鼓励社会捐资助学，另外我们也看到网上讲，杨绛先生把自己和钱锺书的稿费和版税捐赠给母校清华大学，设立'好读书'奖学金。受此启发，我们俩也决定把积蓄拿出来捐资助学，为社会做点贡献。"

2013年，崔崑和夫人朱慧楠、女儿崔明玲共同捐资420万元，在学校设立"勤奋励志助学金"，额度每生8000元。学校学工处有关负责人解释说，以崔老师家里的积蓄，一次性拿不出这么多钱，崔老和家人就做了一个计划，捐款在5年内完成。

作为教职员工，这样大额的捐赠，在学校历史上极为少见。有人建议以崔崑夫妇两人的名字为助学金命名，被二老谢绝。此事，一直到捐助完成的当年，才被公众得知。2018年，两位老人又拿出180万元，再次注入"勤奋励志助学金"。

直到今年7月3日，两位老人决定再捐资400万元，设立全校"新生助学金"，两位老人计划用4年时间完成这笔捐助，捐到崔崑院士99岁。采访中，提起这个决定，两位老人仿佛在谈一件极为普通的事情。朱慧楠教授说："崔崑，我们还是争取3年内吧，赶紧搞走（这笔钱）。"

记者还在无意中发现，疫情期间，两位老人还交了一笔100万元的特殊党费。对此，两位老人表示，疫情期间，中央英明决策、生命至上，医护人员逆行冒险救治病人，很受感动。两人住在学校，学校也很关心，定期有人来送日常所需，解决了后顾之忧。在新闻上看到党和国家领导同志带头捐款，两人就想着也尽一份力。

·经历相似心有灵犀，决定捐款一拍即合·

为了帮贫困生真正解决问题，两位老人对于如何设计资助人数、额度，都有自己的打算：他们考虑了贫困生的比例，每笔8000元的金额则是参照国家奖学金的标准，加上最新一笔新生助学金，全校将有超千人获得资助。

"捐款的事儿，是谁提的？花了多久时间商定？"

面对记者的疑问,两位老人几乎同一时间脱口而出,"不用怎么商量。"

原来,崔崑夫妻两人学历相当、经历相似,遇到大事都有共同的看法,对于捐助学金一事,不用过多商量,一拍即合。

两位出生于 20 世纪 20 年代的老人,都经历过日本侵华战乱,小小年纪就颠沛流离。朱慧楠是家中老大,曾背着妹妹,一家人流离失所。有一次,他们刚从藏身的防空洞出来,下一分钟,那里就被日军飞机炸毁了。

为了读书,年幼的崔崑在父亲支持下,一路从山东扒火车,辗转流浪 80 多天前往成都考大学。最终,凭借优异的成绩,崔崑考取了西迁至四川乐山的武汉大学机械系。

瘦小的崔崑,还到稻田打农药,打工赚学费。如今回忆起来,他觉得打工能管吃管喝,很满足。读书时,学校里过节还能吃上回锅肉,他也感到非常幸福。

经历过百般锤炼的崔崑,在新中国成立之后,投身到华中工学院(华中科技大学前身)的创建中。崔崑在哈工大读俄语预科班时,遇到了来自中山大学的朱慧楠。他们在同一个班,一个是班长,一个是学习委员,两人有相似的经历,惺惺相惜,最终携手走到一起。

"国家培养了我们,设立基金资助困难学生是我们的初心。"两位老人耳聪目明,头脑清晰,对于时间链条的记忆尤为精准。他们回忆起过去的艰难岁月,更感慨现在的幸福生活。如今两位老人已学会网购、使用电子支付,并不刻意守着清苦生活。"学会了网购,对老年人来说,生活太便利了,生活还是要搞好,不能亏待身体。"

谈及长寿的秘密,两位老人不约而同地说:心态要好,不要计较,助人为乐。正是出于对贫困家庭孩子读书不易的共情之心,两位老人决定捐助来自贫困家庭,品学兼优的学生。

回忆过去,崔崑说,自己这一辈人经历过遭人欺侮的战乱,见证了新中国在一穷二白中求发展的过程,大家都怀着"为中华崛起而读书"的信仰。

1958 年,他被公派前往当时世界上最好的钢铁专业大学——莫斯科钢铁学院,专攻金属学及热处理专业。两年的留学生涯,让他将特殊钢定为日后的研究方向。

如今，崔崑书房里几乎全是钢铁类的书籍。他先后承担起国家及省部级科研项目近20项，研制成10种新型模具钢，解决了许多生产难题。凭借在金属材料研究领域的杰出成就，1997年，他当选中国工程院院士，被誉为"钢铁院士"。

朱慧楠教授是华中科技大学原化学系化学教研室最早的教师之一，曾担任过理化系、化学系系主任，为院系发展打下坚持基础，退休后负责全校老年协会工作，做起了志愿服务，一干又是10年。

在摆放着诸多荣誉证书的室内一角，崔崑向记者高兴地介绍说，朱慧楠教授获得了家里的第一份重要荣誉——1960年湖北省颁发的劳动模范荣誉纪念证。在这个"荣誉角"，从崔崑院士获得的各种科技大奖，到朱慧楠教授退休后集邮获得的业内奖励，各种证书应有尽有。

永葆好学之心，跟上时代潮流，才能心态年轻。如今，两位老人每天读书看报看新闻，对于人工智能等新事物，也并不感到陌生。疫情期间，崔崑用3个月时间复习了一遍俄语语法，朱慧楠至今仍然能清唱俄文、英文歌曲。

崔崑年逾70岁时，学校希望他继续留在工作岗位，于是他自学计算机，很快学会上网查资料、自己制作多媒体教学课件，利用计算机指导学生等。

过了80岁，崔崑不再承担科研课题，拒绝了各种会议应酬，闭门不出，开始搜集资料，潜心写书。他于2012年完成著作《钢的成分、组织与性能》，至此，我国终于有了一部全面系统的特殊钢专著。

据了解，这一专著有200多万字，含图828个、表646个。崔崑自学电脑、亲自整理书稿，连插图都是自己画的。80多岁的老人打字绘图，将一生的研究编辑成书，治学严谨，可见一斑。

· 60余年党龄、70年教龄，勤奋报国一生 ·

作为我国首批博士生导师，崔崑共培养了24名博士、23名硕士。与业内同行相比，他的学生不多，因为崔崑要求严格，绝不允许学生"混学历"，不培养"次品和废品"。据介绍，崔崑的学生中有10多人已是博士生导师，在各自领域有所成就。

"崔老师做人为学如炼钢，一丝不苟。"崔崑的首批研究生张同俊，如今也是华中科技大学材料学院教授。他对老师严谨的治学态度印象深刻。张同俊说："《钢的成分、组织与性能》书稿出来后，崔老师专门让我们两位弟子看看有没有毛病，我们将热力学方面的数据重新算了一遍，几乎挑不出一点毛病！"

一生勤奋报国，如今年过九旬的崔崑，有60余年党龄、70年教龄。他关爱年轻人成长，最希望年轻人珍惜时间，勤奋学习。根据《"勤奋励志助学金"评选规则》，获得该助学金的条件之一是"学习勤奋努力"。

崔崑说："根据我一生的工作体会，一个人要想取得一点成就，首先要勤奋。同时，年轻人要有一生的奋斗目标，年轻人出国留学能增长见识，但是一定要学有所成、报效祖国。"

"那时电力供应不足，课题组所用盐浴炉等设备耗电量大，白天不能开，一用电就会跳闸，只能在夜间通宵工作。"朱慧楠教授回忆说，当年，崔崑熬夜之后，白天还要照常上课，绝不要求学院照顾。最终，崔崑和研究人员一同研发了低铬模具钢，含铬率降低到4％，使用寿命延长一倍，打破了国外垄断。

也许，特殊钢材早已融入骨骼血液，身材瘦小的崔崑，一直展现着巨大的能量。

如今，95岁的崔崑每天早上6点准时起床，规律作息，偶尔自己去菜场用微信支付买菜，他还会熟练地用手机为老伴拍照。其余时间，他仍要伏案修改更新自己的著作。对于长期电脑前工作可能引发视力问题的担忧，他兴奋地告诉记者，自己前些年为了治白内障，已经植入人工晶体，再也不用担心视力损伤。

许多受到资助的学生，从两位教授身上感受到的不仅是生活上的有力帮扶，更是精神上的激励与鼓舞。

华中科技大学材料学院2016级本科毕业生杨飞说，崔崑院士和朱慧楠教授在生活上淡泊名利、廉洁自律，在科研中严格严谨、不断创新，令人敬仰，值得自己一生学习。

退休之后，崔崑谢绝了各种拜访。但是，部分受资助的学生毕业前坚持要来看望，他也不好拒绝。有家庭困难的学生告诉他，考上华科大之后，立志自己赚学费，但是入校之后发现学习压力大，打工赚钱影响学习，所以陷入矛盾状态。正是有了两位老人的资助，解决了后顾之忧，才能集中精力做科研。

"所以，我们听到这以后就很受感动。我们做的事情是值得的。我们两个人没有什么，就是尽我们力量来这样做嘛。"崔崑淡淡地说。

"材化侠侣，家国情怀。"崔崑夫妇捐资助学的事迹，多次引发公众热议。除了受资助者表示感谢，更多人表达感动、致敬和深深祝福。有网友称赞说，崔崑夫妇是"国之脊梁"：青年时立志报国，中年时践行不渝，耄耋之年依旧持续奉献、照亮人心、鞠躬尽瘁、师者风范。

住对门的杨叔子院士曾为答谢崔崑老师赠书写过几句诗："有钢方能兴工业，无本安能上险峰。既教又研齐比翼，为圆中国梦犹童。"

(《新华每日电讯》2020年7月24日　作者：李伟)

以身垂范 育医学人才
——记2020年全国教书育人楷模、华中科技大学教授胡豫

"今天,我要自豪地说,武汉保卫战、湖北保卫战,我们打赢了!"8月30日晚,华中科技大学同济医学院第一临床学院院长、附属协和医院院长胡豫教授,为200余名医学生上开学第一课时,深情回顾那段惊心动魄、刻骨铭心的岁月。

在抗击新冠肺炎疫情的战场上,胡豫凝聚医者力量,践行医者仁心,用白衣逆行的感人事实来淬炼学生的医学之魂;三十载医学改革创新,善下"先手棋",培养新时代医学人才;在祖国大地上,师生共书医学创新的时代答卷。前不久,他当选2020年全国教书育人楷模。

·最好的教育方式,莫过于以身垂范·

2月10日,习近平总书记与武汉一线医护工作者视频连线,胡豫代表协和医院作出凝心聚力、攻坚克难、坚决打赢疫情阻击战的坚强保证。他是这么说的,更是这么做的。

作为协和医院院长,胡豫带领全院迅速投入到对抗新冠病毒的战斗中。他说:"只要国家有需要,协和就倾其所有。"在和死神赛跑的过程中,协和医院先后开辟了3个院区、2所方舱医院共5个战场,收治5200多人次新冠肺炎患者,接诊2万多名发热患者,是湖北省此次抗击疫情收治病患最多的医院之一,成为战疫前线的"航母"级医院,为武汉保卫战

的胜利贡献了协和力量。

疫情最危急的时候，胡豫不分昼夜落实开展核酸检测、改造重症患者定点医院、开建方舱医院，为救治患者、加强防控殚精竭虑。在协和医院肿瘤中心全面完成隔离病房改造之际，寒潮来袭，2月15日那天，56岁的胡豫在风雨中督导新冠肺炎患者转运，战疫不停。当天完成499名患者的转运收治，前3天共计收治患者近800人，履行了"应收尽收"的诺言。

"记忆最深的是方舱医院的建设，我当时在武汉国际会展中心看了场地，觉得非常困难，因为这里是会展场馆，没有制暖设备，厕所很少，医护人员的隔离，三区两通道的病房设置都做不到。但是我们想尽一切办法，最终在48小时内按照标准完成了全部改造，完工的当晚就收治了600多人。"胡豫回忆说，这种中国速度、中国力量，就是时代教育最好的"养分"。

在他的激励下，协和医院的青年医学生以多种形式参与到疫情防控斗争中，不少学生积极行动，参与临床协调、后勤保障、科技攻关、科普宣传和志愿者工作，与前线的老师并肩作战。

"不待扬鞭自奋蹄"，抗疫战场上，胡豫在一线奋战的一幕幕流传在学生的班级群、朋友圈中。他用医者与师者的担当使命，为第一临床学院的所有学生上了最生动的一堂思政课。他冲锋在前、勇于担当、无所畏惧的精神，为广大青年学子做出了表率，不少学生以多种形式参与到疫情防控斗争中，临床协调、后勤保障、科技攻关、科普宣传、志愿服务……学生们以默默的行动与前线的老师并肩作战，共同汇聚起战疫的磅礴之力。

·与时俱进，培养卓越医学人才·

中华民族伟大复兴需要勇担时代命运的"卓越医学人才"，如何下好医学教育改革的"先手棋"？这是胸怀家国情怀的医学教育工作者必须回答的时代之问！

疫情之下，日常的教学活动无法正常开展，这一困境让教育界开始思考如何打破时空壁垒，创新教学形式。"眼下，疫情防控的力度仍然不能松懈，规培学员还不能到医院实地学习，但是医学储备人才培养的脚步不能停，这需要我们与时俱进，培养卓越医学人才。这也使我们更加清醒地认识到教学方法改革的重要性。"胡豫说。

敲击键盘，浏览病例，人机对话，虚拟问诊……疫情之下，"被困家中"的第一临床学院本科生只需登录一套特殊的网络系统，就可以开展在线临床思维训练。系统中有数字化的典型临床病例，集问诊、检查、治疗等全过程为一体；有智慧化的人机交互，模拟生动的临床学习情景，有效提升诊疗思维这项合格医者必备核心能力。这套名为"基于虚拟标准化病人的临床诊疗思维综合训练系统"就是胡豫牵头研发的，2019年获批湖北首批省级虚拟仿真实验教学项目。

胡豫总是瞄准国际前沿，敏锐挖掘新趋势，不断拓展医学教育改革的新思路。2012年，他率先牵头担任临床医学八年制本科生"血液系统疾病"课程责任教授，带领课程团队，基于最新的器官系统整合教学改革思路，有机整合学科知识，由浅入深，由易到难地精选教学内容，真正实现机能与形态、生理与病理、宏观与微观、临床与基础的结合；编写与课程匹配的高水平器官-系统整合教材《血液与肿瘤疾病》，为其他器官系统的改革推进提供了"样板"。

2017年，胡豫又突破性地将"互联网+"信息技术应用于医学教育领域。他率领团队完成人卫社"内科学"（血液系统）MOOC课程建设，获批"湖北省首批本科精品在线开放课程"。他积极探索SPOC结合MOOC的O2O教学模式，结合临床教学特点，应用于理论课、实习小讲课、教学查房及临床技能课等诸多临床教学环节中，大大提升了临床医学的教学成效。

胡豫善于总结，笔耕不辍，将多年的教育实践和育人情怀书写在医学教育领域。近五年来，他以主编及参编身份编写包括多套国家规划教材在内的教材19部。他还将数十年不断积累的临床病例素材充实教学内容，精心制作成图文并茂、动静结合的多媒体课件，深受学生好评。

· 立足国家需求、立足实际做研究 ·

胡豫常说："科学研究不是为了发文章，推进临床工作和人才培养才更重要。"他的研究有一个突出的特点——鲜明的创新导向和问题导向，立足疾病和病患，深入研究，将潜心问道与关注现实和服务社会相统一。

他要求学生立足国家需求,以医学科学家的成长目标激励自己,立足实际做研究。

小唐是第一临床学院八年制的学生,今年疫情期间,未能返校的她通过新闻、微信关注到导师胡豫在指挥全院紧急作战的同时,在本院牵头建立了重症、危重症新冠肺炎患者恢复期血浆治疗研究团队,利用恢复期血浆治疗危重症患者临床研究。深感于导师胡豫的医者父母心和科研追求,小唐随后也申请加入胡豫的科研团队中,配合输血所、武汉血液中心等机构积极搜集相关材料。

作为血液学专家,胡豫发现虽然多数患者预后良好,但部分重症、危重症患者出现不同程度的凝血功能障碍,甚至危及生命。于是他启发学生对这些未知领域大胆探索,指导学生查阅分析相关研究报道、结合临床观察结果深入统计分析,最终发现肺栓塞可能是新冠肺炎高危因素,由此呼吁在临床推广DVT预防策略,显著降低了协和医院新冠肺炎患者病死率。相关成果发表在《中华血液学杂志》等杂志上,解决了特殊时期国家的迫切需要,对于小唐来说,这是一段弥足珍贵的学习经历。

作为2018年度国家科技进步二等奖、2020年"全国创新争先奖"获得者,胡豫的科技创新成果斐然,而他也非常注重将科研成果融入医学人才教育中。再忙,他也会和学生们一起学习最新文献,讨论科研新思路、新技术,对学生们的疑惑给出实用性强的建议和方向。

作为第一临床学院学生心目中"我最喜爱的老师"之一,22年里,胡豫培养了大量的卓越医学接班人。在他的指导下,学生纷纷在世界顶级刊物发表文章。他本人也荣获"全国宝钢优秀教师""湖北名师工作室"主持人,以及华中科技大学"优秀研究生指导教师""师德先进个人"等称号。

(《中国教育报》2020年9月15日　作者:程墨　聂文闻)

毕生献给超声医学
——记"超声心动图之父"王新房

在医院做产检,准妈妈感知胎儿有力的心跳,不少人激动得热泪盈眶……人们可能不知道,通过科技感知胎儿心跳,源于华中科技大学同济医学院附属协和医院超声医学科创始人王新房教授的不懈钻研。

这位我国超声心动图学奠基人、国际著名超声医学专家,因病于11月30日在武汉逝世,享年87岁。

· 胎心超声监测第一人 ·

20世纪60年代,医生只能靠听、摸了解胎儿情况,听不到胎儿心跳。1963年,王新房和同事用超声波检查一名孕妇子宫发现,宫腔内有反射摆动,推想这应是胎儿肢体活动。

"既然能了解肢体活动,胎心活动是否也能了解?"王新房尝试用两个超声探头,一个连着孕妇心脏,一个连接胎儿心脏,得出两个快慢不一的波段,发现胎儿心跳反射。

这一成果对诊断早期妊娠、确定胎儿是否存活等具有重大价值,很快在全国推广。1963年,王新房和同事研制成功我国第一台具有当时国际先进水平,能和心电图、心音图同步显示的超声心动图仪。

国际医学界一直认为欧洲专家最早应用超声。直到2000年左右,国外学者才发现,早在近40年前,王新房就率先用超声监测胎儿心跳,承认王新房是胎心超声监测第一人。

·拿自己做实验·

1978年1月8日,一间手术室里气氛紧张:医院主要领导赶到现场,心内、心外科主任严阵以待,王新房躺在手术台上,准备自己接受"双氧水心脏声学造影法"第一例临床实验。

当时,观察心脏病变,国外用靛氰蓝绿作造影剂,但这种造影剂造价昂贵、准确性不高。王新房想到双氧水产生的氧气泡会在心血管腔内形成强烈反射,如剂量适当,可能成为理想造影剂。

通过大量动物进行实验,王新房的研究取得重大进展,但还需要做人体实验。最后,王新房决定自己接受实验。

经过3年努力,王新房发明出"双氧水心脏声学造影法",该方法优于当时国外的造影法,广泛应用于临床。

·将肝脓肿诊断正确率提高到90%以上·

1962年,不少地方肝病肆虐,尤以肝脓肿为甚,医生诊断该病只能靠指压、询问。

"医生按压时问病人疼不疼,哪儿疼得厉害就推测脓肿在哪儿,但脓肿深浅、大小不得而知,可能穿刺后不是脓肿。"王新房说。

王新房想到,能用超声探测鱼群,能否用超声探测肝部有无液体?他将超声诊断仪灵敏度调高,探测肝部,发现肝组织反射强烈,但脓肿部分没有反射,借此不但可以确定脓肿有无、深浅、大小,还能确定穿刺方向、位置等。

这一发现,让国内肝脓肿的诊断正确率提高到90%以上。此后,该方法逐渐用于胸腔积水、腹水、肾脓肿和胰腺脓肿等疾病的诊断。

·退休后仍"坐镇"超声检查·

退休后,王教授一有时间就去病房"坐镇"超声检查。住院部3号检查室,8点开门检查,王新房教授每次都提前到,和年轻医生一起静候病人。

王新房教授坐在仪器前，静看年轻医生检查。遇到疑难重症患者，或需进一步明确病因时，他会提出想法和意见，声音温和、解释通透。每次在仪器前一检查就是两小时，他从不喊累。

2005年71岁时，王新房的《三维超声成像的方法学和临床应用研究》，第3次获得国家科技进步奖。78岁高龄时，他成为国内首位美国超声心动图学会荣誉会员。他主编包括我国第一部超声心动图领域专著《超声心动图学》在内的6部专著教材。1988年，世界超声医学生物联合会和美国超声医学会同年称赞王新房为"超声医学历史先驱者"。2011年，国际心血管超声协会授予他业内最高荣誉——"现代超声心动图之父"的称号。

"搞了一辈子超声影像，心里放不下病人。"王新房说，只有每天到医院，给患者看病了，这一天心里才踏实。

（新华社客户端2021年12月1日　作者：黎昌政）

邬堂春院士：有效通风可减少使用固体燃料和清洁能源烹饪者的风险

邬堂春，中国工程院院士，中科智库首批入库专家兼审核委员会委员，职业卫生与环境卫生学家。现任华中科技大学同济医学院副院长、公共卫生学院院长，教育部环境与健康重点实验室主任。

邬堂春针对环境健康领域长期存在、尚未破解的重大科学难题，运用大样本、高质量的前瞻性队列，在空气污染与健康领域做出了重要贡献。

· 促进职业卫生标准的重大修订 ·

针对全球30多亿人家用固体燃料致健康危害的难题，邬堂春带领团队对51万多居民进行了九年八个月随访研究，首次揭示家用固体燃料烹饪、取暖产生的室内空气污染，是居民过早死亡的重要病因。提出改用清洁能源是减少居民死亡的关键对策，有效通风可减少使用固体燃料和清洁能源烹饪者的死亡风险。他们还深入研究了空气污染致心肺损害的主要成分和作用机制，为制定环境质量标准和高效精准预防提供了新证据。

邬堂春还带领团队采用世界最大、随访44年的74000接尘工人队列，揭示并解答矽尘暴露致肺癌和冠心病死亡增加的世界难题，为国际癌症研究机构认定矽尘为肺致癌物提供了高级别证据，促进了职业卫生标准的修订。新标准的实施显著减少了尘肺、肺癌的发生，延长工人的预期寿命。

邬堂春领衔研判的武汉新冠肺炎防控效果和疫情趋势，也证实了联防联控、医疗卫生学科协同作战的成效，揭示新冠病毒传播的高传染和高隐蔽性。他结合新冠肺炎的流行特征与预防对策，详细分析了公共卫生工作对疫情防控政策演变的推动作用，为抗疫提供了科技支撑。

·提高公共卫生行业能力和吸引力·

"公共卫生是国家安全体系的重要内容，关系到健康、社会经济发展和民生问题。"邬堂春对我国公共卫生体系的建设提出了自己的思考和建议。他表示，公共卫生是关系到每一位公民健康的公共事业，完善公共卫生体系，是一项系统工程，需要加强党的领导，加强联防联控、医疗卫生等多学科合作，需要提高公共卫生行业能力和吸引力，同时还要持续加强硬件与软件建设，才能不断夯实公共卫生安全基石。

邬堂春曾在南开大学"名师引领"通识选修课"医药前沿与挑战"中围绕着"环境与健康"的主题，分享了他在揭示空气污染病因、阐明发病机制和制定疾病预防对策等方面的看法。对于新时代的卫生工作方针，邬堂春从国家需求出发，以十九大报告中提及的人民内部矛盾的改变、健康中国和生态文明建设为切入点，提出了"要以基层为重点，以改革创新为动力，预防为主，中西医并重，将健康融入所有政策，人民共建共享"的方法。

他还提到，当前，心肺疾病、肿瘤等慢性病是人类的最大杀手之一，环境污染是慢性病主要病因，有许多世界难题仍未破解……面对生态文明建设和健康中国的重大需求，他强调，发现疾病的重大病因、减少过早死亡的概率，是预防医学的根本目标，揭示了引领世界的预防医学证据是我们建设科技强国的更高要求。

(🖊 中国科技新闻网 2022 年 5 月 24 日　作者：张虹)

潘垣：
在求新中不断攻克科研难关

人物小传：

潘垣，磁约束核聚变专家、脉冲强磁场技术专家、脉冲功率技术专家、高电压技术专家，我国磁约束核聚变和大型脉冲电源技术的主要开拓者。主持和参与主持包括"中国环流器一号"在内的我国三套磁约束核聚变实验装置的研制和一套核聚变实验装置的升级改造；提出并指导"脉冲强磁场国家重大科技基础设施"建设。曾获国家科技进步一等奖2项，省部级特等奖1项，一、二等奖多项。1997年当选为中国工程院院士。

今年88岁高龄的潘垣院士，投身科研事业已有67年。从磁约束聚变、脉冲功率、等离子体科学技术，到脉冲强磁场、新一代开关电器等，他一次一次跨越本专业，开拓新的发展方向，为祖国强大贡献科研力量。提及这一次获得突出贡献奖，潘老说，作为一名科研工作者，要始终把个人追求同国家追求高度统一，鞠躬尽瘁、不懈奋斗。

· 他的身上蕴藏着无限的力量 ·

每天步行5000步以上，保持适量阅读和写作，即便高龄，仍然不离科研。身边人都说，潘老身上仿佛蕴藏着无限力量。

潘垣出生于1933年，很小父亲去世，童年在抗日战乱中度过。母亲常对他说，儿啊，没有国，哪有家？"这句话让我记了一辈子。所以，服务祖国是我研究的根本追求。"

强烈的求知欲，给潘垣增添了源源不断的学习动力。上世纪50至60年代参加工作后，二机部原子能研究所以钱三强为首的一批老科学家的严谨治学和躬行垂范，又深深教育影响了他。"求学、求题、求新、求真、求毅、求实、求才、求乐"，从此成为潘垣一生的科研追求。

上世纪80年代，欧美发达国家纷纷建设磁场强度更高的脉冲强磁场，而我国在这方面基本是空白。2001年，潘垣在国内率先提出建设脉冲强磁场设施，并亲自参与项目申报。经过多方努力，国家发改委于2007年1月批复由华中科技大学建设我国的脉冲强磁场设施，这是教育部高校承建的首个国家重大科技基础设施，也是湖北省首个国家重大科技基础设施。

"做世界最好的脉冲强磁场设施。"怀抱信念，潘垣和团队成员不计较得失，一心一意做建设、做科研，取得了一系列技术创新，创造了64特斯拉脉冲平顶磁场强度世界纪录，推动了我国脉冲强磁场技术走在了世界最前列。截至目前，设施已为国内外包括北大、清华、哈佛、斯坦福、牛津、剑桥等100多家单位开展科学研究1300余项，取得了一大批原创成果，强有力地推动了湖北省乃至我国相关前沿科学研究的发展。

·"夸父逐日"不可或缺的中国力量·

"人造太阳"是指人工利用稳定可控的核聚变技术，通过与太阳发光发热相似的原理释放出巨大能量，为人类提供"源源不绝"的清洁能源。潘垣介绍，由于"人造太阳"难度太大，1985年，国际热核聚变实验堆（ITER）计划被推出，集全世界力量攻克难关。这是当今世界最大的科学工程，也是我国参加的最大规模的国际科技合作计划。

为人类可持续能源贡献"中国方案"，潘垣是首倡者，也是开拓者。他全程参与了我国ITER计划的立项论证工作，并前瞻性地引进和建设了我国高校唯一的J-TEXT磁约束聚变实验装置。静下心、埋下头、吃得苦。20年来，潘垣带领华中科技大学聚变研究所，一方面产出领先的成果，一方面培养高质量人才。

为了解决横亘在ITER计划中最大的"拦路虎"——等离子体大破裂，全球四大SPI（散列弹丸注入技术）破裂缓解技术研究装置集中发力，华中科技大学J-TEXT装置就是经ITER顾问专家委员会选定的全球四大预实验研究装置之一，潘垣和团队成员们"夸父逐日"，全力以赴，已成为ITER计划不可或缺的中国力量。同时，他们还成功地将聚变技术应用于国民经济及国防建设，取得多项成果，包括大型发电机氧化锌非线性电阻灭磁、补偿脉冲发电机等。

· 坚持"人无我有，人有我强，人强我新" ·

在科研道路上，坚持"人无我有，人有我强，人强我新"。潘垣经常叮嘱团队："国家发展这么快，一定会有新的需要。"

坚持十多年，研发220kV系统用大容量短路电流开断装置，具有完全自主知识产权并且产品全部国产化，其性能远超国外同类产品。潘垣团队成员袁召至今还记得，潘老师当初提出的设想很多人觉得"异想天开"，实现的过程充满纠结、失败和怀疑，但每每看到这位老科学家的身影，就有了坚持下去的信心。"那么大年纪了，想到什么哪怕是大晚上也会跑到实验室来找人讨论。他都这样，我没理由不好好干。"

面向世界科技前沿、国家重大需求、国民经济主战场、人民生命健康，多年来，潘垣持之以恒推进"电气化+"的学科发展战略，解决实际问题，其指导的研究团队大多成为相关领域的"国家队"。

在清洁能源方面，他提出通过建设柔性直流电网，解决大规模风电并网问题，顺利建成了张北柔性直流电网国家示范工程，为2022年冬奥会的举办提供了优质环境保障。

在脉冲功率方面，他带领团队成功研制出具有完全自主知识产权的强脉冲功率电源系列核心单元与成套系统，为我国该领域研究从受制于人的窘境走向国际前沿做出重要贡献。

……

"做科研永远只有进行时，没有完成时。一定不能忘记国家的需要就是科研工作者的目标。"这位老科学家言之切，行之恒。

(✎《湖北日报》2022年6月25日　作者：方琳　高翔　郭雨辰)

聚焦华中大

华中科技大学70周年校庆丛书

第十五章

矢志创新 勇攀高峰

铆足劲儿做科研
——走进华中科技大学

8月,武汉骄阳似火。各大高校因为学生放假而显得异常安静。走进华中科技大学绿树浓荫的校园,却依然有不少教师、学生来去匆匆。透过一间间重点实验室、研究中心的门窗,你会发现,里面依然有做实验、处理数据的研究生。

"现在的华科有一股拼劲儿,铆足了劲要干出一番事业。很多实验室、研究中心都没有放假,教授、研究生都在大热天里卖力搞研究。"华中科技大学党委宣传部副部长周前进说。

"华中科技大学要为20年后的中国做科研,这就是我们的定位。"华中科技大学机械科学与工程学院教授彭芳瑜说。

· 筚路蓝缕,创新才有出路 ·

60年,从最初几个大学工学院拼凑而成的华中工学院,到声名鹊起的华中理工大学,再到今天的华中科技大学,这所知名高校一路走强。

在机械学院的国家数控系统工程技术研究中心展板前,彭芳瑜教授给记者讲了一个学院师生都知道的故事。1986年,时任校长黄树槐到日本一数控企业考察,听当地工作人员说:"你们中国引进的数控系统,其实是我们日本已经淘汰的系统。"他心里很不是滋味。回国后,他就建议国家自然科学基金委员会将数控技术纳入机械学科的重点资助项目,组织学校开展数控技术研究。

当时的华科硬件基础薄弱，但科研团队经过奋战，率先探索出了"基于 PC 平台、软件突破"发展数控产业的技术路线，研制成功华中 I 型系统并逐步形成产业。10 年后，华科的数控技术依靠核心技术的自主创新，迅速崛起，打造出了数控技术的民族品牌。

"搞科研就是要不断地创新，只有创新才有出路。"这是历经风雨后黄树槐的感悟。

秉承着这样的理念，华科涌现出一批具有自主知识产权和重要影响的科技成果：牵头开发的中国教育科研网格，被国际权威网络组织认定为全球最著名的 6 个网格系统之一；建设的 3 兆瓦碳捕获试验基地，成为国内最大富氧燃烧碳捕获试验系统；成功开发出了基于粉末床的大型激光快速制造装备……

·科技创新，催生大产业集群·

除了前瞻国家重大战略需求研究之外，华科还构建起了包括知识创新平台、技术创新平台、成果转化平台三个层次的金字塔形科技创新链体系，完成了产学研的结合。

"知识创新平台是塔尖；技术创新平台是塔身，国家工程实验室、国家和部省工程（技术）中心、企业共建技术中心提供技术转化的支持；成果转化平台是塔基，国家技术转移中心、大学科技园、校企合作平台和驻外研究院提供产业载体。这个体系保证了研究成果可以从高端到落地，从实验室到千家万户，形成了一个完善的链条。"周前进说。

光谷激光产业群的诞生，是学校科技创新平台向地方延伸的典型代表：先有激光国家重点实验室的知识创新，再经过激光国家工程中心的技术创新，最后经过科技成果产业化转化给激光公司。下游产业又通过对科研课题的提炼，提出新问题，驱动学校科技创新平台进行知识创新、技术创新。如今，光谷已形成国内最大的激光研发、生产、高端人才培养基地，散布着由 50 多家激光企业所组成的激光产业集群，几乎每家企业的管理层或研发团队都有华科人的身影。

华科在武汉中国光谷腹地创建了大学科技园，已孵化培育出华工科技、华中数控、天喻信息等 3 家上市公司。

· 引领社会，做"有理想的大学" ·

华科的国家级科技创新平台还延伸到了全国许多地方，为区域产业升级及经济社会建设献智助力。2007年，华科和东莞市政府、广东省科技厅共同创立东莞华中科技大学制造工程研究院。学校将多个国家级科技创新平台的学科资源投入到研究院，派出教师长期入驻东莞，围绕数控装备、电子制造、制造信息技术以及材料和模具等方向，开展科技创新、技术服务和产业孵化。5年来，研究院科研成果的产业化率高达80%，已开发出10多台套装备，在企业获得广泛使用，为1000多家企业提供多类技术服务，孵化出8家高科技企业，创造经济效益超10亿元。

华中科技大学校长李培根认为，数十年来，华科之所以能够快速崛起，就在于坚守"引领社会进步"的理想。"大学是人类文明的'反应堆'；一所有理想的大学，当有志于引领社会进步。"

（《人民日报》2012年8月22日　作者：杨宁）

华中科技大学：
试水国家大科学工程

磁场条件下的科学研究持续了百余年，今天依然非常活跃，在物理、化学、材料和生物等多学科领域取得了一批原创性重大成果，推动了相关科学技术和新兴高技术产业的发展。仅近30年来，即有11项与此有关的成果获得诺贝尔奖，如量子霍尔效应、分数量子霍尔效应、磁共振成像等。上世纪60年代发达国家纷纷建起强磁场实验室，90年代初随着新的美国强磁场实验室的建立，强磁场科学和技术有了一个跨越式的发展。

2000年，为使我国的强磁场水平和科学研究进入国际先进行列，华中科技大学潘垣院士向国家提出了尽快建设脉冲强磁场重大科技基础设施的建议。

2007年，脉冲强磁场实验装置和中科院建议的稳态强磁场实验装置共同列入国家"十一五"重大科技基础设施建设计划（俗称"大科学工程"），并获准立项建设。2008年，华中科技大学开始筹建国家脉冲强磁场科学中心。

5年过去了，首个由教育部属高校承建的大科学工程建设得如何？最近，记者探访了国家脉冲强磁场科学中心（筹）。

·学校三次赴美请回李亮·

华中科技大受命为国建设大科学工程，校、院两级班子及相关学科带头人都十分清楚：我国脉冲强磁场技术与世界水平存在较大差距、技术人才也极度紧缺。面对"底子薄"的客观现实和"赶上国际水平"的建设目标，华中科技大学充分利用交叉学科的科研优势，以"引进"和"学习"迈出了第一步。

时任校长李培根院士三次赴美邀请脉冲磁体专家、校友李亮回国主持脉冲强磁场实验装置的建设工作。李亮被学校的诚意所打动，2007年4月李亮辞去原有工作，告别了夫人、两个孩子和父母只身回国，就任脉冲强磁场中心主任。

李亮回国主持强磁场工作，吸引了一批海归高层次人才，极大地推动了实验装置的建设进程。

2008年，华中科技大学与比利时鲁汶大学共同承担中比政府国际合作项目"80特斯拉级超强脉冲磁场开发研究"。30余人次赴欧洲脉冲强磁场实验室进行合作研究，为中心培养了一批技术骨干。

脉冲强磁场中心广邀国外专家前来讲学与交流，先后聘请诺贝尔奖得主克劳斯·冯·克利青教授、美国国家强磁场实验室主任格雷格·博宾伽教授、德国德累斯顿强磁场实验室主任约亨·沃斯尼察教授等8位国际知名专家担任中心顾问教授，指导强磁场装置建设，还先后与世界上主要脉冲强磁场实验室建立了密切合作关系。

"该脉冲强磁场设施已经跻身于世界上最好的脉冲场之列，在电源设计和磁体技术方面取得的成就已经位列世界顶级。"2013年10月，美、德、日、法、荷、中6个国家29位强磁场领域的权威专家对脉冲强磁场实验装置进行国际评估，专家组组长、德国德累斯顿强磁场实验室主任约亨·沃斯尼察教授在评估会上宣读了这一结论。

"正是在与国际脉冲强磁场学界频繁的互访与合作过程中，脉冲强磁场中心逐步得到了世界同行熟悉和认可。"脉冲强磁场中心负责人表示，大力开展国际合作与交流，不仅使华中科技大学脉冲强磁场技术水平实现跨越式发展，还使其逐步在国际脉冲强磁场领域占有一席之地。

·开辟"特区"，创造一个轻松的创新环境·

"80后"的肖后秀副教授是土生土长的华中科大"土著"，他2004年华科大本科毕业并获得直读博士的资格，开始进入脉冲强磁场中心，2007年开始跟随导师潘垣院士学习。"当时其实是被强磁场潜在的巨大的发展空间所吸引,和传统的电气领域相比,这是一个新兴而又充满吸引力的方向。"

和肖后秀有着相似经历的电气"土著",还有 2 个。他们都是本科就读于电气学院,研究生阶段开始进入强磁场中心,由强磁场中心单独培养,因此积累了丰富的经验,不管是理论还是实践,能力都很突出,毕业后强磁场中心也向他们抛出了"橄榄枝"。

因为之前对强磁场中心已经很熟悉,毕业生们正式入职后便可以迅速进入工作状态,工作效率得到极大的提高,肖后秀 2011 年入职,不到三年就成长为中心磁体部的技术骨干。与此同时,强磁场中心也得以极大地降低了人才培养的成本,既能顺利完成教学计划,也收获了优质人才。

强磁场中心的人才培养机制并不局限于"单打独斗",而是充分借助各方力量,与国外相关高校或机构充分合作。彭涛是由华中科技大学电气学院培养的博士,2005 年毕业后留校,并被派送到比利时鲁汶大学深造,回国后就投入到了装置的建设中。目前已成为磁体技术部负责人和脉冲磁体技术领域的佼佼者。

同时,华中科技大学在人事制度考核上对脉冲强磁场中心开辟"特区",以团队方式进行考核,团队成员由团队负责人进行考核,给科研人员一个轻松的创新环境。不再按照常规的教学、科研等工作量方式进行考核,教师能够全身心地投入到装置的建设中,有效保证了装置的建设进度。

"实验室的科研环境比较宽松、自由,只要有好的想法,实验室不仅提供资源,还给予充分的自主权,让我们可以自由地开展探索。"彭涛说,当时实验室很难从国外采购到研制磁体所需的合金导线,他便提出想用普通的铜材料绕制磁体。普通的铜材料与磁体性能要求差距较大,但实验室却给这个"前景不明"的研究提供了各方面的支持。在此基础上,彭涛进行了多项优化设计,成功绕制了能实现 75 特斯拉峰值磁场的单线圈磁体,这是目前世界上采用软铜绕制的最高场强磁体。

· 成为世界上第三个突破 90 特斯拉的国家 ·

2013 年 8 月 6 日晚,国家脉冲强磁场科学中心(筹)取得重大突破,中心自行研制的脉冲磁体成功实现了 90.6 特斯拉的峰值磁场,再一次刷新我国脉冲磁场的最高强度记录,使我国成为继美国、德国后世界上第三个突破 90 特斯拉的国家。

为了实现 90 特斯拉以上的磁场强度,美国洛斯-阿拉莫斯强磁场实验室用了 20 年,德国德累斯顿强磁场实验室用了 10 年,而我国仅用 5 年时间。

李亮教授介绍,产生 90.6 特斯拉磁场强度的磁体、电源、控制系统等全套装置均为中心自主开发研制。90 特斯拉的磁场强度采用了中心全部的电容器组在接近满负荷状态下运行,经受住了炎热潮湿恶劣环境的考验,验证了整体装置的可靠性。

脉冲磁体是产生高强磁场最重要的部件。电流和磁场相互作用在瞬间所产生的强大的电动力和急剧温升是限制磁场强度提高的两大主要因素,中心成功研发出了脉冲磁体专用设计软件。该软件现已被欧洲、美国各大脉冲强磁场实验室选定为专用磁体设计工具。与美国、德国 90 特斯拉级脉冲磁体都采用昂贵的高强高导材料相比,我国磁体制造成本还不到美国和德国同类磁体十分之一。

低温冷却系统是中心的另一"杰作"。一般强磁场条件下的物理实验都需要低温环境,国外强磁场多采用能降温至 -269 摄氏度的液氦或降温至 -272.8 摄氏度的氦 3,但液氦价格高,难采购。磁场中心先后攻克传热、换热、低温密封等技术难点,自主研发了"用于脉冲强磁场科学研究的吉福特-麦克马洪制冷机样品冷却技术",在世界上首次利用吉福特-麦克马洪制冷机作为冷源,无须消耗液氦,只需少量氦气,即可在 5 分钟内将用预冷过的实验样品降温至 -271.8 摄氏度,大幅提高了实验效率。

据了解,脉冲强磁场实验装置的投资 1.3385 亿元仅为国际同规模装置投资的四分之一,5 年的建设期仅为国际同规模装置的一半,而各项指标均达到或者超过国际先进水平。

李亮教授说,未来,这一正式开放的大型公用科学实验装置和研究平台,将在凝聚态物理、材料、磁学、化学等领域科学研究中大放异彩。

(《科技日报》2014 年 7 月 10 日　作者:刘志伟　程远　杭慧喆)

医工结合
这所大学正在发生"化学反应"

华中科技大学在建设"双一流"高校的过程中，紧紧抓住全面提高人才培养这一关键环节，将医工结合、产学研结合的思想融入到教学中，融进学校发展的规划中，创造了有利的医工跨学科学习环境，形成了浓厚的跨学科科研氛围。这不仅打开了学子们研究的思路，更为他们提供了更加宽广的研究方向。同时，也让高校人才培养走进了良性循环。

"临床全数字PET在广州中山大学的附属医院装机并开始进行CFDA临床实验。数字PET进入产业转化关键一步，即将投入市场、造福人类。"11月13日华中科技大学教授谢庆国在接受科技日报记者采访时感慨万千：如果没有医科与理工科科研团队通力合作，是很难率先攻克这项世界性难题的。

近几年，在华中大不只是全数字PET在国际上叫得响。骆清铭教授的脑科学研发团队同样令世界瞩目。今年8月，国际著名学术期刊《自然》报道华中大（苏州）脑空间信息技术研究院即将启动的消息，迅速在社会上引起广泛关注。

由两所理工科院校与一所医学院合并的华中科技大学，近来为何在高端医疗装备研究上如此亮眼？又如何催生出如此强烈的"化学反应"？

·搭建平台，帮跨学科研究结对子·

从政策到执行、从蓝图到行动，华中科技大学不遗余力地打造平台，为医工、医理合作奠定坚实基础。

为了能够将医工医理结合的战略贯彻到实处，该校专为医工结合团队设立了校级基金——"医工交叉基金"。每年学校科学技术发展院都会从自主创新基金中抽出专项基金资助那些具有明确的研究目标、能产生较大的交叉性成果、并与国家各类重大科技计划有良好衔接的自主科研项目。以这种"锦上添花"的形式鼓励医工结合。

而与此同时，在学科环境搭建上，该校积极倡导"学科群"建设，让跨学科实践从学科建设的根部开始生根发芽。武汉光电国家实验室（筹）、工程科学学院作为该校类脑智能与医学工程工医理交叉学科群建设的牵头单位，承担了工医理交叉人才培养的主要任务。在平常的教学工作中，老师们不仅会充分挖掘学生在交叉学科领域的潜力，并且给予学生充足的时间以实践。这样的"学科群"建设为后续的更多的跨学科研究起到了"榜样"作用，帮助更多教师及学生打开了创新之门，让他们的研究有了新的发展方向。

据介绍，该校正在建设的国际医学中心，充分体现了建设世界一流的生命健康、高端医疗设备产业基地的决心。该中心以高端医疗仪器设备为支柱，以医工医理相结合、多学科交叉及临床应用为特色，融医工医理国际精英人才培养、科学研究、科技成果转化为一体。在国际医学中心，除了布局医学仪器与装备、生物医学工程、生物医药等重大研究项目，学校还将打造医疗健康大数据平台，提供产业化支撑能力，孵化健康产业新业态。

·聚焦需求，从研究方向为学子把关·

9月29日举办的华中科技大学专场科技成果转化签约大会上，有62个项目成功签约，不少交叉学科项目成功对接企业。聚焦需求一直是华中科技大学医工、医理跨学科研究的重要内核，"研"以致用也必然是其发展趋势。华中大一向注重将科研成果与服务百姓相对接，因此在促成跨学科研究方向时也是尤为谨慎，为的就是能让学生真正融会贯通，"研"以致用。

而围绕这一目标，学校发挥跨学科优势，医工医理结合推出的多项成果填补了国际研究空白。

数字 PET 在解决"谈癌色变"的全球性难题上迈出重大一步；肢体康复多功能助行系统解决了老年人室内外复杂环境行动不变的问题；国内首台超声 CT 系统样机的乳腺癌普查和早期检测功能让更多女性受益；世界上首台能显示输尿管位置的内窥镜系统能极大减少腹部微创手术中误伤输尿管的事故，填补内窥镜系统在功能上的空白……

这些成功实现突破的项目不仅让我国的科研技术实现了零的突破，而每个科研团队背后的学子们，则是更为宝贵的财富。今年的日内瓦国际发明展上，该校生命学院 2013 级生物医学工程专业本科生高敏凭借高灵敏度即插即成像头盔式 PET 项目夺得金奖殊荣。高敏长期在生命学院全数字 PET 实验室开展科研实践工作，而该实验室具有浓厚的交叉学科氛围，她负责的高灵敏度即插即成像头盔式 PET 项目在日内瓦国际发明展上一经展出便在行业专家和发明家群体中引起热烈反响。

·创造环境，全力培养跨学科人才·

高校立足之本在于立德树人，只有培养出一流人才的高校才能成为世界一流大学。华中科技大学在建设"双一流"高校的过程中，就紧紧抓住了全面提高人才培养质量这一关键环节。在深刻认知自身优势学科的基础上，一直将医工结合、产学研结合的思想融入教学中，融进了学校发展的规划中，为学子们创造了有利的医工跨学科学习环境，形成了浓厚的跨学科科研氛围。这不仅打开了学子们研究的思路，更为他们提供了更加宽广的研究方向。

国际医学中心的建立就是该校为保证和促进医工跨学科的持久发展而投入的一项重点工程。占地面积 45 公顷的"多模态跨尺度生物医学成像设施大楼"已启动建设。多模态跨尺度生物医学成像设施将主要建设多维度超快生物分子成像装置、高分辨全脑网络连接图谱成像装置、全数字超高性能变结构多模 PET 装置、超灵敏磁共振成像装置等四大核心装置和多模态图像信息整合中心。一站式先进成像开放共享平台，将成为全球最高水平的医学成像技术研究、应用示范、产业转化及"产学研用"大平台。

为了将跨学科人才培养模式更加深入地贯彻下去，华中大于 2008 年成立了启明学院。该学院的建立为拔尖创新人才、构建多学科交叉平台，加强学科间的交叉渗透提供了更有力支撑。该学院作为一个示范学院，营造了多学科交叉的创新教育生态环境，构建了拔尖创新人才培养的新模式，为达成"一流教学、一流本科"的目标发挥示范和辐射作用。

近日被各大媒体争相报道的结合医工知识为帕金森患者提供智能康复辅助产品的任康也正是该校 2001 级校友。巧合的是，他的导师赵金教授以及护理机器人之父罗志伟教授也是华中大自动化的校友。医工结合的思维体系在一代代人身上开花结果，薪火相传。

正是学校一直以来积极倡导的跨学科创新性的人才培养模式，才使得学生具有了更为宏大的国家视野；使得医工跨学科的研究不再只是凤毛麟角，而成了一种新的研究风尚；使得医工结合的思维能够在校园播种，在社会开花。

（《科技日报》2017 年 11 月 16 日　作者：刘志伟　王潇潇）

我科学家发现特发性基底节钙化致病基因

国际著名学术期刊《自然·遗传学》2月13日在线发表了华中科技大学生命学院人类基因组研究中心刘静宇教授和中国医学科学院基础医学研究所张学教授团队的研究成果。他们在颅内钙化疾病研究中取得新突破,成功揭秘特发性基底节钙化疾病的罪魁祸首。

特发性基底节钙化(IBGC)是一种先天性神经系统锥体外系疾病,常伴随偏头疼、癫痫、精神障碍、帕金森、脑梗和痴呆等锥体外系临床症状。长期以来,寻找IBGC疾病的致病基因一直是困扰国内外医学界的难题。

据刘静宇介绍,IBGC患者在CT上表现为大脑双侧对称性基底节钙化,但血清中主要生化指标均正常,CT发现率为1%~2%。1999年,美国科学家开始研究IBGC疾病的致病基因,定位了第一个致病位点;2009年,意大利科学家定位了第二个致病位点,但其致病基因尚未克隆,致病机制并不清楚。

"我们花了5年左右的时间来确定IBGC疾病的致病基因。"刘静宇说。2007年,在国家自然科学基金项目的支持下,刘静宇开始了相关研究工作。2010年,刘静宇与张学团队合作,在中国的3个IBGC家系患者中发现了与无机磷跨膜转运相关的SLC20A2基因3个突变。这些突变分别在各自家系中与IBGC患者共分离,在正常汉族人群中不存在。为证实这些突变对不同种族背景的人均有致病作用,团队又与巴西和西班牙的科学家合作,在他们所提供的IBGC家系患者中发现了该基因的4个突变,这些突变在相应的正常对照样本中同样没有被发现。

刘静宇表示，这7个突变首次在遗传上证明了SLC20A2基因突变是导致IBGC疾病的原因，这也是第一个IBGC疾病的致病基因，表明该病至少是由于无机磷跨膜转运出现问题导致，这为治疗该病提供了理论基础，同时对临床诊治水平及药物研发具有重要意义。

（《科技日报》2012年2月17日　作者：万霞　张雯怡　刘志伟）

筛查肿瘤再生细胞或有新办法

为什么现代治疗手段无法杀死全部的癌细胞？通常情况下，为什么相当一部分癌症病人在化疗后仍会复发？近日，华中科技大学汪宁和黄波两位教授带领的团队提出了一种分离和培养肿瘤再生细胞的新方法，该方法为攻克这个困扰医学界的难题提供了有价值的线索。相关论文日前在《自然·材料》杂志在线发表。

汪宁告诉《中国科学报》记者，大部分癌细胞并不致命，癌症的致命元凶是肿瘤再生细胞。

他形象地比喻说，如果将普通癌细胞比喻为"工蚁"，肿瘤再生细胞就好像是"蚁后"。工蚁的寿命不长，也不会繁殖，这就等于不会增生形成恶性肿瘤。而蚁后寿命长，还会不断地繁殖，这意味着肿瘤再生细胞的潜伏期和生长周期都长，并不断增生，最终形成恶性肿瘤。所以，光消灭"工蚁"是不够的，关键是要找到并杀死"蚁后"，这样才有可能治愈癌症。

多年来，各国科学家不断利用各种办法来筛查"蚁后"，如用筛选干细胞膜蛋白表达的方法可找到血癌（白血病）的肿瘤再生细胞。可是运用同样的方法筛查恶性固体肿瘤的再生细胞就不太成功。

来自华中科技大学的新方法则有望解决这些问题。汪宁介绍说，目前他们已成功进行了8种不同癌细胞的实验。实验中，汪宁及团队成员选用了软三维纤维蛋白胶来培养癌细胞。这种特殊的蛋白胶来自深海大马哈鱼，可以为癌细胞提供无干扰的生长环境。

研究人员分别把黑素瘤、肝癌、卵巢癌等的癌细胞放入蛋白胶中，发现存活下来的癌细胞不但生命力顽强，而且生长速度比较快，导致肿瘤的可能性远远高于普通癌细胞。

进一步的研究表明，黑素瘤癌细胞表达一种自我更新的基因，它们具有与胚胎干细胞相似的独特的生物力学性能和很强的抗凋亡能力。

这些研究结果可以初步解释为什么有些癌症会复发，并有助于揪出深藏不露的"蚁后"，最终找到癌症致命的元凶。

汪宁表示，将肿瘤再生细胞筛查出来，就可以深入研究它们，这对癌症诊治和研发抗癌药物很有帮助。

(《中国科学报》2012年7月4日　作者：鲁伟　张雯怡　万霞)

华中科大成功研发世界最大成形空间快速制造装备

日前,世界上最大成形空间的快速制造装备在华中科技大学研发成功,应用这项技术,无需模具即可整体成形任意复杂结构的大型制件。有关专家表示,这是我国在先进制造领域的一项新突破,在国家重大工程以及国防工业领域的应用潜力巨大。

据悉,大型复杂结构制件的整体快速制造,是当今先进制造领域的一个技术难题,传统的办法是采用分段成形、拼接成整体,存在制造时间长、费用高、连接处强度差等一系列问题。而随着工业化程度的加速推进,汽车、船舶、航空航天、武器装备等领域,对整体成形单件或小批量的大型高复杂度制件的需求越来越大,研发整体成形大型复杂制件技术成为衡量快速制造水平的一个重要指标,开发大成形空间的激光快速制造技术与装备更成为国际先进制造领域的竞争方向。

经过近20年的探索、积累和应用,由华中科大教授史玉升科研团队研发出的该装备,已被证实可以解决大型复杂制件开发周期长、成本高、市场响应慢、柔性化差等问题,对我国自主研发军事、交通运输等装备的复杂关键制件,提高制造业的自主创新研发能力,参与日趋激烈的国际竞争有着重要战略意义。

(《中国教育报》2012年12月11日 作者:程墨 周前进)

中美科学家揭开大脑神经信号传递新通路

华中科技大学教授马聪有关神经细胞信号传递的最新研究成果为进一步解开大脑之谜提供帮助。12月20日,国际著名学术期刊《科学》在线发表了题为《神经递质释放中Munc18和Munc13蛋白重要功能的重组》的论文。该论文由马聪和美国西南医学中心乔瑟夫·里索教授领衔的研究组合作完成。

"一直以来,大家都知道神经信号传递离不开Munc18和Munc13。"马聪等研究后发现,Munc18和Munc13的活动贯穿于神经递质释放全过程。"我们的工作将这两类蛋白的功能和作用机制通过体外重组的方法完美呈现,并提出了一条高效的严格依赖这两类蛋白相互作用的新通路。"

研究人员通过生物物理学手段,结合体外人工膜重组技术,第一次全方位阐述了参与神经递质释放的重要蛋白质和磷脂分子介导膜融合的分子通路机制。该研究结果改变了人们目前对神经递质释放机制的认知,挑战了传统的膜融合分泌机制。

神经细胞间的信号传递是一个复杂过程。在神经细胞突触末端有许多装载着神经递质的囊泡。在动作电位刺激下,钙离子内流,囊泡以毫秒级的速度与神经突触前膜发生膜融合,释放神经递质,将信号迅速传递到下一个神经细胞。整个过程离不开蛋白质和磷脂分子的共同相互作用。

过去的研究认为,Snare蛋白复合体直接完成膜融合,使神经递质得以释放。然而,神经细胞内缺少Munc18或Munc13时,神经递质释放也会完全被阻断。目前尚缺乏对这两类蛋白的认识，膜融合分子机制也非常不完善。

马聪认为，该工作是神经生物学领域里非常基础和关键的科学研究，有助于人们在生物学分子水平上认识大脑如何进行学习、记忆和思考。研究中提出的神经递质释放通路是否具有普遍性，是否同时存在"低效"和"高效"并行的膜融合通路，还有待验证。

(✎《科技日报》2012年12月25日　作者：张雯怡　陈军　刘志伟)

"痕灌技术"打破传统灌溉模式
实现农作物自主吸水　比滴灌节水一半左右

华中科技大学 26 日宣布：痕量灌溉研究中心主任诸钧团队历时 10 多年成功研发出痕量灌溉（简称"痕灌"）技术，打破传统灌溉模式，改由农作物自己按需吸水。5 年多的田间应用试验表明，该技术比目前效果最好的滴灌技术还可节水 50％左右，未来有望替代滴灌，并在滴灌无法使用的广大地区获得应用，特别是在治理沙漠化中发挥独特作用。日前，中国农大、中国水利水电科学研究院等单位的专家对痕灌技术进行了鉴定，认为它在节水效率、抗堵塞及无需动力抗堵塞性等方面达到国际领先水平。

我国是受沙漠化影响最严重的国家之一，治理沙漠化的有效途径之一是合理灌溉。痕灌技术能按照植物耗水规律适时、适量、均匀而又缓慢地供水供肥，没有蒸发或渗漏损失，且能够使植物根系层土壤长期保持在最佳水分、通气和养分状态，特别适合在过去无法栽培植物的环境中使用。

诸钧介绍，痕灌依靠毛细力作用自动调节水分供给，只湿润作物根系周围土壤，减少了水分地表蒸发和地下深层渗漏，提高了水分利用率，降低了作物耗水强度，因此具有节水效果显著、作物产量稳定、水分利用效率显著等突出优点。

自 2008 年开始由北京市农委组织协调，诸钧团队在昌平、海淀等区县，以蔬菜、果树、花卉三大类九种作物为研究对象，通过 14 项田间试验，先后对痕灌系统的灌水均匀度、土壤含水量、作物生长发育、生理生化、产量品质和水分利用等进行了试验研究。结果表明，在不减产甚至增产条件下，与滴灌相比，痕灌节水40％～60％。现已在北京、新疆等地的1800亩露地及120座温室中完成了中等规模试验示范。

业内专家认为，痕灌耗水量少，铺设距离长，只需很少的外部能源辅助，就可以在荒漠化地区进行农业及林业种植与开发，从而恢复甚至增加可耕地面积，为保障粮食安全提供了新路径。

（《人民日报》2013年2月27日　作者：顾兆农　周前进　万霞）

我研制出世界首台小型数字 PET
可更早发现肿瘤，技术水平国际领先

武汉光电国家实验室（筹）生物医学光子学研究部研究员、华中科技大学生命学院教授谢庆国带领的科研创新团队，攻克全数字 PET 数字化世界难题，这意味着可更早更灵敏地发现肿瘤，诊断癌症，为人类造福。由中国工程院院士俞梦孙等组成的专家组鉴定认为，该项技术达到国际领先水平。

正电子发射断层成像仪（PET）是继超声、CT 和核磁共振之后，当今先进医学影像技术之一，已成为临床早期诊断和指导癌症治疗的最佳手段之一。但因超高速闪烁脉冲信号难以数字化的技术瓶颈，此前 PET 难以实现全数字化，只有模拟和模拟数字混合型机器。针对这一世界性难题，谢庆国团队创新提出"多电压阈值采样方法"，准确地实现高速闪烁脉冲的精确数字化，研制出全数字化 PET 探测器及世界首台小型数字 PET 机器。

（《人民日报》2013 年 4 月 10 日　作者：蒋建科）

我科学家着手研发高分辨"脑地图"可视仪

大脑中错综复杂的神经元网络,就如同地球上密布的道路网,如今人们借助遥感卫星分辨地球上路网容易多了,但绘制"脑地图"似乎远比发射几颗遥感卫星困难许多。记者近日从华中科技大学了解到,该校正着手研发高分辨全脑神经元网络可视化仪器,为揭示大脑奥秘制造"人脑遥感卫星"。

过去10年,科学家已在脑科学领域取得一系列重要进展,但离揭示大脑奥秘还有很长的路要走。一个重要的原因是,现有研究只是集中于少数神经元,对作为整体存在的全脑神经元网络功能还知之甚少。神经元是构成神经系统结构与功能的基本单位,但复杂的脑功能却是由若干神经环路所构成的脑网络完成的。因此,如何在单神经元甚至是神经突起分辨水平可视化全脑神经元网络,是理解脑功能和脑疾病的基础。

华中科技大学教授骆清铭团队经过8年攻关,在国际上率先建立起可对厘米大小样本进行突起水平精细结构三维成像,具有自主知识产权的显微光学切片断层成像系统(MOST)。该研究成果曾于2010年发表在《科学》杂志上。MOST相对于传统成像技术优势明显,创造出迄今为止最精细的小鼠全脑神经元三维连接图谱,为实现全脑网络可视化创造了条件。此研究成果将在脑结构、脑功能、脑疾病以及药物作用效果等研究中发挥重要作用。骆清铭表示,通过MOST技术,将会更全面深入地了解大脑结构和功能,为治愈多种神经性疾病提供手段。

(《科技日报》2013年5月4日 作者:刘志伟 王潇潇 杨义勇)

我国金属 3D 打印技术取得重大突破

22日从华中科技大学获悉,由华中科技大学张海鸥教授主导研发的"铸锻铣一体化"金属3D打印技术,成功制造出了世界首批3D打印锻件。该成果有望改变世界金属零件制造的历史。

目前的3D金属打印技术虽实现了绿色铸造,但因缺乏锻压技术,无法解决裂纹和变形缺陷。为解决这一世界性难题,张海鸥团队经过十多年攻关,独立研制出"微铸锻同步复合"设备,创造性地将金属铸造、锻压技术合二为一,实现了首超西方的微型"边铸边锻技术",大幅提高制件强度和韧性,确保了构件的疲劳寿命和可靠性。

张海鸥教授介绍,运用该技术生产零件,其精细程度比激光3D打印提高50%。同时,零件的形状尺寸和组织性能可控,大大缩小产品生产周期。该技术以金属丝材为原料,材料利用率达到80%以上,而丝材料价格成本仅为目前普遍使用材料的十分之一左右。在热源方面,因使用高效廉价的电弧,成本也只需进口激光器的十分之一。

据了解,"铸锻铣一体化"金属3D打印技术具有广阔的应用前景,将带来包括设计、材料、工艺、检测、控制、装备等一系列制造要素的变革,促进我国传统工业转型。

(《光明日报》2014年7月24日 作者:夏静 陈川)

我科学家研发出超级荧光分子开关
对研制新型超分辨率荧光显微镜意义重大

通过采用独特的分子设计，我国光电国家实验室朱明强教授课题组近日研发了一种超级荧光分子开关，将基于二芳基乙烯的荧光分子开关比提高了4个数量级，达到1万倍以上，响应速率也大幅度提高。并且，课题组还利用这种超级荧光分子开关的新特性，制作出具有超级光敏感和应用潜力的全光晶体管，这对我国研制新型超分辨率荧光显微镜意义重大。相关成果的论文日前已经在国际知名的《自然·通讯》杂志上发表。

据介绍，在过去很长一段时间，世界各国科学家认为光学显微镜有一个极限，即无法获得比半光波长更好的分辨率。但在"荧光分子"的帮助下，科学家可以突破这种极限。2014年，美国及德国三位科学家就是因为"研制出超分辨率荧光显微镜"，将光学显微镜带入了纳米维度，获得诺贝尔化学奖。

在"纳米"级的超分辨率荧光显微镜下，科学家可以实现活体细胞中单个分子通路的可视化，能够观察到分子是如何在大脑神经细胞之间生成神经突触，可以追踪帕金森病、阿尔兹海默症和亨廷顿症患者体内相关蛋白的累积情况，还能跟踪受精卵在分裂形成胚胎时蛋白质的变化过程等。

（《光明日报》2015年2月13日　作者：袁于飞　陈智敏　万霞）

华科大国家治理研究院周年"成绩单"获赞

5月23日,在华中科技大学国家治理研究院主办的第二届国家治理体系和治理能力建设高峰论坛上,研究院院长、著名学者欧阳康教授展示了该院一年来的发展概况,亮眼成绩单引发各方"点赞"。

华中科技大学国家治理研究院是我国首个以国家治理问题为研究中心的高校新型智库,成立于2014年2月,致力于为完善中国特色社会主义制度,推进国家治理体系和治理能力现代化提供理论参考和决策咨询。

据欧阳康介绍,研究院成立一年以来,得到了教育部、湖北省委省政府和学校大力支持,逐步整合了校内外人文社会科学资源,明确研究方向,并成功申报了2014年度教育部哲学社会科学研究重大课题攻关项目"推进国家治理体系和治理能力现代化若干重大理论问题研究"和湖北省重大攻关项目"推进省级治理体系和治理能力现代化",取得了一批高水平的研究成果。

其中,研究院与中国工程院院士潘垣教授研究团队联合提交的"关于根治华北雾霾的技术方案及综合治理"的决策建议,得到党和国家领导人重要批示。"当前处理中日关系问题的几点建议"被教育部《专家建议》采纳。《协商民主与当前中国政治建设》等多篇文章在《光明日报》《人民日报》上发表。

华中科技大学党委书记路钢,校长丁烈云,湖北省委决策支持工作领导小组办公室主任、省人大常委吕东升,湖北省委副秘书长、省委政策研究室主任赵凌云先后对研究院一年来的发展给予充分肯定。

"国家治理是一个意义极为重要、内容十分丰富的研究领域,华中科大率先建立以此为研究中心的高校智库,体现了其远见卓识和学科基础。"国家环保局原副局长、中国可持续发展研究会名誉理事长、清华大学教授张坤民十分看好国家治理研究院的发展前景,并希望该院能坚持扎根基层,参照国际发展态势,广泛收集可靠数据,进行深入的分析研究,继续取得更多研究成果。

(✐ 中国新闻网 2015 年 5 月 25 日　作者:杭慧喆)

华中科大金属玻璃核磁共振研究获突破

近日，记者从华中科技大学获悉，该校高层次人才吴跃教授与材料学院非晶态材料研究室教授柳林合作，利用国家脉冲强磁场科学中心的高温核磁共振平台，结合分子动力学模拟方法，证明了非晶合金液体确实可以发生液液相变，该研究结果发表在《自然·通讯》上。

据介绍，目前研究非晶合金液液相变存在诸多难点，而且液液相变很难用传统实验手段探测到。研究人员用核磁共振和弛豫时间对一种非晶合金液体进行探索，发现该体系在熔点温度以上存在液液相变，并且具有一级相变特征的过冷现象。通过采用分子动力学模拟方法，研究者进一步找到了此相变的结构变化信息，发现相变过程中密度未发生明显变化，但与五重对称性相关的局域结构却发生了突变，证实了该液液相变是由局域结构序参量决定的一级相变。

研究结果表明，局域结构序参量对决定液体结构和动力学性质具有重要影响，很可能对于描述玻璃转变具有重要意义。这不仅首次从实验上在非晶合金的平衡熔体中发现了液液相变，并且对进一步深入认识玻璃转变和解答这一科学问题提供了新的思路。

（《中国科学报》2015 年 8 月 17 日　作者：鲁伟　靖咏安）

华中科大发现神经系统调节衰老和寿命新途径

长久以来，人们都认为良好的精神状态是长寿的秘诀之一，但背后的科学根据却莫衷一是。近日，来自华中科技大学生命学院教授刘剑峰团队的一项最新研究表明，大脑中主要的抑制性神经递质γ-氨基丁酸（GABA）信号竟然可以对衰老和寿命产生影响，该成果发表在《自然·通讯》上。

在刘剑峰和密歇根大学教授许献忠的共同指导下，分子生物物理教育部重点实验室博士后春雷经过三年半的努力，发现神经递质GABA可以通过调控G蛋白偶联受体GABAB受体介导的下游信号通路调控线虫寿命。

该研究发现，在线虫体内的所有神经递质中，仅有抑制性神经递质GABA的缺失突变能够显著延长寿命。这一效应是由GABA的代谢型受体GABAB受体的GBB-1亚基所介导，并通过下游的G蛋白、PLCβ、PKD以及FOXO转录因子DAF-16发挥作用。哺乳动物的GABAB受体能够替代线虫体内的GBB-1亚基发挥类似的寿命调节作用，给过表达大鼠GABAB受体的线虫喂食大鼠GABAB受体的两种拮抗剂均能显著延长线虫寿命。

该研究不仅发现了神经系统中神经递质调控寿命的新功能，而且提示这种功能在不同物种间的保守性，为针对GABAB受体这一热门药物靶点进行抗衰老药物开发提供了新思路。

（《中国科学报》2015年11月19日　作者：鲁伟　陈军）

武汉研制建筑通风空调节能技术

由华中科技大学环境科学与工程学院主导研发的建筑通风空调一体化智能控制节能技术，连续获得3项国家发明专利，技术在国内领先，与传统工频控制运行相比节能40%以上。

该项技术发明人徐新华教授是华中科技大学环境科学与工程学院的博士生导师、著名节能专家，10多年来致力于我国建筑节能技术研究。他告诉《经济日报》记者，该学院经过7年的研发，终于研制出建筑通风空调一体化智能节能技术，并与武汉一家公司合作，加快推进科技成果转化，已在国内部分省市的18个重大项目中得到应用。

据介绍，建筑通风空调一体化智能节能技术采用了将物联网技术和智能控制技术灵活地运用至暖通空调系统，对中央空调主机、冷冻水泵、冷却水泵、冷却塔风机、组合空调器风机等系统设备实行一体化智能控制，能高效地对系统设备负载变化实时监控，不间断地实时调整设备运行频率，使电机始终运行在输出力矩最佳、能耗最经济的状态，并能达到节能率40%以上的效果，超出同类产品节能20%左右。

(《经济日报》2016年4月26日 作者：郑明桥)

临床"全数字PET"在武汉研制成功

武汉光电国家实验室（筹）27日宣布，具有完全自主知识产权、适用于人体临床的"全数字正电子发射断层成像（PET）"研制成功，已进入临床试验阶段。

这一成果来源国家重大科学仪器设备开发项目"超高分辨率PET的开发和应用"，由武汉光电国家实验室（筹）研究员、华中科技大学生命学院教授谢庆国团队完成。接下来，在武汉地区两家医院完成200例临床试验后，国家食品药品监督管理总局将对试验情况评估，如一切顺利，这种国产PET将会很快投入临床使用。

PET是继超声、CT和核磁共振之后当今最先进的医学影像技术，已成为临床诊断和指导癌症治疗的最佳手段之一。由于涉及核物理、电子、材料、机械、医疗等诸多学科，技术门槛高，目前全球仅3家跨国公司能独立研制生产。

谢庆国团队拥有全数字PET的200多件专利技术，拥有完整的自主知识产权。全数字PET成像关键技术早在2013年就通过鉴定，达到国际领先水平。近年来，团队克服科学研究成果应用转化的一系列难关，终于生产出可用于临床的PET。

据谢庆国介绍，首台人体临床"全数字PET"由300多个全数字PET探测模块组成，每个探测模块均使用先进的闪烁晶体及新型光电倍增器件。借助全数字采样和信号处理，空间分辨率达到2.2毫米，而目前临床最好的PET为4.5毫米。这台机器对病人全身检查仅需5分钟，耗时仅需要现有临床设备一半左右,能"又快又准"地检测。

生物医药及高性能医疗器械是《中国制造2025》的十大领域中的重点领域。首台人体临床"全数字PET"的成功研制,标志着我国在高端医疗仪器领域的自主研发取得突破,有助于打破当前高端医疗仪器市场被进口产品垄断的局面。

(新华社2016年4月27日　作者:俞俭　黎昌政)

世界最大金属零件高精度 3D 打印装备顺利通过成果鉴定

· 解决航空航天"卡脖子"关键技术 ·

近日,由武汉光电国家实验室(筹)完成的"大型金属零件高效激光选区熔化增材制造关键技术与装备(俗称激光 3D 打印技术)"顺利通过了湖北省科技厅成果鉴定。深度融合了信息技术和制造技术等特征的激光 3D 打印技术,由 4 台激光器同时扫描,为目前世界上效率和尺寸最大的高精度金属零件激光 3D 打印装备。该装备攻克了多重技术难题,解决了航空航天复杂精密金属零件在材料结构功能一体化及减重等"卡脖子"关键技术难题,实现了复杂金属零件的高精度成形、提高成形效率、缩短装备研制周期等目的。

随着航空航天装备不断向轻量化、高可靠性、长寿命、低成本方向发展,一些关键金属零件复杂程度越来越高,制造周期要求越来越短,使得我国现有制造技术面临系列共性难题,如复杂薄壁精密零件结构-性能一体化制造技术,航空航天发动机叶片、涡轮等复杂精密零件的成形技术等,严重制约了航空航天装备技术水平的提高。

金属零件的激光 3D 打印技术是各种 3D 打印技术中难度系数最大也最受国内外关注的方向之一。其中基于自动铺粉的激光选区熔化成形技术(Selective Laser Melting,SLM),主要特点是加工精度高、后续几乎不需要机械加工,可以制造各种复杂精密金属零件,实现结构功能一体化、轻量化，在航空航天领域有广泛的应用需求。但是，成形效率低、成形尺寸有限是该类技术的发展瓶颈。此前，我国在SLM技术领域与国际先进水平相比有较大差距，大部分装备依赖进口。

华中科技大学武汉光电国家实验室（筹）教授曾晓雁领导的激光先进制造研究团队，在国家"863"和自然科学基金项目等资助下，经过十年的长期努力，在SLM成形理论、工艺和装备等诸多方面取得了重要成果，特别是突破了SLM成形难以高效制备大尺寸金属零件等瓶颈。

项目率先在国际上提出并研制出成形体积为 $500 \times 500 \times 530$ mm^3 的4光束大尺寸SLM增材制造装备，它由4台500 W光纤激光器、4台振镜分区同时扫描成形，成形效率和尺寸迄今为止为同类设备中世界最大。而此前，该装备最多使用两台光纤激光器，成形效率低。项目攻克了多光束无缝拼接、4象限加工重合区制造质量控制等众多技术难题，实现了大型复杂金属零件的高效率、高精度、高性能成形。先后自主研制出SLM系列多种装备，并采用国产的钛合金、不锈钢、高温合金、铝合金、镁合金粉末，实现了各种复杂精密零件的成形，其关键技术指标与国外水平相当。首次在SLM装备中引入双向铺粉技术，其成形效率高出同类装备的20%～40%，标志着我国自主研制的SLM成形技术与装备达到了国际先进水平。已经有45种零件在20余种航天型号研制中得到应用，先后为航天发动机、运载火箭、卫星及导弹等装备中6种型号20余种产品进行了样件研制，5种产品通过了热试车，其中4种产品已经定型。先后有多台SLM装备被航天科技集团三大总体研究院用于航天零件的研制与批产，所研制的零件不仅大大缩短了产品的研制周期，简化了工序，更重要的是将结构-功能一体化，获得性能优良的、轻质的零件。

SLM技术成形精度高、性能好，且不需要工模具，属于典型的数字化过程，目前在复杂精密金属零件的成形中具有不可替代性，在精密机械、能源、电子、石油化工、交通运输等几乎所有的高端制造领域都具有广阔的工业应用前景。

（人民网2016年5月2日　作者：郭婷婷　王潇潇）

华中科大研究人员研发出高灵敏新型钙钛矿探测器

华中科技大学的研究人员近期研发出一种新型钙钛矿辐射探测器,该探测器不仅具有高灵敏度、低检测限、无铅化特点,还有成本低、易制取的优势,能广泛应用于医学、安检等领域,尤其在高端医疗仪器的核心部件开发上实现了突破。

这项成果于10月2日以《具有低检测限的铯银铋溴单晶X射线探测器》为题发表在光电领域权威杂志《自然·光子学》上。

这项研究的主创人员之一、武汉光电国家实验室(筹)研究员唐江介绍,现有探测器主要是以稀土为原料的闪烁晶体,其相比于钙钛矿成本更高、且耗能更多。而新型钙钛矿探测器的核心就是用新型钙钛矿"替换"闪烁晶体。

"我们这种新型钙钛矿解决了钙钛矿中铅的毒性问题,用银和铋替换了铅基钙钛矿中的铅,使之可以用于接触人体的医学成像领域。"唐江说,这也是世界首次将无铅钙钛矿应用于射线探测器上。

华中科技大学高端医疗仪器研究团队负责人谢庆国表示,通过系统优化,运用无铅钙钛矿制造的探测器在医学成像方面,其综合性能达到甚至部分超过铅基钙钛矿以及目前商用的非晶硒探测器水平,大幅降低了高端医疗成像设备的成本。

此外，唐江表示，这种新型钙钛矿探测器还可以运用在安检仪器上。不仅降低了仪器成本，还可以提高安检仪器的灵敏度和清晰度，同时还可以大幅降低射线对人体的辐射作用。

（新华社 2017 年 10 月 13 日　作者：黄艳　俞俭）

世界首台机械式高压直流断路器投运华科大教授领衔研制

世界首台机械式高压直流断路器成功投运。这一完全基于中国自主知识产权研制的机械式高压直流断路器,由华中科技大学电气学院潘垣院士、何俊佳教授牵头,袁召、陈立学、李黎团队联合思源电气共同研制。项目投运对我国在该领域抢占世界高端电工装备制造业的制高点具有重要意义。

2017年12月29日,在广东汕头,南澳柔直160 kV高压直流断路器示范工程启动投产。不同于国外传统的混合式直流断路器方案,潘垣团队首次提出机械式高压直流断路器方案。为了消除知识产权风险,团队更是采用了自主首创拓扑。

从40 kV样机到160 kV成型产品,应用环境差、任务重、时间紧等客观条件让研发人员倍感压力。由于是全新类型设备,国内外没有先例可循,团队既要充分论证试验考核参数要求,又要结合现有试验站技术特点制定试验方案。从计算到优化、从验证到生产,半年内,团队加班加点完成了全部工作。

作为"中国制造2025"首批示范项目,华中科技大学电气学院潘垣团队助力中国电力,将快速开断直流高压大电流的百年梦想变为现实。该成果将为直流断路器新设备产业发展提供经济性更优的解决方案,为柔性直流输电和未来直流电网技术的应用发展提供示范及借鉴作用,借助"一带一路"的东风,推动"中国技术"和"中国标准"走出国门。

(湖北日报客户端2018年1月2日　作者:方琳　王潇潇　高翔)

引力波探测，中国没有缺位
——华中科技大学引力中心专家访谈

近日央视首次揭秘了我国引力波探测计划，这一神秘研究再度走入国人视线。

谈到引力波，很多人的问题从"引力波是什么"，变成了"诺奖已被国外摘得，我们为什么还要探测引力波？"

"发现引力波只是开始，引力波研究还有一大波'诺奖'在等着被摘取。"科技日报记者近日在我国目前唯一的引力实验研究基地——华中科技大学引力中心，见到了我国著名"引力院士"罗俊。

今年是"引力中心"值得纪念的一年，它已走过35年历程，被国际同行赞为"世界引力中心"。与"引力中心"共同走过的罗俊说，在这一国际大科学领域，幸好中国没有缺位。

· 推开不同的窗，看到不同的风景 ·

华中科技大学引力中心主任涂良成介绍说："LIGO探测高频段引力波，我们探测低频段引力波，LIGO探测的是短时间的引力波，我们探测的是连续的引力波，可以持续验证。我们是对一个天文已经观测到的双星系统进行观测，把我们的实验设备调到相应的状态，对准它来检测引力波信号，而非短时间的。"

低频与高频的区别就是大家看到宇宙不同的物理现象和物理进程。不同的频段是不同的窗口，不同的频段没有先进落后之分，就如同你推开不同的窗看到不同的风景，不同频段的引力波探测将看到不同的天文事件。

低频引力波反映出来的东西更多元更丰富。高频引力波则大多是宇宙中更极端的事件，需要大质量的天体非常剧烈运动才能产生，通常只有中子星或黑洞等天体相撞。然而，宇宙中更多的天文事件不是这种极端事件，往往是两个星相隔较远绕行，持续长时间运动。

"这个频段有很多宇宙演化过程，有丰富的物理、天文学现象。"罗俊坦言，当初选择这一频段，也是经过了细致的考虑。

·引力波研究比肩美国"阿波罗探月计划"·

2013年，罗俊和团队探讨并提出"天琴计划"时，全球科学家仍未探测到引力波；而LIGO团队确定了引力波的存在，"天琴计划"意义就更加重大。

"这个领域有一大波'诺奖'，但我们不是为拿奖才去研究它。"罗俊说，这项基础研究会带来一系列关键技术突破，如精确测量地球重力，使我们更加深刻地了解地球水资源、矿产资源的分布与变化。

罗俊说，引力波研究可比肩美国"阿波罗探月计划"，是太空、外太空研究的制高点，中国必须有一席之地。

"天琴计划"是由三颗全同卫星组成一个等边三角形阵列，天琴的卫星将在以地球为中心、高度约10万公里的轨道上运行。"天琴计划"一直在边建设边积累，已经做了20多年的技术储备。正因有几十年的积淀，在谈到欧洲类似的空间引力波探测项目LISA将于2034年升空时，罗俊说："我们很有可能会走在他们前面。"

虽然有信心，但罗俊仍希望国内相关研究推进力度能再大些。"天琴计划"庞大，要15至20年研究时间，国内已有十多个大学和研究院所参与。罗俊说，应该把它上升为一个国家计划的科研行为，应该得到国家层面的支持。今年3月底，天琴空间引力波探测科学目标研讨会在珠海召开，项目组不同课题的负责人介绍了最新研究进展。相比此前的引力波探测研究遇到的种种困难，罗俊认为，"天琴计划"还需要很多方面的技术和人才，包括物理、材料、光学、航空航天、自动控制、机械、精密测量等等。

国家对基础研究的重视程度与投入前所未有,而且做"天琴计划"是一群科学家的兴趣,如果能列入国家大科学工程,就可以把科学家的兴趣和国家的需要很好地结合起来。罗俊说,德国、意大利、法国的顶尖教授也希望能参与其中。"天琴计划"将成为中方主导的国际合作项目,集聚全世界最优秀的科学家朝着同一个目标努力。

(《科技日报》2018年4月17日　作者:刘志伟)

国家重大科技基础设施精密重力测量项目开工建设

坐落于华中科技大学的精密重力测量国家重大科技基础设施——精密重力测量大楼及山洞实验室6月30日开工建设,将建成国际一流、综合指标国际领先的精密重力测量研究设施。

精密重力测量国家重大科技基础设施是"十二五"期间国家优先支持的16项重大科技基础设施建设项目之一,以具备全球毫伽级、基准微伽级的重力数据获取、评估与应用能力为目标,建设重力测量基准和重力测量物理仿真两大平台。

据了解,项目计划总投资9.078亿元,建设期5年。其中,国家投资75780万元,湖北省配套支持15000万元。项目占地面积120亩,新建3万平方米精密重力测量大楼、改扩建6000平方米山洞实验室及相关配套公用设施。

精密重力测量项目建设依托单位华中科学大学引力中心在精密重力测量研究领域有着30多年的科研积累,取得了一系列具有国际影响力的成果。精确测量牛顿万有引力常数G的结果被国际物理学基本常数委员会推荐的CODATA值所采用;采用两种不同方法测G精度都达到同类实验的国际最好水平;冷原子干涉重力测量分辨率达到国际领先水平;高精度静电悬浮加速度计精度指标达到国际水平,于2017年4月完成在轨空间实验;用于"天琴计划"(空间引力波探测计划)先导研究的激光测距用激光角反射器载荷于今年5月由卫星"鹊桥"携带升空。

精密重力测量项目建成，可为解决固体地球演化、海洋与气候变化、水资源分布和地质灾害研究中的科学问题提供重要支撑，为我国地球科学基础研究及精密重力仪器研制、测量与应用研究提供必要的实验条件，并满足我国地质调查、资源勘探等对重力数据和重力基准的战略需求。

（新华社 2018 年 6 月 30 日　作者：皮曙初　俞俭）

五纳米存储元器件开发成功
数据保留时间超过十年

据物理学家组织网 21 日报道，华中科技大学、中国地质大学和美国加州大学伯克利分校科研人员组成的国际团队，开发出小于 7 纳米的新型存储元器件——平均直径为 5 纳米的磁铁。由于尺寸小、热稳定性高，以及可以应用于简单的自组装工艺制造，这种纳米磁铁被认为是下一代存储器件具有超高密度和低功耗的关键。相关论文发表在最近一期《应用物理快报》上。

以前的研究已经演示了几个不同种类的个位数纳米结构，然而到目前为止，用于制造这些结构的所有技术都涉及复杂且昂贵的图案化工艺，例如光刻和离子束蚀刻。而在此项新研究中，纳米磁铁可以进行自组装，只涉及简单的溅射工艺，不需要任何纳米级图案化加工工艺。

论文作者之一、华中科技大学的洪炯明认为，这项研究最重要的部分是展示了具有良好热稳定性的亚 5 纳米存储单元，这项研究是未来自旋转移力矩随机存取存储器（STT MRAM）应用的关键组成部分。"我们采用自组装方法制造 5 纳米磁晶粒用于信息存储，无须进行纳米级加工。"

纳米磁铁由铁铂颗粒组成，每个纳米磁铁都有两个磁化方向。这两个磁化方向对应于磁隧道结的两种状态（并联和反并联），并形成非易失性存储单元的基本组建模块。研究人员利用最先进的高聚焦自旋探头，证明了由于自旋转移力矩，施加的电流可以切换单个纳米磁铁的磁化强度。

鉴于超小型纳米磁铁具有高热稳定性,存储器的数据保留时间可以超过 10 年。

目前,该团队正致力于研究以可靠的方式来控制设备尺寸。

(《科技日报》2018 年 8 月 23 日 作者:房琳琳)

我国科学家测出国际最精准万有引力常数

今天，Nature（《自然》）杂志刊发了中国科学院院士罗俊团队最新测 G 结果，团队历经 30 余年艰辛，测出了截至目前国际上最高精度的 G 值。

该杂志发表评论文章称，这项实验"可谓精确测量领域卓越工艺的典范"。

牛顿万有引力定律指出了使苹果落地的力和维系行星沿椭圆轨道运动的力本质一致，这种力在我们生活中无处不在，小到看不见的基本粒子，大到宇宙天体，这就是"万有引力"。要计算物体间的万有引力，则需知道引力常数 G 的大小。然而，正是因为 G 的精度问题，很多与之相关的基础科学难题至今无法解决。

上世纪 80 年代起，华中科技大学罗俊团队开始采用扭秤技术精确测 G。历经 10 多年努力，于 1999 年，得到第一个 G 值，被随后历届的国际科学技术数据委员会（CODATA）录用。

该团队优化实验方案，对各项误差进行更深入研究，历时 10 年，于 2009 年发表了新的结果，相对精度达到 26 ppm（ppm：*百万分之一*）。该结果是当时采用扭秤周期法得到的最高精度的 G 值，也被随后的历届 CODATA 所收录，命名为 HUST-09。

又经近 10 年沉淀，罗俊团队再次一鸣惊人，采用两种不同方法测 G，给出了目前国际上最高精度的 G 值，相对不确定度优于 12 ppm，实现了对国际顶尖水平的赶超。

30多年里,罗俊团队所在的引力中心从无到有,从有到强,逐步走向世界前沿,被国际同行称为"世界的引力中心"。

本次实验中,为增加测量结果的可靠性,实验团队同时使用了两种独立的方法,分别是扭秤周期法和扭秤角加速度反馈法。

这两种实验方法虽已不再新奇,但与两种方法相关的装置设计及诸多技术细节,均需团队成员自己摸索、自主研制完成。

在此过程中,一批高精端的仪器设备被研发,其中很多仪器已在地球重力场的测量、地质勘探等方面发挥重要作用。例如,团队发展的精密扭秤技术,已成功应用在卫星微推进器的微推力标定、空间惯性传感器的地面标定等方面,这些仪器将为精密重力测量国家重大科技基础设施以及空间引力波探测——"天琴计划"的顺利实施奠定良好的基础。

论文通讯作者之一、团队核心成员、华中科技大学引力中心杨山清教授感慨:"罗老师从上世纪80年代开始进行万有引力常数G的精确测量实验研究至今,已将其看作是毕生的事业。"

(《中国青年报》2018年8月31日　作者:王潇潇　高翔　朱娟娟)

华中首个5G联创实验室成立

华中首个5G联创行业应用开发实验室1日在华中科技大学揭牌成立。这个实验室由中国移动湖北公司、华中科技大学、爱立信公司共同发起成立，三方将发挥各自优势，开展跨行业融合创新，加快5G科研项目产业化进程，建设5G产学研用合作生态系统。

据介绍，爱立信公司负责提供实验室所需的5G基站、5G核心网及边缘计算系统等，搭建全套5G行业应用开发环境。实验室主要为垂直领域合作伙伴开发智慧医疗、远程教育等5G创新应用提供孵化环境。

据了解，作为首批5G规模试点地区，湖北正大力布局5G网络，推进5G规模试验，拓展5G在工业互联网、物联网、车联网等领域的应用。到今年底，湖北移动预计将建成不少于100个5G基站，实现规模组网，完成技术测试任务。

(新华社2018年9月2日　作者：王贤)

华中科技大学：
取得低功耗信息安全器件领域新进展

近日，纳米学权威期刊《纳米快报》（Nano Letters）在线发表了光电信息学院游龙教授团队题为《基于界面磁各向异性的高安全性物理不可克隆加密原型器件及系统》的研究论文。

该论文研究了磁性材料中常用的 Ta/CoFeB/MgO 垂直异质结薄膜的磁各向异性与 MgO 厚度的关系，发现 MgO 厚度亚纳米级别的厚度变化会引起该异质结磁性能的巨大变化。这种随机变化人为无法控制也无法复制，成为该器件的磁性"指纹"。

该研究的创新之处在于解决了传统硅基 PUF 容易被破解的问题。游龙团队提出的方案则无需大电流或外磁场写入，大大降低了器件的集成复杂度和功耗。该自旋 PUF 不同于以往常用的数字 PUF，其提取的模拟磁电阻值通过比较算法可以产生比传统的二进制数字 PUF 大得多的密钥长度，大大地提高了系统安全性。该研究得到国家自然基金委面上项目和创新群体项目以及中央高校基本研究专项资金等的资助。

（《中国教育报》2018 年 11 月 12 日　作者：朱玉玲）

华中科技大学：
取得晶体结构转变领域进展

近日，纳米学权威期刊《纳米快报》(*Nano Letters*) 在线发表了华中科技大学物理学院高义华教授团队题为《原子尺度、原位 TEM 研究 InAs 纳米线晶体结构的转变》的研究论文，报道了在透射电子显微镜中原位加热纳米线，实时观察纳米线晶体结构的转变过程，并直观解释纳米线晶体结构转变的微观机制。

砷化铟（InAs）是Ⅲ-Ⅴ族半导体材料中一种重要的窄直接带隙半导体，具有高电子迁移率、低有效质量、大激子波尔半径、易形成欧姆接触等优良特征。为了更好地实现 InAs 纳米线的优异性能，对 InAs 纳米线不同晶体结构的生长机理及晶体结构可控生长的研究显得尤为重要。

(《中国教育报》2018 年 12 月 3 日　作者：刘欢)

世界领先的强磁场　中国建设的加速度
——走进国家脉冲强磁场科学中心系列报道之一

把一块材料放在相当于地球磁感应强度120万倍的强磁场下，持续10毫秒，或者以毫秒级的时间间隔反复施加强磁场，会发生什么？

近日，国家重大科技基础设施、华中科技大学国家脉冲强磁场科学中心成功实现64特斯拉脉冲平顶磁场强度，创造了脉冲平顶磁场强度新的世界纪录。在物理学家看来，这无异于开辟了研究微观物质世界的新天地。

"我们可以用它测量热电信号，研究材料的自旋动力学，这对存储材料的改进提升将有极大的帮助。"复旦大学修发贤教授听闻这个消息，一下找到了未来的科研方向，"这在国际上也是独一无二的！"

中国电机工程学会鉴定认为，该项目在脉冲平顶磁场强度和高场重复频率上创造了两项世界纪录，结束了我国强磁场下科学研究长期依赖国外装置的历史。

国家脉冲强磁场科学中心对外开放运行4年来，取得了包括近90年来首次发现的全新规律量子振荡现象等一大批创新成果，成功跻身国际领先的脉冲强磁场行列。

·后来者创造加速度·

2013年10月，山水迤逦的武汉东湖畔，国家脉冲强磁场科学中心迎来了20多位"磁性十足"的大咖。全球主要强磁场实验室负责人和国际强磁场权威专家都已到齐。

他们不敢相信，中国人要公开进行实验演示，因为产生脉冲磁场的强大电流和电磁应力，随时会"爆表"。在此之前，国际上从来没一个实验室敢公开进行高参数实验演示，德国德累斯顿强磁场实验室就曾在公开演示中发生过磁体爆炸。

1个控制中心，8个实验站，整整1天实验，外国专家们闭门讨论3个小时。当会议室大门打开的那一刻，中心主任李亮教授紧锁的眉头终于舒展，"这里的脉冲强磁场设施已经跻身于世界上最好的脉冲场之列"，国际同行给出评价。

上世纪80年代后期，高温超导成为热门研究领域，传统的稳态强磁场已经力不从心。欧美发达国家开始加大磁场强度更高的脉冲强磁场建设，而我国在脉冲强磁场设施方面，基本是空白。

中国工程院院士潘垣敏锐地意识到，我国要想在凝聚态物理、材料、化学和生命等基础前沿科学方面的研究进入国际前列，就必须建设世界一流水平的脉冲强磁场装置。

从无到有、从弱到强，国家脉冲强磁场科学中心创造出惊人的中国速度和中国强度：开工仅仅11个月，脉冲强磁场实验装置样机系统就已研制完成。磁场强度从2009年的75特斯拉，到2013年的90.6特斯拉，不断刷新我国脉冲磁场强度纪录。

·中国需要一颗强磁心·

从素有脉冲强磁场发源地之称的比利时鲁汶大学回到国内仅仅三年，上海科技大学李军教授就在高温超导材料领域取得了突破。

"研究高温超导材料，低温、强磁场是必不可少的极端条件，我们需要60特斯拉以上的超强磁场，才能达到高温超导材料的临界磁场，从而了解材料在超导状态下的物理特性。"李军说，"国家脉冲强磁场科学中心比我在国外的实验条件还要好，没有他们的支持，进展肯定不会这么顺利。"

磁现象是物质的基本现象之一。首先，当物质处在强磁场中，内部电子结构可能发生改变，产生新现象。此外，物质本身最重要的特性之

——电子结构（费米面）也能通过强磁场下量子振荡的手段间接观测出来。因此，自1913年以来，包括量子霍尔效应、分数量子霍尔效应、磁共振成像和第二类超导体等与磁场有关的诺贝尔奖有19项。强磁场与极低温、超高压一起，被列为现代科学实验最重要的极端条件之一。

过去，修发贤教授长期在美国开展强磁场实验，每年需要花费数十万元不说，还得绞尽脑汁地写申请、排队等机时。欧美的强磁场实验室虽然向所有科学家开放，但是少不了"挑肥拣瘦"。

即便很优秀，也不是每次申请都能获批。"去年我就被拒了一次，原因是一项实验之前已经做过。"修发贤对此无可奈何。但是，当国家脉冲强磁场科学中心建成，尤其是在脉冲平顶磁场和超高重频磁场方面取得突破后，国外的强磁场已经"吸引不了"他了。

·一流的磁场买不来·

2007年，被李培根校长"三顾茅庐"打动的李亮，告别妻女，放弃GE公司的高薪职位，只身来到武汉，主持脉冲强磁场实验装置的建设工作。

面对有限的科研资金、落后的导体材料，李亮与同事们费尽心思。

不同科学研究需要不同的磁场波形，为了提高装置的运行效率，李亮把整个装置设计成模块化结构，由一套中央控制系统实现3类电源和8个实验站的灵活组合。这样一来，就可以在同一科学实验站的同一磁体上产生多种磁场波形，大幅提升了我国脉冲强磁场实验装置的科研产出。

"强磁场中心85％以上的材料、部件都是国产的。核心材料和部件是要不来、买不来、讨不来的。"李亮自豪地说。

国家脉冲强磁场科学中心设备的每一个电路设计图都由团队自己绘制，每一个零件都是团队自己安装调试。磁体是脉冲强磁场装置的核心部分，而磁体线圈的研制不仅要求十分严格，而且没有"回头路"，只能一次成功。负责手工缠绕磁体线圈的彭涛教授，常常"做梦都在绕磁体"，生怕出一点差错。

中心常务副主任韩小涛教授负责的控制系统是让装置动起来的"中枢大脑"。强电流、强磁场和极低温等极端条件对控制系统的可靠性、稳定性及安全性都提出了极为苛刻的要求，凭借团队自力更生、艰苦奋斗的精神，控制系统运行至今，无一起严重控制故障。

正是有了创新"杀手锏"，国家脉冲强磁场科学中心成了一块"磁铁"，吸引国内外顶尖人才造访。北京大学、清华大学、中科院物理所、美国斯坦福大学、英国剑桥大学、德国德累斯顿强磁场实验室等顶尖科研机构纷至沓来，在高温超导、拓扑半金属、分子磁体、石墨烯等领域取得丰硕成果，并在《科学》《自然》等期刊发表 SCI 收录论文 672 篇。

(✎《科技日报》2019 年 1 月 14 日　作者：张晔　刘志伟)

世界领先的强磁场 中国人这样建
——走进国家脉冲强磁场科学中心系列报道之二

2018年12月初，武汉国家脉冲强磁场科学中心，一次次电磁风暴的袭击，让物质被迫吐露不为人知的秘密。最先进的电源、磁体和控制系统，打造了这一世界顶尖水平的强磁场装置。

"磁场与电流成正比，而磁体承受的力和热，与磁场的平方成正比。所以越往上走越难。就好像百米跑从9.9秒提高到9.8秒那样难。"国家脉冲强磁场科学中心主任李亮说。

"美国从70T（特斯拉）到90T走了20年，德国用了15年，中国则是4年。"李亮说。

·线圈使用寿命超出国际同行近1倍·

1820年，丹麦人奥斯特无意间发现，导线通电，附近的小磁针会跳动。从此，人们一直在用通电线圈来制造磁场。瞬间强电流产生的几毫秒时间的强磁场，叫作脉冲强磁场，它比稳态磁场更高。

国家脉冲强磁场科学中心的研究人员告诉我们：他们用小指头粗细的导线，绕成线圈，接上2.5万伏特的电压，流过4万安培的瞬间电流，就可以产生几十T的脉冲磁场。

但通电线圈会被磁体内部应力拉长和压扁。李亮说，他们的线圈承受的应力，是"蛟龙"号在7000米海底面临压强的50倍。而且磁体在放电过程中会产生巨大热量，线圈泡于液氮以降温；通电瞬间零下200摄氏度的液氮砰地蒸发掉。

几个毫秒内通入磁体的能量如 10 公斤 TNT 的能量，线圈经常被炸碎。俄罗斯和日本科学家先后用极端办法制造过上千 T 的磁场，那也是目前人类取得的最强磁场。但必须牺牲线圈，是一次性的，磁体线圈无法重复利用。

美国国家强磁场实验室创纪录的线圈用的是铜铌合金，最结实——100 T 磁场纪录的最大功臣。中国团队则使用国内自主研发的铜铌合金，强度仅为前者 2/3。

中国人另辟蹊径，从理论分析挖掘潜力，通过精确计算，大幅提升高分子纤维层层缠绕加固的效果，就像铁环箍住炮筒。它比凯夫拉还结实，是世界上最强韧的纤维。纤维浸泡环氧树脂，也充当线圈的绝缘层。

彭涛教授专职绕线。"如果浸泡树脂不够充分，反光是不同的。"彭涛说，从线圈的纹路和颜色，老手能看出瑕疵。瑕疵让线圈更早崩溃。

美国磁体线圈直径一米，比中国的大很多，应力更低，不易坏，但美国线圈平均通电 500 次就会坏掉；彭涛做的线圈可使用 800 次。

·中国电源便宜又强大·

李亮曾在欧洲和美国工作多年，1992 年以来世界上最强的磁体大多有他参与设计。

"我们是弯道超车。"李亮说，"我们从无到有，总结各家的经验，所以设计的整体性、系统性更强。"

美国国家强磁场实验室发电机电源，两层楼高，巨大的飞轮储能，瞬间放电——本是核聚变实验用的，100T 纪录的第二大功臣。

中国电源则分 3 部分：发电机电源（功率不到美国的 1/10）；20 几个电容储能型电源模块；铅酸蓄电池组。通过结构优化，仅使用几个电容储能型电源模块，就叠加出 90.6T 的磁场脉冲峰值。美国实现 100T 需 115 兆焦耳能量，中国实现 90T 只用 10 兆焦。

专攻电源的丁洪发教授说："几十个模块的开关时间差要限制在微秒级。元器件也要筛选，让电路的延迟一致。"

2008年开工建设,大部分设备自研自造,国产化率85%。"人家是外包给专业公司,我们是自己动手。"李亮说。

每组电容储能型电源100万元。整个电源系统投入仅是美国人的一个零头。液氦回收系统只有国外同类设备1/4的价格,回收的氦气每年可节约500万~600万元实验消耗。

脉冲平顶磁场十分重要,但美国人做平顶脉冲磁场,一年只能使用50~60次。中国人改进了电源和控制系统,则像开微波炉一样简单。

"国际专家说我们花了1.2亿元,干了1.2亿美元的活儿。"李亮说。

· 测量需要极端精细 ·

2013年10月,在全世界专家的见证下,中国装置首秀成功。国际权威报告说:中国的磁体和电源技术世界顶级;控制系统国际领先。

虽然最高磁场纪录不及美国,但中国装置优势明显——一套中央控制系统实现3类电源和8个实验站的灵活组合。这是中国磁场的一个撒手锏,更有利实验。控制系统负责人韩小涛教授说:"别人都是一个磁体发一种波形。我们的可以一个磁体产生多种波形。"

美国在2013年实现了100.75 T,德国实现94 T,中国也以90.6 T成为90 T俱乐部的一员。而目前有望刷新纪录的只有美、中。

强磁场将考问出新的物质特性,催生下一代电子材料和芯片。朱增伟教授说:"半金属比如铋和锑,适合放在强磁场下研究极端情况。"

2018年11月,北京大学发现"对数量子震荡",实验就在武汉做。在58 T磁场下清晰观测到5个振荡,才得以发现对数规律。

强磁场的"风暴眼"只有20毫米长,在杏仁大小的空间里布置所有的样品和感应器,跟微雕差不多。

"涡流、热效应、震动、电磁干扰……测量永远伴随噪音。"左华坤工程师说。

想一次测出高质量信号难,因为干扰因素太多。样品杆浸泡在液氦里,还跟外面隔着一层真空,但线圈一瞬间的高温,仍然会造成样品零点零几度的热扰动。传感器的线路在脉冲磁场的作用下,也可能震动几个微米产生噪声。

还有很多不可测因素，比如地线"零"电压的不稳定，湿度差异，都可能造成测量结果不同。

"如果不这样难测，那些物理难题也就不会遗留到现在了。"左华坤说，论电磁测量精度武汉国家脉冲强磁场科学中心已不弱于任何同行。

"中心建成后，不仅国内科学家基本不再去国外做实验了，还吸引了剑桥、斯坦福等众多国外用户。"李亮说。

（✎《科技日报》2019 年 1 月 15 日　作者：高博　刘志伟）

世界领先的强磁场　全球共享的大装置
——走进国家脉冲强磁场科学中心系列报道之三

塞巴斯蒂安教授团队最近一次来华访问交流，全留在了位于武汉华中科技大学的国家脉冲强磁场科学中心。利用这里的强磁场装置开展研究，得到的一组高质量实验数据让她喜出望外。

"武汉的国家脉冲强磁场装置是世界一流的设施，几年来我屡屡造访武汉，用这里的设施开展新的研究。"这位来自英国剑桥大学卡文迪许实验室的女科学家说。

国家脉冲强磁场科学中心是一个为国内外科学家提供超强磁场、极低温、超高压等极端实验条件，进行前沿基础科学研究的国家级科学研究中心，这也是国内唯一的大型脉冲强磁场科研基础条件平台。从2013年10月接受国际评估的那天起，就已跻身世界四大脉冲强磁场科学中心行列。

·强磁场服务全球科学家·

王健，北京大学物理学院量子材料科学中心教授，博士生导师。

5年来，他已经数不清自己第几次到武汉。"我回国后的许多研究成果，都离不开武汉国家脉冲强磁场科学中心。"王健告诉科技日报记者，强磁场是研究材料本质特性的"放大镜"，磁场越高，新现象、新物态出现的概率就越大，给自己的研究带来的机遇就越大。

"强磁场在证明对数周期量子振荡的过程中起到了至关重要的作用。"王健说,一个月前,在国家脉冲强磁场科学中心 58 T(特斯拉)磁场强度下,他和谢心澄院士研究团队清晰观测到了 5 个振荡,获得了可靠的测量数据,这被评价为近 90 年以来量子振荡领域最为重要的发现之一。

与王健相似,塞巴斯蒂安也已离不开武汉的强磁场装置。"如果没有国家脉冲强磁场科学中心的设施和学识渊博的工作人员,我的研究小组将无法开展新的量子材料研究,而这些研究有望为未来提供再生能源。"她这样告诉科技日报记者,眼下她正在冲击一项期待已久的成果。卡文迪许实验室是近代科学史上第一个社会化和专业化的科学实验室,催生了大量足以影响人类进步的重要科学成果,诞生过 29 位诺奖科学家。

"这是开放的平台,世界共享。我们的装置已为 69 家科研单位提供了 904 项科学研究服务,装置开放运行及成果产出与世界最高水平实验室相当。"国家脉冲强磁场科学中心常务副主任韩小涛教授说,这些用户不仅遍含国内重点大学和科研院所,也囊括了哈佛、剑桥、斯坦福等全球顶级用户。利用这里的实验条件开展研究,截至目前,他们在《科学》《自然》等国际顶级刊物已发表论文 672 篇。

·为国际主流脉冲磁体设计提供支撑·

磁体犹如强磁场的心脏。

时任华中科技大学校长的李培根院士当年"三顾茅庐"请回的李亮教授,是全球强磁场磁体设计的顶尖高手。李亮的归来,带动我国脉冲强磁场装置的理论分析和研制水平迅速跃居世界前列。

"我们提出了脉冲磁体非连续性层间加固理论和工艺实现方法,解决了高参数脉冲磁体的力学稳定性问题,大大提高了磁体的性能和寿命,降低了成本。"李亮说,他们常规使用的 65 T 脉冲磁体平均寿命超过 800 次,远超国际同行 350 次至 500 次的水平。而由中心开发的脉冲磁体设计专用平台 PMDS,已被美国橡树岭散裂中子源实验室、牛津大学克拉伦登实验室、德国德累斯顿强磁场实验室、欧洲强磁场实验室等世界顶级实验室广泛采用。

法国图卢兹国家强磁场实验室奥列克西·德拉琴科博士在接受科技日报记者采访时表示,PMDS 是一款功能强大、使用方便的优秀软件,它可实现脉冲磁体许多参数的计算,还可非常简便地进行线圈几何结构、导线和加固材料层数等变量的设计。计算包括电感、磁场、脉冲宽度、均匀度、应变应力分布、温度分布等电参数和机械参数,最后还能指导磁体研制所需材料的订购。"我认为PMDS可让一大批科学家和工程师参与脉冲磁体设计,这是将磁体设计水平推向新高度的重大成绩。"

PMDS已被欧盟第六框架项目"下一代脉冲磁场用户设施的设计研究"(简称 DeNUF)采纳为磁体设计工具,这个项目资助德国、法国、英国、荷兰等几个国家的强磁场实验室共同开展下一代脉冲磁体研究。来自中国的脉冲磁体设计平台为他们提供了支撑。

·技术创新工程创新与制度创新并驾齐驱·

在国家脉冲强磁场科学中心不起眼的一角,一块直径1.38米的大型铝合金板件刚刚整体成形。"这是与相关部门合作,首次使用多时空脉冲强磁场成形制造的航天器无焊缝底壳部件。"韩小涛自豪地说,如此大面积的壳体电磁成形以及大直径铝管和钢管的电磁"焊接",在国际上都是首次。

针对国内外现有大型、复杂板管类零件的成形受限于工艺装备和材料性能的难题,国家脉冲强磁场科学中心一班人基于先进的脉冲磁体技术、脉冲电源及控制技术,提出了组装后整体充磁的创新型工艺方法。这项技术的成功,将打破美、德等国的技术封锁,将广泛应用于车用永磁同步电机、永磁风力发电机、永磁磁共振成像等大型永磁设备,市场前景广阔。

这一项项创新,也是华中科技大学"双一流"建设进程中,加强优势学科建设的一个缩影。"多学科的交叉与融合,是创新的源泉,也是华科的优势!"国家脉冲强磁场装置建设的首倡者、中国工程院院士潘垣说,国家脉冲强磁场科学中心之所以诞生在华科,是"顺势而为"的结果,这也是全国第一个落地在高校的国家大科学装置,意在促进世界一流高校建设的同时聚合力量,在科学技术前沿取得重大突破、解决经济社会发展和国家安全中的战略性、基础性和前瞻性科技问题。

"作为高校搞大科学装置的第一拨'吃蟹人',我们还要像搞科研一样,在装置运行的体制机制上不断创新,突破重重障碍,才能让强磁场装置持久、高质量地服务全球科学家。"李亮说,未来的路还很长。

(✍ 《科技日报》2019年1月16日 作者:赵汉斌 刘志伟)

我国首次实现视觉自主无人机艇协同运动起降

在自主无人艇航行过程中,实现无人机自主起降。记者25日从华中科技大学获悉,该校全自主无人艇创新团队成功完成了机艇协同运动起降,这标志着我国无人艇团队的技术再上新台阶。

据介绍,这一创新团队相继克服了自主无人机艇协同运动识别慢、对不准、跟不上、干扰大、难着艇等问题,拓展了机艇编队的机动性能,大幅提高机艇编队探测范围。其技术创新的成功对维护我国海洋权益、管控我国水域资源起着至关重要的作用。

自主无人机艇协同运动起降极具挑战性,其难度在于工作在不同介质中的两个不等速运动体,在空间极其有限且随机颠簸的水面平台上,准确、全自主、稳定可靠地完成起飞和降落任务,因此机艇协同自主起降是海空跨域无人系统的使能技术与前沿热点。

华中科技大学自动化学院组建的全自主无人艇创新团队,近日在广东东莞松山湖采用自主研发的HUSTER-68无人艇和无人机,成功完成了机艇协同运动起降。

据团队相关负责人介绍,机艇协同起降过程中,无人机自主从HUSTER-68无人艇上起飞,执行指定空域探测任务。HUSTER-68无人艇自主探测周围水域环境,对无人机发出返航指令,无人机开始返航跟艇,并自主识别HUSTER-68无人艇的可降落位置,经历"跟随""下降""着艇"三个阶段,平稳降落在HUSTER-68无人艇上,成功实现了无人机艇协同起降。

无人机是团队全自主设计与研发的四旋翼飞行平台,飞控系统搭载微处理器、云台摄像机、GPS、超声波等传感器,可以实现航迹规划,水域、空域探测等自主作业任务。HUSTER-68 能够自主完成"水—岸—天"复杂环境信息感知与融合、目标探测等任务,具备自主避障与路径规划能力。

(✐ 新华社 2019 年 1 月 25 日　作者:李伟)

华中科技大学一项历时两年的应用表明"煤改霄"技术上可替代"煤改气"

近日,华中科技大学环境学院肖波团队传出喜讯,一项由该团队历时两年的应用表明,"煤改霄"从技术上可取代"煤改气"。

据悉,由肖波团队研发的利用生物质微米化后"霄"为原料的燃"霄"锅炉,成功在深圳和南宁两地两年应用取得良好经济效益与社会效益,通过了"技术上过关,环保上达标,安全上可靠,经济上划算"四项大考。两年的科学应用表明,"煤改霄"可以接替"煤改气"协助地方打好蓝天保卫战。

据介绍,这台2吨/小时"煤改霄"工业锅炉在深圳稳定安全连续运行19个月后"转战"广西南宁,在南宁横县应用至今。专家表示,虽然国内外对生物质应用方法较多,但这项发明是一项综合效益最好的,具有可推广价值。两年应用同时表明,我国生物质资源化利用率先在全球取得重大突破,这项技术进入可大规模推广阶段。

位于深圳国际低碳城(龙岗区坪地街道)的深圳好味佳食品公司,是全国第一家使用"煤改霄"锅炉的工业用户。公司董事长唐焕城说,2017年2月,公司投入20多万元对一台每小时2吨蒸汽的锅炉进行煤改"霄"改造。使用"霄"燃料19个月,锅炉运转稳定,尾气排放达标,"实际效果与烧天然气差不多,远超预期目标"。唐焕城表示,企业之前也考虑"煤改气",但由于该地段尚未覆盖天然气管网,专门铺设管网引入天然气至少得投入数百万元。相对于"煤改气"来说,"煤改霄"可以为企业节约大量生产成本。另外,采用"霄"燃料以后,他们的锅炉燃料可以从远处生产运到公司，使用 19 个月，没有因为燃料供应不上和环保问题影响生产。

位于广西南宁市的横县威林木业有限公司原来计划采用传统的方法燃烧生物质间接换热加热空气，获得热风烘干木板，热风系统设备投资需要 500 多万元，燃料利用效率不到 70%。采用华中科技大学的霄燃烧直接获得热风的办法，由于霄燃烧温度高，生物质中的灰分在燃烧炉熔化，尾气清洁，可以直接用燃烧的尾气作为热风烘干木板，设备简单，投资只要 200 万元，燃料利用效率可以到达 92% 以上。

以华中科技大学环境学院肖波为首的科研团队，从 2002 年起，开始致力于研发生物质微米燃料及其高温燃烧技术，运用的是粉尘爆炸高效燃烧原理，能够粉尘爆炸的生物质粉尘粒径必须小于 400 微米，为此首先需要人为地将野草、秸秆等生物质纤维材料高效低成本制备成为粒径小于 250 微米的生物质微米燃料，2004 年研发团队成功开发了高效生物质微米化制备的破碎机器，并获得了国家发明专利。研究团队进而开发生物质微米燃料单相燃烧方法，获得了"极速提高低热值生物质燃料直接燃烧时的能量释放速度，生物质的燃烧温度到达了 1450 摄氏度以上高温"的科学发现，也就是说生物质微米燃料成了能够生产水泥和熔炼铁的高温工业燃料，结束了人类为了获取高温驱动工业，只能依靠高代价的炼制木炭和开采化石燃料的历史，由此中华民族获得人类继化石能源之后的第三代工业高温火源。经过微米化加工，生物质燃料的燃烧特性完全脱离了常规固体生物质燃料的层燃特性，成为和天然气一样的具有室燃特性的全新的工业能源，为此，团队将微米化的生物质燃料命名为"霄"。"霄"的诞生使"三农"的秸秆（生物质）化身为一种取之不尽的"露天煤海"，为国家绿色发展找到一种可持续保障的绿色工业能源。"霄"由此可以代替煤支撑工业。当前霄在工业锅炉应用只是整个国家工业利用应用的第一站。

中国工程院院士、浙江大学能源工程学院教授岑可法表示，生物质燃料通过微米化与空气预混燃烧，改变通常只有气体燃料才能达到高速的"单相燃烧"，解决了将低温燃烧的生物质碳氢燃料转变为高温生物质碳氢燃料的难题，对当前应对工业清洁生产和能源生产革命具有重要现实价值。

（央广网 2019 年 2 月 17 日　作者：左艾甫　邓梦婷）

用中国智慧破解"电网"难题

华中科技大学在南方电网重大科研攻关项目"大容量短路电流开断装置研发及工程应用"支持下研发的 220 kV 系统用大容量短路电流开断装置成功通过 100 kA 级短路电流开断试验,使我国 220 kV 系统用高压断路器的开断容量指标达到国际最高水平。

每逢高温季节,用电负荷猛增,部分地区就开始限电,给人们的生活、生产带来不便。这样的场景你一定不陌生。然而,早在 2007 年,华中科技大学潘垣院士团队就针对其中的技术难题展开攻关,目标就是:让用电不再受束缚。

本着科研的初心,该团队踏上了这段"未知"的征程,一走就是 11 年,他们打破了过去我国在高压开关电器技术领域跟随国外的局面,探索出了一套全自主创新的中国解决方案。

·"不要等问题出现了才去解决"·

2018 年 9 月 17 日,潘垣院士、何俊佳教授、袁召等设计研发的 220 kV 系统用大容量短路电流开断装置,在西安国家高压电器质量监督检验中心成功通过 100 kA 级短路电流开断试验,这标志着我国 220 kV 系统用高压断路器的开断容量指标达到国际最高水平。

"潘院士提出的设想其实还是很超前的。"全程参与研发的袁召至今感念潘垣的远见卓识。他介绍说,当时电网企业采取限电措施解决用电负荷猛增的问题已是常态,因为解决该问题的研发难度较大,算是一个未来式本土难题。

袁召形象地打了个比方:"就好像现在城市采取的交通单双限号,虽然可以部分解决交通问题,却牺牲了出行的便利,也没从根本上扭转局面。"

潘垣提出的设想在当时来说有些"异想天开",不像其他人一样提升单个断路器的开断能力,而是通过高耦合电抗器实现断路器并联连接,将断路器的开断能力成倍提升。袁召提到其中一个设计关键,就是高耦合度空芯分裂电抗器,通过它可以实现开关电弧的并联。而在此之前,开关电弧的并联被认为无法实现。

把设计落实到现实中并非一帆风顺。团队核心成员何俊佳还记得,技术方案刚提出时,外界的质疑声不绝于耳。"这明明就是两个不可能放在一起的东西!""就算做出来也用不上啊!咱们现在电网没有这么大的短路电流,以后的事情以后再说。"

实际上,开展此类研究并非杞人忧天。当时,国外有些公司已经投入大量资金对大容量断路器进行研发。他们研制的 252 kV 断路器已可以实现 90 kA 短路电流的开断。何俊佳透露,国外技术垄断的大容量开断装置一套大约要花费一两千万元,十分昂贵。当然,涉及的核心技术也是对方公司专利,绝不会轻易透露。

"做,一定要做!一定要做!满足国家需求是一个科研工作者的责任,虽然现在大家还没意识到大容量开断的重要性,但等到问题真正出现了再去解决,那不就晚了吗?我们不能被现在所局限!"彼时潘垣斩钉截铁的话语至今回荡在何俊佳的耳边。

· "这是最对的一条路" ·

"当时在西安做试验,去时穿短袖,做完试验回来时都要穿最厚的羽绒服了。"从理论到试验的艰辛,没有人比袁召更有体会:"白天做试验,晚上找问题,每天就这么循环着,几乎没时间去宾馆休息。试验站很大,空荡荡的,还冷风阵阵,可把我们冻坏了。"

长达 11 年的科研"探险"中,遇到的很多问题都是世界首次,掉进

"坑"里也只能一点点"爬出来",没有科学经验共享、没有资料可查,甚至连相同的科研思路都无可借鉴。这注定是块难啃的"硬骨头"。

浇注模具的尺寸、导线绕制松紧程度甚至进出线焊接角度,看似微不足道的细节在试验中却举足轻重。"就得去车间盯着工人做了,实在不行还得自己上手。"袁召比画着,自己都记不清去了多少次车间了。

不对就再来,还不对,就继续重做……凭着精益求精的工匠精神,团队和工人们一起苦熬,顽强地把实验室里的图纸变成实物。

"有时反复讨论觉得没问题的设计方案,通过计算或验证可能又会推倒重来,这时候就有点怀疑能否成功。"苦闷时,有一个人对袁召来说宛如暗夜灯塔,那就是潘垣。

谈到这位耄耋之年仍坚持科研的老科学家,袁召满脸钦佩:"都这么大年纪了,还是想到什么哪怕是大晚上也会跑到实验室来找人讨论。一想到他,我就觉得没理由不好好干。"

纠结甚至怀疑,但最终还是选择坚持。因为这是国家的需求,也是科研工作者应有的责任担当。从 2007 年到 2018 年,整个团队一路奔跑,完成了"从无到有",在遍布"荆棘"的途中收获丰硕成果。

2012 年,研制 15 kV/160 kA 大容量断路器产品,开断能力优于国际领先企业的同类产品;2013 年,研制 126 kV/5000 A-80 kA 真空断路器。2018 年,研发 220 kV 系统用大容量短路电流开断装置成功通过 100 kA 级短路电流开断试验,相关指标超过了 ABB 等国际知名企业同类产品性能参数,为占领国际制高点和工程化应用打下了坚实基础,为我国电力系统大容量短路电流开断的难题提供了更经济、有效的解决方案。

·"你们做的东西,我们放心!"·

"科研人员克服了工期要求紧、技术难度大、业主要求持续增加等困难,不厌其烦地为项目做了大量扎实的工作……"2018 年 12 月,广州供电局特意给团队发来了感谢信,还表示将在后续国家重点研发计划项目合作中继续开展合作。

合作始于 2013 年。当时,广州供电局在认真考察对比了很多包括 ABB 等跨国公司的产品后,主动叩响了团队大门。他们希望通过断路器开断能力的提升,增加电网的可靠性与电力调度的灵活性,从而解决大规模电网短路问题。"我们的设计原理与方案是独一无二的,不仅技术参数、成本优势明显,更存在可延续性的特点,能满足电网持续发展的需求。"何俊佳说。

按照预定计划,此次合作的成果是设计出 252 kV/80 kA 的断路器,该参数已经远超过了当时国内 252 kV 断路器最大开断能力——63 kA。而更大的短路电流开断能力就意味着更大的可靠性、更高的安全系数,为此,广州供电局希望把并联型断路器的开断能力进一步提升至 85 kA。

从 63 kA 到 85 kA,简单的数字背后却蕴含着极大的技术难度,意味着方案要重新调整、设计,试验难度进一步增大,这让团队的技术人员倍感压力。然而他们最终作出了一个决定,交出了一份让人惊叹的答卷——100 kA 的断路器。

"完成高耦合电抗器的设计后,经过缜密的核算与论证,我们认为它可以完全满足 100 kA 等级电流的开断要求。既然要超前,就要充分考虑到用户未来的使用可能。"提起当时做的这个重大决定,袁召坦言潘垣的话对团队影响深远,促使大家作出了决定。"他总说,国家发展这么快,一定会有新的需要。"如今,潘垣依然把这句话挂在嘴边,还反复叮嘱团队一定要做到"人无我有,人有我强,人强我新"。团队成员已经把他的话当成了座右铭。

"大规模电网短路电流超标问题并非一劳永逸,这场电网'马拉松'也将一直在路上。"袁召说,合作期间,广州供电局反复提到"你们做的东西,我们放心"。这份信赖也体现在团队与西安高压电器研究院、国家电网常州电气设备检测中心、武汉供电局等用户的合作中,并转化为团队不断前进的动力。"感觉身上的担子更重了,我们得好好干,不能辜负别人的期待。"

目前,团队再一次与广州供电局合作,启动了"500 kV 及以上电压等级经济型高压交流限流器"项目的研制。他们要将这种独具特色的"大容量短路电流开断装置"推广应用于更高电压等级。何俊佳说:"我们现在走的这条路可能比多数人要艰难,也没有高回报,但这是最对的一条路。"

(✎ 《中国教育报》2018 年 3 月 25 日 作者:高翔 张雯怡)

华中科技大学引力中心团队研究成果编入高中教材

近日，刚刚下发到学生手中的人民教育出版社2019年版普通高中教科书《物理》必修第二册课本里，出现了这样的文字："我国华中科技大学引力中心团队在引力常量的测量中作出了突出贡献，于2018年得到了当时最精确的引力常量G的值。"这意味着由中国科学院院士罗俊带领的华中科技大学引力中心团队，在引力常数G的测量领域取得的最新成果被正式编入了高中教材。

在今年的全国两会期间，以全国人大代表、黄冈中学党委书记、校长何兰田为代表的两会代表在其4156号建议中，提出将我国科学家测出的国际最精确万有引力常数G的成果编入中学物理教材。

在谈及提出该建议的初衷时，何兰田表示："我们中学教材中近代以来科学概念定义常数全是西方的，中国以前存在基础研究的短板，但基础研究需要时间积淀，现在这个短板在慢慢补齐，也有了一些成果。引力常数的成果是一件鼓舞信心的事情。这一成果写入教材，也能够让学生感受到，原来科学领域离他们也不那么远，有的同学也许从此就走上了科学研究的道路。"

今年8月，教育部对该建议的回复显示，经商中国科学院，教育部已将"关于将我国科学家测出国际最精确万有引力常数G的成果编入中学物理教材的建议"转高中物理教材相关编写出版单位，请他们认真研究，并按照教材编审工作有关规定和程序完善教材内容。

就在答复的当月印刷的课本上，该项内容就已经被添加。

对此，华中科技大学物理学院党委书记张凯认为，我国科学家研究成果入选高中教科书，体现了中央对教材思政的要求。他表示，罗俊教授团队坚持 30 多年的科学家精神是对当代青少年精神品格塑造的很好示例，写入教材并不要求学生掌握繁复的测量方法，而是在书本中切入对学生进行科学态度、科学精神的教育，让学生领略"甘坐冷板凳"的科研精神。

据了解，罗俊带领华中科技大学引力中心团队经过 35 年的山洞蛰伏，于 2018 年成功测出国际最精确万有引力常数 G。该事件还获得了中国科技部评选的 2018 年度中国科学十大进展，以及中国科学院等单位评选的 2018 年中国十大科技进展新闻。

(✎《中国科学报》2019 年 9 月 12 日　作者：陈彬)

新冠肺炎 AI 辅助医学影像诊断系统研究取得进展

11 日，记者从华中科技大学获悉，该校电信学院联合华为云等团队，研发并推出了新冠肺炎 AI 辅助医学影像量化分析系统。

根据 2 月 5 日发布的《新型冠状病毒感染的肺炎诊疗方案（试行第五版）》，当前"疑似病例具有肺炎影像学特征"已被纳入湖北省临床诊断标准，由此可见 CT 影像是诊断与评估的重要依据之一。然而，由于患者数量多、肺内病灶多、进展变化快、短时间内需要多次复查等原因，影像医生的精准诊断、量化分析面临巨大的挑战。

华中科技大学-华为智能创新实验室积极发挥自身优势，针对新冠肺炎，与华为云等团队共同研发出 AI 辅助医学影像量化分析系统，目前取得了有效进展。

针对患者胸部 CT 影像中呈现多发小斑片影、多发磨玻璃影、浸润影、肺实变等特点，华中科技大学副教授许永超提供了基于纹理感知的病灶分割核心算法支持。该算法可实现单病例全自动精准量化结果的秒级输出，大幅提升了诊断效率，有助减轻医生繁重负荷。

该实验室负责人、华中科技大学教授白翔表示，结合临床信息，该系统可以辅助医生更高效地区分新冠肺炎的早期、进展期与重症期，有利于早期筛查与防控。同时，对于确诊病人，基于对多次复查影像数据的量化分析，医生能够有效评估病情进展及用药疗效等情况。

(《科技日报》2020 年 2 月 12 日　作者：刘志伟　王潇潇　王子文)

国家重大公共卫生事件医学中心落户武汉

4月24日,国家卫生健康委员会决定以华中科技大学同济医学院附属同济医院为主体设置国家重大公共卫生事件医学中心,落实相关职责任务,带动提升全国重大公共卫生事件应对能力和医疗救治水平。

华中科技大学同济医学院附属同济医院是一家拥有120年历史,集医疗、教学、科研、管理为一体的创新型现代化的国家卫健委委属委管医院。"同济医院牵头,成立院士领衔、国际合作的国家重大公共卫生事件医学中心,是可行的。"华中科技大学常务副校长、同济医学院附属同济医院院长王伟介绍,医院具备三位一体的科学布局、平战结合的应急能力、聚焦危重的救治能力、系统引领的教学培训、国内领衔的科研实力、实时共享的数据中心、全国统筹的设备物资和作风优良的后勤队伍。

材料显示,此次以同济医院为主体设置的国家重大公共卫生事件医学中心,致力于防控机制、保障队伍、平台构建、管理模式、网络体系等方面的研究与建设,打造集预防、预警、救治、管理、教学、研究等一体化医学中心,以期实现重大突发公共卫生事件高效防控与救治,保障人民群众生命健康与安全。

记者从同济医院了解到,国家重大公共卫生事件医学中心在国家卫健委统筹下,发挥大型公立医院和高校、科研机构作用,对于重大公共事件防治,具有重大意义。据介绍,该中心确定了建立一个公共卫生防治政策智库与决策支持系统,建立一套积极预防、及时预警、准确预测的综合管理机制，建立一支重大公共卫生事件应急团队和建成一个应对突发重大公共卫生事件的急危重症救治平台等七大建设目标。

国家重大公共卫生事件医学中心采取平战结合应急管理模式。该中心在国家卫健委统筹下，将邀请国内外知名专家组成高级别学术委员会。同济医院作为该医学中心主体医院，负责医学中心的日常运行和管理，确保医学中心按职责任务开展相关工作。

平时，中心办公室协调以疾病为中心的首席专家团队，按照疾病和重大相关专业的类型，分成各个工作小组，涵盖相关科室。

"战"时，当重大公共卫生事件发生时，中心须能够主动预警、快速启动、迅速响应，最大限度地合理配置资源，保证救治平台正常运营，协同后勤保障、网络技术知识团队一起，努力保障医务人员的安全，减少身心创伤和社会影响。

（《科技日报》2020年4月26日　作者：吴岩　刘志伟）

院士专家为构建强大的公共卫生体系与国家治理现代化献计献策

6月20日，学习贯彻习近平新时代中国特色社会主义思想系列研讨会暨第七届国家治理体系和治理能力建设高峰论坛，在华中科技大学举行。论坛围绕构建强大的公共卫生体系与国家治理现代化进行专题研讨。

开幕式上，湖北省委常委、宣传部部长王艳玲指出，要深入学习贯彻习近平总书记考察湖北、参加湖北代表团审议、主持专家学者座谈会等重要讲话精神，贯彻落实湖北省委十一届七次全会精神，为构建湖北公共卫生体系、推进湖北省域治理现代化建言献策。要坚持整体谋划、系统重塑、全面提升，聚焦打造疾病预防控制体系改革和公共卫生体系建设的湖北样板贡献智慧。

在主题报告环节，中国工程院院士李兰娟、中国科学院院士陈孝平等20余位专家学者围绕构建强大的公共卫生体系分享了自己的思考。

李兰娟院士以自己"三进武汉"的经历谈疫情防控体会。"一进武汉"建言献策，"二进武汉"积极救治，"三进武汉"见证历史创举。她回顾了武汉交通管控、新冠肺炎患者救治、武汉全员核酸检测等战疫历程。她认为，这次战疫体现了中国力量、中国精神、中国效率。她指出，"外防输入、内防反弹"已经成为我国常态化防控下的主要任务和挑战。她建议，加强对普通民众的健康教育，提高新冠肺炎防范意识；继续强化社区防控，要充分利用大数据和人工智能技术赋能；对各国来华和归华人员进行精准分类管理；企事业单位要建立常态化防控制度，开展每日健康监测；继续加强新冠肺炎疫情防控科研攻关工作。

陈孝平院士分享了应对新冠肺炎疫情的几点体会，其中既有感动，又有建议。一是要建立长效机制，警钟长鸣。二是疫情防控布局常态化。三是医学教育急需改革，特别是加强"三基"训练。四是国家有难、匹夫有责。敢于担当的年轻医务工作者令人起敬。五是国家领导人和社会各界对医务人员的关爱厚重。六是军民融合、军民团结。

中共中央党校（国家行政学院）教授李军鹏，以《后疫情智能时代的公共卫生治理现代化》为题做了演讲。他认为，后疫情时代的理性生活、智能时代人类理性的飞跃、现代化的理性内核，都揭示了公共卫生治理的现代化特征：现代治理理性。现代公共卫生治理理性，是价值理性、法理理性、管理理性、工具理性的统一。四者相融相和，才能真正实现公共卫生治理现代化。

华中科技大学常务副校长王伟分享了国家重大公共卫生事件医学中心建设的同济设想。北京协和医学院公共卫生学院院长刘远立从信息化、法治化、协同化角度阐释了他对公共卫生体系现代化的理解。清华大学公共管理学院特聘教授王绍光以《思想短板与制度短板》为题，围绕公共卫生与疾控体系的发展发表了见解。湖北省委改革办专职副主任江国志介绍了努力打造疾控体系改革和公共卫生体系建设湖北样板，全力推进省域治理现代化的湖北探索。湖北省人民政府研究室主任覃道明解读了湖北、武汉抗疫斗争透露出的中国治理密码。湖北省卫健委副主任、武汉市金银潭医院院长张定宇介绍了金银潭医院医护人员在病原体发现、病人救治、临床研究、临床病理等方面做的工作。他指出，危难时刻，彰显共产党员的初心使命。华中科技大学副校长陈建国聚焦大健康、群健康、同健康、全健康四维健康，呼吁织密公共卫生安全网络，推动"新医科"建设，培养岗位胜任人才。华中科技大学国家治理研究院院长欧阳康分享了他对公共卫生安全与国家治理现代化的思考……

此次论坛由湖北省中国特色社会主义理论体系研究中心、中国社会科学院《中国社会科学》杂志社、中共湖北省委全面深化改革委员会办公室、湖北省人民政府研究室、湖北省卫生健康委员会、华中科技大学主办。

（光明日报客户端　2020 年 6 月 21 日　作者：张锐）

为人类可持续能源贡献"中国方案"
——华科大为"人造太阳"耕耘二十年

2020年11月,一份为国家新能源战略建言献策的报告牵动着党中央与华中科技大学中国工程院院士潘垣团队的心。这份报告以详尽的数据和科学的论证,重点汇报了改善我国能源结构、解决能源环境问题的相关途径与方法。

作为报告起草人,20年来,潘垣团队以从根本上解决人类能源问题为目标,积极参与国际大科学工程,主动贡献"中国方案"。

近年来,国际各界逐渐意识到,无论是传统的化石能源,还是近年来兴起的多种新能源,实际上都无法满足未来人类社会发展的需求。

于是,不断发光散热的太阳就成了科学家在能源领域重点关注的研究对象:我们可以模拟太阳发光发热的机制,升起一轮能自主掌控的"人造太阳"吗?

核聚变,正是太阳能量秘密之所在。但核聚变研究是一个时间跨度长,对物质人力有着超高需求的大型研究项目,单凭某一个组织或者国家是不可能实现的。因此,国际热核聚变实验堆(ITER)计划应运而生。此项研究由我国与欧盟、印度、日本、韩国、俄罗斯和美国六方一同参与,是目前全球规模最大、影响最深远的国际科研合作项目之一,旨在模拟太阳发光发热的核聚变过程,为人类提供"无污染、无碳、安全、实际上不产生废料的能源"。

潘垣团队就活跃在这项国际大科学工程中。在"等离子体破裂"这一研究领域,团队的等离子体不稳定性控制和破裂危害缓解技术位居全球领先地位。同时也是全球唯一能做到破裂逃逸电子完全抑制的科研团队，在实验中得到的逃逸电流耗散速率曾创下世界第一的纪录。

潘垣团队的国际影响力日益提升，其成员多次在相关领域顶级国际学术会议上作特邀报告，为其他国家同行提供技术指导。今年10月，团队的J-TEXT实验装置也被国际科技顾问委员会列为四大破裂缓解技术研究装置之一，进一步确立其研究在国际领先方阵的地位。

这一切都源于团队20年来从未改变的信念与坚持。

·早布局抓时机　从向外借力到自主发力·

1980年建成的TEXT（后升级为TEXT-U）本是建在美国得克萨斯大学的磁约束聚变实验研究装置。其在美运行期间，开展了大量富有成效的实验研究工作，在国际聚变界具有重要影响。

然而由于美国政策的变化，到了2001年，TEXT-U面临要么报废、要么拆迁的选择。

就在此时，得知消息的潘垣立刻意识到，这是我国以低成本直接介入磁约束聚变研究前沿，参与国际合作研究的绝好机会。更有意义的是，该装置结构紧凑，运行费用低，可频繁放电，特别适合作为教学装置，培养我国聚变工程所急需的高级人才。

在多方争取下，2003年年底，TEXT-U漂洋过海，落户武汉喻家山脚下。这不仅是大型实验设备一般意义上的搬迁，而且是实验室学术地位、研究特色、国际群体等"无形资产"的继承，使新实验室一开始就站在国际合作的高起点上。

装置回国后，在潘垣、于克训教授的带领下，聚变所第一批研究人员一齐上阵，奋战两年，终于在2006年这个关键节点上让TEXT-U在喻家山下恢复放电，重新运转起来，并改名为有着中美合作含义的J-TEXT（Joint-TEXT）。

2006年5月24日，我国与其他六方一起，在比利时布鲁塞尔草签《国际热核聚变实验堆联合实施协定》。这标志着ITER计划实质上进入正式执行阶段，也标志着我国成为ITER计划的实质成员国。在国内，相关工作立马热火朝天地开展起来。

依托这一装置，学校不仅发展了等离子体物理及核聚变等学科，还依托其大型脉冲发电机组，建成了教育部部属高校和湖北省首个国家重大科技基础设施——武汉国家脉冲强磁场科学中心。

随着工作的正式展开，研究团队也日益壮大，从当初的六七人发展到如今有研究人员 27 人，技术人员 14 人，研究生超过 100 人。先后承担了国家级重大研究项目数十项，发表 SCI 论文近 200 篇。更为重要的是，从一开始团队就以 ITER 计划中最重要的问题——磁流体不稳定性及其导致的等离子体大破裂为主攻方向，积极准备着在 ITER 上开展实验，与世界各国同台竞技。

·以合作谋突破　以高水平研究助推人才培养·

2016 年，还在聚变所任教的胡启明在《核聚变》上发表研究文章，对利用撕裂模控制领域的研究极具指导意义和深远的影响。同年底，该文被选为期刊高亮论文。

胡启明就是"土生土长"的华科大电气人，2009 年保送到聚变所攻读博士学位。

刚接触到 J-TEXT 的相关研究，他也是"两眼一抹黑"。但在导师的指导和课题组师兄师姐的帮助下，很快就"上了路"。"聚变所有一个传统，就是无论工作再怎么忙，也要挤出时间来组织学习，对领域内的理论基础和前沿热点做梳理、总结。一方面开阔了眼界，另一方面更是打牢了年轻人的研究基础。"

正是这篇文章吸引了美国普林斯顿大学等离子体物理国家实验室的相关负责人。他们力邀胡启明加盟，继续从事相关研究。

无独有偶，如今在加州大学洛杉矶分校的陈杰同样是在聚变所找准了自己的研究路径与方向并取得了突出成绩。

2008 年，正在物理学院学习的他对聚变产生了兴趣，听说电气学院有相关的研究机构。他就自己跑到聚变所了解情况。没想到正好碰上在所里开会的潘垣与时任所长庄革。两位老师面对这个虚心求教的年轻人，打开了话匣子。

陈杰自此立下了要在聚变领域闯出一番天地的志向。2014年博士毕业时，他关于等离子体内部磁场检测仪器相关的研究走在了业界最前沿，其精度超过了美国麻省理工学院的双色偏振仪，得到聚变界高度关注。

陈杰不仅获邀在国际高温等离子体诊断学术大会上作特邀报告，还被美国最大的聚变实验室聘请，为相关装置设计偏振仪诊断。

加强与国际高水平大学的合作，联合推进高水平基础研究和高技术研究，提高创新人才培养质量，为高水平人才提供更好的发展空间，也正是聚变所长期以来所追求的目标。

围绕 J-TEXT 的研究，华科大聚变所培养了一批又一批人才，不断提高我国在聚变领域的国际竞争力。国内两大聚变院所——核工业西南物理研究院、中国科学院合肥物质科学研究院的陈伟、季小全，亚太物理学会等离子体物理大会"杰出青年科学家奖"获得者王璐，"青年科学家奖（U30）"获得者郭伟欣以及现任 ITER 工程司副司长武松涛，他们都是我国在该研究领域的佼佼者。

·盯需求望前沿　为国际大科学工程写就中国方案·

潘垣认为，科学研究既要不等不靠，也离不开强强联手。通过国际合作，结合全人类的智慧将能更快地实现跨越式的突破。

等离子体大破裂对实验装置稳定运行带来的巨大危害，多年来始终困扰着研究者。

2008年，聚变所丁永华教授团队在对比研究了过去普遍使用的经典研究思路后，提出了一种新的思路来解决这一问题。

而为了验证这一思路是否可靠有效，实验一做就是近10年。团队成员饶波说，实验每年按照计划要进行两轮，每次持续3个月左右。在完成其他相关工作的基础上，团队其他时间都一心扑在分析实验数据，调整实验方案、设备上。

经过大量实验，团队验证了新方案的效果。这一研究成果在2018年荣获湖北省科技进步一等奖。

选择强强联手、加强国际合作，那就要有坐得下来、张得开口、说得明白的能力。

2018年10月,聚变所青年教师程芝峰以ITER合伙人的身份前往法国总部开展研究工作。

在总部,程芝峰要与来自多国的顶尖科学家联手参与研发。此前并没有海外留学经历的他,不免还有些发怵。真正投入工作后,程芝峰渐渐放下了悬着的心。早在聚变所打下的基础,这时发挥了作用。"所里经常会邀请国内外专家过来做报告、举行国际会议、开展联合实验,这为我融入法国总部的工作奠定了坚实的基础。"在自己负责的设计方案与性能评估报告顺利通过评审后,近期ITER组织光谱诊断负责人还邀请他给印度方帮忙,完善其负责的边界X射线光谱系统的设计与分析。

德国于里希研究中心、美国普林斯顿大学、韩国国立聚变研究所……聚变所研究人的脚步迈向全球,能力过硬、方向明确,他们成为ITER计划不可或缺的一支中国力量。

展望新征程,面对研究中的两个关键问题,潘垣团队已经明确了自己的发展方向——坚持面向前沿、布局未来,聚变中子源国家重大科技基础设施已被教育部推荐参加"十四五"国家重大科技基础设施评选;继续发挥优势与特长,进一步开展破裂机理、破裂缓解、破裂保护研究。

中国人升起自己的"人造太阳"的信念不曾动摇,人类追求聚变的梦想也不会止步。华科大聚变人在升起这轮全球瞩目"红日"的征程中,还将不断燃烧,释放更多的光与热。

(《光明日报》2020年12月22日 作者:夏静 汪泉 郑玮)

华中科技大学研制并交付使用首台高精度量子重力仪

华中科技大学引力中心团队3日宣布，团队历经15年潜心研究，在量子重力仪研发方面取得突破，近期成功研制并交付有关行业部门首台高精度绝对重力仪。经过多个点位的双盲测量评估，以及多家单位的专家综合评定，该仪器精度达到微伽水平，受到用户好评，已顺利通过验收。

记者从华中科技大学了解到，该校引力中心成立30余年以来，一直将面向国家重大需求作为重要科研方向。在中国科学院院士罗俊带领下，华中科技大学引力中心胡忠坤、周敏康团队历经15年潜心研究，攻克了物质波干涉、超低频隔振、装备小型化等量子重力仪的关键技术，于2013年将量子重力仪的分辨率提升至国际最好水平，并保持至今。华中科技大学引力中心团队耗时30年测出世界最精准引力常数G，在聚焦前沿的同时，瞄准国家需求，研制出了自主知识产权的小型化量子重力仪装备，为量子重力仪走出实验室、服务国家需求，迈出了坚实一步。

业内人士认为，这一自主研制量子重力仪的成功交付，将打破高精度重力仪国外技术垄断的局面，为我国高端量子装备的发展提供新途径，也为行业部门的仪器使用提供了具有我国自主知识产权的新选项，更能保障核心数据的安全。

（新华社2021年1月3日　作者：李伟）

湖北光谷实验室：
助推"中国光谷"迈向"世界光谷"

"这一块小小的电池，是我们坐了20多年冷板凳的成果。它在未来会发出更大的光，产生更大的能量！"2月22日上午，华中科技大学韩宏伟教授举着手中拇指大小的电池，信心满满。

光电转换材料与器件，是湖北光谷实验室创建后的四大任务之一。目前，韩宏伟教授团队已在此方面开展前沿性基础研究，取得了突破性进展。

"建设国际先进科研基础设施，汇聚世界一流人才，探索有组织创新的新型运行机制，产出世界级重大成果。"中国工程院院士、华中科技大学党委书记、湖北光谷实验室主任邵新宇介绍，湖北光谷实验室承担着这一使命诞生，将为做大做强我省光电子信息产业、打造万亿级"光芯屏端网"及大健康产业集群、助力"武汉·中国光谷"迈向"世界光谷"，提供战略支撑。

·一块普通材料在他们手中"逆袭"·

在导电玻璃上，依次"刷上"三种纳米材料结合而成的"浆料"，烧制、填充、烘干后，玻璃"变身"为钙钛矿太阳能电池，提供稳定而可靠的电源。韩宏伟团队的相关研究两度刊发于《科学》杂志，成为廉价清洁能源的重大突破。

突破，源于 20 多年孜孜不倦的坚持。"基础研究需要我们认准方向，不受外界左右，踏踏实实，干就对了。"韩宏伟教授介绍，钙钛矿材料本是 1893 年就已人工合成的材料，团队发现它的"潜能"并非偶然，是在无数次实验中接近并最终找到的。而它在湖北科研人员手中也大放异彩——

在光电转换效率方面，目前获得第三方公证的钙钛矿太阳能电池的最高实验室光电转换效率已经达到 25.5％，超过市场上占主导地位的多晶硅太阳能电池、碲化镉薄膜太阳能电池和铜铟镓硒薄膜太阳能电池；

在器件稳定性方面，在连续 13000 小时标准模拟太阳光持续照射后，器件未出现明显衰减，而这一辐照量相当于武汉或欧洲大部分地区 13 年的太阳光辐照量总和。

而今，钙钛矿太阳能电池正作为新兴太阳能电池技术的杰出代表，在湖北进入开发生产。

·集纳 13 个高端平台、千余科研人员·

近 60 年来，光电科学一直是国际上最为活跃的研究领域。湖北光谷实验室创建之前，华中科技大学和中科院精密测量科学与技术创新研究院等 8 家科研机构和企业，本就拥有 7 个国家级光电领域研究平台、6 个省部级光电领域研究平台。

湖北光谷实验室主任邵新宇介绍，我们 2003 年开始筹建武汉光电国家实验室，与"武汉·中国光谷"的发展共生共荣，已具备雄厚的基础。这次，进一步整合了湖北省光电信息领域的优势平台、优势学科、优势人才、优势产业，采取"1＋N"的组织模式，依托华中科技大学，联合优势科研机构和企业共同建设，形成"核心＋联盟＋生态圈"的创新格局，体现了优势整合、特色突出的发展战略。

·强强联手，使命更强，担子更重·

扎根"武汉·中国光谷"，坚持"四个面向"，聚焦下一代通信网络器件与芯片等四大任务，建设光电芯片微纳制造及测试平台等三大平台，以

"网络强国、制造强国、健康强国"三大使命为导向,着力提升光电信息领域原始创新能力,突破"卡脖子"关键核心技术瓶颈,加速科技成果转化,打造我省光电信息领域创新驱动高质量发展的战略力量。

接下来,实验室将探索新型管理体制和运行机制,初步形成千余人规模的科研队伍和科研条件设施,力争到2025年建成全省光电领域的激发原始创新、创造高端成果、汇聚创新人才、引领新兴产业的创新高地。

"湖北光谷实验室建设,对我们坚持基础研究是极大鼓励,平台和人才对团队未来发展也是重要保障,尤其对产业化推动有重要意义。"即将搬到新的实验大楼,韩宏伟教授相信钙钛矿太阳能电池能够"走得更远",发出更亮更久的光。

(《湖北日报》2021年2月23日 作者:方琳 冀娴贤)

"幽灵"双曲极化激元被证明 极化激元模式分类有新说

8月18日,华中科技大学光学与电子信息学院(武汉国家光电研究中心)李培宁、张新亮教授研究团队在《自然》刊文,该团队同一些国外单位合作,突破性证明了传统双折射晶体中存在"幽灵"双曲极化激元电磁波,该成果革新了极化激元基础物理的"教科书"定义,对凝聚态物理、光物理、电磁学等领域的基础原创研究有重要指导意义。

极化激元光学是目前凝聚态物理、光物理、材料科学等多学科交叉的前沿科学领域,也是我国传统优势研究方向之一。

据介绍,极化激元是光和物质强耦合作用产生的"半光-半物质"准粒子,能将光场压缩聚焦至很小尺度,从而突破衍射极限,实现奇异的微纳光学现象和重要应用。1951年,我国著名半导体物理学家黄昆先生提出声子极化激元的经典理论,开辟了这一重要研究方向。随后,根据材料种类不同,不同性质的极化激元相继被发现。

目前,不同种类的极化激元一般被归纳为两类传播模式,即沿着材料界面传播的表面模式和在材料内部传播的体模式。而李培宁和张新亮团队的研究成果突破了极化激元模式分类的固有认识,证明了在各向异性方解石晶体中,存在第三种极化激元模式——"幽灵"双曲极化激元。

长期以来,"幽灵"电磁波被预测可产生负折射、超分辨成像等多种奇特现象,但这种特殊电磁模式的存在一直没有得到实验证明。

李培宁和张新亮团队发现的"幽灵"极化激元是光场压缩能力更强的一种特殊的亚波长"幽灵"电磁波。团队发现教科书中的经典双折射材料——方解石晶体存在"幽灵"极化激元，通过理论预测及计算，发现当方解石晶体的光轴和晶体界面存在一定夹角时，就可存在"幽灵"双曲极化激元。这种新型极化激元具有面内双曲型色散关系，表现出强各向异性的传输特性。

此外，该团队同时证明了能够通过改变双折射晶体内禀的属性——光轴的朝向来调节极化激元色散。除方解石晶体以外，团队预测石英、氧化铝等众多常见的双折射晶体中可能存在这种性质优异的"幽灵"极化激元。

据悉，该研究有力证明了储量丰富、可大规模制备的极性晶体在微纳光学领域具有极大的应用潜力，在红外光谱传感、亚波长信息传递、超分辨聚焦成像、纳米尺度辐射调控等方面有广泛应用前景。

(✎ 《科技日报》2021年8月26日 作者：刘志伟 吴纯新 冀娴贤)

采用"码中码"策略，实现大规模信息存储
超分子水凝胶或让未来"硬盘"变"软"

将信息码图案通过激光雕刻技术嵌入水凝胶中，借助水凝胶中荧光分子的 AIE 效应，在紫外线照射下，信息码图案会清晰地显示出来，从而实现信息储存。未来这种水凝胶有望像硬盘一样存储大容量信息。

说到储存信息的载体，大多数人第一时间会想到硬盘。随着人们要储存的图片和视频越来越多，对信息储存材料的存储容量和成本等也提出了更高的要求。50 多年来，硬盘的存储量从 5MB 增长到 TB 级，但也不能满足所有人的需求。现在，一种新型信息储存材料——信息码逐渐进入人们的视野，仅几年时间，信息码已从一维码、二维码发展到三维码，并得到了广泛应用。

记者 10 月 20 日从华中科技大学获悉，该校化学与化工学院教授吉晓帆团队与中国科学院院士、香港中文大学（深圳）教授唐本忠团队合作，研发出一种能实现信息大量存储的超分子水凝胶。吉晓帆告诉记者，该水凝胶作为一种新型信息储存材料，有望突破信息码存储信息单一的瓶颈，可以像硬盘一样存储大容量信息。相关论文发表在《先进材料》上。

·读取信息码数据更方便快捷·

随着社会经济的发展，人们对信息储存的要求也不断升级。吉晓帆说，硬盘在 1956 年刚问世时仅可储存 5MB 的信息量，随着技术的不断进步，其信息存储量从 1973 年的 30MB，增加到 2007 年的 TB 级，存储容量

可谓突飞猛进。"从低存储量到 TB 级高存储量，硬盘的快速发展极大促进了信息社会进步。"

近年来，以二维码为代表的信息码，在商品流通、图书管理、防伪和保密等众多领域广泛应用，但其往往只能存储单一信息，不能满足社会发展需求。那么，能不能让信息码像硬盘一样可以存储大容量信息呢？吉晓帆信心满满地告诉记者："这个看似遥不可及的想法，正一步步成为现实。"

目前，根据图案类型，信息码可以分为一维码、二维码和三维码。一维码也称为条形码，它将多个宽度不等的黑白条纹，按照一定编码规则排列（一维方向上）出平行线图案；二维码则是用某种特定的几何图形，按一定规律在平面（二维方向上）排列出黑白相间、记录数据符号信息的图形；彩色三维码是以传统黑白二维码为基础，加以不同颜色矩阵，构成独特彩色图像。

虽然一维码、二维码、三维码原理不同，但本质上都是将文字（数字）图像化，便于机器（终端）快速识别、录入的一种图像编码。

吉晓帆介绍，与传统信息储存材料相比，信息码材料可以相对直观地展示，且数据读取更加方便快捷。

·"码中码"可实现多层次存储·

为了提高信息代码的存储能力，吉晓帆等人设计了一种水凝胶。据吉晓帆团队相关负责人介绍，要让水凝胶存储信息，首先要想方设法让水凝胶显色，从而展示出相应的信息图案。而传统荧光生色团在高聚集状态下，荧光会减弱甚至不发光，即显示出聚集荧光猝灭效应（ACQ）。

早在 2001 年，唐本忠院士团队就已经发现了一种特殊现象：一些荧光分子在聚集状态下反而会显示出更加强烈的荧光，并提出这是一种聚集诱导发光（AIE）效应。随后，具有 AIE 效应的荧光分子不断在智能传感材料、液晶或偏振光材料、高效率的 OLED 显示和照明材料、细胞器成像和长效追踪的荧光探针等众多领域应用。

借助这种荧光分子的优良发光性能，吉晓帆团队设计并制备了 3 种不同荧光颜色（红色、黄色、蓝色）的 AIE 超分子水凝胶。通过凝胶界面超分子组装，形成稳定的水凝胶组装体，可作为彩色三维码存储信息。他们通过激光雕刻技术将信息码图案嵌入水凝胶中，借助水凝胶中荧光分子的AIE效应，在紫外线照射下，信息码图案会清晰地显示出来，从而实现信息储存。

研究团队还提出了"码中码"策略，将不同类型信息码嵌入AIE超分子水凝胶中。如此，不仅分别实现了对一维信息或二维信息的大量存储，还可实现对一维、二维、三维信息的多层次存储。通过"码中码"策略，他们不仅设计了"三维码中的一维码"和"三维码中的二维码"，还将一维码和二维码同时植入到三维码中，设计出"三维码中的一维码和二维码"，提高了信息码的存储容量。

·水凝胶大规模应用仍待破题·

"生活中，信息码的应用已经随处可见。"吉晓帆说，未来信息码将在物流、医疗、旅游、金融等众多领域广泛应用，推动信息存储技术蓬勃发展。

但现在的研究大多基于一维码、二维码或三维码的独立应用，每种信息码都只能存储一种信息。而吉晓帆团队研发的新型储存材料水凝胶，可以进行多信息存储，具有突破性意义。

据团队相关研究人员介绍，水凝胶的结构与生命组织相似，且无刺激、无致敏性，在与人体组织、血液等相接触时，其表面黏附细胞及蛋白质的能力很弱，表现出良好的生物相容性。此外，水凝胶中含有大量水分，以水为溶剂，具有环保、清洁、极易获取等特点，这也使这种材料在应用中具有显著优势。近年来，相关产品已成功作为创面护理敷料、退热贴、药物载体等广泛应用。当水凝胶作为信息储存材料时，其柔性特点及生物相容性优势，将使它在可穿戴智能设备、柔性器件等领域具有更大的应用价值。

与无机硅、量子点等信息存储技术相比，AIE水凝胶具有易于调控、便于加工等优势，有望为实现新一代信息存储技术提供有效的解决方案。

"虽然优势明显，但仍需技术突破。"吉晓帆介绍，水凝胶在干燥环境下容易快速失水变干，在严寒气候下又容易冻结，从而损失某些功能。另外，水凝胶在实现信息存储时，需通过激光雕刻将信息码图案嵌入凝胶中，这无疑加大了生产工艺的难度。

在论文中，该团队只进行了有限的信息存储效果展示。"理论上，如果我们在凝胶组装体的各个凝胶单元中嵌入更多信息码图案，就可实现对无限多的信息存储。"吉晓帆说，但这面临着一个现实问题，当需要在一定规格的水凝胶中引入大量信息时，图案数量大大增加，而图案面积就会相对缩小，这对生产工艺的要求十分严格。若要实现大规模应用，更精密的生产设备还有待攻关。

(《科技日报》2021年10月22日　作者：吴纯新　王潇潇)

人畜共患传染病项目获批立项
同济医院宁琴教授任首席科学家

2月10日,人民日报健康客户端获悉,由华中科技大学牵头,华中科技大学附属同济医院等十家单位联合申报的"十四五"国家重点研发计划"人畜共患烈性传染病临床救治创新技术与防护规范研究"获批立项,同济医院感染性疾病研究所宁琴教授为首席科学家。

人畜共患疾病是指由同一种病原体引起,流行病学上相互关联,在人类和动物之间自然传播的疾病,目前,有70%以上的传染病属于人畜共患传染病,且新发传染病中60%为人畜共患传染病。SARS、中东呼吸综合征、新型冠状病毒、埃博拉出血热、寨卡病毒都是源自动物病毒的"偷袭",对人类健康威胁巨大。新发人畜共患烈性传染病在病原鉴定、溯源与控制、快速诊治和药物开发等方面亟待突破。

该项目主要针对人与动物共患烈性传染病进行研究,包括新发突发和"经典"的传染病,新发突发传染病如新型冠状病毒,经典传染病如流行性出血热、发热伴血小板减少综合征、布鲁菌病等。该项目从国家生物安全重大现实需求出发,对人畜共患烈性传染病的临床特征、疾病进展和转归规律,重症危重症的预警预测,重症医学智慧信息系统,临床救治新技术和新方案,临床救治的生物安全体系等五个关键环节开展研究。

"希望通过三年时间,总结出重大烈性传染病的预警指标和临床特点,探索出3~4个特别有效的治疗方案,使重大烈性传染病临床救治存活率至少提高15%以上。同时建立重症医学智慧信息系统,实现对重症患者生命体征进行无线监护,以减少重症患者的痛苦。"宁琴教授在接受人民日报健康客户端采访时表示。

据了解,该项目联合申报单位还包括吉林大学、华中农业大学、中国科学院微生物研究所、武汉市金银潭医院、武汉市肺科医院、湖北省疾病预防控制中心、武汉生物制品研究所有限责任公司、深圳迈瑞生物医疗电子股份有限公司,资助研究经费为1910万元。

(人民日报客户端2022年2月10日)

无源保暖护脸技术为冬奥健儿送温暖

"已给国家越野滑雪队送去了八批护脸装备，为运动员的面部、呼吸道、颈部等提供必要的无源保暖防护。"2月16日，华中科技大学武汉光电国家研究中心教授陶光明说，他所在团队研发的无源保暖雪上科技护脸技术，弥补了越野滑雪护脸装备技术空白，可在极端寒冷环境中为运动员实现高效运动保暖防护。

雪上项目运动员经常处在严寒的比赛环境中，可能导致运动员出现呼吸道疾病、肌肉骨骼不适、皮肤冻伤、心肺健康受损等健康问题，损害运动表现并威胁生命。

越野滑雪更是被称为冬奥会"雪上马拉松"，运动员在极端低温下长距离运动，冷空气对呼吸道和肺功能的刺激，可能限制运动时的最大通气量，抑制机体运动表现。

然而，此前世界上没有关于越野滑雪护脸装备的相关国际标准或建议。

本届冬奥会上，部分国外选手为抵御寒风冲击，直接将保护肌肉用的胶带贴于面部。此举引起胶带供应商担忧，因目前此产品并没有被测试证明可以使用在脸上，且其强黏合性可能伤害脸部皮肤。

陶光明表示，防止冷空气对呼吸系统的损伤和剧烈运动时对氧气的吸入量，不仅是冬奥赛场的迫切需求，也是一个相互矛盾的问题，这给护脸技术研发带来巨大挑战。

跳起来摘桃，创新只能突破"0"到"1"。

新技术借不到、学不来，只能自己干出来。陶光明团队从新材料和新结构两方面入手对无源保暖护脸技术进行深入探究，挑战跨学科交叉的综合性和复杂性。

为共同助力冬奥，响应"带动三亿人参与冰雪运动"号召，研究团队成员根据国家队实际佩戴反馈，春节假期主动请缨留校，推进研发攻关直至最后一刻。多线程并行、有条不紊紧密配合，在快节奏和高强度下持续不断为国家队提供无源保暖护脸产品。

无源保暖雪上科技护脸技术致力于为冬奥会赛事提供科技保障服务。依托我国强大的基础制造业，陶光明团队探索产学研合作模式创新，通过交叉学科创新方式攻克高端制造和新材料领域难题，目前已初步形成较为完整的全链条技术服务体系，且具有全自主知识产权、技术体系。本护脸装备研发过程中，陶光明团队得到了常州裕源灵泰面料科技有限公司和武汉爱帝集团有限公司在加工制造支撑等方面的支持。

团队研发的无源保暖雪上护脸装备，具有无源加热、智能保暖、通气舒适、轻巧便携等特点。去年11月，初版护脸装备在合肥公共安全研究院进行相关测试，结果表明，在－10℃环境中运动时佩戴可使受试者吸入空气温度提高约20℃，面部皮肤提高约6℃。紧接着，团队针对护脸通气量和舒适性进一步改进，以满足寒冷环境中高速运动需求。

陶光明介绍，该装备通过局部微环境有效热调控，降低运动员在赛前热身或运动过程中面部、呼吸道损伤及低温带来的不适感，可为在严寒环境中着装轻便的越野滑雪运动员提供"快"而"暖"的无源保暖服务。

（✎《科技日报》2022年2月17日　作者：刘志伟　吴纯新）

罕见病"梁-王综合征"以华中大师生姓氏命名

近日,华中科技大学生命学院人类基因组研究中心王擎教授团队在生理学权威期刊发表研究成果,论文报道了新发现的导致罕见病"梁-王综合征"的基因突变。该种疾病是以其首次发现者博士生梁丽娜、王擎教授的姓氏命名。

"梁-王综合征"是一种先天性多系统畸形综合征,是由于KCNMA1基因突变导致的常染色体显性遗传病。其临床主要表现为神经功能障碍,如严重的全面发育迟缓,智力发育受损,语言能力差或缺失,癫痫,共济失调,肌张力障碍等,此外,还有多系统畸形的表现,如明显的颅面畸形、内脏畸形、骨骼和血管异常等。

2022年2月13日,王擎团队在生理学权威期刊 Acta Physiologica 发表相关研究成果。论文报道了两个新发现的导致"梁-王综合征"的 KCNMA1 基因突变,并揭示了该突变导致疾病发生的分子机制,再次为深度解析梁-王综合征的遗传基础提供了科学证据。

国内外多项研究也跟踪报道了该疾病。据悉,疾病通常会以首发者姓名来命名,比如帕金森综合征、唐氏综合征等。在国际学术界内以中国人姓氏命名的罕见遗传性疾病非常少见。

王擎团队的研究将为"梁-王综合征"的早期诊断和治疗措施打下基础。作为一名多年聚焦于罕见病研究的科学家,王擎表示,希望能够有更多人关注罕见病领域的研究,共同推动中国罕见病的研发诊疗,促进罕见病患者准确诊断和治疗。

据了解，华中科技大学人类基因组研究中心成立于2003年，围绕心脑血管系统、神经系统、视觉系统等重大疾病和罕见病，已建成国际一流的人类疾病医学基因组学研究平台，在探索重大疾病和罕见病遗传与分子机制，开发精准诊断和治疗新技术、新方法方面取得了一系列重大成果，在《自然》等国际顶级期刊发表多篇高水平研究论文。

(光明日报客户端　2022年2月28日　作者：夏静　张雯怡　晏华华)

华中科大骆清铭院士团队
研究和治疗阿尔茨海默症短时记忆损伤有了新思路

阿尔茨海默病是一种典型的神经退行性疾病，常伴随着物体识别记忆等认知功能障碍。目前，导致短时记忆损伤的神经环路机制尚不明确。

近日，中国科学院院士、华中科技大学教授骆清铭团队，利用自主研发的荧光显微光学切片断层成像技术（fMOST），并结合神经示踪、光遗传、钙成像等多种方法，以模型小鼠为对象，揭示了阿尔茨海默病导致短时记忆损伤的内侧前额叶皮层环路机制。相关论文近日在线发表于《自然·通讯》。

研究人员使用病毒示踪和fMOST技术解析了前额叶皮层投射神经元的形态和输入环路结构，分析了5×FAD模型小鼠神经环路结构的变化，确定了上下游环路的关键脑区核团。研究人员通过光遗传和化学遗传等技术，分别调控了内侧前额叶的投射神经元及其上游胆碱能神经输入环路的活动，缓解了5×FAD小鼠物体识别记忆表达障碍的症状，为进一步研究和治疗阿尔茨海默病短时记忆损伤提供了新思路。

据介绍，小鼠内侧前额叶对储存和表达短时记忆至关重要。研究人员通过光纤记录发现，当小鼠执行新旧物体识别任务时，相比于对照组，病理模型小鼠内侧前额叶的皮层下投射神经元对物体的响应有所下降。通过光遗传等技术激活5×FAD小鼠内侧前额叶的皮层下投射神经元或其在乳头体上核的投射，可以缓解物体识别记忆障碍的症状。

结合病毒示踪、fMOST 和光纤记录等技术，研究人员发现 5×FAD 小鼠内侧前额叶的皮层下投射神经元上游的胆碱能长程输入环路，表现出随病程发展的进行性退化。激活内侧前额叶的皮层下投射神经元上游的胆碱能长程输入环路，可以改善模型小鼠的内侧前额叶皮层投射神经元活动水平及物体识别记忆功能。

（🖊《中国科学报》2022 年 3 月 1 日　作者：荆淮侨）

摘得国际 EDA 竞赛冠军，华中科技大学计算机学院"90 后"团队
—— 探前沿算法 解应用难题

不久前，在计算机辅助设计国际会议上，华中科技大学计算机学院吕志鹏教授团队摘得电子设计自动化布局布线算法竞赛全球冠军。这支年轻的团队专注于应用型研究，希望打通算法研究从实验室到企业的"最后一公里"，把科研成果写在祖国的大地上。

华中科技大学计算机学院人工智能与优化研究所里，研一学生罗灿辉紧张地坐在电脑前，每隔一会儿就点击鼠标、刷新网页。突然，网页更新了，计算机辅助设计国际会议（ICCAD）电子设计自动化（EDA）布局布线算法竞赛第一名的名单里，赫然出现了他们团队的名字：罗灿辉、梁镜湖、谢振轩、苏宙行、吕志鹏。"我太激动了，第一时间和团队分享了这个好消息。"罗灿辉说。

罗灿辉所在团队成员的平均年龄才 24 岁，除了指导老师吕志鹏教授外，全都是"90 后"。今年是他们首次参加 ICCAD 竞赛，如此年轻的团队，能从 12 个国家和地区的 137 支队伍中脱颖而出，吕志鹏却很平静："我们的目标远不止于此。从事 EDA 研究，不是为了发论文或得大奖，而是要为具体的工业应用服务，要把科研成果写在祖国的大地上。"

· 夺冠离不开深厚积淀 ·

EDA 就是利用计算机辅助设计软件，来完成芯片的功能设计、综合、

验证等流程的设计方式。EDA 布局布线设计是其中重要一环。就像装修房子,要让各种家具家电、电线网络布局在最合适的地方,做到既美观又节省空间,还能完美互联互通,需要一个最优的"施工图"。芯片等精密器件只有指甲盖大小,却要加载百亿个单元,相互联结的线路更复杂,只能通过算法去设计最优"施工图"。

EDA 是电子设计的基石产业,在精密制造领域,更是精密器件生产、加工和测试的基础。"可以说,掌握了最优的 EDA,就有了高端工业领域的主导权。"吕志鹏说。

EDA 的基础就是算法。这个年轻团队的夺冠,离不开研究所在算法领域 40 余年的积淀。上世纪 80 年代,华中科技大学计算机学院成立人工智能与优化研究所,第一任所长黄文奇成为国内最早关注算法研究的专家之一。"早期阶段研究所更侧重于纯理论研究,而且专注于解决 NP 难问题。"吕志鹏介绍。NP 难问题,是世界七大数学难题之一。在算法领域,通俗地说,NP 难问题是指那些具有极高计算复杂度、没有"标准答案"的非确定性问题。

没有标准答案、标准路径,如何解题?黄文奇提出了拟人拟物的算法思路,并被传承至今。"拟人拟物就是用自然界和人类社会的一些设计和布局智慧来解决数学算法问题。"吕志鹏说。这种算法的灵感来自一次挤公交车的经历。当时,黄文奇接到一个研究课题,需要将一个大圆进行机械加工,在其中打一些大小不等的圆形孔,打完孔之后的大圆重心要和原来的大圆接近。如何实现?黄文奇苦思冥想,而看似满员的公交车却一次又一次挤进新乘客的场景,让他灵光一闪。他把挤公交的场景等价为一个物理演化模型,经过多次算法演练,最终找到了大圆打孔问题的最优解决办法。

·解决企业实际应用难题·

每家医院都有很多护士,但护士的层级、专业各不相同,医院护士不能断档,还要保障护士应有的休息时间……如何通过算法,让每家医院都能迅速找到最优的排班方案?留学期间,吕志鹏就参加了一次这样的算法竞赛并获得第三名的好成绩。让他惊奇的是,竞赛成果立刻被运用到了各大医院中。

"在国外，从护士排班到快递物流、城市规划设计等都有算法的应用，很多企业会把算法跟工业紧密结合。我国经济高速发展，数字化转型深入推进，我们更应该将科研与产业发展紧密结合起来。"吕志鹏说。2011年担任研究所所长后，他便致力于科研的应用化转型。

机会不期而至。2011年毕业季，一家企业到华科招聘，面试官与一名求职的研究生交谈时，聊起研究生正在参与的一个课题，恰好是企业亟待破解的难题。面试一结束，面试官立即请研究生带他去见课题负责人吕志鹏，代表企业提出了合作科研攻关的意向。

"这是我们团队做的第一个应用型项目，虽然并没有太多经济收益，但是我们觉得很值，这标志着我们团队正式将算法研究应用于实业。"吕志鹏说。一年半后，他们拿出了一个优化方案，大幅降低了企业生产成本。迈出第一步后，研究所的应用型研究越来越顺畅。从实验室到企业，他们设计的算法被应用于快递物流、电子器件、智慧城市建设等诸多领域。

·坚持"从0到1的突破"·

算法领域的很多国际大赛，"出题人"都是业界的重要企业，所出的题目正是企业本身难以破解的技术难题。因此，以赛促练是人工智能与优化研究所的传统。吕志鹏团队此次参加的ICCAD是EDA领域历史最悠久的顶级学术会议之一。本届比赛的题目，正是当下最前沿的芯片设计中的难题，光题目打印出来就有厚厚一本，数据量极大、约束性条件极多。

第一次接触这么难的题目，几名"90后"起初有点发怵。苏宙行博士根据每个人的特长优点分解任务，大家很快埋首于自己的具体问题，探索不同的解决路径。"NP难问题就是这样，没有确定答案，只能不断探索、不断失败，再不断去想新路。"研究生梁镜湖说。"锲而不舍、永不言弃"是苏宙行对队员们最深的印象。而实现"从0到1的突破"，是队员们最兴奋的时刻。经过4个月的不懈努力，在无数次试错之后，他们终于找到了一条正确的解题路线。

尽管算法运用领域十分广泛，这次大赛却让罗灿辉等团队成员坚定了将来从事EDA研究的决心。他们深知，在许多关键技术买不来、学不来的情况下，我国更需要研究人员沉下心来，击破"卡脖子"难题。"这次大赛结果再次证明，年轻人可以扛大梁。"谈到未来，吕志鹏充满信心，"我们也希望和其他研究者分享经验，共同解决算法研究从实验室到企业的'最后一公里'问题，为国家培养更多人才。"

（✎ 《人民日报》2021年11月23日　作者：田豆豆　吴君）

"2022·中欧人权研讨会"聚焦科技与人权

10日,中国人权研究会和奥地利奥中友好协会共同举办"2022·中欧人权研讨会",会议在中国武汉和奥地利维也纳分设主会场。

本次会议主题聚焦科技与人权,来自联合国人权高专办的代表和来自中国、奥地利、英国、德国、匈牙利、意大利、希腊、西班牙等国的100余位人权领域专家学者、高级官员和实务部门代表以线上线下相结合的方式进行研讨交流。

中国人权研究会副会长徐显明表示,中共十八大以来,以习近平同志为核心的党中央坚持把尊重和保障人权作为治国理政的一项重要工作。中国走出了一条顺应时代潮流、符合中国国情的人权发展道路,不仅让中国人民的人权得到了前所未有的发展,也为促进世界人权事业,推进全球人权治理作出了巨大贡献。在推进人权事业发展进程中,中国积极推进科技创新与人权保障平衡发展,积极开展科技领域国际合作,努力让科技为推动构建人类命运共同体作出更大贡献。

奥地利前总统、奥中友好协会主席海因茨·菲舍尔认为,互联网、大数据和人工智能改变了我们的生活,也在人权保护领域带来了新挑战和机遇。加强世界各国之间的交流沟通,促进相互理解非常重要,专家学者们的深层交流,将为推进人权事业带来更多的理解和合作。

华中科技大学党委书记李元元谈到,在当前快速发展的科技浪潮下,十分有必要坚守和弘扬全人类共同价值,丰富人类文明多样性。全球化时代,人类面临着许多共同的问题,需要在交流互鉴中寻求答案,要充分发挥"科技向善"的重要特性。

中国驻奥地利大使李晓驷表示，中奥两国多次广泛深入交流人权问题，双方应当本着相互尊重、平等相待、开放包容、求同存异的精神，开展建设性的对话与合作，共同促进人权事业发展。

英国知名律师、仲裁专家格雷厄姆·佩里发言指出，每个国家都有反映其自身历史进程的民主特色。中国共产党发挥着领导作用，创造了各方可以不断进行政策讨论的过程，以确保党和政府所执行的政策能够反映人民的利益。西班牙知华讲堂名誉主席马塞洛·穆尼奥斯表示，西方社会宣称自己是民主的典范，在更大程度上是某种优越感，而非现实，况且这不是唯一的民主模式。中国特色民主制度适应当代中国社会现实，是对中国来说最合适最好的制度。

中国人权研究会副会长李君如说，要从虚拟世界人权的两重性特点出发，正确认识和处理信息化、网络化、数据化、智能化条件下的人权问题。尊重和保障网络时代的人权，是中国人权事业发展的新趋势。

研讨会期间，中外与会专家围绕科技发展对人权的贡献、科技与发展权、数字技术与人权等议题举行了三场平行会议。与会专家普遍认为，尊重和保障科技时代的人权，已经在理论、立法和实践中成为人权事业发展的新趋势和新特点。各国应加强合作与交流，为迎接应对人权事业发展的新机遇、新挑战凝聚合力，携手推进全球科技发展与人权治理相得益彰。

中欧人权研讨会创立于2015年，是中欧在人权领域交流合作的机制化学术平台。本届研讨会由华中科技大学人权法律研究院和奥中法律协会承办。

（新华社2022年5月11日　作者：李伟）

华中科大年减碳 4000 万吨"黑科技"通过鉴定

5月16日,由华中科技大学相关团队参与的"以空气为载体基于余热蒸发浓缩高盐废水及零排放技术"项目通过了中国电力企业联合会的鉴定。该技术由华中科大张军营团队和天空蓝环保研发的"PM2.5团聚协同脱硫废水零排放技术"与青岛达能环保的"以空气为载体利用余热蒸发浓缩技术"组成。一举实现脱硫废水零排放、细颗粒物(PM2.5)高效脱除和三氧化硫有效控制。

在当天进行的科技成果鉴定会上,经过质询答辩、资料审查、讨论评定等环节的严格审议,11位行业专家组成的鉴定委员会一致认为,成果整体达到国际领先水平,同意通过科技成果鉴定。华中科大教授张军营估算,全国电厂如能广泛采取该技术,预计每年可减少二氧化碳排放量近4150万吨。

· 解决煤电老大难问题"脱硫废水零排放"最后一公里 ·

作为中国能源绿色低碳转型的关键,如何发挥好燃煤电厂的调峰保障作用,同时兼顾煤炭低碳清洁化利用,是一项重要的课题。

一直以来,脱硫废水都是燃煤电厂处理难度最大的废水之一,其中含有大量重金属和氯离子,pH值偏酸性、固溶物含量高且具腐蚀性,而最难解决的就是氯离子和腐蚀性问题。为此,华电湖北发电有限公司黄石热电分公司,与华中科大等多家单位合作,尝试研发相关技术来破解这一难题。

研发团队介绍，通过团聚协同技术，以独有的高低温主烟道蒸发技术、使用钝化剂大幅降低减缓氯离子腐蚀速率，成功破解脱硫废水零排放难题。华电电科院检测数据显示，该技术满足不同工况下脱硫废水处理量 2 立方米/小时，除尘效率提升 12.7% 以上，实现非碱基三氧化硫脱除，脱除率达 38% 以上，各项指标均达到验收标准。

"该技术的应用，可大幅降低减缓氯离子腐蚀速率，同时使细颗粒物团聚长大，提高除尘效率。此外，还能有效脱除三氧化硫，降低空预器堵塞风险，提高炉效，提高机组负荷的适应性。"鉴定委员会副主任、华能集团湖南分公司总经理汪德良评价，该技术路线为解决相关问题提供了新思路，复合药剂可以抑制氯离子，对系统的腐蚀产生了抑制作用。

在当前废水零排放技术成为燃煤电厂的"刚需"技术的背景下，脱硫废水零排放领域也显示出巨大的推广价值。目前，该项目成果已在华电集团、湖北能源集团、国家能源集团等大型电力集团成功应用，为燃煤电厂末端脱硫废水零排放提供了指导及技术支持。

·助力煤电"节能改造 灵活性改造"服务双碳战略·

"发展清洁电力是企业减轻环保压力、保证环保安全，贯彻落实低碳发展既定目标的长期使命。废水零排放课题组从理论研究到实践探索都取得了可喜的成果。"华电湖北发电有限公司黄石热电分公司副总经理范青松对项目成果充分肯定。

燃煤电厂烟气中的三氧化硫严重影响着电厂机组运行的经济性和稳定性，成为火电企业减碳途中的"绊脚石"。三氧化硫与脱硝系统中的氨生成硫酸氢铵凝结物会造成空预器的腐蚀和堵塞，额外增加机组能耗，尤其不利于调峰机组的运行。

"煤电发挥托底调峰保障作用，机组中低负荷运行趋多。此工况会造成更加严重的堵塞和腐蚀，因此三氧化硫治理更为迫切。"张军营介绍，"团聚协同多污染物治理技术"突破了单一污染物治理技术屏障，创新"以废治废"环保新思路，在从源头治理 PM2.5 逃逸难题。

同时，还能根据煤电灵活调峰需求，达到不同的三氧化硫脱除率，切断硫酸氢铵形成条件，降低空预器堵塞风险。并降低空预器出口烟气酸露点，提高炉效，突破性解决了一直困扰燃煤电厂空预器堵塞和设备腐蚀的"卡脖子"难题，真正达到节能减排增效的目的。

"在煤电调峰升级的背景下，该技术改造灵活、提效可调的优势，一举完成强化减排和废物资源化利用，为燃煤电厂绿色低碳转型提供了灵活多样的选择和整体解决方案。"张军营表示，此次通过技术鉴定，是该技术继年初被列入《环保装备制造业高质量发展行动计划（2022—2025年）》后，再次得到肯定。如果能在全国广泛推广，将有力支撑"双碳"目标的实现。

（《中国科学报》2022年5月16日　作者：荆淮侨）

华中科大：
中国故事国际传播指数报告发布

华中科技大学中国故事创意传播研究院联合中国外文局当代中国与世界研究院日前在华中科技大学首发《中国故事国际传播指数报告》。

中国故事创意传播研究院院长陈先红教授认为，中国故事是指在国际传播场域中，被提及的中国人、事、物、场、境五大要素故事，这一界定使中国故事在学术领域首次具有了操作化指标。

《报告》通过探讨"中国版中国故事"和"西方版中国故事"的国际传播差异来发现中国故事在国际传播过程中存在的问题并提出相应的解决方案。《报告》分别从"我传"和"他传"两个视角出发，聚焦2021—2022年度同一国际传播场域中涉及的中国"人、事、物、场、境"五组故事要素，进行大数据挖掘和熵权法计算，分析得出"中国故事国际传播力度指数"和"中国故事国际影响力指数"，据此发布自传榜（中国故事国际传播力度榜单）、他传榜（中国故事国际影响力总榜单和四个子榜单）、榜中榜（中国故事国际影响力分类榜）和榜外榜（中国故事国际传播未来方向）四个榜单。

（新华社2022年5月16日　作者：李伟）

碱性膜燃料电池催化剂找到了"平替"

近年来,随着我国"双碳"目标的提出,以碱性膜燃料电池为代表的氢能转化技术开发受到重点关注。然而,该技术还存在技术瓶颈,比如电池阳极碱性氢氧化反应中镍催化剂的活性较低,无法实现对贵金属催化剂的有效替代,严重制约了碱性膜燃料电池的成本与效率。

为此,华中科技大学研究团队在调控镍活性中心的价层电子分布上,实现了高效氢气电催化氧化,为开发廉价高效的碱性膜燃料电池催化剂提供了新思路。相关研究成果近日在线发表于《德国应用化学》。

华中科技大学王得丽、赵旭团队提出一种独特的催化剂价电子分布调控策略,通过在超薄氮化镍纳米片催化剂中构造镍缺陷,诱导氮化镍中的价电子发生离域或缺失,从而有效调节了碱性氢氧化反应中间体的吸附与转化过程,显著降低氢氧化反应能垒。

研究表明,在适当的电极载量下,该催化剂在碱性膜燃料电池阳极氢氧化反应中的电流密度可超过商用铂催化剂,且在循环使用 2000 次后性能未见明显衰减。此外,该催化剂还具备比商用铂催化剂更强的抗一氧化碳毒性。

(《中国科学报》2022 年 6 月 15 日 作者:荆淮侨)

揭牌！两大国家技术创新中心落户湖北

6月25日，国家数字建造技术创新中心、国家智能设计与数控技术创新中心在武汉揭牌，落户湖北。

据介绍，国家数字建造技术创新中心以突破数字建造关键核心技术、实现重大研究成果产业化为核心使命，统筹协调全国优势科技力量，促进产业链相关创新主体和各类创新要素有效协同、形成合力，为数字建造领域提供高质量源头技术供给，推动我国数字建造领域创新能力整体跃升。国家智能设计与数控技术创新中心围绕智能设计、智能数控和智能制造系统三个方面开展研究工作。

作为国家数字建造技术创新中心首席科学家，中国工程院院士、华中科技大学教授丁烈云表示，国家技术创新中心是国家战略科技力量的一部分，是推动技术创新和成果转化的科技创新战略基地。两个国家技术创新中心落户湖北，充分体现出科技部对湖北科技创新工作的高度重视，也是湖北创新驱动发展的重大机遇。

丁烈云说，湖北制造产业体系完整，尤其是汽车制造、航空航天、海洋船舶和高档数控机床、工业机器人、激光装备等高端制造装备方面优势突出。全省建筑业总产值排名全国前5位，在桥梁、地铁、隧道、超高层等工程设计与建造产业领域位居全国领先方阵。

尤其是今年，科技部、国家发改委支持湖北建设武汉具有全国影响力的科技创新中心，将进一步激发武汉乃至湖北的区域创新活力，进一步完善国家科技创新空间整体布局。

他表示,作为在汉高校和两个中心的建设主体,华中科技大学有责任、有义务通过建好两个中心,坚持产学研用一体化,培育壮大国家战略科技力量,进一步促进智能设计与数控、数字建造"卡脖子"技术及产业关键核心技术攻关和科技成果转化,推动创新链和产业链深度融合,打通从科技强到产业强、经济强的通道,加快形成区域创新体系和创新生态,为武汉具有全国影响力的科技创新中心建设作出示范、贡献力量。

(《科技日报》2022年6月25日 作者:吴纯新 丘剑山)

光谷腹地
追光者

◆ 湖北去年战略性新兴工业营业收入突破万亿元,其中电子信息产业占6348亿元。湖北光电器件占全国市场60%、激光设备占全国市场50%、光谷的光线光纤占全球市场25%

◆ 截至2021年底,光谷"光芯屏端网"产业规模达6000亿元,加速向万亿级规模冲刺,成为代表国家参与全球光电子产业竞争的主力军

◆ 一个个"0—1"的突破昭示着,光电子信息产业率先实现突破的曙光渐近

武汉光谷以"光"命名,因"光"闻名,是全球知名光电子产业基地,位于武汉东湖新技术开发区。正如20世纪的微电子学造就了美国硅谷,21世纪的光子学催生了武汉"中国光谷"。

光电子信息产业在武汉东湖新技术开发区的发展,离不开"追光者"们的努力。地处光谷腹地的武汉光电国家研究中心(下称"研究中心"),是全国首批组建的6个国家研究中心之一,在这里,有一群"追光者",孜孜不倦、锲而不舍、勇攀高峰;在这里,有一批科研成果,问鼎国际学术前沿,打破国外封锁,实现了从0到1的突破。

世界上第一个小鼠全脑高分辨率图谱、"幽灵"双曲极化激元电磁波、新一代相变存储器芯片、掌握国际话语权的100kW高功率光纤激光器、

显示亮度增强 6 万倍的"点亮肺部"MRI……一个个技术突破昭示着,光电子信息产业率先实现突破的曙光渐近。

·以原始创新独树一帜·

瞄准国际学科前沿,不断加强原创性、引领性科技攻关,是光电子信息产业实现突破的基础依托。

超分辨成像和加工、超快激光与物质相互作用、高效光场调控、高效光电转换材料与器件等方向是国际学科前沿,是全世界光电领域研究者共同关心的基础性问题。对此,研究中心从基础理论、原理、工艺、核心器件到科研装置部署了系统研究。

经过近 20 年研究条件和科研能力建设,一系列"藏龙卧虎"般的原创性研究成果奔涌而出,支撑了光谷在光电子信息产业领域的独树一帜地位。

在超快激光与物质相互作用研究方面,产生小于 100 阿秒、高能量的阿秒激光一直是国际上研究的热点。陆培祥教授团队在国际上首次理论突破百阿秒壁垒,并与日本研究小组合作产生 1.3 微焦阿秒激光,单脉冲能量保持世界第一。近年来,陆培祥教授实现阿秒时域双缝干涉精密测量,并建立光电离和阿秒光电子全息理论,实现阿秒光电子全息,精度达 10 阿秒,实验发现隧穿电离的非绝热效应,在精密测量方面具有广阔的应用前景。

在高效光场调控方面,利用新的模式和新的维度是实现突破衍射极限、实现高效传输和存储的有效解决途径。李培宁、张新亮教授团队突破性证明了传统的双折射晶体中存在"幽灵"双曲极化激元电磁波,革新了极化激元基础物理的教科书定义,对凝聚态物理、光物理、电磁学等领域的基础原创研究具有重要指导意义;王健教授团队从电磁波根本特性参数出发,挖掘出与电磁波空间螺旋相位分布相关联的轨道角动量这一电磁波潜在新维度资源,将轨道角动量成功引入到光通信,其相关研究成果发表于国际顶级期刊,受到广泛关注。

在高效光电转换材料与器件方面,高效、廉价的新型太阳能电池技术和高效的发光材料对"碳达峰"和"碳中和"意义重大。韩宏伟教授在国际上研制出"至今最高稳定性"器件，被国际上称为"武汉电池"和"韩电池"；唐江教授开辟了硒化锑薄膜太阳能电池研究新方向，制备出光电转换效率达5.6%的电池器件，在发光材料研究方面，团队打破荧光粉近百年研究瓶颈。

一组数据很有说服力：在全球十所知名光学机构中，研究中心2008—2021年科学引文索引扩展版论文总数、被引总频次、ESI高被引论文数均排名第一，说明研究中心已位列国际光电领域基础研究第一方阵。

基础研究是科技创新的源泉，基础研究的每一次重大突破都会催生一系列新技术、新发明，带动新兴产业崛起，促进经济社会发生重大变革。研究中心常务副主任张新亮教授认为，未来只要努力把科学研究向前推移，将科教优势转变为科技创新优势，就有望支撑光电子信息产业率先实现突破。

·以交叉研究支撑产业突破·

瞄准国际学术前沿，不断开展多学科交叉融合的创新研究，是光电子信息产业实现突破的关键依托。

2003年，为应对全球光电技术与产业的飞速发展，华中科技大学联合中国科学院武汉物理与数学研究所、武汉邮电科学研究院、中船重工第七一七研究所等，共同组建武汉光电国家实验室（筹），2017年获批组建武汉光电国家研究中心。十余年来，研究中心始终围绕前瞻性研究开展学科交叉布局。重点聚焦信息光电子、能量光电子和生命光电子三大领域，围绕集成光子学、光子辐射与探测、光电信息存储、激光科学与技术、能源光子学、生物医学光子学、多模态分子影像、生命分子网络与谱学等8个方向，开展基础性、前瞻性、多学科交叉融合的创新研究。

如电石火花触碰，一系列原创性科研成果在学科交叉处产生，在大功率光纤激光器、激光3D打印装备、光通信用大带宽光电器件、存储器件、医疗影像装备、柔性光电材料等方面取得突破，对光谷激光、光通信、存储、显示、生命大健康等领域的光电子信息技术企业发挥了重要支撑作用。

骆清铭院士团队一直从事信息光电子学与生物医学交叉的学科——生物医学光子学新技术新方法研究，在生物结构、功能及多分子事件信息获取方面做出了系统的创新性成果。

相关技术应用于北京冬奥会，为极端严寒环境下的运动员提供防寒护脸技术。陶光明教授接受《瞭望》新闻周刊记者采访时介绍，自己牵头的纤维光电子学研究团队聚集了来自光电、材料、计算机、临床医学、运动等不同领域的青年学者，致力于医疗纤维机器人和面向运动与健康智能化的智能织物技术等跨学科研究。多学科交叉、产学研协同研发的光学超材料织物，在户外暴晒环境可为人体表面降温近5℃。

费鹏教授牵头的生物光子学与微流控技术团队的研究也是跨越光电、机械、计算机和生物多个领域，聚焦于尖端生物动态光学成像技术的研究。该团队去年发明了一种新型的光场显微技术，可观测目前显微镜难以清晰捕捉的毫秒级动态生物学过程，今年又提出一种新的光片超分辨显微成像策略，大幅突破现有三维超分辨成像的时空分辨率极限，为快速、三维、长时程地观测活细胞的精细动态和相互作用提供了强有力的新工具。

得益于较早布局多学科交叉研究，研究中心在光电领域的学科实力稳居全国前列。据研究中心党委书记夏松介绍，由研究中心与华中科技大学相关院系共建的光学工程、生物医学工程在国家第四轮学科评估中被评为"A+"，共建学科"计算机科学与技术"被评为"A"。

交叉学科研究有助于打破学科壁垒，为光电子信息产业未来实现率先突破奠定基础，带来更多无限创新可能。夏松认为，要促使光电子信息产业突破，还要在学科交叉融合上进一步发力，主动布局、自主增设战略性新兴交叉学科，进一步凸显放大光电子信息交叉学科的优势特色。

·以机制创新支撑成果转化·

搭建平台、理顺机制，促进科技成果快速转化和光电产业快速升级，是支撑光电子信息产业率先实现突破的必要条件。

研究中心先后成立武汉光电工业技术研究院、鄂州工业技术研究院、苏州脑空间信息研究院等平台。迄今已完成30多个项目、120多项知识产权的成果转化，累计转化价格3.3亿元。其中，武汉光电工业技术研究院已孵化极目智能、沃亿生物、尚赛光电等130家企业，为光谷的持续创新点燃了"星星之火"。

韩宏伟教授团队研究成果通过挂牌转让给万度光能，目前在成本控制、稳定性及大面积化方面均处行业引领地位；付玲教授团队研究的共聚焦显微内窥镜成果以投资入股的形式实现科技成果转化，去年全新一代共聚焦显微内窥镜系统获准上市，目前已在全国30余家三甲医院完成试用；曾晓雁教授团队自2007年开始研究激光3D打印技术并推进其产业化，推动激光3D打印装备逐渐走向市场。

与大型企业合作，为企业解决核心技术瓶颈问题，也是实现成果转化的高效方式。近年来，研究中心和华为、腾讯、浪潮、联影、长江存储、高德红外等头部企业开展深入合作，解决核心技术问题，或布局未来5～10年新型研究。缪向水教授团队扎根存储器领域，自主研发存储芯片35年，团队将93项三维相变存储器芯片专利许可转让长江存储并合作开发芯片产品，推动存储器芯片技术的成果转化及未来技术的探索。研究中心与华为公司深度合作，张新亮、夏金松、余宇、谢长生、李进延等在铌酸锂芯片、新型光存储技术、高性能光纤技术等方面开展研究……

湖北去年战略性新兴工业营业收入突破万亿元，其中电子信息产业占了6348亿元，湖北光电器件占全国市场60%、激光设备占全国市场50%、武汉光谷的光纤光缆占全球市场25%……截至2021年底，光谷"光芯屏端网"产业规模达6000亿元，加速向万亿级规模冲刺，成为代表国家参与全球光电子产业竞争的主力军。

今年，武汉市出台支持光谷高质量发展方案，提出加快推进国家信息光电子创新中心、国家先进存储产业创新中心等9个国家创新中心建设和创建工作。面向未来，光谷将坚持聚焦发展光电子信息产业，并向"光芯屏端网"全面拓展，构建优质企业梯度成长格局，组成战略性新兴产业高质量发展的主力军和先锋队。

（新华社《瞭望》新闻周刊2022年7月2日　作者：李伟）

聚焦华中大

华中科技大学70周年校庆丛书

第十六章

责任以行　不负使命

华中科大版黄金十条出台
——每年投 1000 万 加速智力变财富

每年拿出 1000 万元作为基金,支持教师和科研人员的科技成果转化;教职工下海,3 到 8 年内保留其原身份,成果完成人及其研发创业团队最高可获 70％股权奖励,鼓励和支持有创业条件的学生(尤其是研究生)进行创新创业……

昨日获悉,18 日,华中科技大学出台《关于进一步促进科技成果转化的若干意见》,鼓励师生在完成规定的教学、科研等工作任务的前提下兼职创业,将科技成果转化纳入对院系工作的考核。这是继武汉大学后,又一所本地部属高校对武汉促进东湖国家自主创新示范区科技成果转化"黄金十条"的具体响应。

新规提出,支持教师和科研人员到企业兼职,努力在东湖高新区打造具有该校技术背景的企业集群。该校国家、省部级科研平台向社会开放,为企业科技创新服务。据统计,该校目前有国家、省部级科研平台 85 个,其中国家实验室 1 个,国家重点实验室 5 个。

去年,武汉市政府与华中科大签署协议,共建武汉智能装备工业技术研究院和武汉光电工业技术研究院。华中科大此次提出,鼓励教师和科研人员带科技项目到工研院工作,支撑并引领武汉市战略新兴产业发展。

华中科技大学产业集团承担着该校经营性资产保值增值和科技成果转化的双重职能,直接投资控股、参股及全资企业 55 家,截至 2011 年底资产总额79.32亿元，华工科技、华中数控等一批企业享誉海内外，业内人士认为，华中科大此次新规，或会批量成就一批富翁教授和研究生老板。

(✎《长江日报》2013年1月20日　作者：朱建华　王潇潇)

中美专家共商煤炭清洁利用

为研讨清洁煤发电、转化和二氧化碳捕获、封存、利用的问题,百多名学者于2月29日齐聚华中科技大学,参加中美清洁能源联合研究中心清洁煤技术联盟第二次全体成员大会。

据介绍,中美两国的煤炭资源相对丰富,在其能源系统中广泛应用。中美清洁煤技术联盟的重点研究任务涵盖从煤炭的清洁发电、清洁转化、新型低成本碳捕集技术到二氧化碳资源化利用及地质封存研究等多个方向,共同应对中美两国所面临的诸多挑战。

作为中美清洁能源中心的重要研发平台,华中科技大学的3兆瓦碳捕获试验基地2011年底竣工。其每年可捕获近万吨二氧化碳,是国内迄今最大的富氧燃烧碳捕获试验系统。

据中美清洁煤技术联盟中方主任、华中科技大学教授郑楚光介绍,富氧燃烧技术可望成为目前对现有燃煤发电机组清洁化改造、碳捕获封存的最低成本路径。捕获的二氧化碳少部分可以用来生产汽水、化肥,也可以用来提高石油采集率;大部分将埋存在地下深层咸水层,以减缓全球暖化效应。

中美清洁能源联合研究中心是2009年中美两国元首共同宣布组建的,包括清洁煤、清洁能源汽车和建筑能效三个研究领域。华中科技大学和西弗吉尼亚大学是联盟的中美依托单位。

(《中国科学报》2012年3月3日 作者:鲁伟 钱海涛)

科技"公转"
成华中科大新名片

40多个与企业共建的技术中心、联合实验室，10余个入驻地方的研究院，以1000万元成交的首例高校科技成果挂牌转让……5月8日，在国际应用科技开发协作网第八届理事会第二次会议中，华中科技大学科技成果转化及产业化工作的系列成绩受到高度关注。

· "三板斧"闯出横向转化新天地 ·

据介绍，"企业合作""区域合作""驻外研究院"是华中科技大学推进科技成果横向转化的三大模式。

近年来，华中科技大学实施大企业合作战略，先后与武钢集团、神龙汽车、武烟集团、武船和武重等100多家大中型企业开展合作。近三年该校承担横向新增项目3000多项，获得企业资助投入约9.2亿元，促进了学校科技成果向企业的转移，支持了企业的技术改造和技术攻关，取得了良好效益。其中，开发出的系列工业激光加工成套设备，成功应用于三峡工程设备制造、"神六""神七""嫦娥一号""嫦娥二号"等工程重要零部件的加工中，实现销售收入20亿元，出口创汇672.7万美元。

与企业共建联合实验室则为学校科技成果推广到企业应用、解决企业现实生产难题、企业转型升级做出了重要的技术支撑。拥有7个专业研究室、每年3000万元科研合作经费的华中科技大学—WISCO联合实验室已经开展了100余项科研合作项目，项目成果在武钢生产经营中发挥作用，直接经济效益超 3 亿元。

遍布于武汉、东莞、深圳、温州、无锡、泉州、襄阳、随州等地的驻外研究院是学校推动科技成果转化的另一利器。近年来，10 多个研究院为当地企业解决技术难题、提供科技咨询服务等项目 300 多项，培训各类人才 3000 多人。武汉光电国家实验室（筹）与武汉市共建武汉光电工业技术研究院，已培育成立企业 26 家，撬动社会资本投资达 1.4 亿元，并成立武汉首家工研院育成创投基金，推动多项科研成果在武汉落地转化。

· "直达车"开辟纵向转化新路径 ·

从科技成果到科技产业，转化之路并不平坦，但是在华中科技大学，却可以通过学校的"直达专列"化繁为简。

多年来，华中科技大学充分发挥科技资源和学科优势，积极探索科技成果转化的新模式，大量优秀技术成果迅速孵化直至产业化，发展成为具有产业链连接、具有较强竞争力和盈利能力的高科技企业。目前，学校拥有全资、控股和参股企业共 52 家，含全资企业 13 家、控股企业 18 家、参股企业 21 家，已发展成为国内具有较大影响力的高校科技企业集团。

国内数控系统行业的第一家上市公司——华中数控，高校科技成果首例挂牌转让——"显微光学切片断层成像系统"，实现湖北产权交易在进场环节成功融资零的突破——热特性检测技术……为实现科技成果快速转化为生产力，华中科技大学不断探索科技成果转化的新模式，为科技成果迅速走向市场打造通途。

（科学网 2015 年 5 月 11 日　作者：王潇潇　鲁伟）

一带一路服务贸易人才校企合作培养基地在武汉成立

日前，华中科技大学与武汉烽火技术服务有限公司合作共建的"一带一路"服务贸易国际人才校企合作培养基地在武汉揭牌成立。

基地成立后，校企双方将高等教育课程内容与产业发展需求有机结合，在教材开发、师资建设、教材研发、课程设置、就业实习以及技术交流等方面开展全方位合作，为服务贸易、服务外包人才培养探索新路径。

截至目前，华中科技大学已经为全球150多个国家培养了近7000名各类人才，烽火科技集团为全球90个国家和地区3000余人提供了培训服务。双方合作为创新国际化、综合型、适用性服务贸易人才培养提供了创新模式。

(《人民日报》2018年4月19日　作者：田豆豆　胡记伟)

一群大拿爱上科普
让物理成了"香饽饽"

4月17日,华中科技大学物理学院刘鑫教授到河南省安阳一中做了一场题为《我们的征途是星辰大海》的科普报告。刘鑫从物理学的发展入手,讲述物理学重要的发现,以及推动科技进步、改变人们生活的故事。他深入浅出、娓娓道来,令在场的300多位老师和同学欣喜不已。

而这只是华中科技大学物理学院科普志愿服务团的活动之一。自2005年成立以来,给全国各地的孩子们科普物理知识就成了服务团的使命。这些科普讲座不仅增强了孩子们的科学兴趣,也让华中科技大学物理学院有了实实在在的收获。"过去物理学院招满学生靠调剂,如今只有第一志愿才可能录取,而且分数线逐年走高。"该院党委书记张凯介绍,过去在校内转系过程中,物理系本科生净转出大于净转入,现在申请转入物理系却要排队,物理成了"香饽饽","这些都是重视科普带来的回报"。

· 激发学生们解开谜题的兴趣 ·

"黑洞——宇宙神秘的漩涡""神奇的飞秒激光""在纳米世界里追光""时间的诱惑"……翻开华中科技大学物理科普讲座日志,这些题目一看就充满吸引力。所有讲座不但费用全免,对应的中小学还可根据该院提供的讲座"菜单"点单选择。

"为什么牛顿在推导出第一运动定律后,还要补充第二运动定律,难道不是多此一举?万有引力真的存在吗,还是只是我们的错觉?光速是否真的永恒不变?"这么多问题暴风骤雨般来袭,让同学们的大脑瞬间如失重般眩晕。

这是去年物理学院教授叶贤基在华师一附中做科普讲座时,他介绍的关于时间、空间和引力波的最新研究被同学们疯狂点赞。叶贤基幽默风趣、深入浅出、自信优雅的讲述方式,瞬间打开同学们学习物理的兴趣大门。

不仅学生,湖北省公安县第一中学校长杨宗荣对华中科技大学物理学院的科普讲座也赞不绝口。"科普讲座结合了教授们的自身经历,从学生实际基础出发,深入浅出,激发了学生们对追求科学的激情。"

"之所以会产生物理太难的社会认知,这恰恰跟当今社会的物理科普不够到位有关。如果我们这些做物理研究的人,自己都讲不出来物理的重要性,那学生和家长们更没法明白了。"该院院长陈相松认为,科普的迫切性和重要性恰好体现在,将看似高深的物理学知识用最深入浅出的方式讲出来,将物理学研究的最前沿成果和普通大众的相关性讲出来,激发了学生们解开世界一切谜题的兴趣。

·把科研实力转化为科普实力·

在物理学院的教授科普志愿服务团里,可谓藏龙卧虎:长江学者、"国家杰青"陆培祥教授,引力中心主任、"国家杰青"涂良成教授,引力波专家、重力导航教育部重点实验室主任周泽兵教授,从世界顶尖科研机构回国任教的"80后"王兵、蔡建明、陈学文、王顺等教授……

细数下来,仅去年一年,该院 30 多位教授已在全国范围内举办了 40 多场物理科普课,吸引了万余人参加。这支由教授、博士生、本科生组成的科普志愿服务团,用"走出去"的方式将科学的种子撒向全国。

被外国专家称为"世界引力中心"的华中科技大学喻家山防空洞,已经成为国际上最好的引力物理实验室之一。

独特的自然环境、巧妙的实验设计、前沿的科研项目,使之从对外开放之初便成为全国最受欢迎的科普基地之一。单是去年一年,就吸引了 1000 多名学生参观。

"物理学院是全国科普教育基地,2015 年成立科普志愿服务团,着力建设'聪明的孩子学物理'这个品牌。"张凯坦言，这些都是重视科普带来的回报。

·助推教学相长、立德树人·

"科学普及是万众创新的前提和基础。"张凯表示，没有全民科学水平的提升，就不会有真正持久的科技创新。因此，华中科技大学物理学院大力开展科普志愿服务活动，以提升全民科学素养为己任，履行高校社会服务的职责。

湖北孝昌县是华中科技大学的精准扶贫点，也是全院师生最牵挂的地方。去年5月，学院数次赴孝昌开展"华中科技大学科普孝昌行"系列活动，邀请教授去进行深入浅出的科普报告。辅导员刘欢带着学生科普实践队的同学还拖着几大箱物理实验仪器亲自上门，给80多名留守初中生带去生动有趣的科普体验课。

"印象最深的是，当我们把实验仪器放到桌上时，孩子们的眼里充满了激动和期待，却又胆怯地不敢去碰。"刘欢感叹，大城市里的学生们见到这些仪器则"淡定"许多，他们可以跟我们谈引力波、谈光学隐身术、星球大战的光剑。他说："相比之下，这些容易被外界忽视的'穷孩子们'，更需要教育资源向他们多多倾斜。"

物理学院副院长王兵教授曾在法国国家科学中心工作。回到华中科技大学物理学院后，他经常走出校园做科普报告，"在不同地域讲座，让我看到学生科学素养上的差异，就想给大山里或贫困地区的孩子更多些接触物理世界的机会，让他们也能见识到世界前沿的科学知识，说不定这些孩子中间也会有像霍金那样的大科学家。"

立德树人，只有教学相长才能释放更多的正能量。科普志愿服务活动正是助推教学相长的重要抓手。张凯说："要建设世界一流大学、一流学科，必须扎根祖国大地办大学，培养具有家国情怀的一流人才，让这样的一流人才更好地承担起立德树人的责任，通过参与科普志愿服务无疑是最好的途径之一。"

(《科技日报》2018年4月26日　作者：刘志伟　王潇潇　高翔)

"把科技的命脉掌握在自己手中！"
——探访华工激光和它背后的"高校力量"

"科技自立自强是国家强盛之基、安全之要","把科技的命脉掌握在自己手中,国家才能真正强大起来"……中共中央总书记、国家主席、中央军委主席习近平6月28日在湖北省武汉市考察时发表的重要讲话,在高校师生中引起热烈反响。

在武汉华工激光工程有限责任公司考察时,习近平总书记指出,随着我国发展壮大,突破"卡脖子"关键核心技术刻不容缓,必须坚持问题导向,发挥新型举国体制优势,踔厉奋发、奋起直追,加快实现科技自立自强。

沿着习近平总书记考察的足迹,记者探访了武汉华工激光工程有限责任公司(以下简称"华工激光")和它背后的"神秘力量"。

"华工激光是华中科大成果项目成功转化并实现上市的高科技公司"

据华中科技大学党委宣传部工作人员介绍,20世纪90年代,在中国证监会新出台扶持高新技术企业融资上市政策的背景下,华工科技产业股份有限公司(以下简称"华工科技")于1999年7月28日成立,2000年在深圳证券交易所上市,是由华中科技大学因科技成果转化应运而生的高科技公司。上市后,华工科技以"代表国家竞争力、具备国际竞争力"为目标,与华中科技大学共同承担了多个国家项目,研发了多项成套设备,解决了工业生产急需解决的问题。

华工激光作为华工科技的核心子公司，是国家重点高新技术企业、激光行业国际标准制定参与单位、国家标准制定的牵头组织和承担单位，承担了激光领域大部分国家重点项目和重大科技攻关项目。

"1971年，华中工学院（现华中科技大学）院长朱九思决定成立'激光教研组'，设立全国首个激光班，并确定了研究方向——面向工业应用进行激光器研发，为我国激光产业的发展奠定了技术和人才基础，这也是华中地区激光产业集群领先全国、率先迈向全球的重要原因。"该工作人员介绍。

·"校企联合孕育出了一批全国乃至全球首创的科研成果"·

华工激光背后的"神秘力量"来自哪里？据介绍，华工激光脱胎于华中科技大学激光加工国家工程研究中心，是中国高校成果转化的先行者，拥有院士专家工作站及院士在线培训体系，并形成了产学研用协同创新平台，孕育出了一批全国乃至全球首创的科研成果——

我国首个半导体激光器芯片，首台高性能光纤激光器，首套工业级紫外激光器，首套激光三维远程焊接系统，首套激光拼焊设备，首条汽车白车身激光自动化焊接产线，首套全自动激光切管机，首条新能源汽车全铝车身自动化焊接产线，等等。

其中，工业级紫外激光器终结了中国在此领域研究了30年无法产业化的历史。2016年，华中科技大学、华工激光联合多家单位自主研发的"汽车制造中的高质高效激光焊接切割关键工艺及成套装备"项目荣获2015年国家科技进步一等奖。2018年荣获湖北省科学进步一等奖的三维五轴激光切割装备，也是华中科技大学专家团队和华工激光联合研制的。

"习近平总书记指出，要加强技术研发攻关，掌握更多具有自主知识产权的核心技术，不断延伸创新链、完善产业链，为推动我国光电子信息产业加快发展作出更大贡献。"华工科技产业股份有限公司党委书记、董事长马新强向记者表示，作为高科技企业，我们要肩负起关键产业链环节自主研发这个重任，紧盯产业发展趋势，加大科技研发投入，有效激发员工创造力，持续开发出一批国产化高端装备，让创新真正成为企业高质量发展的动能，加快实现科技自立自强。

·"总书记关心的事情,华中科大一定会落实好!"·

"华工激光正是学校发挥工科优势,推进科教协同和产教融合的成果体现。"华中科技大学党委书记、中国工程院院士李元元在介绍中难掩自豪,30多年前,华中科技大学贡献出"建设中国光谷"的伟大畅想,30多年来,华中大与光谷相伴同行,创新共建,携手培育了一大批创新创业的领军企业,努力攻克了一大批"卡脖子"的关键技术,形成了10万华中大校友建设光谷的蔚然之风。

李元元表示,湖北武汉东湖新技术开发区在光电子信息产业领域独树一帜,华中科技大学在其中作出了不可磨灭的贡献,我们倍感骄傲和自豪,同时也深感责任重大、使命光荣。我们要完整、准确、全面贯彻新发展理念,心怀"国之大者",更好发挥学校学科、科研、人才和创新优势,为服务国家加快实现科技自立自强作出自己的贡献。我们一是要坚持系统思维、凝聚创新合力,打造科技创新"新力量";二是要坚持人才强校,激发各类人才活力,构筑科技创新"新高地";三是要坚持深化改革,弘扬科学家精神,营造科技创新"新环境"。

在华中科技大学校长、中国工程院院士尤政看来,习近平总书记此次武汉之行考察华工激光,也是对华中科技大学这么多年以来敢于竞争、善于转化的一个重要肯定。"多年来,华中科技大学面向国家重大需求、面向国民经济主战场,作出了巨大贡献。"

"只有科技创新能力强,才能实现国家的发展。"尤政表示,我们要不断提高我国科技发展的独立性、自主性、安全性,要自成体系,要延伸创新链、完善产业链,要有更多的新技术、新产业、新领域、新赛道、新优势,要建成与我国世界第二大经济体相匹配的产业集群,在关键核心技术上突破,加强技术攻关,掌握更多知识产权的核心技术。"今后,华中科技大学将聚焦服务国家重大需求,以重大科技创新平台为核心,打造世界一流创新体系,汇聚培养世界一流科技人才,贡献世界一流科技成果。"

党的十八大以来,习近平总书记5次考察湖北,对湖北科技创新工作寄予厚望。总书记的殷殷嘱托,激励着华中科大师生始终把个人追求同国家追求高度统一,把服务祖国作为进行科学技术研究的根本追求,并为实现科技自立自强而不懈奋斗。全校干部师生纷纷表示,"总书记关心的事情,华中科大一定会落实好!"

华中科技大学教授、中国工程院院士丁烈云表示,国家数字建造技术创新中心将围绕智能感知与工程物联网、工程装备智能化与建造机器人等关键共性技术开展攻关。我们将加倍努力,将总书记的殷殷嘱托转化为务实行动,以只争朝夕的使命感,抢抓发展先机,在科技自立自强上取得更大进展。

中国科学院院士、华中科大学术委员会主任、未来技术学院院长丁汉表示,过去,华中科大是光谷崛起的重要依托;未来,高端装备制造、光电子信息产业、生物医疗等战略产业的长足发展更是需要华中科大的全力支撑。我们要按照习近平总书记的指示,牢牢把握"以科技报国、制造强国为己任"的初心信念,为学校的发展、为光谷的振兴、为国家科技实力的增强作出贡献。

华中科大研究生院院长、化学与化工学院教授朱锦涛表示:高校要勇挑重担,聚焦国家战略需要,瞄准关键核心技术,在基础学科拔尖人才和卓越创新人才培养方面尽早布局,全方位谋划,努力成为我国综合创新能力提升的战略科技力量。研究生教育工作要立足科技创新的主战场,着力培养有担当、有情怀、肩扛国家责任、不负人民嘱托的高层次科技创新人才,在科技自立自强的道路上继续奋勇前进。

光学与电子信息学院博士后黄清说,习近平总书记的重要讲话,对我们青年科研工作者是一种极大激励和鼓舞。科学研究不可急于求成,要有信心和信念。每一个走向实用化阶段的产品,都需要无数次的工艺探索,脚踏实地,不断地试错,不断地改进,持之以恒,方能成功。

(中国教育新闻网 2022 年 7 月 1 日   作者:张晨 程墨)

武汉协和医院：
准点开刀率76%是如何实现的

日前，武汉协和医院公布数据显示，医院11月首台手术准点划刀率达76%，病人躺在手术台上等医生的时间明显减少。而在3个月之前，这个数据只有20%。

"第一台手术延迟就像航班延误，当天后续的手术都会受到影响。这在大医院里很常见。"协和医院院长王国斌说，病人苦等、家属焦虑，手术室灯火通明，医院每天220多台手术常常做到深夜，麻醉师和麻醉护士从未准点下过班。

首台手术延迟多半是由于主刀医生不能及时到位。以往，白班医护人员早晨8点上班。晨会交接班以后，主刀医生开始查房，或是查看术后患者病情，或是嘱咐术前病人相关准备事项。因为协和医院危重患者居多，专家教授还要多停留一会儿，给年轻医生和实习学生现场上课，此外还有预约的病人要看。一圈转下来，一两个小时就过去了。

第一台手术延迟，后续接台手术都要推迟，造成极大的医疗资源浪费。主刀医生与手术室之间的"时差"，使得院内手术积压、院外患者住不进来的情况愈演愈烈；而且，患者入院后待术时间长，平均住院日一直降不下来，住院费用也相应增加。

为解决这一难题，协和医院通过走访各临床科室，制定了"首台手术准点"制度。制度规定，第一台手术必须在8点半之前划刀，每延迟一次扣200元，连续3次延迟的取消下月首台手术资格。执行情况由手术室护士长监管，每月汇总上报，由医务处实施并在周会和院网上公示。

医院同时对医疗流程进行了优化：调整查房时间，当日有首台手术的医疗组，前日下午完成查房工作；调整治疗时间，夜班护士提前做好术前准备。放射、B超、检验、病理加紧运转，缩短术前准备和病理报告的报发时间。

此举收到了明显效果。现在，第一台手术的准时划刀率从原先的不足两成到超过七成；48个手术室，每个都节省了"黄金1小时"甚至更多；今年第三季度，手术室利用率较去年同期增长了0.6台次，外科平均住院日也缩短了0.3天。

王国斌说，医院要求医护人员配合再默契一点、手脚再麻利一点，进一步提高手术台的利用率，"最好是我们等病人，不要病人等我们。"

（《人民日报》2013年12月10日　作者：付文　黄冬香　涂晓晨）

治疗患者过亿人次
武汉协和155年不断刷新现代医学纪录

我国首款体外磁悬浮人工心脏进入临床试验,有望为更多终末期心衰患者赢得"生机";无痛分娩达到40%,引领国际先进水平……11月6日,在华中科技大学同济医学院附属协和医院建院155周年暨公立医院高质量发展学术大会现场,一项项最新医学创新成果打上"武汉协和"烙印。155年来,武汉协和医院屡克医学难题,救治病患逾亿人次,刷新诸多医学纪录,多次摘取国家科技进步奖,其成果数量和技术含量均居全国卫生界前列。

"'协和'积淀了厚重的医学情怀,她不懈的奋斗征程正是一部引领中国现代医学发展的历史。"2015年中国消除贫困奖获得者、协和医院麻醉科姚尚龙教授感慨。

1866年,"汉口仁济医院"首开中部地区西医先河,这家仅有15张床位的医院便是武汉协和医院的源起。战乱动荡中,这所医院经历迁址重组,四次更改院名,最终成为国家部委直管高校附属医院、全国首批三甲医院。

"仁爱济世,协诚人和"是协和医院的院训。百年协和以术业求精积极回应百姓健康需求。上世纪20年代,"协和造"义肢远销海外,弥补战争带来的缺憾;30年代,首次记录胃造瘘术;50年代,全球首次提出"日光性皮炎"机理,完成全国首例右半肝叶切除术;60年代,国内首创小夹板治疗骨折术、扁桃体挤切术;70年代,国际首创"双氧水心脏学超声造影法";80年代,国内首次解开"低血钾软病"之谜。

"再顶尖的医学，最终都要服务百姓。"该院负责人说。每一次国家、人民危难之际，"协和"义无反顾。1931年汉口特大洪水，医院租用、改造罕拿摩勒号轮船，免费救治灾民；抗美援朝时，"协和"先后组织"武汉中队""湖北手术队"，奔赴一线随军救治伤员；唐山大地震中，医院派出80余人医疗队护送病人。抗洪抢险、抗震救灾、非典防治……协和医者都一心赴救。

新冠肺炎疫情发生后，该院携手援鄂医疗队，率先开辟五大救治战场，48小时改造分院区作为重症定点救治医院，启用首家方舱医院，开展双肺移植挽救患者，"协和"成为国内疫情行动最早、收治最多、质量最好的医院之一。

近年来，"协和"实施高质量发展、创新兴院战略，频频攻克医学难题。心外科心脏移植创亚洲最小年龄、最低体重和全球最高年龄移植纪录；血液科细胞免疫疗法（CAR-T）临床研究国际领先；眼科世界首创人工生物角膜，为无数眼疾患者送去光明；全球率先将混合现实技术（MR）应用于骨科手术，实现诊断的精准定位和术中导航。

（《湖北日报》2021年11月7日　作者：胡蔓　龙华　协宣）

武汉同济医院打造临床研究高地 "科研巅峰战略"助推顶尖科技成果快速转化惠及患者

近日,在第 59 届美国血液学年会上,华中科技大学同济医学院附属同济医院血液内科主任周剑峰教授团队,公布了全球首个采用两种 CAR-T 细胞序贯回输治疗难治复发 B 细胞血液肿瘤的临床研究结果,备受瞩目。该院院长王伟表示,周剑峰团队成果源自医院"科研巅峰战略",该战略助力顶尖的科技成果快速转化,学科得发展,病人得实惠。

据了解,2001 年周剑峰回国时,血液内科研究平台还很薄弱,为此医院启动重点实验室项目,其团队受多项资助,3 年后,基础研究平台搭建起来,平台推动血液病临床诊疗取得一系列重大进展。

王伟介绍,医院用 10 年时间,立足科研转化做临床研究,利用"科研巅峰战略"打造临床研究高地:面向国际医学前沿和国家重大需求,遴选 10 个学科,资助 300 万元～500 万元;医院设立科研基金,每年投入 100 万元资助 30 项～40 项年轻医生申报的科研项目;强化优势学科,进行重点实验室评审,对每次入选的 15 个实验室,分别资助 150 万元;对医院公共科研平台加大投入,提升科研服务能力和水平;对起步相对较晚的学科,每个实验室资助 30 万元,目前已有 10 个实验室入选。

该战略助多个科研领域取得成就:2017 年国家自然科学基金资助项目数排名全国第一,连续 10 年 SCI 论文引用率全国排名第二。中国工程院院士、妇产科专家马丁,首次破译中国人宫颈癌发病遗传易感基因 SNP 位点突变"密码",创新设计了中国女性宫颈癌"分子剪辑"治疗技术,被国际顶尖科技杂志评价为"开创了肿瘤生物治疗的新时代"。心血管内科主任汪道文教授团队，瞄准暴发性心肌炎，通过多中心大样本研究，在全世界首发《成人暴发性心肌炎诊断和治疗专家共识（2017）》。感染科主任宁琴教授团队，以疾病共通的发病机制作为科研焦点凝聚人才，针对感染和肺感染炎症，打破围墙与心内科、肝脏外科、神经科、耳鼻喉科、儿科、呼吸科、肿瘤科等跨学科合作，被教育部连续两届授予创新团队。2017年，由中国科学院院士、肝脏外科陈孝平发起的湖北省肝胆胰外科研究中心落户医院，该中心建立肝胆胰恶性肿瘤数据生产中心，形成覆盖湖北省6000多万人口以及周边省份的疾病样本库。

王伟说，"科研巅峰战略"将鼓励更多医生投入临床转化研究，由此形成多层次、多学科研究梯队，打造临床和基础研究高地。

（《健康报》2017年12月9日　作者：王潇雨　蔡敏　李韵熙）

向世界亮出"同济名片"
——华中科技大学同济医院原创产出的背后

12月9日,在德国驻华大使馆,德国总统施泰因迈尔接见中德医学协会会长陈安民和华中科技大学同济医学院附属同济医院院长王伟。施泰因迈尔肯定了同济医院在中德医学交流上的努力和重要地位,期望将同济医院打造成中德交流的标杆。在中德学术交流的背后,同济医院的原创技术提供了重要支撑。在推进人类健康进程中,该院交出了许多富有价值的"中国方案"。

·对医学无止境地追寻·

中国科学院院士、同济医院外科学系主任陈孝平认为:"对疾病本源进行探索,对医学无止境地追寻,是一名优秀医生的本分。"

今年4月,陈孝平作为美国外科协会荣誉会员出席美国外科协会第138届年会。美国外科协会每年向全世界具有突出成就的外科专家授予荣誉会员身份,其中外国专家仅3位~4位。会上,陈孝平与国际同行交流了陈氏胰肠吻合技术。这项世界首创的技术把胰腺切断面视为实质器官,将其与空肠切口进行吻合,可有效预防胰肠吻合失败,目前已在国内推广。国际权威杂志《自然》就该技术刊发专辑,在文中评价道:"陈孝平教授对肝胆胰疾病的治疗作出了救世贡献,是国际肝胆胰技术改进和创新的领导者。"

中国工程院院士、同济医院妇产科马丁教授主张："中国医生不能一味听从国外指南，一定要做自己的临床研究，通过创新技术提高病人生活质量，为世界医学作出原创性贡献。"

以宫颈癌、卵巢癌为例，国际诊疗指南将放疗作为金标准。但马丁团队的多个大样本人群分析发现，当前我国宫颈癌发病特征与21世纪初相比已发生变化，且随着适龄妇女对宫颈疾病认知率的上升，83.9%的患者接受了以手术为主的治疗方式。

在今年3月的美国妇科肿瘤学年会上，马丁在大会发言中首次公布了中国宫颈癌Ⅲ期前瞻性临床研究结果，并据此提出手术配合放疗的"新辅助疗法"，获得国内外专家高度评价。该疗法已列入中国妇科恶性肿瘤诊治指南、美洲国家癌症指南和欧洲三大肿瘤学会共同编写的妇科肿瘤诊断治疗共识。

"即便全世界没有指南共识，中国医生也一定要有基于实践积累经验的意识，在五花八门的病例中总结规律，寻找突破。"同济医院心血管内科主任汪道文教授说。

暴发性心肌炎是一种极其凶险的心血管急危重症，病死率在70%以上，国际上没有有效的治疗方案。汪道文团队从2014年瞄准这一疾病，基于大量临床实践总结出以生命支持为依托的综合救治方案，将救治成功率提高到95%以上。这一方案已编写成《成人暴发性心肌炎诊断和治疗专家共识（2017）》，并在德国和我国台湾地区推广。

·华丽手术背后是过硬的技术·

"不仅要有成熟理论体系还要有过硬的技术操作。"这是同济医院胃肠外科中心主任龚建平教授团队的探索方向。他们首次在临床上提出"膜解剖"与"亚微解剖"理念，并将其运用于3D腹腔镜胃肠道肿瘤手术。

该团队发现，人体的血管、器官被一种膜包围，手术时如果不弄破这层膜，便可保护脏器和血管，在切除肿瘤时还可防止癌细胞散落到术野中。如果配合3D腹腔镜操作，手术效果可进一步提高。据此，龚建平提出了腹腔镜胃癌完整系膜切除术和腹腔镜右半结肠切除术，两种术式均为世界首创。

今年 5 月，第四届欧亚结直肠癌峰会暨第九届俄罗斯结直肠癌国际大会在莫斯科举行，龚建平在会上演示了相关手术并作专题报告。大会主席色科夫教授评价道："华丽而震撼的手术表演，太完美了。"

"汇通中外，开放融合。改革开放 40 年来，同济医院不仅注重输入，更将医学科研输出作为头等大事。"同济医院院长王伟如是说。而在该院党委书记吴菁看来，同济医院自 1900 年建院以来，"家国情怀、并容偏覆、内生发展、深根医学、大爱无疆"的精神内核一直是同济文化的基因。比肩而行、以义为利，壮大国际"朋友圈"，更是同济文化得以历久弥新、持续创新的根本所在。

（✎《健康报》2018 年 12 月 13 日　作者：蔡敏　王潇雨）

梨园医院举办大型义诊　免费体检绿色康复治疗家庭医生签约
11年来不忘初心　重阳敬老健康随行

"这张，是康复科程主任在给大家讲解颈肩腰腿痛的治疗方法。""这张我也记得，是梨园医院为老人发放健康体检卡，真是一件大好事！"

昨日，华中科技大学同济医学院附属梨园医院第十一届重阳节系列活动如期举行。86岁的陈老夫妻站在"岁岁重阳，健康相伴——这些年我们一起走过"梨园医院十年重阳节活动的照片墙前，仔仔细细端详每张照片。作为梨园医院的"铁粉"，每年的重阳节活动，两位老人都不会错过，看到这些照片，浮上老人心头的，是暖暖的关爱。

忘不了，重阳节时，梨园医院医护人员给百岁老人庆生，免费为武汉15位百岁老人体检；忘不了，梨园医院成立"老年健康之家"的激动时刻；忘不了，"陪父母一起体检"大型公益活动上父母的笑脸……

作为湖北省老年病医院，梨园医院自2007年起，每年举行重阳节系列活动，将"健康大礼"送到每一个参加活动的老人手中。

· 不用挂号　与老年病专家"面对面" ·

昨日一大早，在华中科技大学同济医学院附属梨园医院门诊大厅前，以弘扬"尊老、爱老、敬老、助老"优良传统为主题的老年病专家面对面义诊活动拉开帷幕。活动现场，21位来自各个专科的专家和医务人员认真细致地为前来义诊的老人检查身体，分析病情，耐心讲解相关知识。"徐主任，我最近在家测血压，发现血压有些异常。"家住东湖景园的65岁的陈老，向神经内科主任徐莎丽咨询。"您平时要多注意观察自己的血压，不能随便停用降压药。"徐主任一边回答，一边给徐老量血压。秋冬季节容易发生脑卒中，她建议前来咨询的市民，如果发现血压异常、手脚麻木、口角歪斜时，一定要及时就诊，把握好治疗的最佳时间。

家住东亭花园小区的刘老，昨天和老伴一起来参加义诊，还带来了详细的病例。"平常要挂哪个专家的号，得要儿子提前给我们预约，而且一个号只能看一个专家。今天到这里来，想看哪个专科的专家，就能马上见到哪个专家，真是太好了！"刘老说。

专家们精湛的医技和热情的服务受到了老人们的一致好评。当天，有300多名市民参加了此次义诊。

·康复体验　消除疼痛立竿见影·

人到老年，腰酸腿疼等毛病接踵而至。昨日义诊现场，前来康复科咨询的市民来了一波又一波。

家住东湖天下的蔡女士，肩膀时常酸痛。她曾到按摩店去按摩，但是技师按摩的力度有些大，让她有些接受不了。昨日，听说低周波和激光磁脉冲治疗仪器对缓解症状有帮助，而且重阳节活动当日可免费体验，她就果断去体验了一把。体验完后，她连声说感觉真不错："肩膀可以活动自如了，酸疼感也消失了许多！"还有患者体验完后症状缓解明显，当即就表示要坚持一个疗程，彻底告别腰腿颈肩疼痛的毛病。

现场，康复科医生吕亚希还带领参加义诊的老人做起了颈肩康复保健操。"打开你的双手，再将你的右手搭在左胳膊上，这样可以将你的左肩打得更开一些！"吕医生一边讲解动作要领，一边演示颈肩康复保健操。一段轻快的音乐下来，老人们感觉筋骨都舒展开了。"现在，颈肩腰腿痛越来越年轻化，只用花3分钟时间做这套操，就能起到预防和缓解颈肩腰腿痛的作用，希望越来越多人能够学会。"吕亚希说。

张婆婆在东湖新城社区帮儿子带孙子，昨日，她推着小孙子来参加义诊，感到收获多多："我跟康复科医生聊天，了解了日常生活中许多康复知识，这样的活动很有意义，应该多举办。"

·敬老爱老　医疗温度暖人心·

在重阳节来临之际，梨园医院消化内科主任熊枝繁教授和往常一样，准时来到科室，带领医护人员查看老年患者的身体状况。

看到医护人员走进病房，97岁的万老费力地抬起手臂，口中发出模糊不清的声音。熊教授快步上前，握住老人的手，耳朵凑过去安静聆听。随后，他细心地给老人做身体检查，并查看这几天的体温、血压等记录……

去年10月，万老由于肺部感染、病情不断恶化入院治疗，先后出现了心脏骤停、血压急速下降等危急状况。医院集中全院专家会诊，经过1个多月的全力抢救，万老的病情终于稳定下来，并在去年度过了96岁寿辰。

每天，熊教授和消化内科的同事们都要细心地给万老做检查，实时掌握病情。有几次查房时，万老正在熟睡，陪护人员看到医护人员走进病房，准备叫醒万老，被熊教授制止了。他走到床头翻看病历，紧接着用手把听诊器捂热，轻轻地贴在老人背后进行检查，检查完后，再掖好盖在老人身上的被子。动作之轻柔，丝毫没有打扰到老人的休息。

走出病房，熊教授告诉随行的年轻医生："科室收治的老年患者比较多。这些老人因为身体原因，不能回家过节。我们有义务、有责任照顾好他们，让他们过一个快乐的节日。"

不少老年患者出现听力或语言障碍，有的还行动不便，熊教授嘱咐医护人员，一定要有耐心、细心、爱心，设身处地替老人想周全，让老人感受到医疗的温度。

·服务社区　担当居民健康守门人·

昨日现场，由梨园医院托管的梨园社区卫生服务站开展家庭医生签约活动，得到了市民的积极响应。"今天来这里，可谓是一举三得！"今年66岁的邓婆婆乐呵呵地告诉记者，她最近血糖有些偏高，本来是想来查血糖的。得知签约家庭医生后，就有专门的医生为她提供健康管理服务，并且卫生服务站对于糖尿病患者还可提供免费的血糖检测，她当即就签约了。

此外，年满 65 岁的老人可免费体检，她就领了一份体检表，并表示要把好政策告诉街坊邻居。

梨园社区卫生服务站主任张泓告诉记者，该卫生服务站为周边 5 万居民服务，有上千人签约家庭医生。

在梨园医院的宣教室内，两场专业讲座让来自东湖风景区的社区医生们受益匪浅。梨园医院康复科副主任医师许俊萍向大家分析了腰椎间盘突出症的病因、治疗方法、预防等，将多年来的诊疗经验倾囊相授。"社区医生离老百姓最近。提高他们的医技，可以更好地为社区居民提供防治结合的基本医疗卫生服务。"许俊萍说。

（《楚天金报》2017 年 10 月 30 日　作者：张翔　李丽霞　曹卉）

华中科大"三万"工作组
帮助村民干干净净迎新年

孝昌县王店镇塘李、壕沟、何咡、八里四个村,在华中科技大学"三万"活动工作组的帮助下,美化家园、干干净净迎新年。

工作组多方筹集资金和物资价值47万元,帮助村里建成公厕16个,垃圾池28个,配置垃圾清运车8个,完成500米沟渠的疏通、建设。

"我在村里当干部10多年了,你们这样扎实做事的工作组我们想多留!"一位村干部由衷地称赞。

(《湖北日报》2013年2月7日　作者:韩仁峰　敬鹏飞)

部属高校精准扶贫十大典型项目扫描
华中科技大学：科学精准规划　共建美好家园

临沧市位于云南省西南边陲，与缅甸相接，是昆明通往缅甸仰光的陆上捷径，被称为"西南丝茶古道"。长期以来，其受制于各种条件，是一个集边、山、少、穷为一体的贫困市。临翔区是临沧市政府所在地，截至2015年底，临翔区仍有三个建档立卡贫困乡，28个建档立卡贫困村未能脱贫，农村贫困户数4464户，贫困人口总数达25034人，占总人口数7.8%。

华中科技大学针对当地情况，实事求是，因地制宜地开展规划扶贫工作。

一是全校资源统筹全力以赴，规划组织架构周密安排。学校依托建筑与城市规划学院的专业优势，整合建筑学、城乡规划、风景园林、环境设计等学科资源，由各学科带头人领衔组成专家组，提出应站在"一带一路"桥头堡的战略高度，完成规划编制工作并指导实施。

二是田间地头问民情做访谈，走门串户拍照片测数据。调研时，既要跋山涉水踏勘当地地形地貌，又要了解当地风土人情；既要深入山上田间看植被和作物，还要入户发问卷、了解农民的想法；测绘团队还要详细测量每一栋有历史文化的老建筑尺寸，以便日后进行修复和保护。

三是无人机航拍摄下全景图，声像记录仪记下交通流。在对扶贫规划示范点的考察中，华中科技大学创新引用新技术对时空环境进行调研，更全面、精准地了解完整的时空形象和人文风貌。

四是讲座培训百姓观念脱贫，团结一心干群合力断金。首先，针对规划建设及管理部门，开展专题知识讲座介绍较发达地区的先进经验，并对临翔区如何加强规划建设和管理等工作提出了指导建议；其次，针对乡镇村庄群众就当地的重点问题进行专业知识培训；再次，在斗阁村开设历史建筑保护相关讲座，让村民更好地了解历史建筑的隐形价值以及保护历史建筑的重要性。

五是因地制宜编制特色方案，快速实施让当地群众满意。学校对于本次扶贫工作的4个区域进行详细调查研究后，因地制宜地量身定做了特色方案。针对斗阁村历史老建筑多，提出了保护和修复受损老建筑，继承历史文化遗产，打造特色旅游地，编制完成《圈内乡斗阁村村庄保护规划》；针对杏勒村处于地震带，着力帮助当地建设农村抗震安居工程，依据核桃茶树等现有资源，培育特色种植经济产业，完成《蚂蚁堆乡杏勒村村庄规划》；蚂蚁堆乡依托茶马古道历史文化，整合民族资源，打造临翔北部大型农贸交易市场，构建茶马新商路，完成《蚂蚁堆乡集镇控制性详细规划》和《蚂蚁堆乡风貌整治规划》。

（《中国教育报》2016年10月17日）

"白衣天使"真情帮扶爱洒边疆

"华中科大的帮扶，让边疆群众享受到了优质的医疗服务，让医院的医疗水平上了一个台阶，培养了一支带不走的医疗队伍。"临沧市人民医院院长于杰说，自去年开始，华中科技大学同济医学院附属协和医院与临沧市人民医院建立了帮扶关系，让边疆群众在家门口就能享受到优质的医疗服务。

一个星期前，17岁的李哲因房间隔缺损接受了心脏手术，术后恢复期内生命体征稳定，即将出院。同他一样，从今年11月17日起，分两批次，共有来自贫困家庭的9名先天性心脏病患者在临沧市人民医院手术成功。

今年7月，华中科技大学同济医学院附属协和医院心血管外科临沧基地成立，开启了对临沧市人民医院的精准医疗帮扶，此次进行手术治疗的患者，全部由博士生导师、武汉协和医院心脏大血管外科主任董念国带领专家团队完成，真正实现了患者在家门口就能享受优质医疗服务的愿望。

"这对边疆贫困地区群众来说，是没听说过，更不敢想的大手术，需要到昆明、上海等大城市才能得到治疗。"临沧市人民医院心胸外科主任、主任医师李育东告诉记者，此次成功开展了体外循环下心内直视手术，实现了临沧医务人员几代人的梦想。

去年7月，由吴阶平医学基金会麻醉重症学部主委、华中科技大学同济医学院附属协和医院原副院长姚尚龙带队的专家团抵达临沧，临沧市人民医院"'一带一路'精准医疗扶贫临床新技术培训基地"挂牌,开启了对口帮扶历程。随后,技术指导、设备支持、学术讲座、技能培训、乡村义诊等一系列活动从未间断。

华中科大到临沧挂职的副市长许晓东把对临沧的对口帮扶总结为责任、情感和科学3个词,"对口帮扶,做义诊、免费看病是学校基本责任所在,随着这一过程的深入,就升华成了一种感情,最终为当地培养一支带不走、业务精的医疗团队。"

(《云南日报》2017年12月8日　作者:李春林　谢进)

云南临沧：
小山村里建起了大茶厂

从云南省临沧市临翔区出发，半个小时的车程便可来到蚂蚁堆村。这座小山村这几天很热闹，村里新建的茶厂开工收茶。时间不等人，村民们忙活着正把自家的鲜叶运过去，采摘了多少茶叶，茶厂就收多少茶叶。价格，几乎比市场上翻了一倍。

卸货、称重、销售、付款，交茶后数着手里的"票子"，忙杏村民小组的建档立卡贫困户黄凤良满脸笑容。他说，家里种了4亩茶树，往年采摘鲜叶后，只能在赶集天兜售给村里做茶的人家，收购价低到每斤2至3元。而茶厂收购的茶叶，价格在每斤4元左右。"现在听说茶厂下步要招工人，这可是一个好消息。等我学到技术，能做出更好的茶，收入就能提高了，生活会比现在更好。"黄凤良十分期待。和黄凤良一样对未来充满期待的，还有从华中科技大学前来挂职的蚂蚁堆村委会第一书记宋建涛。

· 小山村里来了一名知识分子 ·

按照《中共中央组织部、中央农村工作领导小组办公室、国务院扶贫开发领导小组办公室关于做好选派机关优秀干部到村任第一书记工作的通知》，华中科技大学校友办网信办主任宋建涛去年10月"接棒"前任同事，来到临沧市临翔区蚂蚁堆乡，任蚂蚁堆村委会第一书记。当时，宋建涛刚出生的孩子还没满月。来村里报到当天下午，宋建涛就马不停蹄地入村调研。"838户，2751人，建档立卡户243户998人，2020年前全部脱贫，压力很大，脱贫任务很重，但我们计划今年就要'摘帽'。"

就任后，宋建涛发现摆在自己面的是一块难啃的"硬骨头"。扶贫工作如何突破？怎么开展？从哪下手？通过一个月的深入调研，戴着眼镜，一脸书生模样的宋建涛不仅晒得黝黑，也逐渐听懂了当地方言。针对蚂蚁堆村的实际情况，宋建涛从多个方面制定帮扶计划并开展工作。"产业是脱贫之基、致富之源，给钱给物只能救急解渴，兴办产业才能开流活源。将'输血'式扶贫变为'造血'扶贫，激发农户内生动力，才能确保贫困群众通过产业发展实现长久稳定脱贫。"宋建涛敞开心扉聊了起来："我们可能资源更多一点，思路更活一点，而当地干部有着丰富的农村工作经验，把我们的优势和村两委的优势结合起来，那就既有思路，又能干好事儿。"宋建涛说。

·半年建起一座茶叶厂·

茶叶是临沧市的主要产业之一，蚂蚁堆村几乎家家户户都种普洱茶，还有很多是老树、古树，茶叶质量很好，但茶农晾晒和加工茶叶的方式方法粗放，急需一家成熟的茶叶加工厂。"我在赶集时候去调研，发现好茶的价格低到我都震惊了，当时我就觉得这个产业有潜力，要是能把茶叶的产值提升上去，家家户户都能受益，所以这个事我要做一做。"宋建涛介绍说。

在充分讨论和论证的基础上，宋建涛与村干部将建设一个村集体经济茶厂的计划提上了议事日程。由于村里没有集体土地，也没有建设资金，他便主动承担起了筹资的责任。凭借着自己在校友办的优势，宋建涛先后联系了几十家校友企业和产业集团下属企业，当时就有多家企业有捐赠合作意向。"这期间，很多人劝我不要折腾了，但看到村里那么好的茶资源没有开发，老百姓又是那么贫困，为了彻底拔掉'穷根'，我决心再苦再累再难，也一定要把茶厂建起来，不然我来这里干什么。"回想起一路走来的不易，宋建涛十分感慨。

通过努力，宋建涛得知：华中科技大学校产业集团有意向捐建一个小型加工厂。抓住这个千载难逢的机会后，产业集团最终协调了六家企业联合捐资360万全额捐建集初制、精制、体验制作于一体的年产100吨规模的综合性茶叶加工厂。同时，通过产业集团、后勤集团和地方校友会，初步协调了茶叶的销路问题。同时，临翔区脱贫攻坚指挥部协调了10亩土地及三通一平的资金，解决了项目落地最后一公里的问题。

今年3月17日，在华中科技大学和临翔区双方党委主要领导的见证下，蚂蚁堆茶厂捐赠仪式顺利举行。目前茶厂已开始试生产，并采取"党支部+合作社（村集体）+企业+农户"的模式运作，成为全乡唯一的茶庄园标准化精制厂，辐射全乡14个行政村，覆盖24000余亩茶叶基地，其中覆盖蚂蚁堆村茶树面积2870亩，建档立卡贫困户243户998人。茶厂计划年产干茶100吨以上，保守估计可实现总产值2000万元。建成投产后，可为蚂蚁堆村增加集体收入200万元以上，并为周边农户提供至少30个就业岗位，茶厂还将有效带动周边村组茶叶产业发展，提高周边农户务工收入，让茶叶产业成为当地群众脱贫增收重要产业。

宋建涛说，建茶厂就是要为老百姓服务的。村民用茶叶入股，成立专业合作社。老百姓有多少茶，茶厂就收多少茶，收购价一定会比市场价高。此外，茶厂的利润今后还将进行二次分红给社员。"茶厂招收的工人以蚂蚁堆的村民为主，特别是建档立卡贫困户。茶厂聘请人员对工人进行授课，既是技能培训，同时也能直接解决就业。有劳动能力的建档立卡户只要愿意来厂里上班，按照当地最低收入标准，一年平均下来一户3口或4口人家的收入就能达到4000~5000元，加上种茶的收入，脱贫就能看到希望了。"宋建涛信心满满地说。

华中科技大学自2013年展开帮扶临翔区以来，全方位开展了系列卓有成效的帮扶工作。4年来，26批400余人次帮扶干部足迹踏遍了当地的山山水水，派出了22批350人次干部面对面、点对点、手把手在教育、医疗、科技、规划、人才等方面给予了有力支持，助推了当地的精准扶贫和精准脱贫，"绣"出了一朵朵美丽的幸福之花。

（人民网 2018年5月10日　作者：薛丹）

云南临沧：我贫困你来帮，你有难我支援，腊肉火腿送给华科大

致富不忘扶贫情，老百姓最知恩也最感恩！

"希望武汉的亲人收到我们心意，感受到我们的牵挂，坚强起来战胜困难！"2月13日一大早，临沧市临翔区章驮乡采花坝十三组的村民手提腊肉，向小组长家走去。

在小组长白国强家的院子里，火腿、腊肉、香肠等各种土特产已经满满当当摆成一片，散发着浓浓的香味。路口还不时有群众急匆匆赶来，你一个火腿、我两块腊肉不断往上堆，有的村民在帮忙整理、包装、上车……这些，都是村里老百姓自发送来支援武汉华中科技大学的物资。

"华中科技大学是党中央为我们派来的扶贫使者，我们不是亲人却胜似亲人，如今亲人有难，我们怎能袖手旁观！"采花坝村84岁的老党员李光和嘴唇微微颤抖，他带来了家里最大的一块腊肉。

热情的村民纷纷提着物资上门，让白国强一时不知所措，急忙打电话向村里汇报。

华中科技大学是赴滇协作结对帮扶临翔区的省部级单位之一，2013年以来，在教育、医疗、科技、产业等方面对临翔区倾力帮扶，选派优质师资支教、设立"优质生源基地"、协调基金捐建学生宿舍，华中科技大学同济医学院附属协和医院在临沧成立"心血管外科临沧基地"成功进行手术100余例，并发挥人才、技术优势帮助实施普洱茶加工、金线莲种植、蔬菜种植、秸秆综合利用等多个项目，其中学校产业集团捐资360万元建成的蚂蚁堆茶厂，按照学校发明的普洱熟茶纯净发酵生产新技术及工艺要

求，年产 100 吨标准化茶叶，辐射 14 个行政村，帮助 243 户贫困户 1000 多人脱贫……

7 年来，华中科技大学的倾情帮扶像淙淙清泉滋润着临沧各族群众的心田，他们的无私善举让临翔区老百姓铭记在心。

知恩于心，感恩于行。新冠肺炎疫情发生以来，临沧市委市政府发出倡议，动员全市力量助力湖北共克时艰。得知华中科技大学抗疫一线生活物资紧缺，临翔区立即组织区人民医院赶制益气固表、祛风散邪的中药配方颗粒 1022 盒，加快生产火腿木瓜鸡速食 2000 余盒，并计划通过向农户购买一部分农产品支援"亲家"华中科技大学，一来带动农民农产品销售，二来向结对单位尽一份爱心。然而，听到这一消息后，村寨沸腾了，朴实的老百姓纷纷拿出自家腊肉、花生、大米，不肯收一分钱。

"如果买的话多少钱都不卖，但送给武汉的亲人，送多少我们都愿意！"采花坝村村民白国安的话道出了大家的心声。"这些年来，华中科技大学不远千里来帮助我们脱贫，如今他们有困难，我们理所应当要尽一份心。"

85 岁的俸启美、80 岁的俸其美和 79 岁的俸德英 3 个傣族奶奶也颤巍巍赶来。"这些是我们亲手腌制的香肠腊肉，希望武汉的亲人尝到这口'家乡味'，知道我们心里牵挂着他们。"

一块腊肉，一片乡情。"在农村，宰一头猪制成腊肉基本要吃年对年，平时都会省着点吃，现在送出来一家都不省。"看着满院的土特产，闻讯赶来的采花坝村支书白国智感慨道万分，"致富不忘扶贫情，老百姓最知恩也最感恩！"

应广大群众请求，各村寨把每家每户送来的物资进行一一登记收储，除了腊肉、香肠、火腿，还有花生、南瓜、冬瓜、大米、茶叶、鸡蛋……堆积如山的特产，散发着浓浓的土味，饱含着暖暖的人情。

据统计，2 月 13 日，临翔区各乡镇、街道送到集中点的物资有火腿木瓜鸡速食 2000 余盒，中药颗粒 1022 盒，大米 2400 斤、腊肉 2000 斤、护目镜 200 个、防护服 10 套、喷雾器 300 台、喷壶 264 个，收到的物资已分类打包装车，部分乡镇、街道的物资还在不断送来，爱心还在继续。

(人民日报客户端 2020 年 2 月 14 日　作者：字学林　杨中美　付天美)

华中科大5批工作队接力扶贫 重点贫困村蝶变"魅力巴石"

花儿种起来,新房盖起来,球场建起来,广场舞跳起来。曾为重点贫困村的巴石村,位于孝昌、大悟、广水三县交界处,过去破房联排,垃圾成堆,如今成了"美丽乡村,魅力巴石"。

"华中科技大学5批扶贫工作队接力攻坚,打造了'魅力巴石'。"5月23日,孝昌县王店镇党委书记胡忠文告诉湖北日报全媒记者。

· 青年骨干带队 ·

5月21日,巴石村山坡上,百亩大红桃即将成熟。华中科技大学校长李元元院士一行,步入桃林,品鲜桃,问销路。

华中科大材料学院教师王黎博士,与材料学院党委书记李毅一起,拍下鲜桃满枝的图片,上传到学校消费扶贫微信群里。"老师们,巴石村的原生态大红桃6月9日开始成熟,有需要预订的请接龙。"

王黎原为华中科技大学驻巴石村扶贫工作队副队长,锻炼一年后,本月初提拔为副处级干部,并接任队长。

从去年4月到巴石村扶贫以来,每个周末,王黎都和同事一起,带着村里的农副产品回学校推销。

"从2015年10月开始,华中科技大学先后派来了5批工作队,与村民同吃同住同劳动。不少队员,来时白白净净,离开时糙了、黑了。"巴石村负责人李汉民赞不绝口。

"队员们干劲足,是因为学校有个好机制。"胡忠文介绍,5年来,华中科大一直在全校范围内选拔青年骨干,建设"以老带新、无缝衔接"的驻村工作队伍。"驻村工作队,一名队长,一名副队长。经过一年锻炼,经组织考核认可,第二年副队长可转为队长。"

"近5年来,学校3任党委书记和校长都曾来到巴石,详细了解需要解决的问题,及时调整扶贫工作思路。"王黎说。

·接力发展产业·

插秧、收油菜籽。初夏,68岁的贫困户李定龙忙得团团转。

李定龙种了60多亩田,还包了10多亩鱼塘。"主要靠机械。去年,我卖了3万多斤米,收入15万多元。"李定龙说,"多亏了工作队。过去,我们一斤谷卖块把钱。现在种优质稻,大米由华中科技大学帮助销售,每斤米均价5元,最高卖到7元。"

脱贫底气在产业。扶贫工作队驻村后,一直在谋划发展产业。

2016年,经第一任队长毛勇杰等人牵线,华中科大投入48万元,在巴石村建设畜禽养殖基地,成立"民兴养殖合作社";见村里有成片荒地,毛勇杰带领队员,买来桃树苗,免费供村民李金桥栽种。

2017年,第二任队长叶智开始为合作社养的肉牛跑销路。合作社的肉牛、土鸡,列入华中科大消费扶贫采购名录。如今,合作社年销售收入达到50多万元,每年向村集体上缴5万元。

第三任队长田德生带领团队,争取孝昌县农业农村局支持,引导李定龙等5名种植大户(其中3人是建档立卡贫困户)种植"不打农药、不施化肥"的有机水稻,并成立专业合作社。

去年,李金桥的桃园开始大量挂果。第四任队长茅力非带领团队,不断在学校扶贫微信群上,为李金桥桃子吆喝,为巴石村农产品联系销路。

有了产业,巴石村集体收入逐渐增加,去年达到13.5万元。

"我们正考虑引入大棚滴灌设备,让种植业摆脱看天吃饭的局面。"这是第五任队长王黎正在琢磨的事。

· 扶起精气神 ·

四野蛙鸣,月季花开,菜籽油香。傍晚,巴石村休闲文化广场上,音乐声起,村民跳起欢快的广场舞。

"只要天气好,我们每天晚上来这里。"巴石村妇联主席李明梅说,以前,妇女们打牌的多。现在跳舞的多了,晚上常比白天还要热闹。

李汉民介绍,这里曾是废弃的牛栏和垃圾场。近5年来,华中科大扶贫工作队和当地政府一起,累计投入300多万元,拆除牛栏,修建休闲文化广场和停车场;昔日堆满垃圾的洼地,建起3000平方米绿化广场,栽上桂花樱花月季花;村里安装83盏路灯,让乡村的夜晚亮起来。

在扶贫工作队鼓励下,文艺人才活跃起来。67岁的老党员李定洲,上中学时是学校文艺宣传队队员,会唱京剧。在第三任队长田德生的引导下,多年来没有表演的他,又活跃在乡村文化舞台上。

"去年10月,华中科技大学有位领导到巴石村来调研,我应邀演唱了《沙家浜》选段,没想到,我唱着唱着,这位领导也唱了起来。"李定洲说。

"和李定洲一起唱京剧的领导,就是我们校长李元元院士!"王黎说,近年来,学校每年都会选派教授、博士和大学生骨干,来村里送医、送文化、送科普知识。

去年,华中科技大学组织艺术团到巴石村演出时,村民李杰峰自告奋勇,手舞足蹈,上台表演脱口秀:"且听我把石岗岭谈一谈。原来是寸草不生不毛地,现在做成了小花园——女的在广场上跳个舞,又扭身子又转圈。婆婆大妈一打扮,好似仙女下了凡。只要大家甩开膀子干,幸福生活更美满。"

(《湖北日报》2020年5月27日 作者:宋效忠 高玉峰 何松涛)

华中科大对云南省临沧市临翔区开展科技产业、医疗健康、教育精准帮扶——
三管齐下为边疆山区"拔穷根"

炎热的暑期,华中科技大学生命学院教授余龙江团队的朱园敏博士仍坚持往返于由学校捐建的蚂蚁堆茶厂和华中科技大学临翔科技创新研究院之间。在离家千里之外的盘山路上颠簸往返,已成为她工作的常态。

根据教育部统一部署,华中科技大学自2015年开始对临翔区全面开展精准扶贫工作,每年近300人次赴临翔区开展帮扶。在彩云之南这片边疆热土,为确保临翔区实现稳定脱贫,华中科大师生一直在不懈努力与探索。

· 科技产业扶贫蹚出"新路子" ·

蚂蚁堆村是临翔区56个建档立卡贫困村之一,有建档立卡贫困户240户1011人。该村一直存在产业发展壮大难、贫困群众增收难、村集体经济发展难的"三难"问题。

2017年下半年至2018年初,经过多方调研、综合分析,立足村里茶叶的资源优势,学校产业集团6家核心企业捐资360万元,建设蚂蚁堆茶厂,2018年5月完成建设并顺利投产。作为村集体资产,通过茶厂生产经营带动了茶农茶叶销售,提高了茶农收入,同时,为村集体每年带来20万元集体经济收入,每年还为当地贫困户提供了20多个就近务工的岗位。通过分红等多种形式,带动了全村240户建档立卡贫困户脱贫增收。

在茶厂建设过程中，余龙江团队具有国家专利的"纯造普洱"系列相关技术在当地研制成功，标志着临翔区具备了批量生产世界上"最洁净"的普洱熟茶的能力。当地政府与学校将技术转化到蚂蚁堆茶厂，建成了年产 60 吨的"纯造普洱"熟茶生产车间，实现了"纯造普洱"熟茶的规模化生产，做到了产、学、研有机结合。

如今，蚂蚁堆茶厂有普洱生茶生产线、精制加工生产线、普洱红茶生产线和"纯造普洱"熟茶生产线 4 条生产线，可实现年产 260 吨茶，预计产值 3000 万元以上，为全村脱贫摘帽提供了有力支撑。

为持续深入开发当地特色资源，2017 年学校在临翔成立华中科技大学院士（专家）工作站，在此基础上于 2019 年成立科技创新研究院，培育孵化科技企业，促进地方经济发展。

将科技创新成果转化落地为地方的实际生产力，华中科大人在临翔蹚出了一条产业致富"新路子"。

·医疗健康扶贫打下"新底子"·

6 月 10 日，华中科大同济医学院附属协和医院姚尚龙教授带领的麻醉专家团队和田洪涛副教授带领的骨科专家团队，在临翔区人民医院完成了云南首例人工全髋关节置换日间手术。术后仅 4 小时，患者就能在助行器的帮助下独立行走。

手术的联系协调人同样来自华中科大同济医学院附属协和医院——在临翔区人民医院挂职副院长的邹枕玮博士。与姚尚龙一同来到临翔的还有协和医院的多位专家，他们在临翔区人民医院开启"专家团"活动，进行现场指导、手术带教、专题讲座、病例讨论、大型义诊……

聚焦"因病致贫因病返贫"，结合云南省健康扶贫 30 条措施，华中科大精心设计了"三·三医疗健康扶贫模式"，即围绕"疾病预防、医疗救治、健康管理"3 个方面，学校公共卫生学院、附属协和医院、校医院 3 家单位联合，积极构建"区、乡、村"三级联动医疗保障服务体系，旨在为临翔百姓享受美好生活打下坚实的健康底子。

为提升当地疾病预防能力和医疗救治水平，华中科大公卫学院专家团队多次到临翔区蚂蚁堆等 3 个村开展健康体检，组织了 32 批共 88 人到武汉进修。学校还在临沧市人民医院建立了心血管外科基地，选派专家长期驻地，培养当地医疗队伍，目前已成功完成手术128例，辐射"一带一路"沿线国家。

·教育扶贫谱写未来"新乐章"·

7月1日，华中科大产业集团天喻信息股份有限公司向临翔区一中捐赠了总价值210万元的教学资源。此前，该公司向当地政府、部分中小学捐赠了价值600余万元的教育云平台软件系统。

自2013年挂钩帮扶临翔区一中以来，华中科大分批选派干部、百余人次的专家团队到区一中开展各种教育教学研讨活动，加快了当地教师专业成长，教育科研水平得到了有力提升，教育质量逐年稳步提高。

华中科大附小、附属幼儿园则多次组织专家教授深入杏勒小学、南屏小学、临翔区中心幼儿园等，开展课堂指导、集体教研和教学专题讲座等教育教学帮扶活动，安排附小3名教师对接帮扶杏勒小学同学段教师，实行"三对一"互动服务。

华中科大还鼓励更多的学子走进临翔开展支教与大学生社会实践。经学校挑选，每年5至6名研究生分别前往临翔区一中、蚂蚁堆中学和杏勒小学开展支教。2019年，在10余名专业教师的带领下，华中科大社会学院等7个院系70余名本、硕、博学生，分批多次前往临翔区实地调研，深入了解当地扶贫工作开展情况，形成6万余字调研报告，为扶贫后续规划和乡村振兴工作提供了经验推广和建设性意见。

设立教育助学基金、捐赠图书……教育扶贫是阻断贫困代际传递的根本性手段，华中科大人在临翔提供智力支持、人才支撑，为孩子们的未来谱写全新乐章。

（✎《中国教育报》2020年8月4日　作者：程墨　汪泉）

两个数字背后的生死之谊

"我希望,我们的师生能永远记住这两个数字,5/7 和 5/6,它代表了云南临沧人民对我们的深情厚谊,这就是患难与共、生死之交!"12 月 17 日,华中科技大学党委书记邵新宇在该校宣讲学习贯彻党的十九届五中全会精神,谈到决战脱贫攻坚时,颇有些激动。这两个数字背后有着怎样的故事?

时间回溯到 2020 年 2 月。

·亲人们的雪中送炭·

2020 年 2 月,抗击新冠肺炎疫情最艰难时刻。华中科技大学同济医学院 10 所附属医院 3 万多医护人员奋战在一线,物资紧缺是当时面临的最主要问题。全国支援的同时,学校及各地校友会也在千方百计筹措,就在此时,"彩云之南"的一份快递让人惊喜——

云南临沧市从该市 14 万只口罩中,拿出七分之五共 10 万只,临翔区从全区仅有的 6000 余只口罩中,拿出六分之五共 5000 只,都寄给了学校!

随后,一批临翔村民们自制的腊肉、香肠、火腿等,送到了学校。这是村民们过年的物资,采花坝村村民白国安说:"就算有人买,我多少钱都不卖,但送给武汉的亲人,送多少我都愿意!"

倾囊相助的生死之情让人动容。此前,"武汉亲人"持续 5 年的帮助,深深地刻在当地人心中。"学校这些年不远千里来帮助我们脱贫,如今他们有困难,我们理所应当要尽一份心。"

自 2015 年开始,根据教育部统一部署,华中科技大学对云南临沧市临翔区全面开展精准扶贫工作,学校党委书记、校长带头定期深入扶贫一线,每年近 300 人次赴临翔区开展帮扶工作。2017 年至 2019 年,连续三年在中央单位定点扶贫考核中被评价为"好"。2019 年,临翔区已高质量完成脱贫攻坚任务。

今年 11 月,邵新宇带队赴临翔调研,签订深入实施乡村振兴战略合作框架协议,接续推进全面脱贫与乡村振兴有效衔接,助力临翔继续振兴发展。

一路用心,收获真情。在调研现场,邵新宇提起这两个数字,情不自禁起身率所有调研人员深深鞠躬:"由衷感谢临沧市和临翔区的亲人们雪中送炭,向你们致以崇高的敬意!"

·百景园的"临沧美食"·

宣讲会上,邵新宇笑着对师生们说,"请大家网购时多买些临沧土特产,那里的茶叶、山货都好得很,大家继续做贡献!"就在两个月前,学校已将"临沧美食"引进到学校食堂,备受热捧,供不应求。

在百景园食堂一楼,湖北日报全媒记者看到,虽然还不到 12 点,"云南临沧特色美食"窗口前已经排起了队,学生们说"这里的土鸡米线来晚了就没了"。

百景园一楼食堂经理王敏介绍,该窗口的四名工作人员均来自云南省临沧市临翔区,是当地从事民族美食烹饪的专业人员。主要菜品原料都由学校后勤集团与临翔区供销合作社对接,从临沧当地空运而来,在经过食品质量验收后统一配送。目前,窗口上线了土鸡米线、鸡肉烂饭、泡鲁达等多个产品,仅米线的日均销量就在 250 份左右。"现在,原料每三到五天就要采购一次,每次要采购土鸡和米线共 600 多斤。"

从凌晨 4 点多开始,来自临沧的李如红和同事每天要在后厨工作十五个小时左右。"我们那边的好东西特别多,但因为是山区,交通很不方便。这次能代表临翔把我们当地的特色美食和原生态的农副产品带到学校,是很开心的一件事,对临翔产品和美食文化的传播也很有意义。"后期,还将有干巴糯米饭、菠萝饭、柠檬手撕鸡配饭等更多美食，不远千里来到华科大的餐桌。

该校同济医学院研二学生鲁健窈是云南临沧人，这几年学校与家乡的互助她看在眼里，深有感触。"感恩学校！在学校的帮助下家乡变得越来越好！希望往后我也能成为助力家乡脱贫致富的一颗小小螺丝钉。"

（《湖北日报》2020年12月21日　作者：方琳　万霞）

华中科技大学校长李元元院士：
用更高层次医学创新补齐国家医疗体系短板

自新冠肺炎疫情发生以来，华中科技大学始终站在抗击疫情第一线，是全国投入医疗资源和医护力量最多的高校。学校校长、中国工程院院士李元元近日接受记者专访时表示，武汉战"疫"成果充分体现我国制度优势，也暴露出我国在高端医疗装备制造、医学研究与管理创新等方面的短板，凸显相关学科建设与科研推进的紧迫性。

李元元认为，在抗击疫情中，可以发现我国高端医疗装备紧缺，检测试剂、疫苗、抗体研究滞后，公共应急管理能力不足等问题。

高端医疗装备明显紧缺。根据前瞻产业研究院《中国医疗器械行业竞争格局与领先企业分析报告》（2019年6月），现阶段医疗器械市场不断扩大，但我国企业市场份额只占10%至20%，且多以中低端产品为主。高端医疗装备仍以跟踪仿制为主、主要依赖进口，例如：中高端超声波仪器、中高端核磁共振设备、中高端心电图机，进口占比90%，国产占比10%。特别是在本次疫情期间，人工膜肺（ECMO）、高性能CT、无创呼吸机等高端应急医疗设备严重依赖进口，重症危重症病人救治能力受限。

检测试剂研究较为滞后。一是高等级生物安全实验室缺乏，检测水平不高，病毒溯源、抗病毒药物、疫苗研发能力受限；特别是微生物及其毒素高的研究机构很少，以级别最高的P4实验室为例，我国只有1个，而美国有50多个；P3实验室，我国只有55个，而美国约有1500个。二是核酸、抗体等疫病快速检验的技术储备和临床实施不足，制约疾病诊断防控能力，体现在检测试剂不充足，难以对所有人群进行检测；体现在检测方式不便捷，难以迅速对被检人员作出判断并采取有效措施。

公共应急管理能力不足。临床应急救治和响应能力不足，未能快速消除"人等床"现象。医疗卫生应急物资储备体系不健全，疫情防控初期定点医院防护物资补充不及时，医护人员的防护服、口罩不足，甚至出现支援湖北医疗队难以第一时间投入工作的局面。应急物资调配机制欠科学，调配方式粗放，未能精准高效地发挥有限医疗防护物资的作用。

针对我国医学研究等方面的短板，李元元建议，围绕国家重大需求，在"双一流"建设高校中部署相关机构，组成国家疫情防控救治重点科研基地，开展有针对性的研究，推进更高层次的医学创新。

在重点高校建设应急防控 P3 实验室及检测中心。国内 P3 实验室存在数量有限且分布不均的问题，主要分布在疾控中心，而疾控中心基础研究能力有限，造成一线应急反应能力不足。P3 实验室可设置在综合性的大医院里，建设具有国际领先水平的国家生物安全实验室，综合满足传染病研究的全面需求，具备病原体鉴定和检测、感染动物模型建立、药物和疫苗评价和检验、菌（毒）种保藏、病理解剖和科学研究等综合功能。

在重点高校建立人与动物共患传染病国家重点实验室。通过这次疫情可以看到，人与动物生活空间越来越近，人与动物共患传染病的可能性上升，而现在人类传染病的研究与防控主要由卫生健康委员会负责，家禽牲畜等动物传染病的研究与防控则由农业农村部负责，人与动物之间传染的疾病及其致病机理迫切需要加强研究。建议利用高校学科综合性强的优势，把人与动物作为一个完整的生物体系，建立国家重点实验室开展研究。

在重点高校建设高端医疗装备研究院。在一些医学和工学优势突出的大学，以医护重大需求为导向，开展多学科交叉研究，重点开发进口依赖度高、临床需求迫切的高端、主流医疗器械或医疗材料，如医疗影像装备、先进治疗装备、体外诊断装备、康复器械以及医用材料，实现关键医疗装备关键核心技术突破，打造"高校—企业—医院"示范性高新技术创新基地。

在重点高校建设医疗卫生应急物资储备及研究中心。建设立足华中、面向全国的重大疫情应急医疗战略物资储备中心，针对各类公共卫生事件，基于远程医疗智能技术促进医疗资源在各区域及各医院的快速调配和高效共享；建设国内一流、国际先进重大健康风险预测预警与应急管理中心，开展公共应急管理理论和技术研究，对华中地区乃至全国应急临床诊疗技术开展示范培训。

（✍《经济参考报》2020 年 5 月 20 日　作者：李伟　王海洋　佘勇刚　邹乐）

以生命守护生命
——华中科技大学附属医院系统战疫纪实

【战疫数说】

华中科技大学：

投入附属协和医院、同济医院等10家医院

投入8900张床位，占武汉市开放床位总数的近40%

管理方舱医院约6000张病床

· 投入3.3万名医护人员 ·

"吃了你的喜糖，却没能参加你的婚礼。""还记得你转到金银潭医院的那天，是那么阳光。"近日，华中科技大学附属同济江南医院的五楼会议室，被临时布置成追思厅。为婚礼准备的照片，如今被作为遗像。几个普通的记录本，写满人们的追思，纪念牺牲在抗疫一线的29岁医生彭银华。

这是一群灾难面前挺身而出的中国人！

在看不见敌人的战场上，他们，用血肉筑起生命防线！

新年伊始，新型冠状病毒肺炎疫情肆虐，一场没有硝烟的战斗在武汉打响。

带头深入一线的陈孝平院士、感染后治愈即返岗的钟强教授、"最美面罩姐姐"喻银燕护士……来自华中科大附属医院系统的专家、学者、医护人员，或进行科研攻关，或组建医疗队，夜以继日奋战在抗疫最前线，奋力将一个个生命从死亡的边缘拉回。

投入附属协和医院、同济医院等10家医院，投入8900张床位，占武汉市开放床位总数的近40％；管理方舱医院约6000张病床；投入3.3万名医护人员，而全国各地支援湖北的医护人员是4万余名……作为全国投入床位和医护人员最多的高校，华中科技大学在生死攸关的战场上书写了无数可歌可泣的感人故事。

白衣为袍，争相递交请战书——
"不计报酬，无论生死"

"党旗是战旗，白衣为战袍，抗击新冠肺炎是我们的战场！""我是党员，特殊时期，我不上谁上？"1月21日，在华中科技大学同济医院发热门诊的承诺书上，百名党员主动请缨成立临时党支部，"我报名""我参加""我请战"……第一支队伍迅速集结。

"我也害怕，我也很累，但怎么办呢？路都得走下去，医院里有我的战友，那里是我的战场，回去才是我们医生的使命，只有这样才能得到内心的平静。"华中科大同济医院急诊科副主任医师严丽很早就申请了休假，临近登机时得知两个同事生病，果断退掉了机票。

或为理想，或为信仰，或为承诺，或为良心，一个个平凡的身影挺身而出，怀着执着的信念，在抗击疫情中逆行、奉献、磨砺、成长。在他们之中，有临时取消婚礼，甘当"落跑新娘"的护士；有在非典那年成为医学生，立志成为"白衣天使"的青年才俊；有曾经抗击非典，如今又主动请缨的"老战士"……

"我是一名医生，我要回去上班。"在上海进修的华中科大协和医院感染性疾病科主治医生朱彬，眼看着疫情形势愈发凶险，毅然决定"千里走单骑"，从上海出发辗转到达长沙，再经过4个多小时，艰难抵达目的地——武汉！

赶在武汉交通管控的最后一刻，华中科大同济医院急诊科护士龚静和同为医务人员的丈夫徐凯，在高速路口将孩子递送给了从老家赶过来的爷爷奶奶。"作为医务人员,作为武汉人,我们要回来和同事们一起护城!共度时艰!"

"流感突起,肺炎逼至,想父亲安康?您于院中应多加留意,谨防传染……我坚信,没有一个冬天不可逾越,病毒肆虐的当下,亦如是。"在华中科技大学附属协和医院,孙鹏医生近日收到了14岁女儿发来的一封家书。

看到家书中"健康所系,性命相托"8个字,孙鹏激动不已,这是他们医学生入学誓言的开头语。"健康所系,性命相托……我决心竭尽全力除人类之病痛,助健康之完美,维护医术的圣洁和荣誉,救死扶伤,不辞艰辛!"孙鹏向组织请战。

血肉之躯,筑起生命防线——"守住前线中的前线"

"新冠肺炎的确诊,必须通过咽拭子标本。但一个张嘴的动作,将产生大量携带病毒的气溶胶,这是护士们必须面对的风险。"几十万份试剂送达武汉,意味着护士们要冒着最大风险去采集几十万人的标本,一些护士出于害怕不敢上。

作为华中科大附属同济医院4000多名护士的领头人,有着25年党龄、38年护理经验的护理部主任汪晖义无反顾地冲在了第一线,"如果我不示范,那些年轻的小护士怎么敢上?我上了,她们才敢。"

为减少护士暴露,汪晖在门诊固定一个采集咽拭子的操作区域,创新性地在操作台面上做了一个带两个洞的玻璃窗,将双手穿过洞再取咽拭子,防止呼吸道的飞沫,"多隔离一层,就能多一分安全,这是我能为她们想的。"

长时间的职业暴露,让所有人面临着感染的高风险;反复地洗手消毒,双手已布满裂口;紧压的护目镜,在脸上留下深深痕迹;每天七八个小时不吃不喝不睡,每个人的身体都在超负荷运转……即便如此,种种不适都没有阻挡"逆行者"的坚守,他们用血肉之躯筑起一道道抗击病魔的生命防线,在临床救治中创造了一个个生命奇迹。

2月2日，全国首例感染新冠肺炎的孕妇，在协和医院西院生下一个健康的宝宝。当产妇和隔离中的宝宝视频团聚时，婴儿的啼哭声温暖了整个病房，"最近大街上没有车鸣，没有人声，产房里的啼哭声是武汉最美好的声音。"

2月16日，90岁高龄的重症患者李爷爷，在协和医院西院痊愈出院。老人平时生活不能自理，且肠道手术后携有造瘘管，一度进入病危状态，"我年龄大，还有基础性疾病，能够康复多亏了医护人员的精心治疗。"

2月17日，全国首个感染新冠肺炎的肾移植患者，在同济医院中法新城院区痊愈出院。患者在出院时不断表示感谢，因为他知道常年使用的免疫抑制药与新冠肺炎病毒用药之间有矛盾，给医生们出了一个天大的难题。

仍然奋战在重症病房的同济医院呼吸内科医生刘辉国感慨道："从医30多年来，我见过各种生生死死，但从没有像这样难过。面对患者的求助，每一个人的职业荣誉感都被激发出来了，我们一定会守住前线中的前线。"

医者仁心，打出抗疫组合拳——
有效降低了危重症病人死亡率

"新型冠状病毒肺炎起病以发热为主要表现，可合并轻度干咳、乏力、呼吸不畅、腹泻等症状，流涕、咳痰等症状少见……"早在1月21日，华中科大附属同济医院专家组迅速反应，结合武汉各大医疗机构第一批患者第一手资料，第一时间制定了《新型冠状病毒肺炎诊疗快速指南》，供全国临床诊治参考。

由于发病隐蔽、潜伏期长、蔓延迅速，加上疫情暴发时期冬春交替、人流密集、交叉感染……战疫初期，格外艰辛，代价巨大。华中科大附属医院系统不断提高疫情防控救治水平，努力提高收治率和治愈率、降低感染率和病亡率——

整合病理科负压实验室和检验科技术力量，率先成立新型冠状病毒核酸检测实验室，每天可开展核酸检测项目 1000 份以上，最快 6 小时内出结果，有助于加快疑似肺炎患者的诊断和治疗；

制定科学排班和轮换方案，确保一线人员工作两周必须下战场休整两周，成立心理疏导组帮助舒缓调节一线医护人员情绪，协调 35 个酒店保障 35 支国家和地方医疗队 4000 多人的工作、住宿、交通和生活；

成立战时专家组和医务处进行质量控制，建立会诊制度和死亡病例讨论制度，同时组建了护心队、保肾队、护肝队、护脑队、中药特殊治疗队和气管插管队、体外膜肺氧合队 7 支临床小分队，有效降低了危重症病人死亡率；

……

"很多市民由于恐慌，不分情况地涌入本已人满为患的医院发热门诊，导致交叉感染概率增加。"华中科大附属同济医院院长王伟说，"我们推出新型冠状病毒肺炎免费在线问诊服务，在有效阻断传染源的同时最大程度调动紧张的医疗资源，分配给重中之重的肺炎疫情。目前该服务访问量高达百万人次，在线门诊量已累计增至 5 万余人次。"

每一次奋起都在加速战局的推进，每一次拼搏都在驱散疫情的阴霾，一系列积极变化正在战场中逐步显现。截至目前，全国收治重症患者数量最多的华中科大附属同济医院，病亡率已从 5.85％下降至 3.5％左右。

战疫还在继续，一个个被口罩勒出血印的面孔，一个个疲惫而又坚毅的身影，一批批紧急集结的队伍，共同昂首祈盼春天的到来。

（《中国教育报》2020 年 3 月 2 日　作者：程墨　毛军刚　高翔　粟晓丽）

协和医院在省内率先开展核酸检测

面对疫情，2020年1月华中科技大学附属协和医院迅速响应，在省内率先成立了新型冠状病毒核酸检测实验室，积极创造条件及时开展了病毒核酸检测工作，协助临床决策以帮助加快疑似新型肺炎患者的诊断和治疗。

新型冠状病毒核酸检测是疫情诊治的关键。面临来势汹汹的疫情，应湖北省卫健委要求，武汉协和医院积极创造条件，支持检验科开展新型冠状病毒核酸检测工作，检验科PCR实验室本着"以病人为中心"的服务意识，以精湛的专业技能，在院内开展了新型冠状病毒核酸检测。

武汉协和医院检验科主任王琳教授介绍，新型冠状病毒核酸实验室自成立以来，目前每天可开展核酸检测项目200人份以上，最快6小时内可出结果，目前已抽调科室骨干加强力量每天三班倒加快检测工作的进程，这些工作人员主动放弃了春节假期的休息及和亲人团聚的机会，迅速投入到紧张的工作中，该检测项目的开展有效地为疾病的诊断和治疗提供了快捷灵敏的检测，有效帮助加快了疑似患者的诊断和治疗进程，受到了患者、医护人员的欢迎及社会的广泛好评。下一步科室还拟继续加快检测速度，进一步扩大检测规模，为患者带来更快速优质的检验和健康的福音。

(《经济日报》2020年1月26日 作者：柳洁 聂文闻)

江汉方舱医院：
凝聚对抗病毒强大合力

江汉方舱医院总床位数 1564 张，是床位最多、累计收治患者最多、累计出院患者最多的方舱医院，由华中科技大学同济医学院附属协和医院进行日常管理。医院共两层，五个大区，36 个舱，77 间房。整个医疗区域设有分诊区、病房区、医护站、咽拭子采样区、急救区等。

在江汉方舱医院，先后有 20 支外省援鄂医疗队、本市 5 家医院与武汉协和医院医、护、管理团队共同合作，共计有 1153 名工作人员。我们进行了严格的全流程管控，患者从入住到出院，会在这里得到全方位的治疗、护理和辅导。患者入院后，我们按照最新版诊疗方案要求，及时准确地对患者进行评估，进行标准化诊疗，比如开展核酸检测、CT、血常规等检查，开展抗病毒药物和中医药治疗等。同时，对合并症患者给予及时会诊，对出现重症苗头的患者尽早监测，为重症患者畅通转诊渠道。

在诊疗过程中，我们强调药物治疗和心理疏导并重。开舱第 3 天，广播台就开始投入使用，播放疫情信息、健康科普等内容，增强大家战胜疾病的信心。上海医疗队的心理专家也驰援我们，为舱内患者进行一对一的心理巡诊。

当然，在诊疗过程中，我们也遇到过很多困难，而最难的莫过于"开舱"初期如何把各方力量迅速整合在一起，形成对抗病毒的强大合力。2月 4 日 8 时，我带领武汉协和医院管理团队，开始了江汉方舱医院的筹建与组织协调工作，包括设计院感通道和医务人员工作地点、组建管理队伍、制定工作流程和工作制度、制定医疗物资清单、进行院感工作安排等。同时，也要协调来自8个地区的9支医疗队和武汉6所医院医疗队的进驻、衔接、工作安排与人员培训等。

大家在网上看到了很多方舱医院的视频，有人在跳广场舞，有人在捧书阅读。正如视频中展示的，江汉方舱医院这么大的面积，这么高的人员密集度，就像一个小社会，除了医疗安全，消防、治安、饮食安全也至关重要。方舱医院在保障患者身体逐渐恢复的基础上，也尽量满足患者多元的生活文化需求，我们开通了"您呼我应"App，及时了解、解决患者需求。

通过这段时间的实践，我认为方舱医院在短期内迅速扩充了医疗资源，在防与治两个方面发挥了重要的、不可替代的作用。首先是快速控制住了传染源，杜绝了病毒在社区内扩散。其次，患者住进方舱后得到了专业医务人员的指导和标准治疗，绝大多数轻症患者病情明显好转，达到康复出院标准，降低了患者从轻症向重症转化的人数。最后，通过严格的筛查和监测，对有重症苗头的患者及时干预，对重症患者转诊到定点医院，确保救治及时。

方舱医院是党和国家在抗击疫情非常时期的重大举措，在我国的疫情防控史上没有先例，所有工作都是在极短的时间内迅速展开，没有经验可以借鉴，大家都是摸着石头过河、边做边改。方舱医院的实践，为有效应对突发公共卫生事件和重大灾情疫情，迅速组织扩充医疗资源提供了新样板。

（《光明日报》2020年3月11日 作者：孙晖）

协和医院与荷兰专家"隔空"对话分享抗"疫"经验

一场跨国远程视频连线,串起两国人民共克新冠疫情的坚定决心。3月16日下午,华中科技大学附属协和医院西院(以下简称协和西院)新冠肺炎疫情专家组成员与荷兰14家医院相关负责人就新冠肺炎的防控与治疗展开了一场"隔空"对话,旨在分享武汉协和医院新冠肺炎防治的经验,为荷兰医疗机构防控疫情提供及时帮助。

"新冠肺炎患者常见症状有哪些?病毒传染性持续时间是多少?抗病毒药物治疗有哪些经验?医护人员和普通民众如何做好防护?……"围绕荷方提出的新冠肺炎在基本症状、临床诊断、预防与治疗等方面的系列问题,协和西院专家组成员分别给予了详细解答,整场视频连线持续一个多小时。

"你们做得很棒,谢谢你们给我们分享如此宝贵的经验!"荷兰Sintjansgasthuis医院的负责人De Wit Ing感激地说。当她提出荷兰医生在治疗过程中遇到新冠肺炎疑难问题时,能否继续邀请协和医院专家给予帮助,"医学无国界,我们非常愿意解答荷兰抗击新冠病毒所面临的问题,并提供力所能及的帮助。"协和医院党委副书记汪宏波说。

据悉,自疫情暴发后,此次跨国远程视频连线系该院首次。目前,协和西院累计收治1606名患者,已治愈出院793人,在新冠肺炎阻击战中已取得阶段性胜利,接下来将继续做好危重症患者的救治,努力提高治愈率,降低病死率。

(《经济日报》2020年3月16日 作者:柳洁 吴立志 陈有为)

艰苦鏖战4个月，协和医院交出"国家队"答卷

面对汹涌的疫情，华中科技大学同济医学院附属协和医院（简称武汉协和医院）充分发挥了国家队的实力与担当，收治了5200多人次的新冠肺炎患者，接诊了2万多名发热患者，管理着2家方舱医院，成为武汉市收治人次最多的医院。与此同时，武汉协和医院携手来自全国各地的援鄂医疗队，筑起阻击病毒、救治武汉人民生命的钢铁长城。近日，在由健康报社和健康中国政务新媒体平台联合主办、辉瑞公司公益支持的战疫系列直播之国家队专场上，曾经处于疫情风暴眼中的武汉协和医院带着烽火余烬，交出了一直守护在胸口的战疫"答卷"。

·众志成城　迎难而上·

从漫天飞雪到春暖花开，从城市封闭到全面重启，武汉协和医院是武汉市最早提供新冠肺炎患者定点病床的医疗机构，也是战线拉得最长的医疗机构，开放了2个分院作为重症患者收治定点医院，同时托管了2家方舱医院和1家区级定点医院。

武汉协和医院党委书记、中国药学会医院药学专业委员会主委张玉表示，武汉协和医院在疫情防控中起到中流砥柱的作用，首先得益于党中央的统一领导和国家卫生健康委的正确指挥，也得益于医院党委发挥把方向、管大局、做决策、促改革、保落实的领导作用，更得益于全院基层党组织和全体党员在战疫一线众志成城、迎难而上。

在这次疫情防控中，武汉协和医院西院、武汉江汉方舱医院和西院插管小队获评全国卫生系统抗击新冠肺炎疫情防控先进集体，医院发热门诊团队获得第24届全国五四青年奖集体奖章，呼吸内科获评湖北省先进基层党组织，检验科新冠核酸检测团队获评"湖北五四青年奖章集体"的荣誉称号，还有西院的内科党组织、西院门诊急诊支部获得湖北省委组织部的通报表扬。

"新冠肺炎是新时代党员干部面临的一次重大考验，也是对党员干部的一次深刻的党性洗礼。"张玉回顾，医院党委也护航一线医生共克时艰，拿出关爱激励医护人员的20条举措，确保各类防护物资、防护用品、保障物资到位，让一线医护队伍无后顾之忧。"正是因为医院对医护队伍的亲切关怀，我们实现了职工新冠肺炎零死亡。"

·构建全链条防治网·

"协和'答卷'是中央指导组医疗救治组、国家卫生健康委指挥武汉保卫战医疗救治战线的缩影。"武汉协和医院院长、中华医学会血液学分会候任主委胡豫表示，面对疫情，医院毫不犹豫挺身而出，举全院之力携手6286名援鄂队员，先后开辟5条战线，构建诊断筛查、隔离收治、重症救治、康复管理的全链条防治网。

回顾这次疫情的经历，胡豫思考：第一，战时形成的良好作风应该延续到日常管理当中，方舱医院从空荡荡的大厅到24小时建成初具规模的小型医院，是中国速度的一个缩影；第二，团结协作，不管是医院的各个学科和部门之间，还是院内团队跟援鄂医疗队的团队之间，还是医院跟政府之间，彼此协作进行得如鱼得水，提高了效率；第三，战时提出问题不是本事，有本事解决问题，那才是真正过硬的本领。

"我们从来都是领到任务不讨论，直接执行，用救人如救火的紧迫感来解决实际问题。"胡豫说，"新冠疫情肺炎不可避免对社会经济产生一定的冲击，需要在治疗新冠肺炎的同时统筹兼顾疫情防控和经济社会的发展。武汉协和医院是最早恢复非新冠肺炎患者医疗服务的单位，积极开展了多项科研活动，也将经验在国外疫情严重的时候进行及时分享。"

履不必同，期于适足；治不必同，期于利民。"只要我们用自己的方法解决好了国内的问题，那就是我们积累的经验，它就是经得起实践检验的。"胡豫表示，这次战"疫"充分体现了中国特色社会主义制度的优越性和强大的凝聚力。当疫情逐渐得到控制的时候，外部世界发生了很大变化，世界各地新冠肺炎的流行逐渐变得明显，这时候更应积极学习、推进建立人类命运共同体的理念，在大格局中找作为。

·聚力同心参与疫情防控·

2月初，武汉新冠肺炎患者人数猛增，医院床位全线告急。为破解病人的堰塞湖难题，将轻症病人集中收治的方舱医院很快由提议转化为现实。一大批人临危受命，武汉协和医院党委副书记孙晖是其中一个，被任命为武汉江汉方舱医院院长。

方舱医院是为了应对当时疫情的紧急情况而临时建设的，是党和国家在抗击疫情非常时期的重大举措，在我国的疫情防控史上没有先例，所有工作都是在极短的时间内迅速展开，没有经验可以借鉴。

"大家都是摸着石头过河、边做边改。"孙晖表示，江汉方舱医院位于湖北省武汉市江汉区武汉国际会展中心，由武汉协和医院进行日常管理，总床位数1564张，从2月3日开始改造，2月5日晚正式启用，开始接收新型冠状病毒感染的肺炎轻症患者，前后仅用了40个小时。

在人员上，先后有21支外省援鄂医疗队、武汉市5家医院与协和医院医、护、技管理团队，共计1153名工作人员共同奋战。为了保证方舱医院快速、有序、高效运转，江汉方舱医院重点把控好三大关口，建立好三大协同机制。三大关口是指疫情之初开放收治关，过程中狠抓诊疗关，以及严抓出院关。三大协同机制是指与江汉区政府的协同机制，医院内部建立协同机制，医患协同机制。

"方舱医院的本质是医院不是隔离点。"孙晖表示，在抓实医疗质量、做实保障的同时，也打造了方舱医院社区文化。"正是大家对国家、对党的信心，对战胜疫情的决心，使得各个不同的医疗队之间、医患之间、社会的每一位同志之间都能够很好地参与到疫情防控中。"

· 3个快速降低死亡率 ·

武汉协和医院西院作为最早的一批新冠肺炎定点收治医院，其后定位为重型、危重型患者的定点收治医院，前后历经3个多月时间。武汉协和医院副院长、中华医学会呼吸病学分会委员金阳回顾，在战"疫"中，医院西院围绕3个快速进行相关的救治工作开展。

第一，快速凝练形成重型和危重型患者救治的管理体系，拟定了重型和危重型患者的治疗体系，形成了战术医务处，协调全国各地医疗队。

第二，快速形成了高效运转的质量控制体系和质控体系，医院层面成立了专家指导组，凝练新的救治举措并落实下去。

第三，快速形成了重型、危重型患者的评估和预警体系，准确给入院患者"把脉"，提高重型、危重型患者的救治率。

"通过3个快速，使我们能够有效地降低重型、危重型患者的死亡率，提高救治率，极大缓解了前期医疗资源紧缺，并实现了救治能力的高效配备。"金阳说。

· 把院感防控变成一种本能 ·

"现在最困难的时候已经过去了。"武汉协和医院副院长、湖北省胸心外科学会主任委员夏家红表示，武汉协和医院的复工复产分2个层面：疫情发生以来，一直没有中断非新冠肺炎患者的治疗，疫情期间医院常规的非新冠住院患者在本院区就接近600人，涉及内、外、妇、儿、肿瘤等科室；随着武汉市防疫形势不断好转，开始面对武汉市居民逐步复苏的医疗服务需求。

医院复工复产逐步到位，夏家红预计，基本上能够缓解非新冠肺炎患者的治疗需求，让医院在疫情后期的治疗进入比较完整的常态化。"确保内防反弹，我们一直谨慎、积极，从战略上藐视敌人，在战术上高度谨慎，在日常工作中把院感防控变成一种本能。"

疫情也带来了诊疗模式的改变。夏家红表示，现在日常门诊量为七八千人次，这其中有1/3是线上的，疫情期间每天有一万左右的网上问诊量，这样一来就可以让门诊里面人群拥挤的情况得到非常有效的缓解。"网上医院通过疫情获得了发展，这个也是我们危中有机的具体体现。"

(✎ 《健康报》2020 年 5 月 12 日　作者：叶龙杰)

与国家同舟 与人民共济
——新冠肺炎重症救治同济医院战"疫"直击

努力提高收治率和治愈率,降低感染率和病死率——

这是当前疫情防控工作的突出任务,也是打赢武汉保卫战、湖北保卫战的重中之重。

"与国家同舟,与人民共济。"这不仅是华中科技大学附属同济医院的院训,也是全国广大医务人员驰援武汉、战胜疫魔坚定信念的写照。

主动请缨。同济医院主动改造两个院区,收治2000多名重症、危重症患者,成为武汉集中收治重症患者最多的定点医院。

闻令而动。全国各地35支医疗队、4000多名医务人员投入"同济战场",成建制接管病区,齐心协力、科学救治。

与时间赛跑,与病魔较量。7000多名"白衣战士"想尽一切办法,全力救死扶伤,目前已将"同济战场"病死率从5.85%降至3.5%左右。

· 与国家同舟:"必须坚定信心、主动担当" ·

"3位病人发热、肺部感染,胸部CT显示双肺呈弥漫性、浸润性病变,其中夫妻两人先后发病。"同济医院呼吸与危重症医学科主任赵建平,清晰地记得他在去年12月底,第一次接触新冠肺炎病例时的场景。

2003年抗击非典时,担任湖北省非典专家组副组长的赵建平临床经验丰富。他意识到病情不同寻常,迅速做出决定:"马上报告疾控中心,科室各病区注意排查有无类似病人!"

建院 120 年的同济医院,是国内顶尖医院之一。同济三个院区每天可以接治门诊病人 2.5 万人,收治住院病人 7000 人。连续 20 多年来,同济医院的门诊、急诊病人数位居湖北省第一。

突如其来、异常严峻的疫情,让百年同济也倍感吃力。

去年 12 月底开始,疫情快速变化:发热门诊病人从日均四五十人,最高峰一下陡增至上千人;急诊科医生出现发烧,肺部感染,发热门诊医护人员全部二级防护接诊;收治病人数量日益增长,医务人员疲劳作战、不堪重负……

"与国家同舟,与人民共济。这句院训深深烙刻在我们每一个同济人身上、脑中。"同济医院院长王伟说,作为医疗国家队,大疫当前必须坚定信心、主动担当。

去年 12 月底,同济医院就在院本部开始着手改造发热门诊,并专门开辟了病房用于隔离治疗。但依旧无法满足疫情防控需求。随着病毒扩散疫情暴发,感染人数激增。武汉市各定点医院一床难求,大量患者从轻症转为重症。

疫情大敌当前,生命危在旦夕。

按照"集中患者、集中专家、集中资源、集中救治"的原则,将重症病例集中到综合力量强的定点医疗机构进行救治,是党中央的明确指示,也是战胜疫魔的重要举措。

同济医院主动提出,将总共拥有约 2000 张病床的中法新城、光谷两个新院区,普通病房隔断密封,改造成定点医院,开辟出收治重症患者的新战场。

1 月 25 日,大年初一,同济医院中法新城院区动工改造。

时值春节,又逢疫情,工人难寻、材料难购、运输不畅。连续好几天,同济医院中法新城院区后勤科科长杨涵林和同事基本没合过眼,一直盯在改造项目上,"早一刻完工,就能早一点收治病人,多一点治愈希望"。

边施工、边收治,仅用 48 小时,首批 8 名重症患者就收治入院。

当日,由北京医院、北京大学附属人民医院等医院精兵强将组成的首批支援湖北国家医疗队,驰援武汉,进驻中法新城院区。

600、1000、1800……随着改造床位数的快速增加,来自中日友好医院、华山医院等国内顶级医院的 35 支支援湖北医疗队，分批携带医疗设备、防护物资，成建制接管病区。同济医院成为武汉市收治重症患者、危重症患者最多的医院。

"义无反顾、开辟战场、冲锋陷阵。"北京医院急诊科副主任王旭涛，这样评价同济医院的同行们。

·与死神较量："这是我们必须完成的使命"·

新冠肺炎症状隐蔽，轻重症转化迅猛，病情发展迅速，特效药物尚未找到。重症救治成功率迟迟无法提升，成为一线医务工作者眼前横亘的难题。

"新战场开辟出来，支援队陆续到位。提高治愈率、降低病死率，这个最难攻克的关口，我们要率先冲上去。"王伟说，找准方向、蹚出路子，打出抗击病魔的组合拳，这是我们必须完成的使命。

在这里，协调一致、标准先行——

"今天重症病例临床病情有什么新特点？新尝试的治疗方法有哪些新效果？几起死亡病例有哪些值得总结的地方？"这是各支医疗队中，呼吸、重症、感染等领域最优秀专家，每天在同济医院必须召开的讨论会内容。

同济医院和各支援湖北医疗队领队共同成立大医务处，不断总结经验，形成专家共识，制定临时医疗手册确立统一诊疗标准、统一医疗流程，为挽救危重症患者不断总结、探索、完善。

复旦大学附属华山医院副院长马昕说，各家医院各有各的诊疗救治流程和理念，一同来到同济医院，每家医院都积极配合，"只有协调一致，形成标准化、同质化的医疗，才能让医疗过程更顺利，让病人获得更好治疗结果"。

在这里，科学救治、胆大心细——

疫情来势汹汹，同济医院的专家告诉记者，新型冠状病毒侵入后，人体强烈的免疫反应造成肺部等器官的损伤，这是新冠肺炎的致病机理。在治疗中，既要使用药物抑制免疫反应，同时又要保持免疫系统杀死病毒的能力。相关药物使用时机、用法，治疗方式等，目前尚缺成熟的诊疗方案。

一位70多岁的女性患者，入院时血氧饱和度只有70%多。使用无创呼吸机后，血氧饱和度也只有80%，持续两天依旧无法提升，这意味着再这么下去，其他脏器会因氧不足而出现损伤。按以往治疗方法，患者早该气管插管了。

赵建平团队用绣花的精神仔细调试呼吸机参数，合理使用药物、激素，血氧饱和度逐步回升。第七天，患者血氧饱和度达到了98%，脱离危险。通过观察发现，氧和情况不好的病人，用好无创呼吸机，配合调试药物，能有效避免插管引发的众多并发症，提高救治成功率。

"连日来的实践，也证实这一改进的有效性。越来越多的病人撤掉呼吸机，病情平稳下来。"赵建平说，但这也意味着医务人员必须在闷罐似的防护服里一待就是几小时，时刻守护在病人身旁。

在这里，多方合作、立体诊疗——

2月16日下午，74岁的胡阿姨在同济医院光谷院区治疗6天后，从昏迷中逐步清醒，病情明显好转。刚入院时，她呼吸每分钟只有28次，一天的尿量还不足100毫升，肾功能严重受损，命悬一线。

负责胡阿姨救治的广州医疗队中山大学附属第三医院岭南院区综合ICU主任毕筱介绍，新冠肺炎进展为重症、危重症后，不仅会损害肺部，还会对心脏、肾脏、肝脏甚至血液系统都有伤害，最终造成多脏器衰竭。

他们组建由感染科、肾内科、内分泌科、呼吸科等专家组成的救治小组，心电监护、面罩吸氧、降血压、抗病毒……连续几个昼夜的精心救治，胡阿姨逐渐好转。病房首批收治的40位重症患者中，已有3位重症患者症状缓解后转入普通病房。类似多学科、多团队合作，在同济医院各大病房中，已成为常态。

在这场看不见硝烟的战"疫"攻坚战中，不同学科、不同医院的专家同舟共济，他们虽操着不同口音，却目标一致全力以赴，奋力将一个个生命从死亡的边缘拉回来。截至2月19日10时，仅中法新城院区已累计收治重症患者1251人，治愈出院97人。

与人民共济:"没有一个春天不会来临"

2月6日深夜,一场特殊的妇产手术在同济医院中法新城院区紧张进行。接受手术的产妇,还有一个特殊的身份——新冠肺炎患者。

汗水湿透了三层防护服下主刀医生乌剑利的衣背,被雾气迷住的护目镜逼得他只能找所剩无几的缝隙来看清手术操作。

新生儿的啼哭,打破夜的沉寂。产妇小陈顺利产下一名男婴,在场的每一个人都流下了激动的泪水。

"妇产科给大家带来的是新生命的喜悦,这种特殊的手术经历刻骨铭心。生命的希望不可阻挡!"乌剑利说。

无数颗心牵挂疫情,无数双手众志成城。

医务人员是战胜疫情的中坚力量,对他们的呵护和保障关系他们能否始终保持强大战斗力。

在同济医院全院,不仅最早开始对发热门诊的医护人员上三级防护,更是定期对全体医护人员进行心理情况调查,派专人及时为大家做心理辅导,缓解一线医护人员的心理压力。

"我们连空调、门把手和电梯按钮上都做了病毒核酸检测,为的就是对大家负责,让大家放心。"王伟说。

当新华社记者跟随医护人员进入同济医院中法新城院区重症隔离病房的时候,足足花了30多分钟、15个步骤才最终完成全套防护措施穿戴,刚刚穿完,就已经满头大汗。

像这样的防护,虽然烦琐,但为了保证安全,每天都必须进行。一般人早已感觉精疲力竭,对医护人员却是"家常便饭"。

"最棒、加油、战士、超美……"一句句鼓励的话语,是他们写在彼此防护服上最真的祝福。

从内科转来的护士汪颖,虽然看不清楚她的脸,却知道她肯定有一双"爱笑的眼睛"。她告诉记者:"不管遇到什么困难,人总是要有自信,这让我很快就成了新冠肺炎患者的护理能手。"

"从未想过退缩,因为病人需要我,战友需要我。"在这个看不见硝烟的战场,一批批从全国汇聚到同济来的医者拼尽全力与病毒赛跑。

中日友好医院作为国家呼吸临床研究中心，发挥呼吸与危重症学科优势，派出整建制的医疗团队以及完备的危重症救治仪器设备，承担同济医院中法新城院区 C6 东病区重症患者救治任务。

对刚刚收治的重症病人，要详细收集患者信息，医生开出医嘱第一时间交给护士迅速执行……在 C6 东病区，时间真实可感，每天都上演着"生命的接力"。

"为了保障患者安全和医疗质量，所有护理人员都尽职尽责，没有一句怨言，因为我们觉得这是我们的职责。"中日友好医院支援武汉抗疫医疗队护理组组长赵培玉说。

"我的感觉一天比一天好！"在赵建平和团队的悉心照料下，同济医院中法新城院区一位重症患者的病情日渐好转。

刚刚住院的初期，这位患者发烧、呼吸困难、精神状态差。经过医护团队六天不懈的抢救，这位患者终于退烧，还想吃东西、想喝水。复查结果表明，病情开始好转！大家悬着的心终于放了下来。

医者仁心。"敬佑生命、救死扶伤、甘于奉献、大爱无疆"的同济精神，也正是今天抗疫一线所有医护工作者精神状态的一个缩影。

当前，疫情防控的形势依然严峻。截至目前，湖北全省仍有在院治疗的新冠肺炎患者 4 万多例，其中重症 9000 多人、危重症 2000 多人。提高治愈率、降低病死率，仍然是当前防控工作的突出任务。

战斗依然在继续，广大医务工作者依然在最前沿奋进，各地医疗队依然在驰援……

同舟共济，共克时艰。

人们坚信，在党中央坚强领导下，在全国人民的共同努力下，众志成城，携手并肩，广大医护人员一定能为人民生命健康筑牢铜墙铁壁，一定能夺取疫情防控阻击战的最终胜利！

（✐ 新华社 2020 年 2 月 20 日　作者：唐卫彬　黎昌政　李劲峰　胡喆　王毓国　许杨）

9个学科10名医生17名护士456个小时并肩作战
华中科大同济医院首例新冠危重症患者重获新生

2月28日，武汉，华中科技大学同济医院光谷院区。重症监护病房（ICU）内，危重症新冠肺炎患者王琦成功脱离呼吸机、ECMO体外心肺支持，恢复自主呼吸。记者从院方获悉，这是华中科大同济医院首例"新冠"危重症患者重获新生。

这背后，是华中科大同济医院光谷院区与17支援鄂国家医疗队的并肩作战，是9个学科10名医生17名护士456个小时与死神的生死搏斗。

2月9日，华中科大同济医院光谷院区接到上级命令，开始收治重症和危重症新冠肺炎患者。同济医院与17支援鄂医疗队一起创立多专科临床支持救治危重症患者模式，在提高治愈率、降低死亡率方面发挥重要作用。

同济医院护心队、心内科副主任医师周宁介绍，2月27日上午9时30分，同济医院、复旦大学附属华山医院两个团队的医生，开始为病患王琦实施有创呼吸机试脱机，王琦的各项生命体征十分平稳。两小多时后，医生们将ECMO管道撤除出了王琦的血管，他也成功脱离了ECMO支持。不久，王琦就可以从ICU转到普通病房。

新冠病毒是一种新发现病毒，其致病机理学界目前尚并不清楚，但病情进展快，重症患者会出现严重的呼吸衰竭，救治难度也会更大。实施气管插管进行有创呼吸支持治疗可以抢回更多的生命。王琦入院后病情急转直下，也很快进行气管插管，维持住了氧饱和。

与此同时，包括王琦在内的新冠肺炎危重症患者，多合并有心脑血管、内分泌等方面的基础性疾病，所以在救治时，不能"头病医头，脚病医脚"。

光谷院区战时医务处处长祝伟介绍，每天下午3:00，光谷院区定时进行疑难病例讨论例会，针对各支援鄂医疗队在诊疗过程中普遍遇到的临床问题，多学科合作，组建了多支专科临床支持小分队，即"同济特战尖刀连"，包括护心队、保肾队、护肝队、护脑队、气管插管队和中药特殊治疗队等。

与其他病患不同，新冠肺炎危重症患者往往需要多系统器官功能的支持，重症感染的控制、营养的支持、呼吸循环及其肾脏功能的支持等都是需要密切关注的问题。呼吸科、重症医学科、心内科、肾内科等多学科专家总结前期治疗经验，对患者特别是危重患者病情发展中出现的各种情况进行预判并提前干预，各小分队相互补位，及时调整诊疗的策略，提出更优的治疗方案，提升新冠肺炎重症患者综合救治水平，降低死亡率。

王琦病情好转，犹如一支强心剂给医护人员带来了信心。"都说给重症患者上呼吸机难、撤呼吸机难，其实最难的是这一过程中的守护。"华山医院李圣青教授感叹，"这个守，功劳最大的就是我们的护士。"

ECMO是一种医疗急救技术设备，在平日的医疗中并不是常规治疗手段。ECMO从置管到拔管9天时间专班守护，同济医院的护心护理团队一共7人，4小时轮班守一个ECMO病人，工作量非常大，每小时测定凝血时间、机器流量和转数的观察，看氧气瓶够不够，对卧床病人下肢做康复锻炼。特别是像王琦这样的危重症患者，其病情一丝一毫的进展，从某种意义上来说是护士们一分一秒守出来的——需要两位护士轮班一直守在旁边，观察患者的各项指标，每小时需要检测的数据达数十种之多。

"来自上海、山东、浙江、江苏、广东、福建等六个省市的17支医疗队，整建制接管了光谷院区16个病区及1个ICU，在这里我们就是一支混编的队伍，大家团结协作，共同完成所有危重症患者的特殊抢救任务！"同济医院光谷院区院长刘继红的话语掷地有声。（文中患者王琦为化名）

（✐《中国教育报》2020年2月29日　作者：童萱　王潇潇　张晨　程墨）

同济医院与意大利专家共享新冠肺炎救治经验

随着意大利新冠肺炎确诊及死亡病例增加，意大利米兰的尼瓜尔达医院与华中科技大学同济医院专家远程视频通话，咨询中国救治经验。

4日晚6时许，同济医院光谷院区心内科主任汪道文、心内科周宁、感染科韩梅芳通过视频，向意大利麻醉与重症医学科专家恩里克·阿米拉蒂等分享了救治新冠肺炎患者的经验。

据意大利政府发布的数据显示，截至4日18时，意大利累计确诊新冠肺炎病例已突破3000例。

尼瓜尔达医院是意大利最大的国家综合性医院之一，也是米兰最大的一家医院。目前该院已腾出一栋楼，收治了200余位新冠病人。

在1个多小时的交流中，阿米拉蒂就病房标准、炎症风暴处理方案、新冠肺炎治疗方案、医护人员防护等提出问题。

"早期的生命支持治疗和糖皮质激素的应用尤为重要。"汪道文说，"以糖皮质激素抑制炎症风暴，以生命支持治疗让身体的其他脏器得到充分的休息，能给患者更长的缓冲时间，更多的康复机会，这是我们的同济方案。"

同济医院专家强调了医护人员防护问题，向阿米拉蒂展示了三级防护的图片，分享了口罩、防护服、防护面罩的型号与使用情况。

"你们的经验很有用，对我们来说太重要了！"阿米拉蒂说。

周宁说，目前学界没有针对新冠病毒的特效抗病毒药，大部分康复患者都是以支持、对症治疗为主。患者早期器官功能维护极为重要，不能在低氧血症诱发多脏器功能不全后再实施治疗。"这些一线临床医生的经验值得与全球同行分享。"

汪道文说:"这是全人类共同面对的问题,但目前很多国家对新冠肺炎重症的了解和治疗还是空白。我们有过 SARS 的经验,再加上武汉有大量新冠肺炎相关数据。拿出经验跟国际同行交流,是我们义不容辞的责任。接下来我们会整理出重症患者的治疗流程发给他们。"

(新华社 2020 年 3 月 5 日　作者:黎昌政　乐文婉)

勇往直前　守护生命
——记华中科技大学同济医学院附属同济医院"尖刀连"

"无论病情多重，我们都不能放弃。"回忆起抗击疫情最吃劲的时候，华中科技大学常务副校长、附属同济医院院长王伟感慨万千。抗疫期间，同济医院主动改造两个院区，收治了3300多名新冠肺炎重症、危重症患者，成为武汉集中收治重症患者最多的定点医院。

在救治患者过程中，同济医院与40支援鄂医疗队、5000余名医务人员一起，组建了插管、护心、中医药、康复等8支小分队，被形象地称为重症患者救治的"尖刀连"——以"关口前移、多学科合作、精准管理"的科学救治理念，为提高重症患者救治率作出了突出贡献。

·专科合作，挽救生命·

新冠肺炎危重症有多险？"可能一个咳嗽，肺部就会严重受损。"同济医院急诊与重症医学科主任李树生说。

刚开始，医务人员通过对疑难病例和死亡病例的分析发现，大多数死亡病例并不仅仅是肺部受损，更多是由于身上的多种疾病、多器官受损导致死亡。

"大家要各取所长，发挥多学科优势，补齐短板。"同济医院副院长、光谷院区院长刘继红决定从同济医院调集人马，和各医疗队业务骨干一起，组建8支小分队。

小分队不仅在医学专业上密切协作，在组织结构上也互相合作。只要患者出现呼吸衰竭，插管小分队就快速实施气管插管和呼吸机治疗；如果患者炎症加重，护肾小分队立马实施血液净化治疗；当患者脱离生命危险后，康复小分队介入，开启肺部功能恢复，心理小分队在这时也开始对患者进行心理应激疏导……

"尖刀连"各小分队拧成一股绳，在救治过程中越来越得心应手，大家通过整理前期新冠肺炎救治的措施，共发布37个各类别共识和指南，规范了诊疗流程。

·病例讨论，一人一策·

"终于脱离危险了！"2月27日上午，当患者程某被抢救过来时，同济医院光谷院区护心小分队医生周宁兴奋地大喊起来。程某是第一批转到同济医院光谷院区的重症患者，此前，危重症患者死亡率高达61.5%。

"必须总结经验，不惜一切代价挽救患者生命。"为了找到死亡病例病程变化的共性问题，从2月11日起，每天下午3点，"尖刀连"都会召开疑难与死亡病例讨论会。各支医疗队领队、战时联合医务处、医院专家组成员必须参加，一个多小时的会议，专家们各抒己见。

随着临床经验不断积累，专家们总结出病程的变化规律，将患者分为比较稳定、有恶化趋势、可能有生命危险三个等级。"尖刀连"将患者的治疗关口前移，对每一位患者进行精准化救治管理，做到一人一策。"我们的医务人员24小时守在患者身边，每小时都给患者测量身体各项指标。"刘继红说。

到2月底，同济医院光谷院区重症患者救治率保持在95%左右。3月10日，国务院应对新冠肺炎疫情联防联控机制医疗救治组印发通知，要求推广同济医院光谷院区重症患者救治管理经验。

·克服困难，尽职尽责·

在"尖刀连"里，一些医务人员很早就投入了战斗。1月23日下午，接到医务处紧急电话后，插管队队长、同济医院麻醉科党支部书记万里迅速在工作群吹响了抗疫集结号,并第一个报名。每次插管,万里都主动要求负责最危重的病人,他距离患者面部最近时只有10厘米。万里说,危险面前他必须义不容辞。

几个月的战斗里,"尖刀连"队员没有一个人退缩,大家的目标只有救人。几位医务人员在早期工作中还感染了新冠肺炎,治愈后又立马投入战斗。"既然选择了这个职业,就要承担这份职责。"护肾队队长、同济医院肾病内科主任徐钢说,"尖刀连"里不少队员是"90后"甚至"00后",他们承担了大量工作,每个人都对得起自己从医时的誓言。

在疫情发生早期,防护物资相对紧缺,"尖刀连"的医务人员为节约防护服,最长在病房里待了10个小时,走出病房时,有的人甚至身体虚脱。"我们是生命的守护者,一天都不能停。"同济医院呼吸与危重症医学科主任赵建平说。

4月26日,同济医院新冠肺炎重症患者清零,消毒后医院再次重启。"经历过抗疫,我们会更加珍惜自己的工作,更加敬畏生命,尊重生命。"周宁表示。

(《人民日报》2020年9月21日 作者:田豆豆 吴君)

武汉 103 岁新冠肺炎患者入院 6 天后被治愈

3月7日晚间，新京报记者从华中科技大学同济医学院附属梨园医院获悉，6日，一名103岁的新冠肺炎患者在该院经过治疗达到出院标准。目前，医院正在联系相关机构办理出院。

7日晚间，感染四科主任曾玉兰告诉新京报记者，因此前核酸检测为阳性，3月1日，老人转入该院接受治疗。入院时老人伴有胸腔积液等症状，属于危重病人，生活不能自理，口头表达也存在困难。

参与老人护理工作的护士长廖珍慧介绍，老人最初入院时精神状态很差，医护人员也对其格外关注。每天早中晚三餐，护士为她喂食肠内营养口服液及牛奶等，定时更换尿布、擦洗身体。老人表达不清，大多数时候需要护士时刻关注，认真观察并及时提供帮助。

老人的病床旁，贴着一张写着"关注！"的纸条，上面还特别提醒"防误吸、压疮、坠床"等注意事项。廖珍慧说，因为老人年岁已高，护士们格外注意，在床头交接时都会相互提醒纸条上的特别注意事项。经过治疗和调养，老人目前恢复得不错。

曾玉兰介绍，医护人员通过护理和营养支持治疗，老人身体和精神情况逐渐好转。3月6日，老人两次核酸检测结果为阴性，达到出院标准。廖珍慧记得，6日，老人达到出院标准后，"护士给她洗脸，她表达不了，但一直在笑"。

(《新京报》2020年3月8日　作者：张熙廷)

华中科技大学：
师生各展所长投身疫情阻击战

"你们去保护全世界，老师保护你们。社工这条路是老师们带你们入的，老师尽力从技术和情绪上支持你们。"华中科技大学社会学院教师罗艳，这样勉励正在接受线上培训的社工专业学生。

新型肺炎疫情蔓延，华中科技大学迅速反应，将做好疫情防控工作作为当前头等大事，并作出一系列工作部署。疫情无情人有情，华中科技大学师生也各展所长，以不同形式积极投身疫情阻击战之中。

· 疏导、陪伴、支持，社会工作者传递能量 ·

华中科技大学社会学院社会工作专业学生积极地参与到对武汉市不同社区的"肺炎防治支持性志愿服务"工作中，在线上为社区工作者、居家隔离者提供情绪疏导、陪伴和支持服务。

目前，社工1701班吴天啸等8名学生正在接受武汉市社会工作联合会提供的线上培训，培训结束后将马上参与江岸区四唯街道等街道社区的服务工作，为社区居民、居家隔离人员等提供相关预防咨询和情绪安抚。

罗艳介绍，社工是现代社会助人体系的重要组成，在危机发生时，它可以协助政府和医疗团队完成资源链接、情绪安抚及危机介入工作。大疫之下，中国社会工作教育协会已经发出倡导，鼓励师生依法有序参与疫情防控，我们的学生响应号召，期望可以成为正能量的传递者，做力所能及之事。作为教育工作者，我们鼓励他们的担当和学以致用，但他们又是学生、是孩子，保护和支持他们是我们的责任。

· 科普、请战、一线，同济医学院冲锋在前 ·

如何科学地面对新型冠状病毒肺炎？如何更好地进行自我防护？华中科技大学同济医学院第一临床学院的学生给出了答案。

疫情发生后，他们迅速就如何开展冠状病毒肺炎科普宣传展开讨论。经过反复修改，一篇集专业、人文于一体的科普文——《科学面对新型肺炎，返乡人员也是家人》出炉，从病情介绍、自我隔离、自我防护、自我治疗、获取信息等方面，全面系统地进行了科普，号召大家隔离病毒的同时不要隔离爱。

华中科技大学同济医学院公共卫生学院主动向湖北省、武汉市、学校疫情防治指挥部递交请战书，学院上下纷纷建言献策，在疫情分析、病人救治评估、防控决策、消毒指导、社区防控策略等方面提供支持，向指挥部表露出了"召必战、战必胜"的信念。

· 传播、辟谣、引导，新闻人守好宣传阵地 ·

随着疫情的发展，海量信息涌入了人们的视野，令人眼花缭乱的谣言也在社交媒体中层出不穷，给关注疫情的网友造成了一定的误导。

华中科技大学新闻与信息传播学院学生主动承担起"谣言终结者"和"权威信息传播者"的责任，自发在家庭群、年级群等渠道转发官方媒体的报道，引导家人、朋友了解最权威的疫情资讯，同时针对谣言进行及时有效的制止，号召大家不造谣、不传谣、不信谣，齐心协力、共克时艰。

新闻与信息传播学院研究生刘鹤轩、杨洁茹、王子文发挥专业优势，在一线医护人员的对外稿件宣传中发挥力量；本科生孙博文、杨炇诺、赖嘉瑶、张东琪等人在学校官方新媒体平台守好宣传阵地，第一时间发布权威资讯与典型事迹，并积极协调留言中的网友提问。

战"疫"当前，华中科技大学学生用行动证明自己的担当，众志成城、万众一心，定会打赢这场硬仗。

(✐ 中国教育新闻网 2020 年 2 月 1 日　作者：张晨　程墨　王潇潇　高翔)

一所疫区校医院的"防疫手记"

作为华中科技大学的校医院,华中科技大学医院还有另外一个名字——武汉市洪山区华中科技大学社区卫生服务中心。这两个名字正好也代表了它的两个职能,既负责华中科技大学校内师生的身体健康,同时也肩负着附近社区居民的健康保障。

随着新型冠状病毒肺炎疫情在武汉地区的肆虐,这所二级乙等医院也如当地其他基层医疗机构一样,成为此次防疫战前线中的一员。虽然它们"曝光率"不及重点医院,却在维护社区居民的安全工作中扮演着不可或缺的角色。

近日,《中国科学报》采访了该医院的相关人员。通过他们的讲述,我们可以以点带面地了解到目前武汉基层卫生机构的工作状况,以及相关医疗人员的所感所需。

· 物资匮乏,依然忘我工作 ·

连日来,华中科技大学校医院低值易耗库库管童煦翩一直处于满负荷的工作状态:每天,她都要接听大量捐赠电话,并回复许多相关短信。就在接受采访的前一天,他们接收到的口罩捐赠数量就有3万多个。

然而遗憾的是,这些口罩都不符合医用要求。

"大量的口罩是生活用口罩和工业用 N95 口罩,并不是医用 N95 口罩。"童煦翩说，尽管如此，它们（尤其是工业用N95口罩）依然被迅速分发给临床医生，因为"虽然不合乎标准，但总比我们现在用的普通口罩要好一点儿"。

目前武汉基层卫生机构专业医疗设备的缺乏可见一斑。

据童煦翩介绍，截至受访当天上午，该院符合标准的医用N95口罩库存只有49个，医用外科口罩库存已为零。"到昨天下班，正规的防护服还剩5件。我不知道现在发热门诊还有没有，但即使有也不敢穿。这些正规防护服，只有我们转运高度疑似病人时才舍得穿上……"

尽管如此，这群基层医院的医生们并没有因为物资的匮乏，而在工作上有一丝一毫的懈怠。

这段时间，该院医生刘青松几乎每天工作在一线。不久前，他在和同事的谈话中不小心"说漏了嘴"，大家才知道，刘青松的父亲在大年初二刚刚去世。有同事回想起，初二那天刘青松的确处于休假中，但一天之后的大年初三，他又出现在了门诊病房里。

该院急诊护士郑倩，家中的孩子刚满六个月。除夕前一天，她接诊了一名疑似患者。为了预防病毒传染给孩子，郑倩只能选择住在医院每天加班。年幼的孩子不爱吃奶粉，"口粮"便成了问题。于是，她所在小区的妈妈群里，其他的年轻妈妈便把奶水收集起来，再由郑倩的丈夫每天用它们喂养孩子。

……

· 学生管理，建议集中观察 ·

这几天，华中科技大学校医院副院长李晓南正在为一件事情忙碌着——根据武汉市下发的文件，他们要将医院的部分房间改造为观察室，用来对疑似患者进行集中观察。

"因为不能顺利住院或进入观察点，很多病人的情绪都十分激动，此举也是为了缓解这方面压力。"李晓南说，他们要用最快的速度建立一套新的规章制度，并重新准备病房、医疗流程、消毒设施以及药品，以便随时被征用。

"这个措施非常好,但是相较于疾病的发展过程,我觉得还是稍微晚了一点。如果一开始就能采取这样有效的措施,也许疫情发展不会是现在这样。"受访中,李晓南不无遗憾地说。

在此次疫情防御战中,有效措施所起的作用显而易见。

比如,作为校医院,该院的一个重要职责是保证目前华中科大留校学生的身体健康。在这方面,他们的做法是将留校学生集中到一座楼里,进行集中管理和观察,学生也要每天汇报自己的身体情况。"从目前来看,在学生群体中,我们还没有发现相关的病例,这也说明这种集中管理的方法是有效的。"李晓南说。

接受采访时,李晓南建议其他高校在防疫过程中,也对本校的学生以及教职工采取类似方式。

"很多高校的教学区、生活区和工作区分割得不是很严格。对于这样的学校,刚开始出现病例时,就应该全部隔离起来。对于病人和没有发病的家属,也都应该进行独立区域的隔离。"李晓南说,那些高度疑似的病人,让他们进行居家隔离的风险非常大,既不能保证他自身的病情控制,其家属的生命安全也难以得到保障。

此外,尽管目前相关机构已经进行了广泛的疫情防护知识宣传,但这并不意味着公众已经完全掌握。例如,就在记者采访的当天,某位前来就诊的社区居民,还在说医务人员穿戴的防护装置"搞得好吓人",并质疑"有这个必要吗"。

"在现阶段,公众的防范意识还需要加强。"该院门诊(综合)办公室主任叶天响说。

· 社区防护,重视家庭医生 ·

由于医院的集中观察点还没有建好,很多疑似患者依然只能选择居家观察。

"我们并不具备对新型肺炎的确诊资质,所以在接收发热病人后,只能通过血液和CT检查,对患者进行初步筛查。"叶天响说,他们会把情况严重的病人送到定点医院,症状较轻的疑似病人则只能采取社区居家隔离的方式。"此后，家庭医生团队会对其进行居家指导。"

在受访中，对于家庭医生的作用，李晓南给予了重点说明。

2017年年初，湖北省决定在全省范围内启动家庭医生签约服务工作，武汉市成为首批试点城市，目前家庭医生已覆盖该市绝大多数社区居民。在此次疫情防控中，家庭医生的作用被充分发挥了出来。

"此前，我们一共有7个家庭医生团队，但现在已经是全员动员，每个人都是家庭医生。"李晓南说，只要病人出现发热迹象，对于居家隔离者，家庭医生服务会马上跟进，联合社区居委会等机构，对患者进行防护方面的指导和心理安慰；对于转院的部分病情严重者，家庭医生也会持续关注，随时协助治疗。

例如，在居家隔离过程中，有些疑似患者最终会转为肺炎，而大批病人在寒冷阴湿的季节里，每天被各种负面情绪所笼罩，容易出现上呼吸道感染，以及因过分紧张而产生的低烧、咳嗽等症状。

"如何把它分辨出来，这是我们社区和家庭医生的重要任务，因为如果做得不好，就会把这部分病人推向社会，势必造成三级医院发热门诊拥堵的状况，激发一些矛盾。"李晓南表示，社区家庭医生的介入，已经被纳入全省疫情防控工作。然而，繁重的劳动也导致社区家庭医生承受着巨大压力。

"此时病人需要的不仅仅是单纯的语言安慰或物质安慰，他更需要专业性的帮助和指导。例如，用药后的反应如何处理，分辨某些反应是药物反应还是疾病本身带来的不适等。所有这些都要求家庭医生作出判断。"李晓南说，"因此，我们需要加强对社区家庭医生相关方面的知识和能力培训。如果做不到，这份压力依然会由社会承担，这显然不利于未来整个疫情的防控。"

（《中国科学报》2020年2月4日　作者：陈彬）

"希望找到病变,及时反馈给临床"
——专访首例新冠肺炎患者遗体解剖主刀医生刘良

《法医学杂志》2月25日发布了世界首例新冠肺炎患者遗体解剖报告。这份报告是华中科技大学同济医学院法医学系教授刘良团队完成解剖手术并观察研究的成果。

在刘良看来,法医其实就是翻译,遗体不会说话,法医要做的就是把死者的语言翻译出来。令刘良非常感动的是,陆续有新冠肺炎遗体捐献志愿者。

3月2日,刘良在接受"新华视点"记者采访时表示,迫切希望能跟临床医护人员详细沟通遗体解剖发现的更多细节。"通过解剖希望最快找到病变,及时反馈给前线临床。"

· 当前哪些发现对临床有启发? ·

2月16日,按照国家法律政策规定,刘良团队在全国率先开展新冠肺炎患者遗体解剖。目前,该团队已完成9例遗体解剖,其关于一例85岁男性新冠肺炎患者遗体的系统解剖观察报告,被《法医学杂志》公布。进行遗体解剖手术,意味着要在密闭空间面对高浓度病毒,安全风险很大。华中科技大学同济医学院院长陈建国说:"刘良教授和他的团队是冒着生命危险做这件事。"

目前，刘良团队正在进行后续几例已解剖遗体的病理研究，通过与临床医护人员的交流，为诊疗方案修改完善提供支持。

报告称，死者肺部损伤明显，炎性病变（灰白色病灶）以左肺为重，肺肉眼观呈斑片状，可见灰白色病灶及暗红色出血，触之质韧，失去肺固有的海绵感。切面可见大量黏稠的分泌物从肺泡内溢出，并可见纤维条索。

考虑影像学所见磨玻璃状影与肉眼所见肺泡灰白色病灶对应，提示新冠肺炎主要引起深部气道和肺泡损伤为特征的炎性反应。

报告认为，新冠肺炎病理特征与SARS和MERS冠状病毒引起的病理特征非常类似，但从此例系统解剖大体观察，肺部纤维化及实变没有SARS导致的病变严重，而渗出性反应较SARS明显，考虑可能与此例患者从确诊到死亡仅15天，病程较短有关，有待更多系统遗体检验资料及组织病理学验证。

刘良团队发现，从这例逝者的肺部切面上，能看到有黏液性的分泌物。刘良打了个比方：肺泡是前线阵地，黏液破坏了交通，氧气就送不上去，前沿阵地就容易失守。目前，道路打通是关键，但现在道路被堵。

尸检并不能指导医护人员干预所有病例，但是对肺部黏液问题，只需稀释肺泡黏液，比如翻身拍背、运用化痰药物，就能改观。

新冠肺炎对于人体其他器官是否有损害？根据报告，患者胸腔积液量不多，淡黄色清亮液体，未见大量胸水产生，提示胸腔病变并非浆液性炎症为主；消化系统损伤情况肉眼观不明显；病毒是否侵犯中枢神经系统有待组织病理学验证。

·回顾第一例遗体解剖过程·

接受记者采访时，刘良正忙着处理后几例遗体的解剖分析工作，每天连轴转非常疲惫。他希望把观察到的情况赶紧反馈给医院的临床医护人员，"不能贻误战机"。

事实上，前两例遗体解剖手术准备匆忙，一间闲置手术室临时充当解剖室。面对病毒空气中气溶胶传播的风险，经验丰富的刘良团队也感到紧张。校友近期捐赠了部分防护装备，有了正压头盔，穿上去喘气不再像一开始那样闷，改善了他们的防护条件，不过酒精等消杀用品消耗量很大，因为每次做完解剖都要做好现场消杀。

2月15日晚上9点多，刘良接到武汉市金银潭医院院长的电话，说有一个患者遗体可以做解剖，刘良紧急召集团队分赴医院。到金银潭医院大概晚上10点多，进解剖室的是三个男性法医，外面的人员策应做辅助工作，59岁的刘良是遗体解剖的主刀医生。穿上防护服、戴上多层手套、戴上面罩，不到10分钟，刘良和助手汗如雨下，呼吸困难，眼镜护目镜看不清。第一例手术做到大半截，刘良的身体出现了像高原反应一样的心慌、头晕、低血糖症状。

刘良团队在手术室等了一个小时，遗体送到。第一例手术从2月16日1点20分做到3点50分，刘良回家睡了2个小时后就与团队总结解剖技术细节。

常规的解剖就是把器官拿下来肉眼观察，做一个小的取材，送去做病理等检查。此次新冠肺炎是新发病的解剖，所以把全部器官都做了解剖，甚至包括肌肉、皮肤都要取样观察。刘良称，相比于正常人的肺，患者的肺更"韧"，"像一个肝脏"，而肺的切面有很多黏稠状的分泌物。

刘良表示："我不是为了发表文章，而是希望通过解剖尽快找到病变，及时反馈给前线临床。后续还会有多个团队来做病毒、病理、电子显微镜观察等研究工作。"

2月16日接近中午，刘良再次接到武汉市金银潭医院院长电话，通知又有一例遗体可以解剖。刘良紧急召集人员前往医院，下午4时左右进行手术，晚上6点半结束后浑身湿透。他在自媒体平台写下感慨："行动最重要！18个小时内连续尸检2例新冠肺炎遗体。"刘良说，目前随时等待通知，随时做手术。

· 向患者家属致敬，希望加快工作速度积累数据量 ·

刘良说，解剖手术得以快速进行，得益于逝者家属的理解和支持，同时也得益于国家卫健委高效的紧急会议，基本上是特事特办的模式——在紧急出台文件的同时，迅速给重点医院通知。

刘良团队在尸检前专门安排为遗体默哀的环节。他恳切地说:"特别要向遗体捐赠者致敬!鞠躬!他们是我们前行的动力!"

刘良最近有些烦恼:一是感觉跟一线医护人员沟通不够,他迫切希望能跟临床医护人员详细沟通解剖发现的更多细节;二是网络上对其言论一些不准确的解读也令他困扰。

一条信息在网上流传很广,"病患遗体解剖发现死亡者肺部出现大量痰栓,痰栓是由呼吸机使用所产生的,痰栓最终致人缺氧而死。"并表示新冠感染死亡人数下降是因为刘良的尸检结果改变了临床治疗方法。刘良在朋友圈发表"严正声明"辟谣。"我没有干预任何个例的临床治疗,每个病例都有他的不同特点。"

刘良说,把信息归纳总结起来需要一定的数据量,毕竟解剖发现的有一些是患者个体的病变,不是病毒本身的特性。现阶段对遗体标本没有什么要求,后期随着对新冠肺炎的理解增加,他希望能够进行筛选,将年龄组、性别等因素考虑进去。

从事法医病理学工作30余年来,刘良亲自检案数千次,其中不乏国内、省市内的各种疑难、典型、重大要案。从1月22日开始,刘良不断在朋友圈里表达对病理解剖介入抗疫的焦急。

刘良说,不知道病毒在肺里、肠道里是怎么分布的,也不知道突破点在哪里,就是"盲打"。要解决这个问题,其中一个办法,就是从器官学、组织学、细胞学的形态,甚至从分子学的形态去判断识别敌我双方在哪里交战,这就是临床病理要做的事情。

刘良期待未来国家能建一两个标准解剖实验室。这当然意味着巨大的投入,刘良认真地说,当然也要考虑使用频率,要实事求是。一些解剖手术需要相对高级别的实验室,但不一定要到P3这个级别,P2带负压就够。

在目前的特殊情况下,刘良说需要专心做事,好好休息,保存体力脑力。"我们要加快工作进度,与死神和时间赛跑,挽救患者生命。"

(✐《新华每日电讯》2020年3月4日　作者:李伟)

一切服从前线和国家需求
——华中科技大学加强科研攻关推动疫情防控救治

战疫，是一场人类同病毒的较量，科学技术是最有力的武器。某种程度上，科研攻关一线的战斗，决定着我们与胜利的距离。

地处武汉重灾区的华中科技大学充分发挥工科和医科相结合的优势，设立疫情防控应急科研专项，组建了24支重点科研团队，综合多学科力量，科研、临床、防控相互协同，产学研各方紧密配合，短短一个多月就在科研攻关一线战斗中取得积极进展，为疫情防控提供了有力科技支撑。

"疫时就是战时。战时的高校科研工作，就要一切服从前线需求，一切服从国家需求！"这正是华中科技大学科研工作的使命与担当。

·临床救治：多学科合作挽救患者生命·

尽最大努力挽救更多患者生命，是当务之急、重中之重。华中科大紧紧围绕提高治愈率、降低病亡率的目标，坚持临床科学研究与临床救治协同。

2月28日，华中科大附属同济医院光谷院区重症监护病房（ICU）内，新冠肺炎危重症患者王琦（化名）成功脱离呼吸机、ECMO体外心肺支持，恢复自主呼吸。这是该医院首例新冠肺炎危重症患者重获新生。

"19天，456个小时，我们终于救活他了。"同济医院心内科副主任医师周宁感慨不已。这背后，离不开医院9个学科、10名医生、17名护士的共同努力，更离不开医院创新开展"关口前移+多学科合作"的临床救治模式。

新型冠状病毒肺炎的致病机理目前尚并不清楚，但被感染者病情进展快，重症患者会出现严重的呼吸衰竭。同时，新冠肺炎危重症患者多合并有心脑血管、内分泌等方面的基础性疾病，救治难度极大。

对此，同济医院光谷院区定时举行疑难病例讨论例会，多学科合作，组建了护心队、保肾队、护肝队等多支专科临床支持小分队。呼吸科、重症医学科、心内科、肾内科等多学科专家不断总结前期治疗经验，对新冠肺炎患者病情发展中出现的各种情况进行预判并提前干预，各小分队相互补位，及时调整诊疗策略，提出更优的治疗方案，提升新冠肺炎重症患者综合救治水平。

·药物研发：加快研制防控疫情的制胜武器·

核酸诊断一直是新冠肺炎确诊的"金标准"。然而，核酸诊断有时会出现假阴性，诊断结果不精准。

华中科大附属协和医院消化内科教授侯晓华、蔺蓉，与相关科研单位和企业联合研发了一款新的抗体检测试剂盒，以一滴手指血做标本，15分钟就能快速检测出新冠病毒。

"简单、快速、成本低。"华中科大副校长、同济医学院院长陈建国介绍，该抗体检测试剂盒目前正在进行临床验证，未来在辅助诊断方面将大有作为。目前，华中科大与企业合作，紧急启动建设了一个专门围绕新冠肺炎的联合研究中心，聚合学校临床医学、基础医学、药学、预防医学等优势学科，专门研究新冠肺炎临床表现、临床治疗、快速诊断、药物干预以及防控机制等问题。

有效药物是防控疫情的制胜武器。华中科大在坚持科学性、确保安全性的基础上加快新冠肺炎相关药物的研发进度，不断探索新的治疗手段：科研人员将传统治疗疟疾中常用的氯喹制作成喷雾剂，已经获得临床试验研究伦理批件；协和医院正在开展康复病人血浆治疗方法的临床试验，已在重症患者治疗中取得了一些疗效；药学院李华教授课题组快速启动药物靶点筛选，通过计算机模拟、虚拟仿真和筛选发现了病毒4个可能的有效靶点……

"同济咖啡""协和红茶"，名字听起来像饮料，其实它是华中科大附属同济、协和医院的传统院内制剂。"同济咖啡"是金叶败毒颗粒，2003年非典期间用于病毒感染的预防和治疗，取得了很好的预防效果，被国外友人誉为"同济咖啡"。"协和红茶"是协和1号和协和2号中药复方，可以明显缓解患者症状、缩短平均住院日，改善食欲，促进疾病早日康复。此次抗击新冠肺炎，"同济咖啡""协和红茶"再次发挥了重要的预防和治疗作用。

目前，陈建国正在牵头组织团队深入研究中草药有效成分和中药治病科学原理，进一步推进中药在临床中的使用。"我们会加倍努力，让科研成果尽快落地，尽快服务患者。"

·应急攻关：战时的科研要解决问题·

疫情突如其来，极短时间内，高校科研如何顶上去？

"华中科大的科研工作有一个传统，就是面向国家需求，做有组织的创新。"该校副校长解孝林介绍，作为一所工科、医科优势突出的综合性、研究型重点大学，疫情暴发后，华中科大在教育部、科技部的领导下，组织开展"新型冠状病毒肺炎应急科技攻关专项"应急项目，首批投入5000万元科研资金，并且"科研经费投入上不封顶"。

一组数据显示，华中科大投入28家科研院所和医院，组建了24支重点科研团队，包括6支医疗诊断和人工智能科研团队、3支公共卫生和治理科研团队、11支药物研发团队、两支疫苗研发团队及两支法律法规团队。

在解孝林看来，"战时的科研要解决问题"。华中科大正是这样做的。

距离人体6到8米、用时0.3秒即可自动完成测温，利用人脸识别等人工智能技术识别被测目标，并利用互联网技术实现远程监控报警，建立体温监控大数据中心。作为全国最早开展红外测温技术研究的单位之一，华中科大国家数控系统工程技术研究中心主任陈吉红组织团队，从1月20

日起一直满负荷生产新一代智能红外设备，已累计生产1400多台，在全国多地的机场、海关、口岸投入使用。

该校白翔、许永超团队利用人工智能技术研发了新冠肺炎AI辅助诊断系统，已在全国几十家医院使用，日均调用量3000多次，可以辅助医生定量分析，大幅提升CT阅片效率，缓解影像医生的压力。

此外，华中科大人文社科、公共卫生等团队在重大疫情对社会经济影响、公共卫生突发事件应急管理、大数据及智能决策系统、生物安全等领域发布了60多项建议和报告，为国家、省、市抗疫决策提供了强有力的智力支持。

"华中科大的家国情怀很重，我们想多为国家和人民做点事。"华中科大校长李元元表示，学校准备扩大研究生招生计划，扩招名额全部给医科，进一步加强医学人才培养。

(《中国教育报》2020年3月11日　作者：张晨　程墨　王潇潇)

推动公共卫生治理现代化研究
——华中科技大学以"智"战"疫"

2020年初,新冠肺炎疫情在武汉市发生,迅速席卷全国,成为国际关注的"突发公共卫生事件"。习近平总书记指出,抗击新冠肺炎疫情,是对国家治理体系和治理能力的一次大考。新冠肺炎疫情发生以来,身处疫情核心区的华中科技大学智库力量积极开展疫情相关问题研究,为推进疫情防控工作献计献策。

·大疫如大考　治理见真章·

抗击疫情,重任在肩。湖北尤其是武汉始终以最英勇气概奋斗在抗击疫情第一线。自1月28日起,华中科技大学国家治理研究院在院长欧阳康的带领下,率先开展了"新冠肺炎疫情防控与公共卫生治理现代化综合研究",并拟定了10个重点研究方向。为支持相关研究,2月2日,华中科技大学党委常委、副校长许晓东指示校人文社会科学处设立"华中科技大学华中智库专项课题",汇聚国内外相关研究力量协同攻关。这10个重点研究方向分别是:从新型冠状病毒及其变异与传播看人与自然关系新特点和人类社会新风险;从新型冠状病毒传播看人的生产、生活和交往方式等的综合性变革与合理化更新;历史上的重大公共卫生突发事件及其风险应对的经验教训及其启示研究;新冠肺炎防治的疫情预报、医学检测、药物治疗、自我治疗、社会隔离与心理调适等综合施治问题；超大城市新冠肺炎隔离防治的医学、经济、政治、社会、法律、伦理、科技、教育等问题；以大数据和智能决策驱动公共卫生重大风险防控治理体系现代化；从强化重大公共卫生突发事件治理效能看中国公共卫生治理体系从中央到基层以至民间的体系性构建与运行机制调适；从强化公共卫生突发事件治理效能看中国公共卫生治理体系中各层级的多主体联动与有机协调机制；从中国公共卫生治理体系变革强化中国国家制度优势和提升国家治理效能；新冠肺炎防治的国际关系、国际信誉、国际组织与国际合作研究等。

经过全国上下齐心协力，近来疫情向好态势明显。欧阳康告诉记者，湖北当前和未来还需要打赢"疫情阻击战"、接续的"复工复学战"、经济社会发展总体战。这"三大攻坚战"涉及未来湖北命运，前后相继，分步展开，但需统筹谋划，举一谋三，接续展开。对于湖北尤其武汉来说，只有三战全胜才算是胜。而全胜的重要标志不仅是抗击疫情的全面胜利，更是年末湖北经济社会发展的优秀成果，是湖北省与全国一道全面建成小康社会之举。

"作为新冠肺炎疫情的亲历者，虽然没有像广大医护人员那样奋战在抗疫一线，但我一刻也没有停止思考和行动。"华中科技大学华中智库副院长、国家治理研究院副院长杜志章谈到，虽然疫情是一场巨大的灾难，但将提升我国重大公共卫生事件的应对能力，进而促进中国公共卫生治理现代化。他表示，重大疫情防控体系按进程分为预防体系、预警体系、控制体系、救治体系、善后体系。科学有效的重大疫情防控体系是各机构统筹协调、各环节有机衔接的体系，其目的是防止重大疫情发生或疫情发生后能快速实施应急响应机制，将疫情损失控制在最小范围。

疫情期间，开展研究有诸多不便。杜志章告诉记者，虽然居家隔离无法开展实地调研，不能进行现场研讨等，但为克服种种困难，研究团队充分利用网络开展相关工作。一方面，利用"华中智库"平台，通过课题招标的方式，把全校相关领域的专家汇聚起来，开展多学科交叉研究、协同攻关。另一方面，通过视频会议方式开展研讨，利用互联网查阅资料。

·科学防控 打赢疫情"三大攻坚战"·

2月25日,欧阳康被湖北省新冠肺炎疫情防控指挥部聘为由王辰院士和李兰娟院士任组长的湖北省新冠肺炎疫情防控综合专家组成员,并担任应急管理和城市安全运行专家组组长。为开展湖北省综合专家组的研究,近日,欧阳康又提出了"当前需要深度研究的10个问题",着手开展研究并向湖北省疫情防控指挥部提出专家建议。他还提出了构建"应急管理与社会安全运行"仿真实验室的构想,受到相关部门的重视并开始实施。

欧阳康表示,当前湖北尤其武汉处于由"全力抗击疫情"到"准备复工复市"的转型准备期,任务非常艰巨和繁重。在欧阳康看来,由于新冠肺炎疫情的特殊复杂性和当前疫情的全球性传播,本次新冠肺炎疫情有可能出现疫情外部不断输入、内部长期流行和不时复发的情况,给经济社会发展带来干扰和破坏。因此,亟须探索构建与疫情防控相伴随的经济社会发展体系,及时总结经验教训并使之促进制度建设。

杜志章认为,构建科学有效的重大疫情防控体系最大的意义在于保护人民生命安全和身体健康,同时最大限度避免疫情给经济社会发展带来的损失。

疫情期间,让杜志章颇为感动的是,各学科研究人员不计报酬、不辞辛劳、克服困难、积极研究,提出关于疫情防控的意见和建议,为国家和湖北疫情防控提供了强有力的智力支持。

一个多月以来,该团队50多位专家对抗击新冠肺炎疫情的进展及其所凸显出的问题及时开展调研,推出了一大批研究成果,提出了一系列有针对性的对策建议,不少直接转化为政策和措施。截至目前,针对疫情防控问题,国家治理研究院已编印《国家治理参考》(抗击新冠肺炎专辑)80多期。其中仅欧阳康团队就先后对抗击新冠肺炎疫情的国际合作、应对WHO对新冠肺炎的新定义、精准检测和分类隔离、疫情外溢风险、公共卫生安全和公共卫生治理体系构建、防范跨物种感染、国际地缘政治演变等提出近20项对策建议。他们还完成多项中央有关部门交办任务。其成果部分涉及国家全局的宏观层面的建议案已上报中央或公开发表，为抗击新冠肺炎疫情发挥了社科工作者的独特作用。

（中国社会科学网2020年3月20日　作者：段丹洁）

后记
POSTSCRIPT

70年来，各级新闻媒体对学校各项工作高度关注，及时报道，真实记录了学校70年的前行历程。收集整理媒体报道，既可以以新闻记录历史，让我们更好地了解学校的历史轨迹和发展进程；又可以通过媒体报道鉴往知今、观照未来，鞭策全体华中大人与历史对话、与时代同行、与国家共振，进一步增强共识，凝心聚力助推学校发展。

本书的编辑得到了学校的高度重视。谢正学总体指导、统筹把关，詹健、万霞具体负责全书的策划思路、沟通协调工作，粟晓丽、高翔、姚坦负责拟定编辑方案和全书的统稿工作，张雯怡、范千、郭雨辰负责上篇、中篇、下篇的统稿，汪泉、刘雪茹、史梦诗、汪伟颐、罗祎等完成资料收集、文字整理及校对工作。华中科技大学出版社为本书的及时出版提供了鼎力支持，在此表示感谢。

需要说明的是：本书内容选自公开出版物，收录时未再征求原作者意见；原作中的字词、标点符号、语法等明显错误或不符合当前表达习惯的，本书收录时做了相应修改。

虽然我们力求做到脉络清晰、重点突出、统筹兼顾，尽可能好地展现学校的办学成就和特色经验，但由于资料收集工作量大，时间仓促，部分资料缺失，加之水平有限，书中疏漏及不妥之处在所难免，恳请广大读者批评指正。

编　者

2022 年 7 月 30 日